Nikolaus Monzel · Die katholische Kirche in der Sozialgeschichte
Von den Anfängen bis zur Gegenwart

Prälat Anton Wirtz †

dem Mitarbeiter und großzügigen Helfer
bei der Herausgabe des Nachlasses seines Freundes

gratias ex animo

Nikolaus Monzel

Die katholische Kirche in der Sozialgeschichte

Von den Anfängen bis zur Gegenwart

herausgegeben von

Trude Herweg und Karl Heinz Grenner

GÜNTER OLZOG VERLAG MÜNCHEN — WIEN

Kartonierte Ausgabe ISBN 3-7892-9852-2

Gebundene Ausgabe ISBN 3-7892-9853-0

© 1980 by Günter Olzog Verlag GmbH München 22 — Alle Rechte vorbehalten — Jeglicher, auch auszugsweiser, Nachdruck ohne Einwilligung des Verlages ist untersagt — Umschlagentwurf: Konrad Wacker, München — Gesamtherstellung: Franz Wedl OHG, Melk-Wien

Inhalt

Vorwort der Herausgeber 9

Geleitwort von Walter Kerber S. J. 11

Erläuterung des Themas 15

1. Kapitel
Die Beteiligung der Christen am öffentlichen Leben im Wandel der Zeiten . . 20
1. In der römischen Kaiserzeit 20
2. Im Mittelalter und in der Neuzeit 28
3. Vertiefung 35

2. Kapitel
Bodenverteilung und soziale Schichtung im Mittelalter 47
1. Grundformen der Staatenbildung 47
2. Der Vorgang der Überschichtung und seine Begrenzung 48
3. Der mittelalterliche Staat und sein Sozialgefüge 49

3. Kapitel
Die Bejahung der mittelalterlichen Ständeordnung als Folge bestimmter religiöser Leitideen 53
1. Die Leitidee der Kontinuität 54
2. Der biblische Ordo-Gedanke als Urbild für den irdischen Sozialaufbau . . 56
3. Der Glaube an die auf jeden Menschen sich beziehende göttliche Vorsehung 57
4. Die irdische Gesellschaftsordnung als Wegbereitung für das kommende messianische Reich 58

4. Kapitel
Beginn und geistige Grundkräfte des neuzeitlichen Soziallebens 60
1. Beginn des neuzeitlichen Soziallebens 60
2. Geistige Grundkräfte des neuzeitlichen Soziallebens 64

5. Kapitel
Der neuzeitliche Kapitalismus 69
1. Merkmale des Kapitalismus und die Eigenart des neuzeitlichen Kapitalismus 69
2. Geschichtlicher Überblick über die Entwicklung des neuzeitlichen Kapitalismus 71
3. Ansatzpunkte zur ethischen Kritik des neuzeitlichen Kapitalismus . . . 78

6. Kapitel
Die Kirche und das Zinsproblem 98
1. Nationalökonomische Zinstheorien 98
2. Der Zins in der Lehre der Kirche 100
3. Die Stellungnahme der Reformatoren zum Zinsproblem 101
4. Ausnahmen vom kirchlichen Zinsverbot 102
5. Umgehungen des kirchlichen Zinsverbotes 102
6. Die Zinsdebatten um Jakob Fugger 104
7. Kritische Bemerkungen zur kirchlichen Zinslehre 105

7. Kapitel
Eine Unternehmergestalt aus der Frühzeit des neuzeitlichen Kapitalismus: Cosimo de Medici, Vorspiel des neuen Menschentypus 107
1. Allgemeines über die Bedeutung des Cosimo de Medici 107
2. Herkunft der Familie und Firma de Medici 108
3. Die Florentiner Textilindustrie 109
4. Die Zunftorganisation in Florenz 110
5. Das Proletariat in Florenz 111
6. Das Bankwesen in Florenz 112
7. Cosimo de Medicis wirtschaftliche Tätigkeit 114
8. Cosimos Persönlichkeit 117
9. Nachkommen Cosimos und Nachfolger in der Leitung der Firma . . . 120
10. Schlußbetrachtung 120

8. Kapitel
Der neuzeitliche Mensch und seine Lebensanschauung 122
1. Das äußere Tun des neuzeitlichen Menschen 122
2. Die Einordnung des neuzeitlichen Menschen in die anthropologische Typologie 127
3. Der neuzeitliche Mensch als Willensmensch und seine subjektive Wertrangordnung 133

9. Kapitel
Der Wandel von Gemeinschaft zu Gesellschaft seit dem Erstarken des Gewerbebürgertums 143
1. Gemeinschaft und Gesellschaft — Begriffserklärung 143
2. Ursachen der Vergesellschaftung 145
3. Möglichkeiten neuer Gemeinschaftskultur 146
4. Die Kirche als Gemeinschaft 147

10. Kapitel
Das Verhältnis des neuzeitlichen Menschen zur katholischen Kirche und ihrer Glaubens- und Sittenlehre 150
1. Die Hemmung bei der Entfaltung des kapitalistischen Geistes durch die mittelalterliche Welt- und Lebensanschauung 150
2. Rückgang der kirchlichen Autorität im weltlichen Sozialleben 157
3. Umformung und Umdeutung kirchlicher Lehren durch den neuzeitlichen Wirtschaftsmenschen 162

11. Kapitel
Die Ausprägung der Welt- und Lebensanschauung des neuzeitlichen Menschen in der katholischen Theologie 175
1. Verselbständigung, Ausbau und Umformung der katholischen Moraltheologie 176
2. Moralismus und Molinismus in der Gnadenlehre 179
3. Entstehung eines besonderen theologischen Traktates über die Kirche . . 181
4. Entstehung der dogmenfreien Vernunftapologetik 183

12. Kapitel

Die Ausprägung der Welt- und Lebensanschauung des neuzeitlichen Menschen in der protestantischen Theologie 186

1. Scheinbare Fremdheit zwischen dem kapitalistischen und dem reformatorischen Geist 186
2. Ausprägung des Geistes des neuzeitlichen Menschen in den protestantischen Glaubenslehren 187

13. Kapitel

Die Stellung der katholischen Moraltheologie zu Monopolen und Monopolverbänden 195

1. Was sind Monopole und Monopolverbände? 195
2. Verbreitung der Monopole im Frühkapitalismus 199
3. Beurteilung der Monopole durch die Wirtschaftsethiker des 15. und 16. Jahrhunderts 204
4. Spätere Geschichte der Monopolbildungen 209
5. Ethische Beurteilung der Monopole 212

14. Kapitel

Die weltanschaulichen Grundlagen des klassischen Wirtschaftsliberalismus .. 218

1. Vorbemerkungen 218
2. Grundzüge der Wirtschaftslehre von Adam Smith 219
3. Der Umschlag der proklamierten Freiheit in die Vermachtung 221
4. Die weltanschaulichen (oder pseudotheologischen) Voraussetzungen des klassischen Wirtschaftsliberalismus 223
5. Unsere Kritik an den weltanschaulichen Grundlagen des klassischen Wirtschaftsliberalismus 227

15. Kapitel

Die katholisch-soziale Bewegung im 19. Jahrhundert und das Rundschreiben „Rerum novarum" von 1891 232

1. Die soziale Lage in Deutschland und die katholisch-soziale Bewegung bis zum Erscheinen der Enzyklika „Rerum novarum" 232
2. Vorgeschichte und Anlaß der Enzyklika „Rerum novarum" 236
3. Der Inhalt des Rundschreibens „Rerum novarum" 239
4. Die Auswirkungen und die Gegenwartsbedeutung des Rundschreibens „Rerum novarum" 244

16. Kapitel

Die Stellung der Kirche zu Klassenkampf und Streik 250

1. Der Sinn des Wortes Klassenkampf 250
2. Die Kampfmittel und ihre Beurteilung in der christlichen Sozialethik 251
3. Der Streik 253
4. Garantien für die Einhaltung der Bedingungen eines sittlich erlaubten Streiks 267

17. Kapitel

Katholische Bestrebungen zur Neuordnung von Gesellschaft und Wirtschaft im 20. Jahrhundert 268
Das Rundschreiben „Quadragesimo anno" von 1931 und die Problematik einer „berufsständischen" Neuordnung der Gesellschaft 268
1. Der Hauptinhalt des Rundschreibens 268
2. Die „berufsständische" Ordnung der Gesellschaft und ihre Probleme ... 271

18. Kapitel

Kirche und Demokratie 283
1. Zitate 283
2. Das Wesen der Demokratie 284
3. Die Bedeutung der Kirche und ihrer Glaubensbotschaft für die demokratische Gestaltung des menschlichen Zusammenlebens 287
4. Pseudotheologischer Einwand gegen demokratische, insbesondere wirtschaftsdemokratische Bestrebungen 298

19. Kapitel

Die Kirche in der säkularisierten Umwelt 301
1. Die Bedeutung des Naturrechts 301
2. Das Wirken der Christen in der säkularisierten Welt 307
3. Der Sinn und die ethische Problematik des Kompromisses 316
4. Gegenwartsaufgaben der Christen 323

Weiterführendes Literaturverzeichnis 330

Personenregister 343

Sachregister 349

Vorwort der Herausgeber

Nikolaus Monzel, dessen sozialgeschichtliches Kolleg wir hier vorlegen, wurde am 9. Juni 1906 in Siegburg geboren als Sohn des Lageristen Matthias Monzel und seiner Ehefrau Elisabeth, geb. Hoffmann. Von 1912 bis 1920 besuchte er in seiner Heimatstadt die katholische Volksschule und, nach privater Vorbereitung in der Klosterschule der Benediktiner auf dem Michaelsberg, von 1921 bis 1926 das humanistische Gymnasium in Siegburg. An den Universitäten Bonn und Freiburg i. Br. und im Priesterseminar Bensberg studierte er Philosophie und Theologie und wurde 1932 im Hohen Dom zu Köln zum Priester geweiht.
Von 1932 bis 1950 war er in der Seelsorge tätig: bis 1937 als Kaplan im Industriebezirk Essen-Kray und in der Großstadt Köln, dann als Kaplan, Pfarrvikar und, von 1946 bis 1950, als Subsidiar in dem damals noch ländlichen Bad Godesberg-Friesdorf.
Neben seiner starken Beanspruchung in der Seelsorge widmete er sich philosophischen, theologischen und soziologischen Studien. 1938 erwarb er den Grad eines Doktors der Theologie und habilitierte sich 1943 für Fundamentaltheologie an der Theologischen Fakultät der Universität Bonn, konnte aber wegen der politischen Verhältnisse erst 1945 als Privatdozent zugelassen werden. Ab 1946 hielt er Vorlesungen über scholastische Philosophie. 1947 wurde er mit der Vertretung des Lehrstuhles für Christliche Gesellschaftslehre an der Universität Bonn beauftragt, erhielt 1948 die Ernennung zum planmäßigen außerordentlichen Professor für Christliche Gesellschaftslehre und Allgemeine Religionssoziologie, 1949 zum persönlichen ordentlichen Professor, und 1955 wurde er als ordentlicher Professor auf den neuerrichteten Lehrstuhl für Christliche Soziallehre und Allgemeine Religionssoziologie an der Universität München berufen.
In München starb Nikolaus Monzel nach kurzer Krankheit am 14. November 1960.
Die Stärke des Forschers Nikolaus Monzel lag in der geistigen Kraft, mit der er komplizierte gedankliche Zusammenhänge zu durchdringen und in der Klarheit, mit der er die Ergebnisse auszudrücken vermochte, die des Hochschullehrers in der pädagogischen Begabung, sie in verständlicher Einfachheit seinen Schülern weiterzugeben.
Sein wissenschaftliches Interesse galt vor allem der philosophischen, soziologischen und theologischen Grundlagenforschung. Die Überzeugung, daß ohne die Theoretiker die Aufgaben, welche die soziale Wirklichkeit den Menschen, insbesondere den Christen stellt, nicht bewältigt werden können, hat er häufig ausgesprochen. In seinen Notizen schreibt er: „Man zitiert so gerne aus Goethes Faust das Wort: ‚Grau, lieber Freund, ist alle Theorie‘ — aber man bedenkt nicht, daß es ein Wort Mephistos ist, desselben, der voll Schadenfreude sagt: ‚Verachtet nur Vernunft und Wissenschaft ...‘ — Es ist ein teuflischer Rat", und an anderer Stelle findet sich in den Notizen ein Wort von Ernst Carl Abbe: „Nichts ist so praktisch wie die Theorie."

Jedoch ist Nikolaus Monzel davor bewahrt geblieben, sozusagen im luftleeren Raum zu theoretisieren, einmal durch die ihm von Natur aus eigene Aufgeschlossenheit für die vielfältige soziale Wirklichkeit, zum anderen durch seine besonderen Lebensumstände. Da sein Vater Mitbegründer und Vorsitzender einer Ortsgruppe der christlichen Gewerkschaften war, kam er schon früh in Berührung mit sozialen Fragen und machte Erfahrungen, die er später als Führer in der Jugendbewegung, als Mitarbeiter in Vinzenzkonferenzen, als Werkstudent in Fabriken, im harten Zwang, sich die Mittel zum Studium selber verdienen zu müssen, und schließlich als Seelsorger in sozial sehr unterschiedlich strukturierten Verhältnissen erweiterte und vertiefte. So ist die glückliche Verbindung von Theorie und Empirie zustande gekommen die seine Arbeiten auszeichnet.

Kurz vor seinem Tode hatte er das Manuskript zu dem Buch „Der Jünger Christi und die Theologie. Art und Ort des theologischen Denkens im System der Wissenschaften" fertiggestellt, das 1961 als letzte der von ihm selber in Druck gegebenen Arbeiten erschienen ist. Gottlieb Söhngen hat es „ein theologisches Selbstbildnis aus den letzten Tagen" genannt, „in welchem sich der Weg dieses Theologen spiegelt: es war der Weg von einem steten Philosophieren, das nicht nur der theologischen Dienlichkeit willen bemüht wurde, zur christlichen Soziallehre und zur Fundamentaltheologie zugleich". Diese Breite wissenschaftlicher Bemühungen weist auch der bisher herausgegebene Nachlaß auf: 1965 und 1967 erschien die zweibändige „Katholische Soziallehre", 1972 die Neuauflage von „Struktursoziologie und Kirchenbegriff", 1974 der Sammelband „Christlicher Glaube und weltanschaulicher Pluralismus. Beiträge der katholischen Soziallehre zum Dialog".

„Die katholische Kirche in der Sozialgeschichte" ist das letzte Werk aus dem Nachlaß, eine über drei Semester sich erstreckende Vorlesung. Nikolaus Monzel hat sie, vor einer Veröffentlichung, durch weitere geschichtliche Forschungen ergänzen, vertiefen und, wo es ihm nötig erschien, korrigieren wollen. Daß ihm dazu keine Zeit mehr gewährt wurde, enthebt uns, so meinen wir, nicht der Verpflichtung, zugänglich zu machen, wie sich ihm die Rolle der Kirche in der Sozialgeschichte und die vielfältigen Wechselbeziehungen zwischen dem profansozialen und dem sakralsozialen Leben darstellten, als der Tod ihm die Feder aus der Hand nahm.

Die im Anhang zusammengestellte nach 1960 erschienene Literatur soll dem Leser helfen, Vorgänge, die die Kirche innerhalb des von Nikolaus Monzel bearbeiteten sozialgeschichtlichen Zeitraumes betreffen, nach dem jüngsten Forschungsstand einzuordnen.

Herzlich danken wir Herrn Verleger Dr. Günter Olzog für das Interesse, mit dem er das Buch in sein Verlagsprogramm aufgenommen hat, und für die Sorgfalt, mit der er es betreut; Herrn Professor Dr. Franz Josef Stegmann für seine engagierte sachverständige Beratung; Frau Dr. Anna Moesgen und Herr Dr. Paul Becher seien hier genannt für alle Freunde, die mit ihrer hilfreichen Ermunterung die Nachlaßarbeit begleitet haben.

Geleitwort

von Walter Kerber S. J.

Mehr als 20 Jahre sind ins Land gegangen, seit Nikolaus Monzel das Manuskript zu diesem Buch verfaßt hat, das jetzt endlich der Öffentlichkeit übergeben werden kann. In diesen 20 Jahren haben sich in der katholischen Soziallehre, ihrem Selbstverständnis und ihrem Einfluß auf das kirchliche Leben grundlegende Veränderungen vollzogen. In den fünfziger Jahren machte für viele Katholiken die katholische Soziallehre, wie sie vor allem Papst Pius XII. in seinen vielen Stellungnahmen zu den verschiedensten Themen ausformulierte, den Eindruck eines geschlossenen philosophisch-theologischen Systems, das auf alle grundlegenden Fragen des Gesellschaftslebens eine ebenso eindeutige wie lehramtlich verbindliche Antwort zu geben vermochte. Bis hinein in die politische Alltagsdiskussion — etwa bezüglich der Mitbestimmung in der Wirtschaft oder der Atombewaffnung — erwarteten Katholiken gerade in Deutschland für ihre Gewissensentscheidung vom kirchlichen Lehramt eine richtungsweisende Stellungnahme. „Katholische Soziallehre" als eigene Disziplin an den deutschen theologischen Universitätsfakultäten reduzierte sich vielfach auf eine Exegese und Interpretation von päpstlichen Lehräußerungen zu sozialen Fragen. Das neuscholastische Naturrechtsdenken bildete weitgehend die geistige Grundlage dieser Soziallehre.
Heute stellt sich die geistige Situation auch im deutschen Katholizismus ganz anders dar. Eine Zeitlang glaubte man, von einem „Tod der katholischen sozialen Bewegung" und damit auch von einem Tod der katholischen Soziallehre reden zu können. Das bedeutet nicht, daß sich die katholischen Verbände nicht weiterhin um eine Gestaltung des sozialen Lebens im Sinne des Evangeliums bemühten. Aber ihre geistige Geschlossenheit und damit auch ihre Durchschlagskraft ist weit geringer als in den fünfziger Jahren. In der Diskussion stehen neue, um einen unmittelbar theologischen Ansatz bemühte Strömungen wie etwa die „politische Theologie" oder die aus Lateinamerika herkommende „Theologie der Befreiung", während das Wort und der Gedanke des Naturrechtes eher auf Skepsis als auf Zustimmung stoßen. Man spricht statt dessen lieber von „Menschenrechten", die es auf der ganzen Welt und für alle Individuen und Gruppen zu sichern gelte.
Viele führen diesen Umschwung auf das Zweite Vatikanische Konzil und die von ihm angestoßenen Entwicklungen zurück, doch begann die Wende eigentlich schon nach dem Tod Pius XII. Sie läßt sich kennzeichnen als eine gewisse Abkehr von einem deduktiven Prinzipiendenken und als eine stärkere Betonung der Geschichtlichkeit des Menschen. Auf dem Zweiten Vatikanischen Konzil kamen dann die Vielfalt der Gesellschaftsformen und die Notwendigkeit, die „Zeichen der Zeit" zu erkennen, ausdrücklich in den Blick. Bei aller Betonung der Kontinuität der katholischen Soziallehre wurden manche lehramtlichen Aus-

sagen der Vergangenheit stillschweigend relativiert oder korrigiert. Wenn die Unterschiede zur Vergangenheit dabei auch bei weitem nicht so tiefgreifend sind, wie es zunächst den Anschein hatte, so war eine gewisse Verunsicherung der Gläubigen gerade in Deutschland doch unvermeidlich.
Ist es unter diesen gewandelten Umständen noch sinnvoll, dieses Buch herauszubringen, das in einer ganz andersartigen geistigen Situation geschrieben wurde? Die Tatsache, daß damit die Herausgabe der Werke eines so bedeutenden Denkers wie Nikolaus Monzel zum Abschluß kommt, würde als Rechtfertigung allein nicht genügen. Sie käme nur dem Wunsch der Freunde des Verstorbenen und vielleicht einem gewissen historischen Interesse, nicht aber einem Bedürfnis der Öffentlichkeit entgegen. Aber unter wenigstens zwei Gesichtspunkten ist dieses Werk auch noch heute und vielleicht gerade heute von hoher aktueller Bedeutung: Es behandelt die katholische Soziallehre unter *geschichtlicher* und unter *theologischer* Rücksicht. Daran besteht aber ein echter Mangel in der entsprechenden Literatur.
Indem Monzel „Die katholische Kirche in der Sozialgeschichte" zum Thema seines Werkes wählte, konnte er diese beiden Gesichtspunkte in hervorragender Weise miteinander verknüpfen. Es geht ihm nicht nur um eine Dogmengeschichte, um eine Darstellung kirchlicher Lehraussagen, sondern er vermag diese Lehraussagen aus den Bedingungen ihrer Zeit heraus zu verstehen und zu erklären. Mehr noch: Ihn interessiert nicht nur, was die Kirche durch ihr Lehramt gesagt und verkündet hat, sondern wie sie durch ihr tatsächliches Leben und Wirken Einfluß auf die Gesellschaft ausgeübt hat. Daß dabei Theorie und Praxis bisweilen in bedauerlicher Weise auseinanderklafften, wird nicht verschwiegen. Aber auch die kirchliche Lehre selbst erweist sich als geschichtlich in dem Sinne, daß man sie richtig nur aus ihrer Zeit heraus verstehen kann und sie auch manchen zeitbedingten Vorurteilen und ideologischen Einseitigkeiten verhaftet blieb. Deshalb wandte sich Monzel immer wieder gegen allzu statisches Denken in der katholischen Soziallehre und gegen eine Idealisierung und damit Ideologisierung des Vergangenen. Nicht ein abstraktes, geschichtsloses Normensystem — und sei es im Namen des Naturrechts — war sein Erkenntnisziel; es ging ihm vielmehr darum, „mit den Erfahrungen der Vergangenheit die Aufgaben der Gegenwart zu lösen" (Einleitung).
Als gläubiger Katholik und Theologe war Monzel dabei der Überzeugung, daß Jesus Christus seine Kirche nicht verläßt, daß er sie vielmehr bei aller Schuld, bei aller sozialen Blindheit und Trägheit in ihrem Gang durch die Geschichte begleitet und wir deshalb aus der Art, wie sie sich gegenüber den großen Fragen des sozialen Lebens der Vergangenheit verhalten hat, auch lernen können, auf welche Weise wir mit den Problemen unserer Zeit fertig werden können. Die Kirchlichkeit seines Denkens zeigte sich gerade darin, daß er sich nicht nur auf amtliche Lehräußerungen der Vergangenheit berief, sondern selber als ein Mann der Kirche in eigener Verantwortung eine Stellungnahme versuchte in der Hoffnung, damit auch dem Lehramt einen Dienst zu leisten.
Diese Verbindung von historischem und kirchlichem Denken macht dieses Buch

gerade in der nachkonziliaren Situation besonders aktuell. Jene Katholiken, die beunruhigt sind von dem Wandel, der sich seit Pius XII. in der katholischen Soziallehre vollzogen hat, können daraus lernen, daß der Wandel mit Notwendigkeit zur Kirche als einem geschichtlichen Wesen gehört, auch der Wandel der Auffassungen und Einstellungen gegenüber sozialen Institutionen. Dieser Wandel kann begründet sein einerseits darin, daß dieselben allgemeinen Grundsätze in einer veränderten Situation eine neue Anwendung finden müssen; andererseits ist es aber auch nicht auszuschließen, daß die Kirche unter der Führung des Heiligen Geistes neue, vertiefte Einsichten gewinnt, die frühere Stellungnahmen relativieren oder auch aufheben. — Andere Katholiken unserer Tage, die sich ansprechen lassen von der Situation unserer Zeit und ganz neue Ansätze versuchen, werden aus der Sozialgeschichte der Kirche lernen können, daß fruchtbare kirchliche Reformbewegungen niemals völlig beim Punkte Null beginnen. Sie werden die positiven und negativen Erfahrungen verwerten, die die Kirche auf diesem Feld im Laufe der Jahrhunderte gesammelt hat. So könnte dieses Buch die Spannungen überwinden helfen, die im deutschen Sozialkatholizismus im Augenblick noch bestehen.

Zweifellos enthält das Manuskript auch Unebenheiten und Unausgewogenheiten, die Monzel selbst vor der Drucklegung sicher korrigiert und beseitigt hätte. Es stellte sich die Frage, ob man es nicht überarbeiten und auf den neuesten Stand bringen sollte, um seine praktische Verwendbarkeit als Lehrbuch zu erhöhen. Aus guten Gründen haben Verlag und Herausgeber diesen Gedanken schließlich aber doch verworfen. In einer Überarbeitung wäre die Eigenart des Werkes von Monzel verlorengegangen. Es wäre vor allem nicht mehr zu erkennen gewesen, wie stark Monzel schon viele geistige Entwicklungen vorweggenommen und damit vorbereitet hat, die erst auf dem Zweiten Vatikanischen Konzil ihre kirchenamtliche Bestätigung fanden. Dies betrifft vor allem die Naturrechtskonzeption. In ihrem Kerngehalt ist die Naturrechtslehre selbstverständlich für die Kirche unaufgebbar, daß nämlich dem Menschen auf Grund seiner Natur bestimmte Rechte und Pflichten zukommen, die ihm auch durch staatliches Gesetz nicht genommen werden können, vielmehr positiv gesichert werden müssen. Diese Auffassung wurde vielmehr durch die Enzyklika „Pacem in Terris" von Papst Johannes XXIII. noch einmal ausdrücklich bestätigt und vertieft. Aber dennoch tragen die neueren kirchenamtlichen Dokumente der Geschichtlichkeit des Menschen, der Verschiedenheit der Kulturen und damit der Bedingtheit der Soziallehre durch die jeweilige Situation viel stärker Rechnung als etwa die Verlautbarungen Pius XII. Dies entspricht aber genau dem Ansatz von Monzel.

Gewandelt hat sich auf dem Zweiten Vatikanischen Konzil auch das Kirchenverständnis. Unter „Kirche" versteht man heute weniger den Klerus, die Hierarchie und das Lehramt als vielmehr das „Volk Gottes" selbst unter seinen Oberhirten. Aber auch dieser Gedanke ist bei Monzel schon voll entfaltet, wenn er schreibt: „Im Vollsinne umfaßt Kirche also alle, die auf Christus getauft sind und durch Glaube und sakramentales Leben in ihrer Gemeinschaft stehen. Es ist daher falsch, bei der Frage nach der Rolle der Kirche in der Sozialgeschichte nur auf Verhalten, Stellungnahmen und Maßnahmen der kirchlichen Obrigkeiten zu achten" (Einleitung).

Noch unberücksichtigt ist in Monzels Werk die große Frage unseres Jahrhunderts, nämlich die der internationalen Gerechtigkeit der Industrieländer gegenüber den Entwicklungsländern. Mit der Enzyklika „Populorum Progressio" hat Papst Paul VI. versucht, das Gewissen nicht nur der Christen, sondern der gesamten Welt dafür aufzurütteln. Die Diskussion darüber, auf welche Weise den Entwicklungsländern am besten geholfen werden kann und welche Veränderungen des Lebensstils in den Industrieländern erforderlich sein werden, um dieser weltweiten Verantwortung zu entsprechen, ist noch in vollem Gange. Sie kann in einem Werk über die Sozialgeschichte noch keine abschließende Antwort finden. Auch die Umweltproblematik, die uns erst in den letzten Jahren voll bewußt geworden ist, findet hier noch keine Erwähnung. Wer jedoch die neueste Entwicklung weiterverfolgen will, für den bringt das umfangreiche Literaturverzeichnis, das die Herausgeber zu den einzelnen Kapiteln zusammengestellt haben, die in dem Buch behandelte Thematik auf den neuesten Stand.

So ist zu hoffen, daß trotz seines späten Erscheinens dieses Werk, entsprechend der Absicht seines Verfassers, dazu beitragen kann, „mit den Erfahrungen der Vergangenheit die Aufgaben der Gegenwart zu lösen"*).

---

*) Anmerkung des Verlages: Monzels Schüler Professor Dr. Josef Stegmann läßt diesem Band den Anschlußband „Die katholische Kirche in der Sozialgeschichte — Die Gegenwart" folgen.

Erläuterung des Themas

1. Was heißt hier Kirche?

Ein absolutistischer König des 17. oder 18. Jahrhunderts konnte für seine Zeit und seinen Staat mehr oder weniger zutreffend sagen: „Der Staat bin ich", „L'Etat c'est moi". Nie können Papst, Bischöfe, Kleriker oder kirchliche Behörden in diesem exklusiven Sinne mit Berechtigung und zutreffenderweise sagen: „Wir sind die Kirche", „L'Eglise c'est nous", das wäre eine Irrlehre. Kirche, ecclesia, ist corpus Christi mysticum, eine übernatürliche Körperschaft; Christus ist ihr Haupt, alle Getauften sind Glieder seines mystischen Leibes. Im Vollsinne umfaßt Kirche also alle, die auf Christus getauft sind und durch Glaube und sakramentales Leben in ihrer Gemeinschaft stehen. Es ist daher falsch, bei der Frage nach der Rolle der Kirche in der Sozialgeschichte nur auf Verhalten, Stellungnahmen und Maßnahmen der kirchlichen Obrigkeiten zu achten. Gewiß sind solche obrigkeitlichen Stellungnahmen und Maßnahmen besonders wichtig, weil die Kirche ihrem Wesen gemäß, zwar nicht ohne Rücksichtnahme auf das Denken und die Willensäußerungen der Laien, aber doch in ihren Entscheidungen autoritativ, hierarchisch und nicht demokratisch verfährt und daher das Verhalten der Christen zu sozialen Fragen und Aufgaben *geleitet* wird durch die kirchliche Obrigkeit.
Hier ist aber dreierlei zu bedenken:
Erstens: Nicht immer liegen diesbezügliche Anweisungen vor, weil objektiv ein großer freier Entscheidungsraum besteht für untergeordnete Zielsetzungen, für die Wahl der jeweils geeigneten Wege und Mittel, um die obersten christlichen Grundsätze zu wahren.
Zweitens: Selbst da, wo obrigkeitliche Entscheidungen notwendig oder wünschenswert wären, erfolgen sie oft erst nachträglich, nachdem praktisch schon so oder so Stellung genommen worden ist.
Drittens: Wenn Anweisungen der kirchlichen Obrigkeit ergangen sind, stimmt das wirkliche Verhalten der Christen vielfach nicht mit diesen Anweisungen überein. Ein lehrreiches Beispiel dafür sind die kirchlichen Zinsverbote und die Zinspraxis in der Christenheit des Altertums und des Mittelalters, in etwa noch in der Neuzeit. Wir müssen daher, um unserem Thema gerecht zu werden, auch das Verhalten der Laien, das theoretische, wertende, praktische Verhalten der christlichen Laien im sozialen Leben ins Auge fassen, ihr Denken und Handeln, soweit es auf ihrer Zugehörigkeit zur Kirche bzw. einer kirchlichen Organisation beruht oder aus wirklichen oder vermeintlichen christlichen Motiven hervorgeht. Das bedeutet konkret, daß wir nicht nur zu fragen haben nach den Enzykliken, Konzilsbeschlüssen und päpstlichen Bullen, sondern auch nach dem wirklichen Verhalten der Kirche — Priestertum und Laien — in den wechselnden Systemen der staatlichen Organisation und des gesellschaftlichen Gefüges, ferner nach dem Anteil christlicher Denker an Aufstellung und Verbreitung von Staatstheorien,

von wirtschaftlichen Grundsätzen und an den Auffassungen des soziologischen Grundproblems: Verhältnis von Individuum und Gemeinschaft.

Dabei geht es uns in erster Linie um die Rolle der römisch-katholischen Kirche. Wohl lehrt die Kirche, daß viele ihr zugeordnet sein können, die äußerlich ihr nicht angehören. Aber aus unserer Betrachtung schließen wir die von Rom getrennten Ostkirchen und die direkte Behandlung protestantischer Kirchenbildungen aus, die wir nur zum Vergleich heranziehen, um so die Eigenart des Verhaltens der katholischen Christenheit deutlicher erkennen und darstellen zu können. Der Grund für unsere Beschränkung auf die katholische Kirche ist ein dogmatischer: Diese unsere Ausführungen sind im Grunde theologischer Natur. Es ist ein Gebot der intellektuellen Redlichkeit, der methodischen Sauberkeit, dies auszusprechen. Dabei müssen wir uns selbstverständlich ebenso gewissenhaft wie die Profanhistoriker an empirisch festgestellte Tatsachen der Geschichte halten. Jedoch die Perspektive, die Bewertung von wichtig und unwichtig, von gut und böse, von heilsdienlich und heilswidrig — die ergibt sich uns aus der dogmatischen, glaubensmäßigen Voraussetzung, daß in der katholischen Kirche das Werk Jesu Christi im wesentlichen ungeschmälert und unverfälscht weiterlebt. Es wird in unseren Ausführungen nicht oft *ausdrücklich* von diesem Offenbarungsglauben die Rede sein. Aber auf dem Boden dieses Offenbarungsglaubens soll gefragt werden: Wie hat sich die Stiftung Jesu Christi, wie hat sich die katholische Christenheit in den großen Fragen des sozialen Lebens praktisch und theoretisch verhalten? Welche Motive, religiösen oder anderen Ursprungs, waren dabei leitend oder mitbewegend wirksam? Welche Formen der Anpassung an vorgegebene soziale Lagen hat die Christenheit gewählt? Welche Kräfte des Widerstandes hat sie entfaltet gegen Verhaltensweisen und Einrichtungen, die mit der christlichen Lebenslehre nicht vereinbar sind oder nicht vereinbar schienen? Welche positiven Beiträge zur Um- und Neugestaltung in Staat und Gesellschaft, in Wirtschaft und Kultur sind von der katholischen Christenheit aus den Impulsen ihrer religiösen Lebensauffassung geleistet worden?

2. Was heißt hier S o z i a l geschichte?

In der Formulierung unseres Themas meint „sozial" nicht nur das zwischenmenschliche Geschehen, das gemeinhin die „soziale Frage" genannt wird. Dieser Ausdruck zielt meistens nur auf wirtschaftliche Notbereiche des menschlichen Zusammenlebens. Insbesondere ist damit üblicherweise die Frage nach der Behebung der wirtschaftlichen Notlage des Proletariats gemeint, d. h. der durch die industrielle Entwicklung seit Ende des 18. Jahrhunderts entstandenen Schicht der vermögenslosen, aber rechtlich freien Lohnarbeiterschaft in Industrie und Landwirtschaft. Als durch die beiden Weltkriege des 20. Jahrhunderts, durch Inflation, politisch bedingte Vertreibungen und Umsiedlungen in unserem Zeitalter auch andere Bevölkerungsgruppen in große wirtschaftliche Unsicherheit und Not gerieten, weitete man den Begriff „soziale Frage" im Hinblick auf diese Bevölke-

rungsgruppen und -schichten aus. Aber es blieb dabei, daß dieser Ausdruck allgemein die Problematik wirtschaftlicher Notlagen und Lösungsvorschläge meint.
Unser Ausdruck „Sozialgeschichte" ist aber weiter gefaßt. Wie die Soziologie sich nicht nur mit wirtschaftlichen Zusammenschlüssen befaßt, sondern grundsätzlich mit allen Arten zwischenmenschlicher Beziehungen und Gebilde, so soll auch der Ausdruck „Sozialgeschichte" in unserem Thema diesen weiten Sinn haben: Es sind auch die zwischenmenschlichen Beziehungen und Verbindungen auf anderen Gebieten, insbesondere im staatlichen Leben und im Familienleben gemeint. Wir wollen sehen, *wie* die Christenheit, insbesondere die katholische Christenheit, sich da verhalten hat, *warum* sie sich so verhalten hat und *welche leitenden Ideen* dabei mit im Spiele waren.

3. Was heißt hier Sozial g e s c h i c h t e ?

Die zweite Hälfte des Wortes „Sozialgeschichte" in unserem Thema meint nicht nur Theorien und Lehrmeinungen, sondern auch die wirklichen sozialen Vorgänge, Umschichtungen, Machtverhältnisse — dazu natürlich auch die sozialen Ideen, die ja als wirksame Faktoren mit im Spiele sind. Wir wollen Sozialgeschichte treiben, nicht nur Ideengeschichte, sondern diese als einen Teil der Sozialgeschichte.

4. W a r u m Sozialgeschichte?

Hier ist es angebracht zu fragen: Warum treiben wir als Sozialtheologen überhaupt Sozial*geschichte?* Ist es nicht schon hinreichend — und auch Mühe genug —, zu erkennen, zu begreifen, was die katholische Soziallehre, was die Kirche als Vermittlerin der Lehre und Lebensanweisung Jesu Christi uns sagt über die Weise, wie wir *zu jeder Zeit* die Formen unseres Zusammenlebens in Staat, Gesellschaft und Familie, in Wirtschaft und Kultur zu gestalten haben? Ist es nicht genug, wenn wir die christlichen Normen dafür erkennen und in ihrer Begründung und in ihrem Zusammenhang begreifen? Freilich ist solches normatives Erkennen notwendig, ja, es kann heilsnotwendig sein. Aber das Streben danach, die Betonung der Wichtigkeit der Erkenntnis sozialer Normen ist oft verbunden mit falschen Auffassungen vom Christentum, von der christlichen Normenlehre: Sie wird vielfach gesehen als etwas Geschichtsloses, jederzeit in ganzem Umfang und in endgültiger Deutlichkeit Erkennbares. Das ist jedoch nicht so. Den Mitmenschen lieben, gerecht gegen ihn sein, bereit sein zu unabwälzbarer Selbstverantwortung und solidarischer Mitverantwortung — das sind allerdings christliche Grundforderungen sozialethischen Verhaltens, deren Verbindlichkeit zu jeder Zeit jedem Menschen, der ein Minimum christlicher Erkenntnis hat, einsichtig sein kann. Aber welche Einrichtungen und Verhaltensweisen in Familie, Staat und Gesellschaft, in Wirtschaft und Kultur mit jenen christlichen Grundforderungen vereinbar sind und welche nicht, welche sozialen Einrichtungen und Verhaltensweisen im Lichte jener Grundforderungen als unentbehrlich oder als wünschenswert oder nur als tragbar erscheinen — darüber haben die Menschen früherer Zeiten zum Teil anders gedacht als wir, darüber werden wahrscheinlich Menschen späterer Zeiten zum Teil anders denken als wir. Der Mensch und die Völker und die menschliche Gesellschaft und die Kirche sind *geschichtliche* Wesen. Was das heißt, dafür fehlt vielen Menschen, besonders vielen katholischen Christen unserer Zeit, das volle Empfinden. Ein geschichtliches Wesen sein, heißt: nie fertig sein, immer sich verändern, immer auf der Wanderung sein, immer mehr oder weniger gebunden sein an Überkommenes im Geisteserbe, in äußeren Einrichtungen, im biologischen Erbgut u. dgl. mehr.

Wenn das Wissen um solche geschichtlichen Bindungen christlichen Erkennens und Wollens — sei es noch so klug und aufrichtig — zu blaß ist oder fehlt, dann ist einmal unser *Denken* über das, was die Menschen früherer Zeiten getan haben, sehr mangelhaft; zum anderen stellt sich dann manchmal unser gegenwartsbezogener Gestaltungs*wille* unlösbare Aufgaben. Das empirische Wissen um das, was die Christen vergangener Jahrhunderte im sozialen Leben getan, gewollt, bejaht und abgelehnt haben, kann uns davor bewahren, allzu voreilig immer wieder zu sagen: „Die Lehre Jesu Christi, oder das Naturrecht, verlangt, daß ein bestimmtes Verhalten eingehalten, eine bestimmte konkrete Form im sozialen Leben geschaffen bzw. erhalten werde."

Warum haben denn Christen früherer Zeiten vieles anders gemacht? War das nur sündiger Wille, nur Trägheit, nur schuldhaftes Nichterkennen christlicher Aufgaben und Ziele für das Sozialleben? All das hat es gegeben und wird es wohl immer geben. Aber es ist nicht so, als ob Gott, so wie ein Lehrer die Aufgaben an die Tafel schreibt, alle christlichen Sozialaufgaben schon im Evangelium und in der Wortoffenbarung Christi und der Apostel hingestellt habe; und als ob die Christen nur zu kurzsichtig oder zu träge gewesen seien, sie zu erkennen; und als ob wir heutzutage durch unsere eigenen Verdienste so erleuchtet wären, daß wir z. B. Sklaverei und weltliche Herrschaft der Kirche als unchristlich erkennen. Nein, es ist vielmehr so: Gott hat nicht von vornherein *alle* Aufgaben hingeschrieben. Seine Vorsehung führt die Menschheit einen langen Weg über Täler und Höhen, durch ungeahnte historische Landschaften und läßt sie zuweilen *neue* Werte erfassen, *neue* Aufgaben erblicken, die sie vorher gar nicht sehen konnte[1]. Jesus Christus ist bei Seiner Kirche auf dieser Wanderung und will immer nur das von ihr, was sie unter göttlicher Führung jeweils erkennen kann. Gewiß, es gibt in ihr Schuld, Sünde, Versagen. Aber das können wir heute nicht rational abmessen, so wie ein Richter, der die ihm vorgetragenen Fälle unter die Paragraphen eines abgeschlossenen Gesetzbuches subsumiert. Wir können nur und

---

[1] Vgl. *Max Scheler*, Der Formalismus in der Ethik und die materiale Wertethik. Neuer Versuch der Grundlegung eines ethischen Personalismus, Bern ⁴1954, 280 f. — *Joseph Kardinal Frings*, Verantwortung und Mitverantwortung in der Wirtschaft. Was sagt die katholische Gesellschaftslehre über Mitwirkung und Mitbestimmung?, Köln 1949, 97. — *Romano Guardini*, Einführung zu: Jean-Pierre de Caussade, Ewigkeit im Augenblick. Von der Hingabe an die göttliche Vorsehung, Freiburg/Br. ²1947.

müssen aber auch als offenbarungsgläubige Christen das Vertrauen haben, daß der Herr Seine Kirche als Gesamtkirche nicht im Stich lassen, nicht ganz in soziale Blindheit, Trägheit oder Bosheit fallen lassen wird. „Ich bin bei euch alle Tage bis ans Ende der Welt", steht bei Matthäus im letzten Vers 28, 20. Aber wenn wir bei „Matthäi am letzten", wenn wir in äußerster Notlage sind, aus der wir keinen Ausweg wissen, dann sind wir nicht in der Verzweiflung über eine so ins dunkle, leid- und sündenvolle Sozialleben der Welt verstrickte Kirche, sondern dann sind wir bei dem Trost des Herrn, auf dem der Vorsehungsglaube der Kirche beruht. Wir wollen also nicht statisch, rationalistisch denken, sondern geschichtlich, dynamisch und zwar auf dem Boden des christlichen Vorsehungsglaubens. Auch das möge eine Frucht unserer Ausführungen sein.
Und schließlich verhilft uns das Wissen um geschichtliche Bindungen zu Weitblick und Gelassenheit in unseren gegenwärtigen Reformbestrebungen. Es macht wach und hellhörig, bewahrt vor voreiligen Urteilen und hilft, mit den Erfahrungen der Vergangenheit die Aufgaben der Gegenwart zu lösen. Manche unserer — vielfach mit Unbedingtheit vorgetragenen — Forderungen sind für das katholische Christentum nicht immer selbstverständlich gewesen. Und manches, was wir Menschen des 20. Jahrhunderts für mit dem Christentum vereinbar halten, werden kommende Generationen vielleicht für unchristlich halten. Wir brauchen uns jedoch von den Kommenden deshalb nicht den Vorwurf der Kurzsichtigkeit oder Trägheit machen zu lassen, wenn wir nur redlich bemüht sind, das zu erkennen und zu tun, was wir *jetzt,* auf dieser Entwicklungsstufe des christlichen Gesamtbewußtseins unter Gottes Führung erkennen können. Und das müssen wir dann tun und verfechten, nicht aufgeregt, ängstlich, kleinlich, „fanatisch", sondern mit Weitblick und Gelassenheit. Die Christen unserer Tage haben Aufgaben für *unsere* Zeit, andere vor uns haben *andere* gehabt, und andere nach uns werden wieder *andere* haben.

1. Kapitel

Die Beteiligung der Christen am öffentlichen Leben im Wandel der Zeiten

Unter „Sozialleben" sind nicht nur die zwischenmenschlichen Beziehungen in der Öffentlichkeit, sondern auch die des privaten Bereiches, insbesondere des Familienlebens zu verstehen. In diesem Kapitel jedoch soll nur vom öffentlichen Leben die Rede sein, besonders vom Bereich des staatlichen und des wirtschaftlichen Lebens.

1. In der römischen Kaiserzeit[1])

In der römischen Kaiserzeit sehen wir im Verhältnis der Christen zum öffentlichen Leben die Tendenz von langdauernder Distanz zu allmählicher Teilnahme, bei der jedoch von einem programmatischen Umgestaltungswillen keine Rede sein kann.

a) Die Gründe für die Distanz,

von denen wir fünf nennen wollen, sind zum Teil bloße Bedingungen, die die Distanz förderten, zum Teil wirksame Ursachen, die mit im Spiele waren.

Fördernde (äußere) Umstände der Distanz waren
(a) die politische Passivität der meisten Einwohner des römischen Kaiserreiches. Seit dem Wandel von der Republik zum Kaisertum bestand die staatsbürgerliche Tätigkeit des Durchschnittsrömers fast nur im Gehorsam gegen die staatlichen Gesetze, an deren Gestaltung er keinen Anteil hatte, und im Steuerzahlen. Dem Buchstaben nach waren zwar die Kaiser nicht Monarchen, sondern Präsidenten einer Republik auf Lebenszeit. Auf *Augustus,* seit 31 v. Chr. Alleinherrscher, traf diese Bestimmung „auf Lebenszeit" noch nicht einmal zu; er ließ sich seine Vollmacht immer nur auf fünf oder zehn Jahre vom Senat geben und dann erneuern. Seine Nachfolger waren Präsidenten auf Lebenszeit, aber Präsidenten einer Republik. Der eigentliche Träger der Staatsgewalt war der „Senatus populusque Romanus". So war es in der Theorie. In der Praxis war es anders. Je mehr sich die Kaiser auf das Heer stützten (besonders seit *Septimius Severus* 193—211), desto weniger brauchten sie nach dem Senatus populusque Romanus zu fragen. Anfangs gab es noch „Dyarchie" *(Mommsen)* von Senat und Caesar, bald aber absolutistische Monarchie bzw. Militärdiktatur und seit *Diokletian*

---

[1]) Vgl. *Andreas Bigelmair,* Die Beteiligung der Christen am öffentlichen Leben in vorkonstantinischer Zeit, München 1902.

(284—305) „orientalische Zwingherrschaft" *(Rostovtzeff)*. Die Senatoren galten als Vertreter des Volkes. Aber es gab kein allgemeines und gleiches Wahlrecht, auch nicht, als 212 *Caracalla* allen Einwohnern des Reiches das Bürgerrecht gegeben hatte. Ein Aufstieg in die senatsfähigen Familien oder auch nur in den darunter stehenden Ritterstand war den Angehörigen der breiten Schichten im allgemeinen verwehrt. Es bestanden fest geschlossene Kasten. Die breite Menge hatte keine Möglichkeit, sich am politischen Leben des Reiches zu beteiligen, wohl anfangs am politischen Leben der Gemeinden. Das Reich war in einige Tausend Selbstverwaltungsbezirke eingeteilt, in civitates mit ihrer ländlichen Umgebung. Ihr Selbstverwaltungsrecht war anfangs sehr umfassend, da ja Kaiser und politisches Zentrum für die meisten civitates weit entfernt waren. Für eine größere Anzahl von civitates war je ein kaiserlicher Statthalter aus dem Senatorenstand eingesetzt, der unter anderem das Recht zur Verhängung der Todesstrafe hatte. Um das Jahr 300 wurde das Selbstverwaltungsrecht der civitates abgeschafft, außer in Rom, wo der Senat seine Rechte behielt. Es erfolgte die Zentralisierung unter einer absoluten Monarchie nach orientalischem Muster mit Hilfe einer vom Kaiser frei zusammengestellten Beamtenschaft, ohne Rücksicht auf Senat und Ritterstand. Eine wachsende, zentral geleitete Beamtenschaft hatte der Kaiser nötig, um nach der Abschaffung der gemeindlichen Selbstverwaltungsrechte das gewaltige Reich zu leiten, das große Gebiete in drei Weltteilen umfaßte: den größten Teil von Europa, dazu Nordafrika und Vorderasien. Weder vorher noch nachher hatte der Durchschnittsrömer die Möglichkeit, an der Staatsführung teilzunehmen oder sie merklich zu beeinflussen. Solches ist nur möglich in Demokratien oder konstitutionellen Monarchien mit allgemeinem gleichen oder ständisch gestuftem Wahlrecht und aus solchen Wahlen hervorgehenden Vertreterkörperschaften (Kammern, Parlamente), die das Recht zur Mitwirkung an der Gesetzgebung haben. Davon gab es nichts im Staat der römischen Kaiserzeit. Die allermeisten Einwohner waren zur politischen Passivität gezwungen. Darin sehen manche Forscher eine der Ursachen, die den Untergang des römischen Weltreiches beschleunigt haben. Auf jeden Fall lag darin für die dem heidnischen Staat mißtrauisch begegnenden Christen die äußere Möglichkeit, sich in weitgehender Distanz vom politischen Leben zu halten.
(b) Die Zahl der Christen war gering. Das war ein weiterer äußerer Grund zur Distanz. Die Gesamtbevölkerung des römischen Reiches betrug zur Zeit des *Augustus* 70 Millionen, zur Zeit *Diokletians* 50 Millionen. Zur Zeit des Mailänder Ediktes von 313 machte der Anteil der Christen schätzungsweise nur ein Sechstel der Gesamtbevölkerung des Reiches aus.
(c) Diese christliche Minderheit wurde verfolgt. Zwar gab es bis *Decius* (249—251) kein allgemeines Verbot der christlichen Religion im ganzen Reiche, aber es gab immer, einmal hier, einmal dort, meist durch Statthalter, blutige Verfolgungen. Eine verfolgte Minderheit wird eher als eine große, umfassende, frei sich entfaltende Bewegung es unterlassen, sich ein Programm der sozialen und politischen Gestaltung zu machen und dafür zu werben. Sie *muß* das nicht unterlassen. Eine kleine, radikal marxistische oder bolschewistische Gruppe im 19. und

20. Jahrhundert vertritt, auch als verbotene oder verfolgte Minderheit, ein Sozialprogramm für Staat, Wirtschaft, Gesellschaft und Kultur und sucht mit größter politischer Aktivität entsprechenden Einfluß. Wenn aber eine religiöse Minderheit im wesentlichen welttranszendierende Ziele hat, dann ist es ihr möglich und gerade in Zeiten der Verfolgung nahegelegt, solche Ziele zunächst nur im privaten Leben, in Familie, in religiösen, konventikelartigen Gemeinschaften anzustreben.

Innere Gründe für die Distanz waren
(d) der Glaube an das nahe Weltende, die hochgespannte eschatologische Erwartung der Wiederkehr Jesu Christi auf den Wolken des Himmels. Das wird sein der Anbruch des jenseitigen Gottesreiches in offener Herrlichkeit, Beginn des neuen Himmels und der neuen Erde. Wenn aber solches bald hereinbricht, warum soll man dann noch streben nach aktiver Mitwirkung im öffentlichen Leben, an politischen, sozialen, wirtschaftlichen Programmen? Die meisten Christen waren damals arm und lebten in mühseliger Lebensenge. Sie waren überwiegend Sklaven, Freigelassene, Leibeigene, an die Scholle gebundene Colonen, kleine Pächter, Handwerker, Tagelöhner. Die Zusammenballung des Großgrundbesitzes in Latifundien — auch eine der oft angeführten Ursachen des Zusammenbruches des Reiches — nahm immer mehr zu. Immer mehr nahmen auch die Steuerlasten zu, die seit der Verschlechterung des Münzgeldes vielfach in Naturalien zu leisten waren, wobei die Grundbesitzer die Last abzuwälzen suchten durch Ausbeutung der Pächter, der Sklaven und der Lohnarbeiter. Das stehende Heer war für den Kaiser eine teure Angelegenheit, um so mehr, als es — trotz des formellen Bestehens einer allgemeinen Wehrpflicht — zum großen Teil aus fremden Söldnern bestand, die bei guter Laune gehalten werden mußten und samt ihren Frauen und Kindern zu versorgen waren. Auch die — im Vergleich zu den kommunalen — an Zahl zunehmenden kaiserlichen Beamten und die kaiserliche Hofhaltung, die mehr und mehr orientalischen Luxusstil annahm, kosteten viel Geld und Aufwendungen. Die so durch Heer, Beamtenschaft und Hofhaltung gestiegenen Staatskosten führten zu den ungeheuren Steuerlasten, die bekanntlich meistens von den wirtschaftlich Mächtigen nach unten abgewälzt werden. Die Zahl der Armen nahm zu, und die meisten Christen zählten zu ihnen. Aber sie machten kein Reformprogramm für eine gerechtere Staats- und Wirtschaftsordnung. Sie hofften auf die baldige Ankunft des welttranszendenten Gottesreiches; und sich persönlich, im Familien- und christlichen Gemeindeleben, darauf vorzubereiten, das war ihnen Lebensinhalt genug.
(e) Ein weiterer innerer Grund für die Distanz der Christen gegenüber dem weitgehend verstaatlichten öffentlichen Leben war das Bewußtsein von der Stellungnahme Jesu selber. Er hatte zwischen Kaiserreich und Gottesreich so scharf geschieden, wie es keines der politischen Gebilde, in denen die Hörer Jesu lebten, weder der jüdische noch der römische Sakralstaat, getan hatte. Die Juden hielten fest am theokratischen Ideal einer Synagoge, die zugleich Staat ist. Den Römern galt als selbstverständlich das heidnische Sozialideal einer Staatsreligion, in der der Kaiser auch der oberste Priester ist. Die Priester, die Pontifices, waren Staats-

beamte und der Kaiser war „Pontifex maximus". Zuerst war der Senat die Zentralbehörde für religiöse Angelegenheiten. Später vereinigte der Kaiser selber die Leitung aller wichtigen Priesterkollegien in seiner Hand. Er selber galt als die höchste Manifestation des Göttlichen auf Erden, und wer ihm den Kult versagte, galt als gottlos.

Als Jesus den Wesensunterschied zwischen Gottesreich und Kaiserreich aussprach, als Er, der aufforderte, dem Kaiser das Seine zu geben und als bereitenden Boden für das Himmelreich ein besonderes Sozialgebilde, seine Kirche, mit einem Fischer aus Galiläa als Oberhaupt gründete, da hatte Jesus Christus ein ganz neues Prinzip für die Gestaltung des Verhältnisses zwischen Staat und Religion in die Welt eingeführt, den „Sozialdualismus" *(J. C. Murray)*.

Das ist nicht leicht zu überschätzen. Alle großen Staaten der alten vorchristlichen Kulturvölker waren „sozialmonistisch" gebaut. Die staatliche Ordnung, staatliche Obrigkeit, staatliche Gesetze, all dieses war zugleich auch religiösen Charakters. Politische und religiöse Ordnung waren eins. Wer sich außerhalb der staatlichen Ordnung stellte, stellte sich dadurch außerhalb der religiösen Ordnung. Religiosität äußerte sich in höchster Form gerade in staatlicher Loyalität und Einordnung. Der Staat war sozusagen auch die Kirche und für alle religiösen Anliegen jedes Staatsangehörigen zuständig. Gerade durch solche religiösen Kompetenzansprüche wurden die großen Staatsgebilde der alten Welt mehr oder weniger totalitäre Staaten.

Durch die Vergöttlichung des Staatsoberhauptes wurde der Absolutismus der antiken Herrscher gesteigert. Das Wort, man müsse „Gott mehr gehorchen als den Menschen", konnte hier nicht sinnvoll angewendet werden: Der Mensch, der da an der Spitze des Staates stand, galt als ein auf Erden wandelnder Gott (so in Ägypten, China, Japan), als unmittelbar von Gott Beauftragter und besonderer Schützling Gottes (so in Babylon und später in islamischen Reichen), als vergöttlichter, in den Bereich des Numinosen aufgestiegener Liebling des obersten Gottes (so bei *Alexander d. Gr.* und den römischen Imperatoren) — Weisung und Wille dieses Menschen galten als mit dem Willen der Gottheit identisch.

Die Lehre Jesu von den zwei verschiedenen Gewalten und von der Verschiedenheit zwischen Staat und Jüngergemeinde oder Kirche, dieser genuin christliche Sozialdualismus war dem Bewußtsein der Christen so deutlich, daß gerade hierin ein wichtiger Grund zu sehen ist für die Distanz gegenüber dem sozialmonistischen römischen Staat und den von ihm geformten und gelenkten Bereichen des öffentlich-sozialen Lebens.

b) Die Gründe für die zunehmende Beteiligung

der Christen am öffentlichen Leben, von denen wir fünf nennen wollen, sind wiederum teils Vorbedingungen, teils direkte Ursachen.

Fördernde Umstände der zunehmenden Beteiligung waren
(a) die verwandtschaftlichen Beziehungen zwischen Christen und Heiden, die

vom 3. Jahrhundert an häufiger wurden durch Ehen zwischen Christinnen und reichen Heiden, wenn z. B. Frauen heidnischer Beamter konvertierten. Die Reichen waren aber nicht nur wirtschaftlich, sondern auch politisch mächtig und aktiv; denn großes Vermögen war die Voraussetzung für die Zugehörigkeit zum Senat und zum Ritterstand. Die Eheschließung mit Heiden war zwar seitens der Kirche unerwünscht, aber es gab keine kirchlichen Verbote. Anders als die Juden und Häretiker, mit denen die Eheschließung den Christen verboten war, weil hier die Kirche eine erhöhte Gefahr des Proselytentums sah, galten die Heiden als bloß unwissend und die Kirche achtete die Werbekraft des Heidentums gering.

Bei solchen verwandtschaftlichen Beziehungen zwischen Christen und Heiden, z. B. in der Ehe einer Christin mit einem heidnischen Beamten oder einem politisch einflußreichen Heiden kann diese eine gewisse Teilnahme am politischen Leben nicht vermeiden. Das hat seine Wirkung auch auf die nächsten christlichen Verwandten.

(b) Berufliche Bindungen waren ein weiteres förderndes Moment für die zunehmende Beteiligung von Christen am öffentlichen Leben. Wenn ein heidnischer Beamter oder Offizier Christ wurde, so blieb er in den meisten Fällen im Staatsdienst, wenn man ihn staatlicherseits nicht zu sehr mit der Teilnahme an heidnischen Opfern u. dergl. bedrängte. In den Schriften des *Tertullian* († 230) steht die eindrucksvolle Stelle: „Von gestern sind wir und schon haben wir all das erfüllt, was dereinst euer gewesen, die Städte, die Inseln, die Municipien, die Ratsversammlungen, sogar das Lager, die Tribus, die Dekurien, den Hof, den Senat, das Forum — nur eines haben wir euch gelassen — die Tempel"[2].

Später wurde *Tertullian* — als Anhänger des *Montanus* — schroffer, ablehnender[3]. Im Gesamtverhalten der Christen aber wurde zu Beginn des 3. Jahrhunderts eine konformistische Tendenz, eine Bereitschaft zu Anpassung, Aussöhnung und Beteiligung deutlich[4].

Es gibt drei interessante Stellungnahmen zur Frage des Verhaltens christlicher Beamter im heidnischen Römerreich:

(1) Die „Ägyptische Kirchenordnung" (ca. 220) bestimmt: Ein Christ darf Richter sein.

(2) Die Provinzialsynode von Elvira in Spanien (300) fand einen Kompromiß in der Frage der Anpassung: Ein christlicher Magistratsbeamter im Duumvirat (= zwei oberste Beamte in einer Stadt, meist für ein Jahr gewählt) soll in dem betreffenden Jahre dem Gottesdienst fernbleiben.

(3) Die Provinzialsynode von Arles in Südfrankreich (314) forderte, daß ein christlicher Staatsbeamter ein Empfehlungsschreiben der kirchlichen Heimatgemeinde auf seinen Reisen mitnehmen solle.

---

[2] Apologeticus, 37. — Erklärungen zum Zitat: Municipium = Stadt außerhalb Roms mit eigenem Magistrat und Bürgerrecht für die Einwohner, „Freie Stadt". — Tribus = Stadtviertel. — Dekurien = besondere Klasse der Richter, die aus dem Ritterstand kamen.
[3] Vgl. De idololatria.
[4] Vgl. *Klemens von Alexandrien*, Der Erzieher.

Innere Gründe für die zunehmende Beteiligung waren
(c) die eschatologische Enttäuschung, die besonders seit der Mitte des 2. Jahrhunderts unter den Christen sich verstärkte. Die eschatologische Erwartung ist dem Christentum wesentlich. Newman definiert sogar den Christen als einen Menschen, der Ausschau hält nach der zukünftigen Welt und auf die Wiederkunft des Herrn harrt[5]). Im 3. Jahrhundert nun wenden sich die aus der Bindung an die hochgespannte, aber passive eschatologische Erwartung der Wiederkunft Christi entlassenen seelischen Energien mehr und mehr den innerweltlichen Aufgaben zu, d. h. dem sich anpassenden Mitmachen und auch der aktiven Wegbereitung durch langsame Umformung weltlicher Einrichtungen und Verhaltensweisen gemäß christlichen Grundsätzen. Dabei mußte die eschatologische Erwartung, wenn sie nicht ganz aufgegeben werden sollte, umgeformt werden. Darüber werden wir bei der Besprechung des Mittelalters mehr hören.
(d) Das quantitative Wachstum der Kirche, besonders während der ca. 50jährigen Schonzeit zwischen der Verfolgung durch *Decius* und durch *Diokletian*, nach der durch *Konstantin* 313 vollzogenen rechtlichen Gleichstellung von Christen und Heiden und nach der Erklärung zur Staatskirche 380 durch *Theodosius*, macht aus der kleinen christlichen Kirche allmählich eine „Volks- und Massenkirche". Eine solche Kirche kann nicht, auch wenn die tiefsten und frömmsten Geister in ihr es wünschen, in dem gleichen Maße einen politischen und öffentlichen sozialen Absentismus praktizieren, wie es eine kleine „Elitekirche" mit irgendwelchen religiösen Ausnahmequalitäten tun kann.
Hier stoßen wir auf den bedeutsamen Zusammenhang zwischen religiöser Exoterik und Esoterik und dem Sozialleben, von dem noch näher die Rede sein wird. Wir werden sehen, daß dem Grade, in dem die Kirche Volkskirche wird, auch ihr Interesse an der Gestaltung des profansozialen Lebens entspricht[6]).
(e) Das Gebot der tätigen Nächstenliebe, das christliche Kerngebot vor allem, drängte auf positive Mitarbeit an der Welt, an der Gestaltung des sozialen Lebens. Als z. B. 250 in Äthiopien die Pest ausbrach, danach in vielen römischen Provinzen, halfen die Christen bei den öffentlichen Hilfsmaßnahmen, pflegten die Kranken, begruben die Toten. Über den öffentlichen Hilfsdienst der Christen während Hungersnot und Pest in Rom um 300 berichtet *Eusebius* († 339) in seiner „Historia ecclesiae"[7]). Die tiefe, umfassende tätige Gesinnung der Nächstenliebe der Christen der ersten Jahrhunderte war etwas wirklich Neues gegenüber ihrer Umwelt, insbesondere der heidnischen, in geringerem Maße der jüdischen Umwelt[8]).

---

[5]) Vgl. die Predigt „Harren auf Christus" im 6. Bd. der Gesamtausgabe seiner Predigten, eingeleitet und übertragen von der Newman-Arbeitsgemeinschaft der Benediktiner von Weingarten, Stuttgart 1954, 253 ff. und andere Predigten.
[6]) Vgl. *Nikolaus Monzel*, Solidarität und Selbstverantwortung. Beiträge zur christlichen Soziallehre, München 1959, darin: Die Kirche und die Massen, 376—394.
[7]) IX 8, 13.
[8]) Vgl. *Johannes Leipoldt*, Der soziale Gedanke in der altchristlichen Kirche, Leipzig 1952 (dogmatisch häretisch: Leipoldt glaubt nicht an Jesu Gottessohnschaft; aber viel Material).

Bezüglich des Judentums erinnern wir uns: Das Buch Deuteronomium enthält ein ausführliches Armenrecht, aber wir sehen es auf dreifache Weise eingeschränkt:

(1) Es ist fast ganz auf ländliche und landwirtschaftliche Verhältnisse eingestellt; für städtische Verhältnisse und Großhandel und Gewerbe fehlen direkte Anweisungen.

(2) Es fehlen das hinreißende Beispiel und die Lehre Jesu: Gott ist nicht nur Schöpfer und Herr, sondern er ist auch die Liebe, und durch nichts wird der Mensch Gott so ähnlich wie durch die Nächstenliebe. Dieses Motiv für Armenpflege und Hilfe fehlt noch im Alten Testament, wo Caritas nur auf dem Lohnmotiv gründet: Gott wird es dir vergelten mit irdischen und himmlischen Wohltaten.

(3) Armut galt, nicht immer und überall, aber vielfach auch als Strafe und der Arme als Sünder, als ein Mensch göttlichen Mißfallens.

Schlimmer jedoch als bei den Juden waren die Zustände und viel tiefer standen die Auffassungen über Fragen des sozialen Lebens im Heidentum, besonders in drei Bereichen:

(1) Die Sklaven galten als intellektuell und moralisch minderwertige Menschen. *Aristoteles* nennt sie in seiner „Politeia" „zweibeinige Arbeitstiere". Zwar ließen religiöse Geheimsekten sie zum Gottesdienst zu, und die Stoiker philosophierten über allgemeine Menschenwürde und empfahlen die Freilassung der Sklaven. Im Alltag jedoch wurde deren Los dadurch in der griechisch-römischen Welt zunächst kaum gemildert. Erst durch die wirtschaftliche Notlage der Sklavenbesitzer infolge mangelnden Sklavennachwuchses und mangelnder Sklavenzufuhr erfuhren die Sklaven eine pfleglichere Behandlung, erhielten Heiratserlaubnis, wurden zum Teil freigelassen, um Anteil an den staatlichen Getreidespenden zu erhalten, oder sie wurden halb freigelassen, weil ihre Besitzer annahmen, der an die Scholle gebundene Pächter werde mehr und besser arbeiten als der Sklave[9]).

(2) Die Stellung der Frau war eine sehr untergeordnete und demütigende, was in Vielweiberei, Ehescheidung zugunsten des Mannes u. a. m. zum Ausdruck kam.

(3) Kindestötungen und Kindesaussetzungen, insbesondere von Mädchen, waren weit verbreitet und meistens nicht verboten, auch noch in den ersten Jahrhunderten christlicher Zeitrechnung.

Dagegen waren im Christentum

(1) die Sklaven im Gottesdienst den Freien völlig gleichgestellt; damit erhielten sie Personrechte. Der römische Christ *Hermas* sagt offen, daß er ein Sklave war; dem Ansehen seiner Schrift „Pastor Domini" tut das keinen Eintrag. Auch die Päpste *Pius I.* (140—155) und *Kallistus* (217—222) waren freigelassene Sklaven.

---

[9]) Vgl. *Otto Neurath*, Antike Wirtschaftsgeschichte, Leipzig und Berlin, ²1918, 90.

(2) Ebenso wurde nun die Personwürde der Frau betont; sie sei, wie der Mann, erlöst und zur Gotteskindschaft berufen.
(3) Die Kindestötungen und -aussetzungen galten als Sünde.
(4) Zu beachten sind auch die sehr häufigen Mahnungen zum Almosengeben an die Armen mit dem Hinweis, Jesus selber sei arm gewesen und habe sich mit den Hilfsbedürftigen identifiziert: „Was ihr dem geringsten meiner Brüder getan habt, das habt ihr mir getan", und er habe den Richterspruch vorausgesagt: „Ich war hungrig, und ihr habt mich nicht gespeist...". In der „Didache", der „Zwölfapostellehre" (etwa 80—100 entstanden) heißt es: „Wende dich nicht von dem Bedürftigen ab, sondern habe alles gemeinsam mit deinem Bruder und sage nicht, daß es dein Eigen sei; denn wenn ihr im Unvergänglichen Gemeinschaft habt, wie viel mehr in den vergänglichen Dingen" (4, 8). Beachten wir aber auch die öfter vorkommende Mahnung, die Armen sollten nicht einfach vom Bettel leben, sondern arbeiten. In der Didache lautet sie: „Wer da kommt im Namen des Herrn, soll Aufnahme finden... Ist der Ankömmling ein Durchreisender, so unterstützt ihn, so viel ihr könnt. Er bleibe aber bei euch nur zwei oder drei Tage, wenn es nötig ist. Will er sich bei euch niederlassen, etwa als Handwerker, so arbeite er und verdiene sein Brot. Versteht er kein Handwerk, so sorgt nach bester Einsicht, daß er als Christ nicht müßig unter euch lebe. Will er sich danach nicht richten, so geht er mit dem Christentum nur hausieren" (12, 1—5).
Paulus schon hatte zur Arbeit gemahnt und damit also den Arbeitsfähigen verboten, bloß von arbeitsfreiem Einkommen zu leben: „Ihr wißt ja, wie ihr uns nachahmen sollt. Wir haben kein ungeordnetes Leben unter euch geführt und haben uns von niemand unser Brot schenken lassen. Vielmehr haben wir Tag und Nacht hart und schwer gearbeitet, um keinem von euch zur Last zu fallen. Nicht als ob wir kein Recht dazu hätten, sondern um euch ein Beispiel zu geben, dem ihr nachfolgen sollt. Als wir noch bei euch waren, haben wir schon geboten: Wer nicht arbeiten will, soll auch nicht essen. Und nun hören wir, daß einige von euch ein unordentliches Leben führen und statt ernster Beschäftigung geschäftigem Müßiggang nachgehen. Diesen Leuten gebieten wir nachdrücklich im Herrn Jesus Christus, sie sollen sich in ruhiger Arbeit ihr eigenes Brot verdienen" (2 Thess 3, 7—12). Über eine andere, bis in die jüngste Vergangenheit noch anrüchige Form „arbeitsfreien" Einkommens, den Zins, werden wir in einem eigenen Kapitel sprechen.

Diese Änderungen zugunsten der Sklaven, der Kinder, der Frauen, der Armen durch das Christentum wirkten sich zunächst nur im innerkirchlichen und familiären Bereich aus, bewirkten aber noch keine Strukturänderung in Staat und Wirtschaft. Gewisse äußere Änderungen zeigten sich erst seit *Konstantin*. Das Bedenkliche dabei aber war, daß die Kirche mehr in den Dienst des Staates gestellt und ihm angepaßt wurde als umgekehrt: daß der Staat durch christliche Einflüsse ganz anders geworden wäre.

2. Im Mittelalter und in der Neuzeit

a) Das faktische Verhalten der Christen im öffentlichen Leben

Wie läuft nun die Kurve des Verhaltens der Christen zum öffentlichen Leben weiter? Distanzieren oder beteiligen sie sich?

(1) Beginn des Mittelalters

Das Mittelalter begann, als die Germanen in so großer Zahl und so wirkkräftig ins spätrömische Reich und zugleich in die christliche Kirche eingeströmt waren, daß sie zu einem Hauptfaktor im abendländischen Geschehen wurden. Viele germanische Völker waren zuerst arianisch und später erst römisch-katholisch, so z. B. die Sueven und die Westgoten in Spanien, die erst Ende des 6. Jahrhunderts, als die letzten germanischen Völker, vom Arianismus zum Christentum kamen. Die Franken hatten schon hundert Jahre vorher das Christentum sofort in römisch-katholischer Form angenommen: Als *Chlodwig* 496 nach dem Sieg über die Alemannen bei Zülpich von Bischof *Remigius* in Reims getauft wurde, trat zugleich das ganze Volk in die katholische Kirche ein.

(2) Exkurs über Kollektivbekehrungen

Der moderne Mensch ist geneigt, in einer solchen „Kollektivbekehrung" Zwang oder Heuchelei zu sehen und deshalb — gemessen an den christlichen Grundsätzen der Gewissensfreiheit, der Freiheit des Glaubensaktes und der Echtheit persönlicher Überzeugung — etwas Unchristliches. Unter christlichem Aspekt ist das allerdings ein fragwürdiger Vorgang; jedoch steht dahinter nicht Zwang oder Heuchelei. Dem geschichtlichen Verständnis zeigt sich, daß solche Vorgänge meist nicht äußerlich erzwungen oder von den Bekehrten bloß geheuchelt waren. Der tiefere Grund liegt im sozialmonistischen Denken aller alten Kulturvölker und übrigens auch vieler primitiver Völker, die noch nicht modern beeinflußt sind. Der König ist eine Art von Heilbringer und die Welt des Heiligen polytheistisch. Wenn ein anderer Gott als der bisher als höchster Gott verehrte sich als mächtiger erweist und der König sich ihm deshalb zuwendet, dann gilt das dem ganzen Volk als das Beste. Daß der einzelne sich selber einen anderen Weg zum Göttlichen suchen solle als seine Volksgenossen, wäre eine absurde Idee. Religion war allen alten Kulturvölkern und den primitiven Völkern wesentlich Sache der Volksgenossen bzw. des Staates. *Friedrich Heer* schreibt: „Die attische Polis ist ebenso Kult-, Kultur- und politische Gemeinde wie die res publica der in der Vätersitte ... kultisch-politisch geeinten römisch-lateinischen Dorfgemeinde. Wer sich aus der Gemeinschaft selbst ausgliedert — dadurch, daß er sich einem fremden Gott unterwirft — zeigt, daß er nicht mehr an das gemeinsame ‚Heil' seiner Sippe, seines Stammes und Volkes glaubt, welches eben auf der religiös-politischen Bindung zwischen Gottheit und Volksgemeinschaft ruht; er schließt sich damit selbst aus und verliert jede äußere und innere Existenzgrundlage." So war es auch im alttestamentlichen Israel. Und heute noch erfahren das die christlichen Missionare im Fernen Osten: „Kultur und Kultus, religiöse, kulturelle, persönliche, sippen- und gesellschaftsmäßige und stammhafte Bindungen bilden bei diesen ‚Heidentümern' eine geschlossene Einheit. Zugehörigkeit zur Lebensgemeinschaft eines Stammes, eines Volkes, bedeutet Einbezogensein in das gesamte religiös-politisch und gesellschaftlich fundierte Brauchtum derselben." „Deshalb sind z. B. protestantische Missionsgesellschaften in Indien darangegangen, eigene christliche Siedlungsgemeinschaften zu gründen, da selbst beim Versuch, alles ‚Westliche', Europäisierende fernzuhalten, der Übertritt zum Christentum immer noch den Übergang zu einem neuen Gesamtlebensstil bedeutet. Von hier aus muß auch der neuentbrannte Kampf der jungen indischen, chinesischen und indochinesischen Nationalismen gegen das Christentum verstanden werden: sie fürchten in ihm ein Element, welches die nationale Einheit — Brauchtum, Sitte, Kult — zersetzt..."[10]).

(3) Verhältnis von Papsttum und Kaisertum

Nach ihrer Bekehrung wurden die Franken im 8. Jahrhundert von Papst *Stephan II.* zum politischen Schutz der Kirche berufen. Die Vorgeschichte dazu ist im sogenannten Bilderstreit zu suchen. Kaiser *Leo III.* (717—741) hatte mit Rücksicht auf die Mohammedaner in seinem Reiche ein bilderfeindliches Edikt erlassen. Dagegen protestierten die Mönche *(Johannes von Damaskus),* und Papst *Gregor II.* warnte in einem Briefe den Kaiser. Papst *Gregor III.* exkommunizierte ihn. Daraufhin trennte der Kaiser Illyrien (Thessalonich, Unteritalien, Sizilien) vom Patriarchat Rom ab und unterstellte die Verwaltung und auch die Seelsorge dieser Gebiete dem Patriarchen von Konstantinopel und zog den päpstlichen Besitz in diesem Gebiet ein. Die Folge war, daß der Papst sich einer anderen staatlichen Macht zuwandte: den Franken und ihren Königen aus dem Hause der Karolinger. Der Franke *Pippin der Kleine,* der den letzten Merowingerkönig der Franken, *Childerich III.,* absetzte und in ein Kloster sperrte, wurde vom Papst 754 zum „Patricius Romanorum" bestellt; das war der Titel des früheren Statthalters des oströmischen Kaisers in Italien. „Das war nicht eine belanglose Zeremonie", schreibt *Lortz.* „Die geistliche Gewalt des obersten Priesters *schuf* hier politische Legitimation, also politische Macht: *das Kirchliche ragt unmittelbar ins Weltlich-Politische hinüber.* Die Vermischung der beiden Sphären, wie sie für das Mittelalter grundlegend ist, war da"[11]). Der Bruch mit dem oströmischen Kaisertum durch die päpstliche Bestellung *Pippins* wurde noch verschärft und die Verbindung von Papsttum und Kaisertum verstärkt, als *Karl der Große* 800 durch

---

[10]) *Friedrich Heer,* Aufgabe Europas. Eine Studie zu den Zusammenhängen zwischen politischer Religiosität, Frömmigkeitsstil und dem Werden Europas im 12. Jahrhundert, Wien-Zürich 1949, 34 f.
[11]) *Joseph Lortz,* Geschichte der Kirche in ideengeschichtlicher Betrachtung, Münster ²1933, 104.

Papst *Leo III.* zum Kaiser gekrönt wurde. Dadurch wurde die ganz enge Verschränkung beider Gewalten auch für die Zukunft vollzogen: Der Kaiser empfängt die Krone aus der Hand des Papstes; die Papstwahl wird abhängig von der Anerkennung durch den Kaiser. Damit wird jeder dieser beiden Mächte mehr Kompetenz zuerteilt, als ihr gemäß der Weisung Christi wesentlich ist.

Erst nachdem *Konrad IV.*, der letzte Hohenstaufenkaiser, 1254 gestorben war, brach bald der große politische Rahmen des Mittelalters auseinander, zerfiel das Imperium in Nationalstaaten und löste sich die Verbindung von Kaisertum und Papsttum. Soziologisch gesehen beginnt um 1300 die Neuzeit.

(4) SOZIALMONISTISCHE LEBENSAUFFASSUNG UND LEBENSGESTALTUNG IM MITTELALTER

Durch einen umfassenden praktischen Sozialmonismus bildeten im Mittelalter kirchliche und weltliche Sozialordnung mehr oder weniger eine Einheit. Wir sehen heute das Gefährliche einer solchen Vermischung: Das Staatskirchentum kann der Freiheit des Evangeliums Eintrag tun; die Kirche kann verweltlichen, wenn sie zu sehr in politische Machtfragen und weltliche Dinge verwickelt wird. Aber den Germanen und den vor ihnen in Westeuropa ansässigen Völkern war solche Verbindung von Religion und politischer Macht, von Kirche und Staat, Geistlichem und Weltlichem selbstverständlich aufgrund ihres sozialmonistischen Denkens.

Insbesondere ist von den Germanen, die das Mittelalter ja wesentlich geprägt haben, zu sagen: Wenn sie auch nicht volles Verständnis für die Feinheiten des römischen Rechts- und Verwaltungswesens und mancher kultureller Schöpfungen der Römer hatten, wenn auch bei den Kriegen zur Zeit der Völkerwanderung vieles zerstört wurde, was die Römer geschaffen hatten[12]), so waren die Germanen doch keine kulturfeindlichen Barbaren, die die römische Kultur niedertrampeln wollten, sie strebten vielmehr nach Kulturerhöhung im Rahmen der spätrömischen Reichsorganisation. In diesem römischen Reich aber hatte die Kirche, hatten Papst und Bischöfe schon vorher eine gewisse politische Macht, die ihnen durch die enge Verbindung zwischen Staat und Kirche seit *Konstantin* und *Theodosius,* infolge der Verlegung der Kaiserresidenz nach Konstantinopel und infolge des Zerfalls der weströmischen Staatsmacht, einfach zugewachsen war. In seiner Studie über „Die benediktinischen Schulen" schreibt *Newman:* „Sie (die Mönche) hatten alle ein für allemal ... die irdischen Verantwortlichkeiten verlassen, um den Himmel vorweg zu nehmen. Sie hatten im einsamen Wald oder auf dem schweigenden Berggipfel die schöne, unverderbte Natur gesucht, die nur vom Schöpfer sprach. Sie hatten sich in Wüsten zurückgezogen ... Sie waren dorthin gegangen, wo kein Menschengesicht zu sehen war ... Sie hatten sich eine Zuflucht gesichert, von der aus sie auf die kranke Welt aus der Entfernung blicken und sie sterben sehen könnten. Aber als diese letzte Stunde kam, vereitelte sie nur zu sehr alle ihre Hoffnungen, denn an Stelle einer alten

---

[12]) Vgl. *Hermann Aubin,* Vom Altertum zum Mittelalter, München 1949.

Welt in der Entfernung, fanden sie eine junge Welt ganz nahe vor sich ... und sie selber waren gegen ihren Willen und ihre eigene Erwartung in nicht geringem Maße deren Leben selbst. Der einsame Benediktiner erhob sich von seinen Knien und fand sich in einer Stadt. Dies war nicht bloß hier und dort der Fall, sondern überall; Europa wurde neu eingeteilt, und die Mönche waren das Prinzip dieser Einteilung. Sie waren zu großen Gemeinschaften gewachsen, zu Abteien, zu Körperschaften mit Zivilprivilegien, zu Landbesitzern mit Pächtern, Leibeigenen und adeligen Nachbarn; sie waren Mittelpunkte der Bevölkerung geworden, zu Schulen der höchstgeachteten Wahrheiten, zu Schreinen des geheiligtesten Vertrauens. Sie fanden sich als Priester, Regierende, Gesetzgeber, Feudalherren, königliche Räte, Missionsprediger, Polemiker; und sie verstanden, daß sie, es sei denn, sie flöhen von neuem das Antlitz der Menschen wie der hl. Antonius im Anfang, der Hoffnung Lebewohl sagen müßten, das Leben des hl. Antonius zu führen"[13]). In den Augen der germanischen Völker war gerade die Kirche — weil sie mit politischer Macht schon ausgestattet war, als diese Völker zur Kirche kamen, und weil die Kirche ebenso wie das römische Reich universal gestaltet und nicht national gebunden war — der Ausdruck, die „Verleiblichung" der fortlebenden römischen Reichsidee, die noch Jahrhunderte hindurch ihre Anziehungskraft ausstrahlte[14]).
Weil also die Germanen gemäß uralter vorchristlicher und außerchristlicher Tradition sozialmonistisch dachten, weil sie das Christentum nicht als eine in sich selbständige Wirklichkeit neben und über den Staaten sahen, war ihnen die Vermischung beider Sphären im Mittelalter selbstverständlich. Religion, Kirche, Politik, Wirtschaft, Sitte, Brauchtum — alles sollte in einer Stileinheit gestaltet werden. Was die Heilige Schrift und, seit *Thomas von Aquin*, die Theologie über die Wesensverschiedenheit und Selbständigkeit von Kirche und Staat sagten, wirkte praktisch kaum der sehr intensiven Vermischung beider Bereiche entgegen.

(5) Die Distanz der Katholiken gegenüber dem öffentlichen Leben in der Neuzeit

Das wurde anders, als Ende des 13. Jahrhunderts das Imperium zerfiel, die Verbindung von Papsttum und Kaisertum sich auflöste. Äußere Gründe waren (a) die Entstehung von Nationalstaaten, die zwar nicht ohne jede sakrale Stütze, aber doch ohne Bindung an die sakrale Macht Roms zu existieren wußten; (b) der Zerfall der Einheit der Kirche selber im Zeitalter der Reformation. Innere Gründe waren (c) eine wachsende Tendenz, sowohl in der wissenschaftlichen Theorie als auch im volkstümlichen Denken, Geistliches und Weltliches zu trennen; (d) die Entfaltung des neuzeitlichen kapitalistischen Wirtschaftssystems, das mehr und mehr sich der ethisch-religiösen Regulierung durch die Kirche ent-

---

[13]) *John Henry Newman*, Historische Skizzen, deutsch von *Theodor Haecker*, Olten 1948, 255 f.
[14]) Vgl. *Ernst Wilhelm Eschmann*, Zur politischen Struktur des Mittelalters, in: Zeitschrift für Völkerpsychologie und Soziologie 4 (1928).

zog. Einer Politik und einer Wirtschaft, die sich aus dem direkten Einflußbereich der Kirche lösten, standen die mit ihrer Kirche verbundenen katholischen Christen distanzierter gegenüber. Freilich war die Rückkehr in einen so weitgehenden Absentismus gegenüber dem öffentlichen Leben, wie wir ihn bei den Christen der ersten Jahrhunderte sahen, nicht möglich; aber die Christen treten jetzt doch sozusagen in die zweite Linie zurück, während an die Spitze, als Pioniere des politischen und wirtschaftlichen Geschehens, Männer treten, die von den frommen Gläubigen mißtrauisch angesehen werden und die auch selber — zumal als Pioniere des neuen Wirtschaftsstils — vielfach kein gutes Gewissen bei ihrem säkularisierten Verhalten hatten.

(6) VERSCHIEDENHEIT DES DISTANZIERTEN VERHALTENS IM POLITISCHEN UND IM WIRTSCHAFTLICHEN BEREICH

Es ist zu beachten, daß die neuen Verhältnisse in der Politik und in der Wirtschaft nicht gleichermaßen als mit dem Christentum unvereinbar empfunden wurden. Im politischen Bereich erstarkte zunächst der fürstliche Absolutismus. Da, wo in überwiegend katholischen Ländern der absolutistische Herrscher sich auf guten Fuß mit der Kirche, d. h. vor allem mit den Bischöfen seines Landes stellte, sahen sich die katholischen Christen gegenüber dem Staat weniger zur Distanzierung veranlaßt als gegenüber dem neuen Wirtschaftsstil. Zwar hatte dieser seinen Ursprung in katholischen Ländern genommen und einige große Unternehmergestalten des Frühkapitalismus waren Katholiken: *Cosimo de Medici, Jacques Coeur, die Welser, die Fugger*. Aber der kapitalistische Vorfrühling erlahmte bald, als diese Unternehmer ein reiches Rentnerleben im adeligen Stil zu führen begannen. Das war in protestantischen Ländern anders. Die Protestanten, besonders die Calviner, waren Pioniere, die einen dauernden Erfolg bei der Umformung des Wirtschaftsstiles hatten. Jedenfalls verhielten sich die katholischen Christen im Wirtschaftsleben der Neuzeit distanzierter als in dem des Mittelalters.

Auf politischem Gebiet distanzierten sie sich in stärkerem Maße erst, als demokratische Tendenzen in der Färbung, die ihnen die von antikirchlichen und offenbarungsfeindlichen Kräften getragene Französische Revolution gegeben hatte, mehr ins Spiel kamen. Später als andere Bevölkerungskreise in Europa haben — aufs Ganze gesehen — die Katholiken die demokratischen Zielsetzungen bejaht, und zwar ungefähr zu der selben Zeit, in der sie das kapitalistische Wirtschaftssystem, wenn auch als sozialpolitischer Reformen bedürftig, bejahten. Das geschah in der zweiten Hälfte des 19. Jahrhunderts, in Deutschland z. B. durch *Hitze, v. Hertling, Ketteler* und schließlich durch die Enzyklika „Rerum novarum" (1891) *Leos XIII.*, in der der Kapitalismus nicht mehr abgelehnt, den französischen Katholiken Aussöhnung mit der Demokratie geboten[15]) und allgemein der demokratischen Staatsform eine Berechtigung unter den mit christlichen Grundsätzen vereinbaren Staatsformen eingeräumt wurde.

[15]) Au milieu des sollicitudes, in: Acta Leonis XIII, vol. V, p. 36 ff.

b) Die verschiedene Häufigkeit kirchenamtlicher Stellungnahmen im Altertum, im Mittelalter und in der Neuzeit

Im Altertum sind die kirchenamtlichen Verlautbarungen selten. Wir wissen z. B. von der „Ägyptischen Kirchenordnung" (ca. 220), die bestimmte, ein Christ dürfe Richter sein. Wir kennen die Anweisungen, die die Provinzialsynode von Elvira (300) gegeben hat: Bischöfe und Kleriker sollen Handel nur durch Vertreter betreiben; Klerikern, die Zins nehmen, wird die Exkommunikation angedroht; Ehen von Christen mit Juden oder Häretikern werden verboten; Magistratsbeamte sollen im Duumviratsjahr am Gottesdienst nicht teilnehmen. Die Provinzialsynode von Arles (314) forderte, ein christlicher Beamter solle auf seinen Reisen ein Empfehlungsschreiben seiner Heimatgemeinde mit sich führen.
Für die Seltenheit kirchenamtlicher Weisungen im Altertum gibt es mehrere Gründe: (1) Die Organisation der Kirche war noch nicht straff zentralisiert. (2) Bei der kirchlichen Obrigkeit selber bestand vielfach Unklarheit. Es war schwer für sie, sich in der heidnischen Umwelt so einzurichten, daß alle christlichen oder für christlich gehaltenen Grundsätze gewahrt blieben. (3) Seit *Konstantin* residierte der Kaiser in Byzanz (Konstantinopel). Schon deshalb kam es zu weniger Reibereien zwischen Papst und Kaiser als später im Mittelalter, wo beide auf engem Raum eher in Kompetenzstreitigkeiten gerieten, durch die manche kirchenamtlichen Äußerungen über das Verhältnis von Kirche und Staat veranlaßt wurden. (4) Die sozialmonistische Vorstellung, seit *Konstantin* und *Theodosius* sozusagen aus dem Heidnischen ins Christliche umgefärbt, ließ weniger kirchenamtliche Kritik am öffentlichen Leben aufkommen. Zur Kritik gehört Distanz.
Dieser vierte Grund ist auch noch für die relative Seltenheit kirchenamtlicher Äußerungen *im Mittelalter* anzuführen. Wohl aber wurden jetzt allgemein verbindliche Stellungnahmen der Kirche etwas häufiger als im Altertum, aus verschiedenen Gründen: (1) Die Kirche war inzwischen stärker durchorganisiert. (2) Die Theologen hatten sozialethische Grundsätze rational-wissenschaftlich durchgearbeitet und systematisiert; das gab Klarheit und feste Richtlinien für die Verkündigung sozialethischer Leitsätze.
In der Neuzeit steigt die Häufigkeit kirchenamtlicher Äußerungen an. Und seit *Leo XIII.* erscheinen sie in so dichter Aufeinanderfolge wie nie zuvor, auch, besonders seit der Weltkonferenz für Praktisches Christentum von 1925, auf evangelischer Seite. Wie ist das zu erklären?
(1) Als Folge der Kirchenspaltungen des 16. Jahrhunderts verloren zwar die kirchlichen Weisungen an Wirkkraft, weil die Autoritätsansprüche der verschiedenen christlichen Kirchen miteinander konkurrierten und weil das protestantische Glaubensverständnis Natur und Übernatur nicht mehr in der harmonischen Zusammenordnung sah wie das Mittelalter. Aber noch im 17. Jahrhundert galt es in der evangelischen wie in der katholischen Christenheit als selbstverständlich, daß die Kirchen politisches und wirtschaftliches Verhalten ethisch zu regulieren beanspruchten. Die weithin wirksame Leugnung der Welt der Übernatur

und damit die grundsätzlich bejahte Verweltlichung des Soziallebens war erst eine Frucht der Aufklärung des 17. und 18. Jahrhunderts. Seitdem lebt die Christenheit mehr und mehr in einer nichtchristlichen Umwelt; sie sieht sich insbesondere der angriffskräftigen Front des atheistischen Sozialismus (Marxismus) gegenüber. Das bedeutet einerseits Verteidigungsstellung und Verminderung des direkten Einflusses christlicher Ideen und Einrichtungen auf das öffentliche Leben, andererseits die Notwendigkeit praktischer Verständigungen mit den dem christlichen Offenbarungsglauben fern oder feindlich gegenüberstehenden Gruppen, wobei eine natürliche Sozialethik als unentbehrliche Verständigungsgrundlage erkannt wird.
(2) Die fortschreitende Vervollkommnung der Kommunikationstechnik und die Zusammenballung der angewachsenen Bevölkerung in Großstädten und Industriebezirken steigern die Möglichkeit der Meinungsbeeinflussung, der „Meinungsansteckung" und Irreführung und erschweren die persönliche Urteilsbildung und Initiative auch bei den zu christlich motivierter Sozialaktivität bereiten Christen[16]). So ist mehr und mehr eine Informierung der Gewissen in Fragen des öffentlichen Lebens durch kirchliche Instanzen notwendig geworden.
(3) Die Christenheit von heute ist sich bewußt, daß sie nicht mehr mit der Selbstverständlichkeit des frühen Mittelalters die vorgefundenen Formen und Inhalte bejahen oder gar religiös sanktionieren kann und daß sie auch nicht mehr wie die Christen der ersten Jahrhunderte sich zurückhalten darf. Im gesteigerten Bewußtsein von der Eigenart und Eigenkraft christlichen Lebens sieht ein verstärkter Umbau- und Reformwille der katholischen Christenheit immer mehr die Aufgabe der Gestaltung im Sozialleben, nicht nur die der Bewahrung. Auch die Ostkirchen, aus inneren Gründen seit je stärker weltabgewandt, zeigen heute, soweit es ihnen ein christentumsfeindlicher Totalitarismus nicht unmöglich macht, ein größeres sozialreformerisches Interesse. In der Kompliziertheit der Verhältnisse im politischen, wirtschaftlichen und kulturellen Leben sehen sich die Christen bei ihren Bemühungen um die Gestaltung des Soziallebens mehr als früher angewiesen auf Richtlinien der kirchlichen Amtsträger, um so mehr als sie sich seit dem 19. Jahrhundert vor Aufgaben gestellt sehen, für deren Erfüllung sie nicht auf Vorbilder früherer Zeiten zurückgreifen können.
(4) Als letzte Erklärung für die Häufigkeit kirchenamtlicher Anweisungen sei noch genannt eine neuerdings zu beobachtende Verantwortungsscheu eines Teiles der katholischen Christenheit. Diese Scheu vor dem Wagnis selbstverantwortlicher Entscheidung ist ein Faktum, das nicht zu begrüßen, mit dem aber zu rechnen ist[17]).

---

[16]) Vgl. *Nikolaus Monzel,* a. a. O.
[17]) Vgl. *Nikolaus Monzel,* a. a. O.

3. Vertiefung

Zur Vertiefung dessen, was wir über das Verhältnis der Christen zum öffentlichen Leben gesagt haben, soll hier — in kurzer Zusammenfassung — eingefügt werden, was im Kolleg „Katholische Soziallehre" ausführlich dargelegt worden ist über die möglichen Einstellungen der Religionsgemeinschaften allgemein zur Gestaltung des irdischen Soziallebens und insbesondere über die Grundzüge der Stellung der katholischen Kirche zum irdischen Sozialleben[18]).

a) Übersicht über die möglichen Einstellungen der Religionsgemeinschaften zur Gestaltung des irdischen Soziallebens

Das Christentum ist kein Modell für die Beziehungen zwischen Religion und Sozialordnung überhaupt. Nicht jede Religion nimmt die gleiche Stellung zu den sozialen Aufgaben und Problemen ein. So verschieden die Religionsgemeinschaften in Glaube, Kult und Lebenslehre sind, so verschieden sind auch ihre Stellungnahmen zu den Hauptanliegen des Soziallebens, ja, so verschieden ist schon ihr Interesse daran. Das lehrt ein Blick in die Religionsgeschichte.
Der Fülle ihrer religiösen Lebenslehren, kultischen Einrichtungen, Riten, asketischen Übungen usw. haben wir Beispiele entnommen, sie in einen Zusammenhang gebracht und zu einem Schema geformt, das wir durch folgende fünf Fragen gewonnen haben:
(1) Welche Heilsgüter will eine Religion in erster Linie vermitteln?
(2) Wer wird von einer Religionsgemeinschaft erfaßt?
(3) Wodurch sind die verheißenen Heilsgüter erreichbar?
(4) Welche Gottesidee beherrscht eine Religion?
(5) Wie wird das Verhältnis von Gott und sichtbarer Welt aufgefaßt?
Es handelt sich hier also um ein idealtypisches[19]) Schema, um eine Konstruktion, ein Gedankenexperiment. Wir heben aus irgendeiner Religion ein Merkmal heraus, steigern es und fragen uns: Was würde, wenn dieser Faktor sich voll auswirken könnte, sich daraus für die Stellung dieser Religion zum Sozialleben sinn-notwendig ergeben? Wohl alle Religionen weisen in Wirklichkeit eine Mischung der Ideen und Motive auf, die wir hier sauber trennen, eine Mischung, insofern *gleichzeitig* verschiedene gegeneinander- oder auseinanderwirkende Ideen und Motive — z. B. Abkehr von der Welt und Weltzuwendung — nebeneinanderstehen, und indem *nacheinander* einmal dieses, einmal jenes überwiegt. Daher ist auch das Verhältnis zu den sozialen Fragen nie rein und eindeutig zu bestimmen. Es ist viel spannungsreicher und komplizierter als in unserem Schema. Dennoch ist das idealtypische Schema wertvoll: Es schärft den Blick für die Bedeutung der verschiedenen religiösen Ideen und Motive für das Sozialleben, für ihre profansoziale Relevanz.

[18]) Vgl. *Nikolaus Monzel*, Katholische Soziallehre 1, aus dem Nachlaß hrsg. von Trude Herweg unter Mitarbeit von Karl Heinz Grenner, Köln 1965, Hrsg.
[19]) Nähere Erläuterungen zu „Idealtypus" siehe *Nikolaus Monzel*, a. a. O., 31 ff., Hrsg.

Wenn wir uns nun den fünf Fragen unseres Schemas zuwenden, ergibt sich folgendes:

zu (1)
Die *Heilsgüter*, die eine Religion verspricht, sind entweder diesseitige oder jenseitige; die diesseitigen sind entweder äußere oder innere (mystische). Alle Religionen verheißen sowohl diesseitige wie jenseitige Güter, aber die Akzente sind verschieden verteilt.

Stehen äußere diesseitige Güter im Vordergrund der religiösen Heilshoffnung, so ist das Interesse der Religionsgemeinschaft an der Gestaltung des gesamten Soziallebens groß, zumal auch deshalb, weil solche Religionen immer stammesmäßig oder volksmäßig gebunden sind. Es gibt hier noch keine rein religiöse Gemeinschaft neben der weltlichen und daher noch keine prinzipielle Spannung zwischen religiösen und weltlichen Interessen. Als Ansatz zu diesem Idealtypus können die altisraelitische Religion oder die Religion der „Naturvölker" der Gegenwart dienen.

Stehen mystische (= innerliche diesseitige) Güter im Vordergrund der religiösen Heilshoffnung, so ist das Interesse der hier in Frage kommenden kleinen, individualistischen Gruppenbildungen an der Gestaltung des Soziallebens gering. Als Ansatz zu diesem Idealtypus kann die Religiosität buddhistischer, hinduistischer, gnostischer und mancher christlicher Mystiker dienen.

Werden vor allem jenseitige Heilsgüter erhofft, so ergibt sich eine gewisse Weltdistanz gegenüber den Fragen des Soziallebens (z. B. Buddhismus und Christentum). Die innere Distanz kann aber mit einer großen sozialen Aktivität verbunden sein, wenn nämlich diese als ein wichtiges Heilsmittel gilt (z. B. im Christentum).

zu (2)
Exoterisch sind die Religionsgemeinschaften, die keine religiöse Ausnahmequalifikation für den Eintritt in sie fordern. *Esoterisch* sind die Religionsgemeinschaften, zu denen nur solche Menschen Zutritt haben, die eine besondere religiöse Qualifikation aufweisen. Diese auf den angestrebten äußeren Umfang sich beziehende Unterscheidung ist nicht identisch mit der ebenfalls auf den äußeren Umfang sich beziehenden, aber von der polytheistischen oder monotheistischen Gottesvorstellung abhängigen Unterscheidung zwischen Stammes- und Nationalreligionen einerseits und Menschheitsreligionen andererseits. Gerade einige übernationale Religionen sind esoterisch (orphische Sekten), während alle Stammes- und Nationalreligionen exoterisch sind.

Die exoterischen Religionsgemeinschaften („Volkskirchen" bzw. „Massenheilsanstalten") haben ein großes — konservatives oder reformerisches — Interesse an der Gestaltung des Soziallebens. Das ist schon begründet in der Unmöglichkeit, die Mehrzahl der Menschen aus den Beziehungen des profanen Soziallebens zu lösen (vgl. den Wandel der ursprünglichen buddhistischen Mönchsreligion zum Lama-Buddhismus). Dazu kommt, daß alle exoterischen Religionsgemeinschaften ihren Anhängern auch äußere diesseitige Güter verheißen und wichtige Vorgänge, Güter und Einrichtungen des profanen Soziallebens in das kultisch-sakramentale Tun einbeziehen.

Die esoterischen Religionsgemeinschaften (reine Mönchsreligionen, Sekten, religiöse Geheimbünde) können schon deshalb keine größere sozialgestaltende Wirkung im profanen Bereich ausüben, weil sie auf die Erfassung der breiten Schichten verzichten. Der tiefere Grund für ihre profansoziale Passivität liegt in ihrer extrem spiritualistischen Heilserwartung und der extrem dualistischen Auffassung des Verhältnisses von Gott und Welt. Aus diesem Spiritualismus und Dualismus in Verbindung mit einer pessimistischen Menschenerfahrung ergibt sich die vom profanen Sozialleben sich abwendende Esoterik.

zu (3)

Die wichtigsten der aus der Religionsgeschichte bekannten religiösen *Heilsmittel* sind: Askese und Kontemplation, kultisch-sakramentales Tun, aktiver Nach- oder Mitvollzug der göttlichen Liebe. Bei vielen Religionen spielen alle drei Arten von Heilsmitteln eine Rolle, doch sind auch hier die Akzente verschieden verteilt.

Der überwiegend asketisch-kontemplative Heilsweg ist nur möglich bei Religionen, die nur jenseitige und innerlich-diesseitige Heilsgüter versprechen. Wo die Verbindung von Askese und Kontemplation als das wichtigste oder fast ausschließliche Heilsmittel gilt (altbuddhistisches Mönchtum, altchristliche Eremiten), ist das Interesse an der Gestaltung des Soziallebens gering. Aus der Weltabkehr ergibt sich gegenüber dem profanen Sozialleben eine negativ-konservative Haltung, die am liebsten alles beim alten läßt. Ferner ist hier zu beachten, daß auch der religiöse Individualismus, der der Alleingeltung oder Vorrangstellung von Askese und Kontemplation entspricht, eine größere sozialreformerische Tätigkeit unmöglich macht.

Kultisch-sakramentales Tun gilt als das wichtigste Heilsmittel da, wo äußere diesseitige Güter im Vordergrund der religiösen Erwartung stehen. Das ist besonders bei den völkisch gebundenen Religionen der Fall, bei denen noch keine Trennung zwischen religiöser und profaner Sozialordnung eingetreten ist (z. B. primitive Religionen, altbabylonische, altägyptische und altisraelitische Religionen, besonders altindischer Indrakult). Bei solchen Religionen besteht eine positive konservative Einstellung zum gesamten Sozialleben.

Die Liebe als religiöses Heilsmittel bedeutet nicht nur Freisein von Haß (buddhistisches „Metta"), sondern positive Hinwendung zu Welt und Mitmenschen, um sie als wertvoll zu bejahen und gemäß dem göttlichen Willen zu gestalten. Daraus ergibt sich eine positive, sei es reformerische oder auch revolutionäre Einstellung zum weltlichen Sozialleben (Christentum). Sie ist dann besonders unbeirrbar, wenn die Liebe zu Welt und Mitmenschen nicht nur als ethische Nachfolge des göttlichen Vorbildes (Protestantismus), sondern zugleich auch als Mitvollzug der göttlichen Liebe zur Welt auf Grund einer seinshaften Gnadenverbundenheit mit Gott aufgefaßt wird (Katholizismus).

zu (4)

Unter den Gesichtspunkten der *Personalität und der Zahl der Götter* unterscheiden wir vier Arten von Religionen: impersonalistische, polytheistische, dualistische und monotheistische Religionen.

Alle impersonalistischen Religionen haben notwendigerweise einen personalistischen Einschlag, weil die religiösen Grundakte ein vernehmendes, also personales Wesen voraussetzen. Die Götter, die in solchen Religionen verehrt werden, gelten aber nur als Personifikationen der unpersönlichen göttlichen Urmacht (Tao, Brahman, Wakonda, Orenda) = unechter Polytheismus.

Die echt polytheistischen Religionen teilen die Herrschaftsbereiche der Götter nach Stämmen und Völkern auf. Diese Religionen haben einen aus der Psychologie des Gebetes zu erklärenden monotheistischen Einschlag (Henotheismus, Gebetsmonotheismus).

Auch die dualistische Götterlehre zeigt eine monotheistische Tendenz (Ahura Mazda als der allein verehrte Gott der iranischen Religion).

Alle echt polytheistischen Religionen sind Stammes- oder Nationalreligionen. Dieser Partikularismus ergibt sich aus der Vorrangstellung äußerer Erdengüter in der religiösen Heilserwartung. Weil die Teilhabe vieler Menschen an solchen Gütern nicht möglich ist ohne Aufteilung, wird auch die göttliche Macht gleichsam aufgeteilt unter viele Götter mit regional abgegrenzten Herrschaftsbereichen. Das ganze profane Sozialleben steht in positiver Beziehung zu der Religion des Stammes oder Volkes.

Die impersonalistischen und die monotheistischen Religionen sind Menschheitsreligionen. Ihr Interesse am Sozialleben ist entweder groß oder gering, je nach der Art der wichtigsten Heilsgüter und -mittel und je nach ihrem hieraus sich ergebenden exoterischen oder esoterischen Charakter.

Die dualistischen Götterlehren tendieren auf Grund ihres monotheistischen Einschlages zur Form der Menschheitsreligion. Sie fordern entweder Abkehr vom Sozialleben, weil die sichtbare Welt als das Werk des bösen Gottes oder böser Geister gilt (Gnosis, Manichäismus), oder intensive Weltheiligung und arbeitsame Weltgestaltung, um dem Teufel die Erde zu entreißen (Zarathustra).

zu (5)

Das profane Sozialleben bindet die Menschen eng an die Güter und Vorgänge in der sichtbaren Welt. Die Auffassung einer Religionsgemeinschaft vom profanen Sozialleben ist also ein Teil von ihrer Gesamtauffassung des *Verhältnisses zwischen Gott und der materiellen Welt*. Die verschiedenen religiösen Auffassungen dieses Verhältnisses lassen sich in die folgenden vier Typen zusammenfassen.

Die materielle (irdische) Welt als Ergebnis eines kosmischen Sündenfalles (Buddhismus, hellenistisch-christliche Gnosis) oder als Werk eines bösen übermenschlichen Wesens (Mani). Daraus ergibt sich die religiöse Forderung der möglichst weitgehenden Loslösung vom Sozialleben, insbesondere geschlechtliche, wirtschaftliche, kulturelle und politische Abstinenz, dazu Vegetarismus und Fastengebote.

Die Welt als Werk des einen guten Gottes, das aber durch einen Ursündenfall unheilbar verderbt ist (manichäische und radikale protestantische Richtungen im Christentum). Dann werden die Bindungen an das profane Sozialleben nur geduldet und die soziale Aktivität in Kinderaufzucht, wirtschaftlichem Tun, politischer Herrschaft und dergleichen nur als befohlene asketische Mittel gewertet (innerweltliche Askese).

Die Welt als ein wesentlich gut gebliebenes Werk des göttlichen Schöpfers (alttestamentliche und katholische Auffassung). Dann sind die materiellen Grundlagen des Soziallebens (Vitalleben, Nutzgüter) und die im Wesen des Menschen vorgezeichneten Grundformen des Soziallebens in sich gut; die Kulturinhalte des Soziallebens gelten als Spiegel des Göttlichen und als Stufen des Aufstiegs zur Vereinigung mit Gott.

Die materielle Welt als Emanation Gottes (pantheistisch). In dieser Auffassung sind Gott und Welt identisch. Leid und Sünde können nur Schein sein. Daraus ergibt sich Gleichgültigkeit gegenüber dem profanen Sozialleben.

b) Grundzüge der Stellung der katholischen Kirche zum irdischen Sozialleben im Lichte der idealtypischen Betrachtung

Wir fragen nun: Was ergibt sich aus dem allgemeinen religionssoziologischen Schema möglicher Beziehungen zwischen Religion und profanem Sozialleben für die Stellung der katholischen Kirche zum außerkirchlichen Sozialleben?

Was hier zu sagen wäre, ist in den Ergebnissen wohl nichts Neues mehr. Wohl aber könnte sich durch unsere Darstellung die Art der Zusammenhänge neu und deutlicher zeigen. Wir greifen auf die fünf Gesichtspunkte der bisherigen Überlegungen zurück, ändern aber die Reihenfolge.

(1) DIE SOZIALE BEDEUTUNG DER CHRISTLICHEN GOTTESIDEE

Die katholische, ja, die allgemein christliche Gottesidee kann durch drei Gegensätze gekennzeichnet werden, nämlich durch den Gegensatz zum Impersonalismus, zum Dualismus und zum Polytheismus.

Gegenüber dem Impersonalismus ist die christliche Gottesidee als *personalistisch* zu bezeichnen, das heißt wir stellen uns Gott nicht vor als eine unpersönliche heilige Macht, sondern — trotz aller Vorbehalte der Analogie — als personhaftes Wesen, als allweise und freiwollende, allherrschende und schöpferische Person von absoluter Wertfülle und ehrfurchtgebietender Heiligkeit. Nur weil wir Gott personhaft denken, ist es der katholischen Lehre möglich, das menschliche Verhalten in wichtigen Bereichen des sozialen Lebens in zweifacher Weise zu deuten: als *Auftrag* der göttlichen Person und als analoges *Abbild* ihres personalen Lebens.

Das ist zunächst der Fall in der *Ehe*. Weil Gott Person ist, darum können alle Menschen, also Mann und Frau — als imago Dei — als geistige Personen aufgefaßt werden. Erst unter dieser Voraussetzung besteht theoretisch die Möglichkeit, die Ehe als geistige Persongemeinschaft zu deuten. Den Gegensatz dazu haben wir z. B. in der griechischen Religion mit ihrer impersonalistischen Gottesidee[20]). Die höchste Aufgipfelung des natürlichen Lebens in der ehelichen Geschlechtsgemeinschaft wurde dort nicht als personale Begegnung angesehen, sondern entweder als Bedürfnisbefriedigung des Mannes, dem die gering geschätzte Frau zu dienen hat, oder als gemeinschaftliches Untertauchen in den impersonalen Vitalstrom, den man mit einem göttlichen Nimbus umgibt. Als geistige Persongemeinschaft, als intimste personale Begegnung, welche das Impersonal-Vitale in ein umfassenderes personales Geschehen einordnet, ist die Ehe erst da möglich, wo und in dem Maße wie Gott als personales Wesen aufgefaßt wird. Vereinzelt gab es das im Griechentum und anderswo. Ganz deutlich ist diese Auffassung erst im Christentum zu finden. Hier wird Ehe als Analogie der Vereinigung von Gott und Mensch gesehen. „Dieses Geheimnis ist groß, ich sage es in bezug auf Christus und die Kirche", lesen wir bei Paulus (Eph 5, 32).

Nur von der Voraussetzung der Personalität Gottes her kann auch die körperliche *Arbeit* aufgefaßt werden als Auftrag Gottes und als Nachvollzug dessen, was der göttliche Schöpfer und Erhalter selber tut, indem er die Materie schafft, gestaltet und erhält. Das Impersonal-Göttliche kann keinen Auftrag geben. Nur vom Glauben an einen persönlichen Gott kann die Arbeit, selbst die mühseligste und schmutzigste, Glanz und Adel einer religiösen Weihe bekommen. Die zivilisatorische und kulturelle Arbeit kann gesehen werden in Analogie zum göttlichen Schöpfertum: Gott hat die Welt formbar gemacht und hat in den Menschen so viel Formkraft gelegt, daß der Mensch durch seine Arbeit der Materie das Siegel seines Geistes aufdrücken und aus den Stoffen der Natur sinnvolle geistdurchwirkte Gebilde formen kann. In diesem analogen Schöpfungssinn — der Mensch als freier Mitarbeiter Gottes — sind Adel der Arbeit und Arbeitsfreude zutiefst begründet. Daß Arbeit erfahrungsgemäß auch Mühsal und Last ist, erklärt die christliche Offenbarungslehre als bleibende Folge des Ursündenfalles[21]).

Nur von derselben Voraussetzung her ist es auch sinnvollerweise möglich, politische *Macht* zu deuten — erstens — als göttlichen Auftrag im Dienste des Gottesreiches und — zweitens — als Spiegelung einer göttlichen Weltregierung, wie es *Augustinus* und *Thomas von Aquin* gefordert haben. Der mittelalterliche Kaiser trug auf seiner Krone das Kreuz Christi. Das Lotharkreuz im Aachener Domschatz zeigt — als Gemme und Goldgravur — den römischen Imperator und das Christusbild, d. h. alle irdische Macht steht im Dienste des Gottesreiches.

---

[20]) Vgl. *Nikolaus Monzel*, Die Überlieferung. Phänomenologische und religionssoziologische Untersuchungen über den Traditionalismus der christlichen Lehre, Bonn 1950, 157.

[21]) Über den vierfachen Sinn der Arbeit siehe *Nikolaus Monzel*, Christentum und Gesellschaft, in: Artikel „Christentum" im Staatslexikon der Görres-Gesellschaft, Freiburg ⁶1958, Sp. 437 ff. (auch in: *Nikolaus Monzel*, Christlicher Glaube und weltanschaulicher Pluralismus. Beiträge der katholischen Soziallehre zum Dialog, hrsg. von Trude Herweg und Karl Heinz Grenner, Bonn 1974 [Bd. 23 der Reihe: Grenzfragen zwischen Theologie und Philosophie]).

Wenn auch die zeitgebundene Form des mittelalterlichen König- und Kaisertums nicht als allgemeingültig anzusehen ist, so bleibt doch im Christentum die Auffassung immer gültig, daß die politische Macht göttlicher Auftrag und Macht im Dienste des Gottesreiches ist[22]). Eine solche Auffassung ist nicht möglich, wo die Gottesidee impersonalistisch ist. Eine unpersönliche göttliche Macht, ein anonymes Numinosum, kann keinen Auftrag geben und kann nicht Vorbild sein für Planung, Entschließung und Befehl, für regimentales Verhalten.

Im Gegensatz zur dualistischen Götterlehre ist die christliche Lehre *monotheistisch*. Nach dualistischer Lehre schuf, wie wir schon dargestellt haben, ein böser Gott oder beherrscht ein böser Gott die materielle Welt. Die Folge ist eine radikale Weltabkehr und Weltablehnung. Das ist nicht möglich, wo nur *ein* Gott geglaubt wird. Dann ist Er der Schöpfer und Herr, und Er ist der Herr geblieben. Dann ist es nicht denkbar, daß Ihm die von Ihm selber geschaffene Welt ganz und für immer entrissen werde. Wohl mag die Welt gefährlich sein für den Menschen, der sich in die Geschöpfe „vergafft", indem er aufgeht in Erotik, Arbeit, Kunst, Macht. Aber nie ist von vornherein eine prinzipielle radikale Weltablehnung im Katholizismus und im Christentum überhaupt von der monotheistischen Gottesidee her möglich.

Ferner ergibt sich aus dem christlichen Monotheismus — jetzt gesehen im Gegensatz zum Polytheismus — die *universale Einstellung* des christlichen Sozialinteresses. Wo echter Polytheismus vorliegt, da ist das Interesse der Religionsgemeinschaft partikularistisch. Die nationalen Götter sind zuständig nur für das Heil und das irdische Wohl *ihres* Stammes, *ihrer* Nation. Wenn nur sie Nahrung, Gesundheit, Nachkommenschaft, Erholung usw. hat — die Not, der Untergang der anderen stört die Stammes- und Nationalreligion nicht. Nur wo, wie im Christentum, der Monotheismus gilt, kann das religiös motivierte Sozialinteresse weltweit sein. Nur da gibt es eine sinnvolle Motivierung für das Interesse an der materiellen Weltwohlfahrt, wie es z. B. in den Hilfswerken „Misereor" (seit 1958) der katholischen, und „Brot für die Welt" (seit 1959) der evangelischen Kirche zum Ausdruck kommt. Nur da gibt es auch eine sinnvolle Motivierung für das Interesse am politischen Weltfrieden und am Zusammenwirken aller Nationen zu einer umfassenden kulturellen Wertverwirklichung.

(2) Die soziale Bedeutung der katholischen Lehre von der Welt als Schöpfung Gottes

Nach katholischer Auffassung ist die Welt trotz des Sündenfalles im Wesen gut geblieben. Wohl ist in der Welt die Spur Gottes, das vestigium Dei, ist im Menschen das Abbild Gottes, die imago Dei, verhüllt, aber beides ist erhalten geblieben. Daraus folgt jetzt einiges als *Notwendigkeit,* was unter dem vorher besprochenen Gesichtspunkt der christlichen Gottesidee bloß als *möglich* zu bezeichnen war, nämlich dieses: Weil die Welt immer noch Gottes Welt geblieben

---

[22]) Vgl. die Enzykliken *Leos XIII.:* Immortale Dei, 1885; Libertas, 1888; Sapientiae christianae, 1890; Diuturnum illud, 1881.

ist, *kann* die Ehe nicht nur, sondern *muß* die Ehe aufgefaßt werden als gottgewollte geistige Personengemeinschaft. Wirtschaftliche und kulturelle Arbeit und politische Machtausübung *können* nicht nur, sondern *müssen* bewertet und vollzogen werden als göttlicher Auftrag und als Nachvollzug göttlichen Schöpfertums und göttlicher Herrschaft.

Allerdings besteht nach der katholischen Erbsündenlehre die Gefahr der „Vergaffung" in die genannten Bereiche oder die Möglichkeit ihrer Vergötzung. Hier zeigt es sich, wie entscheidend es für die katholische Soziallehre ist, daß die katholische Erbsündenlehre eine gemäßigte ist. Das erklärt sich aus der relativ optimistischen theologischen Anthropologie, aus der sie abgeleitet ist. Aus einer solchen Anthropologie ergibt sich nicht die Pflicht der allgemeinen Weltabkehr, sondern nur die Forderung einer gewissen inneren Distanz und Selbstkontrolle, damit der Mensch sich nicht an die Aufgaben und Güter dieser Welt verliere. Diese Aufgaben aber bleiben gottgewollt, und diese Güter bleiben gottgeschenkt.

(3) DIE SOZIALE BEDEUTUNG DER KATHOLISCHEN LEHRE VON DEN HEILSGÜTERN

Diese Feststellung leitet über zu dem, was das katholische Christentum in erster Linie als Heilsgüter ansieht. Den Vorrang haben die jenseitigen und dann die innerlich-diesseitigen Güter, im Jenseits die Vereinigung mit Gott in der visio beatifica, im Diesseits das Erlebnis der Gottesnähe und der Herzensfriede des in Jesus Christus mit Gott versöhnten Gewissens. Die Kirche erlaubt und lehrt uns, auch um äußere Erdengüter zu beten: um das tägliche Brot, um das Gelingen technischer Vorhaben, um kulturelles Wachstum und dergleichen mehr. Aber das alles sind Güter von geringerer Bedeutung.

Aus der Vorrangstellung der jenseitigen und innerlich-diesseitigen Heilsgüter ergibt sich u. a. folgendes:

Es wird bei aller Weltbejahung im Sozialleben doch eine gewisse innere Distanz zu den Erdengütern gefordert. Nur aus einer solchen Distanz kann man den Aufbau der objektiven Güterrangordnung im Blick behalten. Das ist besonders gegen einen allzu bedenkenlosen und allzu geschäftigen Kulturkatholizismus zu sagen.

Aus der Vorrangstellung der jenseitigen und innerlich-diesseitigen Heilsgüter ergibt sich ferner eine beträchtliche Freiheit bei der konkreten Gestaltung des Soziallebens. Ob Demokratie oder Monarchie, ob Bauern- oder Stadtkultur, ob im Wirtschaftsleben patriarchalische oder partnerschaftliche Einrichtungen, ob genossenschaftliche Zusammenschlüsse oder Lohnarbeitsverhältnisse vorzuziehen sind — das alles sind in Freiheit zu lösende Fragen, die an Wichtigkeit weit zurückstehen hinter denen, die mit den primären christlichen Heilsgütern, der visio beatifica und der auf Erden schon möglichen Begnadung des Herzens, zusammenhängen.

Darum kann es im katholischen Christentum auch nicht die prinzipielle Forderung einer unmittelbaren autoritativ-kirchlichen Regulierung profansozialer Einrichtungen geben. Tatsächlich hat zwar die Kirche im Mittelalter staatliche, wirtschaftliche und kulturelle Einrichtungen in hohem Grade unmittelbar geformt. Aber diese weltliche Führerstellung war nur zeitbedingt: Einmal war die Kirche Vermittlerin römischer Kultur und Staatskunst, zum anderen waren fast nur Mönche und Geistliche schriftkundig. Einen prinzipiellen Anspruch auf eine unmittelbare Lenkung von Staat, Kultur und Wirtschaft kann eine Kirche, deren Heilsbotschaft in erster Linie jenseitige und innerliche Güter verheißt, nicht erheben. Das können prinzipiell und konsequenterweise nur die Religionen, bei denen äußere Erdengüter im Vordergrund der Heilserwartung stehen.

Als Folge des Vorranges jenseitiger und innerlicher Güter gibt es im Christentum auch keine prinzipielle Deckung von Kirche und Staat. Die faktische Deckung von kirchlicher und staatlicher Obrigkeit, wie etwa in den geistlichen Fürstentümern, ist meistens ein Übel, wenn auch vielleicht manchmal das kleinere. Aus dem Vorrang jenseitiger und innerlicher Güter ergibt sich auch die Abweisung des Partikularismus, wie er in den Nationalreligionen zu finden ist. Weil religiöse Güter ohne Aufteilung unbegrenzt mitteilbar sind, besteht für sie eine universale Mitteilungsmöglichkeit, für die nur Empfänglichkeit als Voraussetzung gegeben sein muß. Die Güter selber aber erleiden durch die Teilhabe an ihnen keinerlei Verkleinerung. Daher ist im Christentum kein Anlaß gegeben, das religiös motivierte Sozialinteresse einzuschränken auf National-, Landes- und Stammesgrenzen oder auf das „Abendland".

(4) Die soziale Bedeutung der katholischen Lehre von den Heilsmitteln

Was ergibt sich für das Verhältnis zum Sozialleben aus der Rangfolge der religiösen Heilsmittel im Katholizismus? Alle bisher erwähnten Heilsmittel, die wir aus der Religionsgeschichte kennen, haben im katholisch geformten religiösen Leben eine Stelle: Askese und Kontemplation, kultisch-sakramentales Tun und die Liebe. Das wichtigste der genannten Heilsmittel aber ist die Liebe. Unter jeweils verschiedenen Bedingungen ist der Mensch von asketischen Übungen und religiöser Kontemplation weitgehend dispensiert, ebenso von der aktiven Teilnahme an kultischen und sakramentalen Handlungen. Ja, selbst vom Empfang des notwendigsten Sakramentes, der Taufe, kann ein Mensch nach katholischer Lehre dispensiert sein, indem unter Umständen an die Stelle der sakramentalen die sogenannte Begierdetaufe tritt. Nie aber ist er dispensiert vom Gebot, Gottes Liebe zu den Menschen nach- und mitzuvollziehen. Auf dieses wichtigste Heilsmittel sind die anderen sinnvoll bezogen. Die Askese soll innerlich freimachen für die Betrachtung der göttlichen Dinge und die religiöse Weltbetrachtung. Diese soll fruchtbar werden in der tätigen Nächstenliebe. Die Gnadenkraft zu solcher Liebe aber gewinnt der katholische Christ durch Teilnahme an Kult und Sakrament. Die anderen Heilsmittel müssen also im Dienst der Liebe stehen. „Und wenn ich Weissagung habe und alle Geheimnisse kenne und alle Wissenschaft" (Kontemplation) „und meinen Leib hingebe zum Verbrennen" (Askese) „und habe die Liebe nicht, es nützt mir nichts" (1 Kor 13, 2—3). Alles gilt der Erhaltung und Steigerung der Liebe.

Alle Liebesarten: Selbstliebe, Nächstenliebe, Weltliebe, gründen in der Gottesliebe, nicht als Konzessionen, sondern als sinn-notwendige Auswirkungen der Gottesliebe. Die in der Gottesliebe gründende Nächstenliebe wirkt sich aus in einem unermüdlichen sozialen Gestaltungswillen auch im profanen Bereich, genauer gesagt: Die Gottesliebe treibt uns an, die Ehre Gottes, die gloria Dei externa, zu verwirklichen durch Gehorsam gegen seine Gebote im sozialen Leben. Die in der Gottesliebe wurzelnde Nächstenliebe drängt die von ihr erfüllten Menschen, sich zu bemühen um eine solche Gestaltung des sozialen Lebens, die den Mitmenschen den Weg zu ihrem ewigen Heil erleichtert.

(5) DIE KATHOLISCHE KIRCHE ALS MASSENKIRCHE

Der fünfte Gesichtspunkt macht eine weitere Steigerung des sozialen Impulses im katholischen Christentum verständlich. Es ist der Gesichtspunkt der religiösen Esoterik und Exoterik[23].

Die katholische Kirche ist eine betont exoterische Religionsgemeinschaft, eine Volks- oder Massenkirche. „Volkskirche" kann zweierlei bedeuten: *erstens* — Gegensatz zu Weltkirche, also Nationalkirche, Nationalreligion, völkische Religion, *zweitens* — Gegensatz zu Elitekirche, also exoterische Religionsgemeinschaft. Um dieser Zweideutigkeit zu entgehen, sagen wir anstatt Volkskirche lieber Massenkirche, Massenheilsanstalt oder exoterische Religionsgemeinschaft.

Die katholische Kirche ist noch stärker eine exoterische Religionsgemeinschaft als die protestantischen Kirchen. Dabei ist auf zweierlei hinzuweisen: *Erstens* entspricht das mehr dem universalen Heilswillen Gottens, *zweitens* hat Jesus Christus der Kirche die Mittel zur Erfassung aller Menschen gegeben. Dabei sind vier Mittel besonders wichtig, die die Kirche gegen verschiedene Irrlehren im Laufe der Jahrhunderte verteidigt hat. Die *fides implicita*: es wird von dem einzelnen Christen kein differenziertes Wissen gefordert, sondern es genügt der Glaubensgehorsam: „Ich glaube alles, was deine heilige Kirche uns zu glauben lehrt" (gegen die Gnosis); die *öftere sakramentale Sündenvergebung* auch für die häufig Rückfälligen (gegen *Montanus* und *Tertullian);* die *objektive Wirksamkeit der Sakramente:* sie entlastet von allzu hohen Ansprüchen an religiössittliche Leistungen, zu denen sich erfahrungsgemäß nur wenige aufschwingen (Ketzertaufstreit); die *Gnadengemeinschaft im corpus Christi mysticum:* sie vermittelt aus dem „thesaurus ecclesiae", dem Schatz der Kirche, Fürbitten und Verdienste der Heiligen für die anderen Gläubigen in der Kirche (gegen den Rigorismus der Donatisten). Die katholische Auffassung von den Taten und Worten Jesu Christi besagt, daß Seine Kirche von Anfang an wesentlich nach Seinem heiligen Willen eine Massenkirche sein sollte, geöffnet auch für die, die schwankend, rückfällig, schwach im Glauben und in der Liebe sind.

In dem Maße nun, wie die Kirche nicht nur die zu einem religiös-sittlichen Heroismus Fähigen und Willigen, sondern auch die breiten Massen aufnimmt, ist

---

[23] Zum folgenden vgl. *Nikolaus Monzel,* Solidarität und Selbstverantwortung, München 1959, darin: Die Kirche und die Massen.

sie aus seelsorglichen Gründen veranlaßt, diese nur zu einer geringen Verantwortlichkeit und Mündigkeit fähigen Massen im profansozialen Leben zu lenken durch häufige kirchenamtliche Weisungen für das Verhalten in Staat und Gesellschaft, in Wirtschaft und Kultur; denn diese Vielen erkennen oft nicht die richtige Form der Anwendung christlicher Grundsätze auf komplizierte Zeitverhältnisse und sind wenig bereit, selber verantwortliche Entscheidungen im sozialen Leben zu treffen.
Als Massenkirche ist die katholische Kirche besonders genötigt, sich einzusetzen für eine seelsorglich günstige Gestaltung außerkirchlicher Sozialbereiche, für eine dauernde Reform der Welt, damit in ihr auch für die Vielen ein christliches Leben ohne allzu großen Heroismus möglich wird. Hier haben wir die Erklärung für die Tatsache, daß zahlreiche Sozialapostel und Sozialreformer aus Kreisen der katholischen Seelsorger kommen. *Sonnenschein* sagte: „Ich würde mich schämen, die zehn Gebote zu verkünden, wenn ich nicht zugleich dafür sorgte, den Menschen zu helfen, daß sie die zehn Gebote auch halten können."

c) *Akzentverschiebungen in den Beziehungen der katholischen Christen zum Sozialleben, bezogen auf die fünf Gesichtspunkte unseres Schemas*

Im katholischen Christentum hat es Akzentverschiebungen gegeben in bezug auf die Heilsgüter [vgl. (1)], den angestrebten äußeren Umfang der Kirche [vgl. (2)] und die Heilsmittel [vgl. (3)], nicht so in bezug auf die Gottesidee [vgl. (4)] und das Verhältnis zwischen Gott und Welt [vgl. (5)].
Die Idee vom persönlichen Schöpfergott (4), der auch die materielle Welt geschaffen hat, macht eine positive religiöse Wertung der körperlichen Arbeit möglich. Daß die sichtbare Welt als ein wesentlich gut gebliebenes Werk dieses Schöpfers gesehen wird (5), macht es möglich, die sozialgestaltende Arbeit in Staat, Wirtschaft, Familie und Kultur als gottwohlgefällig positiv zu bewerten.
Diese beiden Möglichkeiten sind aber in der Geschichte *in verschiedenem Maße* verwirklicht worden. Nicht immer war die grundsätzlich positive Wertung von körperlicher Arbeit, von Familienleben, Staats- und Kulturgestaltung gleich stark und bejahend.
Solche Akzentverschiebungen waren dadurch verursacht, daß Veränderungen und gewisse Verschiebungen eintraten in bezug auf die Heilsgüter (1), die Heilsmittel (3) und den Umfang der Kirche (2).
Im Altertum war die eschatologische Einstellung stärker [zu (1)], wurden Askese und Kontemplation in höherem Maße als Heilsmittel bewertet als z. B. in der Neuzeit [zu (3)], war die Kirche anfangs faktisch nicht in dem Maße wie in Mittelalter und Neuzeit Massenkirche [zu (2)]. Das alles bewirkte eine größere Distanz zum Sozialleben.
Im Mittelalter war die eschatologische Erwartung zwar umgeformt, aber noch vorhanden [zu (1)]. Schon daraus ist zu erklären, daß der soziale Reformwille, der soziale Fortschrittsgedanke nicht so intensiv war wie in der Neuzeit. — Askese und Kontemplation standen noch höher im Rang als in der Neuzeit

[zu (3)]. Ein Teil der seelischen Energien war dadurch gebunden, der erst, nachdem die faktische Bedeutung von Askese und Kontemplation zurücktrat (u. a. durch die Sola-fides-Lehre der Reformatoren), sich in die weltliche Sozialarbeit ergoß. — Die Kirche wurde nun deutlich eine Volks- und Massenkirche [zu (2)]. Das bewirkte eine stärkere Hinwendung zum Sozialleben fast bis zur praktischen Identifizierung von Kirche und weltlichem Reich. Jedoch war diese Hinkehr zum Sozialleben nicht so reformerisch geartet wie in der Neuzeit, sondern konservativ.

In der Neuzeit erfolgt die Abschwächung der eschatologischen Einstellung, die soziologisch von größter Bedeutsamkeit ist [zu (1)]. Allgemein ist zu sagen, daß für breite Volksschichten eine hochgespannte eschatologische Einstellung nur in Form von kurzfristigen Erregungen, Psychosen, Paniken möglich ist; dauernd und intensiv ist sie nur zu erwarten von einer kleinen Zahl religiös besonders qualifizierter Menschen. — Askese und Kontemplation verlieren mehr und mehr an positiver Einschätzung und praktischer Bedeutung [zu (3)]. — Als Volks- und Massenkirche wendet sich die Kirche in breiter Front dem Sozialleben zu [zu (2)]. Hinzu kommt, daß diese Massenkirche sich immer mehr in der Defensive sieht (a) gegenüber anderen christlichen Kirchenbildungen, (b) gegenüber der Konkurrenz aus Asien importierter nichtchristlicher Religionen und (c) gegenüber einer offenbarungsfeindlichen deistischen oder atheistischen Umwelt. Massenkirche in Defensivstellung erfordert Zentralisierung der Kampfkräfte, Zentralisierung auch der Entscheidungen, der Gewissenslenkung der Christen in Fragen des öffentlichen Lebens. Auch dadurch wird die Häufigkeit kirchenamtlicher Stellungnahmen und Richtlinien verständlich.

Beobachtungen mancher Tendenzen im Katholizismus unseres Jahrhunderts lehren uns, wie eine sehr starke Betonung der objektiven Wirksamkeit der Sakramente und eine intensive Pflege des liturgischen Kults und des Sakramentalienwesens den sozialen Gestaltungswillen zurücktreten lassen können. Aber solchen Akzentverschiebungen ist von der christlichen Heilsbotschaft eine prinzipielle Grenze gesetzt. Immer muß der Vorrang der Liebe bejaht werden. Von da aus aber führt der Weg immer wieder in die Aufgaben einer Gott wohlgefälligen und heilsdienlichen Gestaltung des menschlichen Zusammenlebens in allen seinen Bereichen.

Auf diesem Weg kann man sehr müde werden. Man kann verzagen, wenn man die tätige Nächstenliebe bloß als Nachvollzug eines heiligen, eines göttlichen Vorbildes auffaßt, zu dessen Nachfolge dem Menschen die Kraft ausgehen kann. Aber die katholische Glaubenslehre sagt dem Menschen: Die Gnade, die dir in Jesus Christus gegeben wird, ist nicht nur göttliches Wohlwollen, sondern eine geheimnisvolle, aber wirkliche Teilnahme an Gottes Lebenskraft. Vor dir stehen nicht nur das Gebot und ein Vorbild, in dir ist seinshaft Gottes Gnadenkraft. Wer das glaubt, wird auch in seiner tätigen Nächstenliebe und sozialen Aktivität sagen: „Alles vermag ich in dem, der mich stärkt" (Phil 4, 15); denn „nun lebe nicht mehr ich, sondern Christus lebt in mir" (Gal 2, 20).

2. Kapitel

Bodenverteilung und soziale Schichtung im Mittelalter

1. Grundformen der Staatenbildung

In der Weltgeschichte erkennt man zwei Grundformen der Staatenbildung: durch genossenschaftlichen Zusammenschluß und durch Gewaltherrschaft.

a) Bei primitiven Stämmen gab und gibt es jenen frühen Typus des über die Einzelfamilie und die Sippe hinausgehenden *freien Zusammenschlusses* der waffenfähigen Männer zu Jagd- und Kriegszügen, in welchem wir einen Beginn der Staatenbildung erkennen. Alle zusammen oder auch durch Beauftragte bilden sie das Gremium, das die Staatsgewalt ausübt, eine unmittelbare oder mittelbare Demokratie, wie wir sie auf der Stufe der Wildbeuter finden. Manchmal wählen gleichberechtigte Genossen einen Häuptling, dessen Leitungsvollmachten umgrenzt sind und von den Genossen kontrolliert werden. Diese auf dem Prinzip genossenschaftlicher Gleichberechtigung beruhenden Embryonalformen des Staates umfassen immer nur einen kleinen Kreis von Menschen, nur einige hundert oder einige tausend Köpfe. Bei den höheren Jägern kommt es manchmal vor, daß ein Einzelner eine besondere Macht an sich reißt, so daß ein echtes Häuptlingstum entsteht, aber vielfach kommt Staat auch bei ihnen auf genossenschaftliche Weise zustande.

b) Wenn jedoch ein solcher Genossenschaftsstaat sich einen oder mehrere Stämme unterwirft und sich dienstbar macht, dann beruht das dadurch entstehende erweiterte Staatsgebilde zum Teil auf dem Prinzip der *Gewaltherrschaft,* d. h. hier auf dem Prinzip der politischen und gesellschaftlichen Ungleichheit, die den Überlagerten aufgezwungen wird. Es ist eine sozialgeschichtliche Tatsache, daß alle Staatsbildungen der Hochkulturen, besonders seit 3000 v. Chr., auf diese Weise erfolgt sind.

Der Überschichtungsvorgang bei der gewaltsamen Staatsbildung durch eine kleinere Schicht ist oligokratisch. Vielfach wird dem so entstandenen Staatsgebilde eine monarchische Spitze gegeben, die eventuell später monokratisch regiert. *Karl Marx* setzte Staatsbildung wesentlich mit oligokratischer Überschichtung gleich. Die Oberschicht bestand für ihn immer aus den wirtschaftlichen Ausbeutern. Werden diese beseitigt, so kann auch der Staat wegfallen. Die immerwährende, aus der Anthropologie abzuleitende Notwendigkeit des Staates und die Möglichkeit eines genossenschaftlich-demokratischen Staates, der aber wirklich noch Staat ist, sah er nicht ein.

2. Der Vorgang der Überschichtung und seine Begrenzung

Wie nun gingen Staatsgründungen durch Überschichtung vor sich? Das eroberte Land wird den Bewohnern genommen und diese selber werden zum großen Teil versklavt oder in ein Hörigkeitsverhältnis gebracht. *Rüstow* hat die sozialen Auswirkungen des Überschichtungsverhältnisses eindrucksvoll beschrieben[1]). Alles Land gehört zunächst dem obersten Anführer, dem König. Dieser gibt seinen Unterführern Land „secundum dignitatem"[2]), d. h. nach Tapferkeit und kriegerischem Ansehen, als eine Art Leihgabe, als Lehen. Dafür haben die Unterführer dem König bei neuen Kriegszügen bestimmte Dienste zu leisten. Einen Teil des Landes und die „Regalien": das Recht auf Einkünfte aus Schiffahrts-, Straßen-, Zoll-, Markt-, Bergwerks- und Münzabgaben sowie Abgaben für besondere Erlaubnisse und Rechte behält der König für sich zur Finanzierung der Verwaltung und seines Hofstaates. Die Unterführer ihrerseits vergeben Teile ihres Lehens wiederum weiter an diejenigen ihrer Krieger, die sich besonders ausgezeichnet haben, und so weiter, so daß ein abgestuftes System von Lehensbesitz entsteht. Das Ausmaß seines Lehensbesitzes bestimmte die Stellung des Einzelnen im Staate; dessen Gliederungsprinzip war also die Tapferkeit, ausgedrückt im Lehensbesitz.

Das Lehen umfaßt den Besitz des Bodens und das Eigentumsrecht an den auf ihm wohnenden Menschen. In diesem System der „Grundherrschaft" bearbeiten nicht die Lehensträger und Grundherren selber den Boden, sondern ihre Hörigen, Leibeigenen und Sklaven. Die Grundherren verachten jede körperliche Arbeit, besonders in Landwirtschaft und Handwerk; Krieg, Jagd und Viehhandel schätzen sie dagegen hoch.

Die Unterworfenen mußten nach einem abgestuften System Abgaben an die Grundherren leisten, die Unterlehensträger an übergeordnete Lehensträger, diese wiederum an den obersten Lehensherrn, den König.

Lehenswesen, ständische Schichtung und gestufte Steuersysteme sind gewaltsam entstandene Schöpfungen der Großhirtenvölker. An diese Herkunft erinnert auch die Bezeichnung der großen Herrscher als „Hirten" oder „Oberhirten" ihrer Untertanen. König *Hammurabi* (etwa 2000 v. Chr.) nannte sich Hirte der Untertanen. Eine altchinesische Bezeichnung für Statthalter lautet „mu", d. h. Ochsentreiber, für Fürst „chün", das bedeutet: Besitzer einer Viehherde[3]). Von den Großstaaten der Hirtenvölker ist diese Bezeichnung in den Bereich der jüdisch-christlichen Religionsgemeinschaften übergegangen. Psalm 78, Vers 70—72, erzählt, wie Jahwe den David berief: „David erwählte er, Seinen Knecht, holte ihn von der Schafe Hürden. Da er den säugenden Lämmern folgte, rief Er ihn, daß er Jakob weide, Sein Volk, Israel, Gottes Erbe. Und David weidete sie

---

[1]) Vgl. *Alexander Rüstow*, Ortsbestimmung der Gegenwart. Eine universalgeschichtliche Kulturkritik 1: Ursprung der Herrschaft, Erlenbach-Zürich 1950, 95 ff.
[2]) Vgl. *Tacitus*, Germania, 25. und 26. Kapitel.
[3]) Vgl. *Kaj Birket-Smith*, Geschichte der Kultur. Eine allgemeine Ethnologie, Zürich ²1948, 325.

mit redlichem Herzen, mit sorglichen Händen führte er sie." Und im Psalm 23, Vers 1—3 a, heißt es: „Der Herr ist mein Hirt, nichts kann mir fehlen; Er läßt mich rasten auf grüner Au. Er führt mich zur Ruh an lebendige Wasser, gewährt meiner Seele Erquickung."

Die Gewaltherrschaft wurde meistens religiös sanktioniert. Entweder sah man im Monarchen einen Menschen göttlicher Abstammung, so beispielsweise in Griechenland, Ägypten und Japan, oder einen Menschen, der von Gott zu seinem Amt als Herrscher bestimmt war. Als Zeichen der Erwählung zum „Gottesgnadentum" des Herrschers galten die Erfolge des Schwertes oder die Salbung durch Priester oder Propheten, wie bei Saul und David. Die durch die Gewaltherrschaft sich ergebende ständische Gliederung sah man, besonders im christlichen Mittelalter, als Wille der göttlichen Vorsehung an.

Bei der durch Gewalt zustande gekommenen Herrschaftsform ist die Versuchung zum Absolutismus oder Monokratismus, die Versuchung also zum unbegrenzten Machtstreben, besonders groß, aber — abgesehen von religiös-sittlichen Motiven, die hemmend wirken können — erfährt das Machtstreben durch realpolitische Einsicht eine zweifache Begrenzung:

(1) Der Monarch weiß sich von seinen Mitkämpfern, den Lehensträgern, abhängig. Der Lehensstaat ist eine Form der mehr oder weniger freiwilligen Machtbeschränkung des Monarchen, weil mit der Verteilung des Landbesitzes auch politisches Recht aufgeteilt wird. *Birket-Smith* nennt darum den Lehensstaat einen „Höhepunkt" in der Dezentralisierung der staatlichen Macht[4]); gewonnen aber wurde diese Macht durch gewaltsame Überlagerungen.

(2) Die ganze Oberschicht ist vom Leistungswillen der Unterworfenen abhängig. Die Schroffheit der militärisch-politischen Gewaltherrschaft und der damit verbundenen wirtschaftlichen Ausbeutung wird in fast allen Fällen bald etwas gemildert; denn die meisten Überlagerer erkennen, daß es zweckmäßig ist, den Unterworfenen entgegenzukommen, damit diese arbeitsfähig und arbeitswillig bleiben. Über das Verhältnis des Herrschenden zu den Beherrschten sagt *Meinecke*: „Es bildet sich sofort eine gewisse Interessengemeinschaft mit ihnen, die zunächst auch dazu beiträgt, den Machttrieb des Herrschenden zu zügeln, denn er muß auch den Interessen der Beherrschten irgendwie dienen, weil die Existenz des ganzen Machtgebildes darauf mit beruht, weil ein zufriedenes, leistungswilliges und leistungsfähiges Volk Quelle von Macht ist"[5]).

3. Der mittelalterliche Staat und sein Sozialgefüge

a) Die herrschaftsständische Gliederung

Das abendländische Mittelalter beginnt mit der Begegnung zwischen den germanischen Völkern und der christlichen Kirche. Um den Sozialaufbau des Mit-

---

[4]) *Kaj Birket-Smith,* a. a. O., 331.
[5]) *Friedrich Meinecke,* Die Idee der Staatsraison in der neueren Geschichte, Berlin ³1929, 13.

telalters zu verstehen, muß man vor allem die Bodenverteilung zu Beginn dieses Zeitalters ins Auge fassen. Im frühen Mittelalter bildet der Bodenbesitz die materielle Grundlage der politischen und gesellschaftlichen Macht. Berühmte Historiker des 18. und 19. Jahrhunderts — wie *Justus Möser, Jakob Grimm, Karl von Savigny, Otto von Gierke* u. a. — waren der Meinung, bei den Germanen habe zur Zeit ihrer Begegnung mit dem Christentum für das meiste urbare Land die freigenossenschaftliche Markverfassung gegolten, und dieses Verhältnis der Gleichberechtigung und Genossenschaftlichkeit sei auch die Grundlage ihrer politischen Verfassung gewesen. Die neuere Forschung[6]) hat gezeigt, daß in den germanischen Völkern schon zu Beginn der christlichen Zeitrechnung nicht mehr alle Volksgenossen als freie Menschen mit grundsätzlich gleichen Rechten nebeneinanderstanden, sondern daß diese Völker in sich gegliedert waren durch eine Bevölkerungsüberschichtung, nämlich durch die Einrichtung der Grundherrschaft. Das meiste urbare Land gehörte einer kleinen Schicht von Großgrundbesitzern, die selber oder in der Person ihrer Vorfahren durch kriegerische Leistungen ihren Bodenanteil als Eigentum oder Lehen erworben hatten. Der Großgrundbesitz verlieh den Grundherren nicht nur eine wirtschaftliche Überlegenheit, sondern auch Verfügungsgewalt über Menschen: private und öffentliche Rechte über die Personen, die an die Scholle der Grundherren gebunden waren, gesellschaftliche und politische Privilegien vor den Hintersassen, Halbfreien und Hörigen. Diese Privilegien waren erblich, meistens gebunden an die eheliche Geburt. Ebenso entschied die Geburt über die Zugehörigkeit eines Menschen zu der breiten Schicht der politisch Unmündigen und der zum Erwerb von Grundbesitz nicht Berechtigten. Im Hinblick auf diese von den Germanen übernommene Schichtung hat man mit Recht gesagt: Das mittelalterliche Sozialgefüge war herrschaftsständisch und geburtsständisch[7]). Mit dem, was man heute „berufsständisch" nennt, hat diese Gliederung sehr wenig gemein.

Die schmale Oberschicht des grundbesitzenden Adels wurde nach und nach etwas breiter und differenzierter, als, aus der Schicht der Unfreien durch Hof- und Kriegsdienst aufsteigend, der Ministerialadel und das Rittertum hinzukamen. Aber es blieb die auf Grundherrschaft und Geblütsrecht beruhende Aufteilung in eine adelige Herrenschicht und die breite Unterschicht der minderberechtigten und politisch unmündigen Bauern, mochten sie nun Hörige, Halbfreie oder auch freie Kleinbauern sein.

Die mittelalterliche Kirche hat, trotz der christlichen Botschaft von der Brüderlichkeit aller Menschen, den herrschaftsständischen Aufbau nicht abgeschafft, sondern die Prinzipien der Grundherrschaft und des Geblütsrechtes auch in das kirchliche Leben eindringen lassen, wie besonders *Schulte* gezeigt hat[8]). Voraussetzung für das Bischofsamt war Jahrhunderte hindurch adelige Geburt. Viele

---

[6]) Vgl. *Alfons Dopsch*, Wirtschaftliche und soziale Grundlagen der europäischen Kulturentwicklung. Aus der Zeit von Cäsar bis auf Karl den Großen 1, Wien ²1923.
[7]) Terminologische Bemerkungen zum Ausdruck „Stand" vgl. *Nikolaus Monzel*, Solidarität und Selbstverantwortung, München 1959, darin: Geburtsstände und Leistungsgemeinschaften, 269 ff.
[8]) Vgl. *Aloys Schulte*, Der Adel und die deutsche Kirche im Mittelalter, Darmstadt ³1958.

Klöster nahmen nur Adelige oder doch nur Freigeborene als Mönche oder Nonnen auf. Erst die von *Franz von Assisi* und *Dominikus* im 13 .Jahrhundert gegründeten Bettelorden fragten bei der Aufnahme endgültig nicht mehr nach dem Besitz- und Geburtsstand, wie es im christlichen Altertum ja auch *Benedikt von Nursia* nicht getan hatte. Dieses innerklösterliche Abgehen von dem strengen Ständeprinzip fällt in die Zeit des Erstarkens einer neuen Sozialschicht, nämlich des Gewerbebürgertums, das sich in den alten ständischen Aufbau zwischen Adel und Bauerntum einschob, worauf wir im folgenden noch zu sprechen kommen werden.

b) Die Grundherrschaft und die Anfänge des Genossenschaftswesens

Das Lehenswesen ist nicht erst im Mittelalter aufgekommen, sondern es ist eine sehr alte Einrichtung der Großhirtenvölker. Es findet sich bei den Parthern, in China unter der Chou-Dynastie (1122—255), in Japan (bis 1868), in verschiedenen Negerreichen des Sudan und in Ost- und Zentralafrika (etwa nach 300 n. Chr.), welch letztere aber fast alle nur ein paar Generationen hindurch bestanden[9]).

Mit dem Lehenswesen ist meistens Grundherrschaft verbunden. Das bedeutet auch im christlichen Mittelalter, daß politische Rechte nicht wie die „allgemeinen Menschenrechte" in gleichem Maße jedem Staatsangehörigen zukommen, wie das für uns heute so selbstverständlich ist, sondern: Das Maß der politischen Rechte bemißt sich nach dem Maß des Bodenbesitzes, dessen Umfang, wie wir sahen, wiederum von kriegerischen Verdiensten wenn nicht des lebenden Grundherren, so doch von denen seiner Vorfahren bestimmt ist. In diesem System waren viele Menschen, auch viele Männer, politisch rechtlos; sie hatten wohl einen gewissen Rechtsschutz und privatrechtliche Ansprüche, waren aber politisch unmündig.

Allgemein bedeutet das Lehenswesen eine Dezentralisation der staatlichen Macht, besonders im mittelalterlichen Staat, wo es mit der Einrichtung der Grundherrschaft verbunden war. „Der Staat", schreibt *Bühler*, „büßte dabei von seinen Rechten um so mehr ein, als er seinen Beauftragten die zur Durchführung ihrer Aufgaben nötigen Machtmittel nicht unmittelbar zur Verfügung stellen konnte, sondern Leute mit seiner Vertretung bestimmen mußte, die entweder von Haus aus als Grundherren oder von ihm mit dem nötigen Besitz ausgestattet, wenn nötig mit bewaffneter Hand die in ihrem Bezirke Wohnenden zur Ablieferung der Abgaben zwingen und sie bei Vergehen bestrafen konnten"[10]).

Neben der Grundherrschaft, oder besser gesagt: im Rahmen der Grundherrschaft gab es im Mittelalter ein Genossenschaftswesen, das ursprünglich aus der Erweiterung von Familienzusammenhängen entstanden ist, aus Familien, die miteinander verwandt waren oder benachbart wohnten, z. B. Wald-, Weide-, Feuerwehr-, Deich-, Kriegsgenossenschaften u. a. m. Diese Genossenschaften wurden

---

[9]) Vgl. *Kaj Birket-Smith*, a. a. O., 331 f.
[10]) *Johannes Bühler*, Die Kultur des Mittelalters, 20.—24. Tsd., Stuttgart 1948, 165 f. (Kröners Taschenausgabe 79. Bd.).

von den Grundherren und dem Staat in Dienst genommen und deshalb auch geschützt. Die Gesamtstruktur des mittelalterlichen Staates war jedoch nicht genossenschaftlich, sondern herrschaftsständisch. Erst als im 12. und 13. Jahrhundert das städtische Gewerbebürgertum, besonders in Frankreich, den Niederlanden, in England und Westdeutschland aufkam, wurde dieses Einungsprinzip des freien Zusammenschlusses in Genossenschaften eine selbständige Form, die sich neben und im Gegensatz zu der grundherrschaftlichen Struktur entfaltete. Das bedeutet — soziologisch gesehen — das Ende des Mittelalters. Hier liegt auch ein früher Beginn eines demokratischen Zeitalters, das bis ins 20. Jahrhundert die demokratischen Tendenzen und Faktoren erstarken sieht, und das in der Gegenwart schweren Krisen ausgesetzt ist, von deren guter Lösung es abhängt, ob die westliche Welt weiterhin genossenschaftlich-demokratisch gestaltet bleibt oder der Diktatur verfällt.

3. Kapitel

Die Bejahung der mittelalterlichen Ständeordnung als Folge bestimmter religiöser Leitideen

Für uns Menschen des 20. Jahrhunderts wäre der mittelalterliche Ständeaufbau unerträglich. Wie haben die Menschen des Mittelalters darüber gedacht, und aus welchen Gründen haben sie ihn ertragen und sogar bejaht?
Zunächst ist wohl zu beachten, daß es zwischen den mittelalterlichen Ständen auch harte Auseinandersetzungen gegeben hat: zwischen den Lehensträgern und den fürstlichen Zentralgewalten, zwischen niederem und höherem Adel, zwischen Bürgertum und adeligen Stadtherren und dergleichen mehr. Nur eine allzu vergoldungsfreudige Romantik, für die aus vielen Beispielen als das bis auf unsere Tage schönste und gehaltvollste der Aufsatz von *Novalis* „Die Christenheit oder Europa" hier genannt sei, konnte das Mittelalter so auffassen und darstellen, als ob die Stände allzeit und ganz und gar von friedlichem Einfügungswillen erfüllt gewesen wären. *Freyer* sagt mit Recht, „solange wir uns überhaupt auf ständischem Boden bewegen, haben die sozialen Kämpfe ... nie den Sinn ..., den ständischen Aufbau als solchen in Frage zu stellen und das Bauprinzip des gesellschaftlichen Ganzen grundsätzlich zu verändern. Ihr Sinn ist vielmehr: Grenzkorrekturen zwischen den Ständen vorzunehmen, die Privilegienverteilung in einzelnen Stücken zu verändern, dem benachbarten Stand ganz bestimmte gesellschaftliche oder politische Rechte abzuringen. Selbst wenn ein Ständekampf mit dem blutigen Ernst und auf die längste Sicht geführt wird, zielt er keineswegs auf die Umstürzung der ständischen Gliederung überhaupt"[1]).
Diese Herausstellung der Möglichkeit von Ständekämpfen und ihres wesentlichen Unterschiedes von den Klassenkämpfen ist besonders wichtig gegenüber Darstellungen, die im friedlichen Zusammenwirken ein Wesensmerkmal der Stände, in sozialen Auseinandersetzungen aber ein nur der Klassengesellschaft zukommendes Merkmal sehen[2]).
Warum aber gab es im Mittelalter kein Streben nach Ablösung des ständischen Herrschaftsaufbaus durch eine ganz andere Gesellschaftsordnung? Das wird nur begreiflich, wenn man die Ideenwelt des Mittelalters kennt. Vier Ideen sind hier besonders wirksam gewesen[3]).

---

[1]) *Hans Freyer*, Soziologie als Wirklichkeitswissenschaft. Logische Grundlegung des Systems der Soziologie, Stuttgart 1930, 276.
[2]) So z. B. *Gustav Gundlach*, Klasse, in: Staatslexikon der Görres-Gesellschaft 3, ⁵1929, Sp. 383—392.
[3]) Vgl. *Ernst Wilhelm Eschmann*, Zur politischen Struktur des Mittelalters, in: Zeitschrift für Völkerpsychologie und Soziologie 4 (1928), 129—149.

1. Die Leitidee der Kontinuität

Die Hauptfaktoren der Gliederung des mittelalterlichen Sozialgefüges waren der Großgrundbesitz, darauf aufbauend die Grundherrschaft über Hörige, spezifisch geformt durch Lehenssystem und Gefolgschaftsverhältnisse, das gesamte Gefüge geblüts- und erbrechtlich verfestigt. Der Wille zu einem Neubeginn war im Mittelalter nirgends vorhanden. Alle Unruhen und Umwälzungen wollten zum Alten zurück, waren frei von bewußten revolutionären Zielen. Bei allen Auseinandersetzungen treffen wir nie auf die Berufung auf eine neue Zeit, auf notwendigen Fortschritt[4]), auf Äußerungen im Sinne der in unserem Zeitalter häufigen Redeweise: „Das paßt nicht mehr in unsere Zeit." Wir Heutigen glauben eben an die Notwendigkeit, Unvermeidlichkeit und den Wert des Fortschritts und — auch wenn wir nicht allzu optimistische Fortschrittsgläubige sind — wir denken geschichtlich, d. h. wir sind von der unvermeidlichen Wandelbarkeit aller menschlichen Verhältnisse überzeugt. Im Mittelalter erhoben die Menschen immer wieder die Forderung, die alten „gerechten" Zustände wiederherzustellen. Die Bezeichnungen „alt" und „gut" oder „gerecht", so führt *Kern* aus, galten fast als gleichbedeutend[5]). Unrechte alte Rechtsgewohnheiten hielt man für Abweichungen von noch älterem Recht. Dieses galt es wiederzufinden, nicht neues zu konstruieren. Nicht rationale Rechtsschöpfung wurde erstrebt, sondern Entdecken, Auffinden des alten Rechts. Also: Nicht alles Alte galt als gut und recht, aber alles Rechte als alt. Es stammt vom Himmel, wurde den Herrschern und Gesetzgebern inspiriert. Es ist nicht gesetztes, positives Recht, sondern wird im Gewissen, im Rechtsgefühl der Volksgemeinde oder ihrer Beauftragten, der Schöffen gefunden. Einiges wird aufgeschrieben, in Urkunden und Rechtsbüchern, aber alles ist zu interpretieren aus dem umfassenderen ungeschriebenen Wissen um das alte Recht. Altes Recht bricht jüngeres, so, wenn eine alte Urkunde aufgefunden wird, die jüngeren Urkunden oder Gewohnheiten widerspricht. „Legem *emendare*" (emendare = wiederherstellen) ist ein spezifisch mittelalterlicher Ausdruck (nicht: legem ponere). Der mittelalterliche Herrscher ist dazu da, das gute alte Recht anzuwenden, zu schützen, bei Unklarheiten neu zu bestätigen.
Aus diesem konservativen Rechtsempfinden und Rechtsdenken ergab sich folgendes: „Bildet sich ein neuer politischer Strukturteil (z. B. der Ministerialadel, N. M.), so ist die größte Sorge seiner Träger, Einrichtungen und Anschauungen an solche der Vergangenheit so innig anzuschließen, daß der größtmögliche Eindruck der Kontinuität entsteht"[6]).
Als Erklärung für diesen grundsätzlichen, allgemeinen und selbstverständlichen Konservatismus ist auf dreierlei hinzuweisen:

---

[4]) Abgesehen von den Ideen des *Joachim von Fiore* († 1202) und ähnlichen Ideen, auf die aber in den sozialen Auseinandersetzungen niemand sich berief.
[5]) *Fritz Kern*, Recht und Verfassung im Mittelalter, in: Historische Zeitschrift 1919, Neudruck 1952.
[6]) *Ernst Wilhelm Eschmann,* a. a. O.; vgl. zu „Kontinuität" auch: *Heinrich Mitteis,* Die Rechtsgeschichte und das Problem der historischen Kontinuität, Berlin 1947 (Akademie der Wissenschaften).

a) Es gibt typische, auch in frühen und mittelalterlichen Perioden anderer Kulturkreise ähnlich wiederkehrende Rhythmen des Kulturwachstums. In den Früh- und Mittelperioden denken die Menschen konservativ, weil die Rechts- und Sozialordnung als göttliches Werk aufgefaßt wird, das man nicht willkürlich ändern kann. Erst in den Spätstufen der Kulturen neigen sie zum rationalistischen, positivistischen Denken, auch im Sozialleben.

b) Zu diesem allgemein zu beobachtenden früh- und mittelalterlichen Konservatismus tritt im abendländischen Mittelalter der germanische Glaube an das Geblütsrecht: Gottgewollt sind die Unterschiede zwischen edlem und unedlem Blut; sie sind zugleich Unterschiede der Begabung und der Bestimmung zum Herrschen oder Gehorchen. Die christlichen Lehren von der Abstammung aller Menschen von einem Paar, von der Berufung aller Menschen zur Erlösung und zur Anschauung Gottes haben das Weiterwirken des germanischen Geblütsrechts nur ganz langsam unterbinden können. Lange glaubte man: Abstammung vom gleichen Blut gibt gleiche Rechte; diese dürfen nicht geschmälert werden. Geblütsrecht ist aber seiner Natur nach konservatives Recht.

c) Hinzu kommt ein Drittes: eine bestimmte Form der biblischen Lehre von der „Fülle der Zeit". Der Epheser-Brief spricht von der „Fülle der Zeiten" (1, 9—10); der Galater-Brief: „Da kam die Fülle der Zeit und Gott sandte seinen Sohn" (4, 4); der Petrus-Brief: „Das Ende aller Dinge hat sich genaht" (4, 7), und das Gleichnis Jesu von den Arbeitern im Weinberg legten die Kirchenväter so aus, daß seit der „neunten Stunde", mit Jesus Christus, das letzte Weltalter begonnen habe. Diese Stellen und Ausdrücke wurden im Mittelalter nicht nur in rein religiösem, heilsgeschichtlichem Sinne aufgefaßt, sondern auch weltlich-sozial: Seitdem kann es nach Gottes Willen bis zum Weltgericht am Ende der Tage nichts wesentlich Neues mehr geben, auch nicht im politischen und sozialen Leben. Wie die ersten Christen, so glaubten auch die mittelalterlichen Christen, der Bestand der Welt sei an den Bestand des römischen Reiches gebunden[7]). Zusammen werden beide bestehen und zusammen untergehen. Ich erinnere an den Vers aus der „Aeneis" des Dichters *Vergil*, der fast das Ansehen eines Kirchenlehrers genoß. In seinem Gedicht von der Gründung Roms durch Aeneas aus Troja, las man, was Jupiter über die Nachkommen dieses frommen Flüchtlings aus Asien sagte:

> His ego nec metas rerum, nec tempore pono,
> Imperium sine fine dedi ...
> Sic placitum ...
> Ihnen gewähr ich Macht trotz Raum und Zeit, ich bestimme
> Ihnen ein Reich, das endlos währt ...
> Also will's das Geschick ... [8]).

---

[7]) Vgl. *Andreas Bigelmair*, Die Beteiligung der Christen am öffentlichen Leben in vorkonstantinischer Zeit, München 1902.
[8]) Nach der Übersetzung von *August Vezin*, Vergil: Aeneis, lateinisch und deutsch, Münster 1952.

Das Vergilsche Vertrauen auf dieses „Placitum" — also will's das Geschick — wurde, wie *Haecker* eindrucksvoll gezeigt hat[9]), im Mittelalter aufgefaßt als eine Vorform des christlichen Glaubens an die göttliche Vorsehung. Von dieser meinte der mittelalterliche Mensch, sie habe die Fortdauer der Welt an die des Reiches gebunden. Wo ein solcher Glaube lebendig ist, da ist kein Platz für radikales Fortschrittsstreben und revolutionäre Änderungen; da gilt es als selbstverständlich, das Alte zu erhalten oder wiederherzustellen: Da gilt die Idee der Kontinuität, der Fortdauer, da ist politisch-sozialer Konservatismus selbstverständlich.

2. Der biblische Ordo-Gedanke als Urbild für den irdischen Sozialaufbau

Im Mittelalter weiß sich jeder einzelne als Glied einer Gruppe, die, zusammen mit anderen Gruppen, das soziale Ganze bildet. Niemand steht für sich allein da. Auch in den sozialen Kämpfen steht nicht Person gegen Person — wie z. B. in der freien Konkurrenzwirtschaft des frühen Liberalismus, besonders in der ersten Hälfte des 19. Jahrhunderts —, sondern es steht Gruppe gegen Gruppe: Gefolgschaft gegen Gefolgschaft, oder Geschlecht gegen Geschlecht, oder Rittertum gegen Ministerialadel, oder Bürgertum gegen Patriziertum, oder Zunft gegen Zunft. Selbst der König oder Kaiser herrscht nicht einfachhin wegen seiner individuellen Qualitäten, sondern weil er der Angehörige eines angesehenen Geschlechtes ist.

Alle Gruppen — Geschlechter und Stände — stehen in einer Rangordnung. Streit kann es nur darüber geben, wo innerhalb dieser Rangordnung die Stelle ist für einen neu aufkommenden Stand — z. B. für die Ritter —, aber daß es eine objektive und „ewige" soziale Rangordnung gibt, gilt als selbstverständlich. Etwas von egalitärer Demokratie ist hier undenkbar. Die Gruppen, Schichten, Stände stehen nicht alle nebeneinander, in unmittelbarem Kontakt miteinander, sondern in einem gestuften Aufbau.

Wir fragen uns, warum die Menschen das damals ertragen und bejaht haben: Weil man glaubte an eine himmlische Stufenordnung der Engel und Seligen, und weil man diese himmlische Stufenordnung im Prinzip als verpflichtendes Vorbild ansah für die irdische Sozialgestaltung.

Die hierarchische Jenseitsauffassung ist uralt. Es ist eine soziologisch bedeutsame Regelhaftigkeit, daß der inneren Bejahung eines zunächst auf Gewalt beruhenden Überlagerungsstaates durch die Beherrschten vor allem eine besondere Theologie oder Mythologie dient, welche die bestehende Ungleichheit als Wille und Fügung göttlicher Mächte darstellt; diese Theologie oder Mythologie dient zugleich der Stärkung des Glaubens der Oberschicht an ihr eigenes gutes Recht auf eine privilegierte Stellung. Im Christentum wurde sie, im Anschluß an die neu-

---

[9]) *Theodor Haecker,* Vergil, Vater des Abendlandes, Leipzig 1931.

testamentliche Lehre von den Engelchören im Epheser-Brief (1, 21; 3, 10) und im Kolosser-Brief (1, 16; 2, 10), besonders von *Dionysius Areopagita,* dessen Schriften im Mittelalter in hohem Ansehen standen, um 500 unter neuplatonischem Einfluß durch sublime Spekulationen ausgestaltet[10]). *Thomas von Aquin* hat sie in sein System eingebaut[11]). *Dante* hat ihr in der „Divina Commedia" den großartigsten dichterischen Ausdruck gegeben: die Erde im Mittelpunkt der sichtbaren Schöpfung, um sie herum mit immer größeren Durchmessern der irdische Feuerkreis, die sieben Planetenhimmel, der Fixsternhimmel und die Sphäre des primum mobile: der Kristallhimmel, wo die tätigen Engel weilen, deren Liebe zu Gott die Welt bewegt, über allem aber der undurchdringliche Lichtabgrund des dreipersönlichen Gottes. Ihm stehen die Engel und Seligen um so näher, je weiter von der Erde die Himmelsstufe ist, auf der sie ihren ewigen Standort haben, um so höher, je wertvoller ihr Dienst für das Gottesreich ist oder war[12]). In der überirdischen Welt gibt es nach mittelalterlicher Auffassung Über- und Unterordnung in einem vielstufigen hierarchischen Ordo. Das Himmlische aber muß sich im irdischen Sozialaufbau spiegeln. Im gestuften Aufbau des Soziallebens sieht der mittelalterliche Mensch ein irdisches Abbild der himmlischen Hierarchie.

3. Der Glaube an die auf jeden Menschen sich beziehende göttliche Vorsehung

Mit dem Ordo-Gedanken hängt eng zusammen eine andere soziale Leitidee des Mittelalters, nämlich eine bestimmte Form des Glaubens an die auf jeden einzelnen Menschen sich beziehende göttliche Vorsehung: Gottes Vorsehung ist es, die jedem Menschen in einer bestimmten Schicht des Sozialaufbaus schon durch die Geburt — in Ausnahmefällen auch durch von der Obrigkeit gewährte Privilegien — den Standort zuweist, den er eigenmächtig nicht verlassen darf. Wir sagen heute: Freie Bahn dem Tüchtigen! und setzen es wohl noch als Lob in den Nachruf, wenn sich jemand durch eigene Kraft, Umsicht und Zielstrebigkeit aus einer anderen Sozialschicht emporgearbeitet hat. Für den mittelalterlichen Frommen wäre das ein vermessenes Handeln gewesen. Das Bürgertum des Spätmittelalters allerdings dachte darin schon anders. Aber in den Predigten herrschaftsständisch gesinnter Kleriker hat sich jene mittelalterliche Form des Vorsehungsglaubens noch bis ins 17. und 18. Jahrhundert als eine wenn auch im Grunde schon machtlose Mahnung erhalten[13]). Wir werden darauf später aus-

---

[10]) Vgl. *Rudolf Haubst,* Engel, in: Lexikon für Theologie und Kirche 3, ²1959, Sp. 868 f.
[11]) Vgl. *Thomas von Aquin,* Summa theologica I 108; dazu im Kommentar der deutschen Thomas-Ausgabe 8, 515 und 518—524.
[12]) Vgl. die schematischen Zeichnungen in *Paul Pochhammers* Übersetzung der „Divina Commedia", Leipzig-Berlin ³1913.
[13]) Vgl. *Bernhard Groethuysen,* Die Entstehung der bürgerlichen Welt- und Lebensanschauung in Frankreich 2: Die Soziallehren der katholischen Kirche und das Bürgertum, Halle 1930, 95 ff. und 197 ff.

führlicher zurückkommen. Der auf göttlicher Fügung beruhenden gesellschaftlichen und politischen Bindung an die Geburtsschicht entsprach nach mittelalterlicher wie nach antiker Auffassung die Ausstattung jedes Menschen mit entsprechenden leiblichen und seelischen Eigenschaften. Auf diese Verwandtschaft mit antikem Denken hinblickend, darf man wohl sagen: Im Unterschied zum modernen Menschen mit seinem individuellen Aufstiegsstreben und Fortschrittsstolz hätte der mittelalterliche Christ *Hölderlins* schicksalsgläubige Verse aus dem Fragment „Der Rhein" tiefer verstanden und vorbehaltloser bejaht:

> Drum wohl ihm, welcher fand
> Ein wohlbeschiedenes Schicksal.
> . . .
> Daß da- und dorthin gern
> Er sehn mag bis an die Grenzen,
> Die bei der Geburt ihm Gott
> Zum Aufenthalte gezeichnet.

4. Die irdische Gesellschaftsordnung als Wegbereitung für das kommende messianische Reich

Endlich ist hier noch als sozialgeschichtlich bedeutsame Leitidee die eschatologische Erwartung des Tausendjährigen Reiches zu nennen, von dem in visionärer Weise die Apokalypse des Apostels Johannes spricht: die Erwartung eines glücklichen, friedvollen irdischen Reiches, das der Weltkatastrophe vorausgehen soll; so wurde damals diese biblische Stelle ausgelegt. Die eschatologische Vorstellung, daß diesem Reich der Weg bereitet werden müsse und die Überzeugung, daß dabei die bestehenden politischen und gesellschaftlichen Einrichtungen erhalten und geheiligt werden müßten, standen nicht nur hinter den feierlichen Zeremonien der Königssalbung und der Kaiserkrönung, sie schwebten nicht nur über den Standbildern, die im Bamberger Dom und in anderen Kirchen mit Schwert und Rüstung und gar auf dem Pferde herrscherlich ausschauen in die zu heiligende Welt, jene eschatologische Leitidee gab auch den Angehörigen der dienenden Schichten das innere Motiv, in ihrem Stande zu verharren und dem kommenden Gottesreich in den harten Grenzen ihrer ständischen Gebundenheit zu dienen.

Es braucht wohl nicht ausgeführt zu werden, daß die genannten religiösen Leitideen des Mittelalters, wenigstens in dieser Form, nicht zum überzeitlichen Gehalt des christlichen Glaubens gehören. Aber, wie auch *Schwer* in seiner Untersuchung über die Ständeordnung des Mittelalters gezeigt hat[14]), durch die Vermittlung solcher verpflichtender religiöser Ideen war es der Kirche möglich, die Härte, die sonst einem geburts- und herrschaftsständischen Gesellschaftsaufbau anhaftet, einigermaßen zu mildern und auch den herrschenden Schichten ein

---

[14]) Vgl. *Wilhelm Schwer*, Stand und Ständeordnung im Weltbild des Mittelalters, mit einem Nachwort hrsg. von Nikolaus Monzel, Paderborn ²1952.

echtes, auf das Gemeinwohl bezogenes Berufsethos einzupflanzen, wenn es auch vielfach nicht gelang, dieses Ethos zur vollen Entfaltung zu bringen. Der Hörige und Halbfreie war überzeugt, daß er trotz seines irdischen Knechtsdienstes wie alle anderen Menschen durch Christi Blut erlöst und zur Gemeinschaft der Seligen berufen sei. Der im privilegierten Herrenstande Lebende aber vernahm ohne grundsätzlichen Widerspruch die Mahnung der Kirche, den Hörigen und Halbfreien als einen Bruder in Christo zu achten und mild zu behandeln. Den Angehörigen aller Schichten wurde in Predigt, Unterricht und kirchlichem Schrifttum immer wieder vorgehalten, daß jeder in der Weise seines Standes, der ein Glied am corpus christianum sei, dem Gemeinwohl zu dienen habe. So wurde das gewalt- und machtentsprungene Überlagerungs- und Schichtungsverhältnis bis zu einem gewissen Grade mit einem berufsständischen Ethos erfüllt, ohne daß jedoch die tragende geburts- und herrschaftsständische Struktur selber umgebaut worden wäre[15]). Das geschah erst nach der Französischen Revolution.

---

[15]) Vgl. *Claudius von Schwerin*, Grundzüge der deutschen Rechtsgeschichte, 4. Aufl. besorgt von Hans Thieme, Berlin-München 1950, 127.

4. Kapitel

Beginn und geistige Grundkräfte des neuzeitlichen Soziallebens

1. Beginn des neuzeitlichen Soziallebens

Wie man den Beginn der Neuzeit bestimmt, hängt von der Perspektive ab, unter der man das Mittelalter sieht.

Hält man für das sozialgeschichtliche Hauptmerkmal des Mittelalters die enge Verbindung von Kirche und Staat, sei mit Staat gemeint das dezentralisierte mittelalterliche Reich oder die zentralisierten Fürsten- und Nationalstaaten nach dem 13. Jahrhundert, dann ist das ganze „Konstantinische Zeitalter", d. h. die große Spanne von fast einundeinhalb Tausend Jahren von Kaiser Konstantin dem Großen Anfang des vierten Jahrhunderts bis zur Französischen Revolution Ende des 18. Jahrhunderts, als „mittelalterlich" zu bezeichnen. Erst Ende des 18. Jahrhunderts setzte sich die grundsätzliche Forderung der Trennung von Kirche und Staat weithin durch.

Sieht man die sozialgeschichtliche Eigenart des Mittelalters aber — wie wir es hier tun — vor allem im Feudalismus, d. h. in der fast stilreinen Agrarwirtschaft und den damit verbundenen Einrichtungen der Grundherrschaft und Hörigkeit, des Lehenswesens und der ritterlichen Vasallenschaft, dann setzt man den Beginn der Neuzeit mit Recht dort an, wo eine ganz neue Form des menschlichen Zusammenlebens wirkkräftig auftritt, die zwar noch lange nicht den Feudalismus mit der überwiegenden Naturalwirtschaft und den entsprechenden Formen des Wohnens, des Rechtswesens und dergleichen völlig verdrängt, aber doch in das Gesamtbild des Soziallebens einen sehr merkbaren, weithin sichtbaren neuen Zug einzeichnet. Das geschah durch das Aufblühen des Bürgertums, genauer: des Gewerbebürgertums und der Gewerbebürgerstädte mit ganz anderen Formen der wirtschaftlichen Betätigung, der Produktion, des Erwerbs, des Konsums, des Wohnens und des Rechtslebens usw., als sie auf dem Lande üblich gewesen waren und dort weithin noch üblich blieben. Das Aufblühen und die Ausbreitung des Gewerbebürgertums erfolgte seit dem 13./14. Jahrhundert.

Das abendländische Sozialleben erhält um diese Zeit einen neuen politischen Rahmen, einen neuen Inhalt, neue bevölkerungsmäßige und rechtliche Grundlagen und einen neuen Geist, wobei allerdings zu beachten ist, daß alte Inhalte, Grundlagen und Leitideen neben den neuen noch lange wirksam blieben.

a) Der neue politische Rahmen

Um die Wende des 12./13. Jahrhunderts zerbricht die Einheit des durch die Verbindung von Papsttum und Kaisertum geeinten Reiches. Schon 1266/67 sah der Plan zur vorgesehenen Königswahl *Konradins* vor, daß er dadurch auch Kaiser sein sollte, ohne Mitwirkung des Papstes[1]). 1338 bestimmte der Kurverein zu Rense: „Derjenige ist Kaiser, den die Kurfürsten in ihrer Mehrheit wählen; der päpstlichen Bestätigung bedarf es nicht." Zwar erfolgten weiterhin Kaiserkrönungen durch den Papst, z. B. 1530 die Krönung *Karls V.* in Bologna, die Wahl jedoch zum Kaiser (oder König) erfolgte unabhängig von der päpstlichen Bestätigung. Anlaß zum Beschluß von Rense war die große Abhängigkeit der Päpste vom französischen Königtum, seitdem 1309 Papst *Clemens V.* in den Auseinandersetzungen mit den staufischen Kaisern *(Friedrich II.)* dort Schutz gesucht und seine Residenz nach Avignon verlegt hatte. Im Exil von Avignon blieben die Päpste bis 1377. In dieser Zeit hat sich das Kaisertum vom Papsttum gelöst; die Einheit, die den Rahmen des mittelalterlichen Soziallebens ausmachte, war für immer dahin. Kirche und Imperium brachen auseinander, und nicht nur in zwei, sondern in viele Teile: die Nationalstaaten und Stadtstaaten. Die vier wichtigsten Nationalstaaten wurden Frankreich, Deutschland, England und ein großer Teil von Italien, der Kirchenstaat. Durch eine Pippinische Schenkung war der Kirchenstaat 754 entstanden und steht jetzt, nach dem Bruch zwischen Kirche und Reich, wie ein Nationalstaat neben den anderen. So wird der Papst gewissermaßen in die Reihe der nationalen Könige einrangiert.

b) Der neue Inhalt

Der neue soziale, insbesondere wirtschaftliche Inhalt seit 1300 ist charakterisiert durch die Stichworte: Städtebildung und Aufblühen von Handel und Gewerbe. Das gab es auch früher, hatte aber wenig Bedeutung. Jetzt wachsen die Städte an Zahl und Umfang. In Mittel- und Nordeuropa waren bis ins hohe Mittelalter hinein nicht die Städte, sondern das adelige Grundbesitzertum, die „Feudalherren", maßgebend gewesen. Die früheren Städte in Europa waren, abgesehen von den handeltreibenden Küstenstädten Italiens, entweder „Ackerbürgerstädte", d. h. befestigte bäuerliche Niederlassungen, in denen vorzugsweise Landwirtschaft, nicht Handel und Gewerbe betrieben wurde, oder es waren militärische „Burgstädte", gegründet als Zentren für die Verteidigung im Kriege, so z. B. die von *Heinrich I.* (919—936) gegründeten Städte. Seit dem 12. und 13. Jahrhundert wurden diese beiden Arten von Städten mehr und mehr zu Handelsplätzen, zu „Märkten", zu „Gewerbebürgerstädten". Jetzt sind sie nicht mehr nur Wohnsitz von Bauern, Ackerbürgern und von Menschen in militärischen Diensten, sondern überwiegend Sitz zweier Menschengruppen, die im Sozialleben des europäischen Mittelalters nur eine untergeordnete Rolle gespielt hatten: der Handelsleute und Handwerker, und zwar freier Handelsleute und Handwerker. In den alten Städten waren neben den Freien viele Unfreie, Hörige, Ministerialen gewesen. In den neuen Städten „überwog von Anfang an das freie Element"[2]).

[1]) Vgl. *Rudolf Maria Kloos,* Petrus de Prece und Konradin, Tübingen 1954.
[2]) *Claudius von Schwerin,* Grundzüge der deutschen Rechtsgeschichte, Berlin-München ⁴1950, 127 Anm.

Der Fortschritt des Fernhandels und der Geldwirtschaft seit den Kreuzzügen im 12. und 13. Jahrhundert war der wirtschaftlichen Lage des Adels, besonders in Frankreich, Deutschland und England, nicht günstig. Anders als in Italien, wo der Adel selber Handel und große Geldgeschäfte betrieb, lebte der Adel in Mittel- und Nordeuropa zum großen Teil auf dem Lande. Sein Einkommen bestand zur Hauptsache in Naturalabgaben der Bauern. Deren Preis stieg nicht in dem Maße wie die Preise der gewerblichen Erzeugnisse und importierten Waren, an deren Genuß und Gebrauch man sich allenthalben jetzt immer mehr gewöhnte. Die wachsende Nachfrage nach diesen Gütern bewirkte steigende Preise. Der Adel suchte sich schadlos zu halten durch verstärkten Abgabenzwang; er verlangte von seinen Bauern mehr Naturalien. Die Auswirkung war das Streben der zum großen Teil unfreien, hörigen Bauern nach der Stadt. Es setzte eine Landflucht ein, mit der der Adel vielfach einverstanden war.

c) Die neuen Grundlagen (bevölkerungsmäßig und rechtlich)

Die halbfreien und hörigen Bauern, die in die Stadt drängten, hatten zwei Möglichkeiten, rechtlich frei zu werden: entweder durch ein Jahr Aufenthalt in der Stadt — „Stadtluft macht frei" — oder durch Geldabgaben an ihren Grundherren, den Freikauf. Auf dem Lande hatte, dank intensiver Bodenbearbeitung und verbesserter Nahhandelsbeziehungen[3]), seit der Mitte des 10. bis ins 14. Jahrhundert hinein ein steigender Geburtenüberschuß eingesetzt, so daß nun, als die persönliche Freiheit und bessere Erwerbsmöglichkeiten lockten, der Zuzug vom Lande in die nahe Stadt beträchtlich war. Die neuen Stadtbewohner kamen also nicht aus Eigenvermehrung der bisherigen Stadtbewohner, in die Säuglingssterblichkeit, Pest, Kriege und Nahrungsnot bei Belagerungen immer neue Lücken rissen[4]), sie kamen auch nicht, wie z. B. bei den nordamerikanischen Großstädten im 19. Jahrhundert, aus Zuwanderung von Ausländern, sondern sie waren Zugezogene aus der ländlichen Umgebung.

Zu diesen neuen bevölkerungsmäßigen Grundlagen der Städte kamen neue rechtliche hinzu. Zuerst gingen sie aus von den weltlichen, manchmal auch geistlichen Fürsten (Bischöfen), welche Grundherren des städtischen Bodens waren. Die Städte waren für sie eine willkommene Einkommensquelle. Sie verlangten Geldabgaben für Niederlassungsrecht, für Gewerbe- und Handelsrechte und für den Verkehr mit anderen Städten Wegegelder und Zölle. Neue Rechte wurden auch geschaffen vom Kaiser oder König bei ihren Auseinandersetzungen mit den Fürsten, bei denen der Kaiser die Städte durch Verleihung von Rechten als Bundesgenossen gegen die Fürsten zu gewinnen suchte: „Wenn zwei sich streiten, freut sich der Dritte." Am zähesten widersetzten sich viele geistliche Fürsten dem Selbständigkeitsstreben ihrer Städte, nicht weil sie herrschsüchtiger gewesen wä-

---

[3]) Vgl. *Henri Pirenne*, Sozial- und Wirtschaftsgeschichte Europas im Mittelalter, übers. von Marcel Beck, Bern o. J.
[4]) Vgl. *Karl Bücher*, Die Entstehung der Volkswirtschaft. Vorträge und Aufsätze, Tübingen 1919, darin: Die soziale Gliederung einer mittelalterlichen Stadt, 398 ff.

ren als die weltlichen Fürsten, sondern aus folgendem Grunde: Die Bischöfe lebten nicht wie die weltlichen Grundherren auf dem Lande, sondern sie waren genötigt, in Städten zu residieren, weil diese unentbehrliche Zentren der kirchlichen Verwaltung waren. Deshalb wollten sie hier ihren Einfluß nicht gemindert wissen. Aber die Bürgerschaft setzte sich schließlich durch[5]).
Die Anziehungskraft der Städte beruhte auf zwei Vorzügen. Sie gewährten — *erstens* — größere persönliche Freiheit als auf dem Lande[6]). Die leibeigenen Bauern hatten dem Grundherren viele jährliche Abgaben zu leisten, drei Tage der Woche auf seinen Feldern zu arbeiten, bei der Heirat seine Erlaubnis zu erwirken und eine Abgabe zu zahlen, beim Todesfall ihn als Miterben zu beteiligen u. a. m. Dem allem entgingen sie bei der Abwanderung in die Stadt. Dort hatte sich ein neues Einungsprinzip herausgebildet: der freie Zusammenschluß gleichberechtigter Genossen mit gleichen Erwerbsinteressen, das immer mehr die beiden vorher geltenden Einungsprinzipien ablöste: das Geblütsrecht und die Grundherrschaft, und das die Bürger in ihrer Freiheit und Selbständigkeit stärkte. Die Städte waren — *zweitens* — auch anziehend geworden durch größere Erwerbsmöglichkeiten in Handel und Handwerk. Darüber werden wir später mehr hören.

d) Der neue Geist

Der vierte Punkt der Begründung unserer Grenzziehung um 1300 ist der neue Geist, der seit dem 13./14. Jahrhundert das Sozialleben formt. Wir wollen hier nur zwei Stichworte nennen: den „Ökonomismus", einen gesteigerten, sich planmäßiger und rationaler betätigenden Erwerbssinn, und ein allgemeineres und stärkeres politisches Freiheitsstreben, das Aufkommen individualistischer und demokratischer Tendenzen.

Die Kennzeichnung des abendländischen Soziallebens um 1300, die wir in diesen vier Punkten skizziert haben, berechtigt uns, in einer sozialgeschichtlichen Betrachtung gerade hier den Beginn der neueren Zeit zu sehen, obwohl noch keine große abendländische Kirchenspaltung (16. Jahrhundert) und noch keine Vorherrschaft des theologisch-weltanschaulichen Naturalismus, noch keine offenbarungsfeindliche Weltanschauung (18. Jahrhundert) gegeben ist. Bestätigt wird unsere Auffassung durch Sozial- und Wirtschaftshistoriker. Z. B. hat *Gustav Schmoller* gesagt, die wirtschaftliche Revolution, die vor allem Deutschland im 12.—13. Jahrhundert erlebte, sei größer „als jede spätere, die das deutsche Volk erlebt hat". *Franz Steinbach* hat hingewiesen auf den Übergang vieler alter Hirten- und Jägervölker, die etwa um 3000 v. Chr. ihr Nomadentum aufgaben und seßhafte Bauernvölker wurden und hat damit verglichen den im 12./13. Jahrhundert n. Chr. sich vollziehenden Übergang zur Stadtkultur: „Der Übergang zur Stadtkultur ist der größte Umbruch in Mitteleuropa seit dem Über-

---

[5]) Vgl. *Franz Steinbach*, Studien zur Geschichte des Bürgertums, Teil I: Stadtgemeinde und Landgemeinde, Bonn 1948 (Rheinische Vierteljahresblätter 13/14).
[6]) Vgl. *Henri Pirenne*, a. a. O., 67 f.

gang zur Bauernkultur um 3000 v. Chr. und ist in seiner Bedeutung durch kein neueres Geschehen bis in unsere Zeit übertroffen worden"[7]). Wenn das stimmt, dann ist auch für die Geschichte der Christenheit hier ein Einschnitt anzusetzen.

2. Geistige Grundkräfte des neuzeitlichen Soziallebens

Meine Grundthese über die neuere Zeit — soziologisch gesehen — lautet: Die menschliche Geschichte ist Geistesgeschichte. Dadurch unterscheidet sie sich von der Naturgeschichte. Alle Einteilungen der Naturgeschichte richten sich nach dem Auftreten umwälzender Naturereignisse, wie z. B. nach den Meeresüberflutungen, den Gletscherüberflutungen in der Erdgeschichte. Die menschliche Geschichte erfährt ihre Einteilungen durch das Auftreten relativ neuer Geisteskräfte von großer Auswirkung. Aber der Geist schwebt nicht in der Luft. Der Geist einer Zeit ist Menschengeist, das besagt: Neue Menschenmassen treten in die Geschichte ein und bringen einen neuen Geist mit. Das war z. B. so im Verlauf der germanischen Völkerwanderung im 5./6. Jahrhundert. Die Germanen brachten das Prinzip der Grundherrschaft mit und erhielten 754 das politische Erbe des römischen Kaisertums. Aus diesen beiden Tatsachen sind einige Grundzüge des Mittelalters zu begreifen. In neuerer Zeit bringen nicht neue Völker, sondern nach oben drängende neue Schichten einen neuen Geist zur Vorherrschaft. Als dessen Grundzug bezeichnet *Walter Rathenau* die „Mechanisierung" aller Lebensgebiete, auch der geistigen und religiösen. „Diese Weltbewegung", schreibt er, „konnte nur entstehen, indem die westliche Welt ihr Antlitz änderte, sie mußte es ändern, weil eine gewaltig angeschwellte Menschenflut die dünngewordene aristokratisch-germanische Haut durchbrach, und weil zum erstenmal seit den Völkerwanderungen eine neue Bevölkerung den Westen überdeckte"[8]).

a) Aufstieg der Unfreien zum Bürgertum

Während des ganzen Mittelalters bestand im Abendland die feudale Grundherrschaft. Eine relativ kleine Zahl von weltlichen und geistlichen Grundbesitzern lebte als Oberschicht über einer großen Zahl Abhängiger, Unfreier und Halbfreier. Diese unfreie Landbevölkerung hatte durch jahrhundertelange Gewohnheit und Sitte eine bestimmte geistige Haltung angenommen. Sie war arbeitsam, handfertig, sparsam, vorsichtig, anpassungsfähig und klug. Aus dem Überwiegen dieser Geistesverfassung erklärt sich ein geistiger Grundzug der Neuzeit.

---

[7]) A. a. O. — Bezüglich des Bauerntums sagt *Otto Brunner* (Die alteuropäische Ökonomik, in: Zeitschrift für Nationalökonomie 13 [1952], 118) einschränkend, daß auch nach Ausbildung des Städtewesens im 13. Jahrhundert, einige Landschaften ausgenommen, noch 90 % der Bevölkerung auf dem Lande wohnte: „Das Bauerntum bildete von seiner Entstehung im Neolithikum bis ins 19. Jahrhundert das Fundament der europäischen Sozialstrukturen und wurde in diesen Jahrtausenden vom Strukturwandel der politischen Formen der Oberschichten kaum berührt."

[8]) *Walter Rathenau*, Von kommenden Dingen (Ges. Schriften 3), Berlin 1925, 250; vgl. auch: Kritik der Zeit.

Die alte Herrenschicht hatte bis dahin im großen und ganzen durch Erblichkeit, Heirat nur unter ihresgleichen sich von den Unfreien getrennt gehalten. Sie hatte auch eine andere Geistesverfassung. Mehr als Arbeitsamkeit und Handfertigkeit galten hier Kampf und Eroberung — das war germanisch; mehr als Sparsamkeit galten Schönheitssinn und Prachtentfaltung — das war noch antikes Empfinden; mehr als Klugheit oder Anpassung an den Herrn, dem der Unfreie oder Halbfreie durch Geburt, Verschuldung oder Vereinbarung gehörte, galten Mut, Tapferkeit und Gefolgschaftstreue gegenüber dem frei gewählten Anführer. Natürlich wurden auch von der Herrenschicht die wirtschaftlichen Güter geschätzt, aber nicht um ihrer selbst willen, sondern um des Genusses, der festlichen Daseinserhöhung willen: im weltlichen oder kirchlichen Fest, im freudigen müßigen Spiel der schönen Künste, wegen der Muße, die sie verschaffen und der damit gegebenen Freiheit für den philosophischen Geistesaufschwung und für die religiöse Meditation.

b) Ökonomismus

Seit dem 13. Jahrhundert erfolgte eine Umschichtung. Die Träger dieser Lebensauffassung, die alte feudale Herrenschicht, war zusammengeschmolzen. Durch Blutverlust in Fehden, Kriegen, besonders in den Kreuzzügen des 12. und 13. Jahrhunderts mehrfach dezimiert, paßte sie, deren Ethos bis dahin der zeitgenössischen Kultur das Gepräge gegeben hatte, sich nach unten an durch Annahme des Ethos, der Lebensanschauung der „Bürger", ein Prozeß, der vielfach durch Blutsvermischung gefördert wurde[9]). Mit der Emsigkeit, Zähigkeit, berechnenden Vorsicht und klugen Anpassung der proportional viel stärker gewachsenen und nach oben steigenden Unterschicht werden jetzt auch von den früheren Herren die wirtschaftlichen Güter erstrebt. Auch von ihnen werden manche Kaufleute, Bankiers und Produktionsunternehmer. Die wirtschaftlichen Güter und Werte steigen in der subjektiven Wertskala langsam über die vitalen, geistigen, zuletzt auch über die religiösen Güter und Werte. So setzt eine Entwicklung ein, die im Hochkapitalismus das Geschäft und den Profit an die Spitze aller Werte und aller Gesichtspunkte treten läßt. Natürlich vollzieht sich dieser Prozeß langsam, im Laufe von Jahrhunderten, aber er ist doch seit dem Aufstieg der bis dahin dienenden Schicht und der allgemeinen Durchsetzung ihres Ethos deutlich erkennbar. Diese „Verwirtschaftlichung", dieser „Ökonomismus" ist ein geistiger Grundzug des neuzeitlichen Soziallebens.

c) Individualismus

Als charakteristisch für das neuzeitliche Sozialleben werden für gewöhnlich zwei andere Merkmale genannt: Verweltlichung und Individualismus. Es ist richtig, wenn z. B. *Troeltsch* diese Grundzüge herausstellt im Gegensatz zum Mittel-

---

[9]) Der neuzeitliche Geist wird auf diese Blutsvermischung zurückgeführt von *Sombart* (Bourgeois), *Rathenau* (Kritik der Zeit), *Scheler* (Umsturz der Werte 2, 269 f.).

alter[10]). Der mittelalterliche Mensch war hierarchisch und universalistisch gesinnt. Als das Höchste galt das Heilige, der Dienst am Reiche Gottes, auch für Kaiser und Papst, selbst wenn sie sich befehdeten. Die mittelalterlichen Menschen haben nicht immer danach gehandelt, theoretisch aber haben sie nie den obersten Rang des Heiligen bestritten. Ihre universalistische Gesinnung beruhte auf der Auffassung, daß nur in der Gemeinschaft, in der gegliederten Gemeinschaft der einen Kirche und des einen römisch-germanischen Reiches der Sinn des Gottesreiches zu verwirklichen sei.

Worin die „Diesseitigkeit" *(Troeltsch),* die Verweltlichung besteht, davon haben wir schon gesprochen: vor allem darin, daß die untersten Güter, die Sach- und Nutzgüter, in der Wertrangordnung immer höher steigen, bis sie an die Stelle der Güter und Werte des Heiligen treten. Darum sollte man genauer statt Diesseitigkeit Ökonomismus sagen. Dieser Ökonomismus, das ist der große „Umsturz der Werte" *(Scheler)* seit Beginn der Neuzeit. Zwar wird er ganz deutlich erst im 19. Jahrhundert, aber er setzt schon ein seit dem Ende des 13. Jahrhunderts.

Das Merkmal Individualismus bzw. Partikularismus liegt vor in der Philosophie als Nominalismus, in der großen Politik in der Entstehung der Nationalstaaten und Stadtstaaten und in demokratischen Strömungen. Es läßt sich zeigen, daß der Individualismus zwar nicht ganz, aber zum großen Teil aus der intensiven Hinwendung auf die Wirtschaftsgüter stammt, die aus der Umschichtung im Aufbau der Bevölkerung des Abendlandes herrührt. So sieht auch *Sombart* den Zusammenhang: „Für diesen (den Individualismus, N. M.) hat wohl der neue kapitalistische Geist die meisten Bausteine geliefert, nicht bloß durch die Entwicklung des Rationalismus, sondern ebenso sehr durch die schroffe Betonung der Einzelwertigkeit der Wirtschaftssubjekte, aus der sich mit sieghafter Gewalt die Idee der freien Konkurrenz: die rücksichtslose Vertretung der individualen Interessen, sowie die bedingungslose Anerkenntnis der persönlichen Selbstverantwortung heraushob"[11]). Den Zusammenhang zwischen Ökonomismus und Individualismus zeigt in der Philosophie die Wertlehre auf[12]): Je höher objektiv ein Wert oder ein Gut als Wertträger steht, desto größer ist seine Einungskraft, seine virtus unitiva, desto mehr Personen können daran teilhaben, ohne daß eine Teilung notwendig ist und ohne daß dadurch eine Entzweiung entsteht.

Wenn wir sehen, daß irgendwo Menschen lange und trotz vieler die Gemeinschaft bedrohender Schwierigkeiten in wirklicher Verbundenheit zusammenleben, dann ist das nicht bloß durch den Willen zur Gemeinsamkeit zu erklären. Dann liegt eine mehr oder weniger bewußte gemeinsame Ausrichtung vor, eine Hinwendung zu solchen Gütern, die auf hohen Stufen der objektiven Wertrangordnung stehen. Von ihnen, vom Objekt, geht die große virtus unitiva aus; mit der hohen Wertrangstufe ist grundsätzlich gegeben die Möglichkeit einer großen

---

[10]) *Ernst Troeltsch,* Das Wesen des modernen Geistes (Ges. Schriften 4), Tübingen 1925, 297 ff.
[11]) *Werner Sombart,* Der moderne Kapitalismus, Leipzig 1902.
[12]) Vgl. *Max Scheler;* auch schon bei *Augustinus.*

Hafttiefe der seelischen Akte, die von einem Menschen zum anderen in einer solchen Gemeinschaft gehen. Hier ist — nebenbei gesagt — der Grund, warum eine rein formale Soziologie nicht genügen kann, um formalsoziologische Verhältnisse wie Distanz und Nähe, Kampf und Einigkeit, Konkurrenz und Solidarität und dergleichen mehr zu erklären. Zur vollen Erklärung ist es notwendig, den gemeinsam erstrebten Gehalt zu berücksichtigen, den jeweils verschiedenen intentionalen Gehalt, um den es in den verschiedenen Sozialverbindungen geht.

d) Unedler (egalitärer) und edler (personaler) Individualismus

Das vorläufige geschichtliche Ursachen-Schema, das wir hier aufgestellt haben: (a) Aufstieg der Unterschicht, deren überwiegende Hinwendung zum (b) Ökonomismus und dessen notwendige Verbundenheit mit (c) dem Individualisuus, dieses vorläufige Kausal-Schema muß noch ergänzt, noch näher erläutert werden. Denn neben der ökonomistischen gibt es eine andere Wurzel des neuzeitlichen Individualismus. Sie liegt in der christlichen Lehre von der „Gleichheit" aller Menschen vor Gott, besser gesagt: in der Lehre von der Personwürde aller Menschen.

Daß jeder Mensch Person ist, ausgestattet mit der Fähigkeit zur Wesenserkenntnis, zur sittlichen Entscheidung zum Guten oder zum Bösen und zur Erkenntnis Gottes und zur freien Hingabe an ihn — darin liegt die Gleichheit aller Menschen. Daß aber jeder Mensch als die Verwirklichung eines einzigartigen Gedankens Gottes ins Leben gerufen wird, daß jedem Menschen eine ursprüngliche Soseinsindividualität zukommt, darin liegt die unaufhebbare Ungleichheit aller Menschen begründet. Aber diese Ungleichheit ist eben eine Ungleichheit von Personen. Und Personwürde kommt jedem Menschen zu. Zu ihrer Entfaltung ist ein entsprechender äußerer Wirkungsraum nötig. Aus dem Empfinden dafür kann entspringen, was wir „christlichen Individualismus" nennen dürfen. Der die Sozialgeschichte der Neuzeit kennzeichnende Individualismus hat, aufs Ganze gesehen, neben der ökonomistischen diese christliche Wurzel. Es gibt eben eine „edle" und eine „unedle" Form des Individualismus, besser vielleicht „personaler" und „egalitärer" Individualismus genannt. Der egalitäre Individualismus sieht jeden Menschen nur als mögliches Subjekt wirtschaftlicher Interessen, als Konkurrent, Teilhaber, Partner; seine übrigen Qualitäten interessieren ihn nicht. Der personale Individualismus sieht in jedem Menschen ein Ebenbild Gottes, das je auf seine Weise etwas von der Qualitätsfülle Gottes widerspiegelt und eine unauslotbare Tiefe hat, die nur Gott zugänglich ist. Das Empfinden dafür ist — im Vergleich zur Antike und zum Mittelalter — in der Neuzeit gewachsen, eine Auswirkung der christlichen Lehre vom Menschen.

Vielleicht könnte man versuchen, auch für die Hinwendung zu den Wirtschaftsgütern und für die Steigerung des gewerblichen, handwerklichen und technisch-industriellen Lebens noch eine christliche Wurzel anzugeben, nämlich den biblischen Auftrag: „Erfüllet die Erde und macht sie euch untertan" (Gen 1, 28). Aber das haben die mittelalterlichen Menschen auf ihre Weise auch getan. Die neuzeitliche stärkere Weltzuwendung hätte auch im Rahmen einer bestimmten welttranszendent sakralen, hierarchischen Lebensauffassung vor sich gehen können, ja, eine stärkere Weltzuwendung wäre von selber notwendig geworden bei großer Bevölkerungszunahme. Faktisch aber geschah sie in der Weise, daß die obersten Zielsetzungen einer welttranszendenten Lebensgestaltung mehr und mehr wegfielen. Und so müssen wir sagen: Die intensivere Beherrschung und Gestaltung des materiellen, ökonomischen Lebens hat keine Wurzel in christlichen oder biblischen Motiven und Ideen. In bezug auf den neuzeitlichen Individualismus und die demokratischen Tendenzen der neueren Zeit können wir das jedoch behaupten.

5. Kapitel

Der neuzeitliche Kapitalismus

1. Merkmale des Kapitalismus und die Eigenart des neuzeitlichen Kapitalismus

Die kapitalistische Wirtschaft definieren wir vorläufig als ein Wirtschaftssystem, das überwiegend von dem Produktionsfaktor Kapital bestimmt wird.

a) Unser *erstes Merkmal* ist bereits in dieser allgemeinen Definition ausgedrückt: das Überwiegen des Produktionsfaktors Kapital.

b) Darin ist — als Voraussetzung — das *zweite Merkmal* enthalten: die Trennung von Kapitalbesitz und Arbeitskraft, das heißt: Einige Menschen verfügen über viel Kapital, andere Menschen haben nur ihre Arbeitskraft zum Wirtschaftsprozeß beizusteuern. Zwar ergibt sich aus dieser Voraussetzung nicht denknotwendig, daß Gestalt und Ablauf einer solchen Wirtschaft einseitig durch das Kapital bestimmt werden; denn denkbar sind — bei bestehenbleibender Trennung von Kapital und Arbeit — auch (a) ein paritätisch-partnerschaftliches Zusammenwirken und gemeinsames Bestimmen des Wirtschaftsablaufs, das heißt: Denkbar ist, daß es auf Grund gesellschaftlicher und politischer Einwirkung dazu kommt, daß beide Gruppen: Kapitalbesitzer bzw. deren Beauftragte und kapitallose Arbeitnehmer, paritätisch die Wirtschaft bestimmen. Denkbar ist auch (b) ein „laboristisches Wirtschaftssystem"[1]), bei dem an Stelle der Kapitalbesitzer die kein Kapital besitzende organisierte Arbeiterschaft eine überwiegende Bestimmung ausübt, ein System also, in dem die Kapitalbesitzer zwar Eigentümer bleiben, auch gewisse Renten, Zinsen, Dividenden vom Gewinn erhalten, im übrigen aber gegenüber dem Wirtschaftsablauf ziemlich machtlos und ohne Kompetenzen sind.

Trennung von Kapital und Arbeit ist also wohl Voraussetzung für das Überwiegen des Kapitaleinflusses. Aber sie allein ist kein ausreichendes Merkmal des neuzeitlichen Kapitalismus. In der Enzyklika „Quadragesimo anno" ist darum der Kapitalismus unzureichend gekennzeichnet als die Wirtschaftsweise, „bei der es im allgemeinen andere sind, die die Produktionsmittel, und andere, die die Arbeit zum gemeinsamen Wirtschaftsvollzuge beistellen" (nr. 100)[2]). *Pius XI.* will damit natürlich keine wissenschaftliche Definition der kapitalistischen Wirtschaft geben. Er hat sie aber im Auge; denn stillschweigend wird hier angenommen, daß die Kapitalbesitzer entsprechend ihrem Besitz auch die maßgebende Gruppe bilden, die die anderen, die Arbeiterschaft, in Dienst nimmt; ausdrücklich wird in „Quadragesimo anno" ja beklagt, daß das Kapital dieses Indienst-

---

[1]) Vgl. *Goetz Briefs*, Zwischen Kapitalismus und Syndikalismus. Die Gewerkschaften am Scheideweg, Bern 1952, 12.

[2]) Übersetzung dieses und der folgenden Zitate nach: Die sozialen Rundschreiben Leos XIII. und Pius XI., hrsg. von *Gustav Gundlach*, Paderborn 1931.

nehmen der kein Kapital besitzenden Arbeiterschaft „einseitig nach seinem Gesetz und zu seinem Vorteil ablaufen (lasse)" (nr. 101). Das ist in Wirklichkeit meistens geschehen, im neuzeitlichen wie auch im mittelalterlichen und antiken Kapitalismus. Die Aussage *Pius' XI.* ist daher, wenn nicht wissenschaftlich exakt, so doch ausgesprochen wirklichkeitsnahe.

c) Eine besondere Wichtigkeit kommt dem Merkmal: Trennung von Kapital und Arbeit auch deswegen zu, weil sich aus ihm das *dritte Merkmal* ergibt, die auf Akkumulation des Kapitals beruhende großbetriebliche Form der Produktion und des Handels. Der Kapitalanhäufung in wenigen Händen entspricht die Kapitalentblößung der vielen anderen Menschen; denn immer sind ja die zur Verfügung stehenden Mittel begrenzt. Wo Kapitalanhäufung besteht, wird der Kapitalbesitzer sein Kapital eher in einen Großbetrieb stecken — in Landwirtschaft, gewerbliche Produktion, Handel und Geldgeschäfte — als auf viele Kleinbetriebe verteilen, weil er dann die Bestimmung über das, was geschieht, mehr in der Hand hat. Auch die Rationalisierung tendiert ja — wenigstens lange Zeit hindurch — zum Großbetrieb und zum Großunternehmen.

d) Wo Handel und Geldwesen stärker entwickelt waren, konnte ein *viertes Merkmal* des Kapitalismus hinzukommen: das Kapitalvermehrungsstreben. Tatsächlich realisierte es sich schon in etwa in der Spätantike, in hohem Maße aber erst seit dem 13. Jahrhundert, als Handel und Geldwesen sich weiter entfalteten. Erst seit dieser Zeit prägt sich die vollere Gestalt des Kapitalismus aus. Denn erst durch die Einschaltung von Großhandel und Geld- und Kreditwesen wird realisierbar, was dem „unvollkommenen Kapitalismus" im Mittelalter weitgehend fehlte, aber ein wichtiges Charakteristikum des neuzeitlichen Kapitalismus ist: das Kapitalvermehrungsstreben.

e) Hinzu kommt als *fünftes Merkmal* ein Grundzug, der in den Frühformen des Kapitalismus nur in Spuren vorhanden[3]), in nennenswerter Weise jedoch erst dem neuzeitlichen Kapitalismus eigen ist: der absolute ökonomische Rationalismus, die Rationalisierung im Dienste der Kapitalvermehrung. Mit dem Aufsteigen einer neuen Menschenschicht seit dem Ende des 13. Jahrhunderts, der bürgerlichen Schicht, setzt eine über Jahrhunderte sich erstreckende Entwicklung ein, in der die wirtschaftlichen Güter in der subjektiven Wertskala über die vitalen, geistigen, ja zuletzt auch über die religiösen Güter steigen und die im Hochkapitalismus das Geschäft und den Profit an die Spitze aller Werte treten läßt: die Entwicklung zum absoluten ökonomischen Rationalismus. Lassen wir dieses Merkmal fort, so haben wir einen zwar sinnvollen, aber sehr weiten Kapitalismusbegriff, sozusagen Kapitalismus „an sich", jedoch wäre damit eine wichtige Eigentümlichkeit der neuzeitlichen Wirtschaft, des neuzeitlichen Kapitalismus nicht ausgedrückt. Der ökonomische Rationalismus im Dienste des unbegrenzten Kapitalvermehrungsstrebens macht das spezifische Wesen des neuzeitlichen, im mittelalterlichen Gewerbebürgertum beginnenden Kapitalismus aus.

[3]) Vgl. *Gunnar Mickwitz*, Zum Problem der Betriebsführung in der antiken Wirtschaft, in: Vierteljahrshefte für Sozial- und Wirtschaftsgeschichte 32 (1939), 24.

Dieser ökonomische Rationalismus ist — im großen geistesgeschichtlichen Zusammenhang gesehen — eine Teilströmung eines sehr umfassenden Intellektualisierungs- und Rationalisierungsprozesses der Menschheit. Ansätze zu diesem Prozeß gibt es seit Jahrtausenden bei allen Kulturvölkern. Seitdem im abendländischen Geistesleben die Bedeutung der drei wichtigsten Mittel wissenschaftlichen Erkennens entdeckt worden ist: durch die Griechen die Bedeutung des Begriffes, durch die Künstler und Gelehrten der Renaissancezeit die Fruchtbarkeit des Experiments und im vergangenen Jahrhundert die Bedeutung und vielseitige Anwendungsmöglichkeit der historischen Methode — seitdem ist der umfassende Intellektualisierungsprozeß von einer faustischen Unruhe erfaßt worden. Der Bereich, auf den das Verlangen rationaler Erkenntnis sich erstreckt, ist grenzenlos geworden. Immer intensiver richten wir die Scheinwerfer des rationalen Intellekts auf alle Lebensgebiete. In keinem Bereich begnügen wir uns jetzt noch mit der Übernahme traditioneller Vorstellungen und Leitsätze.

Im wirtschaftlichen Bereich richtet sich der Rationalisierungsprozeß auf das Kaufmännische (Einkauf, Absatz), das Organisatorische (Arbeitsteilung), das Produktionstechnische und auf die Menschenbehandlung. Der ökonomische Rationalismus neigt dazu, jede Begrenzung des wirtschaftlichen Interesses und jede Vorformung der Wirtschaft durch eine umfassende ethische und religiöse Lebensanweisung auszuschalten. Das setzte schon früh beim spätmittelalterlichen Bürgertum ein, aber gründlich gelang es erst im 17./18. Jahrhundert in England, anderswo später.

f) Zu den schon genannten Merkmalen treten beim neuzeitlichen Industriekapitalismus — im Unterschied zu den Frühformen des Kapitalismus — zwei besondere Merkmale hinzu: als *sechstes Merkmal* die vom Gesetzgeber auch den vermögenslosen Lohnarbeitern allgemein zugestandene Freizügigkeit durch die Aufhebung von Sklaverei, Hörigkeit und Leibeigenschaft, die aber ebenso den Unternehmern zugute kommen kann;

g) und als *siebentes Merkmal* die politische Gleichberechtigung der vermögenslosen Lohnarbeiter mit den Kapitalbesitzern, ein Umstand, der wichtige Auswirkungen in den parlamentarisch regierten Demokratien hat und dort besonders starke Spannungen in der Wirtschaftsgesellschaft hervorruft.

Diese beiden letztgenannten Merkmale sind von Wichtigkeit bei der Erfassung der Eigentümlichkeit des Proletariats im 19. und 20. Jahrhundert, wovon noch zu sprechen sein wird.

2. Geschichtlicher Überblick über die Entwicklung des neuzeitlichen Kapitalismus

Der neuzeitliche Kapitalismus in seinen vier Arten: als Handelskapitalismus, meist verbunden mit Finanzkapitalismus, als Industrie- und Agrarkapitalismus entwickelte sich in vier Stadien:

a) Das erste Stadium des Frühkapitalismus

Das erste Stadium des Frühkapitalismus vom 13.—15. Jahrhundert war überwiegend Handelskapitalismus, getragen von Großkaufleuten, die zugleich Großbankiers waren und von denen manche erst später im Verlauf ihrer wirtschaftlichen Tätigkeit selber zu Großunternehmern in der Produktion wurden, vor allem in der Textilindustrie und im Edelmetallbergbau.

Die Betriebsform war in diesem ersten Stadium noch handwerkliche Heimarbeit, keine räumlich zentralisierte Produktion. Spinnen, Färben, Weben und Bleichen besorgten die Handwerker in ihren eigenen Werkstätten mit ihren eigenen Werkzeugen. Diese Betriebsweise war verbunden mit dem Verlagssystem: Die Großunternehmer, „Verleger", lieferten den Handwerkern die Rohstoffe und nahmen die Fertigware auf Lager; sie waren also nicht selber Produzenten, sondern nur Händler. Im Verlauf der weiteren Entwicklung stellte der Verleger auch das Handwerkszeug.

Stufenweise wird so die Selbständigkeit der Handwerker abgebaut, bis es schließlich zum ersten massierten Auftreten vermögensloser Lohnarbeiter und zu einer Gegenbewegung kommt, in der die noch lebensfähigen Handwerker in den Zünften sich enger zusammenschließen.

Der Ursprung der Zünfte ist umstritten[4]). Jedenfalls gab es schon Ende des 11. Jahrhunderts solche Bruderschaften, „fraternitates", „caritates", der in den Städten nach Handwerken gegliederten Bevölkerung. Die Zünfte hatten zuerst einen religiösen und caritativen Charakter. Seit dem Aufkommen des Verlagssystems dienten sie mehr und mehr auch dem wirtschaftlichen Schutzbedürfnis: (1.) Gegenüber den Großkaufleuten und Verlegern schützten die Handwerker in den Zünften sich vor Ausbeutung durch Organisierung von Rohstoffeinkäufen und durch Einrichtung eigener Lager- und Verkaufshäuser; (2.) gegenüber dem unerwünschten Nachwuchs einer zu großen Zahl ausgebildeter Handwerker und Arbeitskräfte, deren Arbeitsangebot die Preise zu drücken drohte, schützten sie sich durch Sperrmaßnahmen bei der Zulassung zum Handwerk als Meister, Geselle oder Lehrling. Außerdem erließen sie kartellartige Bestimmungen über Qualität und Preis der Produkte. Diese Maßnahmen gelangen nur da, wo die städtische Obrigkeit den Zunftzwang aussprach. Anderswo, z. B. in Lübeck und Augsburg, siegten die Kaufleute und die Vertreter der Gewerbefreiheit.

Die Zünfte erstrebten also „Monopolstellungen" unter obrigkeitlichem Schutz. Besonders seit der Mitte des 14. Jahrhunderts wurden sie mehr und mehr zu „egoistischen Cliquen" *(Pirenne)*. Gegenüber dem Streben nach Gewerbefreiheit und liberaler Wirtschaft waren sie konservativ oder reaktionär. Der Kampf zwischen ihnen und den Großkaufleuten war in vielen Fällen ein Kampf zwischen kollektiven und individuellen Monopolanwärtern und Privilegien der politischen Obrigkeit. Er spitzte sich besonders im 15. Jahrhundert zu, als in

---

[4]) Vgl. *Henri Pirenne*, La civilisation au moyen âge du XIe au milieu du XVe siècle (Histoire du moyen âge III), Paris 1933, übers. von Marcel Beck: Sozial- und Wirtschaftsgeschichte Europas im Mittelalter, Bern o. J., 172 ff.

vielen Städten die Zünfte sehr stark geworden waren. Um 1500 liegt denn auch eine entscheidende Zäsur: „der Übergang zum entschiedenen Kapitalismus" *(Sombart)*.

Die Verbreitungsgebiete des ersten Stadiums des Frühkapitalismus sind — außer Oberitalien und den Niederlanden — Frankreich, Süddeutschland und Spanien. In den meisten dieser Gebiete ist, die Niederlande ausgenommen, die Reformation, besonders der Calvinismus, nicht tief eingedrungen. Daher blieb hier die anderswo im 16. Jahrhundert vom Calvinismus her einsetzende religiösweltanschauliche Bestätigung und Bestärkung des Erwerbstriebes aus. Der Calvinismus deutete ja den wirtschaftlichen Erfolg als signum praedestinationis, als Zeichen der göttlichen Auserwählung, und die protestantisch-calvinische Tugendlehre, in der Arbeitsamkeit, Sparsamkeit, Pünktlichkeit und Mäßigkeit eine große Rolle spielen, züchtete Eigenschaften, die zu besonderen wirtschaftlichen Erfolgen zu verhelfen vermögen.

So kommt es, daß die genannten Länder wirtschaftlich überflügelt werden durch die Gebiete, in denen der Calvinismus sich ausbreitete, der dem ermatteten Kapitalismus neue Impulse zuführt.

Das Erlahmen des Kapitalismus in den altkapitalistischen Ländern gegen Ende des 15. Jahrhunderts hatte zwei Ursachen:

(1) Der Unternehmergeist der in den genannten Territorien reich gewordenen Verleger und Kaufleute erlahmte, und zwar gilt das für Katholiken und Lutheraner. Sie waren noch keine modernen Arbeitsmenschen, sondern schauten bald wieder gerne zurück ins Mittelalter zu dem Ideal eines feudalen Rentnerlebens. In Italien waren ja unter den Großkaufleuten viele alte Adelsfamilien. In anderen Ländern, besonders in Flandern und Westdeutschland, wollten reich gewordene nicht-adelige Patrizier gerne adelige Lebensformen nachahmen. Man kann hier von einer weitgehenden „Anpassung an herrenständische Lebensformen"[5] sprechen, so weitgehend, daß manche Geschichtsforscher bis vor kurzem glaubten, die Patrizier in den großen Städten seien adeliger Herkunft gewesen. Sie waren jedoch aus dem Bürgerstand hervorgegangen. *Steinbach* spricht sogar von einem „Einbruch des ständischen Denkens in das Bürgertum, der nicht auf die Patrizier beschränkt blieb, sondern noch mehr die Handwerker ergriff, so daß wirtschaftlich überlegene Zünfte die ständischen Vorrechte in Anspruch nahmen... Der bürgerliche Unternehmungsgeist wurde am Ende vom ständischen Geiste in Fesseln gelegt"[6]. *Hendrik de Man* bezeichnete das erste Stadium des Frühkapitalismus als „eine Treibhauspflanze in feindlicher Luft"[7]: Unter geburtsständischen Bindungen konnte er nicht gedeihen.

(2) *Steinbach* nennt auch den zweiten Faktor für das Erlahmen des Kapitalismus in den zuerst von ihm erfaßten Ländern: den Widerstand der Zünfte, die durch obrigkeitliche Privilegien stark geworden waren; er stellte dem Freiheitsstreben

---

[5] *Franz Steinbach*, Studien zur Geschichte des Bürgertums II, in: Rheinische Vierteljahrshefte 14 (1949), 49.
[6] *Franz Steinbach*, a. a. O., 50.
[7] *Hendrik de Man*, Jacques Coeur. Der königliche Kaufmann, Bern 1950.

der Unternehmer — in den einzelnen Gegenden mit unterschiedlichem Erfolg — eine Schranke entgegen[8]).

b) Das zweite Stadium des Frühkapitalismus

Das zweite Stadium des Frühkapitalismus vom 16. bis 18. Jahrhundert ist schon in stärkerem Maße ein Stadium des Industriekapitalismus. Hier ist charakteristisch, daß das selbständige Handwerk noch mehr zurückgeht[9]) und die Verleger und Händler zu Produktionsunternehmern werden, wobei die Unternehmungsform schon deutlich zur Großunternehmung tendiert: Aus den zunächst noch dezentralisierten Großunternehmungen mit dezentralisierten Produktionsstätten — den Werkstätten der Handwerker — werden zentralisierte Großbetriebe mit überwiegender Handarbeit: die „Manufakturen". Die einzigen nicht-menschlichen Arbeitskräfte sind Wasser und Wind; darum hat man dieses Stadium „das Zeitalter der Mühlen" *(Kuske)* genannt.

Im Hinblick auf den bevorzugten Inhalt wirtschaftlicher Tätigkeit bezeichnet man dieses Stadium als „Merkantilismus", weil nach der damals herrschenden wirtschaftstheoretischen Auffassung der Handel und das dahinterstehende Geld die Hauptquellen des Reichtums sind. Was der „Mercator", der Großkaufmann, betreibt, darauf kommt es entscheidend an.

Die Herkunft der Arbeiter im zweiten Stadium des Frühkapitalismus ist verschieden von der im ersten Stadium. Die Manufakturen arbeiten zum größten Teil mit unfreien Arbeitskräften aus Waisen-, Zucht- und Arbeitshäusern; hinzu kommen durch das Verlagssystem ruinierte Handwerker und von den Zünften nicht zugelassene Gesellen, ferner — im 16. Jahrhundert — ehemalige Leibeigene vom Lande, die keinen eigenen Handwerksbetrieb aufmachen können.

Die zweite Etappe des Frühkapitalismus ist weiterhin gekennzeichnet durch enge Verbindung der fürstlich-absolutistischen Herrschaft mit der Wirtschaft oder — anders ausgedrückt — durch weitgehende Verquickung staatlicher Hoheitsrechte mit wirtschaftlichen Interessen. Immer mehr greift der Staat in das Wirtschaftsleben ein. Nicht nur zwingt er viele mittellose und unfreie Menschen zur Arbeit an bestimmten Stellen zu vorgeschriebenen Bedingungen, so daß Zwangsarbeit geradezu ein Merkmal dieser Wirtschaftsperiode ist, sondern er beeinflußt die Wirtschaft auch durch Verleihung von wirtschaftlichen Privilegien an manche Unternehmer, die er so in bestimmten Bezirken als alleinberechtigt zu bestimmten Produktionen oder Geschäften erklärt: Der Staat wird Protektor der kapita-

---

[8]) *Franz Steinbach,* a. a. O. — Vgl. zum Frühkapitalismus: *Bruno Kuske,* Der Einfluß des Staates auf die geschichtliche Entwicklung der sozialen Gruppen in Deutschland, in: Kölner Zeitschrift für Soziologie 2 (1949/50), 193—217.

[9]) Vgl. *Ernst Michel,* Sozialgeschichte der industriellen Arbeitswelt, ihrer Krisenformen und Gestaltungsversuche, Frankfurt ³1953, 22. — *Goetz Briefs,* Betriebssoziologie, in: Handwörterbuch der Soziologie, hrsg. von Alfred Vierkandt, Neudruck Darmstadt 1959, 35; Derselbe: Das gewerbliche Proletariat, in: Grundriß der Sozialökonomik, IX. Abt., 1. Teil: Die gesellschaftliche Schichtung im Kapitalismus, Tübingen 1926, 443.

listischen Unternehmer. Zwar fordert er dafür hohe Abgaben und Steuern. Denn — zentralistisch und absolutistisch geworden — benötigt dieser Staat mehr Geld als früher, für einen kostspieligen Beamtenapparat, für ein stehendes Heer und für die luxuriöse Lebens- und Hofhaltung der Fürsten. In manchen Zweigen wird der Staat sogar selber zum Unternehmer, nicht nur in den Porzellanmanufakturen, die eine durch Luxus bedingte Modeangelegenheit ohne Massenabsatz waren, sondern auch im Bergbau, in der Salzgewinnung und im Außenhandel. Über die Bedeutung der staatlichen Eingriffe in die Wirtschaft dieser Zeit für die Entwicklung des Kapitalismus sagt *Michel:* „Eine festere Gestalt gewann die kapitalistische Wirtschaft erst, als die moderne *Staatsgewalt* sich ihrer gegen die mittelalterlichen Ordnungen energisch annahm. Mehr noch: als der Staat selbst zur großen einheitlichen Unternehmerpersönlichkeit wurde und den volkswirtschaftlichen Rahmen für die spätere Privatunternehmung gegen alle Widerstände der geschichtlichen Ordnungen und Mächte auf seinem Staatsgebiet erzwang. Der Sieg der kapitalistischen Produktionsweise über alle anderen Wirtschaftsformen konnte erst gesichert werden, als so mit Staatshilfe in den Ländern, die später kapitalistisch führend wurden, *ein* Wirtschaftsfaktor den unbedingten Vorrang erhielt: der *Unternehmer*"[10]).

c) Der Hochkapitalismus

Der Hochkapitalismus, das dritte Stadium der kapitalistischen Wirtschaftsweise im 19. und beginnenden 20. Jahrhundert, hatte als Betriebsform nicht mehr Werkstatt und Manufaktur, sondern überwiegend die Fabrik als zentrale Produktionsstätte; die Technik der Produktion ist nicht mehr die Körperkraft oder die durch Körperkraft bewegte Apparatur, sondern vorherrschend selbsttätige Halb- oder Vollautomaten, Maschinen, deren Energiequellen Wasser, Dampf, Elektrizität oder Öl sind, und deren Tätigkeit zunächst nur der Steuerung, später sogar nur noch der Kontrolle bedarf.

Die hochkapitalistische Wirtschaftsweise ist an bestimmte Voraussetzungen gebunden, von denen wir einige nennen wollen:

(1) technische Erfindungen; die bahnbrechendsten waren die Erfindung der Dampfmaschine durch *James Watt* (1763), der Spinnmaschine durch den Weber *James Hargreaves* und den Barbier *Richard Arkwright* (1767/69) und des mechanischen Webstuhls durch den Pfarrer *Edmund Cartwright* (1786)[11]);

(2) Bevölkerungswachstum und größere Wohndichte;

---

[10]) *Ernst Michel*, a. a. O., 31. — Vgl. über die Unternehmerfunktion und deren Träger als „das eigentliche Grundphänomen der wirtschaftlichen Entwicklung" *Joseph Schumpeter*, Theorie der wirtschaftlichen Entwicklung. Eine Untersuchung über Unternehmergewinn, Kapital, Kredit, Zins und den Konjunkturzyklus, Berlin [5]1952, 110—139.

[11]) Vgl. zur ersten Voraussetzung *Heinrich Dietzel*, Technischer Fortschritt und Freiheit der Wirtschaft, Bonn-Leipzig 1928.

(3) rechtliche Loslösung der Bauern vom Boden und vom Grundherrn und Befreiung von Wohnbeschränkungen;

(4) Wegfall öffentlich-obrigkeitlicher Bevormundung, wie z. B. des Verbots technischer Neuerungen und des Zunftzwanges;

(5) Zusammenschrumpfen ethischer Bindungen.

Die Auswirkungen der hochkapitalistischen Wirtschaftsweise sind schwerwiegend gewesen.

(a) Güterproduktion und Bevölkerung wachsen — sich gegenseitig bedingend — gewaltig an.

(b) Eine zunehmende Verstädterung vollzieht sich auf dreifache Weise: durch die Abwanderung der Bauern vom Lande als Folge der Verlegung des Arbeitsplatzes der ländlichen Bevölkerung in die Stadt, auch wenn sie auf dem Lande wohnen bleibt. Beides, Wohnsitzwechsel oder wenigstens Berufswechsel der auf dem Lande lebenden Menschen, ist Landflucht. Als dritte Verstädterungsweise vollzieht sich das Anwachsen von Landgemeinden zu Städten oder Großstädten.

(c) Die Verelendung der Arbeitermassen in den Industriestädten als eine weitere Auswirkung der neuen Wirtschaftsweise war in den ersten Jahrzehnten des Hochkapitalismus besonders groß. Die vom Lande abgewanderten Bauern hatten nicht mehr wie bisher als Hörige ihren Schutzherrn, der ihre — wenn auch karge — Existenz sicherte. Sie waren jetzt frei, hatten damit aber auch die Freiheit zu verhungern. Die Schilderungen von *Karl Marx* im ersten Band des „Kapital" (1867) über die Lage der Arbeiter in England sind nicht erfunden, sondern beruhen auf amtlichen Berichten der königlichen Kommissionen. Erst im weiteren Verlauf des Jahrhunderts gibt es Ansätze zu einer die Arbeiter schützenden staatlichen Sozialpolitik.

Auf diese dritte folgenschwere Auswirkung des Hochkapitalismus wollen wir später näher eingehen.

d) Der Spätkapitalismus

Für den Spätkapitalismus, die Endphase des kapitalistischen Wirtschaftssystems, sind vier Merkmale besonders wichtig:

(1) Die Hilfestellung des Staates

Im Zeitalter des Hochkapitalismus liberaler Prägung hatten die Unternehmer sich gegen jede Intervention des Staates verwahrt. Jetzt rufen — ein etwas paradoxes Schauspiel — die Unternehmer den Staat zu Hilfe, wenn sie in Schwierigkeiten geraten oder Verluste erleiden. Und der Staat hilft. Häufig schirmt er die inländischen Märkte durch Schutzzölle gegen die ausländische Konkurrenz ab, und zwar nicht, wie früher schon, nur die landwirtschaftlichen Unternehmungen, sondern auch die industriellen, besonders die seit Ende des 19. Jahrhunderts entstandenen Mammutunternehmungen in der Form von Trusts und Konzernen. Wegen der für diese Etappe des neuzeitlichen Kapitalismus charakteristischen Staatsintervention haben Wirtschaftswissenschaftler und Soziologen den Spätkapitalismus auch „Neumerkantilismus" oder „Neomerkantilismus" genannt[12]).

(2) Gestaltwandel des Unternehmers

Der Gestaltwandel des Unternehmers ist das zweite Charakteristikum des Spätkapitalismus. An die Stelle der „Besitzer-Unternehmer" treten mehr und mehr die „Direktor-Unternehmer" *(Salin)*[13]), weil Familienunternehmungen und kleine Genossenschaften seltener, die Mammutunternehmungen, vor allem in der Form von Aktiengesellschaften — im Französischen bezeichnenderweise „société anonyme", „anonyme Gesellschaft" genannt — dagegen immer zahlreicher werden. Für die Wirtschaftsführung kann nun nicht mehr, wie in den früheren Unternehmensformen, *ein* Besitzer verantwortlich gemacht werden. Von der durchweg großen Zahl der Aktionäre, die alle Besitzer des Unternehmens sind, und in der Regel von den Banken vertreten werden, haben nur wenige Großaktionäre Einfluß auf die Wirtschaftsgestaltung. Der die Großunternehmungen leitende Direktor ist selber Angestellter und trägt als solcher nicht unmittelbar das Risiko; er ist also ein ganz anderer Unternehmertypus als der Besitzer-Unternehmer, obwohl auch er mancherlei zugunsten der Firma „unternehmen" kann. Bei Gefahr oder Verlust nun ruft dieser Unternehmer, anders als die früheren, nach Staatshilfe mit dem Hinweis darauf, daß sein Großbetrieb im volkswirtschaftlichen Gesamtgefüge wichtig ist zur Versorgung mit Gütern und Arbeitsplätzen.

(3) Die staatliche Arbeiterschutzgesetzgebung

Die staatliche Arbeiterschutzgesetzgebung, die schon im Zeitalter des Hochkapitalismus eingesetzt hatte, wird weitgehend ausgebaut: der Schutz der Frauen- und Kinderarbeit, die sozialen Pflichtversicherungen, das staatliche Schlichtungswesen bei Lohnkämpfen, die Schutzvorschriften in den Betrieben und der Kündigungsschutz für die Arbeiter, in manchen Staaten auch die betriebliche Mitbestimmung. Das alles bedeutet eine Einengung der Freiheit des Lohnvertrages: Durch Rahmengesetze bestimmt der Staat die Mindestbedingungen, die vorhanden sein müssen, wenn ein Lohnarbeitsvertrag rechtlich verbindlich sein soll; der Staat bestimmt auch, wann ein Lohnvertrag aufgelöst werden darf.

---

[12]) Vgl. *Goetz Briefs,* Das neue soziale und wirtschaftliche Werden, in: Die Wandlungen im kapitalistischen Zeitalter, hrsg. von Goetz Briefs, Berlin 1932, 428. — *Fritz Neumark,* Neue Ideologien der Wirtschaftspolitik, Leipzig-Wien 1936, 34 ff. — *Alexander Rüstow,* Das Versagen des Wirtschaftsliberalismus, Bad Godesberg ²1950, 70. — *Franz Klüber,* Neoliberale und soziale Marktwirtschaft, in: Die neue Ordnung 14 (1960), 321—334.
[13]) Vgl. *Edgar Salin,* Der Gestaltwandel des europäischen Unternehmers, in: Offener Horizont. Festschrift für Karl Jaspers, München 1953.

(4) Der Ausbau des Steuersystems

Der Ausbau des Steuersystems sei als letztes Charakteristikum des Spätkapitalismus genannt. Durch ihn geht ein großer Teil des sogenannten Sozialprodukts und des Volkseinkommens an den Staat in Form von Vermögens-, Einkommens-, Lohn-, Gewerbeumsatz-, Körperschafts-, Kapitalertragssteuern u. a. m. Mit dem Gesamtsteueraufkommen und den erhöhten Einnahmen aus Schutzzöllen finanziert der moderne Staat die vielfachen Aufgaben, die ihm in immer größerem Umfange zuwachsen, z. B. Soziallasten, Hygieneeinrichtungen, Schulen, Universitäten und andere Bildungsstätten, Straßen- und Verkehrswesen. Die Übernahme einer Vielfalt von Aufgaben durch den Staat rechtfertigt seinen Anspruch auf einen Teil des Ertrages aus der gesamtwirtschaftlichen Produktion.

3. Ansatzpunkte zur ethischen Kritik des neuzeitlichen Kapitalismus

Um die Ansatzmöglichkeiten einer ethischen Beurteilung des neuzeitlichen Kapitalismus erkennen zu können, greifen wir auf einige Merkmale zurück, die wir bei der Beschreibung dieses Wirtschaftssystems als wesentlich herausgestellt haben, nämlich:
a) die Trennung von Kapital und Arbeit und die Akkumulation des Kapitals in wenigen Händen;
b) die großbetriebliche Form der Produktion;
c) das Kapitalvermehrungsstreben;
d) der ökonomische Rationalismus.

Das Merkmal der einseitigen Bestimmung der kapitalistischen Wirtschaft durch die Kapitalbesitzer zu ihren Gunsten braucht keinen besonderen Punkt bei unseren ethisch-kritischen Erwägungen zu bilden, und zwar aus zwei Gründen: Erstens ist es in den genannten vier Merkmalen mitenthalten; zweitens ist selbstverständlich eine einseitige Bestimmung der Wirtschaft zugunsten *einer* Gruppe ethisch negativ zu bewerten. Nicht so selbstverständlich aber ist die ethisch negative Bewertung der genannten vier Merkmale, z. B.: Warum soll es keine Wirtschaft geben dürfen, in der die einen das Kapital, die anderen, die kein Kapital haben, ihre Arbeitskraft zur Verfügung stellen? Oder: Warum soll der ökonomische Rationalismus etwas Schlechtes sein? Da ist es also notwendig, genauere Erwägungen anzustellen.

a) Die Trennung von Kapital und Arbeit und die Akkumulation des Kapitals in wenigen Händen

Die Trennung von Kapital und Arbeit muß an sich nicht unbedingt mit der Akkumulation des Kapitals in wenigen Händen verbunden sein. Denkbar ist z. B. ein Wirtschaftssystem, in dem das Eigentum an den Produktionsmitteln in Form von Aktien-Kleinbesitz weit gestreut ist: Wenn viele tausend Aktionäre zu ungefähr gleichen Teilen Eigentümer eines Unternehmens wären und wenn das bei allen Großunternehmungen der Fall wäre, so bliebe zwar die Konzentration der Großbetriebe bestehen, nicht aber die Konzentration des Kapitals in wenigen Händen. Wenn aber zugleich die so kleingestückelten und weitgestreuten Aktien nicht in den Händen der in *diesem* Großunternehmen Arbeitenden sich befänden, dann wäre zwar keine Kapitalakkumulation, aber doch noch eine Art der Trennung von Kapital und Arbeit gegeben.

In Wirklichkeit jedoch ist in der neuzeitlichen Wirtschaft das Kapital selten so weit gestreut, sondern ein großer Teil in wenigen Händen angehäuft. Wie ist diese Tatsache ethisch zu bewerten?

Bei der Beantwortung dieser Frage müssen wir zweierlei ins Auge fassen: (1) die Entstehung dieser Akkumulation und (2) ihre Auswirkungen.

(1) Die Entstehung der Akkumulation des Kapitals

In unserer Zeit sind die großen Vermögen vielfach durch Erbschaft zustande gekommen. Wie aber ist die sogenannte „ursprüngliche Akkumulation" entstanden?

Marx hat sie aus der „Monetarisierung" des adeligen Großgrundbesitzes erklärt[14]). Er wandte sich gegen die Auffassung, in längst verflossenen Zeiten habe eine kleine Schar intelligenter, fleißiger und sparsamer Menschen Kapital akkumuliert, während auf der anderen Seite eine große Schar träger, fauler, verschwenderischer Menschen nicht zu Besitz gekommen sei, so daß sie im neuzeitlichen Wirtschaftsgeschehen schließlich nur ihre Arbeitskraft anzubieten gehabt hätte. Diese Ansicht nennt *Marx* viel zu idyllisch. Nicht aus Fleiß und Intelligenz der ersten Gruppe sei die Kapitalakkumulation entstanden, sondern aus dem Vermögen der mittelalterlichen Feudalherren, aus dem entweder sie selber oder Spekulanten Bank- und Industriekapital gemacht hätten.

Ähnlich erklärt *Sombart* die Kapitalakkumulation durch Monetarisierung des Bodenbesitzes, allerdings nicht nur und nicht einmal sosehr des adeligen Großgrundbesitzes, als vielmehr als Folge der Steigerung der Miet- und Pachtsätze in den Städten, deren Ursache die Zuwanderung vom Lande war. Durch diese Erhöhung der städtischen „Bodenrente" seien die Altbürger reich geworden und hätten schließlich angefangen, mit ihrem Geldkapital Handel zu treiben[15]).

Dagegen vertritt *Strieder* die Ansicht, die großen Vermögen stammten oft aus Handelsgewinnen intelligenter kleiner Handwerker und Kaufleute. Die Augsburger Handelsherren z. B., denen er sich in seinem Werk „Zur Genesis des modernen Kapitalismus" besonders zuwendet, seien weniger adeligen und patrizischen Ursprungs gewesen, sondern Emporkömmlinge aus den Zünften.

---

[14]) Vgl. *Karl Marx,* Das Kapital. Kritik der politischen Ökonomie 1, Hamburg 1867, 24. Kapitel.
[15]) Vgl. *Werner Sombart,* Der moderne Kapitalismus. Historisch-systematische Darstellung des gesamteuropäischen Wirtschaftslebens von seinen Anfängen bis zur Gegenwart 1, München-Leipzig 1928, 594—607: Der feudale Reichtum, 643—650: Die Akkumulation städtischer Grundrenten.

Zwar seien auch alte Patrizierfamilien zu Handel und Gewerbe übergegangen, aber nur deswegen, weil ihre Existenzbedingungen als Grundrentenbezieher sich verschlechterten, nicht weil sie als solche reich geworden wären[16]).
Schumpeter bemerkt zur Ansicht von *Marx*, er habe das Problem der ursprünglichen Akkumulation nur zurückverlegt, aber nicht gelöst; denn er erkläre nicht, wodurch das Feudaleigentum an Grund und Boden entstanden sei. Wie *Strieder* meint auch *Schumpeter*, die kaufmännische Kapitalbildung zu Beginn der neuzeitlichen Wirtschaft sei tatsächlich sehr oft einer überdurchschnittlichen Intelligenz, Energie und Regsamkeit von Handwerkern und kleinen Unternehmern zu verdanken[17]). Dazu gehörte vor allem, das in vielen kleinen Pfützen vorhandene Spargeld anderer Leute gegen festen Zins oder schwankende Gewinnbeteiligung in einem großen Bassin zu vereinigen. Und dann — so fügen wir hinzu — einen großen Teil des Gewinnes als Eigentum zu behalten und weiterhin geschäftlich zu verwenden. Eine kluge Organisationsleistung also bringt die großen Vermögen zusammen. Das ist an sich kein Unrecht, wenn die ausbedungenen Zinsen und Anteile gezahlt werden. *Schumpeter* fügt jedoch hinzu, daß oft auch Unrecht mit im Spiele war: Unterdrückung und Ausbeutung.
Vorwiegend aus solch trüben Quellen glaubt *Röpke* die großen Vermögen entstanden. „Es ist nicht wahr", so schreibt er, „daß die bestehende Einkommens- und Vermögensverteilung sich auf rein ökonomische Leistungsunterschiede gründet ... Krasse Gegensätze von Reich und Arm wie von Macht und Ohnmacht gründen sich vielmehr auf außerwirtschaftliche (,soziologische') Machtpositionen, die ein ökonomisch nicht legitimiertes Privileg verleihen und entweder bereits als feudal-absolutistische Reste übernommen wurden oder späterhin außerhalb der Marktkonkurrenz im Wege des Monopols erschlichen worden sind. In beiden Fällen schleppen wir in der herausfordernden Ungleichmäßigkeit der Einkommens-, Vermögens- und Machtverteilung das schlimme Erbe des Feudalismus und der mit Gewalt oder List operierenden Ausbeutung mit uns." *Röpke* führt weiter aus: „Das Feudaleigentum am Grund und Boden, mit dessen wenig erbaulicher Vorgeschichte wir heute einigermaßen vertraut sind: Profite aus dem noch im 18. Jahrhundert üppig florierenden Sklavenhandel, der vor allem in England manchen Reichtum hat begründen helfen; Kriegs- und Spekulationsgewinne anrüchigster Art, Piraten- und Kriegsbeute, Monopolkonzessionen der absolutistischen Zeit, Plantagenrenten, Eisenbahnsubventionen: dies und manches andere sind die trüben Quellen, aus denen viele große Vermögen gespeist worden sind, welche dann die Grundlage der weiteren Entwicklung wurden"[18]).

---

[16]) Vgl. *Jakob Strieder*, Zur Genesis des modernen Kapitalismus. Forschungen zur Entstehung der großen bürgerlichen Kapitalvermögen am Ausgang des Mittelalters und zu Beginn der Neuzeit, zunächst in Augsburg, München-Leipzig 1935, 209 f. — Vgl. auch *Johannes Bühler*, Die Kultur des Mittelalters, 20.—24. Tsd., Stuttgart 1948 (Kröners Taschenausgabe 79. Bd.).
[17]) Vgl. *Joseph Schumpeter*, Kapitalismus, Sozialismus und Demokratie, München ²1950, 34 ff.
[18]) *Wilhelm Röpke*, Die Gesellschaftskrisis der Gegenwart, Erlenbach-Zürich ⁵1948, 186.

Gerechterweise muß aber auch gesagt werden, daß der alte Grundbesitz, wie er seit dem frühen Mittelalter und vorher entstanden ist, doch zum Teil aus Leistungen herrührt, zwar nicht aus wirtschaftlichen, sondern aus militärischen und politischen Leistungen für das Gemeinwohl, und darum sozialethisch gerechtfertigt erscheint. Denn, wenn wir zurückblenden: *Erstens* war es nicht ethisch zu beanstanden, wenn germanische Könige und Herzöge das eroberte Land „secundum dignitatem" *(Tacitus)* in verschieden großen Teilen zu Lehen vergaben als Entgelt für eine Leistung. *Zweitens* ist bei der ethischen Beurteilung des mittelalterlichen Großgrundbesitzes der Grundherren zu bedenken, daß diese in einer Zeit, in der es keinen zentralistischen Staat und also keine Polizei und keinen wirksamen staatlichen Rechtsschutz für die Staatsangehörigen gab, die einzigen waren, die die wirtschaftlich Schwachen wirksam schützen konnten. „Wir haben eine Verfassung vor uns", sagt *Brunner* in bezug auf den mittelalterlichen Staat, „in der kein Staat im neuzeitlichen Sinn vorhanden ist, der ein Monopol legitimer Gewaltanwendung in Anspruch nehmen würde. Jeder Rechtsgenosse hat hier ein Stück der exekutiven Gewalt. In einer so verfaßten Welt kann nur der voll wehrfähige, im Mittelalter der ritterliche Mann, der ‚Herr' (dominus) Rechtsgenosse ... sein"[19]).
Viele Bauern mit kleinem Besitz begaben sich deswegen oft freiwillig in den Schutz eines Grundherrn, übergaben ihm dafür das Eigentumsrecht an ihrem Boden, verpflichteten sich zu Abgaben und Dienstleistungen. Von der „Herrengewalt" des Grundherrn sagt *Brunner,* daß sie „als Herrschaft, Schutz, Vogtei, Pflege, Munt (erscheint). Die schirmend bewehrte Hand ist ihr Kennzeichen. Wer Munt übt, muß selbst mündig sein, nicht bloß den Jahren nach, er muß seine Hausleute schützen können. Weil er sie schützt, ist er ihr Herr, sie sind seiner Gebotsgewalt, seinem Befehl unterworfen, sie stehen in seiner *Huld,* seiner *Gnade.* Der erste Paragraph des Gesetzes vom 7. September 1848, mit dem die Grundherrschaft in Österreich beseitigt wurde, lautet: ‚Die Untertänigkeit und das *schutzobrigkeitliche* Verhältnis ist aufgehoben.' Tritt so der Schutz immer wieder hervor, nimmt es nicht wunder, daß gerade bei Übertragung von Herrschaften zu Pfand oder an Pfleger stets betont wird, daß es Pflicht der Pfandherren oder Pfleger sei, die Holden zu schirmen ... Dieser Schutz ist nicht etwas Zufälliges, bloß Dazukommendes, sondern ohne diesen Schutz könnte der Bauer gar nicht existieren. Auf dem Schutze des Herrn beruht Ruhe und Sicherheit des bäuerlichen Lebens ... Diesen Schutz und Schirm hat der Herr in Gericht und Fehde zu gewähren. In allen Sachen ... hat der Herr sein Recht und damit auch das seiner Hintersassen zu vertreten. Er schützt diese vor ungerechter Exekution oder Pfändung. Er verteidigt seine Immunitätsrechte gegen alle Eingriffe der Landrichter und damit auch die in seiner ‚Freiheit' sitzenden Holden. Die strengen Bestimmungen über den Schutz der Immunitäten kommen nicht nur den Herren, sondern auch dem Bauer zugute"[20]).

---

[19]) *Otto Brunner,* Land und Herrschaft. Grundfragen der territorialen Verfassungsgeschichte Südostdeutschlands im Mittelalter, Brünn-München-Wien 1943, 291.
[20]) *Otto Brunner,* a. a. O., 296, 302 ff.

Die mittelalterliche Trennung von Bodenbesitz und Arbeitskraft, die agrarische Vermögensakkumulation, die dann zum Teil später in eine Kapitalakkumulation für Handel und gewerbliche Produktion verwandelt wurde, ist also nicht schlechthin ethisch zu beanstanden; sie kann als gerechtfertigt erscheinen, wenn dabei eine gewisse Entsprechung von Leistung und Gegenleistung vorlag, das heißt: wenn den wirtschaftlichen Leistungen der Abhängigen, der Unfreien, gewisse militärische, rechtliche Schutzleistungen der Großgrundbesitzer entsprachen.

Wenn der mittelalterliche Großgrundbesitz durch militärische Eroberung, obrigkeitliche Verleihung, private Schenkung entstanden war, so ist die Akkumulation von Großgrundbesitz in der Neuzeit oft auf eine sehr anrüchige Weise zustande gekommen: durch Sklavenhandel, durch Monopolverleihungen seitens absolutistischer Herrscher und dergleichen mehr. Aber hier ist zu bedenken, daß jemand, der derartige Geschäfte betrieb, dazu schon vorher Kapital besitzen mußte. Und dieses vorauszusetzende Anfangskapital war eben entweder in Geld umgewandeltes, monetarisiertes Grundvermögen *(Sombart, Marx)* oder durch geschickte kaufmännische Organisationstätigkeit gewonnenes Kapital *(Strieder, Schumpeter)*. Beides beruhte wenigstens zu einem Teil auf echten Leistungen. Beide Arten der Vermögens- und Kapitalbildung waren freilich auch oft mit Unrecht, Ausbeutung verbunden.

In bezug auf die ethische Bewertung der *Entstehung* der Trennung von Kapital und Arbeit bzw. der Entstehung der Kapitalakkumulation lautet daher das Fazit unserer Überlegungen, daß sie teils ethisch positiv, teils ethisch negativ zu beurteilen ist.

(2) Die Auswirkung der Trennung von Kapital und Arbeit und der Akkumulation des Kapitals

Kapitalakkumulation ist hier gemeint im Sinne des Übergewichts des Kapitals über die kapitallosen Arbeitskräfte. Dieses Übergewicht führte in der Vergangenheit fast immer zur einseitigen Bevorzugung der Kapitalbesitzer. In dem Worte „einseitig" ist das ethisch Anfechtbare schon angedeutet.

Jostock kennzeichnet den Idealtypus einer kapitalistischen Wirtschaft durch drei Merkmale:

„1. Es wird gewirtschaftet zum Zwecke des Erwerbes durch Austausch.
 2. Die Produktion vollzieht sich nur durch das vertragsmäßig geregelte Zusammenwirken zweier Gruppen, deren eine im Besitz sämtlicher erforderlichen geldwerten Güter ist, während die andere lediglich ihre persönliche Arbeitskraft besitzt und einschießt.
 3. Die grundsätzliche Möglichkeit, daß jede dieser beiden Gruppen als organisatorischer Wille die andere in Dienst nimmt und dann die Wirtschaft nach eigenem Gesetz und Interesse ablaufen läßt, ist faktisch zugunsten der Kapitalbesitzer entschieden"[21].

[21] *Paul Jostock*, Der Ausgang des Kapitalismus. Ideengeschichte seiner Überwindung, München-Leipzig 1928, 6.

Als „kapitalistische Insel", meint *Jostock,* müsse ein solches Wirtschaftsgebilde nicht ethisch anfechtbar sein. Wenn es aber zum Wirtschaftssystem, zur überwiegenden Wirtschaftsform eines Volkes werde, so empfinge diese Gesamtwirtschaft „ihren Impuls von den privaten Kapitalbesitzern, die sich in allem ... nur von dem Antrieb der Gewinnerzielung leiten ließen"[22].

Nell-Breuning bemerkt dazu unter Berufung auf die Enzyklika „Quadragesimo anno" (nr. 101)[23], *Jostock* übersehe hier eine immerhin mögliche ethisch einwandfreie Wirkungsweise des Kapitalismus. Die Handhabung der auf Trennung von Kapital und Arbeit und auf Lenkung durch das Kapital beruhenden Wirtschaft bloß nach dem eigenen Interesse des Kapitals sei nur *eine* Möglichkeit, die nicht zum „Wesen" des Kapitalismus gehöre. Geschichtlich gesehen gehört aber zu den Hauptmerkmalen des Kapitalismus auch die Bevorzugung der Kapitalbesitzer auf Kosten der Arbeitnehmer. *Nell-Breuning* und „Quadragesimo anno" meinen, das *müsse* nicht so sein. Wir meinen: Wie sollte es anders sein? Besitz ist Macht, und Folge der Erbsünde ist es, daß Macht allzu leicht zum eigenen Vorteil, zur selbstsüchtigen Ausnützung gehandhabt wird. Damit ist ein Kritikansatz zum Kapitalismus, wie er wirklich war und zum Teil noch ist, gegeben[24].

(3) MÖGLICHE SICHERUNGEN UND ABHILFEN

Da die Trennung von Kapital und Arbeit kurzerhand nicht aus der Welt zu schaffen ist, muß man überlegen, welche Sicherungen oder Abhilfen möglich sind gegen die auf Kapitalakkumulation beruhende Ausnützung der kapitallosen Lohnarbeiter. Hier wäre dreierlei zu nennen:

a) Obrigkeitlicher Schutz der Arbeiter

Er war in der Frühzeit gering. — In den Stadtstaaten der Renaissancezeit im 15./16. Jahrhundert waren die Kapitalbesitzer, z. B. in Florenz, selber im Stadtregiment. — In den absolutistischen Fürstenstaaten bestanden oft enge Interessenverbindungen von Fürsten und Großunternehmern. — Im Anfang des 19. Jahrhunderts forderten die Vertreter des politischen und wirtschaftlichen Liberalismus auf Grund ihrer Gesamttheorie vom richtigen Wirtschaftsablauf, der Staat solle sich heraushalten. — Erst seit Ende des 19. Jahrhunderts kommt es zu wachsenden Schutzmaßnahmen des Staates; das Motiv der monarchischen Regierungen, von denen sie ausgehen, ist vor allem das Interesse, die öffentliche Ordnung zu erhalten, eine vorbeugende Maßnahme gegen die Radikalisierung der Arbeiterschaft *(Bismarck)* und gegen Umsturzbewegungen.

---

[22] *Paul Jostock,* a. a. O., 6.
[23] Vgl. *Oswald von Nell-Breuning,* Die soziale Enzyklika, Köln 1932, 183.
[24] Zur Kritik am neuzeitlichen Kapitalismus vgl. auch: *Oswald von Nell-Breuning,* Kapitalismus und gerechter Lohn, Freiburg 1960 (Herder-Bücherei Nr. 67).

b) Selbstorganisation der Arbeiter auf dem Arbeitsmarkt

Die zweite Möglichkeit der Abhilfe bzw. der Sicherung der Arbeiter gegen Ausbeutung bei bestehender Kapitalakkumulation und bei Trennung von Kapital und Arbeit ist die Selbstorganisation der Arbeiter auf dem Arbeitsmarkt. Sie wurde in parlamentarischen Demokratien und politischen Organisationen (Parteien) der Arbeiter durchgesetzt. In immer wachsendem Umfang wurde ihnen staatlicher Schutz gegen die Übermacht des Kapitals zugestanden durch eine entsprechende Gestaltung des Wirtschaftsrechtes und den Ausbau des Arbeitsrechtes. Die wichtigsten Kampfmittel der in den Gewerkschaften zusammengeschlossenen Arbeiter zur Durchsetzung ihrer Forderungen waren und sind zum Teil noch die Sabotage, die gewaltsame Zerstörung also, die passive Resistenz bei der Arbeit und der Streik.

c) Bereitschaft der Unternehmer zur Partnerschaft

Eine weitere Möglichkeit zur Sicherung gegen Ausnützung der Arbeiter ist die Partnerschaft mit den Unternehmern. Hier ist „Partnerschaft" in weitem Sinne gemeint — nicht nur und unbedingt in der Form des Miteigentums der Arbeitnehmer am Kapital —, Bereitschaft zur Partnerschaft sowohl der „Besitzer-Unternehmer" wie auch der „Direktor-Unternehmer" *(Salin).* Viele von ihnen haben ein schönes Beispiel ihrer Bereitschaft zur partnerschaftlichen Gestaltung ihres Unternehmens gegeben.

Das Fazit unserer Überlegungen, wie das Merkmal des Kapitalismus: Trennung von Kapital und Arbeit auf Grund der Kapitalakkumulation ethisch zu bewerten sei:

(a) Die Trennung von Kapital und Arbeit und die Kapitalakkumulation sind nicht unbedingt verwerflich; sie können auf einwandfreie Weise entstanden sein und sind zum Teil so entstanden.

(b) Jede einseitige Ausnützung der Kapitalmacht ist ethisch zu beanstanden. Der Erfolg, der Ertrag des gemeinsamen Wirkens muß entsprechend der Leistung aufgeteilt werden. Das heißt nicht, daß der gesamte dem Arbeiter zufallende Anteil ihm als Konsumtivlohn ausgezahlt werden müßte; auch teilweiser Investivlohn: ein der Leistung des Arbeiters entsprechender Anteil an neuem Kapital, an neuen Produktionsanlagen oder ähnlichem, könnte der Forderung nach einer der Leistung entsprechenden Zuteilung des Ertrages gerecht werden.

(c) Sicherungen gegen kapitalistische Ausbeuter sind notwendig, weil die Gefahr eines Mißbrauches der wirtschaftlichen Macht groß ist.

(d) Die freiwillige Bereitschaft der Kapitalbesitzer bzw. -vertreter zur partnerschaftlichen Gestaltung unter ethischen Gesichtspunkten ist der staatlich verordneten oder im Klassenkampf abgerungenen vorzuziehen.

(e) Partnerschaftliche Gestaltung — unter Voraussetzung der intellektuellen Mündigkeit der Arbeiter und des Rechts- und Polizeischutzes durch den Staat — entspricht in besonders hohem Grade der Idee der Menschenwürde und der christlichen Idee der Brüderlichkeit. Darüber wird im Kapitel über das Verhältnis von Christentum und Demokratie noch mehr zu sagen sein.

b) Großbetriebliche Form der Produktion

Wir wissen, daß im ersten Stadium des Frühkapitalismus, vom 13. bis 15. Jahrhundert also, die Produktion vielfach noch in dezentralisierten Kleinbetrieben vor sich ging. Zentralisiert jedoch war schon die Organisation des Handels in dieser Zeit. Im zweiten Stadium des Frühkapitalismus kam dann bald auch die großbetriebliche Form der Produktion hinzu. Was man auch immer gegen diese einwenden kann, so ist festzuhalten, daß eine Rückkehr zur überwiegend kleinbetrieblichen Produktionsform heute nicht mehr realisierbar ist.

Ansätze zu einer sozialethischen Kritik der großbetrieblichen Produktionsweise bieten vor allem (1) die familienschädliche Trennung von Arbeits- und Lebensraum, (2) die familienschädliche und naturentfremdende Siedlungs- und Wohnweise, (3) die Unpersönlichkeit der zwischenmenschlichen Beziehungen im Großbetrieb.

(1) Die familienschädliche Trennung von Lebens- und Arbeitsraum

Die durch die Konzentration der Arbeitsplätze im außerhäuslichen Großbetrieb verursachte Trennung der Familienglieder ist nicht aus der Welt zu schaffen, wohl aber ist es möglich und erstrebenswert, die tägliche Trennungszeit zu verringern. Tatsächlich sind ja auch seit dem 19. Jahrhundert die täglichen Arbeitsstunden von 16 auf 8, heute vielfach auf noch weniger zurückgegangen. Dennoch bleibt bestehen, daß die Arbeit außerhalb des Lebensraumes der Familie sich vollzieht; und es bleibt bestehen, daß diese Trennung — in zu großer zeitlicher Ausdehnung — familienschädlich ist.

Andererseits ist zu bedenken, daß eine durch wirtschaftliche produktive Tätigkeit im Familienkreis bedingte Abschließung der Familie nach außen hin auch kein absolutes Ideal darstellt. Außerhäusliche Erfahrungen, Ausweitung des Umganges mit anderen Menschen, Erweiterung des Blickfeldes und des Feldes, auf dem manche soziale Tugenden — wie Korrektheit, Sachlichkeit, Distanzhalten, Achtung vor fremden Interessen, Lebensauffassungen und Lebensstilen und dergleichen mehr — besser als im vertrauten Familienkreis geübt werden können, das kann als eine wertvolle Seite der Trennung von Arbeits- und Lebensraum angesehen werden. Es kommt auf einen optimalen Ausgleich zwischen familialer und außerfamilialer Betätigung der Familienglieder an.

(2) Die familienschädliche und naturentfremdende Siedlungs- und Wohnweise

Die Konzentration der Arbeiter in der Nähe der Fabriken war zunächst eine wirtschaftliche Notwendigkeit. Die Folge war eine allzu dichte Besiedlung der Städte, insbesondere der Industrie-Großstädte. Es entstanden die Mietskasernen: Weil die Bodenpreise infolge erhöhter Nachfrage stiegen, baute man, damit das teure Grundstück sich gut rentiere, schmal und hoch und forderte hohe Mieten. Für den zur Miete wohnenden Arbeitnehmer bedeutete das, daß er sich mit einer kleinen Wohnung begnügen mußte, die ungesund und nervenverschleißend ist und den Kindern keinen ausreichenden Raum zur Entfaltung bietet, weder in der Wohnung noch in der Umgebung des Hauses. Zu enge Wohnungen in großer Zahl gab es schon im ersten Stadium des Frühkapitalismus; man schaue nur die schmalen Fronten der Häuser aus dem 14. und 15. Jahrhundert an. Jedoch war der Gesamtumfang der Städte im Vergleich zum 19./20. Jahrhundert klein. Man konnte bald draußen „vor der Stadt" sein. Als später durch das Anwachsen der Städte der Weg bis dorthin zu weit wurde, blieben die Kinder auf enge Stuben, Straßen und Plätze verwiesen.

Die massierte Wohnweise wirkt nicht nur familienschädlich, sondern auch naturentfremdend. Auch das ist ein ethisch wichtiger Gesichtspunkt. Das Wachstum in Wiese, Wald und Feld, die geheimnisvoll sich regenden Lebenskräfte, die zweckfreie Schönheit der Pflanzen und Tiere, der numinose Gefühle anregende Eindruck mancher Naturphänomene wie z. B. die Feierlichkeit eines Sonnenunterganges, die schweigende Majestät des Sternenhimmels, dessen Anblick einen so nüchternen Philosophen wie *Kant* mit religiösen Empfindungen erfüllte, die gleichsam paradiesische Schönheit eines Frühlingsmorgens und ähnliche Erfahrungen beweisen, daß die Natur ein Träger von sakralen Symbolwerten sein kann. Die durch die großbetriebliche Produktionsweise des Kapitalismus erzwungene Massierung der Wohnungen entfremdet viele Menschen solchen Erfahrungen, was einer ethisch schwerwiegenden Verarmung des seelischen Erlebens gleichkommt.

Die moderne Verkehrstechnik, die es den in Großbetrieben tätigen Menschen ermöglicht, von der Arbeitsstelle entfernt, naturnäher zu wohnen, kann die Vermassung auflockern und ihre Nachteile mildern. Diese Entwicklung voranzutreiben, ist eine sozialethische Forderung. Die Gewerkschaften sollten sich darum im sozialpolitischen Kampf nicht nur um höhere Löhne und kürzere Arbeitszeiten für die Arbeiter bemühen, sondern eine umfassende „Vitalpolitik" *(Pfister, Rüstow)* treiben, die darauf zielt, die Gesamtsituation des Menschen, seinen gesamten Lebensstil vollmenschlich zu gestalten. Und die Stadtverwaltungen und verantwortlichen Städteplaner sollten, um nur ein Beispiel zu nennen, bedenken, daß — wenn für beides die Mittel nicht reichen — es besser wäre, anstatt ein Riesenstadion für Massenveranstaltungen zu bauen, die Stadt durch Kinderspielplätze, kleinere Sportplätze und Grünanlagen aufzulockern.

(3) Die Unpersönlichkeit der zwischenmenschlichen Beziehungen im Grossbetrieb

Max Weber hat mit Recht darauf hingewiesen, daß die christlichen Kirchen gerade deswegen lange Zeit hindurch nicht so sehr gegen landwirtschaftliche, aber gegen industrielle Großbetriebe eine Abneigung gezeigt hätten, weil in ihnen die Beziehungen zwischen den Menschen so unpersönlich, so rein sachlich sind, daß sich hier nur schwer ein Ansatz zu ethischer Beseelung bietet[25]).
Seitdem die vor zwei Jahrhunderten einsetzende industrielle Revolution das Zusammenleben der Menschen, besonders in Europa, aber auch weit darüber hinaus, schwer erschüttert hat, standen den um Abhilfe Bemühten vor allem zwei Nahziele vor Augen: Lohnerhöhung und Arbeitszeitverkürzung. Breite Strömungen der Arbeiterbewegung haben sich mit diesen beiden Forderungen begnügt. Auch reformbereite private Unternehmer sowie Pioniere der staatlichen Sozialpolitik und nicht wenige von christlichen Motiven erfüllte Sozialreformer konzentrierten ihre Vorschläge und Bemühungen auf jene beiden Punkte. Gewiß stand für viele von ihnen hinter diesen Nahzielen ein umfassenderes Fernziel sozialreformerischen Wollens: der spätere sozialistische Umbau der ganzen Gesellschaftsordnung oder ein als gesteigerter Merkantilismus anzusprechender Staatssozialismus oder eine leistungsgemeinschaftliche Neuordnung der Gesellschaft oder ähnliches. Aber im täglichen Planen, Werben und Fordern hat man sich bis vor kurzem doch überwiegend auf die beiden Themen: Lohnerhöhung und Arbeitszeitverkürzung konzentriert, so daß der Anschein entstehen konnte, als sehe man die alleinige Ursache für die klassenkämpferische Zerrissenheit der Gesellschaft in der scharfen Trennung von Produktionsmittelbesitz und Arbeitskraft, von „Kapital und Arbeit".
Alle, die wirklich dieser Meinung waren, übersahen, daß der das Gesellschaftsganze zersetzende Klassenkampf noch tiefere Ursachen hatte: bestimmte seelische Haltungen, die seit der industriellen Revolution den Bereich formten und durch den Bereich geformt wurden, in dem jetzt sehr viele Menschen unter ganz neuen Bedingungen zusammensein mußten, den industriellen Großbetrieb. Daß für die meisten Menschen des industriellen Zeitalters Lebens- und Arbeitsraum ganz auseinanderfallen, bedeutet nicht nur eine räumliche Trennung beider Bezirke. Auch die seelischen Beziehungen von Mensch zu Mensch sind im industriellen Arbeitsraum unvermeidlich völlig andere als an der lebensräumlich durchformten Arbeitsstätte alten Stils. Trotz dichter Menschenzusammenballungen ist das menschliche Beieinandersein im modernen Industriebetrieb entseelt, versachlicht, ja vielfach geradezu entmenschlicht. Eine Fremdheit, die alle persönliche Wärme, Vertrautheit und individuelle Beseelung des Zusammenwirkens ertötet, durchzieht den Betrieb. Diese Fremdheit bedeutet ein Zweifaches: Unbekanntsein, das Fehlen vertrauter Kenntnis von Personen und Sachen und anderseits die

---

[25]) Vgl. *Max Weber*, Gesammelte Aufsätze zur Religionssoziologie, 3 Bde., Tübingen ⁴1947.

Fremdbestimmtheit des Handelns. Fremd ist dem Arbeiter im Großbetrieb fast immer der Arbeitgeber, den er nicht zu Gesicht bekommt. Fremd sind ihm Arbeitsraum und Werkmittel, die ihm nicht gehören, mit deren Beschaffung er meistens nichts zu tun hat. Fremd sind ihm die meisten Anordnungsinstanzen, da sie nicht persönlich, sondern durch Arbeitszettel, Zähler, Kontrolluhren und andere anonyme Mittel zu ihm sprechen. Fremd ist vielen Arbeitern und Angestellten der genauere Zusammenhang der Arbeitsvorgänge. Fremd sind einander die meisten Betriebsmitglieder, da sie aus verschiedenen Wohnbezirken zusammenströmen und im Betrieb der persönliche Kontakt oft unmöglich ist, weil das Fließband die persönliche Weitergabe der Fabrikate ersetzt, weil der Maschinenlärm die Unterhaltung vielfach unmöglich macht oder weil zur Gefahrenverhütung eine solche Aufmerksamkeit erforderlich ist, daß Verbote der Unterhaltung vielerorts durchaus begründet sind. Diese vielseitige Fremdheit wird von den Menschen, die den größten Teil ihres bewußten Lebens und ihrer täglichen Anstrengungen in ihr verbringen müssen, mit Recht als Entpersönlichung und als Erniedrigung ihres Menschentums empfunden.
Es ist darum notwendig, auch in den modernen Großbetrieben Spielraum für ein größeres Maß von eigentlich menschlichen Beziehungen, von übersichtlichen Verantwortlichkeiten auch auf den unteren Stufen der „Betriebshierarchie" und von sinnvoll erfaßtem Zusammenwirken der Betriebsmitglieder zu gewinnen. Freilich muß man, um die konkreten Möglichkeiten für solche Wünsche ermessen zu können, zunächst einmal erkennen, was gegeben ist. Hier genügt nicht der flüchtige Eindruck, den eine Fabrikbesichtigung oder eine Einfahrt ins Bergwerk vermittelt. Es genügt auch nicht das breite Erfahrungswissen, das dem langjährigen Betriebsmitglied zur Verfügung steht, aber doch unsystematisch ist und der prinzipiellen Einsicht in die Zusammenhänge der Betriebsgestaltung mit Wirtschaftsverfassung und industrieller Technik entbehrt.
Die Betriebssoziologie, ein besonderer Zweig der Soziologie, ist hier zuständig. Sie analysiert die sozialen Beziehungen, die im modernen Industriebetrieb zwischen den Betriebsmitgliedern in horizontaler und vertikaler Richtung bestehen. Sie fragt nach den vermeidbaren und den unvermeidbaren sozialen Reibungsstellen im Betriebe. Sie zeigt, in welcher Weise die innerbetrieblichen Spannungen und Konflikte nicht nur Maß und Qualität der Produktion beeinträchtigen, sondern ein „Flammpunkt" *(Briefs)* für soziale Unruhen und Erschütterungen sind, die sich weit über die Mauern des Betriebes hinaus auf das Gesellschaftsganze auswirken.
Man darf wohl behaupten, daß sich im Lager der christlichen Sozialreformer bisher nur wenige Köpfe ernsthaft mit den Problemen der Betriebssoziologie befaßt haben[26]). Das ist zu bedauern. Denn die sozialethischen Prinzipien, die

---

[26]) Aus dem nicht sehr zahlreichen einschlägigen Schrifttum katholischer Wissenschaftler seien hier nur ein paar Veröffentlichungen in deutscher Sprache genannt: *Goetz Briefs,* Betriebsführung und Betriebsleben in der Industrie, Stuttgart 1934; Artikel „Betriebssoziologie", in Vierkandts Handwörterbuch der Soziologie, Stuttgart 1931. — *Adolf Geck,* Die sozialen Arbeitsverhältnisse im Wandel der Zeit, Berlin 1931; Soziale Be-

ja das eigentliche Thema der christlichen Soziallehre sind, werden trotz aller inständigen populären und gelehrten Verkündigung keine wirklich umgestaltende Wirkung ausüben, wenn man jenen Flammpunkt sozialer Unruhen nicht gründlich ins Auge faßt, um die Möglichkeiten einer ethischen Überformung der modernen Industriebetriebe klar zu erkennen und dadurch zu einer Vermenschlichung des Betriebslebens zu kommen, wie sie auch in den bekannten Rundschreiben *Leos XIII.* und *Pius' XI.* gefordert wird.

Eine gründliche und ausführliche Betriebssoziologie muß daher jedem Sozialpädagogen und Sozialreformer willkommen sein. Auch der an sozialen Problemen des industriellen Zeitalters ernsthaft interessierte Seelsorger darf auf die Erkenntnisse der Betriebssoziologie nicht verzichten.

Eine breite, mit ihren Wurzeln weit zurückreichende Strömung drängt heute auf Demokratisierung in fast allen Lebensbereichen. Aber es gibt in den Höhenschichten des menschlichen Geisteslebens Gebiete, die sich jedem egalitären Andrang verschließen. In der Religion waltet die Verschiedenheit der von göttlicher Freiheit verteilten Gnadengaben, in der Kunst die quasi-gnadenhafte Bevorzugung des Genies, in der Wissenschaft die Verschiedenheit der Begabungen und die jeweils verschiedene Fähigkeit und Bereitschaft zu asketischer Abkehr von zerstreuenden Genüssen. Doch nicht nur auf diesen Hochgebieten, auch im Alltag der materiellen Daseinsfürsorge gibt es Bereiche, die keine unbegrenzte Demokratisierung vertragen. Hier ist vor allem zu nennen der vielgliedrige moderne Industriebetrieb mit seinem aufs feinste abgestimmten Räderwerk spezialisierter Arbeitsvorgänge. Mit der arbeitsteiligen Differenzierung und mit der Betriebsgröße wächst hier die Notwendigkeit einer zentralen Anordnungsmacht, die sich in einer festumschriebenen Pyramide von Über- und Unterordnungen abstuft. So gehört eine „Anordnungshierarchie" zum Wesen des modernen Großbetriebes, mag nun die Verteilung der Vollmachten bestimmt werden durch das privatkapitalistische Eigentum an den Betriebsmitteln, durch genossenschaftliche Vereinbarung, durch betriebsrätliche Entscheidungen oder wodurch immer. Neben der schon erwähnten Spannung zwischen der Versachlichung der sozialen Beziehungen im Betrieb und dem natürlichen Verlangen des Menschen nach persönlichem Kontakt und individueller Wirkungsmöglichkeit liegt hier eine zweite Problematik, auf die der Betriebssoziologe sein Augenmerk richten muß. Es ist der Konflikt zwischen dem angewachsenen Demokratisierungsstreben unserer Zeit und der aus der Sache heraus geforderten „Betriebshierarchie". *Mueller* wendet gegen diesen bei vielen Wirtschaftswissenschaftlern üblichen Ausdruck mit Recht ein, „Hierarchie" bedeute wörtlich und ursprünglich eine Abstufung *sakraler* Gewalt und eine Rangordnung vom Erhabenen zum Unvollkommenen. Im Betrieb aber gehe es nicht um den Rang des Heiligen und Erhabenen, son-

---

triebsführung, Berlin 1938; Artikel „Betriebsverfassung" im Internationalen Handwörterbuch des Gewerkschaftswesens, Berlin 1922. — *Heinrich Lechtape*, Soziale Prozesse im industriellen Betrieb, in: Kölner Vierteljahreshefte für Soziologie 8. — *Ernst Michel*, Sozialgeschichte der industriellen Arbeitswelt, Frankfurt 1947. — *Franz H. Mueller*, Die soziale Theorie des Betriebes, Berlin 1952.

dern bloß um praktische Notwendigkeiten. *Mueller* schlägt deshalb vor, anstatt von „Betriebshierarchie" von dem „System der Über- und Unterordnung" zu sprechen, ohne das gerade ein moderner Großbetrieb nicht funktionieren kann[27]).

Versuche und Vorschläge, ein System der Über- und Unterordnung im Betrieb zu finden, das Zwang und die Gefahr der Entseelung der zwischenmenschlichen Beziehungen möglichst vermeidet, sind immer wieder gemacht worden. Eine zutreffende Betriebssoziologie muß feststellen, daß manche von ihnen erfolglos bzw. undurchführbar sind, z. B.:

Eine *patriarchalische Leitung*, bei der früher der Betriebsleiter, d. h. meistens der Besitzer-Unternehmer, die Belegschaft sozusagen als seine Großfamilie betrachtete und sich in der Art eines Familienoberhauptes um Wohl und Wehe jedes einzelnen kümmerte, ist im industriellen oder kaufmännischen Großbetrieb nicht möglich. Die Betriebsgröße, die mechanisierte Technik, die verdinglichte, mechanisierte Vermittlung der Arbeitsanweisungen, der öfter zu Belegschaftseinschränkungen oder -vermehrungen und damit zum Arbeitsplatzwechsel zwingende Konkurrenzdruck haben den vielfach von hohen ethischen Motiven getragenen Bemühungen um eine patriarchalisch-persönliche Menschenordnung im Betrieb ein Ende gemacht.

Ebenso ist es mit der Idee von *„Betriebsführer und -gefolgschaft"*, die aus der nationalsozialistischen Ideologie entsprungen war. Gegen diese Idee steht die harte Wirklichkeit der anonymen, mechanisierten modernen Produktionsweise, in der „Gefolgschaftstreue" zum Betriebsführer ein leeres Wort, eine Phrase, manchmal sogar eine Tarnung der Ausbeutung ist. Auch *Mueller* hält zum Leitgedanken der betrieblichen Menschenordnung „Treue als unverbrüchliche Anhänglichkeit an eine Person ... angesichts des häufigen Wechsels der Vorgesetzten und im Hinblick auf die Unpersönlichkeit des modernen Betriebes ebensowenig geeignet wie de(n) Gehorsam"[28]), der in der grundherrschaftlichen Sozial- und Arbeitsordnung früherer Zeiten sinnvoll sein konnte.

Ein diskutierbarer Vorschlag stammt von *Rosenstock,* den er — nicht sehr glücklich — als „Werkstattaussiedlung" bezeichnet[29]). Ähnliche Ideen vertraten *Dubreuil*[30]), *Ernst Michel*[31]) und *Eduard Heimann*[32]). Die Bezeichnung „Werkstattaussiedlung" ist primär nicht räumlich gemeint, sondern als Aufgliederung der Verantwortlichkeiten auf kleine Gruppen innerhalb des Betriebes. „Die Machtbereiche innerhalb des Unternehmens", so schlägt *Rosenstock* vor, „werden gegliedert. Es findet eine Machtabspaltung statt. Das Unternehmen bleibt ein-

---

[27]) Vgl. *Franz H. Mueller,* a. a. O.
[28]) *Franz H. Mueller,* Die soziale Problematik des Betriebes, in: Volkswohl 27 (1935), 1. und 2. H.
[29]) Vgl. *Eugen Rosenstock,* Werkstattaussiedlung. Untersuchungen über den Lebensraum des Industriearbeiters, Berlin 1922.
[30]) *Hyacinthe Dubreuil,* La république industrielle, Paris 1924.
[31]) *Ernst Michel,* Industrielle Arbeitsordnung, Jena 1932.
[32]) *Eduard Heimann,* Wirtschaftssysteme und Gesellschaftssysteme, Tübingen 1954, darin: Demokratische Freiheit und Arbeitsanordnung, 70—84.

heitlich, aber es wird gegliedert ... Die Kommandogewalt innerhalb des Betriebes zieht sich aus allen Bereichen zurück, in denen Teilkommandos zur Abspaltung herangereift sind ... Der von der Werkstatt zu beanspruchende Lohn wird von der Belegschaft unter sich nach eigenem Rechte verteilt. Die Anordnung der Arbeit in der Werkstatt ist Sache der Werkstatt selbst. Nicht die eigene Arbeit, sondern die eigene Arbeit in und mit dieser Werkstatt, also: die Mitarbeit in dieser Werkstatt tritt als Aufgabe vor den Arbeiter." Der Ausdruck „Aussiedlung von Werkstätten sollte nur einen Grenzwert angeben, bis zu dem im äußersten Fall eine Betriebsgliederung mit Machtabspaltung auch räumlich führen kann"[33]).

Es genügt also nicht, den Arbeiter im kapitalistischen Wirtschaftssystem durch höhere Löhne und mehr Freizeit wirtschaftlich besserzustellen, sondern es müssen ihm auch Entfaltungsmöglichkeiten geschaffen werden für Mitverantwortung und Initiative im Arbeitsprozeß. Wo er nur fremdbestimmte Arbeit tun muß, wird er zum bloßen Objekt, zum Kostenfaktor. „Wenn es richtig ist", sagt *Dubreuil*, „daß die Industrie ebenso wie der Boden zu gliedern wäre, um zu größter Stabilität zu gelangen und um die Betriebsangehörigen mit dem Eifer des Bauern arbeiten zu machen, so muß es etwas Geistigeres als der Besitz sein, das die Gliederung erfährt, nämlich die Verantwortlichkeit, von der einem jeden, er stehe hoch oder niedrig im Arbeitsprozeß, nach seinen Fähigkeiten ein Teil auferlegt wird"[34]). Die Forderung lautet also: nicht mehr Fremdbestimmtheit als nötig. Nicht *alle* Verantwortung muß bei der Betriebsleitung zentralisiert sein; die Anordnung der Arbeit könnte weitgehend dezentralisiert werden. *Heimann* sagt dazu: „Es ist ein unheilvoller Irrglaube zu meinen, daß der Großbetrieb keinen Raum für Selbstbestimmung und Initiative läßt, weil er ebenso automatisch funktioniere wie seine Maschinen. Die Gruppe der Arbeiter besteht immer aus Individuen, die unendlich verschieden sind in ihren persönlichen Eigenschaften, ihrer Stärke, ihren physischen und psychischen Bedürfnissen, den Bedingungen ihrer familiären Beziehungen und anderen Wirkungen der Vererbung und Umgebung. Gewisse Fragen verlangen daher selbst in der kleinsten Produktionsstätte ständig eine neue Antwort: wie soll man die technisch verschiedenen Anteile an der gemeinsamen Arbeit auf die einzelnen Mitglieder entsprechend ihren Fähigkeiten, Bedürfnissen und Neigungen verteilen? Soll man eine gleichbleibende Verteilung oder einen rhythmischen Wechsel vornehmen? Welche Wirkung haben mögliche Neuerungen in den technischen und organisatorischen Methoden auf die menschlichen Bedürfnisse der Arbeiter? ... Wie kann man im Fall der Krankheit ... einen Arbeiter verwenden oder ihn durch einen anderen ersetzen, ohne die technische Arbeit zu beeinträchtigen und den Arbeitsplatz zu gefährden? Solche Fragen können nur durch jene richtig beantwortet werden, die selbst die Arbeit verrichten und ihre Anforderungen aus eigener Erfahrung kennen ... Menschliches Glück und menschliche Energie

---

[33]) *Eugen Rosenstock*, Lebensarbeit in der Industrie und Aufgaben einer europäischen Arbeitsfront, Berlin 1926, 47 f.
[34]) *Hyacinthe Dubreuil*, a. a. O., zitiert von *Eugen Rosenstock*, a. a. O., 50.

werden in unglaublicher Weise durch die fast völlige Unkenntnis solcher grundlegenden Probleme verschwendet ... Die Lösung würde einen Gewinn an menschlichem Glück und an Energien bedeuten, aber schon der Versuch würde einen Gewinn an Freiheit bringen, er würde das Gefühl von Mensch und Gesellschaft ändern"[35]).

Selbst dann, wenn man die Vorschläge von *Rosenstock, Dubreuil* und *Heimann* befolgen würde, bliebe immer noch mancherlei Unpersönliches im innerbetrieblichen Verhalten der Menschen zueinander; aber es würde doch wieder ein gewisser Spielraum geschaffen für persönliche Verantwortlichkeit. Und nur da, wo Raum für Verantwortlichkeit ist, ist eine tiefergreifende ethische Durchformung möglich.

c) Kapitalvermehrungsstreben

Bei der ethischen Kritik dieses Merkmals des neuzeitlichen Kapitalismus muß man unterscheiden: das Streben nach Vermehrung des Sachkapitals und: das Streben nach mehr in Geldwert ausdrückbarem Eigentum an dem schon vorhandenen Sachkapital sowie das Streben nach mehr Eigentum an Geld. Im zweiten Falle können einzelne Menschen Erfolg haben, ohne daß das Sachkapital im ganzen vermehrt wird; es handelt sich dann um eine bloße Vermögensverschiebung. Diese war — als Kapitalakkumulation — vielfach Voraussetzung für die Vermehrung des Sachkapitals, die Ausweitung der Produktionsanlagen. Die ethische Kritik an der Kapitalakkumulation, über die wir schon gesprochen haben, betrifft im Grunde die einzelnen Menschen, die auf ethisch anfechtbare Weise Kapital anhäufen. Die Kapitalakkumulation kann aber auch ethisch einwandfrei erfolgen, nämlich dann, wenn sie das Ergebnis geschickter, tüchtiger organisatorischer Leistungen ist, in deren Vollzug an die Geldgeber die vereinbarten Zinsen oder Gewinnanteile bezahlt werden.

Es bleibt also nach dem ersten Fall des Kapitalvermehrungsstrebens zu fragen: Welches kann der ethisch vertretbare Sinn des Strebens nach Vermehrung des Sachkapitals sein? Und wo liegen hier eventuell ethisch gebotene Grenzen?

Um diese Fragen beantworten zu können, unterscheiden wir zwischen makroökonomischer und mikroökonomischer Betrachtung. Maßstab unserer Kritik ist die Rangordnung der Güter und Werte.

In makroökonomischer Betrachtung ist ein fortgesetztes Streben nach Vermehrung des Sachkapitals, das ja auf viele Eigentümer verteilt sein kann, an sich nicht ohne weiteres verwerflich. In etwa ist es sogar notwendig, und zwar aus zwei Gründen: Durch die Fortschritte von Medizin und Technik nimmt die Zahl der zu versorgenden Menschen ständig zu, und: Die Bedürfnisse der Menschen nach wirtschaftlichen Gütern wachsen, und sie dürfen wachsen, sofern die wirtschaftlichen Güter Voraussetzung sind für die geistig-kulturelle und religiöse Entfaltung der Menschen.

---

[35]) *Eduard Heimann*, a. a. O., 81 f.

Bei der Ausweitung der Produktionsanlagen kommt es allerdings sehr auf die Art der in wachsendem Maße produzierten materiellen Güter an: ob sie gesundheitsschädlich sind; ob sie nur oberflächlichen oder ethisch bedenklichen Genüssen dienen; ob nur ein kindischer Warenhunger gespeist wird durch allerlei überflüssige Dinge, mit denen wir uns mehr und mehr umgeben, auch wenn wir damit so wenig etwas Sinnvolles anfangen können wie einst die Neger in Kolonialafrika mit abgelegten preußischen Husarenuniformen, mit denen geschickte Händler sie beglückten[36]) — oder: ob die durch die Vermehrung des Sachkapitals produzierte größere Gütermenge der Gesundheit der Menschen dient, der sinnvollen Erleichterung des äußeren Daseins, der leichteren und adäquateren Vermittlung geistiger und religiöser Werte.

Für die einzelnen Menschen, die an der Schaffung der größeren Güterfülle beteiligt sind, gilt: Ihre Beteiligung ist erst dann ethisch verwerflich, wenn sie so sehr darin aufgehen, daß die Folge eine Verwirtschaftlichung ihrer gesamten Lebenshaltung und Lebensführung ist; das würde bedeuten, daß sie subjektiv den Umsturz der objektiven Güter- und Wertrangordnung vollzogen haben. Auf den Einwand des nur noch ökonomisch denkenden Unternehmers z. B.: Ich muß doch mein Unternehmen beständig vergrößern, wenn ich im Konkurrenzkampf nicht ausgeschaltet werden will, entgegnen neuere Wirtschaftswissenschaftler: Es ist ein Irrglaube, zu meinen, ein Unternehmen sei um so produktiver, rentabler oder krisenfester, je ausgedehnter es sei, je größer seine Kapitalgrundlage; denn es gibt eine nach Branchen und wirtschaftlicher Gesamtsituation verschiedene „optimale" Unternehmungs- und Betriebsgröße, jenseits der die Rentabilität sich verringert und die Krisengefahr wächst[37]). Sie weisen solchen Unternehmern wirtschaftlichen „Größenwahnsinn" *(Röpke)* nach. Das ist von diesen Wissenschaftlern zunächst ökonomisch gemeint. Aber diese wirtschaftswissenschaftliche Feststellung konvergiert mit der ethisch gemeinten Mahnung nichtchristlicher Weisheitslehrer, seine Seele nicht an Sachgüter und Geschäft zu verlieren, und mit dem warnenden Wort Christi: „Was nützt es dem Menschen, wenn er die ganze Welt gewinnt, aber seine Seele einbüßt. Denn was kann der Mensch geben als Gegenwert für das Leben seiner Seele?" (Mt 16, 26.)

Der erfolgreiche Unternehmer, der trotz sich bietender Möglichkeiten zur Kapitalvermehrung und Kapitalakkumulation sagt: Es genügt!, muß es sich freilich heute vielfach gefallen lassen, als Sonderling zu gelten, so lange, bis ein allgemeineres Umdenken erfolgt und bis insbesondere die „Elephantiasis" *(Rüstow)* mancher Großunternehmer als eine Art geistiger Erkrankung und Verirrung erkannt worden ist. „Nicht aus Wirtschaft wird Wirtschaft reformiert", schreibt *Rathenau,* „sondern aus dem Geiste. Nicht Maßregeln und Gesetze können ihr helfen, sondern Gesinnungen"[38]).

---

[36]) Vgl. *Walther Rathenau,* Gesammelte Schriften 1, Berlin 1925, darin: Zur Kritik der Zeit, 134.
[37]) Vgl. *Wilhelm Röpke,* a. a. O., 218 ff. — *Moritz Julius Bonn,* Kapitalismus oder Feudalismus?, Berlin 1932, 40 f.
[38]) *Walther Rathenau,* Gesammelte Schriften 6, Berlin 1925: Schriften aus Kriegs- und Nachkriegszeit (Nach der Flut), 242.

In mikroökonomischer Betrachtung ist das *unbegrenzte* Streben nach Vermehrung von Sach- und Geldkapital als solches verwerflich. Es ist eine besonders krasse Auswirkung jener Neigung, die im Herzen jedes erbsündigen Menschen sich regen und groß werden kann: der „pleonexia", der Habsucht (Lk 12, 15), der Geldgier, von der es in der Heiligen Schrift heißt, sie sei „die Wurzel alles Bösen" (1 Tim 6, 10). Wenn ein Mensch nichts anderes mehr im Sinn hat als dieses, so ist er einem menschenunwürdigen Ökonomismus verfallen; er hat subjektiv den radikalen Umsturz der Wertrangordnung vollzogen. Denn nicht nur in Geschäft und Arbeit soll der Mensch zu Hause sein, sondern auch im Reiche der geistig-kulturellen Werte, der zweckfreien Erkenntnis des Wesens der Dinge, in den beseelten Bereichen des Familienlebens und der Freundschaft. Er soll sich Zeit und innere Freiheit schaffen für die Versenkung in die inneren Lebenszusammenhänge von Einzelmensch und Sozietät, von Liebe und Haß, von Reinheit und Reife, von Schuld und Sühne. Über all dem soll er zu Hause sein in der Sphäre des Gebetes und der Gnadenerfahrung; er darf nicht abgestumpft werden für das innere Erleben dessen, was Schuld und Sünde und Gottesferne heißt, denn solches Erleben ist die subjektive Voraussetzung für Erlösung und ewiges Heil.

Nun kann es sein, daß ein Einzelner oder auch viele einzelne Menschen zwar prinzipiell die objektive Rangordnung der Güter und Werte bejahen, jedoch eine Verwirtschaftlichung ihrer Lebenshaltung nicht oder nur schwer vermeiden können, weil sie gezwungen sind, von morgens früh bis in die Nacht hinein nur wirtschaftlich tätig zu sein, um überhaupt das Existenzminimum zu haben, also die dringendsten Bedürfnisse befriedigen zu können. Für diese Menschen ist dann die größere Dringlichkeit der objektiv niedriger stehenden Güter und Werte bestimmend. Die Schuld an der Verwirtschaftlichung dieser Menschen und daran, daß sie unter der Unordnung in ihrem Leben leiden, liegt nicht bei diesen selber, sondern bei denen, die das Wirtschafts- und Gesellschaftssystem im ganzen ändern könnten.

d) Ökonomischer Rationalismus

Sofern der ökonomische Rationalismus einem mikroökonomisch gemeinten *grenzenlosen* Kapitalvermehrungsstreben dient, verfällt er der gleichen ethischen Kritik wie dieses Streben, weil er teil hat an der Verabsolutierung materieller Güter, die doch objektiv nur einen Dienstwert, einen „konsekutiven Wert" *(Scheler)* haben. Mit dieser sündhaften Verabsolutierung hängt der ethische Minimalismus zusammen, d. h.: Der absolute ökonomische Rationalismus wertet ethische Tugenden nur nach ihrem wirtschaftlichen Nutzeffekt; Vertragstreue, Korrektheit, Pünktlichkeit, Ehrlichkeit und ähnliche ethische Qualitäten sind hier willkommen, weil sie für die Wirtschaft nützlich sind. Ethische Haltungen, die nicht in wirtschaftliche Nutzeffekte umsetzbar sind, erscheinen ihm gleichgültig oder auch hinderlich und sind darum unerwünscht; sie gelten dann als unsachliche Rücksichtnahme auf das leiblich-seelische Wohl des Menschen als

Arbeiter und auch als Konsument. So gilt es für rein kapitalistisches Denken als ein Verstoß gegen das Grundgesetz des ökonomischen Rationalismus: wenn einer Waren produzieren und verkaufen könnte, die lediglich mehr oder weniger unsittlichen, gesundheitsschädlichen, dekadenten Verhaltensweisen dienen können, aber aus nicht-ökonomischen, ethischen Gesichtspunkten auf solche Geschäfte verzichtet; wenn einer auf die Arbeitenden mehr Rücksicht nimmt, als eine pflegliche Behandlung aus rein wirtschaftlichen Gründen es erfordert; wenn einer Rücksicht nimmt auf Gemütswerte der Naturanschauung, die Landschaft also nicht verschandeln will; wenn einer Rücksicht nimmt auf traditionelle Verhaltensweisen des Brauchtums und auf die das alltägliche Leben mit höherem Glanz verklärenden religiösen Feste; wenn einer im Wirtschaftssystem der freien Konkurrenz auf mehr Gesichtspunkte Rücksicht nimmt, als durch wirtschaftliche Klugheit geboten ist — all das gilt als ein Verstoß gegen den ökonomischen Rationalismus, gegen das Prinzip der Wirtschaftlichkeit um jeden Preis. Daß darin ein Ansatzpunkt zur ethischen Kritik liegt, ist klar.

Kritik aber darf nicht bloß in Entrüstung bestehen. Der absolute ökonomische Rationalismus muß mit seinem eigenen Rationalitätsprinzip ad absurdum geführt werden. Rational heißt hier ja immer: Es liegt ein richtiges Verhältnis von Mittel und Zweck vor. Die ökonomisch-rationale Erwägung besagt: Eine bestimmte Art der Rohstoffbeschaffung, der Produktionsmethoden, der Menschenbehandlung, der Konsumentenbeeinflussung, des Absatzes usw. kann einer erhöhten Warenproduktion bzw. einer erhöhten Rentabilität des investierten Kapitals dienen. In diesem Sinne sind die gemeinten Verhaltensweisen rational „zweckmäßig", sie sind geeignete Mittel zum Zweck der vergrößerten, verbesserten Produktion und schließlich der erhöhten Rentabilität.

Nun aber müßte man, da es sich bei Produktions- und Kapitalssteigerung objektiv nicht um Selbstwerte handelt, weiter fragen: Wozu denn *am Ende* die Produktionsausweitung und Rentabilitätserhöhung? Zu welchem Zweck sollen sie dienen, sollen sie das Mittel sein? Diese weitere, das Ganze umfassende Wozu-Frage wird vom ökonomischen Rationalismus des *rein* kapitalistischen Denkens nicht mehr gestellt. Man fragt nach der Rationalität der Mittel, nicht mehr nach der Rationalität des Zweckes selber. Man könnte und müßte auch hier fragen: wozu?, den „Rationalismus" also in gewissem Sinne noch ausdehnen ins Weltanschauliche, auf den Bereich einer *Gesamt*deutung des menschlichen Lebens. Vielleicht besteht die Möglichkeit, einen Menschen, der dem absoluten ökonomischen Rationalismus verfallen ist, durch die Fragen: Was machst du denn mit der so rational vermehrten Produktion, mit dem so rational vermehrten Kapital? einmal stutzig zu machen, wenn er merkt, daß er auf die Frage „Wozu" keine Antwort weiß. Sein Stutzigwerden wäre möglicherweise ein Anzeichen des Leergefühls, das sich in seiner Seele dann regt, in tieferen Schichten der Person, die durch eine noch so große Fülle produzierter Waren und gewonnener Kapitalien nicht wahrhaft erfüllt werden können.

Weil der absolute ökonomische Rationalismus diese Wozu-Frage nicht stellt, ist, wie *Carl Schmitt* mit Recht gesagt hat, im modernen ökonomisch-technischen

Apparat „der Begriff des Rationalen in einer für das katholische Gefühl phantastischen Weise verdreht ..., weil ein der Befriedigung beliebiger materieller Bedürfnisse dienender Produktionsmechanismus ‚rational' heißt, ohne daß nach der allein wesentlichen Rationalität des Zweckes gefragt wird, dem der höchst rationale Mechanismus zur Verfügung steht"[39]. Wir fügen hinzu: Nicht nur für das katholische, sondern für das gesamtchristliche und schon für das noch nicht pervertierte natürlich ethische Gefühl ist hier der Begriff des Rationalen verdreht.

Das Christentum lehrt uns, in bezug auf alles menschliche Handeln zu fragen: Wozu *letzten Endes?* Die Bereitschaft zu solcher auf das letzte Lebensziel ausgerichteten Besinnung als dauernde Haltung, die öfter auch ausdrücklich vollzogene Reflexion als Gewissenserforschung ist ein wesentlicher Bestandteil des christlichen Lebens. Dieser „christliche Rationalismus" (*Schmitt*) hält uns an, gegenüber allem menschlichen Tun, auch gegenüber der durchrationalisierten Wirtschaftsgestaltung des modernen Kapitalismus, zu fragen: Wozu *letzten Endes?* Wenn diese Frage vergessen wird, wie beim absoluten ökonomischen Rationalismus, das heißt: bei dem aus den größeren Sinnzusammenhängen einer über das Wirtschaftliche weit hinausgreifenden Lebens- und Weltanschauung gelösten Rationalismus, dann ist ein solcher Rationalismus etwas erschreckend Sinnloses, Irrationales.

Aber es gibt auch einen anderen, *relativen*, d. h. auf größere, höhere welttranszendente Sinnzusammenhänge bezogenen ökonomischen Rationalismus, der vor der ethischen Prüfung bestehen kann und in der kirchlichen Verkündigung („Quadragesimo anno", nr. 136) als ein auch christlich lobenswertes Verhalten hingestellt wird. Je mehr nämlich durch Rationalisierung der kaufmännischen, produktionstechnischen und organisatorischen Gestaltung der Wirtschaft die Fülle produzierter Güter gesteigert wird, desto größer wird die Möglichkeit, der im Zeitalter des Hochkapitalismus gewaltig angewachsenen und immer noch anwachsenden Erdbevölkerung leichtere äußere Daseinsbedingungen zu bieten und sie dadurch seelisch freier zu machen für die Hinwendung zu den geistig-kulturellen und göttlichen Dingen. Das ist der christliche Sinn eines ökonomischen Rationalismus, der sich nicht absolut setzt und zum Selbstzweck macht, sondern im Dienst höherer Ziele steht und durch diese Beziehung auf höhere, überwirtschaftliche und letztlich welttranszendente Ziele auch seine Begrenzung erfährt und insofern eben nur ein relativer ökonomischer Rationalismus ist.

Wir haben bei unseren Ansätzen zu einer ethischen Kritik des neuzeitlichen Kapitalismus zurückgegriffen auf die vier Merkmale, die wir bei der Beschreibung des modernen kapitalistischen Wirtschaftssystems herausgestellt haben. Dabei haben wir überwiegend solche ethischen Gesichtspunkte geltend gemacht, die schon eine natürliche Ethik liefert. Das spezifisch Christliche unserer Kritik liegt in der Verstärkung und Vertiefung der in Frage stehenden Wertungen, und zwar auf dreifache Weise: (1) durch die Verbindung der menschlichen Person-

---

[39] *Carl Schmitt*, Römischer Katholizismus und politische Form, Hellerau 1923, 32 f.

würde mit der *Idee der Gotteskindschaft;* (2) durch die Betonung der ethischen *Solidaritätspflichten,* sofern sie im Lichte der Gemeinsamkeit der Gotteskindschaft und der Berufung zu ihr eine *erhöhte Leuchtkraft und Verbindlichkeit* erhalten; (3) durch intensivere Betonung der objektiven Wertrangordnung der uns zugänglichen materiellen und geistigen Güterarten und der *Welttranszendenz der Lebensbestimmung* des Menschen überhaupt.

6. Kapitel

Die Kirche und das Zinsproblem

Der neuzeitliche Kapitalismus kann als eine Wirtschaftsweise, die auf großen Kapitalanhäufungen beruht, nur im Zusammenhang mit einem ausgebauten Geld- und Kreditwesen bestehen. Zur Beschaffung der Produktionsanlagen und der Rohstoffe, zum Großeinkauf von Waren, die anderswo in kleinen Mengen abgesetzt und dem Verbrauch zugeführt werden sollen, muß Geld — in Form von Bargeld oder Buchgeld — zusammenfließen. Das geschieht faktisch nicht, wenn nicht für die leihweise Hergabe von Geld, als des unentbehrlichen Mittels zum Tausch und zur leichteren Wertübertragung, ein Aufgeld: Zins gegeben wird. Und da bei der Vielzahl und der Vielgestaltigkeit wirtschaftlicher Unternehmungen das Geld die Tendenz hat, dorthin zu fließen, wo es das höchste Aufgeld, den höchsten Zins einbringt, ist neben dem Faktum des Zinsgebens schlechthin auch die jeweilige Höhe der angebotenen Verzinsung ein entscheidender Faktor in der kapitalistischen Wirtschaftsweise.

1. Nationalökonomische Zinstheorien

Die Frage nach dem Zins ist in der Wirtschaftswissenschaft verschieden beantwortet worden. Einige dieser Antworten sollen hier skizziert werden.

a) Die Fruktifikationstheorie

Die Fruktifikationstheorie wurde im 18. Jahrhundert von den Physiokraten, vor allem von *Anne Robert Jacques Turgot*, im 19. Jahrhundert noch von dem Amerikaner *Henry George* vertreten. Sie besagt etwa: Der Zins erklärt sich aus der fruchtbringenden Eigenschaft des Bodens oder anderer Güter, die mit der Zeit an Wert gewinnen, ohne daß werterhöhende Arbeit auf sie verwendet wird. Ein Beispiel wäre ein Faß Wein, das beim Lagern wertvoller wird. Da im wirtschaftlichen Tauschverkehr vielerlei Güter untereinander ausgetauscht werden können, hätte ein Darlehensgeber für das hergegebene Geld auch fruchtbringende Güter kaufen können. Da er es nicht getan hat, ist ihm ein Gewinn entgangen. Der Verlust wird durch den Zins für das Darlehen ausgeglichen. Diese Zinstheorie steht dem scholastischen ethischen Zinstitel „lucrum cessans" sehr nahe. Von der Wirtschaftswissenschaft wurde sie fallengelassen, weil sie nicht zutrifft auf Wirtschaftssysteme, in denen es — wie beispielsweise in der zentral gelenkten Planwirtschaft — keinen freien Austausch der Güter gibt.

b) Die Produktivitätstheorie

Die Produktivitätstheorie, von *Johann Heinrich von Thünen* und *Karl Menger* entwickelt, vertritt die Auffassung: Ähnlich wie der Boden, wie Maschinen und anderes mehr ist auch das Geldkapital ein Produktionsmittel. Da dieses Produktionsmittel knapp ist, ist es ein wirtschaftliches Gut. Der Zins ist der Preis für dieses Gut, der sich im Spiel von Angebot und Nachfrage bildet. Diese Theorie vom Zins hängt zusammen mit den nationalökonomischen Preistheorien. Sie ist vereinbar mit der subjektiven Preistheorie, nach der sich der Preis eines Gutes nach der durch die subjektive Wertschätzung bestimmten Nachfrage richtet, nicht mit der objektiven Preistheorie, der zufolge jedes Gut — abgesehen von Angebot und Nachfrage — einen bestimmten Wert an sich hat.

c) Die Abstinenztheorie

Die Abstinenztheorie, im 19. Jahrhundert vertreten von dem Engländer *Nassau W. Senior*, sieht die Ursache für den Zins im Verzicht auf den sofortigen Konsum: Der Zins ist der Preis für das Warten auf den eigenen Konsum. *Lassalle* hat die Abstinenztheorie mit beißendem Spott bedacht: „Der Kapitalprofit ist der ‚Entbehrungslohn'! Glückliches Wort, unbezahlbares Wort. Die europäischen Millionäre, Asketen, indische Büßer, Säulenheilige, welche auf einem Bein auf einer Säule stehen, mit weit vorgebogenem Arm und Oberleib und blassen Mienen einen Teller ins Volk streckend, um den Lohn ihrer Entbehrungen einzusammeln! In ihrer Mitte und hoch über alle seine Mitbüßer hinausragend als Hauptbüßer und Entbehrer das Haus Rothschild!"[1]).

d) Die Agiotheorie

Die Agiotheorie, vor allem von *Eugen Böhm-Bawerk* entwickelt, besagt: Es gibt eine natürliche Wertdifferenz zwischen gegenwärtigen und zukünftigen Gütern. Der Mensch schätzt im allgemeinen gegenwärtige Güter höher als zukünftige. Das Plus der gegenwärtigen Güter gegenüber den zukünftigen drückt sich aus im Zins, wenn wir gegenwärtige Güter gegen die Aussicht auf zukünftige hergeben[2]).
Wilhelm Röpke nennt die Erscheinung des Zinses das „nationalökonomische Königsproblem aller Zeiten" und erklärt: „Existenz, Höhe und Funktion des Zinses aus dem Zeitmoment ... Er ist in unserem Wirtschaftsorganismus sozu-

---

[1]) *Ferdinand Lassalle*, Gesammelte Reden und Schriften, hrsg. von Eduard Bernstein 5: Lassalles ökonomisches Hauptwerk, Berlin 1919, 167.
[2]) Zu weiteren Zinstheorien vgl. *Wilhelm Röpke*, Die Lehre von der Wirtschaft, Erlenbach-Zürich-Stuttgart ^{8}1958, 275 ff. — Vgl. auch die Zinstheorie von *Joseph Schumpeter*: Zins als „Konsequenz einer besonderen Methode der Durchsetzung neuer Kombinationen", in: Theorie der wirtschaftlichen Entwicklung. Eine Untersuchung über Unternehmergewinn, Kapital, Kredit, Zins und den Konjunkturzyklus, München-Leipzig ^{2}1926, 240—317.

sagen die ‚Zeitdrüse', die Gegenwart und Zukunft aufeinander abstimmt und das jeweils knappe Kapital in einer vernünftigen Weise auf die einzelnen Verwendungen verteilt"³).

2. Der Zins in der Lehre der Kirche

In der wechselnden Stellung der Christenheit, der Kirchenleitung und der Theologen zur Zinsfrage und der diesbezüglichen Praxis sind vier Perioden zu unterscheiden:
a) Im 1.—4. Jahrhundert strenge Ablehnung des Zinsnehmens. Zwar beteiligen sich Christen mehr und mehr an Geldgeschäften. Aber das gesamtspanische Konzil von Elvira (um 306) beschließt: Wer Zins nimmt, ist exkommuniziert. Es verbietet vor allem den Geistlichen Zinsgeschäfte. Denn in der Heiligen Schrift stehe deutlich, daß man keinen Zins nehmen dürfe: „Ist einer deiner Volksgenossen bei dir verschuldet und nicht zahlungsfähig ..., so darfst du nicht Zins und Aufschlag von ihm nehmen, sondern fürchte dich vor deinem Gott und laß deinen Bruder neben dir leben. Du darfst ihm dein Geld nicht um Zins geben, noch deine Nahrungsmittel zu Wucherpreisen" (Leviticus 25, 35—37). „Wenn du einem Armen aus meinem Volke, der bei dir wohnt, Geld leihst, so benimm dich nicht gegen ihn wie ein Wucherer. Leg ihm keinen Zins auf" (Exodus 22, 24). „Von deinem Volksgenossen darfst du keinen Zins nehmen, weder für Geld noch für Lebensmittel noch für irgend etwas, das man gegen Zins verleiht. Von Ausländern darfst du Zins fordern. Von deinem Volksgenossen aber darfst du keine Zinsen nehmen, damit dich der Herr, dein Gott, segnet bei all deinen Werken in dem Lande, in das du ziehst, um es in Besitz zu nehmen" (Deuteronomium 23, 20—21). Viele Theologen berufen sich auch auf das Neue Testament: „Tuet Gutes und leihet, ohne etwas zurückzuerwarten" (Lk 6, 34 f.). Hier ist zwar nicht ausdrücklich Zinsverzicht gemeint, sondern Verzicht auf jede Forderung, wenn der andere in Not ist. Vollständiger Verzicht aus christlicher Bruderliebe schließt unter diesen Umständen Verzicht auf Zins selbstverständlich ein.
b) Im 4.—7. Jahrhundert erfolgte dann ein spürbarer Abbau der alten strengen Praxis.
c) Der Zeitraum vom 8.—14. Jahrhundert brachte erneut kirchliche und auch staatliche — zum Beispiel durch *Karl den Großen* — Zinsverbote. Damit wollten Kaiser und Kirche die Landwirte vor Verschuldung schützen, als das wirtschaftliche Schwergewicht sich fast ganz auf die Landwirtschaft verlagert hatte. Auch staatlicherseits wurden darum den Zinsnehmern strenge Strafen auferlegt.
d) Ab 1314 setzte die vierte Etappe ein und dauert bis heute. Langsam setzte sich die Einsicht durch, daß zu unterscheiden ist zwischen Konsumtiv- und Produktivdarlehen. Für Darlehen an notleidende Menschen darf man keinen Zins

³) *Wilhelm Röpke,* a. a. O., 276 f.

fordern. Für Produktivkredit aber darf man Zins nehmen, wenn einer von den folgenden vier Umständen gegeben ist:
(1) *damnum emergens:* wenn einem durch Hergabe von Kredit Schaden entsteht;
(2) *lucrum cessans:* wenn einem durch Hergabe von Kredit ein Gewinn entgeht;
(3) *periculum sortis:* wenn die Rückgabe eines gewährten Krediets unsicher ist, z. B. durch das große Risiko im Fernhandel;
(4) *titulus morae:* wenn die Rückgabe gewährten Krediets sich über den vereinbarten Termin hinaus verzögert.

Für die Erlaubtheit von Zins unter den genannten vier Bedingungen setzten sich der Franziskanerprediger *Bernhardin von Siena* († 1444) und vor allem *Antoninus von Florenz* († 1459) ein. *Antoninus* unterschied klar zwischen der bloßen Geldleihe zu Konsumtivzwecken und dem Produktivkredit. Als bloße Geldleihe ist das Geld unfruchtbar, sagt er, und deshalb darf man davon keinen Zins nehmen. Aber als Produktivkredit ist es fruchtbar, steigert die Ergiebigkeit des Unternehmens, und deshalb darf man Zins nehmen. Aus dieser Unterscheidung aber wurde noch nicht die Erlaubtheit des Zinses schlechthin gefolgert, sondern immer noch wurden die vier oben genannten „Titel" auch beim Produktivkredit verlangt. Man kam noch nicht überein mit dem, was in Wirklichkeit geschah. Da aber staatlicherseits nun auch ohne Nachweis einer der vier Zinstitel das Zinsnehmen erlaubt wurde und auch die Praxis sich an diese Einschränkungen nicht mehr hielt, wurde die Kirchenleitung in ihrem Urteil immer unsicherer.

Papst *Pius V.* (1566—1572) wandte sich in der Bulle „Cum unus" (1569) streng gegen das Zinsnehmen.

Sixtus V. (1585—1590) verwarf in der Bulle „Detestabilis avaritiae" (1586) eine bestimmte Umgehungspraxis des Zinsverbotes, den „contractus trinus".

Benedikt XIV. (1740—1758) betonte in der Bulle „Vix pervenit" (1745) die Notwendigkeit der vier Zinstitel, fährt aber fort: „Im übrigen ist doch noch manches strittig und bedarf genauer Untersuchung."

Ähnlich vorsichtig äußerten sich *Pius VIII.* (1829—1830) und *Gregor XVI.* (1831—1846).

3. Die Stellungnahme der Reformatoren zum Zinsproblem[4])

Nach *Luther* ist jeder Zins verwerflich. Seine Schriften: „Von dem Wucher" (1520) und „An die Pfarrherrn wider den Wucher zu predigen" (1540) sind von äußerster Schärfe. Nur die „kleinen Leute", die nicht mehr arbeitsfähig sind, dürfen seiner Ansicht nach Zins nehmen.

Zwingli ist fast noch radikaler als *Luther*. Trotzdem ist er der Meinung, da Zinsgeschäfte schon zur Gewohnheit geworden seien und vom Staat geduldet würden, solle man die bestehenden Verpflichtungen aus Zinsgeschäften nicht

---

[4]) Vgl. *Georg Wünsch*, Evangelische Wirtschaftsethik, Tübingen 1927, 320—336.

plötzlich aufheben; vielmehr solle sich die weltliche Obrigkeit bemühen, diese Bindungen durch eine neue Gesetzgebung zu lösen.

Calvin sah ein, daß die neuzeitliche Wirtschaftsweise nicht ganz ohne Zins auskommen kann. Er war darum nur darauf bedacht, das Zinsnehmen einzuhegen und sagt deswegen:

a) Zinsnehmen sei nicht in allen Fällen von Gott verboten und weist darauf hin, daß es sich bei den gegen den Zins angeführten Stellen aus dem Alten Testament um Notdarlehen handle.

b) Zins sei nicht in sich schlecht, aber er bringe mancherlei Gefahren mit sich. Deshalb sei gewerbsmäßige Zinsnahme, also das Bankgeschäft, nicht erlaubt.

c) Gelegentliche Zinsnahme sei erlaubt, aber nur zwischen Vermögenden, nicht von Armen.

4. Ausnahmen vom kirchlichen Zinsverbot

a) Die *erste Ausnahme* vom kirchlichen Zinsverbot war der *Rentenkauf:* Wer Grundeigentum hat, aber Geld benötigt, nimmt ein Darlehen auf und gibt eines seiner Grundstücke als Pfand her. Er darf zwar das Grundstück weiter selber bearbeiten, aber vom Ertrag muß er einen festen Betrag — in Naturalien oder Geld — dem Darlehensgeber abtreten. Dieser Betrag gilt als Zins („Zinssatzung") oder Amortisation („Totsatzung"). Dennoch gilt die Hergabe dieses vereinbarten festen Betrages nicht als Zinszahlung im Sinne der antiken und der biblischen Auffassung vom Zins, weil diese Hergabe nicht vom „unfruchtbaren" Gelde, sondern vom fruchtbaren Acker geschieht. Der Geldgeber hatte sich auf diese Weise eine Rente gekauft.

Genaugenommen handelt es sich hier doch um Zins, weil ein fester Betrag gezahlt werden mußte, der unabhängig vom Ertrag des Bodens war. Kirchen und Klöster haben viele solcher Rentenkäufe getätigt.

b) Die *zweite Ausnahme* bildete die karitative Einrichtung *kirchlicher Leihanstalten,* „montes pietatis" genannt, die ersten Pfandhäuser. Sie gehen auf kirchliche Stiftungen zurück und gaben Notdarlehen an Arme gegen Pfänder, anfangs unentgeltlich, später mit einem kleinen Aufschlag als Entschädigung für die Verwaltungskosten, damit durch die entstehenden Unkosten das Kapital der Stiftung nicht aufgezehrt werde. Hier wurde ein mäßiger Zins also auch auf Konsumtivdarlehen erhoben[5]). Das Institut, in dem die Stiftung verwaltet wurde, hieß „banca", woraus sich unser heutiges Wort „Bank" ableitet.

5. Umgehungen des kirchlichen Zinsverbotes

Erste Umgehung: Der heilige *Thomas von Aquin* führt aus, daß der Darlehensnehmer dem Geber durchaus ein Geschenk machen dürfe, nicht aus einer Ver-

---

[5]) Vgl. *Juan de Lugo,* Disputationum de iustitia et iure, 2 Bde., Lugduni 1642.

pflichtung heraus, sondern aus Dankbarkeit für sein Wohlwollen und seine Liebe. Er hätte ihm ja auch vorher — ohne Zusammenhang mit einem Darlehen — ein Geschenk geben dürfen, wieviel mehr also nachher. Der Geldgeber habe sogar recht, wenn er ein Geschenk erwarte.
Bei *Thomas* ist das alles treuherzig gemeint. Aber von nicht wenigen Menschen, die in der Wirtschaft tätig waren, wurde diese Praxis gleichsam mit einem Augenzwinkern geübt. In solchen Fällen bedeutet das „Geschenk" eben doch eine Umgehung des Zinsverbotes.
Zweite Umgehung: Der Darlehensnehmer stellt einen Schuldschein aus mit einer höheren Summe als der, die er wirklich erhalten hat. In frühkapitalistischen Zeiten, als man sich noch an die Zinsverbote gebunden glaubte, schrieb man viel höhere Summen aus als später, oft 100 % höher. Auch bei den Geldgeschäften zwischen Großbankiers und Päpsten und geistlichen Fürsten wurde diese Praxis geübt.
Dritte Umgehung: Damit der Geldgeber zu einem Aufgeld kommt bei der Herausgabe eines Darlehens, werden Scheinkäufe und Scheinrückkäufe getätigt, im Italienischen „barratto" genannt: Der Geldnehmer verkauft Ware an den Geldgeber. Dieser zahlt den Kaufpreis. Die Ware bleibt jedoch liegen, wo sie ist. Der Geldsuchende kauft dieselbe Ware sofort zurück, aber zu einem höheren Preis, zahlbar erst zu einem späteren Zeitpunkt.
Vierte Umgehung: Man setzt bei der Darlehenshingabe absichtlich ganz kurze Rückzahlungsfristen ein und vereinbart Geldbuße für den — hier unvermeidlichen — Zahlungsverzug. Dem Wortlaut der Vereinbarung zufolge zahlt also der Geldnehmer keinen Zins, sondern eine Buße. Auch diese Praxis wurde vielfach zwischen Großbankiers und Fürsten — geistlichen sowie weltlichen — geübt.
Fünfte Umgehung: Hier handelt es sich um den schon erwähnten „contractus trinus", einen Gesellschaftsvertrag über ein gemeinsames Geschäftsunternehmen, ergänzt durch zwei Zusatzverträge:

a) Ein Geldgeber macht eine Einlage im Unternehmen eines anderen, entsprechend seiner Einlage wird ein Anteil an Gewinn und Verlust des Unternehmens vereinbart.

b) Um sich gegen Verlust zu sichern, verzichtet der Geldgeber von vornherein auf einen Teil des möglichen Gewinnes — z. B. will er kein Drittel, sondern nur ein Sechstel des zu erwartenden Gewinnes beanspruchen. Den möglichen Verlust soll dafür der andere allein tragen. Dem Geldgeber ist damit auf jeden Fall sein Einsatz garantiert und — bei Gewinnen — ein Aufgeld.

c) Der Geldgeber begnügt sich mit einem noch kleineren Anteil am möglichen Gewinn — z. B. einem Zehntel statt einem Drittel —, aber dieser Anteil wird ihm in absoluten Zahlen garantiert, ist also ein fester Prozentsatz seines Darlehens und damit Zins.

Wie wir schon sagten, ist gegen diesen contractus trinus die strenge Bulle „Detestabilis avaritiae" (1586) von Papst *Sixtus V.* gerichtet. Dennoch gab es Mo-

raltheologen, die den contractus trinus rechtfertigen wollten, z. B. *Paul Laymann* S. J. († 1635).
Allgemein kann man in bezug auf die Haltung der verschiedenen Orden in der Zinslehre sagen, daß die Jesuiten für eine Auflockerung des Zinsverbotes, die Dominikaner dagegen für strenge Einhaltung der Zinstitel eintraten[6]).

6. Die Zinsdebatten um Jakob Fugger

Die Rolle, die Geld und Zins in der Unternehmertätigkeit im Frühstadium des Kapitalismus gespielt haben, und die angesichts alter Zinsverbote empfundene Problematik des Zinsnehmens und -gebens finden wir eindrucksvoll dargeboten, wenn wir die rechtlichen und ethischen Diskussionen verfolgen, die *Jakob Fuggers* Wirtschaftsweise — als ein Beispiel für viele andere frühkapitalistische Unternehmungen — hervorgerufen hat.
Als *Fugger* seine Bank- und Zinsgeschäfte mit Papst und Kaiser machte, und auch andere Großkaufleute auf diese Weise viel Geld verdienten, predigte in Straßburg *Gailer von Kaisersberg* († 1510) gegen Zinsgeschäfte überhaupt, unter Berufung auf die Bibel, besonders auf das Alte Testament, ähnlich der Schriftsteller, Satyriker und Dichter *Sebastian Brant* († 1521) in Straßburg. In Eichstätt veranlaßte der Domherr *Bernhard Adelmann* die Übersetzung von *Plutarchs* (46—120) gegen die Zinsnahme gerichteten Schrift „De usura vitanda" durch den Nürnberger Humanisten *Willibald Pirkheimer* und einen Kommentar dazu. Das war ein Angriff gegen die Augsburger Großkaufleute, insbesondere gegen *Fugger*, dem *Adelmann* die Schuld daran gab, daß er 1505 nicht Bischof von Augsburg geworden war. *Fugger* hatte ja in Rom eine einflußreiche Filiale unter der Leitung von *Johannes Zink*. Die Schrift *Plutarchs* veranlaßte die Gegenschrift eines Augsburger Juristen, die nachwies, der Zins sei erlaubt. Als Antwort auf diese Verteidigung von Zinsgeschäften verfaßte ein Nürnberger Theologe, ein Probst, eine Gegenschrift. *Fugger* erkannte, daß es solchen gelehrten Debatten an Wirkung in der Öffentlichkeit fehle, auf die — zu seinen Gunsten — er bedacht sein mußte, weil auch in den breiten Volksschichten sich Unwille erhoben hatte gegen die überaus große Ausdehnung der Fuggerschen Unternehmungen und die gewaltige Anhäufung von Reichtümern. Also spannte *Fugger* den bekannten Gegner *Luthers, Johannes Eck,* ein, der in seinen Vorlesungen über Wirtschaftsethik an der Universität Ingolstadt einen Zins von 5 % bei Kaufmanns- und Bankiersgeschäften für erlaubt erklärte. Als *Fugger* auch das noch nicht wirksam genug für die Öffentlichkeit erschien, arrangierte er eine öffentliche Disputation im Augsburger Karmeliterkloster zwischen *Eck* und einigen wissenschaftlich nicht sehr versierten Karmelitern, in der natürlich *Eck* gewann. *Eck* wollte diese Disputation in der Universität zu Ingolstadt wiederholen, aber der Bischof von Eichstätt, zugleich Kanzler der Universität

---

[6]) Vgl. *August Maria Knoll*, Der Zins in der Scholastik, Innsbruck-Wien-München 1933.

Ingolstadt, verbot dies, als *Adelmann* und die Nürnberger ihn um ein Verbot baten. In einem neuen Traktat zur Verteidigung des 5 %-Zinses wurde *Eck* sehr konkret: Er nannte die Augsburger Kaufmannschaft mit Namen, verglich sie mit *Cosimo de Medici*, der ja auch Zinsgeschäfte gemacht hatte und als ehrenhafter Mann galt und — nebenbei der Großvater des damaligen Papstes *Leo X.* (1513—1521) war. Die Öffentlichkeit merkte natürlich diese Taktik ad hominem und hielt daher nicht viel von den sachlichen Argumenten. Also mußte noch mehr getan werden, um den öffentlichen Unwillen zurückzudämmen. *Fugger* und seine Freunde veranlaßten die bayerischen Herzöge, die auch von ihnen finanziell abhängig waren, zu einer Intervention beim Bischof von Eichstätt, daß er die Disputation *Ecks* in Ingolstadt erlaube. Vergebens! Nun, was in Oberdeutschland mit seinen in der Wirtschaftsethik noch altmodisch-mittelalterlich denkenden Humanisten nicht möglich war, konnte wohl an einer Universität in dem fortschrittlich gesinnten Italien, das ja die Wiege des neuzeitlichen, individualistischen und rationalistischen Wirtschaftsgeistes war, gelingen. Dort, wo eine andere Luft wehte, inszenierte *Fugger* eine öffentliche Disputation über Zins zwischen *Eck* und dem Augsburger Dominikanerprior *Johannes Faber* an der Universität Bologna. *Faber* sprach gegen den Wucher (usura), gab aber Professor *Eck* zu, ein Kaufmann dürfe mit 5 % Zins arbeiten; das sei kein Wucher. *Eck* siegte also und wurde mit (vielleicht bestelltem) Applaus überschüttet. Für *Fugger* war die Angelegenheit damit erledigt. Er hielt überhaupt nicht viel von den gelehrten Argumentationen; sie schienen ihm wirklichkeitsfremd. In der Wirklichkeit konnte man eben ohne Zins nicht auskommen: Die Arbeit der Geldvermittlung, die Gefahr der Verluste bei Ausgabe von Darlehen, das Risiko bei der Finanzierung von Bergwerken usw. — ohne Aussicht auf Prämien in Form von Zinsgewinnen würde niemand das auf sich nehmen. Aber die akademischen Schichten und gelehrten Theologen, besonders die Wirtschaftsethiker, blieben dem kapitalistischen Wirtschaftsstil *Jakob Fuggers* und anderer Unternehmer und ihren Finanzgeschäften weiterhin abgeneigt, und zwar auf Grund biblischer und oft wiederholter kirchlicher Zinsverbote.

7. Kritische Bemerkungen zur kirchlichen Zinslehre

Praktisch ist inzwischen entschieden, daß man Zins nehmen dürfe. Eine endgültige Formulierung dieser Entscheidung im Codex Iuris Canonici steht jedoch bis heute noch aus. Can. 1543 CIC lehnt im ersten Satz den Zins ab, im zweiten erlaubt er ihn[7]). Diese zwiespältige Entscheidung mag darin begründet sein, daß das kirchliche Gesetzbuch keinerlei Unterscheidung der Zinsarten kennt. Grundsätzlich dürfte moralisch gegen den Zins nichts einzuwenden sein, wenn er als Preis angesehen wird für einen Produktionsfaktor, der wie die anderen

---

[7]) Vgl. *Arthur Vermeersch*, Der Kanon 1543 bei den Kanonisten und christlichen Sozialreformern, in: Theologisch-praktische Quartalsschrift (Linz) 81 (1928), 762—779.

Produktionsfaktoren knapp ist[8]). Mit Recht hat die Kirche die Armen vor Ausbeutung und die frühmittelalterliche Landwirtschaft bei Mißernten usw. vor Überschuldung zu schützen gesucht. Aber die dazu aufgestellten Zinstheorien waren zu abstrakt; sie wurden bald geschichtsfremd, als die wirtschaftlichen Verhältnisse sich so wandelten. Geschichtsfremde Theorien haben auf diesem Gebiete sich nicht nur zum Nachteil für die wissenschaftliche Erkenntnis, sondern auch für die öffentliche Moral ausgewirkt. *Strieder* schreibt: Es kann nicht mehr zweifelhaft sein, „daß die Päpste schon im 13. Jahrhundert bewußt und mit Absicht in verschiedenen Formen ihren kaufmännischen Helfern und Gläubigern Zins gezahlt haben. Selbst die religiösesten Päpste mußten sich ‚wie alle anderen Menschen dem Machtgebot der Umstände beugen' *(Schulte)*. Ohne Zinszahlung war kein Geld zu beschaffen für die wachsenden Aufgaben einer Weltorganisation, wie sie die Kirche geworden war. So blieb nichts anderes übrig, als im Widerspruch zum kanonischen Ideal in praxi Zinsen zu zahlen..."[9]). Dieser Zwiespalt wirkte in mancher Hinsicht korrumpierend auf die öffentliche Moral, nämlich: Bei Zahlungsschwierigkeiten zogen sich manche Schuldner hinter das kanonische Zinsverbot zurück, obwohl ihnen das Darlehen unter Vereinbarung eines Zinssatzes gegeben worden war. Ferner: Fast alle großen Kaufleute und gewerblichen Unternehmer des Spätmittelalters und der frühkapitalistischen Zeit hatten ein schlechtes Gewissen. (Anders später die Calviner. *Calvin* hatte sich für die Erlaubtheit eines mäßigen Zinses ausgesprochen.) Sie standen vor dem Dilemma: „Wer Zins nimmt, kommt in die Hölle, wer keinen nimmt, kommt ins Armenhaus"[10]. Sie machten also schlechten Gewissens Zinsgeschäfte und bekannten dann in ihren Testamenten ihre Pflicht und ihren Willen, durch wohltätige Stiftungen das wiedergutzumachen[11]).

Auch hier sehen wir wieder, wie notwendig eine Auflockerung des allzu statischen Denkens in der katholischen Soziallehre ist. Geschichtlich notwendig wäre es gewesen, zu unterscheiden zwischen Konsumtiv- und Produktivdarlehen (Kapitalkredit). Solange nicht feststeht, daß der Kreditnehmer aus großer Not Kredit aufgenommen hat und daß er noch in großer Not ist, wäre es richtig, einem Zins grundsätzlich zuzustimmen und bezüglich der Zinshöhe für eine staatliche, durch nationalökonomische Fachkenntnisse unterbaute Kontrolle über etwaigen Wucher einzutreten.

---

[8]) Vgl. *Wilhelm Röpke,* a. a. O., 260.
[9]) *Jakob Strieder,* Kirche, Staat und Frühkapitalismus, in: Festschrift der Görres-Gesellschaft für Georg von Hertling, München 1913, 527 f.
[10]) Zitiert bei *Richard Henry Tawney,* Religion und Frühkapitalismus, Bern 1927, 23, aus einem alten Dante-Kommentar zum Inferno 21 und 22.
[11]) Vgl. *Franz Steinbach,* Studien zur Geschichte des Bürgertums 2, in: Rheinische Vierteljahrsblätter 1949, 62 f.

7. Kapitel

Eine Unternehmergestalt aus der Frühzeit des neuzeitlichen Kapitalismus: Cosimo de Medici, Vorspiel des neuen Menschentypus

Die ausführliche Darstellung von Leben und Wirken des *Cosimo de Medici* (1389—1464) soll nicht nur deutlich machen, welch große Rolle er in der neuzeitlichen Wirtschaftsgeschichte im Zusammenwirken mit der Kurie, mit geistlichen und weltlichen Fürsten gespielt hat, sondern außerdem ein anschauliches Bild geben von der ersten Epoche des Frühkapitalismus, vom Vorgang der ursprünglichen Kapitalakkumulation, vom Herabsinken kleiner Handwerker zu vermögenslosen Lohnarbeitern, von der Entstehung des ersten Proletariats der Neuzeit, von den verschiedenen Umständen, die gleichsam dazu drängten, daß auf Kapitalvermehrung bedachte Großkaufleute das Steuer in die Hand nahmen und den Verlauf des Wirtschaftslebens, ja auch des gesellschaftlichen und politischen Lebens eine Zeitlang bestimmten, schließlich von der Schwierigkeit, fast Unmöglichkeit für die Kirche, in ihrer Lehrverkündigung eindeutig zu den neuen wirtschaftlichen Verhältnissen Stellung zu nehmen und zu sagen, was den Christen erlaubt und was nicht erlaubt sei.

1. Allgemeines über die Bedeutung des Cosimo de Medici

Cosimo de Medici war der größte kapitalistische Unternehmer und der reichste Mann seiner Zeit im Abendland. Von seinem Gelde waren viele andere Unternehmer, vermögenslose Lohnarbeiter, geistliche und weltliche Fürsten, selbst Papst und Kaiser abhängig. Er war aus dem Zunftwesen aufgestiegen, das sich so sehr gegen die neue Wirtschaftsweise wehrte, und hatte die Zünfte seiner Vaterstadt Florenz wirtschaftlich und politisch weitgehend entmachtet.

Es ist wichtig zu bemerken, daß er, wie z. B. auch die großen Unternehmer *Jacques Coeur* (1395—1456) und *Jakob Fugger* (1457—1525), *vor* der Reformation gelebt hat. Es ist also nicht angängig, die Entstehung des modernen Kapitalismus nur aus reformatorischen Wandlungen des religiösen Bewußtseins und nur aus dem Zusammenhang mit der protestantischen Ethik zu erklären, wie vielfach die Arbeiten von *Max Weber* über dieses Thema mißverstanden werden.

Die Familie *Medici* hat nicht nur in der Wirtschaftsgeschichte Berühmtheit erlangt, sondern auch in der Papstgeschichte — Papst *Leo X.* (1513—1521) war ein Urenkel *Cosimos des Alten* — sowie in der Kunstgeschichte — von den Mäzenen *de Medici* zeugen viele Kunstwerke ihrer Zeit.

2. Herkunft der Familie und Firma de Medici

Nachdem im 14. Jahrhundert die bedeutendste Florenzer Kaufmanns- und Bankiersunternehmung *Alberti* zugrunde gegangen war, begann der Aufstieg der *Medici*, deren Name schon vorher häufig gewesen war. Zu Beginn des 14. Jahrhunderts betrieb die Firma in Florenz ein ansehnliches, mit Pfandleihe verbundenes Wechslergeschäft, erwarb durch Kauf das Recht, in Ravenna Münzen zu prägen, und trieb Großhandel, für den sie einige Filialen in italienischen Städten errichtete. Der Pest fielen 1348 etwa 50 Mitglieder der weitverzweigten Familie zum Opfer. Unter dem 1360 geborenen *Giovanni de Medici* erweiterte sich das Großhandels- und Bankgeschäft bedeutend. Als die Stadt Florenz 1401 von Kaiser *Ruprecht von der Pfalz* politische und wirtschaftliche Hilfe gegen Mailand erbat, zahlte *Giovanni* für die Stadt eine sehr große Summe an den Kaiser als Darlehen. Er unterstützte finanziell auch den Erzbischof von Mailand und sah sich dafür reich belohnt, als dieser 1409 unter dem Namen *Johannes XXIII.* den päpstlichen Thron bestieg: Er wurde als päpstlicher Bankier zugelassen. Die Kurie hat damals, seit Papst *Innozenz III.* (1198—1216) die kirchliche Verwaltung und damit auch das Abgabewesen zentralisiert hatte, in der Entwicklung des Geldwesens eine große Rolle gespielt. Als päpstlicher Bankier hat *Giovanni* seinem vorher ziemlich kleinen Bankgeschäft eine große Ausdehnung verschafft. Wir wissen, daß er sich auf dem Konzil von Konstanz (1414—1418) als einer der größten Geldwechsler und Bankiers betätigt hat. Wie seit älteren Zeiten bei Pfarr- und Wallfahrtskirchen nach dem Gottesdienst sich ein reger Kleinhandel entfaltete, so wurden bei mittelalterlichen und nachmittelalterlichen Konzilien, an denen viele geistliche und auch weltliche Fürsten mit ihrem Gefolge und ihren wirtschaftlichen Helfern teilnahmen, Großhandelsbeziehungen angeknüpft und gepflegt. *Aloys Schulte* schreibt: Während des Konzils in Konstanz „entwickelte sich das Treiben eines gewaltigen Jahrmarktes"[1]: Umtausch der vielen Geldsorten, Geldprägung für geistliche und weltliche Fürsten, Versorgung der Bevölkerung mit Waren und Anknüpfung von Handelsbeziehungen. Als der abgesetzte Papst *Johannes XXIII.* geflohen und dann in Heidelberg in die Gefangenschaft des Pfalzgrafen *Ludwig* geraten war, hat *Giovanni de Medici* das Lösegeld für den Papst bezahlt. Durch Vermittlung der deutschen Firma *Rummel* aus Nürnberg übergab die Firma *Medici* deren Vertreter in Venedig die geforderte Summe von 35 000 Gulden.

Auch mit dem neuen Papst *Martin V.* (1417—1431) war *Giovanni* durch die Besorgung der Geldangelegenheiten der Kurie eng verbunden. Für finanzielle Hilfe erhielt er vom Papst den Grafentitel und Ländereien, was sein Ansehen erhöhte. Wer Geld aufbewahren lassen oder sich mit Geld an Handelsunternehmungen beteiligen wollte, wandte sich gerne an die Firma *Medici*. Am Abend seines Lebens wurde *Giovanni* mit hohen Ämtern der florentinischen Republik

---

[1] *Aloys Schulte*, Geschichte des mittelalterlichen Handels und Verkehrs zwischen Westdeutschland und Italien, Leipzig 1900, 227.

beauftragt, so z. B. als Gesandter nach Venedig und nach Rom geschickt. In Florenz bestand damals ein politischer Gegensatz zwischen einer Aristokratenpartei, die sich die städtischen Ämter vorbehalten wollte, und den bürgerlichen Zünften. *Giovanni,* selber zur „Wollenzunft", Calimala, gehörend, stand auf der Seite der Zünfte. Beim einfachen Volk war er beliebt, weil er schlicht in seiner Lebenshaltung, fleißig, freigebig und mildtätig war. Er starb 1429 im Alter von 69 Jahren als einer der reichsten Kaufleute von Florenz — er hinterließ ein Vermögen von 179 221 Goldflorenen[2]) —, als der größte Bankier Italiens und als anerkannter Führer der Volkspartei, die sich in der Republik Florenz gegen die faktische Oligarchie des Adels wehrte.

3. Die Florentiner Textilindustrie

a) Ursprung

Der Florentiner Großhandel stützte sich auf die Florentiner Textilindustrie. Ihr Ursprung lag in den Klöstern, in denen von alters her die Ordensfrauen und viele Mägde und Knechte im Dienst der Klöster Fertigkeiten wie Spinnen, Weben, Färben und Herstellen von Gewändern ausgeübt hatten. Von den Klöstern aus kamen diese Fertigkeiten ins Volk, in dem sich dann eine gesellschaftliche Arbeitsteilung ausbildete in Spinner, Weber. Färber u. a. m.

b) Rohstoffe

Als Rohstoffe benutzte das Textilgewerbe die einheimische Schafwolle, feinere Schafwolle aus Sardinien, Spanien, Nordafrika und, seit Anfang des 14. Jahrhunderts, besonders gute Wolle aus England, wo die Klöster[3]), später auch weltliche Grundherren[4]) große Schafherden hielten. Zum Färben benutzte man Alaunsalz aus dem Orient, seit 1462 auch aus den päpstlichen Alaunwerken. Im Lauf der Zeit befaßte man sich nicht nur mit der Herstellung der Tuche vom Spinnen und Weben an, sondern betrieb auch den Import roher (ungewalkter) Tuche, die in Florenz veredelt wurden. Florentiner Tuche waren in der ganzen damals bekannten Welt, bis in den Orient, berühmt und begehrt.

c) Organisation

Die Wolltuchhändler wohnten in der Straße „Calimala". Daher stammt der Name für das Wollhandwerk: arte di Calimala. Es war organisiert zum Teil in Zünften kleiner selbständiger Handwerker, zum Teil in Vertragsverhältnissen zwischen Verlegern (Großkaufleuten) und kleinen Handwerkern, die zwar auch

---

[2]) fl. = ca. 3 g Feingold
[3]) Vgl. *Alfred Doren,* Italienische Wirtschaftsgeschichte 1, Jena 1934, 449 f.
[4]) Vgl. *Alfred Doren,* a. a. O., 179 ff.

den Zünften angehörten, ihre Selbständigkeit aber mehr und mehr verloren. Die überlokalen, weiten Beziehungen, die für Einkauf und Absatz notwendig geworden waren, vermochten sie, auf sich selbst gestellt, nicht zu pflegen, und so wurden sie, in der Gleichmäßigkeit der ihnen verbliebenen Beschäftigung unter dem Übergewicht der Verleger zu unselbständigen Heimarbeitern.

Was für Leute waren die Verleger und woher kamen sie? Vielleicht, wenn wir weit zurückgehen, kamen ihre Vorfahren vom Lande, von dem seit dem 12./13. Jahrhundert ein starker Zustrom in die Städte eingesetzt hatte. Die Städte waren mehr und mehr frei geworden von der Herrschaft der Grundherren und besonders der Bischöfe[5]). Als „Stadtstaaten" waren sie mit ihrer ländlichen Umgebung ein geschlossenes Staatsgebilde mit eigener bürgerlicher Obrigkeit, wenn auch nicht in vollem Sinne souverän. Es konnte geschehen, daß sie, wenn das Bürgertum nicht einig war, von kleinen Diktatoren überwältigt wurden. Diese diktatorische Regierung hieß „Signoria". In Florenz jedoch hielt sich ziemlich lange die von den Zünften getragene republikanische Verfassung. Dabei ist zu beachten, daß in Wirklichkeit zeitweise die Adeligen oder die reichen Bürger wie z. B. *Cosimo de Medici* Alleinherrscher waren.

4. Die Zunftorganisation in Florenz

Florenz ist die Stadt, in der das Zunftwesen im Abendland zur höchsten Blüte gelangt ist. Hier übten außer den religiösen, caritativen und wirtschaftlichen Funktionen die Zünfte auch politische Funktionen aus. Die 21 Zünfte, die im 14. Jahrhundert bestanden: 9 untere, 5 mittlere, 7 obere, waren politische Körperschaften, neben denen die anderen Einwohner politisch rechtlos waren. Zu den 7 oberen Zünften (Calimala, Seta, Lana, Juristen, Ärzte, Krämer, Kürschner), dem „popolo grosso", gehörten auch die *Medici*.

Florenz hatte früher der Herrschaft der Markgrafen von Luna unterstanden. 1328 und 1342 wurde ein adeliges Oberhaupt herbeigerufen, so daß es vorübergehend eine Signoria in Florenz gab. Das Bürgertum war jedoch zu freiheitliebend. Alle Zünfte machten gemeinsam Front gegen den Adel. Nachdem 1378 der Aufstand der unteren Schichten gegen die oberen Zünfte, der Ciompi-Aufstand[6]), niedergeschlagen worden war, wurde 1328 ein „Priorat" aus den oberen Zünften gebildet: eine Bürgeraristokratie oder „Plutokratie" übernahm die Macht. Auch an diesem Vorgang zeigt sich, wie ein echt demokratischer Ansatz in ein Herrschaftsgefüge umschlägt. Die Demokratie ist eben die schwierigste Staatsform, weil ihr die Aufgabe gestellt ist, echte Genossenschaftlichkeit und Dezentralisation der Verantwortlichkeiten zu verbinden mit einem in jedem Staatswesen unentbehrlichen Maß der Konzentration der Leitungsvollmachten.

---

[5]) Vgl. *Alfred Doren,* Studien aus der Florentiner Wirtschaftsgeschichte 1: Die Florentiner Wollenindustrie vom 14.—16. Jahrhundert, Stuttgart 1901, 466 ff.; 2: Das Florentiner Zunftwesen vom 14.—16. Jahrhundert, Stuttgart 1908, 760 f.

[6]) Vgl. *Alfred Doren,* Italienische Wirtschaftsgeschichte 1, Jena 1934, 637 f.

5. Das Proletariat in Florenz

Eine Industrie konnte sich damals nur entfalten, wenn viele Arbeiter zur Verfügung standen. In Florenz gab es sie. Handwerker waren unselbständig geworden, Landarbeiter aus der Umgebung und gelernte und ungelernte Arbeiter aus dem Ausland zugewandert. Als 1348 die Pest die Zahl der Arbeiter sehr verringerte, verstärkte sich die Zuwanderung von Webern und anderen Textilarbeitern aus Niederdeutschland, Flandern und Brabant, „durch reaktionäre Bewegungen, durch Niederlagen in sozialen Kämpfen aus ihrer Heimat vertrieben, zugleich aber aller Wahrscheinlichkeit nach angelockt durch Versprechungen italienischer Kapitalisten, die in diesen zugleich technisch geschulten und und in ihren Lebensansprüchen bescheidenen Fremdlingen einen willkommenen Ersatz für die italienischen Arbeiter sehen mochten, die, durch die Pest dezimiert, angesichts der bald wachsenden Nachfrage nach Arbeitskräften mit erhöhten Lohnforderungen hervortraten. Das ist hauptsächlich in Florenz der Fall gewesen, wo diese niederdeutschen Elemente etwa ein volles Jahrhundert lang bis zum Untergang der Wollentuchindustrie einen festen Bestandteil des Arbeiterproletariats bildeten"[7]. Die Proletarier im Florenz des 14./15. Jahrhunderts bildeten das erste moderne Proletariat, das die Weltgeschichte kennt[8], mit allen sechs Merkmalen, die es kennzeichnen: Sie waren vermögenslos, zu dauernder Lohnarbeit gezwungen und ihre Arbeit hatte Warencharakter; ihre schlechte wirtschaftliche Lage wurde verschärft fühlbar und fixiert durch ihre erbliche Bildungslosigkeit und ihr geringes soziales Ansehen; das alles hatte ein ausgeprägtes Klassenbewußtsein zur Folge und den Willen zur Veränderung ihrer Lage durch den Klassenkampf, freilich noch ohne Theorie vom weltgeschichtlichen Sinn des Klassenkampfes, wie später *Marx* ihn entwickelte. Da eine Besserung ihrer materiellen Lebenslage infolge gesetzlicher Bestimmungen, vor allem eines strengen Koalitionsverbotes, nicht möglich war, versuchten sie es auf revolutionärem Wege durch Streiks und gelegentliche Aufstände, mit denen sie die politische Gleichberechtigung als Klasse zu erringen hofften. So erhoben sie sich 1378 im schon erwähnten Ciompi-Aufstand (vom französischen compère = Gevatter, hier im Sinne von: unterste Volksschicht) zusammen mit den niederen Zünften gegen das Regiment der oberen Zünfte, zu denen die großen Verleger gehörten, mit dem Ziel, höhere Löhne für die Arbeiter (popolo minuto) und größere politische Rechte für die niederen Zünfte durchzusetzen. Der Aufstand wurde niedergeschlagen, aber er brachte doch Teilerfolge, wenn auch nur für kurze Zeit.

---

[7] *Alfred Doren*, a. a. O., 637 f.
[8] Vgl. *Alfred Doren*, a. a. O., 659 f.

6. Das Bankwesen in Florenz

Daß von den inhaltlich verschiedenen Arten des neuzeitlichen Kapitalismus sich zuerst der Handels- und Finanzkapitalismus, bei dem es um Waren- und Geldhandel ging, entwickelte und später erst der Produktionskapitalismus mehr zur Geltung kam, zeigt die Entwicklung der Firma *Medici*. Auch sie betrieb zuerst Handels- und Bankgeschäfte. Vor allem fünf Bankgeschäfte waren damals üblich:

a) Der *Wechsel von Bargeld verschiedener Valuten* war besonders an großen Wallfahrtsorten notwendig, an Handelsplätzen wie Hafenstädten und Messen, z. B. in Flandern und der Champagne, außerdem für Verwaltungszentralen internationaler Verwaltungen, die aus verschiedenen Territorien verschiedene Geldsorten einzogen, z. B. die Kurie. Durch Kursdifferenzen war dabei etwas zu verdienen.

b) Beim *Depositengeschäft* wurden Spargelder an Bankiers übergeben zum Schutz gegen Diebstahl und Raub und um damit Gewinne zu erzielen. Spareinlagen gab es damals schon in zwei Hauptformen: als Beteiligung an Gewinn und Verlust, so an Großkaufleute, und als festverzinsliche Darlehen, wobei das kirchliche Zinsverbot nicht beachtet oder umgangen wurde.

c) *Kreditverkäufe* waren Käufe und Verkäufe auf Borg, bei denen für den Zahlungsaufschub ein Aufschlag auf den später zu zahlenden Preis berechnet wurde, in Wirklichkeit also ein Zins. Bei Zahlungsaufschub an Fremde war eine Sicherheit erwünscht. Das geschah in der Weise, daß an Stelle des Käufers ein reicher Kaufmann (Bankier) in der Nähe Schuldanerkenntnis gab, der wiederum sich Sicherung verschaffen oder schadlos halten konnte durch seine Agenten, Faktoren, Vertreter, die auswärts am Heimatort des Käufers tätig waren, ein „Wechsel" also zur Sicherheit bei Zahlungsaufschub.

d) Besonders zu erwähnen ist das Geschäft der *Kreditgabe* und *Vorfinanzierung politischer Unternehmungen* mit Aufschlag auf die zurückzuzahlende Summe. Das war vor allem bei den Kreuzzügen der Fall, aber auch bei Kämpfen zwischen Fürsten und Städten.

e) *Wechsel* als Ersatz für Barzahlung gab es nicht nur bei Kreditverkäufen, sondern auch beim überlokalen Handel. Man muß hier bedenken, daß es damals noch keine reinen Bankfirmen gab, sondern daß die Bankgeschäfte betrieben wurden von den großen Handelshäusern mit ihren internationalen Filialen und ihren Beteiligungen an deren Handelsfirmen. Wer nun z. B. aus London oder Brügge nach Florenz kam, um dort einen Großeinkauf an Tuchen zu machen, nahm nicht Bargeld mit — weil das unter den damaligen schwach entwickelten Verkehrs- und Sicherheitsverhältnissen gefährlich und teuer gewesen wäre —, sondern er zahlte bei einer Firma, die in London oder Brügge und in Florenz vertreten war, eine Barsumme ein, erhielt einen Wechselbrief und konnte damit in Florenz von der Zweigstelle oder Zentrale der Firma oder auch von einer Firma, mit der die seines Heimatortes in Verbindung stand, eine ungefähr gleichwertige Summe in der gewünschten Valuta abheben.

Die *kirchliche Lehre* erhob im allgemeinen keinen Einspruch, wenn der Wechsel eine Geldverschiebung von Ort zu Ort bedeutete und die Gefahr der Valutaschwankung in sich schloß, obwohl mit diesem ein Aufschlag, also ein Zins, verbunden war. Wohl aber erhob sie Einspruch gegen das Wechselwesen in Verbindung mit Kreditverkäufen und Zins für Zahlungsaufschub, weil das faktisch ein verzinstes Darlehen war. Trotzdem wurde auch dieses Geschäft oft betrieben und die Großkaufleute, die zugleich als Bankiers tätig waren, haben dabei viel verdient.

Angeregt wurde das aufblühende Bankwesen vor allem durch vier Faktoren:

(1) durch erhöhten Warenbedarf (a) der wachsenden städtischen Bevölkerung, die nicht mehr in relativ autarken Hauswirtschaften auf dem Lande wohnte, wo man die meisten Gebrauchsgegenstände und Lebensmittel selber herstellte, (b) durch den Luxuswarenbedarf der Fürsten und der sie nachahmenden reichen Großbürger;

(2) durch erhöhte Goldeinfuhr aus dem Orient (a) seit den Kreuzzügen und (b) durch die erweiterten Handelsbeziehungen mit dem Orient;

(3) durch die Zentralisierung und damit Monetarisierung des kirchlichen Abgabewesens, wobei der von der Christenheit aller Länder aufzubringenden Kreuzzugssteuer eine besondere Bedeutung zukam. Die Gelder wurden von reichen Kaufleuten vorgestreckt. Sie finanzierten auf dem Kreditwege auch die Ausrüstung vieler Kreuzzugsritter, die das Darlehen aus der im Krieg gewonnenen Beute zurückzahlten;

(4) durch den Geldbedarf der Fürsten für ihre Verwaltung und Beamtenschaft und für ihre Kriege.

Daß das Bankgeschäft gerade durch Kaufleute betrieben wurde, erklärt sich daraus, daß sie sich am besten darin auskannten, die meisten überlokalen und internationalen Beziehungen hatten und dadurch mit den wirtschaftlichen und politischen Verhältnissen in anderen Ländern am meisten vertraut waren. Zudem konnten sie das damals große Risiko des Geldgeschäftes für sich am ehesten mildern, sofern sie ihr Vermögen nicht nur im Bankgeschäft, sondern zugleich in Warenhandel und vielfach auch Produktion anlegten[9]). Diese Risikoverteilung innerhalb einer Firma wird besonders deutlich bei den *Medici* unter *Cosimo*. Warum besonders Florentiner Kaufleute das Bankgeschäft betrieben haben, erklären die Wirtschaftshistoriker aus der zentralen Lage von Florenz, der dort fortgeschrittenen Industrie, die große Handelsmöglichkeiten bot, aus der erstmalig im Florenz des 13. Jahrhunderts erfolgten Prägung stabiler Goldmünzen und aus der offenbar besonderen kaufmännischen Begabung der Florentiner.

---

[9]) Vgl. *Alfred Doren*, a. a. O., 457.

7. Cosimo de Medicis wirtschaftliche Tätigkeit

Cosimo de Medici war etwa 40 Jahre alt, als er 1429 die Geschäftsleitung übernahm. Zusammen mit seinem kränklichen Bruder *Lorenzo*, der wenig hervortrat und schon 1440 starb, hatte er über 170 000 Goldflorenen (1 Fl = 3 Gramm Feingold) geerbt. Nach seines Bruders Tod fiel dessen Vermögen zur Häfte an *Lorenzos* noch unmündigen Sohn *Pierfrancesco,* zur Hälfte an ihn. *Cosimo* wurde *Pierfrancescos* Vormund. Das Vermögen des Mündels verblieb als festverzinsliches Depositum im Geschäft, und, als *Pierfrancesco* mündig wurde, als Kapitalanteil mit einer Beteiligung von $33^{1}/_{3}\%$. Es ist zu beachten, daß damals die Trennung von Privatvermögen und Geschäftskapital noch nicht üblich war. Der Unternehmer haftete mit seinem gesamten Eigentum.

Cosimo dehnte nicht nur das Bankgeschäft aus, durch das er, wie sein Vater *Giovanni,* mit Papst *Martin V.* in engen geschäftlichen Beziehungen blieb, sondern auch die Produktion von Wollen und Seide und den Handel mit eigenen und fremden Textilien. Ferner interessierte er sich für die Einfuhr von Alaun aus Klein-Asien, ein Salz, das zum Färben und Zubereiten von Textilien verwendet wurde. Als später auch in Italien Alaunvorkommen entdeckt wurden, war *Cosimo* daran beteiligt.

Auswärtige Handelsniederlassungen, die zugleich Bankniederlassungen waren, hatte die Firma unter *Cosimo* in Venedig, Pisa, Avignon, Genf, Brügge und London; später kamen hinzu Mailand, Antwerpen und Lyon. Sie unterstanden einem Geschäftsführer, „Faktor" genannt, oder wurden als selbständige Gesellschaft geführt, an der *Cosimo* mit 1—2 Drittel beteiligt und deren Leiter er in Wirklichkeit war; die anderen Teilhaber waren sein Bruder *Lorenzo* bzw. dessen Sohn *Pierfrancesco.*

Cosimo war nicht nur der kaufmännische, sondern auch der politische Erbe seines Vaters. An dessen Stelle übernahm er 1429 die Leitung der zünftlerischen — oligarchischen — Volkspartei in Florenz. Durch seine wachsende wirtschaftliche Macht als größter Arbeitgeber und größter Kreditgeber der Stadt wuchs auch seine politische Macht. Sein Verhältnis zur Aristokratenpartei, die über die Mehrheit im Stadtparlament verfügte, wurde bald aufs äußerste gespannt. Unter dem Vorwurf, er plane einen politischen Umsturz, wurde er gefangen genommen und nach Padua verbannt. Seine Bitte, nach Venedig gehen zu dürfen, wurde ihm vom Stadtregiment gewährt. Da sein Bruder *Lorenzo* nach Venedig geflohen war, kam so der Hauptsitz der Firma *Medici* eine Zeitlang in diese große Hafen- und Handelsstadt, in der vorher schon eine Niederlassung der Firma bestanden hatte. *Cosimo* erging es nicht wie vielen anderen Verbannten während der damaligen Kämpfe um das Regiment in den italienischen Stadtstaaten, z. B. nicht wie dem 1302 aus Florenz verbannten Dichter *Dante,* der um die politische Einheit kämpfte. Ihm legt *Stefan George* (im Siebenten Ring) die Worte in den Mund

    Zum lohn ward ich beraubt verfehmt und irre
    Ein bettler jahrelang an fremde türen.

Dante selber sagt in der Divina Commedia[10]) aus seiner eigenen Erfahrung:

> Von allem scheidest du, dem du gewogen
> . . .
> Und dann erfährst du, wie von fremden Teigen
> Das Brot so salzig schmeckt und wie die Stufen
> Zum fremden Haus sich gar so mühsam steigen.

Den kapitalkräftigen Unternehmer *Cosimo* nahm Venedig mit Freuden auf. Nicht nur die Signoria der Stadt, sondern auch einzelne Großkaufleute boten ihm hohe Kredite an. Trotz der in Florenz erlittenen wirtschaftlichen Einbuße entfaltete *Cosimo* sein Geschäft, das ja viele auswärtige Niederlassungen und Beteiligungen hatte.

In Florenz indessen folgte der Verbannung *Cosimos* eine wirtschaftliche Depression. „Eine allgemeine Geldknappheit", schreibt *Meltzing,* „machte sich in Florenz geltend; zahlreiche Kleinhändler, die von ihrer Geschäftsverbindung mit den *Medici* gelebt hatten, verloren ihre Einnahmequelle; ganze Handwerkerklassen, die in den Mediceischen Tuch- und Seidenmanufakturen beschäftigt gewesen waren, fanden keine Arbeit mehr und selbst die Großkaufleute in Florenz sahen sich durch die Abwesenheit *Cosimos,* der vielen von ihnen Anteile an seinen Handelsunternehmungen zugestanden hatte, in ihrem Geschäft beschränkt. Eine wirtschaftliche Depression, die in weiten Kreisen der Bevölkerung tiefe Mißstimmung gegen die regierende Oligarchie hervorrief, war die unmittelbare Folge hiervon. Es bedurfte daher nur einer verhältnismäßig kurzen Zeit, um die Macht der mediceischen Partei in Florenz so weit zu kräftigen, daß sie die Zurückberufung ihres Parteihauptes zu beantragen und durchzusetzen vermochte"[11]). Nach fast einjähriger Abwesenheit kehrte *Cosimo* mit zahlreichem Gefolge in seine Vaterstadt zurück.

Nach seiner Rückkehr war es ihm deutlicher als früher bewußt, daß sein geschäftliches Werk politisch gesichert und daß seine politische Stellung so gestärkt werden müsse, daß er nicht noch einmal verbannt werden könnte. Tatsächlich ist er schließlich faktisch beinahe Alleinherrscher in Florenz geworden. Zur Erreichung seines Zieles ist er klug verfahren: Er hat die republikanische Form gewahrt und den Anschein einer antirepublikanischen Regierung vermieden. Er war freigebig gegen die unteren Volksschichten, arrangierte kostenlos glänzende Volksfeste und Schauspiele, machte mildtätige Stiftungen, gab Spenden für Kirchenbauten, z. B. für San Lorenzo und San Marco, gab Vorschüsse an die Stadt, wodurch die Steuerlasten der einzelnen erleichtert wurden, und er gewährte größeren Firmen in Florenz Beteiligung an seinen Handelsunternehmungen. Diejenigen Unternehmer aber, die so mächtig waren, daß sie ihm gefährlich werden konnten und die sich nicht von ihm ins Schlepptau nehmen ließen, suchte er mit Erfolg zu vernichten. Sein Mittel dazu war die auf sein Betreiben eingeführte

---

[10]) Il Paradiso, XVII, 55—60, übers. von Auguste Vezin.
[11]) *Otto Meltzing,* Das Bankhaus der Medici und seine Vorläufer, Jena 1906, 107.

Progressivsteuer, die nach ziemlich willkürlicher Schätzung, der „Estimo", den Reichen auferlegt wurde. Manche Firma verarmte dadurch, manche verließ Florenz, um sich solchen brutalen Zugriffen zu entziehen.

Für die der Stadt gegebenen Vorschüsse und für die im Auftrag der armen Stadtverwaltung übernommenen Repräsentationspflichten, wenn Fürsten und Machthaber die durch ihre wirtschaftliche Tätigkeit sowie durch die Blüte von Kunst und Wissenschaft berühmte Stadt besuchten, ließ er staatliche Einnahmen für sich mit Beschlag belegen. Ein besonders großer Triumph und ein zugleich gewaltiges Geschäft bedeutete es für *Cosimo*, als sein Freund Papst *Eugen IV*. (1431—1447) auf sein Betreiben das in Basel 1431 begonnene, 1437 dort abgebrochene, 1438 in Ferrara fortgesetzte allgemeine Konzil nach Florenz verlegte, wo der Papst seit 1434 nach seiner Flucht vor der Revolution in Rom residierte. 1439 brachte während dieses „Unionskonzils" Papst *Eugen IV*. die Union mit der griechischen Kirche zustande. *Cosimo* übernahm die Unterbringung und Verpflegung der griechischen Geistlichen und besorgte ihre Geldgeschäfte.

Auch der Kaiser von Konstantinopel, *Johannes Paläologus*, kam damals nach Florenz und wohnte bei *Cosimo*. Von ihm erreichte *Cosimo*, daß im byzantinischen Reich, wo die Nachbarstädte Pisa und Venedig besondere Handelsprivilegien genossen, nun auch Florenz gleiche, sogar mehr Handelsprivilegien erhielt. *Cosimo* baute diese Handelsbeziehungen gut aus. Er verstand es, sich mit Kaufleuten und Behörden im byzantinischen Reich auf freundschaftlichen Fuß zu stellen. Sogar nach der Eroberung Konstantinopels durch die Türken 1453 blieben seine guten Beziehungen mit der Stadt bestehen, während andere europäische, besonders auch italienische Handelsstädte und Firmen im vorderen Orient schwere Einbußen erlitten.

Für die Kosten der Verlegung des Konzils von Ferrara nach Florenz gab *Cosimo* als Darlehen an die Kurie 22 000 Goldflorenen. Die Kurie verpfändete dafür Ländereien aus Kirchenbesitz, z. B. die Burg von Assisi. Als das Jahr 1450 von Papst *Nikolaus V*. (1447—1455) als Jubiläumsjahr ausgeschrieben wurde (mit Ablässen, Aufforderungen zu Geldspenden an die Kirche), wurden die aus vielen verschiedenen Münzsorten bestehenden Opfergaben der Pilger, 100 000 Dukaten, bei der Medici-Bank in Rom deponiert. Um König *Ludwig XI*. von Frankreich gefällig zu sein, gründete *Cosimo* zusammen mit dem Bankier *Sasetti* eine eigene Bank in Lyon, wo bis dahin nur ein Vertreter für die florentinische Zentrale tätig gewesen war.

Cosimo betätigte sich auch auf politischem Gebiet, u. a. in Mailand, indem er *Francesco Sforza* im Kampf um die Regierung des Stadtstaates Mailand finanziell unterstützte. *Sforza* stürzte 1450 das Geschlecht der *Visconti*, wurde Herzog von Mailand und bot *Cosimo* die Möglichkeit, dort eine Niederlassung zu gründen (1452), die in enger geschäftlicher Verbindung mit dem Mailänder Hof blieb.

Die enge Beziehung *Cosimos* zu Mailand wurde von einem anderen Stadtstaat, von Venedig, als Bedrohung empfunden. Schon die Verlegung des Konzils von Ferrara, das zu Venedig gehörte, nach Florenz, ferner die Tatsache, daß Florenz schon 1422 in Livorno einen eigenen Seehafen an der Westküste gefunden hatte, hatten den Neid der Venetianer geweckt, weil dadurch manche geschäftlichen Aussichten für Venedig verdorben wurden. Als 1450 *Cosimo* sich eng mit Mailand verband, verbot Venedig die Einfuhr florentinischer Tuche, belegte fremde, d. h. vor allem florentinische Kaufleute mit hohen Abgaben, verfügte schließlich 1451 die Ausweisung der florentinischen Kaufleute und beschlagnahmte florentinische Waren, die nicht schnell genug verlagert worden waren. Was tut *Cosimo*? Er zieht Wechsel auf seine venetianischen Schuldner, bringt sie unter Druck, in Zahlungsschwierigkeiten, und er versteht es, 1453 bei der Eroberung Konstantinopels dort seine Verbindungen zu behalten, während Venedig sie verliert. Venedig gibt nach. Die Florentiner, und eben vor allem *Cosimo*, können wieder auch in Venedig ihre Geschäfte betreiben, den Warenhandel, der außer Textilien auch Import von Gewürzen: Pfeffer, Mandeln, Rohzucker u. dgl. m. umfaßte, und das Bankgeschäft. Im Bankgeschäft hielt *Cosimo* es so, daß er große Kredite an solche Unternehmer und politische Instanzen gab, die ausreichende Sicherheit boten. Nur kleine Kredite gewährte er weit entfernt wohnenden Fürsten, weil sie ihm als Schuldner zu unsicher waren, z. B. an die englischen Barone und an den König von England. Hierüber gab er strenge Anweisung an die Leiter des Londoner Zweighauses. Es wurde nach *Pieros* Tod (1469) aufgelöst, weil die Firma bei den Geldgeschäften mit der englischen Krone zu große Verluste erlitten hatte.

1463, mit Eintritt in sein 70. Lebensjahr, beginnt *Cosimo* zu kränkeln. 1459, als Papst *Pius II.* Florenz besuchte, hatte er zum letzten Male in der Öffentlichkeit die Stadt glanzvoll vertreten. 1464 starb sein Sohn *Giovanni*, und als wenige Monate später *Cosimo* selber starb, blieb als einziger überlebender Sohn *Piero* übrig. Er erbte ein Vermögen von 270 000 Goldflorenen.

8. Cosimos Persönlichkeit

Aus unserer Schilderung wurde *Cosimos* hohe kaufmännische Begabung ersichtlich. Dazu gehörte einmal seine unternehmerische Phantasie; denn so realistisch und nüchtern ein Unternehmer auch rechnen und planen muß, so notwendig ist andererseits eine rege, erfinderische Phantasie, um neue Möglichkeiten auszudenken und gedanklich zu durchleuchten, ehe sie verwirklicht werden. Zum anderen besaß er ein hohes organisatorisches Talent[12]), um alle sich bietenden personellen und sachlichen Kräfte in zweckmäßiger Weise zusammenzuschließen und zu fruchtbarem Zusammenwirken zu bringen. Wir sahen, wie er Depositen aufnahm, Beteiligungen gewährte und selber bei anderen Firmen suchte und wie er selbständige Handelsgesellschaften gründete, in denen er, seine Söhne und Geschäftsfreunde Teilhaber waren. Und als drittes war ihm ein äußerst leistungsfähiges Gedächtnis eigen. Wenn auch seit dem 13. Jahrhundert schon eine ge-

---

[12]) Vgl. *Otto Meltzing*, a. a. O., 116.

nauere Buchführung üblich war, so funktionierte sie dennoch nicht so fein und gleichsam automatisch wie heute, so daß damals für einen Großunternehmer viel Gedächtnisleistung nötig war. Schließlich besaß *Cosimo* eine politische Begabung. Er verstand es, die politischen Möglichkeiten und Kräfte, deren er sich für seine Unternehmungen bedienen wollte, abzuwägen.

Cosimo hatte aber auch keine Bedenken, gelegentlich Bestechung und ähnliche unlautere Mittel anzuwenden. An Bestechung grenzen manche an politische Machthaber gegebene Darlehen, die er kaum zurückzuerhalten hoffen konnte, die er aber gab, um Lieferungsaufträge oder monopolistische Handelskonzessionen zu erhalten; eine solche Praxis widersprach dem freien, fairen Leistungswettbewerb. Bestechung war vermutlich auch im Spiel, als an Stelle seines 1440 verstorbenen Bruders *Lorenzo* der noch minderjährige Sohn *Cosimos, Giovanni*, der anstatt, wie erforderlich, 30 nur 19 Jahre alt war, zum Sekretär der mächtigen Wollenzunft „gewählt" wurde, einem Amt, das „mehr und mehr an Bedeutung gewann und endlich den überwiegenden Einfluß der Medici und ihrer Clique auf die Besetzung der höheren Staats- und Zunftämter gesichert hat"[13]).

Wie nicht vor Bestechung, so scheute *Cosimo* auch nicht zurück vor brutaler Ungerechtigkeit durch Anwendung politischer Machtmittel, wenn es ihm darum ging, gefährliche Konkurrenten zu vernichten. Wir sahen, wie er die Einführung der Progressivsteuer auf Grund recht willkürlicher Schätzung, der „Estimo", betrieben hat als Waffe gegen einige florentinische Großunternehmer.

Seine Mildtätigkeit gegen kleine Leute haben wir schon erwähnt. Seine innersten Motive dabei sind nicht mit Gewißheit festzustellen. Wir wissen nicht, wie weit echte, nicht berechnende Güte und Nächstenliebe dabei im Spiel waren. Aufs ganze gesehen, ist ihm diese Haltung nützlich gewesen, weil er sich so die günstige Volksstimmung erhielt, die ihm 1433 gefehlt hatte, als er verbannt wurde.

Zu nennen ist auch seine umfangreiche Stiftertätigkeit, sein Mäzenatentum, seine freigebige Förderung von Kunst und Wissenschaft. Erweiterungen und Verschönerungen durch *Cosimos* Freigebigkeit erfuhren die berühmten florentinischen Kirchen San Marco, Sta. Croce, S. Lorenzo und das Kloster von Fiesole[14]). Er beschäftigte eine Anzahl berühmter Künstler wie die Bildhauer *Donatello* (Kanzel und Sakristeitüren von S. Lorenzo), *Ghiberti* (Bronzeportal am Baptisterio des Domes), *Lucca della Robbia*, den Architekten und Goldschmied *Brunelleschi* (die großartige Kuppel des Domes), die Maler *Fra Angelico, Benozzo Gozzoli* (Fresken in *Cosimos* Hauskapelle) und *Filippo Lippi*. Der Architekt *Michelozzo* erbaute für *Cosimo* den Medici-Palast in der Via larga von Florenz und die Villa in Careggi bei Florenz.

Den Sohn seines Leibarztes, den jungen *Marsilio Ficino*, ließ *Cosimo* in griechischen Studien ausbilden und ließ sich später von ihm in die platonische Philosophie einführen, mit der auf dem Konzil von Florenz 1439 die Italiener durch griechische Geistliche und Gelehrte in enge Berührung gekommen waren. Der

---

[13]) *Alfred Doren*, a. a. O., 439.
[14]) Vgl. *Arnold Hauser*, Sozialgeschichte der Kunst und Literatur 1, München 1958, 319, 322.

berühmte griechische Gelehrte *Gemisthos Plethon* siedelte 1452 ganz nach Florenz über, wo er durch Vorträge und durch Übersetzungen aus der griechischen Philosophie wirkte. Sein Gönner war *Cosimo*. Dieser gründete 1458 die sogenannte Platonische Akademie von Florenz, an der unter Mitwirkung des Kardinals *Bessarion* Vorlesungen und Disputationen gehalten wurden. Am berühmtesten wurde *Marsilio Ficino* († 1499), der *Platon* und *Plotin* übersetzte und eine neue Blüte des Erbes der griechischen Philosophie einleitete. Die materielle Voraussetzung dazu war *Cosimos* Geld. *Cosimo* selber war aber auch sachlich interessiert. Wie er abends, nach des Tages Last, gerne zu religiösen Gesprächen mit dem Prior *Antoninus* nach S. Marco ging, so nahm er auch gerne an philosophischen Gesprächen in der Akademie teil. Im Nachruf des *Marsilio Ficino* für *Cosimo* heißt es: „Nicht für sich hat er gelebt, sondern für den Dienst Gottes und des Vaterlandes. Über zwölf Jahre habe ich mit ihm philosophische Unterredungen geführt, und er war ebenso scharfsinnig im Disputieren, wie weise und energisch im Handeln. Ich verdanke Platon viel — Cosimo verdanke ich nicht weniger: er ließ mich jene Tugenden in ihrer Wirksamkeit wahrnehmen, die Platon mir in der Idee vorgeführt hatte. Nachdem er sich sein Leben lang und inmitten der ernstesten Angelegenheiten mit den höchsten Ideen beschäftigt hatte, widmete er sich ihnen nach Solons Beispiel mehr denn je in den Tagen, in denen er vom Schatten zum Lichte überging. Noch zuletzt las er mit mir Platons Buch ‚Von dem einen Grunde der Dinge und von dem höchsten Gute', gleichsam als wollte er nun das eine Gut genießen gehen, das ihm bis dahin nur in der Unterhaltung vorgeschwebt hatte"[15]). Dieser Nachruf enthält sicher ein nicht geringes Maß an übertriebener Lobrederei des dankbaren Gelehrten gegenüber seinem reichen Gönner. Gewiß ist jedoch das Interesse *Cosimos* an religiösen und philosophischen Fragen und an Angelegenheiten der höheren Bildung. Zur Vervollständigung des Bildes von der Persönlichkeit *Cosimos* müssen wir aber hinzunehmen, was er selber über sich zu einem Freunde gesagt hat: „Ihr geht dem Unendlichen nach, ich dem Endlichen. Ihr setzt eure Leiter an den Himmel an und ich lasse sie auf der Erde stehen, denn ich will nicht zu hoch fliegen"[16]). Religiöse und philosophische Unterhaltung und Lektüre nach des Tages Last — gewiß! Aber *während* des Tages strebte er mit allen Kräften nach Kapitalvermehrung und rationaler Organisation der Geschäfte. Das war die Losung des großen Unternehmers aus der ersten Epoche des neuzeitlichen Kapitalismus. Dabei ging es ihm nicht nur um die Bereicherung seiner Firma, es ging ihm auch um die Förderung des Gemeinwohles seiner Vaterstadt. Darum gab ihm die Stadt Florenz den Ehrentitel „Pater Patriae".

---

[15]) *Karl Brandi*, Die Renaissance in Florenz und Rom, Leipzig 1921 (Propyläen-Weltgeschichte 4: Das Zeitalter der Gotik und Renaissance, 227—235).
[16]) *Paul Wescher*, Großkaufleute der Renaissance. In Biographien und Bildnissen, Basel 1941, 46.

9. Nachkommen Cosimos und Nachfolger in der Leitung der Firma

Nach *Cosimos* Tod übernahm sein Sohn *Piero* die Leitung der Firma. Ebenso wie sein Vater hatte *Piero* eine hohe kaufmännische Begabung. Er erntete nicht nur die Erfolge seines Vaters, sondern er steigerte sie noch. Besonders zu erwähnen ist seine Beteiligung an der Ausbeutung des päpstlichen Alaunbergwerkes zu Tolfa. Durch Vertrag mit der Kurie 1466 übernahm er mit anderen Gesellschaftern in einer Monopolstellung den gesamten Absatz dieses Alauns. Durch ein Gichtleiden war *Pieros* Arbeitskraft beeinträchtigt, und er überlebte seinen Vater nur um fünf Jahre.

Pieros Sohn *Lorenzo il Magnifico* (1448—1492) führte ein Rentnerdasein in fürstlichem Glanz. Bei ihm sehen wir, was zutreffend *Sombart* so beschrieben hat: „Der Bourgeois verfettet in dem Maße, wie er reicher wird und sich gewöhnt, seinen Reichtum in Rentenform zu nützen, gleichzeitig aber auch dem Luxus sich zu ergeben." Nach diesem Zitat fährt *Alfred von Martin* fort: „Der kapitalistische Geist bricht zusammen und verflacht in ein sattes Rentnertum. Dieses tritt nun an die Stelle des ‚Unternehmungsgeistes', wie der genießerische Luxus an die Stelle der ‚ökonomischen' Lebenshaltung. Die Höhe der Kurve ist erreicht, und bald wird die abfallende Linie zu dem letzten Stadium hinführen: der Selbstaufgabe des Bürgertums in die neue Anlehnung an höfische Kreise und die Nachahmung seigneuraler Lebensformen. Um nur das hervorstechendste Beispiel zu nennen, genügt es, an der Mediceerfamilie das Abnehmen der geschäftlichen Tüchtigkeit von Generation zu Generation zu verfolgen. Cosimos Lebensstil zeigt noch die persönliche Strenge und Einfachheit der aufstrebenden Generation; Lorenzo lebt bereits in täglichem Luxus. Cosimo übt noch eine sehr energische Bankierstätigkeit aus, Lorenzo vernachlässigt das Geschäft bis nahe an den Bankerott"[17]).

10. Schlußbetrachtung

Dreierlei erscheint nach der Betrachtung von Leben und Werk des *Cosimo de Medici* als sozialgeschichtlich besonders bemerkenswert:
a) Fast überall sehen wir in der ersten Epoche des neuzeitlichen Kapitalismus die Zünfte im Kampf gegen die einzelnen großen Unternehmerpersönlichkeiten, die den neuen Wirtschaftsstil ausbildeten. In Florenz aber wurde dieser Gegensatz nicht in so offener Frontstellung ausgetragen. Hier kamen die neuen Großunternehmer, unter denen die *Medici* die berühmtesten waren, aus den Zünften, blieben in den Zünften und benutzten sie für ihre Zwecke, für ihre über alle Zunftschranken und alle konservativen Wirtschaftsideen hinausgehenden Interessen. Sie haben es in geschickter Weise verstanden, „die aus mittelalterlichem Geist geborenen Formen der Berufsorganisation ... ihren Interessen anzupas-

---

[17]) *Alfred von Martin*, Soziologie der Renaissance, Frankfurt ²1949, 87.

sen, daß sie zu den wirksamsten Mitteln wurden, die anderen Bevölkerungsklassen, vor allem das Arbeiterproletariat, in dauernder Abhängigkeit zu halten; während allerdings ... die weitere Entwicklung des Kapitalismus in den folgenden Jahrhunderten gerade mit der Sprengung dieser mittelalterlichen Organisationen wesentlich verbunden ist, oder wenigstens sich außerhalb ihres Rahmens vollzogen hat"[18]). Diese Sprengung erfolgte spätestens im 19. Jahrhundert mit der allgemeinen Gewerbefreiheit, in manchen Ländern schon früher, nachdem die Französische Revolution die Zünfte aufgelöst hatte; eine noch frühere Sprengung aber war zurückgedrängt worden durch die großunternehmerischen Einzelpersönlichkeiten.

b) *Cosimo* ist ein Beispiel dafür, daß es damals noch nicht den asketischen Unternehmertypus gab, wie er später unter dem Einfluß des Calvinismus und der puritanischen Ethik sich ausbildete. Die ersten großkapitalistischen Unternehmer der Neuzeit, für uns durch *Cosimo de Medici* beispielhaft repräsentiert, hatten noch echtes Interesse an philosophischen und religiösen Fragen und an den Künsten, und sie hatten noch Sinn für die Muße, ohne die jene Werte nicht entfaltet werden können.

c) Schließlich zeigt uns das Leben des *Cosimo de Medici,* daß die ursprüngliche Akkumulation des Kapitals nicht herrührte aus der Monetarisierung von Grundvermögen, nicht aus Gewinnen, die handwerkliche Produktion oder Kleinhandel abwarfen, sondern aus Großhandels- und Bankgewinnen. Dazu waren organisatorische Fähigkeit und kaufmännische Pionierleistungen nötig, weil es in diesen Wirtschaftsbereichen noch keine festen Traditionen gab. Die Großkaufleute und Bankiers der kapitalistischen Frühzeit mußten in gewissem Sinne Autodidakten sein.

Erst auf der Grundlage des von ihnen gebildeten Kapitals wurde eine kapitalistische Industrie möglich. In dieser aber finden wir bald nach Erschlaffung des privaten Unternehmergeistes der ersten Epoche neben privaten Unternehmern auch den Staat als Unternehmer, in großem Stil im 16.—18. Jahrhundert, dem Zeitalter des Merkantilismus.

---

[18]) *Alfred Doren,* a. a. O., 662.

8. Kapitel

Der neuzeitliche Mensch und seine Lebensanschauung

Wir wollen jetzt versuchen, den Durchschnittstypus des Menschen, der das Sozialleben der neueren Zeit gestaltet, zu beschreiben, d. h. sein Ethos, seine Lebensanschauung: Was will er? Warum will er es? Was ist ihm wertvoll? Was verachtet er? Daraus wird die Antwort begreiflich werden auf die Frage: Wie steht er zu seinen Mitmenschen?

Die neu aufsteigenden Schichten sind die Menschen, die vorher Feldarbeit und ländliche Handarbeit getan haben. Das war ihr Hauptanteil am Sozialleben. Er lag also im Wirtschaftlichen; der Anteil an politischer und kultureller Gestaltung war gering. Daher bleibt auch nach ihrem Aufstieg ihr Interesse das Wirtschaftliche, ihre seelische Einstellung auf Erwerb durch Arbeit und Handel gerichtet. Was *Groethuysen* im Hinblick auf das 17./18. Jahrhundert sagt, gilt schon früher: daß bei der Ausprägung des neuen Menschentyps „die wirtschaftliche Wertbejahung und die damit verbundene Bejahung des Lebens überhaupt eine entscheidende Rolle spielt"[1]. Und wenn *Hegel* den „Bürger" seiner Zeit als Vertreter der wirtschaftlichen Privatinteressen und als „politische Nullität" bezeichnet[2], so gilt das in etwa schon von dem Bürger des 14./15. Jahrhunderts. Zwar erstrebt er auch politische Ziele, Freiheiten, aber er erstrebt sie um wirtschaftlicher Ziele willen[3]. Wir nennen darum den neuen Menschentyp den „homo oeconomicus". Anders als *Spranger*, der ihn als einen seiner sechs idealen Grundtypen der Individualität überzeitlich schildert[4], wollen wir ihn in seiner geschichtlichen Konkretheit beschreiben. Natürlich kommt dabei auch das zur Sprache, was *Spranger* als überzeitliche Züge in der Psyche des ökonomischen Menschen zeichnet, aber das ist für uns zu wenig, zu allgemein. Wir besprechen also 1. sein äußeres Tun; 2. seine Einordnung in die anthropologische Typologie *Sombarts, Schelers* und anderer Autoren; 3. den neuzeitlichen Menschen als Willensmensch und seine subjektive Wertrangordnung.

1. Das äußere Tun des neuzeitlichen Menschen

Das äußere Tun des neuzeitlichen Menschen, der seit dem 13. Jahrhundert mehr und mehr das Gesicht der abendländischen Sozialwelt bestimmt, ist durch folgende Stichworte zu kennzeichnen: a) neue Möglichkeiten des materiellen Er-

---

[1]) *Bernhard Groethuysen*, Die Entstehung der bürgerlichen Welt- und Lebensanschauung in Frankreich 2, Halle 1930, 153.
[2]) *Friedrich Hegel*, Über die wissenschaftliche Behandlung des Naturrechts, 1802.
[3]) Vgl. auch *Werner Sombart*, Deutscher Sozialismus, Charlottenburg 1934, 1 f.
[4]) *Eduard Spranger*, Lebensformen. Geisteswissenschaftliche Psychologie und Ethik der Persönlichkeit, Tübingen [8]1950.

werbs; b) neue Möglichkeiten des materiellen Lebensstandards; c) mehr Arbeit; d) mehr Rechnen; e) politisches Freiheitsstreben im Dienste wirtschaftlicher Ziele.

a) Neue Möglichkeiten des materiellen Erwerbs

Die Menschen, die bisher aus der Arbeit am Boden ihr Leben gefristet haben, entdecken neue Erwerbsmöglichkeiten als selbständige Handwerker in den Städten, als Händler und Kaufleute. Als Handwerker arbeiten sie nicht mehr nur gelegentlich, nur für die eigene Landwirtschaft oder für die Bedürfnisse des Grundherrn, sondern für einen größeren Kundenkreis und für den Markt. Dabei wenden sie sich oft nicht mehr direkt an den Konsumenten, sondern dazwischen steht als Vermittler der Kaufmann. Zwar hatte es auch im Mittelalter, besonders seit dem 11. Jahrhundert, Kaufleute gegeben, vor allem für Luxuswaren wie Seide, Tuche, Gewürze und Schmuck. Jetzt aber gibt es Kaufleute in großer Zahl. Das war nur möglich durch den erhöhten Geldumlauf, der seit den Kreuzzügen durch Edelmetallzufuhr aus dem Orient gespeist wurde. Nun kann man reich werden nicht mehr nur durch kriegerischen, soldatischen Grunderwerb als Kriegsmann oder Vasall, sondern man kann Vermögen bilden durch handwerkliche Produktion von Gütern für bestimmte Kunden oder für den Markt und durch Handel mit beweglichen Gütern.

b) Neue Möglichkeiten des materiellen Lebensstandards

Durch diese Erwerbsmöglichkeiten sind für die frühere Unterschicht auch neue Möglichkeiten des materiellen Lebensstandards gegeben. Viele von ihnen können jetzt besser essen, sich reicher kleiden, sich zahlreichere, schönere Gebrauchsgegenstände und feinere materielle Genüsse verschaffen. Dabei geben die Kaufleute und Handwerker durch Erzeugung und Beschaffung von mehr und von neuartigen Gütern auch der alten grundbesitzenden Herrenschicht die Möglichkeit, genußreicher, komfortabler zu leben. Erwerbs- und Genußtrieb bekommen also ein breiteres Spielfeld.
Diese Triebe waren natürlich, weil sie allgemein menschliche Triebe sind, auch früher wirksam gewesen. Vor gut zweihundert Jahren schrieb *Hume:* „Es ist gemeinhin anerkannt, daß unter den Handlungen der Menschen in allen Nationen und Zeitaltern eine große Gleichförmigkeit herrscht und daß die menschliche Natur in ihren Prinzipien und Betätigungen immer die nämliche bleibt ... Ehrgeiz, Habsucht, Selbstliebe, Eitelkeit, Freundschaft, Edelsinn, Gemeingeist: diese Gemütsbewegungen — in verschiedenen Graden gemischt und über die Gesellschaft verteilt — sind seit dem Beginn der Welt und auch heute noch die Quelle aller Handlungen und Unternehmungen, die jemals bei den Menschen beobachtet worden sind"[5]. Aber der im 19. Jahrhundert erstarkte Sinn für Historisches hat uns mehr die Unterschiede sehen gelehrt. Vor Beginn der Neuzeit

---

[5] *David Hume,* An inquiry concerning human understanding, 1748.

waren Erwerbs- und Genußtrieb eingeengt durch einen materiellen Faktor: die primitive Form des Landbaues, und durch einen ideellen Faktor: die Idee des Standesgemäßen. Weil man durch Geburt einem bestimmten Stande, meist für immer, angehörte, und weil der Stufenbau der irdischen Ständeordnung als Abbild einer himmlischen galt, kam es den meisten Menschen gar nicht in den Sinn, über das in ihrem Stande übliche Maß an Lebensgenüssen hinauszugehen. Jetzt aber wird durch die vielen Menschen offenstehende Möglichkeit, als Händler oder Handwerker in der Stadt ein freieres und besseres Leben zu führen, die alte Bindung an den Geburtsstand gelockert. Die Form des beweglichen Besitztums in Geld und Waren läßt ein weniger begrenztes, ein schnelleres, größeres Wachstum des Besitzes zu als der unbewegliche und nur landwirtschaftlich genutzte Grundbesitz. Der Handel mit dem Ausland bringt Kenntnis von vielen unbekannten Formen und Mitteln des materiellen Genusses, immer weniger gehemmt durch die Idee des Standesgemäßen, da diese Idee mehr und mehr an Kraft verliert.

c) Mehr Arbeit

Aber wer die neuen Erwerbs- und Genußmöglichkeiten nutzen will, der muß sehr fleißig sein. Es wird viel mehr gearbeitet als früher. Vorher, auf dem Lande, gab es ein langsameres Arbeitstempo. Es gab die ruhigen Zeiten des Winters und des Reifenlassens; denn alle modernen Mittel des künstlich gesteigerten Tempos bei der Ausnutzung des Bodens fehlten ja noch. Man hatte allgemein „zur wirtschaftlichen Tätigkeit etwa dieselben Beziehungen wie das Kind zum Schulunterricht, dem es sich gewiß nicht unterzieht, wenn es nicht muß. Keine Spur von einer Liebe zur Wirtschaft oder zur wirtschaftlichen Arbeit", so meint *Sombart*[6]). Das ist gesagt in bezug auf die wirtschaftliche Seite der Arbeit. Die Naturnähe der Landarbeit und das Künstlerische beim Handwerk waren wohl Gegenstand der Liebe. Einschränkend gegenüber *Sombart* und m. E. zutreffender sagt *Steinbach*, daß die Arbeit im Mittelalter als religiös-sittlich wertvolles Tun wohl geschätzt wurde, jedoch gab es noch nicht den ungehemmten Arbeitstrieb[7]).
Die vom Boden losgelösten Menschen wandten sich zunächst nicht alle einer anderen wirtschaftlichen Tätigkeit zu[8]), sondern zu einem großen Teile dem Bettel, der vielfach sogar genossenschaftlich organisiert war. Der Bettel galt als eine legitime Lebensart[9]). Besonders in katholischen Gebieten blieb die Arbeit bei den losgelösten Menschen von „fakultativem", nicht von „obligatorischem" Wert. Im 15. Jahrhundert waren z. B. in Köln von 40 000 Einwohnern 3000 Bettler. „Der Bettel", sagt *Kuske*, „war geradezu notwendige Voraussetzung

---

[6]) *Werner Sombart*, Der Bourgeois. Zur Geistesgeschichte des modernen Wirtschaftsmenschen, München-Leipzig 1923, 20.
[7]) Vgl. *Franz Steinbach*, Der geschichtliche Weg des wirtschaftenden Menschen in die soziale Freiheit und politische Verantwortung, Köln-Opladen 1954 (Arbeitsgemeinschaft für Forschung des Landes Nordrhein-Westfalen, H. 15).
[8]) Vgl. *Bruno Kuske*, Leistungs- und Arbeitsentwicklung in der deutschen Wirtschaft, in: Soziale Welt. Zeitschrift für Wissenschaft und soziale Praxis 1 (1949/50), 12 ff.
[9]) Siehe auch die Bettelorden im Gegensatz zu den alten handarbeitenden Orden.

für das Seelenheil der stiftungsfähigen Gläubigen"[10]). *Johann Bernhard Constantin von Schönebeck* berichtet in seiner „Malerischen Reise am Niederrhein", der katholische Bauer des Westerwaldes lasse viele Messen lesen, die Geld kosten, gehe gern auf Wallfahrten, auch das koste Geld, und versage den Bettelmönchen nicht gerne ein Almosen. Aber die Protestanten dort „sind die fleißigsten Ackerleute, auch die aufgeklärtesten und vermögendsten Bürger"[11]). Die Reformatoren bestritten die Heilsbedeutung der „guten Werke", der frommen Stiftungen und entzogen so dem berufsmäßigen Bettel den Boden. Sie predigten, daß alle Menschen arbeiten sollten. Auch die spätmittelalterlichen katholischen Moraltheologen predigten über die christliche Sinngebung der Arbeit: vom analogen Schöpfungssinn; dem asketischen Sinn: der Überwindung der Trägheit, der schweifenden Triebimpulse, des Eigenwillens; dem sozialen Sinn: keinem anderen zur Last fallen, für die wirtschaftlich schwachen Angehörigen (Frau, Kind, Alte) sorgen; und dem karitativen Sinn der Arbeit: den Notleidenden mitteilen zu können.

Der neuzeitliche Arbeitstrieb setzt sich nur langsam allgemein durch. Noch im 18. Jahrhundert zogen große Massen das vagabundierende Leben sogar einer hochentlohnten Arbeit vor. Aber Arbeitsintensität und Arbeitstempo steigern sich allmählich bis zur hochkapitalistischen Industrie im 19./20. Jahrhundert. Dabei fällt die christlich-religiöse Motivierung der Arbeit mehr oder weniger weg. Der Arbeitstrieb wird hemmungslos, die Arbeit zu einer Art Religionsersatz. „Arbeit heißt der Heiland der neuen Zeit. Mit den Attributen der Gottheit, mit Macht und Wissen, ist sie nunmehr ausgerüstet... Wenn es irgendetwas Heiliges gibt — hier stehen wir vor dem Allerheiligsten", so schreibt *Josef Dietzgen* in seinem Buch „Die Religion der Sozialdemokratie"[12]). Kritisch spricht *Nietzsche* von der „indianerhaften Wildheit" und „ganz wunderlichen Geistlosigkeit" des modernen Menschen[13]). Ähnlich klagt *Hölderlin* (Archipelagus):

Aber weh! es wandelt in Nacht, es wohnt
   wie im Orkus,
Ohne Göttliches unser Geschlecht. Ans
   eigene Treiben
Sind sie geschmiedet allein, und sich in
   der trostlosen Werkstatt
Höret jeglicher nur und viel arbeiten
   die Wilden
Mit gewaltigem Arm, rastlos, doch immer
   und immer
Unfruchtbar, wie die Furien, bleibt die
   Mühe der Armen.

---

[10]) A. a. O., 25.
[11]) 1784, 56 ff., zitiert bei *Walter Herrmann*, Die Bedeutung des Protestantismus für das Wirtschaftsleben am Mittelrhein von 1700—1850, in: Monatsschrift für rheinische Kirchengeschichte, 1938, 3 ff.
[12]) *Josef Dietzgen*, Die Religion der Sozialdemokratie, München ⁸1911, 5 ff.
[13]) *Friedrich Nietzsche*, Die fröhliche Wissenschaft, Leipzig 1882, Neuausgabe Stuttgart 1956, Nr. 329 (Kröners Taschenausgabe 74).

So bewahrheitet sich das Wort eines unbekannten Mystikers: „Sie (die Sünder) arbeiten allerwege und ruhen nimmer, und ihre Arbeit ist doch unfruchtbar." So weit war es freilich beim spätmittelalterlichen Bürgertum noch nicht. Es bejahte noch die christliche Sinngebung der Arbeit, aber es arbeitete mehr.

d) Mehr Rechnen

Seit dem Erstarken des Bürgertums wird auch mehr gerechnet als früher. Wer durch Arbeit mehr erwerben will, muß genauer rechnen. Im Mittelalter gab es nur wenige Menschen, die gut mit komplizierten Zahlenverhältnissen umgehen konnten; zu ihnen gehörten z. B. die großen Domarchitekten. Aber auch diese wenigen beschränkten ihre Rechenkunst auf die eigenen Objekte. Im privatwirtschaftlichen Leben kannten alle mittelalterlichen Menschen keine feineren Rechenmethoden. Selbst bei den wenigen großen Kaufleuten, deren es ja seit langem einige gegeben hatte, war im Mittelalter die Rechenkunst primitiv. Wer die von ihnen erhalten gebliebenen Aufzeichnungen durchblättert, sagt *Sombart*, „hat Mühe, sich vorzustellen, daß die Schreiber bedeutende Kaufleute ihrer Zeit gewesen sind. Denn ihre ganze Rechnungsführung besteht in nichts anderem als einer ungeordneten Notierung der Beträge ihrer Ein- und Verkäufe, wie sie heute jeder Krämer in der kleinen Provinzstadt vorzunehmen pflegt. Es sind im wahren Sinne nur ... Notizbücher, die die Stellen von Knoten in den Taschentüchern von Bauern vertreten, die zu Markte in die Stadt ziehen. Obendrein noch mit Ungenauigkeiten gespickt"[14]. Es fehlte allgemein der intensive Wille zu unbegrenzter Rentabilität und Rationalität im Wirtschaftsleben. Dieser Wille erwacht und erstarkt mit dem Beginn der Neuzeit. Jetzt werden die Methoden der doppelten Buchführung erfunden, deren Anfänge im 13. Jahrhundert liegen, in der Zeit, in der Buchführung bei den Kaufleuten üblich, aber nicht obligatorisch war[15]. Um 1500 wird sie, so *Sombart*, ein jedermann zugängliches Hilfsmittel. „Was seiner Natur nach der öffentliche Haushalt von früh an entwickeln mußte, das leistet für das private Wirtschaftsleben erst die kapitalistische Unternehmung: die Entwerfung eines Gesamtplanes für eine längere Periode der Wirtschaftsführung; diese aber findet in der doppelten Buchführung ... ihren adäquaten Ausdruck"[16]. Hier verwirklicht sich das, was *Spranger* als allgemeine Tendenz des ökonomischen Menschentypus geschildert hat: Sein ideales Ziel „wäre ein wirtschaftlicher Rationalismus, die Umwandlung des ganzen Lebensprozesses in eine umfassende Rechnung, in der kein Faktor mehr unbekannt ist"[17]. *Sombart* sagt dazu — wie so manchmal übertrieben —: „Die ganze Welt wird ihm so in seiner Vorstellung zu einem riesigen geschäftlichen Unternehmen, in dem es ebenso viele Konten gibt, wie Staaten, Städte, Klassen

---

[14] *Werner Sombart*, a. a. O., 18; vgl. auch *Fritz Rörig*, Die europäische Stadt und die Kultur des Bürgertums im Mittelalter, Göttingen o. J., 25 und 92 f.
[15] Vgl. *Henri Pirenne*, Sozial- und Wirtschaftsgeschichte Europas im Mittelalter, übers. von Marcel Beck, Bern o. J., 123.
[16] *Werner Sombart*, Der moderne Kapitalismus 1, Leipzig 1902, 393 f.
[17] *Eduard Spranger*, a. a. O., 150.

oder auch einzelne Individuen bestehen. Wertung in Geld, rechnungsmäßige Feststellung von Leistung und Gegenleistung, Debet und Kredit werden die Kategorien seiner Weltbetrachtung. Und gleichsam als Devise flammen in goldenen Buchstaben über dem ganzen Getriebe die Worte empor: Soll und Haben!"[18]).

e) Politisches Freiheitsstreben im Dienste wirtschaftlicher Ziele

Die neuen wirtschaftlichen Ziele erforderten den Einsatz politischer Mittel[19]). Man erstrebt neue politische Freiheiten zuerst für die aufsteigende Schicht und später auch für den einzelnen. Die wichtigste politische Organisation des Bürgertums war zunächst die Stadtgemeinde. Die Städte erstrebten Freiheit vom Stadtherrn um ihrer wirtschaftlichen Tätigkeiten willen. Dazu diente auch der Zusammenschluß in Städtebünden. Im 19. Jahrhundert setzte dann der Kampf ein um die Freiheit des Individuums. Hier war das Ziel der erstrebten politischen Freiheit die Gewerbefreiheit.

2. Die Einordnung des neuzeitlichen Menschen in die anthropologische Typologie

a) Adelige und Bürger im spätmittelalterlichen Handel und Gewerbe

Sombart hat uns innerhalb des geschichtlichen Menschentypus, der sich in so gesteigerter Weise der Wirtschaft widmete, zwei Typen zu unterscheiden gelehrt. Er spricht von „Unternehmernaturen" und den „Bürgernaturen" i. e. S. des Wortes. Die Unternehmernatur ist wagemutig, kühn, zielstrebig, unternehmend, reich an Einfällen, mit großer „kombinatorischer" *(Wundt)* Phantasie begabt, tatendurstig und menschenkundig; sie ist der „Wirtschaftspionier", der „königliche Kaufmann" vom Typus des Grandseigneurs. Die Bürgernatur i. e. S. ist vorsichtig, abwägend, sparsam, fleißig, von engem Gesichtskreis; sie ist der „Wirtschaftsbürokrat", die „Krämerseele"[20]).

Im späten Mittelalter, beim Übergang zur neueren Zeit, finden wir manche Menschen der früheren feudalen Herrenschicht unter den Wirtschaftspionieren, sozusagen als eine „Zusammensetzung von Kriegsmann und Erwerbsmensch" *(Scheler)*. Wir treffen sie in vier Übergangsformen an: (a) als Entdeckungsfahrer mit Erwerbszwecken, Erwerb also nicht durch Arbeit und Handel; (b) als Leiter der überseeischen Handelsgesellschaften der Italiener, Holländer und Engländer im 16. und 17. Jahrhundert, in denen viele Adelige an der Spitze tätig waren; (c) als Feudalherren, die in Verbindung mit bürgerlichen Geldmännern ihren Agrarwirtschaften Manufaktureien und Industrien angliedern und so nicht mehr

---

[18]) *Werner Sombart,* a. a. O., 397.
[19]) Vgl. *Franz Steinbach,* a. a. O., 12.
[20]) *Werner Sombart,* Der Bourgeois.

nur auf Bedarfsdeckung und standesgemäßen Luxus, sondern auf unbegrenzten Erwerb ausgerichtet sind; ein spätes Beispiel sind die Gutsfabriken, die in Rußland bis ins 20. Jahrhundert hinein häufig waren; (d) als absolutistische Fürsten, die, im System des Merkantilismus, die ganze Volkswirtschaft ihres Landes kontrollierten, Gewinne abschöpften und immer mehr zu steigern suchten. Alle diese Arten von Unternehmertypen aus dem Feudaladel haben jedoch den Wirtschaftsgeist des homo oeconomicus nicht hervorgebracht, sondern wirkten als „Dampf", als „Pioniere" für den Geist der aufgestiegenen Bürgerschicht. Hier, in der ehemaligen Unterschicht, im Bürgertum ist der „bürgerliche", ökonomistische, kapitalistische Geist entstanden und eigentlich zu Hause. Freilich wäre er nicht so schnell zu so großer, vielseitiger Herrschaft gelangt, wenn nicht die Unternehmernaturen aus der adeligen Herrenschicht sich in seinen Dienst gestellt hätten. Und — das wollen wir hier schon hinzusetzen — wenn nicht sogar die christlichen Konfessionen — in verschiedenem Maße — einige diesen Menschen eigentümliche seelische Eigenschaften zu hohen Tugenden erklärt und die wirtschaftlichen Ziele des Bürgers religiös sanktioniert hätten. Darüber soll später Genaueres gesagt werden.

b) Anthropologische Typenlehre nach Sombart, Scheler und anderen Autoren

Wenn *Sombart* und *Scheler* vom mittelalterlichen als dem „ritterlichen" vom neuzeitlichen als dem „bürgerlichen" Menschen sprechen, so ist der Typus gemeint, der jeweils führend ist, dessen Ethos und Lebensstil allgemein als die Norm, als vorbildlich gilt. Diese Typen sind jederzeit vorfindbare Typen, hier aber als geschichtliche so bezeichnet. Ritter als gesellschaftlich und rechtlich abgegrenzte Schicht gab es ja nicht immer und überall in der Weltgeschichte, ebenso nicht Gewerbebürger und bürgerliches Städtewesen. Wohl aber gab und gibt es nach *Sombart* und *Scheler* immer und überall jene Menschentypen, denen sie in ihren Arbeiten zur Geistesgeschichte des Bürgertums geschichtliche Namen gegeben haben.
Zu den „ritterlichen" Menschen gehören die verschiedenen Formen des mittelalterlichen Adels und auch die Ritter, die, obwohl zum Teil unfreier Herkunft, nach Einreihung in den Adel und nach Angleichung an seinen Lebensstil strebten. Bestimmend für den Stil und den Geist des mittelalterlichen Soziallebens war dieser Adel, nicht die Unfreien, Halbfreien und kleinen Bauern. In der Neuzeit kann ein Mensch, auch wenn er dem Namen nach oder rechtlich zum Adel gehört, durchaus „bürgerlich" gesinnt sein. *Sombart* sagt: Es scheint, daß der Unterschied zwischen dem Bürger und dem Nichtbürger „einen ganz tiefen Wesensunterschied zweier menschlicher Typen ausdrücke, die wir in verschiedenen Betrachtungen doch immer als die beiden Grundtypen des Menschen überhaupt (oder wenigstens des europäischen Menschen) wiederfinden. Die Menschen sind nämlich ... entweder hinausgebende oder hereinnehmende, verschwenderische oder haushälterische Menschen in ihrem ganzen Gebaren. Der Grundzug des Menschen ist — ein Gegensatz, den schon die Alten kannten und den die Scho-

lastiker zu entscheidender Bedeutung erheben — luxuria oder avaritia: sie geben die inneren und äußeren Güter im Gefühl des eigenen Reichtums — sorglos — weg, oder sie halten haus damit, hüten und pflegen sie — sorgsam — und wachen über Einnahme und Ausgabe von Geist, Kraft, Gut und Gold"[21]).

Während *Sombart* hier vornehmlich das verschiedene Verhalten dieser beiden menschlichen Grundtypen auf wirtschaftlichem Gebiet schildert, gibt *Scheler* eine breitere und zugleich tiefere Beschreibung unter vier Gesichtspunkten. Er unterscheidet (a) nach der Vitalität: Mut- und Furchtmenschen; (b) nach der Selbstbewertung: optimistische, auf das eigene Sein vertrauend, und pessimistische, sich selber nur nach Leistung wertend; (c) nach dem Verhältnis zur Welt: entweder ist die Welt vor allem Gegenstand der Liebe (Kontemplation) oder Gegenstand der Beherrschung (Objekt des Arbeitswillens); (d) nach der Bewertung des Mitmenschen: Bewertung entweder nach dem Sein oder nach der Leistung. Man könnte (b) und (d) zusammenfassen und hätte dann nur drei Gesichtspunkte. Auf jeden Fall ist aus der verschiedenen seelischen Grundhaltung, die diese vier Gesichtspunkte erkennen lassen, vieles vom übrigen Verhalten der beiden Menschentypen verständlich. „In unendlich vielen Beziehungen", so heißt es im entsprechenden Text bei *Scheler*, „spricht sich dieser Wesensgegensatz aus. Der *erste* Typus liebt das Wagnis und die Gefahr, hat das unreflektierte Selbstwertgefühl, das in Liebe zur Welt und der Fülle ihrer Qualitäten von selbst überströmt und alles neidische oder eifersüchtige ‚Sichvergleichen' mit anderen fernhält; ‚sorgt' sich nicht für sich und die Seinen, nimmt das Leben leicht und läßt leben und nimmt nur ernst, was die *Person*sphäre der Menschen berührt; er hat das *große, unbegründete Vertrauen* zu Sein und Leben, das alle a priori ‚kritische', ‚mißtrauische' Haltung ausschließt; ist kühn, opferfreudig, large in allen Dingen und wertet die Menschen nach ihrem *Sein* und nicht nach ihrer nützlichen *Leistung* für die Allgemeinheit. Der *zweite* Typus lebt von vornherein unter dem natürlichen Angstdruck des minderwertigen Vitaltypus, der ihn Gefahr und Wagnis scheuen läßt; der den Geist des Sichsorgens, damit die Sucht nach ‚Sicherheit' und ‚Garantie' in allen Dingen, nach Regelhaftigkeit und Berechnung aller Dinge gebiert; er muß sich selbst sein Sein und seinen Wert *verdienen*, sich durch Leistung sich selbst beweisen, da eben in jenem Zentrum der Seele *Leere* ist, wo im anderen Typus die Fülle ist; an Stelle der Liebe zur Welt und ihrer Fülle tritt die Sorge, mit ihr, der ‚Feindlichen', fertig zu werden, sie quantitativ zu ‚bestimmen', sie nach Zwecken zu ordnen und zu formen. Wo jener gönnt und leben läßt, da vergleicht dieser und will übertreffen. *Seine* Herrschaft wird zum System schrankenloser Konkurrenz führen und zum Fortschrittsgedanken, in denen nur das *Mehr*sein über einen Vergleichsfall (Mensch oder Lebens- oder Geschichtsphase) hinaus als Wert überhaupt empfunden wird. Wo jener schaut und kontempliert oder in sachhaften Willensakten sich verlierend aufgeht, da wird dieser sorgen und rechnen, über die Mittel die Eigenwerte der Ziele, über die ‚Beziehungen' das Was und Wesen der Sachen vergessen. Wo jener seiner

---

[21]) *Werner Sombart*, a. a O., 259 f.

Natur und ihrer inneren Harmonie vertraut, wird jener mißtrauisch gegen sein Triebleben ein System von *Sicherungen* errichten, durch das er sich beherrscht und züchtigt. Auch das scheidet: ‚Der eine fragt, was kommt darnach; der andere, was ist recht; so aber unterscheidet sich der Freie von dem Knecht' *(Storm).* Noch viel wäre über diesen Gegensatz zu sagen und doch nichts Erschöpfendes. Er muß erschaut und gefühlt sein"[22]).

Sombart beruft sich für seine Unterscheidung auf die des französischen Philosophen *Henri Bergson* († 1941) mit den Bezeichnungen homme ouvert und homme clos. Dem homme ouvert entspricht *Sombarts* „seigneurale", dem homme clos die „bourgeoise" Natur. *Scheler* führt außer *Bergson* noch andere Autoren an, darunter *James* mit der besonders religionspsychologisch ausgewerteten Unterscheidung vom Typus der Selbsthingabe und dem der Selbstbeherrschung und *Rathenau* mit der Unterscheidung von Mutmenschen und Furchtmenschen. Ich nenne weitere Typologien, die ungefähr denselben Unterschied meinen: *Breysig* mit der Unterscheidung des Typus der Ichhingabe und der Ichbetonung. *Kretschmer* mit der Unterscheidung des weltoffenen und des weltverschlossenen, *Jung* mit der Unterscheidung des extravertierten und introvertierten Typus[23]). Die drei letztgenannten Unterscheidungen sind, wie wir sehen, alle auf die von *Bergson* zurückzuführen.

Wenn wir den neuzeitlichen Menschen, der seit dem 13. Jahrhundert immer mehr das europäische Sozialleben prägt, in die anthropologische Typenlehre von *Sombart, Scheler, Bergson, Kretschmer, Jung* und anderen Autoren einordnen, dann dürfen wir nicht verkennen, daß uns da bloß Typen dargeboten werden, die als solche, als Reinformen, der geschichtlichen Wirklichkeit ziemlich fernstehen. Sie sind ja nicht empirisch gleichsam errechnete Durchschnittstypen, sondern aus der Empirie durch Abstraktion und durch Steigerung gewisser Merkmale gewonnene Idealtypen. Diese kommen in Reinkultur in der Wirklichkeit nicht vor; sie sind Gedankendinge, die wir zum Vergleich wie einen Maßstab an die wirklichen Menschen anlegen, um zu ermessen, in welchem Grade sie dem einen oder dem anderen Idealtypus nahekommen: dem Typus des weltoffenen, extravertierten, ritterlichen Mutmenschen der verschwenderischen Ichhingabe oder dem Typus des weltverschlossenen, introvertierten, bürgerlichen Furchtmenschen der haushälterischen Ichbetonung. Unsere Schilderung meint diese Typen in der geschichtlichen Eigentümlichkeit, in der sie seit dem Mittelalter und der Neuzeit auftreten.

---

[22]) *Max Scheler*, Umsturz der Werte 2, Leipzig ²1919, 271 f.
[23]) *Kurt Breysig*, Seelenbau, Geschichts- und Gesellschaftslehre, in: Kölner Zeitschrift für Soziologie 8 (1929). — *Ernst Kretschmer*, Körperbau und Charakter. Untersuchungen zum Konstitutionsproblem und zur Lehre von den Temperamenten, Berlin ⁸1929. — *Carl Gustav Jung*, Psychologische Typen, Zürich 1921.

c) Anwendung der anthropologischen Typologie auf die Sozialgeschichte des Mittelalters und der Neuzeit

ZWEI VORBEMERKUNGEN

Zunächst möchte ich warnen vor einer Etikettierung des *einzelnen* Menschen durch die anthropologische Typologie. Wir haben gesagt, daß es dabei um „Idealtypen" geht, die in reiner Form selten oder gar nicht vorkommen. Daraus ergibt sich zweierlei:
(1) Nicht jeder Unfreie des Mittelalters war ein Mensch der hereinnehmenden, weltverschlossenen, sparsamen Art des Furchtmenschen, und nicht jeder adelig Geborene war seiner Veranlagung nach ein homme ouvert, ein Mutmensch, eine seigneurale Natur. Das gilt nun auch für spätere Zeiten. Es gibt unter den Menschen des Bürgerstandes wirkliche Mutmenschen, Menschen der Hingabe, Verschwendung, also „ritterliche" Menschen, und unter den Adeligen, besonders in der neueren Zeit, gewiß manche bourgeoise Naturen. Es kommt eben an auf Veranlagung, Konstitution, nicht auf faktische Rechtsstellung und gesellschaftliche Lage. Diesen Unterschied zwischen Konstitution und faktischer Rechtsstellung machten schon *Platon* und *Aristoteles*. *Platon* spricht von den verschiedenen Arten und Vollkommenheitsgraden, der Adaequation der Ideenschau im „praeexistenten" Leben. Sie bedingt die verschiedene „naturhafte" Veranlagung zum Weisen oder Krieger oder Händler oder Sklaven. Dem entsprechend spricht *Aristoteles* — wenn auch nicht wegen der Verschiedenheit der vorgeburtlichen Ideenschau — von Herren- und Sklavenmenschen von Natur aus. Beide betonen, daß dieser Unterschied nicht zusammenfalle mit dem positiv rechtlichen *(Platon* war selber eine Zeitlang Sklave!).
(2) Meistens ist bourgeoises und seigneurales Temperament in demselben Menschen gemischt, und die Mischung ist verschieden. Es kommt an auf das Überwiegen der ritterlichen oder der bürgerlichen Züge in der seelischen Gesamtverfassung — auch wenn wir uns selber beurteilen und zu einem dieser Typen rechnen wollten. Ferner: Auch der ritterliche Typus, der homme ouvert, kann sorgsam, haushälterisch, sparsam, auf wirtschaftliche Leistung bedacht sein — aber er verhält sich dann so um eines höheren Zieles willen; seine Verhaltensweise ist dann bloß Mittel, nicht Selbstzweck; er ist dabei nicht verkrampft und ängstlich, sondern verhält sich entsprechend dem Worte Jesu: „Sorget nicht ängstlich!".

Wir gehören zu den Generationen, die, besonders seit der Jahrhundertwende, der kapitalistischen Wirtschafts- und Lebensordnung seelisch distanzierter gegenüberstehen, obwohl wir noch in ihr leben. Die meisten von uns haben wohl eine Vorliebe für den ritterlichen Menschen, den weltoffenen Typus der Selbsthingabe. Ja, die Unterscheidungen der genannten Philosophen und Wissenschaftler sind schon bei diesen selber von heimlicher Vorliebe für das adelige Menschenbild und von einer heimlichen Abneigung gegen den Typus des Bourgeois getragen[24]). Solche Vorliebe und Abneigung könnte die Objektivität der Typologie gefährden. Sie kann jedoch gewahrt bleiben, wenn wir uns klarmachen, daß die Bevorzugung des adeligen, weltoffenen Typus gegenüber dem bloß „haushälterischen", nur auf Nützlichkeit bedachten Typus der objektiven Wertrangordnung entspricht. Denn ein Axiom der Wertphilosophie lautet: Objektiv stehen die Nützlichkeits- und Annehmlichkeitswerte auf der untersten Stufe der Wertskala; objektiv stehen über ihnen die Werte des Vitalen, des Geistigen (des Wahren, Guten, Schönen), des Heiligen. Nützlichkeit ist *der* Wert des homme clos. Aber vitale Gesundheit, Erkenntnis um ihrer selbst willen, zwecklose Schönheit sind *die* Werte, denen der Typus des homme ouvert offener gegenübersteht.

Fragen wir nun noch einmal, zu welchem dieser Typen wir den neuzeitlichen homo oeconomicus rechnen müssen, so ist mit dieser Bezeichnung so viel schon gesagt, daß die meisten Individuen von der Art des homo oeconomicus zu dem Typus des homme clos, der Selbstbeherrschung, des sparsamen Furchtmenschen gehören. Die Menschen des anderen Typus sind in der neueren Zeit seltener geworden; sie dienten am Ende des Mittelalters in Gestalt des Wirtschaftspioniers oder des „königlichen Kaufmanns" alten Stils als Dampf für den Wagen, den die wirklichen Bürger, die bourgeois, gebaut haben. Diese aber bestimmen nun auf Jahrhunderte weitgehend den Gesamtgeist des neueren Soziallebens. Die unternehmerischen Naturen werden immer seltener, werden immer mehr gehemmt von der wachsenden, emsigen Bürokratie, so sehr gehemmt, daß *Sombart* sogar glaubte, die Verbürokratisierung wäre — neben der geistigen Verfettung des Bürgers in einem Rentnertum mit bloß seigneuralen Allüren und neben dem Rückgang der Bevölkerungsziffern — eine der Ursachen für ein baldiges Ende des Kapitalismus.

Daran kann man zweifeln. Vielleicht ist eine kapitalistische Wirtschaftsweise möglich ohne den Geist der Pleonexie, der Arbeitsvergötzung u. dgl. Aber das ist sicher: Der Geist des neuzeitlichen ökonomisierten, verwirtschaftlichten Soziallebens ist zum größten Teil der Geist des Furchtmenschen, des introvertierten Typus. „Sieh sie an", sagt Geisler in *Knut Hamsuns* Roman „Segen der Erde", als er mit einem anderen vor einem großen industriellen Unternehmen steht, „setzen sie denn nicht ihr alles ein? Der Fehler dabei ist nur, daß dieses Spiel nicht Übermut ist, nicht einmal Mut, es ist Schrecken. Weißt du, was Glücksspiel ist? Es ist Angst, die einem den Schweiß auf die Stirne treibt, das ist es. Der Fehler ist, daß sie nicht im Takt mit dem Leben schreiten wollen, sie wollen rascher gehen als das Leben, sie jagen, sie treiben sich selbst wie Keile ins Leben hinein."

---

[24]) Vgl. *Karl Jaspers*, Die geistige Situation der Zeit, Berlin [5]1947, 141.

3. Der neuzeitliche Mensch als Willensmensch und seine subjektive Wertrangordnung

a) Was heißt „Willensmensch"?

Beide Formen des neuzeitlichen homo oeconomicus, die Unternehmernaturen und die i. e. S. bourgeoisen Naturen, sind ausgesprochene Willensmenschen, und damit ist schon gesagt, daß ihnen das als besonders wertvoll gilt, was man willentlich, durch Willensanstrengung, erreichen kann. Wir wollen versuchen, zu erklären, was das heißt: Willensmensch. Es bedeutet nicht einfach das Gegenteil von willensschwachem Menschen. Es kann ein Mensch einen starken Willen haben und doch kein Willensmensch sein, dann nämlich, wenn seine Neigung zum Schauen, Bewundern, Meditieren, Anbeten, Sichhingeben noch größer ist und er darum seinen starken Willen in den Dienst solcher Neigungen stellt. Willensmensch i. e. S. ist ein Mensch, dem die Güter am höchsten stehen, deren Erreichung am meisten vom Willenseinsatz abhängt; es ist auch der Mensch, dem die Willensentfaltung sozusagen Selbstzweck ist, eine Einstellung, durch welche die natürlich vorhandene Willensenergie noch wachsen wird. Mit griechischen Wörtern ausgedrückt: Primat des Ethos über den Logos. *Guardini* überschreibt das letzte Kapitel seines Buches „Vom Geist der Liturgie": „Der Primat des Logos über das Ethos"[25]). In der Liturgie herrscht der Logos über das Ethos, d. h. mehr ruhiges Sichversenken und beschauende Anbetung als Willensanspannung und Tatendrang. Die Willensanspannung ergibt sich erst aus dem Sichversenken. In der Liturgie ist nicht „im Anfang die Tat" (Faust), sondern das Wort, der Logos. Daher rührt die schöne Gelassenheit in der christlichen Liturgie. Allgemein kann man sagen: Ob ein Mensch ein mehr kontemplativer oder ein mehr aktiver Typus ist, ist Sache der Veranlagung. Freilich kann auch ein mehr kontemplativ veranlagter Mensch sehr aktiv sein, aber das ist dann keine blinde Aktivität, sondern geboren aus der Erkenntnis, aus der Meditation, ex plenitudine contemplationis, der Ideenschau des philosophischen oder religiösen Eros. Es ist nie Aktion um der Aktion willen. Niemals sagt ein solcher Mensch: „Wenn nur etwas geschieht, das ist die Hauptsache."
Aristoteles unterschied „dianoetische" und „praktische" Tugenden[26]). Dahinter steht die Unterscheidung von Erkennen und Wollen als den zwei Grundfähigkeiten des menschlichen Geistes[27]). Wenn im menschlichen Leben das Erkennen, der Logos, die beschaulichen Tugenden die Führung haben und alle Willenstätigkeit im Dienste der Beschauung, der weltoffenen liebenden Bewunderung des Seins, der Bewunderung des Wahren, Guten, Schönen und Heiligen steht, behält das Leben einen Grundzug von Gelassenheit, Ruhe und Stetigkeit. Wenn dagegen der Wille, der an sich ja blind ist, wenn das Tun oder das Streben um seiner selbst willen, als unendliches Streben die Führung hat, dann bekommt das

---

[25]) Freiburg 1918.
[26]) Nikomachische Ethik X, 7.
[27]) Gefühl als dritte Grundkraft fehlt noch bei Aristoteles.

Leben etwas Unruhiges, Drängendes, Hastiges, Angespanntes und Gequältes. Man strengt sich an, erwirbt Besitz, Macht, ja auch Erkenntnisse, aber nicht um sich daran zu freuen, sondern um des Strebens willen.

b) Anwendungen auf die Geschichte (Wissenschaft, Religion, Politik, Wirtschaft)

Wir merken aus dieser Zeichnung schon, welcher von beiden Typen im Mittelalter und in der neuen Zeit jeweils Vorrang und Führung hatte. Vereinfachend gesagt galt im Mittelalter der Primat des Logos, in der neueren Zeit immer mehr der Primat des Ethos. Von der Erkenntnisfähigkeit des Menschen hielt das Mittelalter viel, die Neuzeit wenig. Ihr Erkenntnispessimismus in der Erkenntnistheorie *(Descartes, Locke, Hume, Kant)* ist ein Teil des anthropologischen Pessimismus. Seitdem unsere Erkenntnisfähigkeit fragwürdig wurde, „glitt der Schwer- und Stützpunkt des geistigen Lebens allmählich in den Willen hinüber. Die Tat des auf sich selbst gestellten Einzelnen wurde immer bedeutungsvoller. So drängte sich das tätige vor das beschauende Leben, der Wille vor die Erkenntnis"[28]).
In der Anwendung auf Einzelgebiete sieht das so aus:
(a) In der Wissenschaft gilt nun das Suchen nach der Wahrheit mehr als der Besitz der Wahrheit. Das heißt die Erde dem Himmel vorziehen. Gewiß soll jede Schule nicht nur die Wahrheit darbieten, sondern auch erziehen zum Suchen nach der Wahrheit. Aber das Ziel des Suchens ist Finden, Besitzen. An die Stelle kontemplierender, für die Tiefe und Fülle des Seins geöffneter Wissenschaft und Philosophie tritt jetzt Wissenschaft zwecks Natur- und Menschenbeherrschung, an die Stelle des Bildungswissens das Leistungswissen. Wissenschaft wird betrieben nicht weil sie schön, veredelnd, beglückend ist, sondern weil sie Macht vermittelt. „Wissen ist Macht" *(Bacon)*. Dazu eignen sich aber nur bestimmte Wissenschaften, die anderen, so vor allem die Allgemeine Ontologie, verkümmern *(Descartes* Warnung vor der Metaphysik). Darüber werden wir Genaueres ausführen in dem Kapitel über die philosophische und theologische Ausprägung der neuen Lebensanschauung.
(b) In der Religion ist in dieser Zeit zu beobachten, wie sich das Schwergewicht aus dem Gnadenhaften in das Selbst-zu-leistende verlegt. Auch nach mittelalterlicher Auffassung war das Mitwirken des Menschen zu seinem Heile notwendig, aber selbst das wurde als Gnade angesehen; Wirken, Tun, Anstrengung, so dachte man, geschehen im Rahmen dessen, was gnadenmäßig gegeben ist. Der neuzeitliche Willensmensch aber schätzt nicht den „geborenen Heiligen", sondern den, der viel ringen mußte; mehr als das Geschenkte schätzt er das Selbsterrungene: „Was nichts kostet, ist nichts wert." Im Molinismus steht der Wille als selbständige Komponente neben der Gnade. Der Molinismus[29]), an sich als nachträgliche Erklärungstheorie gemeint, wird aber oft als vorangehende

---

[28]) *Romano Guardini,* Vom Geist der Liturgie, Freiburg [14]1934, 82.
[29]) *Luis de Molina* S.J., 1528—1604, Coimbra und Evora; *Dominikus Báñez,* O.P., 1528—1604.

Anleitung zur religiös-sittlichen Lebensführung aufgefaßt und als solche vom neuzeitlichen Willensmenschen gern bejaht. Auch im Calvinismus und dem Luthertum werden die „weltlichen" guten Werke wichtig, die nicht unmittelbar dem Kultus oder der Befreiung des Geistes durch Askese für die Kontemplation der Sphäre des Heiligen dienen. Im Calvinismus werden die Werke Kriterien der Prädestination. Im Luthertum gilt die Berufsarbeit als der eigentliche Gottesdienst, nicht mehr kultische Feier, Betrachtung, Klosterleben, Abtötung im Dienste der Kontemplation.

Die angewachsene Willensenergie wird also herausgelöst aus dem begrenzenden Rahmen, den die geistigen und religiösen Werte bildeten, denen sie vorher unmittelbar gedient hatte. Sie verselbständigt sich und wird hingelenkt auf das irdische, profane Leben, besonders auf den Bereich von Politik und Wirtschaft, auf staatlichen Machtgewinn und auf unbegrenzten Erwerb.

(c) *In der Politik* werden jetzt die „regimentalen Naturen", die Caesarentypen, zahlreicher. Zwar war jeder große Herrscher in gewissem Sinne ein Willensmensch gewesen. Jetzt aber kommen zu den Königen und Herzögen hinzu die Condottieri, die Söldnerführer und — als besonders ausgeprägte Caesarentypen — die große Zahl der absolutistischen Fürsten, die *Macchiavellis* († 1527) Schrift vom Fürsten „Il principe", diese „einflußreichste aller politischen Broschüren" *(Dilthey)*, wie an sie alle gerichtet aufnahm. Sie alle wollen selbständige Herrscher, kleine Caesaren sein, während das Reich ein Schattendasein führt.

(d) *In der Wirtschaft* führt die gesteigerte Willensmacht zu einem unbegrenzten Arbeitstrieb. Dieser Trieb rückt an die Spitze in der Abfolgeordnung beim Erstarken der drei Triebe: Erwerbstrieb — Genußtrieb — Arbeitstrieb, von der wir jetzt sprechen wollen.

c) *Die historische Abfolgeordnung des Erstarkens von Arbeitstrieb, Erwerbstrieb und Genußtrieb*

Erwerbstrieb (E), Genußtrieb (G) und Arbeitstrieb (A) sind nicht alle zugleich und gleichmäßig erstarkt. Es gibt eine geschichtliche Abfolgeordnung, in der das Wachstum des einen durch das vorausgehende Wachstum des anderen ausgelöst, bedingt ist. Rein arithmetisch gesehen sind sechs Kombinationen der Abfolge möglich:

I	II	III	IV	V	VI	
E	E	G	G	A	A	
G	A	E	A	E	G	III = *Sombart*
A	G	A	E	G	E	V = *Weber*

Von diesen Kombinationsmöglichkeiten sind alle zu streichen, in denen G und A einander unmittelbar folgen. Denn aus unbegrenztem Arbeitstrieb kann sich nicht unmittelbar starkes Genußstreben ergeben; und umgekehrt: starkes Genußstreben kann nicht unbegrenzten Arbeitstrieb bedingen, wird ihn vielmehr einschränken. Es bleiben also übrig Kombination III und V. III deckt sich mit der Abfolge, wie *Sombart* sie sieht: neue Weltfreude und neuer unbegrenzter Genußtrieb — neuer unbegrenzter Erwerbstrieb — neuer unbegrenzter Arbeitstrieb. V entspricht der Ansicht *Max Webers* (und *Schelers*) von der Abfolge der Triebe: immer mehr wachsender Arbeitstrieb — wachsender Erwerbstrieb — führt später erst zu grenzenlosem Genießen.

Gegen *Sombart* ist zu sagen: Es ist wohl denkbar, daß ein hemmungsloses Genußstreben zu einem hemmungslosen Erwerbsstreben führt; denn je mehr an sinnlichen Genüssen ein Mensch haben will, desto mehr kann er auch bereit sein, sich die Mittel dazu zu verschaffen, falls das nicht so anstrengend ist, daß es den Genußtrieb zu sehr hemmt. Arbeit ist aber anstrengend, eintönig, belastend. Es ist darum gar nicht ausgemacht, daß ein solcher Mensch, selbst wenn er Arbeit als ein wichtiges Erwerbsmittel erkannt hat, sich einem fast hemmungslosen Arbeitstrieb hingibt; denn das würde Selbstüberwindung, Verzicht bedeuten, das Gegenteil also von Genuß. Die Abfolge G — E — A würde ein Abebben des Genußtriebes voraussetzen. Das aber ist geschichtlich nicht der Fall.

Zutreffender und psychologisch wahrscheinlicher ist der Zusammenhang von *Max Weber* dargestellt. Nach ihm ist der neuzeitliche Willensmensch beseelt von einem unbändigen Tätigkeitsdrang. Auch *Strieder* ist der Ansicht, daß das wirtschaftliche Streben im 15./16. Jahrhundert letztlich nicht einer Gewinngier entspringt, sondern dem „Betätigungsbedürfnis der eigenen kräftigen Persönlichkeit"[30]). Bei den „Unternehmernaturen" wirkt sich das zuerst aus in Entdeckungs- und Abenteuerfahrten, bei den „Bourgeoisnaturen" in Fleiß und emsiger Arbeit in Handel, Handwerk und Industrie. Mehr und mehr stellen dann auch die Unternehmernaturen ihre Aktivität in den Dienst solcher wirtschaftlicher Betätigung. Eng damit zusammen hängt der Machtwille, der im Streben nach Besitztümern sich ausdrückt; denn Besitz ist Macht. Und ganz neue und zahlreichere Möglichkeiten, Besitz und damit Macht zu erwerben, haben sich jetzt dem unbändig arbeitenden Menschen aufgetan. *Steinbach* meint, man könne geradezu von dem Einbruch einer „unbegrenzten Machtsteigerung ins Wirtschaftsleben" sprechen[31]). Der neu erworbene Besitz gibt außer der Möglichkeit, Macht auszuüben, auch Möglichkeiten, sich viel mehr materielle Genüsse zu verschaffen. Aber erst dann, wenn der Arbeitstrieb ermattet, kann der Genußtrieb wachsen, immer stärker wachsen und schließlich unbegrenzt werden.

Der Genußtrieb gehört also in der genetischen Abfolgeordnung der Triebe ans Ende, nicht an den Anfang. Ein allgemeines Genußstreben kann durch sein Anwachsen nicht einen hoch gesteigerten Arbeitswillen auslösen, auch nicht auf dem Wege über den gesteigerten Erwerbstrieb, wie *Sombart* meint. Inkonsequenterweise glaubt ja auch *Sombart,* daß erst in einer späten Epoche, am Ende des kapitalistischen Zeitalters, die geistige Verfettung im „Rentnertum mit

---

[30]) *Jakob Strieder,* Studien zur Geschichte kapitalistischer Organisationsformen. Monopole, Kartelle und Aktiengesellschaften im Mittelalter und zu Beginn der Neuzeit, München ²1925, 55.
[31]) *Franz Steinbach,* a. a. O., 12.

seigneuralen Allüren" eintrete[32]). Es ist ferner gegen *Sombart* zu sagen, daß ein so genußsüchtiges Rentnertum das gewaltige, nur durch ungeheure Arbeitsleistungen möglich gewordene moderne System des Kapitalismus niemals hätte hervorbringen können.

Am Anfang des neuzeitlichen Soziallebens steht also nicht der Genußtrieb, sondern der Arbeitstrieb. Noch mehr über die Abfolgeordnung der Triebe werden wir hören bei den Ausführungen über das Verhältnis des neuzeitlichen Menschen zur katholischen Kirche und ihrer Glaubens- und Sittenlehre. Wir werden dann sehen, wie die Kirche und ihre Lehre in bezug auf den Arbeitstrieb hemmend wirkten, Luthertum und besonders Calvinismus dagegen enthemmend. „Verursacht" hat keines dieser religiösen Systeme den modernen Kapitalismus, sondern sie sind für den neuen Geist des zur Herrschaft gelangenden Menschentypus nur verschieden günstige Durchbruchsstellen gewesen, oder sie haben ihm sogar nachträglich die religiös-moralische Rechtfertigung gegeben.

d) *Die subjektive Wertrangordnung des neuzeitlichen Menschen*

(a) Die objektive Wertrangordnung

Es gibt eine erkennbare objektive Wertrangordnung:
(1) Die Werte des Heiligen; Gott als das aus sich selbst seiende Sein von absoluter Wertfülle und ehrfurchtgebietender Heiligkeit ist der oberste Wert.
(2) Darunter stehen die geistigen Werte des Wahren, Guten, Schönen.
(3) Es folgen die Werte des Vitalen und
(4) die Werte des Nützlichen oder des sinnlich Angenehmen.

Diesen Selbstwerten zugeordnet sind die Dienstwerte: Dinge und Verhaltensweisen, die zur Erlangung, Darstellung, Vermittlung der Selbstwerte dienlich, i. w. S. nützlich und nur wegen dieses Dienstes für uns wertvoll sind. So entspricht der Reihenfolge der Selbstwerte bei den Dienstwerten als sakraldienlich das „Geweihte", als kulturdienlich das „Förderliche", als vitaldienlich das „Bekömmliche", als genußdienlich das „Nützliche i. e. S.".

Für die objektive Abstufung der Selbstwerte wollen wir einige Beispiele nennen. Objektiv ist das vitale Leben mehr als der Nutzwert der Kleidung oder sinnlicher Annehmlichkeiten. Objektiv ist aber auch das vitale Leben der Güter höchstes nicht. Wahrheit ist mehr als das leibliche Leben; darum ist es sinnvoll, sein Leben hinzugeben für die Wahrheit; oder für das sittlich Gute, wie es z. B. eine sich selber nicht schonende Krankenschwester tut, um die schenkende Liebe sichtbar zu machen; oder sogar für das Schöne, wie es ein Künstler tut, wenn er, um ein großes Kunstwerk zu schaffen, seine Lebenskraft opfert, wie z. B. *Michelangelo* die Decke der Sixtinischen Kapelle ausmalte, bis ihm der Nacken steif, der Arm lahm und die Augen fast blind wurden. Der objektiven Wertrangordnung entspricht es, wenn wir den starken Ausdruck recht verstehen wol-

---

[32]) *Werner Sombart*, Der Bourgeois.

len, wenn *Paulus* sagt: Ich erachte alles Irdische — also auch alle irdische Weisheit und Schönheit — wie Schmutz und Kot im Vergleich zu der Seligkeit, in Christus meinem Gott anzugehören.

Das sind einige wichtige objektive Abstufungen. Dazwischen aber liegen noch zahlreiche Abstufungen. Je mehr wir dabei ins Einzelne gehen wollen, desto ungewisser ist es, ob wir der objektiven Wertrangordnung noch gerecht werden. Zum Beispiel: Steht im Reiche des Schönen das Idyllische oder das Erhabene, das Liebliche höher oder das Gewaltige? im Reiche des Sittlichen die Wahrhaftigkeit höher als die Geschwisterliebe? die Keuschheit höher als die Ehrfurcht vor Gottes Hoheit über unser leibliches Leben? gilt die wagende Tapferkeit mehr oder die duldende Leidensstärke? usw. Gewißheit ist in vollem Maße nur dem allwissenden und allwertenden Gott möglich. Für die Kreaturen tut sich hier ein Spielraum auf für ein Wertvorziehen durch die einzelnen Menschen oder durch einzelne Völker, Kulturkreise. Das ist ihre subjektive Wertrangordnung, die mit der objektiven so lange noch übereinstimmt, als wenigstens die Grundstruktur, die vier genannten Hauptstufen, in ihrer objektiven Rangordnung eingehalten und die Dienstwerte den Selbstwerten nachgestellt werden.

e) Die ökonomistische Welt- und Lebensanschauung

Das aber ist nun nicht mehr der Fall bei der subjektiven Wertrangordnung des neuzeitlichen Menschen, sofern er zum homo oeconomicus geworden ist, d. h. sofern er die ökonomischen Werte über die vitalen, über die geistigen, ja, über die religiösen Werte setzt, m. a. W. wenn Profit und Ansammeln von Geld und Produktionsmitteln, von materiellen Gütern mehr gilt als leibliche Gesundheit und blühende Landschaft, mehr als Wissenschaft, Kunst und sittliche Reinheit, mehr als Gebet und Sonntagsruhe, die den Menschen frei macht für die religiöse Erhebung und Meditation. Aus dieser Gesinnung ergibt sich ein soziales Leben, das — nur durch einige Züge hier gekennzeichnet — so aussieht: Landschaften werden verwüstet durch Reklame für Luxusgüter, Wälder vernichtet, um Papier für bloß sinnlich-angenehme Unterhaltungslektüre zu gewinnen — obwohl die Natur ein Träger der höher stehenden Vitalwerte ist und als Träger von symbolhaften Dienstwerten für das Heilige einen sakralen Charakter hat. Die Sorge für ein biologisch gesundes Eheleben und eine kraftvolle Nachkommenschaft wird abgelöst durch kluge Geldheiraten der Begüterten und durch sozialpolitische Ermunterung zur Kinderaufzucht zum Zwecke der proletarischen Arbeitskraft. Ungesunde, degenerierende Wohn- und Lebensweisen werden hingenommen, wenn dabei ein erhöhtes Maß von Genußmitteln und Luxus erreicht wird. Wissenschaft, die in ihrer höchsten Form zweckfreies Wesenswissen um die Urgestalten des Wirklichen ist und also Selbstwert hat, wird in erster Linie oder fast nur geschätzt, sofern sie im Dienste der ökonomisch-technischen Naturbeherrschung und der ökonomisch interessierten Massenlenkung steht. Kunst, deren eigentlicher Sinn das zweckfreie Schauen des Schönen und Durchschauertwerden vom Erhabenen ist, wird mehr und mehr in den Dienst bloß gesellschaftlicher Unterhaltung und machtpolitischer Demonstration gestellt. Die positive Bedeutung des Sittlichen und Religiösen wird eingeschränkt auf die Hochschätzung produktionsfördernder Verhaltensweisen und Gesinnungen wie Fleiß, Korrektheit, ausdauernde Arbeitsamkeit u. dgl. Diese Wertverschiebung, dieser „Umsturz der Werte" *(Scheler)* ist in verschiedener Stärke und Konsequenz vom neuzeitlichen homo oeconomicus vorgenommen worden und zwar — das zu bemerken ist wichtig — blieb es dabei, auch nachdem die Vermögenssteigerung eine andere Lebensweise möglich gemacht hätte. Das ist seine Sünde, sein Abfall von der objektiven Wertrangordnung. *Sombart* nennt die ökonomistische Weltanschauung „Teufelswerk", Einwilligung in eine „teuflische Versuchung"[33]). Wirtschaftlicher Erwerb und körperliche Arbeit waren zunächst, im Mittelalter, von ihrer Anrüchigkeit, ihrer geringen sozialen Einschätzung befreit worden[34]), und das war gut. Aber nicht gut war es, daß später mehr geschah, nämlich Arbeit und Geschäft zum Selbstzweck, ja, zum Religionsersatz wurden. Anfangs blieben Arbeit und Erwerb noch im Rahmen der christlich-religiösen Weltanschauung — denken wir an die religiöse Weihe der Zünfte und der großen Handelsgesellschaften — und es blieb noch die Beziehung auf das leibliche und seelische Wohl des Menschen. Das schwindet immer mehr. Immer weniger wird die Rücksicht auf Religion, überkommene Moral, leibliches Wohl, sogar auf die eigene Person. Es ist bezeichnend, daß wir im 19./20. Jahrhundert in vielen Nachrufen lesen: „Er lebte und starb für sein Unternehmen", „Er kannte nur Arbeit und keine Rücksicht auf sich selber" u. ä.

Wenn wir den bürgerlichen Menschen als homo oeconomicus bezeichnen, dann nicht deswegen, als hätte er als erster begonnen, wirtschaftlich zu handeln, sondern deswegen, weil er die wirtschaftlichen Güter und das wirtschaftliche Handeln an die Spitze seiner subjektiven Wertrangordnung gestellt hat. Immer haben die Menschen wirtschaftlich gehandelt, d. h. einen bestimmten Zweck bei der Beschaffung materieller Güter mit möglichst geringem Aufwand der ihnen bekannten und als erlaubt geltenden Mittel zu erreichen gesucht[35]). Um den Unterschied zwischen dem mittelalterlichen und dem neuzeitlichen Menschen zu sehen, müssen wir daher fragen, ob ihr Leben noch andere Ziele enthält als die Beschaffung materieller Güter.

Andere Ziele waren für die geistlichen Herrscher des Mittelalters z. B. Gottesdienst, Erziehung, Ruhm, also nichtmaterielle Güter, zu denen jedoch materielle Güter notwendig waren. Diese suchten auch sie mit möglichst geringem Aufwand, möglichst „billig", d. h. durch wirtschaftliches Handeln zu erwerben. Dieses Prinzip ändert sich nicht beim Übergang zur Neuzeit. Worin aber besteht dann der Unterschied zwischen mittelalterlicher und neuzeitlicher Wirtschaftsweise? *Sombart* sieht ihn in der Bedarfs*deckung* im Mittelalter und der Bedarfs*weckung* in der Neuzeit. *Eucken* sagt dazu kritisch, daß auch der neuzeitliche Mensch erwerbe, um Bedarf zu decken, Bedarf an materiellen Gütern, oder um

---

[33]) *Werner Sombart*, Deutscher Sozialismus, Charlottenburg 1934, 3.
[34]) Vgl. *Franz Steinbach*, a. a. O., 12.
[35]) *Walter Eucken*, Die Grundlagen der Nationalökonomie, Berlin ⁵1947, 328 und 415.

sein Machtbedürfnis oder seinen Tätigkeitstrieb zu befriedigen. Also diene auch die moderne Erwerbswirtschaft irgendwelcher Bedarfsdeckung; man müsse die Wörter „Bedarf" und „Bedürfnis" nur ganz weit fassen[36]). Freilich ist dabei zu beachten, daß die Art der Bedürfnisse und das Verhältnis zwischen den verschiedenen gleichzeitig empfundenen Bedürfnissen wechseln. Sie waren bei Adel und Bauern des Mittelalters in zweifacher Weise anders als beim Bürgertum und in der Neuzeit. Erstens: Bei Adel und Bauern des Mittelalters waren die materiellen Bedürfnisse mehr gleichbleibend als beim Bürgertum. Die Ideen des Herkömmlichen und Standesgemäßen regulierten sie. Zweitens: Adel und Bauern empfanden ein größeres Bedürfnis als der homo oeconomicus nach Muße: nach Ruhe, festlichen Feiern, nach Spiel, Gottesdienst und gemütvoller Naturanschauung.

Hier wollen wir eine allgemeine Erwägung einschieben über das Verhältnis von Arbeit und wechselnden Bedürfnissen. Immer sucht der Mensch so viel bzw. so wenig zu arbeiten als er Bedürfnisse empfindet, die durch das Ergebnis der Arbeit befriedigt werden sollen. Also kommt es auch auf die Ergiebigkeit der Arbeit an. Das Produkt von Arbeit und Ergiebigkeit kann wachsen durch Vergrößerung der Arbeit *oder* der Ergiebigkeit, es kann wachsen durch Vergrößerung der Arbeit *und* der Ergiebigkeit.

Seit dem Beginn der Neuzeit ist die Ergiebigkeit der Arbeit sehr gestiegen durch fortschreitende Arbeitsteilung in der Spezialisierung der Bürger auf verschiedene Handwerke und Handelsarten; sie ist gestiegen durch zweckmäßigere Organisation und später durch technische Erfindungen und Verbesserungen. Wenn in der mittelalterlichen Landwirtschaft die Ergiebigkeit der Arbeit ein wenig wuchs, dann vergrößerten sich insgesamt die materiellen Ansprüche nicht wesentlich, die Bedürfnisse nach materiellen Gütern blieben im großen und ganzen unverändert; weil aber ein großes Bedürfnis nach Muße bestand, wurde weniger gearbeitet: Wenn die Ergiebigkeit größer wurde, konnte die Arbeit kleiner werden.

Wenn aber bei der wirtschaftlichen Tätigkeit des Bürgers die Ergiebigkeit wuchs, dann wurde nicht weniger gearbeitet, weil die wachsenden Bedürfnisse an materiellen Gütern befriedigt werden wollten. Um so weiter ging dieser Prozeß, je geringer beim homo oeconomicus als „Willensmensch" das Bedürfnis nach Muße wurde.

Die größere Ergiebigkeit der Arbeit kann sich also in verschiedener Weise auswirken. Sie kann zum Anlaß werden, weniger zu arbeiten, weil materielle Bedürfnisse nicht steigen und weil man Muße liebt; oder sie kann — umgekehrt — zum Anreiz werden, noch mehr zu arbeiten, weil es sich mehr lohnt und das Bedürfnis nach Muße gering ist — das ist der Fall beim bürgerlichen Willensmenschen und seinem wirtschaftlichen Tätigkeitsdrang. *Eucken* sagt, das Bedürfnis nach Muße bei der Betrachtung des Wirtschaftslebens einer Zeit aus-

---

[36]) Vgl. *Walter Eucken*, a. a. O., 325.

zusondern und gesondert zu betrachten, sei „zu empfehlen"[37]). Ich bin der Ansicht, daß es sogar wesentlich ist. Daher rührt der große Unterschied zwischen dem wirtschaftlichen Verhalten des Menschen im Mittelalter und in der vom Bürgertum geprägten Neuzeit. Bei Adeligen und Bauern im Mittelalter war der Bedarf an Muße groß: für die Wegbereitung des Gottesreiches, die betrachtende Hingabe an Gott und Welt und auch für den naiven Genuß der Welt. Weil er ein größeres Bedürfnis nach Muße hat, ist der mittelalterliche Mensch in gewissem Sinne „musischer" als der neuzeitliche Mensch. Dieser schiebt grenzenlosen Erwerb materieller Güter an die Spitze seiner subjektiven Wertrangordnung; er wird zum homo oeconomicus. Bei *Goethe* lesen wir in der „Unterhaltung deutscher Ausgewanderter": „Mit Unrecht hält man die Menschen für Toren, welche in rastloser Tätigkeit Güter auf Erden zu häufen suchen; denn die Tätigkeit ist das Glück, und für den, der die Freuden eines ununterbrochenen Strebens empfinden kann, ist der erworbene Reichtum ohne Bedeutung." Dieser Geist, der in den Menschen groß wurde und wohnte, hat sich dann gleichsam verobjektiviert, ist in die großen Unternehmungen selbst hineingefahren, riß die Menschen, auch wenn sie nicht mehr recht wollten, mit sich fort; Profit, Fortschritt ohne Grenzen sind innere Regeln dieses Geschäftsmechanismus geworden, denen die Menschen sozusagen, oder wie sie meinen, sich unterwerfen „müssen": Das Unternehmen muß gedeihen um jeden Preis. Sie wurden die Sklaven ihres eigenen Werkes. Seit einigen Jahrzehnten haben Wirtschaftskatastrophen nachdenklich gemacht. Aber noch ist der vom neuzeitlichen homo oeconomicus, der aus der hörigen Unterschicht ländlicher Arbeiter des Mittelalters, von Arbeitswillen und wachsendem Erwerbsstreben beseelt, zum Gewerbebürgertum aufgestiegen war, erzeugte Riese der kapitalistischen Lebensauffassung und Lebensgestaltung am Werk, um uns alle in seinem Dienst zu halten. Noch ist das aus der Wirtschaft stammende quantitative Denken, das alles nach der äußeren, meßbaren, berechenbaren Größe bewerten will, so stark, daß auch heute noch viel von dem Sein und Geschehen, das in seinem Werte gar nicht quantitativ zu begreifen ist, dennoch von uns quantitativ bewertet wird: ein Film nach der Höhe der Kosten und der Zahl der an seiner Produktion Beteiligten, das Bild eines berühmten Malers nach dem Preis, eine religiöse Versammlung nach der Zahl der Teilnehmer („Großkundgebung") usw. Das ist „kindisch", sagt *Sombart*[38]), ein Rückfall in die Zustände der Kinderseele oder, wie *Scheler* hinzufügt, eine Vermassung des Gefühlslebens; denn die „Masse" ist ja das „Kind" im großen. Dem Kinde und der Masse imponiert vor allem viererlei: 1) das quantitativ Große: der Riese im Märchen; 2) die rasche Bewegung: der Kreisel, der sich so schnell dreht, daß man die Drehung nicht mehr sehen kann; 3) das Neue, die Sensation; 4) die äußere Macht: das Kind, das den Hund zum Männchen-machen zwingt, einer Fliege die Beine ausreißt u. dgl. m. Diese vier infantilen Ideale sind weitgehend auch die Ideale des neu-

---

[37]) *Walter Eucken*, a. a. O., 417.
[38]) In: Der Bourgeois; vgl. auch *Werner Sombart*, Deutscher Sozialismus, Charlottenburg 1934, 39—41: kindliche und „moderne" Ideale.

zeitlichen Menschen geworden; sie stehen in seiner subjektiven Wertrangordnung mit an der Spitze. Wenn ein wirtschaftliches Unternehmen immer größer, zu einem Mammutunternehmen wird, wenn der Blitzzug noch 10 km schneller fährt in der Stunde, wenn eine neue technische oder wirtschaftliche Einrichtung zustande kommt, wenn wirtschaftliche Zusammenballung auch neuen Machtzuwachs über andere Menschen bewirkt — so imponiert das den meisten, weil es eben größer, schneller, neuer, mächtiger ist. Es imponiert das Quantitative, nicht das Qualitative, und zwar nicht nur dem kapitalistischen Unternehmer, der sich darüber freut, ohne zu wissen oder zu fragen, welchen höheren Zielen solches dienen könnte, es imponiert im Grunde auch dem Arbeiter, dem Angestellten und dem kleinen Kaufmann, der davon hört oder als Arbeiter mitbeteiligt ist. Wenn der Arbeiter opponiert, dann nur deshalb, weil er selber nicht genug am Profit beteiligt ist, nicht aber, weil er andere, höhere Ideale hätte und mehr als der Unternehmer wegen der Vernachlässigung höherer Werte besorgt wäre.

Soviel über die subjektive Wertrangordnung des neuzeitlichen Willensmenschen. Später wollen wir über seine Stellung zur Kirche und ihrer Glaubens- und Sittenlehre sprechen. Zunächst aber einige Gedanken zum Wandel im Sozialleben von Gemeinschaft zu Gesellschaft, der mit dem Aufstieg des Bürgertums einsetzt.

9. Kapitel

Der Wandel von Gemeinschaft zu Gesellschaft seit dem Erstarken des Gewerbebürgertums

1. Gemeinschaft und Gesellschaft — Begriffserklärung

Seit dem Aufsteigen des Gewerbebürgertums wurde das abendländische Sozialleben mehr und mehr umgeformt von der sozialen Grundform Gemeinschaft zu der der Gesellschaft. Diese beiden Grundformen hat *Tönnies* geschildert in seinem Werk „Gemeinschaft und Gesellschaft. Grundbegriffe der reinen Soziologie"[1]). Nachdem es fast ein Vierteljahrhundert lang wenig beachtet war, gewann es einen wachsenden Einfluß auf deutsche und ausländische Forschung und auch über deren Kreis hinaus auf die Begriffs- und Vorstellungswelt des breiten Publikums. Die in seinem Titel genannten soziologischen Grundbegriffe sind zum Allgemeingut der Gebildeten geworden, und man kann nicht sagen, daß sie jene Ausdrücke in einem wesentlich anderen Sinne gebrauchen als *Tönnies*. Jedermann weiß heute, daß „Gesellschaft" ein kühleres, distanzierteres zwischenmenschliches Verhältnis bedeutet als „Gemeinschaft". Allen menschlichen Beziehungen, die unter den Typus der Gesellschaft fallen, haftet etwas Künstliches, Gemachtes, Rechenhaftes, Willkürliches an im Gegensatz zur Gemeinschaft, unter welchem Begriff die gewachsenen, „organischen", tieferen und innigeren Sozialverbindungen zusammengefaßt werden. In diesem noch wenig präzisierten Sinne werden die Grundbegriffe des Altmeisters der deutschen Soziologie heute allgemein gebraucht. Jedermann weiß, daß eine Vereinigung von Aktionären oder der Zusammenschluß von Marktinteressenten keine Gemeinschaft, sondern eine Gesellschaft ist, und daß eine Familie oder die eng zusammenlebende Bewohnerschaft einer gefährdeten Hallig nicht eine Gesellschaft, sondern eine Gemeinschaft bildet.
Tönnies gewann diese Grundbegriffe durch den Rückgriff auf zwei verschiedene Grundhaltungen der verbundenen Menschen zueinander. Alle soziale Verbundenheit ist Zusammenhang verbundener Willen. Grundformen des menschlichen Willens sind „Wesenwille" und „Kürwille". Wesenwille bewirkt unmittelbare Verbundenheit. Durch Kürwillen ist jeder trotz der äußeren Verbundenheit „für sich allein und im Zustand der Spannung gegen alle übrigen". Das ist also zunächst eine bloß formale psychologische Unterscheidung. Aber *Tönnies* hat auch beschrieben, worauf sich diese beiden Grundmodalitäten des Willens beziehen, d. h. was das Thema von Gemeinschaft und Gesellschaft ist. Bei der Gemeinschaft ist es die schon instinktiv bejahte Blutsgemeinschaft und die dörfliche oder kleinstädtische Nachbarschaft sowie die durch traditionelle Sitten geformte

---

[1]) Berlin ⁸1935 (Nachdruck der 8. Aufl.: Darmstadt 1963, Hrsg.).

Lebensgemeinschaft der Nation. Der Prototyp aller Gesellschaft ist der Marktverkehr, wo eine Mehrheit von Menschen sich tauschbegierig die Hände reicht und jeder für den anderen nur insoweit wichtig ist, als er Geschäftspartner oder Konkurrent ist. Hier ergibt sich die Notwendigkeit rechtlicher Abgrenzung und Regelung der sich kreuzenden materiellen Interessen, je mehr eine gemeinschaftsmäßige tragende Grundlage mit den Sicherheitsfaktoren: Herkommen, Treu und Glauben fehlt, je mehr also das betreffende Verhältnis ein rein gesellschaftsmäßiges ist.

Es ist nun schwierig, in das Grundschema von *Tönnies* auch nur die wichtigsten Formen menschlicher Verbundenheit glatt einzuordnen. Manche auf geistige und religiöse Werte gerichtete Verbundenheitsformen kann man nicht darin unterbringen. Der freie Zusammenschluß einer Mehrzahl von Menschen in einer philosophischen oder künstlerischen oder religiösen Gruppe ist nicht Gemeinschaft im Sinne von *Tönnies,* weil die gemeinsame naturhafte Grundlage der Blutsverbundenheit oder der angestammten räumlichen Nachbarschaft fehlt. Nach freiem Ermessen schließt man sich solchen Gruppen an oder nicht. Deshalb neigt *Tönnies* dazu, sie dem auf Kürwillen beruhenden Typus der Gesellschaft zuzuordnen. Aber hier meldet sich ein anderer Widerspruch. Denn *Tönnies* selber sagt ja doch, in der Gesellschaft herrsche das egoistische Interesse, der Kampf um materielle Güter, die Träger von Nützlichkeits- und Annehmlichkeitswerten sind, und der Vertrag, durch den man sicherer zur Erfüllung seiner ökonomischen Interessen zu gelangen hofft. Das alles trifft auf die geistigen Persongemeinschaften nicht zu. Man hat deshalb mit Recht an dem Schema der Grundbegriffe von *Tönnies* Kritik geübt. *Scheler, Schmalenbach* und *Max Weber* haben sein zweigliederiges Schema menschlicher Verbundheitsformen durch ein drei- bzw. viergliederiges ersetzt[2]).

Man kann aber auch mit den beiden Grundbegriffen Gemeinschaft und Gesellschaft ein genügend weites Schema hinzeichnen, wenn man den Begriff der Gemeinschaft erweitert gegenüber der zu „naturalistischen" Fassung bei *Tönnies*. Entscheidend bei der Zuordnung zu Gemeinschaft oder Gesellschaft ist nicht der Gesichtspunkt des unbeabsichtigt naturhaften oder frei und überlegt gewollten Zusammenschlusses, nicht der Grad der Bewußtheit oder gar der Reflexion, sondern die Verschiedenheit des *Themas* der Sozialverbindungen. Alle Verbindungen, die überwiegend auf Erwerb und Sicherung wirtschaftlicher Güter abzielen, gehören zum Grundtypus der Gesellschaft. Alle Verbindungen, deren Thema gemeinsam bejahte vitale, geistige oder religiöse Werte bilden, gehören zum Grundtypus der Gemeinschaft, auch wenn diese Verbindungen rechtlich geformt und autoritativ gelenkt sind. In einer menschlichen Sozialverbindung muß nicht alles von Liebe und Wohlwollen überfließen, wenn sie zum Grundtypus der

---

[2]) *Max Scheler*, Der Formalismus in der Ethik und die materiale Wertethik. Neuer Versuch der Grundlegung eines ethischen Personalismus, Bern [4]1954. — *Hermann Schmalenbach,* Die soziologische Kategorie des Bundes, in: Die Dioskuren. Jahrbuch für Geisteswissenschaften 1, München 1922, 35—105. — *Max Weber,* Wirtschaft und Gesellschaft, Tübingen [4]1956.

Gemeinschaft gerechnet werden soll³). In einer Gemeinschaft kann es auch Streit und Zank und Auseinandersetzungen geben; aber unterhalb oder oberhalb solcher aktuellen Distanzbeziehungen bleibt das Wir der Gemeinschaft bestehen, nämlich unterhalb: die naturhafte Schicksalsverbundenheit durch Blut und Boden, oder oberhalb: die gemeinsame Bezogenheit auf bestimmte geistige oder religiöse Werte. Für die Unterscheidung von Gemeinschaft und Gesellschaft ist also im Grunde nicht die „Willensmodalität" maßgebend, sondern der Leitgegenstand, das Thema einer Sozialverbindung, der betreffende Bereich der Güter und Werte, auf dessen gemeinsamer Bejahung die Sozialverbindung beruht.

Hier ist zu fragen, wie es mit dem Rechtswesen ist. Begründet das Juristische nicht auch bloß Gesellschaft? Bedenken wir, daß Rechtssysteme wie ein Netz sind, das über sehr verschiedene Bereiche geworfen wird, verschiedenen Bereichen dienen kann. Aber — und das ist der hier wichtige Unterschied — einmal als *gewachsenes* Recht, dessen Begründung und Geltungsanspruch darin gesehen wird, daß es „immer so gewesen ist", „Naturrecht" im stoischen oder im christlichen Sinne; zum anderen als positives, künstlich *gemachtes* Recht. In dieser zweiten Form ist das Recht besonders wichtig im gesellschaftlichen Typus der Sozialverbindung, und dieser ist „zu Hause" im wirtschaftlichen Leben. Wenn es nun im wirtschaftlichen Leben im Vordergrund steht, wenn es losgelöst ist von Blut und Boden, d. h. von Familien- oder Hauswirtschaft und Dorfwirtschaft und Kundenproduktion, maßgebend in vorwiegend marktwirtschaftlicher Produktion für unbekannte Abnehmer, dann gilt *Schelers* Formulierung: „... alle Einung der ‚Gesellschaft' beruht auf zufällig sich deckenden egoistischen Einzelinteressen oder Summen solcher Interessen von Einzelsubjekten, die nur als individualitätslose ‚gleich' ‚geltende' Verstandes- und Willensatome aufgefaßt werden und nur *eine* Eigenschaft haben müssen: die Eigenschaft, vertragsfähig und vertragsmächtig ... zu sein"⁴).

2. Ursachen der Vergesellschaftung

Die Hauptursache für die Vergesellschaftung ist die Ökonomisierung. „Das Interesse, das der ökonomische Mensch an seinen Mitmenschen nimmt", sagt *Spranger*, „ist ein reines Nützlichkeitsinteresse. Er sieht sie gleichsam nur von der Seite, mit der sie dem Wirtschaftsleben zugewandt sind ... Auch die moralischen Qualitäten des anderen treten in die ökonomische Berechnung mit ein. Aber wiederum nur, sofern sie wirtschaftlich belangvoll sind ... Solche Verbindungen dauern, wenn sie typisch rein sind, nicht über die Zeit des geschäftlichen Interesses hinaus. Wo der rein ökonomische Gesichtspunkt herrscht, sinkt der Mensch notwendig und naturgemäß immer zu einem Mittel herab, das nach seiner Arbeitskraft,

---

³) Vgl. *Hans Freyer*, Soziologie als Wirklichkeitswissenschaft. Logische Grundlegung des Systems der Soziologie, Leipzig-Berlin 1930, 243.
⁴) Krieg und Aufbau, Leipzig 1916, 206. — Vgl. auch *Eduard Spranger*, Lebensformen. Geisteswissenschaftliche Psychologie und Ethik der Persönlichkeit, Halle ⁵1925, 152 f.

seiner Kaufkraft gewertet wird"⁵). Fördernde Umstände für den Wandel von Gemeinschaft zu Gesellschaft waren einmal die Loslösung vom angestammten Boden, die größere Freizügigkeit, durch die man mehr mit fremden Menschen zusammenkommt, von denen man in erster Linie nur weiß, daß sie Wirtschaftspartner sind: Abnehmer, Lieferanten, Konkurrenten usw.; zum anderen ist für die Vergesellschaftung förderlich gewesen die Loslösung aus dem Familienzusammenhang und der Sippenzugehörigkeit durch die neue Art der Beschäftigung, bei der mit dem Aufkommen der Großbetriebe Lebens- und Arbeitsraum voneinander getrennt werden, ferner durch die freie Heiratsmöglichkeit, die nicht mehr gebunden ist an die Zugehörigkeit zu bestimmten Sippen, Stämmen, Völkern, sozialen Schichten. In der Terminologie von *Tönnies* gesagt: Im gesellschaftlichen Zeitalter wird das räumliche Prinzip vom zeitlichen, dem Blutsprinzip, losgelöst, die im gemeinschaftlichen Zeitalter aneinander gebunden waren.

3. Möglichkeiten neuer Gemeinschaftskultur

Soziologen und Geschichtsphilosophen, z. B. *Tönnies, Spengler* und *Alfred Weber*, haben beschrieben, wie alle großen Kulturen einen Weg von der Gemeinschaft zur Gesellschaft durchlaufen haben⁶). Ethnologen wie *Wilhelm Schmidt* und *Wilhelm Koppers* haben solche Entwicklungslinien auch für die Vorgeschichte und das Sozialleben der Naturvölker aufgezeigt⁷). Daß die moderne Welt der zivilisierten Völker in einem Stadium angekommen ist, in dem die Gesamtheit zwischenmenschlicher Beziehungen überwiegend gesellschaftlicher Art ist, daran ist seit langem kein Zweifel mehr möglich. Es ist auch allgemein bekannt, daß die weitgehende Versachlichung und Entseelung der zwischenmenschlichen Beziehungen besonders durch die Industrialisierung und Verstädterung im 19./20. Jahrhundert die Sehnsucht nach Gemeinschaft geweckt hat: nach der verlorenen Gemeinschaft und nach neuen Gemeinschaftsformen. Die Jugendbewegung, an der Schwelle unseres Jahrhunderts anhebend im Steglitzer Wandervogel als erste, ihres Zieles noch wenig bewußte Reaktion einer kleinen Schar junger Menschen jenes Berliner Beamtenviertels auf die seelische Leere ihres Milieus, dann anschwellend zu der großen Bewegung jugendlicher Gemeinschaftsbünde, ist der Bannerträger dieses Verlangens nach Gemeinschaft geworden. Heute ist die Jugendbewegung als solche verebbt, aber die Umgestaltung möglichst vieler oder gar aller menschlichen Beziehungen zu echter, lebendiger Gemeinschaft ist ein Ideal geblieben, dem Marxisten und Christen und auch liberale Fortschrittsgläubige je auf ihre Weise zustreben.

---

⁵) A. a. O., 152.
⁶) Vgl. *Alfred Weber*, Kultursoziologie, in: Handwörterbuch der Soziologie, hrsg. von Alfred Vierkandt, Stuttgart 1931 (Neudruck 1959), 284 ff.
⁷) Vgl. *Wilhelm Koppers*, Die Anfänge des menschlichen Gemeinschaftslebens im Spiegel der neueren Völkerkunde, Mönchen-Gladbach 1921, 158 ff.

Gibt es nun noch die Möglichkeit einer neuen Gemeinschaftskultur? Wenn diese Schicksalsfrage bejaht werden darf, dann nur deshalb, weil in das umfassende Gesellschaftsganze noch eingebettet sind die Inseln alter und neuer Gemeinschaftsbildungen: echte Familiengemeinschaften, Jugendbünde, Dichterkreise, wissenschaftlich-philosophische Zusammenschlüsse und vor allem die kleineren oder größeren religiösen Gemeinschaftsbildungen.

4. Die Kirche als Gemeinschaft

Ganz besonders ist die katholische Kirche, als Welt- und Volkskirche, befähigt und berufen, den überwiegend zum Typus der Gesellschaft erstarrten zwischenmenschlichen Beziehungen eine neue Seele und Gemeinschaftswärme einzuhauchen. Zwar hat sich — parallel dem Eindringen des Gesellschaftsgeistes in Staat und öffentliches Leben — auch in der Kirche, in Theorie und Praxis, der juridische Kirchenbegriff durchgesetzt. Die Definition von Kirche bei *Bellarmin* als Gemeinschaft der Menschen, die unter dem römischen Papst als dem gemeinsamen Oberhaupt den gleichen Glauben bekennen und die gleichen Sakramente empfangen, ist wesentlich anders als der paulinische Kirchenbegriff: Kirche als corpus Christi mysticum. Hierhin gehört auch der Wandel der sozialen Morallehre, der Sozialethik. Bei vielen Menschen und in vielen Büchern der Moraltheologen ist die zentrale Frage nicht mehr: „Was muß ich tun, um im Umgang mit anderen Menschen das Beispiel Jesu Christi möglichst vollkommen nachzuahmen?", sondern: „Wie weit darf ich gehen, ohne dem anderen Unrecht zu tun?"[8]). Das christliche Liebesgebot tritt im moralischen Bewußtsein der Gläubigen zurück. An die Stelle der Tugendlehre tritt weitgehend die Sündenlehre und eine umfangreiche Kasuistik. Daran sind nicht nur und nicht in erster Linie die Moraltheologen schuld, sondern das ist Ausdruck der Gesamtverfassung des sozialen Lebens, einer inneren Einstellung, die weit verbreitet war und auch in der katholischen Christenheit und ihrer geistigen Einstellung zum sozialen Leben, zum Mitmenschen, sich auswirkte.

Trotz allem, was innerhalb der Kirche an den Typus der Gesellschaft erinnern mag, ist sie, wie jede religiöse Sozialverbindung, wesentlich Gemeinschaft. Alles Rechtliche, Formale, Amtliche ist hier seinem Sinn nach dienendes Element im Aufbau und zum Schutze der religiösen Gemeinschaft, zur Sicherung des religiösen Lebens. Spezifisch gesellschaftliche Beziehungen ökonomischer und machtpolitischer Art, die auch unter Christen nicht restlos aufhebbar und in Gemeinschaft zu verwandeln sind, können eingeordnet und untergeordnet werden einem übernatürlich begründeten Gemeinschaftswillen.

Es gibt wohl nichts, was der Kirche mehr das Aussehen einer gesellschaftlichrechtlichen Sozialverbindung geben könnte, als das kirchliche Strafrecht. Aber gerade im ersten Kanon des kirchlichen Strafrechtes (CIC Can. 2214 § 2) ist

---

[8]) Vgl. *Werner Schöllgen*, Grenzmoral. Soziale Krisis und neuer Aufbau, Düsseldorf 1946.

ausgesprochen, daß es ganz und gar als dienendes Element für die kirchliche Gnaden- und Liebesgemeinschaft aufgefaßt werden muß: „Vor Augen soll man sich halten die Ermahnung des Trienter Concils (sess. XII, de ref., cap. 1): ‚Die Bischöfe und die anderen Kirchenregenten seien eingedenk, daß sie Hirten und nicht Schlächter sind; daher müssen sie ihren Untergebenen so vorstehen, daß sie nicht über diese herrschen, sondern sie wie Söhne und Brüder lieben und sich bemühen, sie durch Ermahnen und Warnen vom Unerlaubten abzuschrecken, um nicht gezwungen zu sein, ihre Untergebenen mit gebührenden Strafen zu züchtigen, wenn sie sich verfehlt haben. Wenn es jedoch geschehen sollte, daß sie durch menschliche Schwachheit sich verfehlen, dann sollen die Vorgesetzten jene Vorschrift des Apostels befolgen, sie in aller Güte und Geduld zu rügen, zu bitten und zurechtzuweisen, da auf die zu Bessernden das Wohlwollen oft mehr wirkt als die Strenge, die Ermahnung mehr als die Drohung, die Liebe mehr als die Gewalt. Sollte aber wegen der Schwere des Vergehens die Zuchtrute nötig sein, dann soll die Strenge mit Sanftmut, der Urteilsspruch mit Barmherzigkeit, der Ernst mit Milde angewendet werden, damit die den Völkern heilsame und notwendige Zucht ohne Schroffheit aufrechterhalten werde und die Zurechtgewiesenen sich bessern, oder, wenn sie nicht zur Einsicht kommen wollen, doch die übrigen durch das heilsame Beispiel des Vorgehens gegen jene von Fehlern abgeschreckt werden mögen'." So wird also gerade im kirchlichen Gesetzbuch deutlich, wie wesentlich die Kirche Gemeinschaft ist, in der alle Rechtsaussagen und alle Herrschaftsverhältnisse dienende Elemente sind. *Scheler* sagt mit Recht: „Es gehört ... zum Wesen der Kirche zu dienen, zu dienen dem solidarischen Gesamtheil aller endlichen Personen. Sie mag dabei Herrschaftsverhältnisse in sich ausbilden; das Ganze dieser Herrschaftsverhältnisse ist doch ein Dienen am Gesamtheil"[9]).

Noch eine andere Überlegung trägt zu dieser Erkenntnis bei. Man stelle sich eine größere religiöse Gemeinschaft vor ohne definierte, d. h. deutlich umschriebene Dogmen, ohne klare Abgrenzung der Vollmachten, Rechte und Pflichten; man schaue auf derartige religiöse Gruppenbildungen in der Geschichte — und man erkennt leicht, wie sehr da das berechtigte Eigensein des individuellen religiösen Verhaltens der Geführten ausgeliefert ist der Subjektivität und Willkür der religiösen Führer. Jede dogmatische Definition und jede satzungsmäßige Festlegung der Rechte und Pflichten ist nicht nur Festlegung, sondern zugleich auch Begrenzung des Führungsanspruches; denn Definition heißt Begrenzung. Es lohnt sich, darüber nachzudenken, wie sehr gerade durch das Rechtliche in der Kirche die religiöse Intimsphäre des einzelnen geschützt wird. Die höchste Liebe ist es, die in der kirchlichen Gemeinschaft gerade durch ein Rechtssystem von hoher formaler Vollkommenheit den sichersten Schutz schafft um die verletzbare seelische Individualität und Innerlichkeit jedes einzelnen[10]).

---

[9]) Der Formalismus in der Ethik und die materiale Wertethik, Bern ⁴1954, 550.
[10]) Vgl. *Nikolaus Monzel*, Kirchliches Leben und religiöse Intimsphären, in: Ders., Solidarität und Selbstverantwortung. Beiträge zur christlichen Soziallehre, München 1959, 361—375.

Die Kirche ist also wesentlich eine Gemeinschaft. Freilich können in einer Großkirche nicht alle Mitglieder in solch seelischer Wärme miteinander verbunden sein wie in den naturgemäß kleineren Vitalgemeinschaften der Familie oder Sippe. Je größer der Umfang der Kirche, desto mehr werden notwendigerweise die zwischenmenschlichen Beziehungen in ihr von Verstand und Willen getragen, desto mehr geht in ihnen unvermeidlich von der ursprünglichen Gefühlswärme verloren. Die Kirche ist sozusagen die „geistigste" aller Sozialverbindungen. In ihr sind Menschen verbunden, die einander gar nicht kennen, Menschen von verschiedener Sprache, natürlicher Weltanschauung, Kultur und Zivilisation, Menschen, die nie zusammen gewohnt oder gegessen haben, geschweige denn, daß bestimmte erkennbare und als solche erlebbare Grade der Blutsverwandtschaft sie verbinden. Dennoch gibt es auch in der Kirche eine Art von „Vitalgemeinschaft". Diese ist von höherer, nur im Glauben zu erfassender Art: die übernatürliche Bluts- und Tischgemeinschaft der Taufe und der Eucharistie. Die Eingliederung in den mystischen Leib Christi und die Teilnahme am eucharistischen Mahl wird in Analogie zur natürlichen Bluts- und Tischgemeinschaft vorgestellt, und so ist denn auch in der Großkirche trotz der natürlichen Fremdheit der Glieder das Gemeinschaftsgefühl und -bewußtsein einer Art von geheimnisvoller Vitalverbundenheit möglich[11]). Wo Ernst gemacht wird mit dem Glauben an die sakramentalen Wirklichkeiten und mit ihrem Vollzug, da entsteht auf dem Wege über das gläubige Bewußtsein auch eine seelische Wärme der Verbundenheit, die die trennenden natürlichen Fremdheiten überbrückt und eine Gemeinschaftsbeziehung möglich macht.

---

[11]) Vgl. *Nikolaus Monzel*, Kirche und eucharistische Tischgemeinschaft im Lichte der soziologischen Kategorienlehre, in: Pro Mundi Vita. Festschrift zum Eucharistischen Weltkongreß, hrsg. von der Theologischen Fakultät der Ludwig-Maximilian-Universität München, München 1960, 181—202 (auch in: Nikolaus Monzel, Christlicher Glaube und weltanschaulicher Pluralismus. Beiträge der katholischen Soziallehre zum Dialog, hrsg. von Trude Herweg und Karl Heinz Grenner, Köln 1974, 220—236).

10. Kapitel

Das Verhältnis des neuzeitlichen Menschen zur katholischen Kirche und ihrer Glaubens- und Sittenlehre

1. Die Hemmung bei der Entfaltung des kapitalistischen Geistes durch die mittelalterliche Welt- und Lebensanschauung

a) Wiederholung der Charakteristik des neuzeitlichen Menschen unter vier Gesichtspunkten

(1) PSYCHOLOGISCH

Der neuzeitliche Mensch ist „*Willensmensch*". Das Schwergewicht in seinem Leben liegt nicht in der Kontemplation, in der Hingabe für die sich darbietende irdische und himmlische Seinswirklichkeit, sondern auf der Anstrengung und Entfaltung, des Willens: um dieser Entfaltung selber willen und um der ökonomischen Nutzbarmachung der Welt willen.

(2) WERTPHILOSOPHISCH

Er setzt die ökonomischen Werte an eine höhere Stelle, macht andere Werte: vitale, geistige, ja religiöse ihnen dienstbar und bemißt nichtwirtschaftliche Lebensbereiche mit den quantitativen Maßstäben, die dem ökonomischen, dem Nützlichkeitsbereich entstammen. Das Sozialleben ist ihm letztlich bewußt *ökonomisch* bestimmt.

(3) SOZIOLOGISCH

Aus der Ökonomisierung des Lebens, der überstarken Ausrichtung auf die ökonomischen Güter und Werte ergibt sich der *Individualismus* des neuzeitlichen Menschen; denn die ökonomischen Güter lassen am wenigsten den Genuß vieler am selben Gute ohne Teilung zu; das Streben nach ökonomischen Gütern entzweit am meisten, macht die Menschen am meisten zu Egoisten[1]).

(4) GESCHICHTSPHILOSOPHISCH

Die Unbegrenztheit des Arbeits- und Erwerbstriebes des neuzeitlichen Menschen bringt in das Sozialleben eine vorher nicht gekannte *Dynamik*. Die früher schon

---

[1]) Über trennende und einigende Werte vgl. *Max Scheler*, Der Formalismus in der Ethik und die materiale Wertethik. Neuer Versuch der Grundlegung eines ethischen Personalismus, Bern ⁴1954.

durch Geburt bestimmte Einordnung in einen Stand ist nicht mehr selbstverständlich, und auch die Stände haben je länger je weniger ihre feste Stellung im sozialen Ganzen. Der Aufstieg des einzelnen und ganzer Schichten durch wirtschaftliche Leistung wird immer mehr selbstverständliches Recht; er gilt dem neuzeitlichen Menschen sogar als sittliche Pflicht. Und für diesen Aufstieg und *Fortschritt* weiß man schließlich um keine von vornherein festliegende, durch außerökonomische Gesichtspunkte bestimmte Grenze mehr.

b) Charakteristik des mittelalterlichen Menschen als Gegenbild zum neuzeitlichen Menschen

Der im Mittelalter maßgebende Menschentypus und sein Sozialleben stellt in allen vier Punkten das Gegenteil dar.

(1) PSYCHOLOGISCH

Er ist nicht ausschließlich Willensmensch, sondern *Erkennen* und *empfängliche Hingabe* an die Fülle der Welt und der gnadenhaft sich erschließenden Überwelt waren ihm prinzipiell das Höchste. Auch die unteren, unfreien, weitgehend in wirtschaftlicher Tätigkeit aufgehenden Schichten bestritten dieses Ideal nicht, das andere ihnen vorlebten.

(2) WERTPHILOSOPHISCH

Die ökonomischen Werte wurden gewiß von vielen einzelnen auch im Mittelalter sehr begehrt, doch nicht so sehr um ihrer selber willen, wie „Selbstwerte" erstrebt, sondern um des Genusses der Macht oder um der Muße willen, die sie ermöglichten. Sie standen also als „dienende", „konsekutive" Werte verhältnismäßig tief in der gesamten subjektiven Wertrangordnung. Letztlich war das Sozialleben *sakral* bestimmt.

(3) SOZIOLOGISCH

Es gab auch im Mittelalter Auseinandersetzungen zwischen den Ständen und Schichten, aber der einzelne bejahte die Bindung an seinen Stand, und der Stand erstrebte nur *Grenzkorrekturen,* nicht Umsturz des Aufbaues der ganzen Ständeordnung. Das selbstverständliche Ziel aller Stände, der weltlichen und kirchlichen Machtgebilde, war in der Theorie: irgendwie der Wegbereitung des Gottesreiches zu dienen, und das bewirkte trotz aller Auseinandersetzungen ein gewisses *Solidaritätsbewußtsein,* dem der schrankenlose Individualismus fremd ist.

(4) GESCHICHTSPHILOSOPHISCH

Die Tatsache einer ständischen Ordnung wurde als Abbild der himmlischen Stufenordnung gesehen und die durch Geburt festliegende Bindung des einzelnen an einen bestimmten Stand als Werk der göttlichen Vorsehung bejaht. Daher rührt die *Statik* im mittelalterlichen Sozialleben. Stand bedeutet ja Standfestigkeit, etwas Statisches.

c) *Der neuzeitliche kapitalistische Geist kann keine Wurzel in der mittelalterlichen Weltanschauung und Lebensordnung haben*

(1) SOMBARTS (UND KELLERS) BEHAUPTUNG

Aus der vierfachen Gegenüberstellung von kontemplativem und aktivistischem Menschentypus (psychologisch gesehen), von sakral und ökonomisch bestimmter Wertrangordnung (wertphilosophisch gesehen), von solidaristischer, standesgebundener und individualistischer Einstellung (soziologisch gesehen), von weltanschaulich mitbedingter sozialer Statik und Dynamik (geschichtsphilosophisch gesehen) ergibt sich, daß der kapitalistische Geist des neuzeitlichen Menschen, die bürgerlich-ökonomistische Lebensauffassung, die sich zum kapitalistischen Geist auswuchs, nicht eine wirkliche Wurzel in der vorbürgerlichen mittelalterlichen Weltanschauung und Lebensordnung haben kann. Das aber hat *Sombart* behauptet[2]). Zwar drückt er sich unklar aus, indem er von „Ursprung", „Quellen" oder „Begünstigung" spricht. Nehmen wir das Mildeste an, daß er nur „Begünstigung" meint. Wenn das widerlegt werden kann, dann ist gewiß, daß es auch keinen „Ursprung" des kapitalistischen Geistes im Mittelalter gibt.
Sombart spricht von „Erzeugung einer dem Kapitalismus günstigen Grundstimmung" besonders durch Pflege bestimmter „bürgerlicher" Tugenden (S. 355). Er sieht darin nicht den einzigen begünstigenden Faktor, sondern nennt deren drei, nämlich: biologische Grundlagen, sittliche Mächte, soziale Umstände.
Schon von den biologischen Grundlagen her unterscheidet er Völker mit kapitalistischer *Unter*veranlagung: die Kelten (im Inneren Schottlands, in Irland, z. T. in Frankreich), von den Germanen die Goten (in Spanien und Portugal); dagegen mit kapitalistischer *Über*veranlagung: als unternehmerische „Heldenvölker" die Römer, Normannen, Langobarden, Sachsen und Franken, als „Händlervölker" Etrusker und Griechen (in Florenz), die Friesen (in Schottland und Holland) und die Juden.
Ob und inwiefern Protestantismus und Judentum den kapitalistischen Geist begünstigt haben, lassen wir hier beiseite[3]). Auf den Protestantismus kommen wir in einem späteren Kapitel noch zu sprechen. Hier interessiert uns besonders der Katholizismus.
Sombart behauptet, vor allem die thomistische Ethik habe den kapitalistischen Geist begünstigt. Sie habe

---

[2]) Vgl. *Werner Sombart*, Der Bourgeois. Zur Geistesgeschichte des modernen Wirtschaftsmenschen, München-Leipzig 1913 und öfter.
[3]) Genaues über Protestantismus: *Max Weber*, Die protestantische Ethik und der Geist des Kapitalismus, Tübingen 1934; über Judentum: *Werner Sombart*, Die Juden und das Wirtschaftsleben, München-Leipzig 1922 (Ges. Aufsätze zur Religionssoziologie).

(a) durch Betonung des natürlichen, ohne positive Offenbarung erkennbaren Sittengesetzes (vgl. Röm 1, 18 ff.) zur „Verweltlichung" des Denkens beigetragen;
(b) durch die Gleichsetzung des sittlich Guten mit dem Vernunftgemäßen eine „Rationalisierung" des ethischen Verhaltens bewirkt;
(c) ebenso durch die Zurückdämmung der erotischen Triebe;
(d) durch die Bekämpfung des Müßigganges einen „Ansporn zur wirtschaftlichen Aktivität" und
(e) durch die Bekämpfung von Aufwand und Verschwendung: luxuria und prodigentia einen „Ansporn zur Sparsamkeit" gegeben.

„Es sind geradezu die Eigenschaften des guten und erfolgreichen Unternehmers", sagt *Sombart*, „die hier als Tugenden gepriesen und mit der ganzen Autorität der Kirche gezüchtet wurden. Eine Preisaufgabe des Inhalts: ,wie erziehe ich den triebhaften und genußfrohen Seigneur einerseits, den stumpfsinnigen und schlappen Handwerker andererseits zum kapitalistischen Unternehmer?' hätte keine bessere Lösung zutage fördern können, als sie schon in der Ethik der Thomisten enthalten war"[4]). Diese Auffassung *Sombarts* war vorher schon von dem katholischen Moralisten *Franz Keller* vertreten worden[5]). Auch er hat behauptet, die mittelalterliche, d. h. hier: thomistische Ethik sei nicht Hemmnis, sondern Förderung des bürgerlich-kapitalistischen Geistes gewesen. Der Unterschied zwischen *Sombart* und *Keller* besteht darin: *Sombart* steht dem Kapitalismus kritisch, ablehnend gegenüber und sucht nach den Wurzeln dieses „Übels"; *Keller* sympathisiert mit dem Kapitalismus und will zeigen, daß der Katholizismus nicht so rückständig und minderwertig sei, daß er zu dieser „Errungenschaft" nichts beizutragen hätte, ja, daß er nichts schon beigetragen hätte zu diesem großen menschlichen Fortschritt, denn schon in der biblischen und katholischen Weltanschauung und Lebenslehre liege ein förderndes Element.

(2) WIDERLEGUNG SOMBARTS UND KELLERS

Gegen die Auffassung *Sombarts* und *Kellers* ist zweierlei einzuwenden:
Erstens: Sombart hat die natürliche, „rationale" Ethik des Heiligen *Thomas* zu Unrecht *aus dem größeren Zusammenhang herausgelöst*. Dieses Ganze ist die religiös-sittliche Heilsordnung, die Jesus Christus uns geoffenbart hat. Es ist nicht so, wie *Sombart* meint: der natürlich-rationale Teil dieser Ethik gelte für das weltliche, insbesondere wirtschaftliche Leben; die übernatürliche Gnaden- und Liebeslehre gelte für den innerreligiösen Bereich, sondern: beide Teile gelten für alle Bereiche: Überall soll der Mensch das Vernunftgemäße, das als sittliche Pflicht natürlich Erkennbare tun — aber immer (1.) im Bewußtsein der Notwendigkeit göttlicher Gnadenhilfe und (2.) als Erlöster, als Gotteskind, aus dem

---
[4]) Der Bourgeois, 313.
[5]) *Franz Keller*, Unternehmung und Mehrwert. Eine sozial-ethische Studie zur Geschäftsmoral, Köln 1912.

Beweggrund der übernatürlichen Liebe, der Liebe zu dem in Jesus Christus sich offenbarenden Gott.

Nicht *Thomas*, sondern erst die Theoretiker der Aufklärungszeit des 17./18. Jahrhunderts, auch manche Neuscholastiker, haben die Naturrechtsethik aus dem christlichen Gnaden- und Liebesethos herausgelöst und verselbständigt (= Verweltlichung). Das Charakteristische der mittelalterlichen und besonders auch der thomistischen Ethik ist nicht die Lehre, daß es natürlich erkennbare sittliche Gebote überhaupt gibt, sondern die harmonische Einordnung in ein umfassendes Ganzes, das auf Offenbarung und Gnade beruht und von der übernatürlichen Liebe durchseelt ist. „Denn durch die Liebe", lautet die schöne Stelle bei *Thomas*, „werden die Betätigungen aller anderen Tugenden auf das letzte Ziel hingeordnet, so daß sie es ist, welche den Akten aller anderen Tugenden ihre Form gibt. Die Liebe wird mit einem Fundament und einer Wurzel verglichen, insofern von ihr alle anderen Tugenden getragen und genährt werden. Die Liebe heißt das Ziel der anderen Tugenden, weil sie alle anderen zu ihrem Ziele hinordnet. Und weil es die Mutter ist, die von einem anderen in sich empfängt, wird aus diesem Grunde die Liebe die Mutter der anderen Tugenden genannt, weil sie aus dem Streben nach dem letzten Ziel die Betätigungen der anderen Tugenden gebiert, indem sie diese befiehlt"[6]).

Zweitens: Der zweite Einwand gegen *Sombart* und *Keller* richtet sich gegen ihre *Einschätzung der Askese* in der thomistischen Ethik [vgl. oben (c), (d), (e)]. Das „letzte Ziel", auf das nach *Thomas* alles sittliche Streben, alle Willenstätigkeit, Enthaltsamkeit, Askese, Arbeitsamkeit usw. ausgerichtet sein soll, ist das innere Freiwerden für die liebende Anschauung Gottes, die auf Erden in etwa vorweggenommen werden kann in der Kontemplation der göttlichen Geheimnisse. Daher kann von „Verweltlichung", „Rationalisierung", „ökonomisch-zweckhafter Haltung" oder auch von „Willenstraining um seiner selbst willen" oder um wirtschaftlicher Zwecke willen in der thomistischen Ethik gar keine Rede sein.

Nach der Auffassung der mittelalterlichen Theologen soll alle Willenstätigkeit und Selbstkontrolle im Dienste der Befreiung, Disponierung der Seele für das ruhevolle Beschauen der göttlichen Majestät und Schönheit stehen. Immer gilt für die thomistische Morallehre der Primat des Logos vor dem Ethos. Das ist kein „Rationalismus" im Sinne von Vorherrschaft des rechnerischen, wirtschaftenden Verstandes, sondern ein „aristokratischer", edler Intellektualismus, der griechisch-antik und zugleich christlich ist, nach Joh. 17, 3: „Das ist das ewige Leben, daß sie dich erkennen und den du gesandt hast, Jesus Christus"[7]). Auch der breiten Masse galt diese kontemplative Haltung als das christliche Ideal, wenn sie es auch — an die tägliche Arbeit gebunden — nicht so gut verwirklichen konnte wie die Herren und die Geistlichen, besonders die Mönche.

---

[6]) Summa theologica II-II q. 23 a. 8, zitiert bei *Fritz Tillmann*, Handbuch der katholischen Sittenlehre 4, 1: Die katholische Sittenlehre. Die Verwirklichung der Nachfolge Christi. Die Pflichten gegen Gott, Düsseldorf 1935, 169.

[7]) Richtiger als Sombart stellt *Richard Henry Tawney* die Hauptform der mittelalterlichen Ethik dar: Religion und Frühkapitalismus, Bern 1927, 33 f.

Deren bloße Existenz schon ließ den mit der materiellen Arbeit betrauten Menschen „nie zu jenem naiven Gefühl der unbedingten Berechtigung seiner Erwerbsarbeit und seines Erwerbsstrebens kommen, geschweige zu jenem Gefühl einer unendlichen, nie voll erfüllbaren *Pflicht* zu Arbeit und Erwerb"[8]). Es ist eine ganz falsche, nur aus einer allzu willfährigen Anpassung an kapitalistisches Denken zu begreifende Exegese, wenn der katholische Moralist *Keller* aus dem Gleichnis von den Talenten (Mt 25, 14 ff.) ein Gebot Jesu Christi zur Kapitalvermehrung herausliest. In dem Artikel „Kapitalismus" im Staatslexikon der Görresgesellschaft[9]) schreibt er: „In seinem Gleichnis von den Talenten spielt der Herr direkt an auf die Verwertung der irdischen Reichtümer, der anvertrauten Güter durch wagemutige Unternehmungen; der faule Knecht, der feige sein Talent vergräbt, statt es wagend zu nützen, erhält dafür die wohlverdiente Strafe (Mt 25, 14—30; Lk 18, 11—28)."

Dagegen sagt *Tillmann:* „Ärger, als es hier geschieht, kann ein Herrenwort kaum seinem ursprünglichen Sinngehalt entfremdet werden. Hier wird nicht nur das Bildhafte und Vergleichende des angezogenen Spruches übersehen, der doch nichts anderes will, wie es Jesu Art überhaupt ist, als durch die Herübernahme eines Vorgangs aus einem anderen Lebensgebiet das religiöse beleuchten; diese Deutung übersieht auch, daß Jesus nie und nirgends den Reichtum oder den Besitz als solchen gewertet hat. Sein Gleichnis von den Talenten meint unter dem Bilde allein den religiösen Besitz, den Schatz an Gnade und Gotteskraft, den einer empfangen hat. Einen Mangel an Unternehmungslust im wirtschaftlichen Leben hat Jesus weder gelobt noch getadelt, weil er daran überhaupt nicht gedacht hat"[10]).

d) Die Kirche predigte gegen die kapitalistische Gesinnung

Erst seit etwa dem 17. Jahrhundert trat die seelische Umwandlung der Menschen durch den kapitalistischen Geist deutlich in Erscheinung. Seitdem wandten die Prediger in der Kirche sich gegen die kapitalistische Gesinnung und zwar im einzelnen:

(1) PREDIGT GEGEN DIE IRDISCH ORIENTIERTE ASKESE

des Wirtschaftsmenschen, gegen den für die Übernatur blinden unbegrenzten Arbeitstrieb. Ein Beispiel dafür ist *Jean Croiset* S.J. (1656—1738), der Seelenführer der Heiligen Margaretha Alacoque. Er sagt: „Man erkennt ihn überall wieder, den Geschäftsmann; stets scheint er in tiefe Gedanken versunken zu sein; immer trägt er eine bekümmerte Miene zur Schau. Seine Augen blicken unstet umher. Er hat das Aussehen eines Einsiedlers. Alles, was nicht von Darlehen, Wechsel und Zinsen handelt, weist er kurz ab." „Dieser Sünder bringt aber zahl-

---

[8]) *Scheler* gegen Sombart, in: Umsturz der Werte 2, Leipzig 1919, 299.
[9]) 2. Bd., Freiburg ⁵1927.
[10]) Handbuch der katholischen Sittenlehre 3, Düsseldorf 1934: Die Idee der Nachfolge Christi, 206.

lose Opfer; er ist ein Asket. Er führt ein Leben, das, wie *Croiset* sich ausdrückt, ‚mühsamer ist und ebenso asketisch wie das Leben der größten Diener Gottes in den Klöstern oder in der Wüste'." „Es gibt kein Kloster, das seinen Insassen solche schweren Bußübungen auferlegt." „Was soll das eigentlich heißen? Arbeiten, sich alles, sogar den Schlaf versagen, seine Gesundheit aufs Spiel setzen, ja seinen Tod durch allzu anstrengende Arbeit beschleunigen, und dabei sich schließlich sagen müssen, daß während einer ganzen Ewigkeit all diese Mühe und Arbeit nutzlos vertan ist: Quid nobis profuit? Im besten Falle hat man sich für die anderen abgearbeitet, und welch ein Kummer, welch eine Verzweiflung, wenn man dann schließlich merkt, daß man für sich selbst eigentlich gar nichts getan hat"[11]).

(2) Predigt gegen das schrankenlose Erwerbsstreben

Bei Jesaja (5, 8) heißt es: „Wehe denen, die Haus an Haus reihen und Feld an Feld fügen, bis kein Platz mehr da ist, und ihr allein Besitzer im Lande geworden seid." Diese alte Predigt, die zum Teil wörtlich bei dem berühmten Kanzelredner des 17. Jahrhunderts *Louis Bourdaloue* S.J. wiederkehrt, ist ganz sicher im Sinne der mittelalterlichen und spätmittelalterlichen Kirche gewesen; sie war nicht der Meinung, die *Keller* vertreten hat, Vermehrung des Besitzes sei in der Bibel als Pflicht ausgesprochen. Als Predigt-Beispiel gegen schrankenloses Erwerbsstreben sei folgende Stelle aus einer Predigt des Oratorianers *Louis de Thomassin* angeführt: „Jene, die in einem fort Güter ankaufen, ohne Maß und Ziel, jene, die immer neue Felder, neue Häuser zu ihrem Erbteil hinzufügen, jene, die außergewöhnliche Getreidebestände ankaufen, wenn ihnen die Gelegenheit dazu am günstigsten erscheint, jene, die von den Armen oder von den Reichen Darlehenzinsen nehmen, meinen, daß sie damit nichts tun, was gegen Vernunft, gegen Billigkeit oder gegen das göttliche Gesetz verstieße, weil sie niemanden damit ein Unrecht zufügten, sondern vielmehr vielen Leuten damit einen Dienst erwiesen, die sonst in schwere Not verfielen." Aber sie täuschen sich, führt *Thomassin* weiter aus; denn „es ist ein schweres Unrecht, welches viel anderes Unrecht in sich schließt, daß ein Einziger so viele Ländereien und Häuser besitzt und alle Tage darauf sinnt, neue zu erwerben, was nicht geschehen kann, ohne eine große Anzahl der alten Besitzer ihres Besitzes zu berauben. Es ist ein Unrecht, daß ein Einziger den Ertrag aller Felder eines Landes von ziemlich großem Umfang einsammeln kann und daß eine große Anzahl Menschen dadurch dieses Ertrages beraubt und infolgedessen zu Bettlern werden; es ist ein Unrecht, daß die ganze Ernte der Felder in seinen Besitz gelangt und er so viele Leute dazu zwingt, von seinen Wohltaten zu leben; es ist ein Unrecht, daß ein Einziger Herr sein will über Leben und Tod eines ganzen Volkes..."[12]).

[11]) *Jean Croiset*, Réflexions chrétiennes 2, zitiert bei *Bernhard Groethuysen*, Die Entstehung der bürgerlichen Welt- und Lebensanschauung in Frankreich 2: Die Sozial-lehren der katholischen Kirche und das Bürgertum, Halle 1930, 135, 139, 137, 138.
[12]) *Louis de Thomassin*, Traité du Négoce et de l'Usure, Ausg. von 1697, 96 f., zitiert bei *Bernhard Groethuysen*, a. a. O., 131.

(3) Predigt gegen Missachtung der göttlichen Vorsehung

Die göttliche Vorsehung, so glaubten die Menschen des Mittelalters, hat jedem schon durch die Geburt seinen Stand angewiesen, in dem er nach Gottes Willen verharren soll. Die Prediger des 17. Jahrhunderts klagen die nach höherer Stellung strebenden Menschen der bürgerlichen Schicht der Ehrsucht an. *Jean Massillon*, Hofprediger *Ludwigs XIV.:* „Il demeure donc établi, qu'avant que nous fussions nés, le Seigneur avait tracé à chacun de nous le plan de nos destinées, et, pour ainsi dire, le chemin de notre éternité; et que parmi cette mulitiplicité de voies, qui forment les diverses conditions de la société, il n'en est qu'une qui soit la nôtre, et par où Dieu ait voulu nous conduire au salut"[13]). Es gibt zweierlei irdische Größe, sagt *Bourdaloue:* „Einmal ist es Gott, der die Größe verliehen hat, zum anderen gibt es eine Größe, die sozusagen ihr eigenes Werk ist. Einmal ist es Gottes Schöpfung, zum anderen ist es das Produkt menschlicher Ehrsucht"[14]). Und *Hubert* predigt: „‚Gott hat alle Stände geordnet und in seiner Weisheit die einen von den anderen unterschieden'. Ihm allein kommt es zu, zu bestimmen, welchem Stande ein jeder angehört, und wenn er uns einmal ‚unsere Stelle angewiesen hat, so müssen wir dort verharren, ohne uns zu regen, wie die Statuen (so sagt ein Heiliger) in der Nische, in die der Werkmeister sie gestellt hat; wenn er es für gut hält, daß man sie wechselt, so dulden sie, daß man sie anderswo hinträgt; wenn er sie dort beläßt, wo sie sind, rühren sie sich nicht. So, Herr, müssen wir in deiner Hand sein. Solches ist die Ordnung und es gibt nichts, was der Vernunft gemäßer wäre' "[15]).

2. Rückgang der kirchlichen Autorität im weltlichen Sozialleben

Warum war die Predigt der Kirche gegen den aufkommenden Kapitalismus so wenig erfolgreich? Dafür gibt es viele Gründe. Besonders wichtig ist dieser: Die Bürger hörten nicht mehr so willig hin wie ihre Vorfahren, als sie in der ländlichen Hörigkeit lebten. Das Wort der Kirche galt nicht mehr so viel wie im Mittelalter. Dafür will ich sieben Gründe nennen:
(1) Die Kirche, damals die größte Organisation des Abendlandes, *predigte den Laien gegen eine Wirtschaftsform, an der sie selber in ihren obersten Instanzen beteiligt war.* Die Kirchenleitung selber war in neuartige Wirtschaftsunternehmungen verstrickt. Die päpstliche Kurie hatte seit dem 13. Jahrhundert ein gewaltiges Steuersystem ausgebildet, das die gesamte europäische Welt, später auch die von Europa aus kolonisierten Erdteile umspannte. Eine Anzahl großer und

---

[13]) „Es bleibt also dabei, daß der Herr, ehe wir geboren wurden, jedem von uns den Plan unserer Schicksale und sozusagen den Weg unserer Ewigkeit vorgezeichnet hatte; und daß unter dieser Vielfalt der Wege, welche die verschiedenen Verhältnisse der Gesellschaft bilden, nur einer der unsere ist, durch den Gott uns zum Heil hat führen wollen" (Übers. v. Hrsg.), zitiert bei *Groethuyesen*, a. a. O., 199.
[14]) Zitiert bei *Groethuyesen*, a. a. O., 199.
[15]) Zitiert bei *Groethuysen*, a. a. O., 201.

kleiner Bankiers stand direkt oder indirekt im Dienste dieses päpstlichen Steuersystems[16]). Seit *Innozenz III.* (1198—1216) bildete sich das kirchliche Abgabewesen immer mehr aus. Neben die ursprünglichen Naturalabgaben an die bischöflichen oder klösterlichen Grundherren treten jetzt mehr und mehr Abgaben an die kirchliche Zentrale, an die Camera apostolica, und zwar in Form von Geld, in „monetärer Form", einer wichtigen Form der leichteren Geldübertragung. „Wir beobachten also", schreibt *Sombart*, „wie der päpstliche Steuerdruck inmitten einer wesentlich naturalen Wirtschaft größere Summen gleichsam aus der Erde stampft und in den Säckchen und Kisten der päpstlichen Kollektoren sich zu beträchtlichen Mengen ansammeln läßt"[17]). Die Höhe dieser Summen, besonders des sogenannten „Kreuzzugszehnten", ist früher in der Fachliteratur vielfach übertrieben worden. Auch ist zu bedenken, daß ein großer Teil des Geldes von der lokalen Sammelstelle direkt an den Verwendungsort floß und nur ein Teil — oft nur ein geringer — an die päpstliche Zentrale. Immerhin erfolgte dadurch allgemein eine Verstärkung der Geldwirtschaft, eine Mobilisierung der Vermögen.

Als Generalkollektoren, Kollektoren und Subkollektoren treten Geistliche, besonders Ordensleute, und weltliche Kaufleute auf, vor allem Florentiner Kaufleute, unter ihnen besonders die Medici, die päpstliche Bankiers waren[18]). Von diesen italienischen Bankiers, die im Dienste der Kirche und des Papsttums standen, haben die Kaufleute und Unternehmer aller europäischen Länder gelernt, wie man mit Geld umgeht, es fruchtbar anlegt, es schnell und hoch sich verzinsen läßt[19]).

Es ist begreiflich, daß der antikapitalistischen Predigt — der Predigt also gegen grenzenloses Arbeitsstreben, grenzenloses Erwerbsstreben, „Mißachtung der göttlichen Vorsehung" — wenig Autorität zukam, wenn die Kirche selber so in kapitalistische Unternehmungen verwickelt war.

(2) Der zweite Grund, aus dem die Predigt der Kirche so wenig Erfolg hatte, war der: *Die Laien verdankten ihre Bildung nicht mehr in dem Maße wie im Mittelalter der Kirche.* Seit dem 13. Jahrhundert machten die Universitäten sich immer mehr selbständig, „sie lavieren zwischen Kirche und Staat"[20]). Es kommen

---

[16]) Darüber *Werner Sombart,* Der Bourgeois, 304 u.: Der moderne Kapitalismus 1, München-Leipzig 1902 (und öfter), im 10. Kapitel lange Ausführungen mit Zahlenmaterial.
[17]) *Werner Sombart,* a. a. O., 238.
[18]) Besonders *Cosimo de Medici* (1389—1464), Fürst der europäischen Finanzen, Freund und Gönner der Dominikaner von S. Marco in Florenz, Zeitgenosse des Fra Angelico, Großvater des Lorenzo Medici („Magnifico"), gegen dessen luxuriöse Hofhaltung Savonarola († 1498) gepredigt hat.
[19]) Eine ähnliche Auffassung wie *Sombart,* Der Bourgeois, 304, hat auch der katholische Historiker *Jakob Strieder* vertreten: Kirche, Staat und Frühkapitalismus, in: Hertling-Festschrift, München 1913, 527; Staatliche Finanznot und Genesis des modernen Großunternehmertums, in: Schmollers Jahrbuch 1925, 161; Studien zur Geschichte der kapitalistischen Organisationsformen, 1914 (darin Kritik an *Franz Keller,* Unternehmung und Mehrwert).
[20]) *Aloys Dempf,* Wissenssoziologische Untersuchung des Übergangs vom Mittelalter zur Neuzeit, in: Archiv für angewandte Soziologie 3 (1930/31), 152.

Schulen auf, deren Rechtsträger nicht mehr kirchliche Instanzen — Bischöfe oder Klöster — sind, sondern die Städte. Zudem gibt es, besonders seit dem 15. Jahrhundert, antike Bildungsformen als selbständige nichtkirchliche Bildungsmöglichkeiten. Wohl sind die unteren, nichtgebildeten Massen der katholischen Länder — auch nach der Kirchenspaltung — bereit, auf die Stimme der Kirche in sozialen Fragen zu hören, weniger aber die Gebildeten. Was die Kirche in Gestalt des predigenden Pfarrers oder Mönches sagt, gilt ihnen als altmodisch. Sie haben die neue Bildung aus nichtkirchlichen Quellen empfangen und sind stolz darauf. Zwar wollen auch sie katholisch bleiben; sie haben aber ihre eigene Denk- und Sprechweise und neigen dazu, die Autorität der Kirche immer mehr auf den innerkirchlichen Bereich einzuschränken. Ihre Weise, zu leben und zu wirtschaften, wollen sie nach eigenen Grundsätzen einrichten.

(3) Ein weiterer — allerdings späterer — Grund für den geringen Erfolg der kirchlichen Predigt ist die *Kirchenspaltung*. Im Mittelalter gab es nur *eine* Kirche, alle anderen religiösen Gruppen waren „Ketzer", die auch außerhalb der weltlichen Gemeinschaft des Staates standen. Seit dem Augsburger Religionsfrieden von 1555 gibt es mehrere Kirchen, die rechtlich, öffentlich anerkannt sind. Das war früher unerhört. Jetzt kann man also ein guter Bürger sein, ohne katholisch zu sein. Die Folge war eine große Abschwächung der kirchlichen Autorität für das weltliche Sozialleben. Zwar hatte die Kirche gleichsam als Ersatz für die in Europa durch die Abspaltungen verlorenen Gebiete in überseeischen Ländern neue Gebiete gewonnen: im 16. Jahrhundert Amerika, Fernost durch den Seeweg nach Indien, später wurde auch Afrika für die Kirche mehr erschlossen und schließlich noch Australien. *Novalis* sagt in diesem Sinne von den Jesuiten des 16. Jahrhunderts: „Was in Europa verloren war, suchten sie in den anderen Weltteilen, in dem fernsten Abend und Morgen, vielfach wiederzugewinnen"[21]. Was aber unwiederbringlich verloren blieb, war die Selbstverständlichkeit der Autorität der Kirche im außerkirchlichen Sozialleben: Die Kirche blieb gespalten, und so konnte man, auch ohne zur katholischen Kirche zu gehören und ohne auf sie zu hören, als ein gutes, anständiges, angesehenes Mitglied der bürgerlichen Gesellschaft gelten. *Tawney* schreibt, daß es in England um die Mitte des 17. Jahrhunderts durch die Spaltung der englischen Kirche (in Staatskirche und Independenten) erwiesen schien, daß es keine allgemeine christliche Norm für das wirtschaftliche und soziale Leben gebe[22]. Das gilt für den europäischen Kontinent schon früher.

(4) Der vierte Grund, den ich für den geringen Erfolg der kirchlichen Predigt nennen möchte, ist dieser: *Der neuzeitliche homo oeconomicus hat die Überzeugung, daß die Prediger* und die übrigen Vertreter der kirchlichen Lehre *nicht viel vom neuzeitlichen Wirtschaftsleben verstehen*. Das äußern denn auch die Vertreter der bürgerlichen Weltanschauung, wenn sie die neuen Wirtschaftsmethoden verteidigen gegen die Vertreter der kirchlichen Lehre. In diesen Aus-

---

[21] *Novalis*, Die Christenheit oder Europa, 1799.
[22] *Richard Henry Tawney*, a. a. O., 22.

einandersetzungen spielte lange die Frage der Erlaubtheit des Zinsnehmens eine große Rolle. Ohne Geldkapital aufzunehmen, waren große Geschäfte vielfach nicht möglich. Im Mittelalter galt, wie im Alten Testament, das Zinsnehmen für verliehenes Geld als „Wucher", als sittlich unerlaubt. Daran hielten die kirchlichen Prediger fest. Tatsächlich war aber ein großes Anlagekapital ohne den Anreiz des Zinses nicht zusammenzubringen. So warf man den Predigern Unkenntnis und Weltfremdheit vor. Über diese Verachtung der kirchlichen Autorität klagt noch zu Anfang des 18. Jahrhunderts ein Vertreter der alten kirchlichen Anschauung, *Jean Arthur de la Gibonnais:* „Es gibt keinen Geschäftsmann, Bankier oder Kaufmann, der sich nicht einbildete, mehr von dem Wesen des Wuchers zu verstehen als alle Kirchenväter und Theologen der ganzen Welt. Wenn man ihnen Glauben schenken wollte, so verständen alle diese nichts davon; sie wüßten immer nur das, was sie aus ihren Büchern geschöpft hätten, und alle diese Bücher verständen nichts vom Handel. Mit einem Worte, sagen sie, es sind lauter Blinde, die sich über Farbunterschiede ein Urteil anmaßen"[23]. Die Verteidiger des neuzeitlichen homo oeconomicus und seiner Wirtschaftsweise argumentieren gegen die „weltfremde" Moral, die die Kirche vertritt: Ohne Geldwirtschaft, Zinsgeschäfte und dergleichen würde die Versorgung der Menschen gefährdet, viele würden arbeitslos. Armut und Elend wären die Folgen. Gegner des kirchlichen Zinsverbotes schrieben 1763 einen offenen Brief an den Erzbischof von Lyon, in dem es heißt: Die weltfremde Moral diene nur dazu, „Unordnung zu stiften, der Arbeitslosigkeit und der Entvölkerung Vorschub zu leisten und deren Ergebnis wären schließlich Armut und Elend"[24]. Dagegen konnten die Vertreter der alten kirchlichen Ansichten nicht viel sagen. Wir beobachten eine gewisse Ratlosigkeit in den schwankenden Stellungnahmen der Kirche zum Zinsproblem, von *Pius' V.* Bulle „Cum unus" (1569) bis *Gregors VI.* „Mirari vos" (1832). Der Bürger, Kaufmann, Unternehmer, Bankier sagt den Vertretern der Kirche: „Nur weil ihr nichts davon versteht, könnt ihr das Zinsnehmen verurteilen... Ihr seid weltfremd. Laßt uns nur machen!" *Groethuysen* meint: „Die besondere Bedeutung der Frage des Zinsdarlehens liegt ... darin, daß, als sie sich in der zweiten Hälfte des 18. Jahrhunderts ... von neuem stellte *(Benedikt XIV.,* „Vix pervenit", 1745), es sich gewissermaßen um eine letzte Machtprobe Menschen gegenüber handelte, die es im Grunde schon längst verlernt hatten, sich in Fragen der profanen Lebensgestaltung an die Vertreter Gottes um Rat zu wenden, ja denen es eigentlich widersinnig erscheinen mußte, daß die Geistlichen in geschäftlichen Angelegenheiten ihnen überhaupt Vorschriften machen wollten"[25].

(5) Als fünften Grund für die relative Wirkungslosigkeit der kirchlichen Predigt möchte ich das *Fehlen einer religiösen Deutung des Bürgerstandes* nennen. Die große wachsende Schicht des neuzeitlichen Wirtschaftsmenschen stellt einen neuen

---

[23] *Jean Arthur de la Gibonnais,* De l'Usure, Intérêt et Profit q'uon tire du Prêt, 1710, zitiert bei *Groethuysen,* a. a. O., 182.
[24] Zitiert bei *Groethuysen,* a. a. O., 183.
[25] *Groethuysen,* a. a. O., 169.

Menschentypus dar, mit dem die kirchlichen Prediger lange nichts anzufangen wissen. Sie können ihm sein Leben, seinen Stand im sozialen Ganzen mit den überlieferten religiösen Vorstellungen nicht recht deuten. Im Mittelalter gab es Herren und Knechte; beide waren, was sie waren, meistens durch die Geburt, also durch „göttliche Fügung". Beiden konnte die Kirche ihr Leben mit biblischen, alten christlichen Anschauungen deuten. Dem reichen Grundherren sagte sie: Deine Macht ist ein Anteil an Gott-Vaters Macht und Größe[26]). Also, Herr, sei mildtätig wie Er, sei ein Abbild seiner weisen Herrschaft und Güte und erwirb dir dadurch dein ewiges Heil. Dem Unfreien, Armen konnte sie sagen: Deine Niedrigkeit ist ein Abbild des menschgewordenen Gottes-Sohnes, der auch in Armut und Niedrigkeit lebte. Trage es in Geduld, blicke auf Christus hin und erwirb dir dadurch dein ewiges Heil[27]). Was aber sollte die Kirche dem Bürger, dem neuzeitlichen Wirtschaftsmenschen Entsprechendes sagen? Für die religiöse Deutung seiner Lebensweise lag noch keine religiöse Anschauung bereit. Dadurch besonders erklärt sich die Entfremdung des neuzeitlichen Menschen von der Kirche während des Aufstiegs zur Bürgerschicht.

(6) Ein weiterer Grund für den Autoritätsverlust der Kirche und ihrer Prediger war der, *daß der neuzeitliche homo oeconomicus den Vorwurf der Kirche, er sei ein Libertinist,* ein Genußmensch, entrüstet und bona fide *zurückwies.* Er hält diesem Vorwurf entgegen, daß er streng lebe, auf manches Angenehme verzichte, also kein Genüßling sei. Er weist auf seine Arbeit, seinen Fleiß, seine Sorge um seine Familie, seine Ehrbarkeit hin. Er verweist die Prediger an die Feudalherren, die Höflinge: das seien die Genußmenschen, und er weist auf die Bettler hin, die Nichtstuer, die von kirchlichen Almosen lebten: genußsüchtige Faulenzer. Tatsächlich haben manche Prediger das strenge und arbeitsame Leben des homo oeconomicus erkannt, aber sie haben daran getadelt, daß es eine nur irdisch, ökonomisch orientierte Askese, eine „innerweltliche Askese" *(Max Weber)* sei. Andere Prediger jedoch verkannten die asketische Haltung des homo oeconomicus und warfen ihm Genußsucht vor. Es ist begreiflich, daß in solcher Situation die kirchliche Stellungnahme zu den Fragen des neuartigen Sozial- und Wirtschaftslebens wenig Autorität in den Ohren des neuzeitlichen Wirtschaftsmenschen hatte.

(7) Hinzu kommt — und das ist der siebte Grund, den ich für die schwindende kirchliche Autorität nennen möchte —, daß der neuzeitliche Mensch seinerseits manchmal *in den Geistlichen,* die ja nicht so wie er im rastlosen Wirtschaftsleben stehen, *Müßiggänger, Faulenzer sieht.* In seiner subjektiven Wertrangordnung stehen die ökonomischen Werte so hoch, daß er auch den Wert anderer Lebens-

---

[26]) Vgl. Didache, 4. Kap., 11. Satz, aus dem 1. Jahrhundert (1883 wieder aufgefunden): „Ihr Knechte aber seid untertan euren Herren als dem Abbild Gottes in Achtung und Furcht."

[27]) Vgl. *Augustinus* (Enarrationes in Psalmos, Ps. 124, Migne PL 37, 1653) zum Sklaven: „Du bist nicht deshalb Christ geworden, um jetzt den Dienst zu verweigern. Wenn du im Auftrage Christi einem Menschen dienst, so dienst du nicht diesem, sondern jenem, der dich dienen hieß ... Siehe, Christus hat nicht aus Sklaven Freie gemacht, sondern aus schlechten Sklaven gute Sklaven."

gebiete und -formen nach dem wirtschaftlichen Nutzen beurteilt. Nach diesem Maßstab schätzt er sein eigenes Leben und Tun höher ein als das vieler Geistlicher. Er denkt so und spricht es schließlich — etwa seit dem 17. Jahrhundert — auch aus: „Wer taugt denn eigentlich mehr? Er, der mitten im Leben steht, der arbeitet, der unablässig tätig ist, oder der Geistliche, der den Menschen von einer anderen Welt spricht, sich selbst untätig von dieser Welt zurückzieht und dabei von der Arbeit anderer lebt?"[28]).

Angesichts all dieser Umstände ist es begreiflich, daß die Autorität der Kirche im weltlichen Sozialleben im Vergleich zum Mittelalter sehr zurückging, immer mehr, bis etwa nach dem Ersten Weltkrieg eine gewisse Wendung eintrat und das Ansehen der Kirche und ihrer Soziallehren wieder ein wenig zu wachsen begann. In Katastrophen und Ausweglosigkeit hielten die Menschen Ausschau nach höheren Ideen, die als Leitbilder dienen könnten. Heute, nach drei Jahrhunderten, gibt es wieder eine Annäherung beider Bereiche, der Religion und des Soziallebens, sind die „Grenzen wieder in Bewegung"[29]). Und das ist gut so. Denn ohne Verbindung mit der Kirche verwildert das weltliche Sozialleben, und ohne Verbindung mit dem Leben verkümmert die Religion[30]).

3. Umformung und Umdeutung kirchlicher Lehren durch den neuzeitlichen Wirtschaftsmenschen

Die allmähliche Umwandlung des mittelalterlichen zum neuzeitlichen, bürgerlichen Menschen hat schließlich auch umdeutend und umformend auf kirchliche Lehren eingewirkt. Einige Veränderungen wollen wir im folgenden aufzeigen. Ein Hilfsmittel ist uns dabei wieder die volkstümliche Predigtliteratur. Wir müssen ja bedenken, daß die geistesgeschichtliche Entwicklung sich nicht beschränkt auf Menschen, die Bücher schreiben oder gar ihre Anschauungen in einem geschlossenen System ausdrücken können. Nicht nur Philosophen und Wissenschaftler müssen wir befragen, d. h. wir dürfen die geistige Entwicklung nicht nur dort suchen, wo sie in reflektierter, literarischer, gelehrter, wissenschaftlicher Form auftritt, sondern wir müssen auch die sozusagen „anonyme" Geistesgeschichte der nicht theoretisierenden, nicht schriftstellernden Menschen ins Auge fassen. Die kirchlichen Prediger waren zwar selber „Intellektuelle", Schriftsteller, aber sie geben in ihren Predigten ein Spiegelbild auch des nichtschreibenden bürgerlichen Menschen und zeigen zugleich, daß und wie sie der gewandelten Einstellung des neuzeitlichen Menschen zu Gott, Kirche und Welt entgegenkommen.

---

[28]) *Groethuysen*, a. a. O., 184 f.
[29]) Siehe auch *Tawney*, a. a. O., 16.
[30]) Vgl. *Eduard Heimann*, Wirtschaftssysteme und Gesellschaftssysteme, Tübingen 1954, 225 f.

a) Verschiebung des Interesses von den Glaubens- auf die Sittenlehren

Im Mittelalter war die theologische Morallehre Bestandteil der Dogmatik, sozusagen deren Anwendung auf das Leben des einzelnen und der Gemeinschaft. Der neue Mensch ist, als Willensmensch, „spekulativ" wenig interessiert. Seine Frage lautet nicht: Was gibt es für geheimnisvolle übernatürliche Seinswirklichkeiten, sondern: Was soll, was darf, was muß ich tun? Man kann diese Einstellung — überspitzt — bezeichnen als Neigung zu einem gewissen „dogmatischen Indifferentismus", als eine Art „Lebenspositivismus"[31]. Auch diejenigen Menschen, die noch auf die Kirche und ihre Lehrverkündigung hören, sind immer mehr interessiert an dem, was die Kirche ihnen an praktischen Lebensregeln vorträgt. Sie selber sehen das Christentum nicht mehr so sehr als eine Offenbarung jenseitiger Geheimniswelten, in die man sich betrachtend versenken soll, sondern vielmehr als eine Anleitung zur Christusnachfolge durch tätige Nächstenliebe. *Adolf von Harnack* sagt mit Recht: daß die Frömmigkeit des 13. bis 15. Jahrhunderts nicht vollständig beschrieben wäre, wenn nicht kräftig betont würde „der Aufschwung, den das tätige Leben im Dienste des Nächsten genommen habe"[32]. Das lag besonders an der Form der Betätigung der neuen Orden, der Bettelorden, und besonders der Franziskaner. Hier zeigt sich eine gewisse Neigung zum religiösen „Antiintellektualismus". Die religiöse Interessenverschiebung spiegelt sich auch wider in der Tatsache, daß erst jetzt, nachdem es schon länger als tausend Jahre eine systematische Theologie gibt, die Moraltheologie als selbständige theologische Disziplin auftritt. Davon wird in einem anderen Kapitel ausführlicher die Rede sein.

b) Rückgang des Jenseitsmotivs im Bewußtsein der Gläubigen

Im Mittelalter war die eschatologische Erwartung sehr stark. Eine der leitenden Ideen war die Idee vom tausendjährigen Gottesreich auf Erden, das der Katastrophe des Weltuntergangs und dem himmlischen Reich vorausgehen sollte. Dem einzelnen war es wichtig, schon auf Erden mit den Geistern und Kräften des Jenseits in guter Beziehung zu stehen. In vielfacher Weise waren irdische Dinge und Verhältnisse Spiegel der jenseitigen Welt des christlichen Glaubens. Man liebte diese Spiegelung. Man kann sagen: Der Jenseitsgedanke überschattete das ganze diesseitige Leben, aber er überstrahlte es auch.
In der Neuzeit wird das, auch für viele gläubige Katholiken, anders. Nach ihrem Gefühl ist die Heimat hier. Ein Jenseits gibt es zwar auch, aber es steht an der Peripherie, als drohende Wirklichkeit, mit der man zwar rechnen muß, die man aber nach Möglichkeit aus dem alltäglichen Tun und Denken ausschaltet. Die vielen Symbole und Sitten des religiösen Brauchtums, die die jenseitigen Wirklichkeiten sinnenfällig ausdrückten, verschwanden mehr und mehr aus dem all-

---

[31]) Vgl. *Groethuysen*, a. a. O., 1, XII f.
[32]) *Adolf von Harnack*, Lehrbuch der Dogmengeschichte 3, Tübingen ⁵1931, 444 f.

täglichen Leben, galten als abergläubisch, primitiv, höchstens für die rückständigen unteren Schichten noch geeignet, bis sie Ende des 18. Jahrhunderts zum großen Teil auch hier wegfielen.

Gegen die sich so bildende und verfestigende diesseitsbetonte Lebensanschauung war die Todespredigt das wichtigste Mittel der Kirche, dazu die religiös belebenden Schauspielaufführungen, z. B. *Calderons* Dramen, die Theater der Barockzeit mit „Jedermann" und den „Totenspielen". Und doch half auch das nicht viel, jedenfalls viel weniger als im Mittelalter. Im Mittelalter waren die Menschen im allgemeinen empfänglicher für die Predigt von der Herrlichkeit des jenseitigen Lebens, weil sie die Wahrheit des salomonischen Predigers (I, 2) „vanitas vanitatum et omnia vanitas" viel spürbarer erlebten. Bedenken wir, daß sie Seuchen, blutigen Fehden, Naturkatastrophen und Hungersnöten mehr ausgesetzt waren. Je unsicherer es hier auf Erden war, desto williger hörte man von der lichten Welt jenseits des Todes sprechen. In der neueren Zeit aber ist es nicht mehr so unsicher auf der Erde. Die Menschen haben sich besser eingerichtet, geplant, Vorsorge getroffen für sich selber und für die Nachkommen. *Barbeu du Bourg* sagt als Vertreter der bürgerlichen Weltanschauung: „Der Mensch am Ende seiner Lebensbahn scheidet mit um so froherem Gemüt aus dem Leben, als er einem anderen Selbst die Aussicht auf eine angenehmere Zukunft hinterläßt. Die Güter des Vaters gehen naturgemäß auf den Sohn über, der die Familie fortsetzt, und der Besitz ist nicht unterbrochen. Im Besitz dieser ererbten Güter, die leichter zu erhalten sind, als sie zu erwerben waren, wird das neue Haupt der Familie die Arbeit mit weniger Mühe durchführen und auf einen größeren Ertrag rechnen können. Seine Vernunft, die weniger unter der Last der körperlichen Bedürfnisse gebeugt ist, entwickelt sich besser. So erfüllt er besser seine Pflichten, macht einen besseren Gebrauch von seinen Rechten ... und weiß besser des Glückes sich zu erfreuen, das sich von Generation zu Generation vermehrt und befestigt"[33]).

Solch diesseitigem, allzu irdisch-optimistischem Denken gegenüber entstand später auf kirchlicher Seite die besonders strenge Richtung des Jansenismus mit seiner äußerst ernsten Frömmigkeit und seiner besonders strengen Gottesvorstellung, eine einseitige, extreme Richtung, die man als Reaktion auf die zunehmende Verweltlichung der Christenheit verstehen muß. Dazu wird in einem anderen Kapitel mehr zu sagen sein. Im Unterbewußtsein des neuzeitlichen Menschen vollzog sich nun eine interessante Verschiebung in der Einstellung zur Predigt des Christentums: Dem diesseitszugewandten homo oeconomicus konnte die strenge jansenistische Predigt und Gotteslehre im Grunde ganz recht sein; denn je finsterer, weltfeindlicher diese Predigt war, desto eher glaubte man das Recht zu haben, sich von ihr abzukehren. Der allzu große Ernst wird nicht mehr ernst genommen.

---

[33]) *Barbeu du Bourg*, Petit Code de la Raison humaine, 1789, 17 f., zitiert bei *Groethuysen*, a. a. O., 1, 132 f.

c) Abschwächung des Vorsehungsglaubens

Zunächst sei an etwas Grundsätzliches erinnert: Die christliche Lehre von der göttlichen Vorsehung, die nicht nur die sichtbare Welt der Gestirne naturgesetzlich lenkt und nicht nur die historischen Geschicke der Völker, sondern auch jeden Lebenstag jedes Einzelmenschen, diese Lehre gehört zum innersten Kern der christlichen Religion.

In der modernen Zeit wird es infolge der Rationalisierung, der planmäßigen Gestaltung der Lebensbereiche für den gläubigen Christen immer schwieriger, die Berechenbarkeit des Lebens einerseits und seine Lenkung durch die göttliche Vorsehung andererseits miteinander in Einklang zu bringen. Je mehr eine planmäßige, berechenbare Lebensgestaltung möglich ist, desto weniger scheint Platz zu sein für Vorsehung und Wunder. Im Mittelalter konnten alle sozialen Schichten sich einen Gott, der nicht täglich Einfluß auf Saat und Ernte, auf Jagd- und Kriegsglück, auf Handel und Erwerb hat und zuweilen wunderbar darin eingreift, nicht vorstellen. In der bäuerlichen Welt bleibt das noch lange so. Der Städter aber, der Bürger, der neuzeitliche Wirtschaftsmensch glaubt, daß sein Erfolg oder Nichterfolg von seiner eigenen planmäßigen Arbeit und Geschäftsgestaltung abhänge; eine andere Erklärung — wie die durch Vorsehung und Wunder — erübrigt sich für ihn immer mehr. Daß, wie im Mittelalter, der eine im Herrenstand, der andere als Unfreier geboren wurde und deshalb auch sein Leben lang zu diesem Stande gehörte, galt als Fügung der göttlichen Vorsehung. Aber daß es jetzt einen Bürgerstand gibt, das konnte man ohne jedes Mysterium erklären; denn der Bürger erfährt es sozusagen täglich, daß er seine Geltung, seinen Reichtum durch Arbeit und Geschäft selber erwarb und selber planend ausgestaltete. Da braucht man anscheinend nicht auf die göttliche Vorsehung zurückzugreifen. Als Katholik leugnete der Bürger das Dogma von der göttlichen Vorsehung zwar nicht, aber er konnte immer weniger damit anfangen, der Glaube daran schwächte sich ab, in seinem Bewußtsein trat er zurück. *Groethuysen* schreibt: „Der Bürger hat den Versuch gemacht, das Leben unter möglichstem Ausschluß alles Unbekannten zu regeln. Dieser Versuch gelingt ihm oder ist in jedem Fall soweit gelungen, daß er, wie in den Wissenschaften, so auch im praktischen Leben fortan seinen eigenen methodischen Einsichten vertrauen kann. Wie der Forscher die Naturvorgänge dem rechnenden Verstande unterworfen hat, so hat der Bürger es verstanden, sein wirtschaftliches Leben nach rechnerischen Grundsätzen zu regeln. Auch er forscht vor allem nach Gründen und sucht aus den Erfahrungen, die er in dieser Hinsicht sammelt, die Zukunft zu erschließen. Wie sollte er da noch an Schicksal oder Vorsehung glauben? ... Das Leben stellt einen in sich geschlossenen Zusammenhang dar, ohne daß es eigentlich noch Erklärungen bedürfte, die über seine eigenen klar erkannten Grundbedingungen hinausführten. Die wohlgeführten Geschäftsbücher, die Bilanzen bei Jahresabschluß haben mindestens ebensoviel dazu beigetragen, die alte Wunderwelt zu zerstören, als die Lehrbücher der Physik und die Systeme der Philosophen ... Der neue Wirtschaftsmensch erklärt gewissermaßen seine Unabhängigkeit der göttlichen Vorsehung gegenüber. Arbeit — Leistung — Reichtum bilden einen in sich geschlossenen Zusammenhang. Es bedarf hier keiner transzendenten Erklärungen, keines Eingreifens einer göttlichen Macht mehr. Im Wirtschaftsleben gibt es keine Wunder, sondern nur Arbeit und Berechnung"[34]). Schließlich verstand man Vorsehung nur noch als weise Einrichtung der sichtbaren Welt, der Natur nach Gesetzen. Nachdem diese gegeben sind, läuft die Welt allein gut geordnet weiter. Und welche Stellung der einzelne im sozialen Leben einnimmt, das hängt vor allem von seinem eigenen Tun ab, von seinem Fleiß, seiner Korrektheit, seiner Klugheit im wirtschaftlichen Leben. Auch hier glaubt man an eine Art von Naturgesetzen, an „natürliche Wirtschaftsgesetze", gemäß denen Fleiß und Einkommen und Emporkommen in einem natürlich-gesetzmäßigen Zusammenhang stehen. Im 18. Jahrhundert lehrt *Adam Smith*, daß durch die freie Konkurrenz, bei der jeder nur auf seinen Profit bedacht ist, sich mit naturgesetzlicher Sicherheit eine natürliche, den Leistungen der einzelnen entsprechende Gesamtordnung des wirtschaftlichen und des sozialen Lebens überhaupt herausbilde. Später versteht man unter den „natürlichen Wirtschaftsgesetzen" den von Gott in das Wirtschaftsleben hineingelegten Automatismus der Marktgesetze und der freien Konkurrenz[35]).

d) Verrechtlichung des religiösen Lebens. Angleichung des Verhältnisses zu Gott und Kirche an die bloß gesellschaftliche Verbundenheit

Wir haben vom Wandel des gesamten Soziallebens in der neueren Zeit von Gemeinschaft zu Gesellschaft bereits gesprochen (9. Kapitel). Wir sahen, wie gesellschaftliches Verhalten vor allem im Wirtschaftsleben, besonders in der von traditionellen außerwirtschaftlichen Gesichtspunkten nicht mehr regulierten Marktwirtschaft zu Hause ist, und wie gesellschaftlicher Geist auch in andere Lebensgebiete eindringt: als Rechtspositivismus ins politische Leben, als Grenzmoral in die Morallehre, als Vorherrschaft des juristischen Kirchenbegriffes in die Auffassung von der Kirche. Jetzt greifen wir dieses Thema noch einmal auf im Hinblick auf das Verhältnis des neuzeitlichen Menschen zu Gott und zur Kirche.

(a) Verhältnis des neuzeitlichen Menschen zu Gott

Eine der wichtigsten christlichen Vorstellungen ist die Idee von der „Gotteskindschaft" im Verhältnis zwischen Gott und dem Menschen. Analog dem Verhältnis von Vater und Kind ist es ein ganz persönliches Verhältnis, wie es im Vaterunser und im Gleichnis vom verlorenen Sohn zum Ausdruck kommt. Im neuzeitlichen Menschen wird diese Vorstellung abgeschwächt, ja, es erfolgt ein

---

[34]) *Groethuysen*, a. a. O., 2, 100 f.
[35]) Vgl. *Alexander Rüstow*, Das Versagen des Wirtschaftsliberalismus, Bad Godesberg ²1950.

bedeutsamer Vorstellungswandel. Der bürgerliche Mensch will einen Gott, der „den Entscheidungen seiner Kinder nicht vorgreift, sondern den Menschen gewähren läßt, sobald dieser einmal seine Entscheidung getroffen hat. Der Mensch beansprucht sein Selbstbestimmungsrecht"[36]). Beachten wir: *Groethuysen* sagt hier „Kinder", besser würde er Untertan sagen; denn als Modell für die Vorstellung des Verhältnisses zwischen Gott und Mensch diente immer weniger das Verhältnis Vater-Kind als vielmehr das Verhältnis Monarch-Untertan oder Richter-Angeklagter. An anderer Stelle sagt denn auch *Groethuysen:* „Wie später sich die Untertanen mit ihrem König auseinandersetzen werden, so scheint jetzt der Mensch mit seinem Schöpfer in Unterhandlung zu treten. Er will, daß die Rechtslage klar und eindeutig bestimmt werde, daß die gegenseitigen Rechte und Pflichten genau abgegrenzt seien. Man könnte beinahe behaupten, daß, bevor die Franzosen die Beziehungen zwischen sich und ihrem König verfassungsmäßig geregelt wissen wollten, die Katholiken von ihrem Gott eine Art Verfassung gefordert haben. Als selbstverständliche Voraussetzung gilt dabei, daß Gott gerecht ist, daß er gewisse Verpflichtungen dem Menschen gegenüber hat und daß es sich nun darum handelt, die wechselseitigen Beziehungen zwischen Gott und dem Menschen festzulegen"[37]). Mit dem Vater hat das Kind es *immer* zu tun, in *alle* Dinge darf sein Vater ihm hineinreden, in *allem* weiß es sich von ihm abhängig und für *alle* Fragen verläßt es sich auf seine Liebe und Vorsorge. Nicht immer aber hat es der Mensch mit dem Staatsoberhaupt zu tun, nicht in allen Angelegenheiten mit dem Richter. So aber empfindet der Durchschnittschrist im Verlaufe der Neuzeit immer mehr sein Verhältnis zu Gott. „Dieses Verhältnis wird ... dem ähnlich, welches zwischen den Menschen und ihren irdischen Richtern besteht. Nur in ganz bestimmten Fällen, die von vornherein festgelegt sind, hat es der Mensch überhaupt noch mit Gott zu tun, dessen richterliche Funktionen sich eben nur auf diese Fälle erstrecken, während alles Übrige, was außerdem das menschliche Leben noch ausfüllt, weder im Diesseits noch im Jenseits zu einem Eingreifen Gottes Anlaß geben kann. So ist der Mensch frei, insofern er alles das tun darf, was nicht verboten ist, d. h. alles das, was nicht zu den ihm bekannten Sünden gehört. Das ist die neue Freiheit, die er Gott gegenüber errungen hat und vermöge derer er hienieden ungestört seinen Geschäften nachgehen kann"[38]). Gewiß, so sagt sich der neuzeitliche Bürger und Wirtschaftsmensch, Gott verlangt Rechtschaffenheit im Wirtschaftsleben, Korrektheit und auch Unterstützung der Armen. Aber er faßt das nicht so auf, als diene er in den Armen Christus, wie es in den vielen mittelalterlichen Erzählungen und Legenden zum Ausdruck kommt, sondern — etwas überspitzt ausgedrückt — als eine Art „proportioneller Steuer". So wird auch über Almosen gepredigt: „Es handelt sich ... um eine Art methodisch geordneter Fürsorge für die Armen, auf Grund einer proportionellen Steuer, die von dem Einkommen der Reichen erhoben werden soll. Gott wacht darüber, daß

---

[36]) *Groethuysen,* a. a. O., 1, 159.
[37]) *Groethuysen,* a. a. O., 1, 152.
[38]) *Groethuysen,* a. a. O., 1, 221.

dabei alles hier mit rechten Dingen zugeht, Steuerhinterziehung wird im Jenseits geahndet, und zwar kommen dabei ganz bestimmte ziffernmäßig festzulegende Steuersätze in Betracht. Dies alles scheint gewissermaßen eine Art Finanzorganisation unter göttlicher Kontrolle darzustellen. Der Reiche konnte dabei ganz wohl seinen Pflichten nachkommen, ohne daß eigentlich sein Herz dabei viel mitgesprochen hätte"[39]). Alles in allem: Das Gottesverhältnis wird unpersönlicher. „Sünde" gilt nicht mehr so sehr als Untreue gegen Gott, den Vater, gegen Christus, den geliebten Meister, sondern inhaltlich vor allem als Verstoß gegen die soziale Ordnung, z. B.: Wenn man nicht betet, so ist das nicht so schlimm wie wenn man betrügt, stiehlt, die Frau eines anderen nimmt. Bildlich gesprochen: Der Blick des Menschen geht mehr zur Seite, auf die Mitmenschen, statt zunächst nach oben, auf Gott. „Gott behält auch weiterhin die Funktion, diejenigen, die sich gegen die soziale Ordnung vergangen haben, im Jenseits zu richten und zu strafen. Aber er straft die Menschen nicht mehr, weil sie *ihm* untreu waren, weil sie sich gegen *ihn* vergangen hätten. Er spricht nicht mehr Recht in eigener Sache. Was er fortan ahndet, sind Verstöße gegen ... die gesellschaftliche Ordnung. So wird er mit der Zeit immer mehr zu einem Vollzugsorgan für Regeln und Gesetze, die unabhängig von ihm bestehen und in sich selbst begründet sind"[40]). Dieser Gott, der wohl die Welt erschaffen hat und wohl als ein Wächter und zukünftiger Richter respektiert werden muß, ist also dem Ganzen ferngerückt, hat wenig Geheimnisvolles mehr an sich, macht die Menschen nicht mehr erschauern vor Furcht und Seligkeit zugleich. Man begreift ihn ganz gut und sucht mit ihm auf eine so rationale Weise umzugehen wie mit dem Partner in einem überwiegend gesellschaftlichen Verhältnis.

(b) Verhältnis des neuzeitlichen Menschen zur Kirche

Im Mittelalter gab es einen großen Unterschied in der rechtlichen Stellung zwischen Freien und Unfreien, oder besser: es bestand zwischen den Grundherren und ihren Leibeigenen und Hörigen eine große Kluft, die für den Unfreien fast unüberbrückbar war. Aber es gab doch *einen* Bezirk, wo die Ungleichheit aufgehoben war: im Kernbereich des religiös-kirchlichen Lebens, den Glaube und Sakramente bilden. In der Glaubenswirklichkeit und der Sakramentespendung bestand Gleichheit. In diesem Bereich wurde die gemeinsame „Heimat", das Band von Einheit und Gleichberechtigung besonders von den unteren Schichten gern bejaht und als beglückend empfunden. Freilich bestand diese Einheit nur im Kernbereich kirchlichen Lebens, denn in der Hierarchie und im Klosterwesen galten vielfach die großen Unterschiede, die aus der Grundherrschaft stammten.
Seitdem nun die Unfreien emporkommen, in großer Zahl in Städten zusammenwohnen, sich dort frei zusammenschließen in Schwurgilden (coniuratio) der Kaufleute und Handwerker, in Zünften, in Städtebünden, in Wirtschafts- und

---

[39]) *Groethuysen*, a. a. O., 2, 26.
[40]) *Groethuysen*, a. a. O., 1, 225.

Gewerbeverträgen u. dgl., liegt in diesen selbsterrungenen Einigungen ein neues, anderes Einheitsband vor neben dem alten kirchlichen Band. Das kirchliche Band ist gar nicht mehr so selbstverständlich, besonders seit der Kirchenspaltung: Es gibt ja mehrere öffentlich anerkannte Kirchen. Welcher man zugehören will, kann man selber bestimmen. Das hat zwar manchmal unangenehme Folgen, z. B. den Zwang zur Auswanderung, auf jeden Fall aber ist Zugehörigkeit gerade zur katholischen Kirche nicht mehr selbstverständlich. Der neuzeitliche Mensch, sagt *Groethuysen,* diskutiert über die Ansprüche der Kirche. „Er erwägt die nützlichen oder schädlichen Folgen ihrer Lehre und Organisation, ... als ginge ihn dieses alles eigentlich persönlich nichts an, als handle es sich im Grunde nur um ein soziales Phänomen, über das man sich ein Urteil bilden müsse. Er selbst spielt dabei gewissermaßen nur die Rolle des unparteiischen Beobachters"[41]). Sein Leben spielt sich jetzt zum großen Teil außerhalb der Kirche ab, d. h. in Bereichen, für die es keine herkömmlichen christlichen Vorstellungen, Grundsätze, Bräuche u. dgl. gibt: in dem sehr neuartigen Wirtschaftsleben. Hier weiß sich der neuzeitliche Mensch mehr und mehr auf sich selber gestellt. „Für ihn stellt die Kirche nicht mehr diese große Gemeinschaft dar, in der man lebt und stirbt; er bleibt, auch wenn er in die Kirche geht, ein Bürger dieser Welt. So ist er ein Fremdling im Schoße der Kirche, wie es ihm die Prediger so oft vorwerfen. Die Kirche ist nicht mehr eine Heimat für ihn"[42]). In dieser Abkühlung, Rationalisierung der Verbundenheit mit der Kirche liegt unverkennbar eine Entwicklung von der Grundform der Gemeinschaft zu der der bloß gesellschaftlichen Verbundenheit. Kirche ist nicht mehr fundamentale Gegebenheit, sondern eine Art religiöser Organisation, nicht corpus Christi mysticum, sondern eine Religionsgemeinschaft, für die *Bellarmins* Definition gilt.

e) Kasuistik und Rechenhaftigkeit in der neuzeitlichen Moral

Die neue Wertung des Menschen nicht nach Geburtsstand sondern nach individueller Leistung ist an sich ein Gewinn, ein von christlicher Lebensauffassung aus zu bejahender Wandel in der sozialen — politischen, wirtschaftlichen und gesellschaftlichen — Wertung des Menschen. Aber dieser Wandel greift nun auch über auf die Auffassung vom religiös-sittlichen Leben. Nach der altchristlichen und mittelalterlichen Lehre ist der Mensch im Stande der Erbsünde gleichsam „substantiell", seinshaft böse, d. h. zwar nicht in seiner ganzen leib-seelischen Substanz, der Kern, das Sein des Menschen ist vom Bösen angegriffen, geschwächt, und wiederum: die Substanz, das Sein des Menschen wird durch die Gnade geheiligt, nicht nur seine Gesinnung, sein Tun, sondern sein Sein. Es kommt vor allem darauf an, ein guter Baum zu sein, dann werden auch die Früchte gut sein. Die klassische Auffassung formuliert *Scheeben* so: Die heiligmachende Gnade bezeichnet mehr „als bloß eine heilige Gesinnung oder aktive Befähigung zu heiligem Leben, weil sie mit anderen Worten nicht bloß irgendwie ein

[41]) *Groethuysen,* a. a. O., 1, 62.
[42]) *Groethuysen,* a. a. O., 1, 60.

Heiligsein vermittelt, sondern in einem *heiligen Sein* besteht"[43]). Und ebenso ist die Sünde nicht nur ein äußerer Flecken *an* der Seele, sondern eine Krankheit *in* der Seele.

(1) Leistung anstatt Sein wird der Massstab

Diese seinshafte oder substantielle Auffassung von Sünde und Heiligkeit wird dem neuzeitlichen Willens-, Wirtschafts- und Leistungsmenschen fremd. Wie es ja auch im Wirtschaftsleben nicht auf adeliges oder unfreies Geblüt, nicht auf das biopsychische und geistige Sein der Menschen ankommt, sondern auf die Leistung, auf das Tun — so sieht der homo oeconomicus auch das moralische Leben: nicht seinsmäßig, sondern leistungsmäßig. Man glaubt jetzt, die eigene moralische Höhe und die anderer Menschen sozusagen berechnen zu können aus der Summierung der einzelnen guten oder bösen Handlungen; man kann eine „Bilanz" aufstellen, aus der sich der Wert des Menschen vor Gott ergeben soll. Aber nach ursprünglich christlicher Auffassung ist das nicht das Wesen der Heiligkeit oder Unheiligkeit; denn ein kleines Kind hat noch nicht viele oder auch gar keine guten Werke getan und kann doch heilig sein. Die guten Werke zeigen nur und fördern das Wachstum der Heiligkeit, sie *sind* jedoch nicht die Heiligkeit. Aber gerade auf die einzelnen Werke kommt es dem neuzeitlichen Menschen ausschließlich an.

(2) Leistungen werden als blosse Summe gesehen, nicht in der
   Einheit des Ursprungs aus der Liebe

Dazu kommt ein Zweites: Die Werke stehen nicht mehr in einem erlebten Zusammenhang, als aus *einem* Prinzip quellend, sondern werden unübersehbar und zusammenhanglos. Nach ursprünglich christlicher Auffassung ist die eingegossene Liebe der Quellgrund, die Wurzel, die Mutter aller guten Werke[44]). Die Gottesliebe ist das Fundament der Nächstenliebe und der Selbstliebe[45]). Wer das weiß, hat selber eine Art Kompaß und bedarf nicht so vieler Einzelratschläge. „Ama, et fac quod vis!", „Liebe, und tue, was du willst!", sagt *Augustinus*. Wer aber um diesen Wurzelgrund der Liebe nicht mehr weiß, der wird in den wechselnden Situationen des Alltags öfter ratlos sein als ein anderer, der es noch oder wieder weiß. Er wird den „Fachmann" fragen, den Beichtvater, den Seelenführer. Der hat selber, in dem Maße auch er kein lebendiges Wissen mehr um jenen Wurzelgrund hat, Nachschlagebücher von Fachleuten nötig, die kasuistischen Moralbücher, die jetzt aufkommen, in denen möglichst viele Fälle im voraus behandelt sind. „Tugend" ist für den Bürger nicht wie nach *Augustinus* und *Thomas* „ordo amoris", sondern „ordo operum", „negotiorum", Ordnung seiner Handlungen und Geschäfte. Hat er seine Geschäfte korrekt geführt, sein

---
[43]) *Matthias Joseph Scheeben,* Handbuch der katholischen Dogmatik 3, Freiburg 1874, Neudruck 1933, Nr. 814.
[44]) Vgl. *Thomas von Aquin,* Summa theologica II-II q. 23 a 8.
[45]) Vgl. auch *Max Scheler,* Der Formalismus in der Ethik und die materiale Wertethik, Bern ⁴1954.

Hauswesen in Ordnung, dann ist der Bürger ein tugendhafter Mann. Mehr kann man von ihm nicht verlangen. Gewiß, er gibt auch Almosen. Aber das tut er, um seine Bilanz vor Gott auszugleichen, als Ausgleich für seine Sünden. Zwar gibt es Almosen als moralische Schuldentilgung auch im Alten und Neuen Testament, jetzt aber sind sie *nur* so gemeint oder auch noch als gut verzinsliche Kapitalanlage für den Himmel. „Das Almosen", so schreibt ein Schriftsteller des 18. Jahrhunderts, „kann man recht wohl mit Anlagen vergleichen, die man für die Ewigkeit macht. Man findet sie bei seiner Ankunft vor, fällig auf Sicht." — „Nicht nur, daß Jesus Christus selbst eure Bürgschaft ist, sondern in seine göttlichen Hände legt ihr das Kapital; ihr setzt es auf sein erhabenes Haupt. Könntet ihr eine solidere und vorteilhaftere Anlage machen"[46])? Die Sprache verrät den Wandel des Denkens. So war das Almosengeben des Bürgers nicht mehr spontaner Ausdruck seiner Liebe zu Christus, den er in der Person des Armen speist und pflegt und kleidet, sondern zweckbestimmte Vorsorge, „Himmelskapital".

Warum haben die Prediger und kirchlichen Schriftsteller sich auf diese Denkweise so sehr eingelassen? Wahrscheinlich waren sie selber davon angesteckt. Wir müssen bedenken: Auch wir, die wir vielleicht diese ökonomisierte Denkweise über religiöse Fragen — die ich der Deutlichkeit wegen etwas forciert oder karikiert darstelle — belächeln oder verachten und uns bewußt davon distanzieren, sind doch auch ein wenig angesteckt. Bei ernster, ruhiger, gründlicher Gewissenserforschung können wir erkennen, daß auch wir uns oft so verhalten und uns selber und andere so bewerten: nach der Leistung statt nach dem Sein, die Leistungen sehen als Summe oder Bündel von Zweigen statt den Schößlingen aus *einer* Wurzel, der Liebe. Wenn wir lächeln, belächeln wir auch uns selber. Das ist im Grunde eine sehr ernsthafte Sache.

Bei den Predigern und kirchlichen Schriftstellern gibt es — außer der Ansteckung — einen zweiten Grund, aus dem sie dem neuzeitlichen Menschen in seiner kasuistischen und rechenhaften Moral entgegenkommen: Sie wollen nicht jeden Kontakt mit ihm verlieren. Konnte man ihn nicht zu einem *voll*christlichen Leben erziehen, so mußte man sich mit einer geringeren, aus addierbaren Leistungen bestehenden Moralität begnügen, die immerhin noch insofern christlich ist, als christliche Vorstellungen wie Gott, Sünde, Strafe, Himmelslohn dabei mitbestimmend sind.

f) Motivierung der Askese durch die Aussicht auf wirtschaftliche Erfolge

Askese, nicht als Weltfeindlichkeit aufgefaßt, sondern als Weltdistanz, ist eine genuin christliche Forderung. Durch verschiedene Mittel ist Askese möglich: durch Einsamkeit, Fasten, Arbeit, Verzicht auf Vergnügungen usw. Von allen Mitteln der Askese war dem neuzeitlichen Menschen keines so naheliegend wie die Arbeit.

---

[46]) *Groethuysen*, a. a. O., 2, 29.

Im Alten Testament ist die Arbeitspflicht für alle Menschen ausgesprochen. Im Christentum gilt die Arbeit als Mittel der Selbstheiligung und als Dienst an der Gemeinschaft. In der benediktinischen Ordensregel gilt die Arbeitspflicht für alle Mönche, aber: „Die Arbeit wurde als religiös-sittlicher Teilwert in den Gottesdienst der christlichen Gemeinschaft eingebaut. In der geistigen und materiellen Hilfsbereitschaft der Brüder sollte der Einzelne der ängstlichen Sorge für den morgigen Tag enthoben werden: ‚expedire animabus' "[47]). Unter dem Einfluß des Christentums haben — nach der Völkerwanderung — große Scharen das Waffenhandwerk aufgegeben, um nur durch wirtschaftliche Arbeit ihren Lebensunterhalt zu gewinnen. Im Mittelalter ist die Arbeit noch eingeordnet, der Arbeitstrieb also eingeschränkt[48]). Nicht mehr eingeordnet ist die Arbeit in der Neuzeit. Von den drei Stadien der Bewertung der Arbeit: in der heidnischen Antike Verachtung, besonders der körperlichen Arbeit, im christlichen Mittelalter Betonung der Würde der Arbeit (analog zum Schöpfer) und der Arbeitspflicht als Buße, ist in der Neuzeit das dritte Stadium erreicht: der „Kult" der Arbeit. Seine früheste Wurzel liegt im Gewerbebürgertum. Zunächst ist beim neuzeitlichen Menschen zwar noch nicht vom Kult der Arbeit zu sprechen, aber die Arbeit war sozusagen die einzige Form der Askese, die ihm sinnvoll erschien; denn wie sollte er, der ins rastlose Erwerbsleben Eingespannte, Einsamkeit aufsuchen, fasten können u. dgl. — aber arbeiten, ja, dieses Mittel der Askese liegt ihm, denn das tut er sowieso. Wenn die Kirche ihm von der Arbeit als Mittel der Heiligung spricht, so hat er dafür ein Gehör. Um so mehr, als er sieht, daß etwas Greifbares, ein materieller Erfolg dabei herauskommt. *Dieses* Mittel der Askese ist zugleich auch rentabel. So formt sich im Bewußtsein der Sinn der Arbeitsaskese langsam um. Davon haben wir schon gesprochen, als wir gegen *Sombart* uns klarmachten, daß die asketischen Tugenden in der Ethik des Heiligen Thomas nicht als Förderung eines um seiner selber willen geschätzten arbeitsamen und gewinnbringenden Lebens gemeint sind, sondern als Mittel zur Disponierung der Seele für die ruhevolle Beschauung des Göttlichen und als Mittel, die Seele für reichere Gnaden empfänglicher zu machen. Jetzt aber werden Arbeitsamkeit und ähnliche Mittel asketischer Lebensweise vom neuzeitlichen Wirtschaftsmenschen in folgender Weise umgedeutet: Man erfährt immer mehr, daß ein solches, auch von der Kirche empfohlenes Leben zu wirtschaftlichen Erfolgen führt. Aus diesem ökonomischen Motiv wird die Arbeitsamkeit gesteigert. Der homo oeconomicus wird hierin sozusagen noch „tugendbeflissener" als die Kirche verlangt, so sehr, daß — wie wir ebenfalls schon sahen — manche Prediger und kirchlichen Schriftsteller sich veranlaßt sahen, gegen diese irdisch-ökonomisch orientierte Askese zu predigen. Aber das half nicht viel. Die „Tugend" der Arbeitsamkeit wächst an, je sichtbarer der ökonomische Erfolg wird. Um dieses Erfolges willen wird sie gepflegt. Und als Folge der neuen Motivierung dieses asketischen Verhaltens ergibt sich jetzt nicht, was das eigent-

---

[47]) Vgl. *Franz Steinbach*, Studien zur Geschichte des Bürgertums, Bonn 1949, 57 f. (Rheinische Vierteljahrshefte 13/14).
[48]) Vgl. *Franz Steinbach*, a. a. O., 61.

lich christliche Ziel aller Askese ist: ein Inordnungbringen der verschiedenartigen Kräfte, Neigungen, Triebe und dadurch ein Freiwerden für Gnade und Meditation des Göttlichen — also eine gewisse Weltdistanz —, sondern eine intensivere Weltzuwendung und zwar zu einem ganz bestimmten, vordergründigen Bereich dieser Welt: zu den materiellen Gütern, d. h. zu Produktion und Handel.

g) Bewertung der Religion nach ihrer sozialen Nützlichkeit

Der Satz „Die Religion muß dem Volke erhalten bleiben" ist nicht erst von *Kaiser Wilhelm II.* ausgesprochen worden, er ist alt. Schon im 17./18. Jahrhundert war er geläufig im Munde der von der Kirche sich mehr und mehr emanzipierenden Bürger. Ja, er war schon im 15./16. Jahrhundert Ausdruck der Bewertung der Religion durch *Niccolo Macchiavelli* († 1527)[49]). Im 18. Jahrhundert schreibt der Schriftsteller *Rivarol* an *Necker* einmal: Nun ja, „wenn es wahr ist, daß mein Diener mich in dem Dickicht des Waldes nicht ermordet, einfach weil er Angst vor dem Teufel hat, so werde ich mich nicht dazu verstehen, ihm diese Befürchtungen, die seine ungeschlachte Seele im Zaume halten, auszureden, wie ich ihm die Furcht vor dem Galgen nicht benehmen möchte: da ich nun einmal keinen ehrlichen Menschen aus ihm zu machen vermag, so mache ich aus ihm einen frommen Menschen"[50]). Aber nicht nur Zyniker, Spötter, Ungläubige denken so, auch viele Gläubige. Der katholische homo oeconomicus erwartet von Gott und Religion vor allem, daß sie zur Erhaltung und Sicherung der gesellschaftlichen Ordnung beitragen. Es ist nicht mehr wie im Mittelalter, daß die soziale Ordnung einem religiösen Ziel dient, sondern umgekehrt: Die Religion soll der sozialen Ordnung dienen. Auch die Prediger verfallen vielfach dieser Denkweise. „Auch sie wollen vor allem nachweisen, daß die Hölle ein notwendiges Komplement der sozialen Ordnung bildet, daß der Glaube an Gott doch für die Gesellschaft recht nützlich sei, daß man ohne ein jüngstes Gericht nicht auskommen könne usw."[51]). Bis heute spielt dieses soziale Argument für Religion und Kirche eine große Rolle, besonders in der Apologetik. Im vergangenen Jahrhundert hat *Dominique Lacordaire* O. P. († 1861) es sehr betont. Sogar im Vaticanum wird es aufgezählt als ein „testimonium irrefragabile", als ein unverbrüchliches Zeugnis für die Glaubwürdigkeit der Kirche als Offenbarungsvermittlerin. „Inexhausta in omnibus bonis foecunditas" (Denzinger 1794: De fide) wird meistens auch im Sinne der sozialen Fruchtbarkeit und Nützlichkeit ausgelegt.

Wir müssen beachten, daß das soziale Argument für Religion und Kirche an sich alt und gut christlich ist (s. *Augustinus,* De civitate Dei). Aber seine Vorrangstellung, seine starke Akzentuierung, seine große Rolle, das ist spezifisch neuzeitlich und entspricht der Denkweise des neuzeitlichen Wirtschaftsmenschen, der

---

[49]) Vgl. seine „Discorsi", in: Ges. Schriften 1, München 1925.
[50]) *Groethuysen,* a. a. O., 2, 216.
[51]) *Groethuysen,* a. a. O., 1, 169.

die Religion vor allem nach ihrem sozialen Nutzen bewertet und weniger in ihr die selbstverständliche und zweckfreie Hingabe an Gott sieht.

Zusammenfassend und abschließend ist zu sagen, daß alle Umformungen und Umdeutungen der kirchlichen Lehre, deren Resultat heute noch lebendig ist, langsam vollzogen worden sind. Zuerst waren sie mehr gefühlsmäßig, erst im Laufe der Zeit wurden sie in Worte gefaßt. Ganz allgemein ist die Umformung religiöser Lehrsysteme an sich in dreifacher Weise möglich und auch vollzogen worden. *Erstens* durch Ausstreichung bestimmter überkommener Glaubenslehren. Das geschah durch die Reformatoren; es war dem Katholiken als Katholik nicht möglich. *Zweitens* durch Umstellung zentraler Wahrheiten aus dem Mittelpunkt an die Peripherie. Das ist geschehen auch bei den Katholiken, z. B. wird der Vorsehungsglaube peripher. *Drittens* durch Minderung der Glaubensintensität. Auch diese liegt bei den Katholiken vor. „Im Alltagsleben unterscheidet er (der katholische Bürger, N. M.) sich wenig von den anderen Mitgliedern seiner Klasse: seine religiösen Erlebnisse bilden eine besondere Bewußtseinsschicht und greifen nicht bestimmend in den Zusammenhang *der* Motive ein, die seine Verhaltungsweisen und Handlungen gewohnheitsmäßig regeln"[52]). Weil nun aber die katholische Glaubenslehre ein gestalthaftes Ganzes ist, wird sie durch zu starke Umstellungen auch inhaltlich anders. Der „Gegenstand" des Glaubens (fides *quae* creditur) wird dadurch verändert, nicht nur der Vorgang des Glaubens (fides *qua* creditur), die Glaubenshaltung. „Alle diese Umstände, die Änderung des Gegenstandes des Glaubens ebenso wie die des Glaubensverhaltens selbst wirken zusammen, um das religiöse Erlebnis von Grund aus zu ändern. Der Bürger stellt, auch wenn er sich zur katholischen Kirche bekennt, etwas Neues dar; er glaubt nicht nur anders und Anderes, sondern er ist auch als Christ tatsächlich nicht mehr das, was er ehedem war. Er ist in jeder Hinsicht ein neuer Mensch, wenn er sich auch manchmal Eigenschaften beilegt, die noch aus alten Zeiten zu stammen scheinen"[53]). Das ist bis heute der Kern der Problematik für die Kirche im neuzeitlichen Sozialleben. Dieses Sozialleben hat sich seit Aufkommen und Erstarken des Gewerbebürgertums geändert; ein großer Teil der katholischen Christen hat sich geändert in seinem Glauben und Leben; wir wissen um diese Änderung gegenüber den mittelalterlichen Verhältnissen und der im Mittelalter entscheidend geformten katholischen Soziallehre, und gerade infolge dieses Wissens um die Diskrepanz wird die Problematik noch spürbarer für alle, denen die wirkliche Verchristlichung auch des modernen Soziallebens ein Herzensanliegen, eine religiöse Pflicht ist.

---

[52]) *Groethuysen,* a. a. O., 1, 72.
[53]) *Groethuysen,* a. a. O., 1, 75.

11. Kapitel

Die Ausprägung der Welt- und Lebensanschauung des neuzeitlichen Menschen in der katholischen Theologie

Nachdem wir uns mit der Entwicklung der sozusagen anonymen Geistesgeschichte beim Aufstieg des Gewerbebürgertums befaßt haben, wollen wir nun schauen auf die Theoretiker, auf die Denker, insbesondere auf die Theologen und ihre Bücher. Und wir werden sehen, daß sich der Geist des neuzeitlichen Gewerbebürgertums auch da niedergeschlagen hat. Die Welt- und Lebensanschauung des vor allem auf das Praktische eingestellten und auf eine immer weitergehende Emanzipation von der kirchlichen Leitung bedachten Bürgers hat sich in mannigfacher Weise auch in der Entwicklung der katholischen Theologie ausgeprägt.

Daß das so ist, ist um so weniger zu verwundern, als die neuen Theologen und Philosophen selber zum großen Teil aus dem Bürgertum stammen und nicht mehr so zahlreich wie früher aus adeligen Schichten oder aus dem Bauerntum, wie z. B. *Albertus Magnus* und *Thomas von Aquin*. Und auch diejenigen, die ihrer Herkunft nach anderen als bürgerlichen Schichten angehören, können sich vielfach dem Einfluß des neuen bürgerlichen Geistes, dem Geiste des Willens-, Wirtschafts- und Diesseitsmenschen nicht entziehen.

Man hat mit Recht darauf hingewiesen, daß „der Wandel in der Vorstellungsform, die sich jetzt wesentlich auf das Technische und auf die Erscheinungen anstatt auf das Wesen zu richten beginnt, ... sicher mit diesen Bevölkerungsumschichtungen (zusammenhängt). Auffällig genug sind jetzt die führenden Köpfe ihrer Nationalität nach nicht Franzosen wie im 12./13. Jahrhundert, sondern Engländer, Niederländer und Italiener, also Menschen aus den am meisten entwickelten Städtegebieten"[1]). Zuerst also bringen vorwiegend Engländer, Niederländer und Italiener — genannt seien *Johannes Duns Scotus* († 1308), *Wilhelm von Occam* († 1349/50), *Heinrich von Gent* († 1293), *Bernhardin von Siena* († 1444) und *Antoninus von Florenz* († 1459) — den städtischen, bürgerlichen Geist mit. Dieser ist nachher immer mehr verbreitet worden und erstarkt auch in anderen Ländern.

Der neue Geist wirkt sich innerhalb der katholischen Theologie in zweierlei Änderungen aus: *Erstens* entstehen neue Disziplinen, neue Zweige der Theologie; *zweitens* kommen in den schon früher üblichen Disziplinen neue Richtungen und Problemlösungen auf. Für diese Änderungen gibt es viele Gründe. Hier wollen wir nicht alle Gründe aufweisen, sondern nur die, die in der besprochenen sozialen Umschichtung und dem Emporkommen des neuen Menschentypus, seiner subjektiven Wertrangordnung, seiner Lebensweise und Lebensanschauung liegen

---

[1]) *Aloys Dempf, Wissenssoziologische* Untersuchung des Übergangs vom Mittelalter zur Neuzeit, in: Archiv für angewandte Soziologie 3 (1930/31), 154 f.

oder damit zusammenhängen. Wir wollen zu zeigen versuchen, wie die neue Geisteshaltung sich in der katholischen Theologie ausgeprägt hat:

1. in der Verselbständigung, dem Ausbau und der inhaltlichen Umformung der Moraltheologie,
2. im Moralismus und im Molinismus in der Gnadenlehre,
3. in der Entstehung eines besonderen theologischen Traktates über die Kirche und
4. in der Entstehung der „dogmenfreien Vernunftapologetik".

1. Verselbständigung, Ausbau und Umformung der katholischen Moraltheologie

a) Verselbständigung der Moraltheologie

Thomas von Aquin ist der Schöpfer einer systematischen Morallehre. Im zweiten Teil der „Summa theologica" handelt er I. von Gott, der Trinität, der Schöpfung; II. von der Moral; III. von der Erlösung, der Gnaden- und Sakramentenlehre. Seine Morallehre ist eine theologische Sittenlehre, aber sie steht noch mitten in der systematischen Theologie, mitten in der Dogmatik.
Erst im 17. Jahrhundert erscheinen Werke, die eine von der Dogmatik losgelöste Moraltheologie enthalten. Besonders sind hier drei Jesuiten zu nennen: der Spanier *Thomas Sanchez* († 1610), die Deutschen *Paul Laymann* († 1635) und *Hermann Busenbaum* († 1668). Hier zeigt sich die Verschiebung von der Glaubens- auf die Sittenlehre, von der wir schon gesprochen haben. Der Theologe muß dem Bürger auf seine Fragen, wie er sich in den neuartigen Verhältnissen verhalten solle, Antwort geben, und auch bei vielen Theologen selber hat sich das Interesse verschoben. Nicht der Kontemplation, sondern der Entfaltung und Verchristlichung des Willenslebens soll die Theologie jetzt dienen. In der seit längerem begonnenen Kontroverse, ob die Theologie eine scientia speculativa oder practica sei, neigt die Beantwortung mehr und mehr zu der zweiten Lösung: Theologie sei scientia practica.

b) Kasuistische Form dieser Moraltheologie

Für die neuen Verhältnisse im sozialen, besonders im wirtschaftlichen Leben, können die alten christlichen Sitten und Gewohnheiten nicht ohne weiteres als Richtschnur genommen werden. Der alte Kompaß der Liebe, der Gottesliebe und der auf ihr fundierten Selbst- und Nächstenliebe sowie der Dekalog mit seinen allgemeinen Aussagen scheinen nicht mehr auszureichen. Der bürgerliche Christenmensch ist unsicher geworden. Er fragt den Beichtvater, den Prediger, von dem er nicht Ausführungen über ein Moralsystem, sondern kurzerhand bestimmte Aussagen für konkrete Fälle: was noch erlaubt, was nicht mehr erlaubt sei, erwartet. Dem tragen nun die Moraltheologen bis ins 20. Jahrhundert hinein Rechnung durch die kasuistische Form ihrer Darstellungen[2]).

c) Sündenlehre statt Tugendlehre

Das Wort Kasuistik bezeichnet an sich nur die Form dieser moraltheologischen Lehre. Inhaltlich ist zweierlei Kasuistik möglich: kasuistische Tugendlehre — die Darstellung des Weges, auf dem man unter diesen oder jenen Umständen die christlichen Tugenden verwirklichen kann — und kasuistische Sündenlehre. Die Kasuistik jener Zeit ist nicht Tugend-, sondern Sündenlehre. Der bürgerliche Christenmensch will wissen, wie weit er gehen darf, ohne Sünde, schwere Sünde zu begehen, ohne Höllenstrafe zu riskieren. Die Moraltheologen kommen ihm entgegen, seinem Fragen und seiner laxen Gesinnung. Auf seine Frage: Wie schwer müssen die Wahrscheinlichkeitsgründe sein, damit ich mich von einem Gebot dispensiert halten darf?, geben die verschiedenen sogenannten „Moralsysteme": Laxismus, Tutiorismus, Probabilismus, Aequiprobabilismus, Probabiliorismus verschiedene Antworten.

Die Kasuisten haben eine großartige formale Leistung erbracht, aber „im Dienste eines umfassenden strategischen Rückzuges"[3]). Hierzu möchte ich zwei Anmerkungen machen. *Erstens:* Die Kasuisten haben die Menschen nicht angeleitet oder aufgefordert, sich nach der unteren Grenze zu orientieren, so sagt der Jesuit *Przibilla* mit Recht[4]). Natürlich nicht, aber das war die von ihnen nicht gewollte Auswirkung. „Die meisten Kasuisten", sagte der Oratorianer *Lamy*, „sind gefährlich, weil sie, wie es den Anschein hat, die Sünder gegen Gott sicherstellen wollen, und ihnen beibringen möchten, wie sie durch alle möglichen Rechtsmittel sich gegen ihn schützen können. So geben sie ihnen Anweisungen, wie weit sie sich gegen ihn vergehen können, ohne daß er das Recht habe, sie zu strafen"[5]).

Meine *zweite Anmerkung:* Die Kasuisten hatten für sich selber eine strenge Lebensauffassung. Darauf hat u. a. *Nietzsche* hingewiesen: „So spricht man von der Schlauheit und der verruchten Kunst der Jesuiten, aber übersieht, welche Selbstüberwindung jeder einzelne Jesuit sich auferlegt und wie die erleichterte Lebenspraxis, welche die jesuitischen Lehrbücher predigen, durchaus nicht ihnen, sondern dem Laienstand zugute kommen soll"[6]). Ähnlich auch *Groethuysen:* Mit dem Entgegenkommen, das die Jesuiten dem säkularisierten Bürger durch ihre laxe, kasuistische Morallehre zeigten, war also „ganz wohl vereinbar, daß, soweit es

---

[2]) Vgl. *August Lehmkuhl, Dominikus M. Prümmer, Hugo Noldin;* anders: *Johann Baptist Hirscher,* Die christliche Moral als Lehre von der Verwirklichung des Reiches Gottes, Tübingen 1835; und: *Fritz Tillmann,* Morallehre und Lehre von der Nachfolge Jesu Christi, Düsseldorf 1934/35 (Handbuch der katholischen Sittenlehre).
[3]) *Werner Schöllgen,* Grenzmoral, Düsseldorf 1946, 50.
[4]) In: Stimmen der Zeit (1947), gemeint als Kritik gegen Schöllgen; aber das sagt auch Schöllgen nicht.
[5]) *Bernhard Lamy,* Entretiens sur les sciences, 1683, zitiert von *Bernhard Groethuysen,* Die Entstehung der bürgerlichen Welt- und Lebensanschauung in Frankreich 1, Halle 1927, 208.
[6]) Menschliches, Allzumenschliches. Ein Buch für freie Geister, München 1923, Nr. 55 (8. Bd. der Ges. Werke).

sich um sie selbst und die Gestaltung ihres Lebens handelte, die Jesuiten nicht daran dachten, aus den Zugeständnissen, die sie den anderen machten, Vorteile zu ziehen. Sie blieben gläubig und waren zugleich zu Opfern für ihren Glauben bereit"[7]).

d) Die Lehre von den sittlich indifferenten Handlungen

Der Begriff der sittlich neutralen Handlung stammt nach *Schleiermacher* († 1834) aus der Rechtswissenschaft: Was im positiven Recht weder verboten noch geboten ist, muß als erlaubt, d. h. mindestens neutral gelten. Die Übernahme dieser Kategorie in die religiöse Ethik konnte als ein Symptom der Verweltlichung angesehen werden[8]). In Wirklichkeit aber ist der Begriff der ethisch neutralen Handlung viel älter in der moraltheologischen Diskussion. Lediglich die Berufung auf das juristisch Neutrale könnte ein Symptom der Verweltlichung sein.
Bis ins hohe Mittelalter war der Begriff der ethisch neutralen Handlung unbekannt. *Thomas von Aquin* verneint die Möglichkeit sittlich indifferenter Handlungen[9]). Anders lehrten *Alexander von Hales* O.F.M. († 1245)[10]); dessen Schüler *Bonaventura* O.F.M.[11]) († 1274), der jedoch zu schwanken scheint; *Johannes Duns Scotus* O.F.M. († 1308)[12]) und *Gabriel Vasquez* S.J. († 1604)[13]), Zeitgenosse des *Franz Suarez* S.J. († 1617), sein Nachfolger am römischen Kolleg und gelegentlich sein Kritiker, u. a. m. Als sittlich indifferent bezeichneten sie z. B. Essen, Trinken, Schlafen, Gehen, Rauchen, Tabakschnupfen. Bei der Beurteilung muß man unterscheiden sittlich indifferent in abstracto und in concreto. Früher hatte man die Möglichkeit sittlich indifferenten Handelns in abstracto bejaht, in concreto verneint. Jetzt bejaht man sie auch in concreto. Richtig und genuin christlich ist die Auffassung: Sobald es sich um einen „actus humanus" und nicht nur um einen actus hominis handelt, gibt es keine Indifferenz, keine Neutralität. Zwar ist nicht jedes Mal eine bestimmte Zwecksetzung notwendig. Es kommt auf die Dauergesinnung an, aus der die einzelnen Handlungen fließen. Im ersten Brief an die Korinther sagt *Paulus:* „Möget ihr also essen oder trinken oder sonst etwas tun, so tut alles zur Ehre Gottes" (10, 31). Und im Brief an die Römer: „Wer den Tag (= jüdischen Fest- und Fasttag) beobachtet, tut es um des Herrn willen. Wer ißt, der tut es um des Herrn willen und spricht Gott sein Dankgebet. Keiner von uns lebt für sich selbst, und keiner stirbt für sich selbst. Leben wir, so leben wir dem Herrn, sterben wir, so sterben wir für den Herrn. Wir mögen also leben oder sterben, wir gehören dem Herrn" (14, 6—8).

---

[7]) A. a. O., 1, 209.
[8]) Vgl. *Hans Steubing,* Der Kompromiß als ethisches Problem, Gütersloh 1955, 120 f.
[9]) Vgl. Summa theologica I-II qu. 18 a, 8 und 9.
[10]) Summa universalis theologica.
[11]) Kommentar zu Libri quattuor sententiarum des Petrus Lombardus († 1160), Breviloquium, Predigten.
[12]) Opus Oxoniense; Opus Parisiense.
[13]) Opuscula moralia, posthum 1621, als Kommentar zur Summa theologica II-II.

Die oben genannten Theologen, besonders die drei Franziskaner, haben gewiß nicht die Absicht der Säkularisierung gehabt. Ob ihre Lehre durch Predigt und Katechese an das Bürgertum herangetragen und von ihm gern aufgenommen wurde als theologische Rechtfertigung ihres Strebens, ein der kirchlichen Regulierung nicht zugängliches Terrain des bürgerlichen Handelns zu gewinnen, müßte durch geschichtlich-monographische Forschung noch genauer untersucht werden. Jedenfalls lag das prinzipielle Einverständnis bei jenen Theologen vor. Es brauchte vom Bürgertum nur aufgegriffen zu werden. In der Verbreitung dieser Lehre erkennen wir die Tendenz des Bürgers, neutralen Boden zu gewinnen, für den Kirche und christliche Moral nicht zuständig sind, die Tendenz zur „Verweltlichung".

2. Moralismus und Molinismus in der Gnadenlehre

a) Moralismus

Nach der alten Auffassung besteht der Gnadenstand in der participatio divinae naturae physica, d. h. wir werden durch die Gnade seinsmäßig geheiligt. Zum Gnadenstand gehört wesensmäßig auch die Einwohnung des Heiligen Geistes, die substantielle Einwohnung. Nach der Lehre der griechischen Väter ist sie mitkonstituierend, mitbegründend für den Gnadenstand; nach der Lehre der lateinischen Väter — ein nur feiner Unterschied innerhalb der Lehre von der inhabitatio substantialis Spiritus Sancti — ist sie Geschenk, immer verbunden mit dem Gnadenstand[14]).

Nach der neueren Auffassung ist der Gnadenstand participatio divinae naturae moralis, d. h. wir werden geheiligt durch die Gesinnung, die uns infolge der Eingießung der drei göttlichen Tugenden möglich ist; darin sah man seit *Duns Scotus* das Wesen des Gnadenstandes, nicht mehr in der inhabitatio Spiritus Sancti. Seitdem wird die participatio divinae naturae mehr und mehr als bloß moralische Teilnahme verstanden, als eine Verbindung mit Gott, die wir durch unsere Gesinnung, nicht durch unser Sein haben.

Erinnern wir uns jetzt: Der ritterliche Mensch, der seigneurale Menschentypus, der homme ouvert, schaut auf das Sein; der bürgerliche Mensch, der bourgeoise Menschentypus, der homme clos, schaut auf die Leistung. So spiegelt sich das Emporkommen des bürgerlichen Menschen und die Vorherrschaft des bürgerlichen Geistes auch in der Veränderung der theologischen Gnadenlehre wider.

b) Molinismus

In der christlichen Gnadenlehre liegt eine unaufhebbare Antinomie, ein für uns unauflöslicher Widerspruch zwischen „freiem Willen" und „Allwirksamkeit der göttlichen Gnade". Einerseits muß der freie Wille des Menschen als eine Wirk-

---

[14]) *Matthias Joseph Scheeben* verbindet beide Lehren miteinander.

lichkeit anerkannt und somit die Wirklichkeit und Notwendigkeit echter sittlicher Aktivität des Menschen zugegeben werden. Andererseits aber sind wir in allem unserem Sein und Wirken, also auch in dem, was wir als freies Wollen und freie sittliche Entscheidung in uns erleben, immer und ganz von Gott und, wenn es sich um sittlich gutes Wollen handelt, von Gottes Gnade abhängig. So entsteht die Frage: Wie soll man sich das Verhältnis, das Zusammenwirken von Gnade und freiem Willen denken? Antwort darauf wollen die von der Theologie so genannten „Gnadensysteme" (vgl. „Moralsysteme") geben. Die bekanntesten unter ihnen sind zwei gegen Ende des 16. Jahrhunderts aufgekommene Systeme, nämlich das des Dominikaners *Bañez* († 1604) und das des Jesuiten *Molina* († 1600), „Thomismus" und „Molinismus" genannt.

Thomas von Aquin selber ist nicht bewußt der Urheber dieses Thomismus. Er hatte nur das Allgemeine und Grundsätzliche gelehrt: Gott ist immer causa prima bei Schöpfung und Erhaltung der Welt und auch im sittlichen Leben des Menschen. Die Freiheit, der freie Wille des Menschen ist davon abhängig als causa secunda. Gott hebt durch sein Gnadenwirken den freien Willen des Menschen nicht auf, sondern nimmt ihn als Werkzeug oder als Organ in seinen Dienst. Auf die Frage nach dem Wie antwortet der *Thomismus:* Der Gnadeneinfluß besteht zunächst in einer praemotio physica, d. h. in einem vorausgehenden seinsmäßigen Antrieb durch Gott. Er bewegt uns.

Die hier sichtbar werdende Schwierigkeit: Wie kann da noch von wirklich freiem Wollen des Menschen die Rede sein? gibt dem *Molinismus* Raum für seine gegnerische Darstellung vom Verhältnis zwischen Gnade und freiem Willen: Es gibt keine praemotio des Willens durch Gott. Der Wille des Menschen ist selbständig und entscheidet sich selbständig für oder gegen das Gnadenangebot Gottes. Hier wiederum weist der Thomismus auf die bei dieser Antwort entstehende Schwierigkeit hin: Wie kann da noch von einer Allwirksamkeit Gottes die Rede sein, wenn der freie Wille aus der Abhängigkeit von Gott herausgelöst und als Summand neben Gottes Gnadenwirksamkeit gesetzt wird. So werfen die Vertreter dieser beiden „Gnadensysteme" sich gegenseitig die Schwierigkeit ihrer Lösung vor.

Es bleibt ein unlösbares, geheimnisvolles Ineinander von freiem Willen und Gottes Wirksamkeit. Wir müssen daran festhalten, daß — erstens — alles, auch unser sittlich gutes Wollen und Tun, ganz und immer von Gottes Einwirken abhängig ist; daß — zweitens — unser Wille wirklich frei und darum auch verantwortlich ist. Wenn nun für das Problem, wie beides miteinander vereinbar sei, die spekulativen Geister eine Lösung suchen, so vernachlässigen dabei die mittelalterlichen Theologen lieber den freien Willen des Menschen als daß sie der Allwirksamkeit Gottes Eintrag tun. In der bürgerlichen Geisteswelt aber gibt es mehr und mehr Theologen, die dem freien Willen den Vorrang geben, auch wenn sie dabei sich den, nach ihrer Meinung unzutreffenden Vorwurf gefallen lassen müssen, die christliche Glaubenslehre von der Allwirksamkeit Gottes zu vernachlässigen. In dieser theologischen Bemühung um die theoretische Sicherung des freien Willens des Menschen gegenüber der göttlichen Gnadenwirksamkeit erkennen wir wiederum eine Auswirkung des Geistes des neuzeitlichen, bürgerlichen Menschen, der mehr als der mittelalterliche Mensch Willens- und Leistungsmensch ist.

3. Entstehung eines besonderen theologischen Traktates über die Kirche

Die mittelalterlichen Theologen kannten keinen eigenen theologischen Traktat über die Kirche. Die Kirche war für sie kein Einzeldogma wie etwa die Lehre vom Altarssakrament, der Sündenvergebung, der Erlösung durch Jesu Leiden, der Auferstehung der Toten usw., sondern Kirche war selbstverständlich hingenommene Wirklichkeit, innerhalb derer es erst Dogma und Theologie gibt. Die *ganze* mittelalterliche Theologie, die *ganze* christliche Lehre mit ihren Einzelthemen: Gott, Schöpfung, Sündenfall, Inkarnation, Erlösung, Sakramente, Eschatologie war „Ekklesiastik", „Ekklesiologie"[15]). In neuerer Zeit aber wird in die genannten Einzelthemen ein eigener Traktat über die Kirche eingeführt. Dafür gibt es äußere und innere Gründe.

a) Äußere Gründe

(1) Ein äußerer Grund war *der Streit zwischen kirchlichen und weltlichen Machtträgern* im 14. Jahrhundert, nachdem das Reich aufgesplittert und die Nationalstaaten entstanden waren. Zu Beginn dieses Jahrhunderts gaben *Marsilius von Padua* († 1342) und sein Freund *Johannes von Jandin* († 1328) eine Schrift heraus: „Defensor pacis", die gegen die weltliche Macht des Papstes und gegen die autoritäre Hierarchie in der Kirche überhaupt gerichtet war; sie will die Kirchenordnung demokratisiert wissen. Priester und Laien sollen die kirchliche Obrigkeit wählen und bevollmächtigen. Seitdem erschienen verschiedene Streitschriften, z. B. „De potestate ecclesiae" des *Aegidius Colonna* von Rom († 1316), das der Bulle „Unam sanctam" *Bonifaz VIII.* als Grundlage diente, die „Summa de potestate ecclesiastica" des *Augustinus Triumphus* († 1328). Sie traten für direkte weltliche Gewalt der Kirche ein.
(2) Ein anderer äußerer Grund waren *die Unionsverhandlungen mit der schismatischen Ostkirche* im 15. Jahrhundert. *Johannes Torquemada* O. Pr. († 1468), päpstlicher Theologe auf dem Unionskonzil zu Basel, Ferrara und Florenz (1433—37), schrieb auf Grund seiner Disputation mit den Griechen die „Summa de ecclesia".
(3) Ein dritter äußerer Grund für die Entstehung eines eigenen Traktates über die Kirche war *die Auseinandersetzung mit den abendländischen Reformatoren* ab dem 16. Jahrhundert. *Wiclif* († 1384), *Hus* († 1415), *Luther* († 1546) und *Calvin* († 1564) riefen Gegenschriften über die Kirche hervor.

---

[15]) So *Adolf von Harnack*, Lehrbuch der Dogmengeschichte, Tübingen ⁵1931, 3. Bd.

b) Innere Gründe

Mehr aber als die sozusagen noch äußeren Gründe für einen eigenen theologischen Traktat über die Kirche interessiert uns, die wir die Auswirkungen der neuen, bürgerlichen Welt- und Lebensanschauung auf die katholische Theologie zeigen wollen, *der* Grund, der in der veränderten Denkweise und seelischen Haltung der katholischen Christen, der katholischen Bürger selber liegt.
Dieser innere Grund ist *die Entfremdung der katholischen Christen ihrer eigenen Kirche gegenüber*. Es ist nicht mehr selbstverständlich, daß man der Kirche angehört; und selbst wenn man ihr angehört, spielt doch ein immer größerer Teil des bürgerlichen Lebens sich außerhalb der Kirche ab, d. h. in Bereichen, die neuartig sind, die durch das neuartige Wirtschaftsleben geformt sind und für die es wenige oder keine herkömmlichen religiösen Vorstellungen, praktischen Maximen, Sitten und Bräuche gibt. Mit einem Teil seines Lebens außerhalb der Kirche stehend, fragt der Bürger kritisch: Was kann die Kirche von mir verlangen? Worauf gründet ihr Anspruch, gehört zu werden? Weil die Theologen darauf eine begründete Antwort geben wollen, entstehen jetzt die ganz apologetisch geformten Traktate über die Kirche, apologetisch nicht nur gegenüber den griechischen Schismatikern und nicht nur gegenüber den verschiedenen reformatorischen Kirchenbildungen, sondern apologetisch auch gegenüber den Selbständigkeitsansprüchen der Vernunft des katholischen bürgerlichen Menschen. Daher steht denn auch der Traktat über die Kirche nicht in der speziellen Dogmatik, sondern in der Apologetik oder in der allgemeinen oder „Generaldogmatik", in der die Glaubwürdigkeit der Kirche, Kirche als regula proxima fidei, behandelt wird. Eine theologische Behandlung der Kirche als Heilsgut, Gnadenmittel, Erlösungsmysterium gibt es in Form eines besonderen Abschnittes der speziellen Dogmatik erst seit Ende des 19. Jahrhunderts[16]). Man kann die verschiedene Behandlung bzw. Stellung der Lehre von der Kirche so nennen: 1. die „apologetische" und „normative", 2. die „organische" Stellung. Beide Formen sind sinnvoll und für eine vollständige Theologie notwendig[17]). Daß aber die Lehre von der Kirche entstanden ist in der apologetischen Form und daß sie lange Zeit hindurch ausschließlich nur in der apologetisch-normativen Form behandelt worden ist, das hängt mit dem *sozialen* Faktum zusammen, das in dem Emporkommen und der kirchlichen Emanzipation und Entfremdung des bürgerlichen Menschen liegt.

---

[16]) Bei *Scheeben, Schell, Simar, Bartmann, Schmaus,* noch nicht bei *Specht* und *Pohle.*
[17]) So heißt es bei *Scheeben* und *Atzberger* mit Recht: Die Lehre von der Kirche „gehört in die theologische Erkenntnislehre (Generaldogmatik, Fundamentaltheologie), insofern das kirchliche Lehramt bzw. seine Vorlage (nächste) Glaubensregel und die kirchliche Überlieferung Glaubensquelle ist, beide aber nur aus dem Wesen und der Verfassung der Kirche begriffen werden können. Sie gehört aber auch in die spezielle Dogmatik, insofern die Kirche ein Hauptartikel des christlichen Glaubens und in ihrem Wesen, in ihrer Gliederung, in ihrer Kraft und Wirksamkeit eines der größten Geheimnisse des Christentums ist" (Scheebens Handbuch der Dogmatik 4, 280).

4. Entstehung der dogmenfreien Vernunftapologetik

a) Äußerer Grund: taktische Anpassung an das offenbarungsfeindliche Denken

Obwohl es seit über tausend Jahren eine systematische christliche Theologie gab, gab es bis ins 18. Jahrhundert hinein keine Apologetik als selbständige theologische Disziplin. Die Werke der frühchristlichen Apologetiker des 2. Jahrhunderts — von *Justinus, Athenagoras* über *Augustinus* bis zu *Thomas* — wiesen von Fall zu Fall Vorwürfe der Heiden gegen die Christen als unhaltbar zurück oder stritten, wie die Kontroverstheologen zur Zeit der Kirchenspaltung[18]), auf dem gemeinsam bejahten Boden der christlichen Offenbarung über deren richtige Auslegung. Man kannte keine Apologetik, die vom Offenbarungsglauben ganz absehen und mit rein philosophischen und geschichtlichen Argumenten die Glaubwürdigkeit der christlichen Lehre systematisch beweisen wollte. *Thomas* z. B. schrieb seine „Summa de veritate Catholicae fidei (zwar) contra gentiles" und behandelte darin zunächst in drei Büchern *die* christlichen Lehren, die auch rein philosophisch erkennbar sind: Gott, Schöpfung, Mensch, Unsterblichkeit der Menschenseele — im vierten Buch aber christliche Offenbarungsmysterien: Trinität, Inkarnation, Taufe, Eucharistie — jedoch lag es ihm fern, nach den vorausgegangenen philosophischen Spekulationen nun diese Lehren als annehmbar vor dem Forum der noch nicht gläubigen Vernunft zu beweisen. Er sagte ganz einfach: „Hanc autem Dei in incarnationem mirabilem, auctoritate divina tradente, confitemur"[19]); er wollte diese und andere Offenbarungslehren gegen falsche Ausdeutungen schützen, sie nicht der Vernunft der Nichtgläubigen plausibel machen.

In der Neuzeit entsteht nun eine ganz andere Art von Apologetik. Sie will gegenüber den offenbarungsfeindlichen und kirchenkritischen Zeitgenossen aus bloß philosophischen Voraussetzungen die Glaubwürdigkeit der christlichen Offenbarungslehre derart beweisen, daß auch der Verstand der Ungläubigen sich zur Anerkennung dieser Glaubwürdigkeit genötigt sieht (spätere Notiz N. M.: Abwehr des theologischen Naturalismus).

Fortgeschrittene, selbstbewußte Geister hatten die christliche Offenbarung sozusagen eingeebnet. Sie sagten: Immer und überall hat Gott gleichermaßen sich geoffenbart; die christliche Offenbarung ist nichts Besonderes, sie bringt uns nicht mehr, als wir schon mit dem doch auch von Gott stammenden Lichte der natürlichen Vernunft aus der allgemeinen Schöpfungsoffenbarung erkennen können. *Dilthey* hat diesen Standpunkt (wohl im Anschluß an *Burckhardt*) einen „universalistischen Theismus" genannt. Er versteht darunter „die Überzeugung, daß die Gottheit in den verschiedenen Religionen und Philosophien *gleicherweise* (!) wirksam sei und noch heute wirke. In dem moralisch-religiösen Bewußtsein jedes edleren Menschen spreche sie sich aus. Ein Satz, der die Idee eines völlig uni-

---

[18]) Z. B. *Robert Bellarmin* S.J., Disputationes de controversiis christianae fidei adversus huius temporis haereticos. 3 Bde. 1586/89.
[19]) Lib IV Caput XXVII.

versellen Wirkens der Gottheit durch die ganze Natur hindurch und in dem Bewußtsein aller Menschen zu seiner Voraussetzung hat"[20]). Wir nennen gewöhnlich diesen Verzicht auf eine positive Offenbarung, die über die allgemeine „natürliche" Offenbarung hinausgeht, Rationalismus, besser wäre zu sagen: theologischer Naturalismus. Von dieser Auffassung aus geht die geistesgeschichtliche Entwicklung in verschiedenen Richtungen weiter, z. T. als gefühlsbetonter Pantheismus[21]), z. T. als vernunftbetonter Deismus[22]).

Dieser Auffassung gegenüber sagen jetzt katholische Theologen: „Gut, wir wollen einmal methodisch ganz von dem Inhalt und der Tatsache der christlichen Offenbarung absehen und nur allgemein mögliche Vernunfteinsichten voraussetzen. Tun wir einmal so, als ob wir nicht christlich-gläubig wären. Treten wir von außen an den Anspruch der christlichen Lehre, eine besondere göttliche Offenbarung zu enthalten, heran."

Was jetzt entsteht, ist eine ganz neuartige Apologetik. Das erste größere Beispiel liefert *Benedikt Stattler* S. J. († 1797) mit seinen Werken „Demonstratio evangelica" (1770) und „Demonstratio catholica" (1775/76). Diese Art von Apologetik lebt fort bis ins 20. Jahrhundert.

b) Innerer Grund: das bürgerliche Selbstbewußtsein gegenüber dem Anspruch der Kirche

Diese Apologetik war jedoch nicht nur sozusagen von außen, durch Gegner der Kirche veranlaßt, sondern durch eine allgemeine seelische Einstellung, eine Denkweise, die sich auch bei den gläubigen Katholiken der neueren Zeit findet. Und die neuzeitlichen Theologen und Apologetiker selber waren eben auch Menschen ihrer Zeit. So ist ihre dogmenfreie, glaubensfreie Apologetik nicht nur taktische Anpassung an die offenbarungsfeindliche Umwelt und nicht nur auf Grund dieser Anpassung sind sie — erst nachträglich — so rationalistisch-naturalistisch geworden[23]), sondern in ihnen selber wohnt die Gesinnung des neuzeitlichen Menschen, der selbstbewußt, stolz auf seinen selbsterrungenen wirtschaftlichen Fortschritt, auf seine selbsterrungene soziale Geltung, sich als autonom empfindet und auch von dem Glaubensanspruch der Kirche verlangt, daß er sich vor der natürlichen Vernunft erst einmal ausweise, ehe man ihm folgen mag.

Der menschliche *Wille*, die menschliche Natur im ganzen, war ja, wie wir bei der Besprechung des Molinismus in der neuzeitlichen Gnadenlehre sahen, als

---

[20]) *Wilhelm Dilthey*, Ges. Schriften 2, Leipzig-Berlin 1914, darin: Auffassung und Analyse des Menschen im 15. und 16. Jahrhundert, 45, 65. — Vgl. dazu: *Jakob Burckhardt*, Die Kultur der Renaissance in Italien, [15]1926, letztes Kapitel, und: *Paul Ludwig Landsbergs* verfehlte Kritik an Burckhardt (in: Die Welt des Mittelalters und wir, Bonn 1922, 93. Landsberg übersieht, daß es ein „neutraler" Theismus ist [Dilthey 2, 45], in der „Neutralität" wird das Neue gesehen: im dogmatischen Indifferentismus).

[21]) Z. B. *Sebastian Frank* († 1500), Paradoxa; später *Schleiermacher*.

[22]) Z. B. *Herbert von Cherbury* († 1648), De veritate, und: *Matthew Findal* († 1733), Christianity as old as the Creation. Auch *Kant* wäre hier zu nennen.

[23]) So *Arnold Rademacher*, Christliche Apologetik, Bonn ³1929, 4.

selbstverständlicher Faktor neben dem göttlichen Gnadenwirken erlebt und gedeutet worden. So galt jetzt auch das *Wissen* um die natürlich erkennbaren Wahrheiten des Glaubensgehaltes als ein neben und vor dem Glauben und der Glaubensgnade selbständiges Wissen[24]). *Eschweiler* sagt dazu: „Die humana natura war aus der allein von Gott her bestimmten Gliedschaft in dem Ganzen der natürlich-übernatürlichen Wirklichkeit zu einem Ich-selbst erwacht." Und: Was den kirchenfeindlichen Denkern und vielen katholischen Theologen der neueren Zeit gemeinsam ist, das „ist die Weise, wie der sittlich freie Wille und die Vernunftnatur des Menschen überhaupt als ein in sich Letztes und Endgültiges dem Gnadenwirken Gottes gegenübertritt. Es ist der neuzeitliche Mensch (als sein Prototyp: der Bürger, N. M.), der in seinem selbsteigenen Wesen und Wirken die entscheidende Instanz für alle Wirklichkeit fühlt"[25]).

---

[24]) Notiz von *N. M.:* Erklären: Unser Wissen um Gott, Schöpfung ... an sich natürlich erkennbar, in Wirklichkeit verwoben mit *Glaubens*haltung, getragen von ihr.
[25]) *Karl Eschweiler,* Die zwei Wege der neueren Theologie, Augsburg 1926, 55, 66.

12. Kapitel

Die Ausprägung der Welt- und Lebensanschauung des neuzeitlichen Menschen in der protestantischen Theologie

Wir haben versucht, den neuzeitlichen, den „bürgerlichen" Menschen zu schildern, d. h. den Menschentypus, der neben dem und gegen den bäuerlichen und ritterlichen Menschen des Mittelalters hochkam, und sein Verhältnis zur Glaubens- und Sittenlehre der katholischen Kirche darzulegen, u. a.: wie es diesem aktivistischen, arbeitsamen, wirtschaftlich planenden und strebsamen Menschentypus entsprach, die Moraltheologie rechenhaft und kasuistisch aufzubauen, Askese in den Dienst des wirtschaftlichen Erfolgs zu stellen, die Religion primär nach ihrer Nützlichkeit zu bewerten; ferner: wie es mit dem stärkeren Hervortreten dieses Menschentypus zusammenhing, daß die Moraltheologie zu einer eigenen theologischen Disziplin neben der Dogmatik wurde, daß die Lehre von den sittlich indifferenten Handlungen mehr theologische Anhänger fand, daß in der theologischen Gnadenlehre Moralismus und Molinismus sich weithin durchsetzten, daß ein besonderer theologischer Traktat De ecclesia und eine Apologetik als dogmenfreie Vernunftapologetik entstanden u. a. m. Jetzt wollen wir versuchen, das Verhältnis dieses — typusmäßig als Willens- und Wirtschaftsmensch gesehenen — neuzeitlichen Menschen zu den evangelischen Glaubenslehren aufzuzeigen.

Die Ausprägung seiner Welt- und Lebensanschauung in den evangelischen Glaubenslehren glauben wir zu sehen:
a) in der Konzentration der Theologie auf die anthropologische Fragestellung;
b) in der Annahme, der Wille sei Hauptkraft in Gott und im Menschen;
c) im religiösen Individualismus der reformatorischen Lehren;
d) in der Betonung der weltlichen Werke.

1. Scheinbare Fremdheit zwischen dem kapitalistischen und dem reformatorischen Geist

Zuvor einige Bemerkungen zur scheinbaren Fremdheit zwischen dem kapitalistischen und dem reformatorischen Geist. *Sombart* hat gesagt, der Kern der verschiedenen protestantischen (lutherischen, zwinglianischen, calvinistischen) Lebens- und Lehrsysteme sei ein schroffer Supranaturalismus, ein Wiederaufleben altchristlicher Weltabkehr, einer Welt-, Besitz-, Erwerbs- und Lebensverachtung, die er für ursprünglich christlich ansieht[1]. Die seit den ersten christlichen Jahr-

---

[1] Kritisch: Ursprünglich christlich ist nicht Verachtung dieser Dinge, Feindschaft gegen das Weltliche, sondern Zuordnung zum letzten, welttranszendenten Ziel, und in ihrem Gebrauch: Weltdistanz; siehe die Evangelien und Jesu Haltung.

hunderten fortschreitende „Verweltlichung" des Christentums sei durch den protestantischen „Supranaturalismus" unterbrochen worden, wenn auch nur für kurze Zeit, als vorübergehender Rückschlag.

Es ist klar, daß, wenn der Kern des Protestantismus Weltabkehr wäre und sonst nichts, keine wirkliche Verwandtschaft zwischen protestantischem und kapitalistischem Geist bestehen könnte; denn Kapitalismus ist als Ökonomismus eine besonders extreme Form der vorbehaltlosen und ausschließlichen Hinwendung zur materiellen Welt. Dann wäre es überflüssig, nach Spuren der Ausprägung des kapitalistischen Geistes in der protestantischen Theologie zu suchen. Sehen wir uns aber die verschiedenen Formen der protestantischen Lehren näher an und stellen dabei einige ihnen gemeinsame Grundzüge fest, dann müssen wir uns fragen, ob das nicht Motive und Auffassungen sind, die wir bei der Charakteristik des neuzeitlichen Willens- und Wirtschaftsmenschen schon kennengelernt haben.

2. Ausprägung des Geistes des neuzeitlichen Menschen in den protestantischen Glaubenslehren

Zwar sind die Lehren *Luthers, Zwinglis* und *Calvins* sehr verschieden. Jedoch gibt es darin — und auch in der entsprechenden wissenschaftlichen Theologie — vier gemeinsame Grundzüge[2]).

a) Konzentration der Theologie auf die anthropologische Fragestellung

In den paulinischen Briefen und in der mittelalterlichen Theologie spielt die Schöpfung als ganzes, der Kosmos, eine große Rolle, d. h. es geht darin nicht nur um die Erlösung des Menschen, sondern auch um die der übrigen Schöpfung, um die nichtmenschliche Kreatur als Abbild Gottes und als Gegenstand des göttlichen Erlöserwirkens; denn auch „die Schöpfung harrt mit Sehnsucht der Offenbarung der Kinder Gottes" (Röm 8, 19). Mensch *und* Kreatur, beide werden in Beziehung zu Gott gesehen, beide einbezogen in den Zusammenhang des Erlösungswerkes. *Thomas von Aquin* schreibt: „Omnia pertractantur in sacra doctrina sub ratione Dei vel quia ipse sunt Dei, vel quia habent ordinem ad Deum ut ad principium et finem"[3]), also auch der ganze sichtbare Kosmos. Der mittelalterliche Mensch lenkt, wie *Maritain* einmal gesagt hat, den Blick der Spekulation nur „en passant" auf sich selber[4]).

---

[2]) Als Quellen drei Hauptwerke: über *Luther*, außer den im folgenden zu nennenden Einzelschriften *Luthers* selber: *Philip Melanchthon* († 1560), Loci communes rerum theologiarum seu hypotyposes theologicae, 1521 u. ö., immer mehr erweitert. — *Zwingli* († 1531), Commentarius de vera et falsa religione, 1525 u. ö. — *Calvin* († 1564) Institutio religionis christianae, 1535 u. ö.
[3]) Summa theologica I 1, 7 (Alles wird in der heiligen Lehre behandelt im Hinblick auf Gott oder weil es Gottes ist oder weil alles einen Bezug hat auf Gott als dem Ursprung und dem Ende).
[4]) Festgabe für *Romano Guardini:* Christliche Verwirklichung, Rothenfels a. Main 1935.

In der Neuzeit wird das anders, auch bei den katholischen Theologen. Die theologische Anthropologie wird zum Zentrum der Auseinandersetzungen mit den Reformatoren. Schlechthin lautet hier *die* Frage: Wie erlangt *der Mensch* sein Heil? Besonders bei *Calvin* ist das der konstruktive Leitgedanke seiner „Institutio religionis christianae". Sie enthält zwar kein eigenes Kapitel über theologische Anthropologie, aber das Ganze ist davon erfüllt: Es handelt von Schöpfung, Erlösung, Heiligung, aber nicht der gesamten Welt, sondern des Menschen. Der ganze Stoff der Theologie, sagt *Dilthey* über *Calvins* „Institutio", wird entwickelt aus dem *einen* Punkte: „aus dem Wirken Gottes auf den Menschen. Das ist *der einzige echte architektonische Gedanke* der protestantischen Dogmatik überhaupt"[5]), also nicht nur bei *Calvin*. Eine Tendenz zu solchem Anthropozentrismus ist zwar in etwa auch in der neuzeitlichen katholischen Theologie feststellbar. *Werner* hat mit Recht gesagt, daß die Aktualität der neuzeitlichen katholischen Theologie in der theologischen Anthropologie liege[6]). Aber schon durch den Zusammenhang mit der mittelalterlichen Theologie ist die katholische Theologie der neueren Zeit nicht in dem Maße wie die protestantische Theologie auf die Anthropologie zentriert.

b) Betonung des Willens als der Hauptkraft in Gott und im Menschen

Bei *Aristoteles* ist Gott „noesis noeseos", „Denken des Gedankens" oder „die sich selbst denkende Vernunft". Viel davon ist auch im Gottesbegriff der mittelalterlichen Theologen enthalten. Gott als „Heimat der Ideen" ist ein griechischer Grundzug des mittelalterlichen Denkens in Philosophie und Theologie. Demgemäß ist auch des Menschen höchste Kraft der Intellekt und seine höchste Seligkeit die Gottesschau.
Anders bei den Reformatoren der Neuzeit. Ihre Betonung des Willens als der Hauptkraft in Gott kommt am schärfsten zum Ausdruck in der radikalen Praedestinationslehre, besonders bei *Calvin*: Nur ein Teil der Menschen ist zum Gnadenstand praedestiniert, und für diese ist der Gnadenstand unverlierbar. *Calvin* lehrt: Gott *will* den einen Menschen in die Hölle, den anderen in den Himmel haben. Weshalb, das ist unerforschlich. Praedestination ist „decretum quidem horribile" (*Calvin*). Die katholischen Theologen dagegen lehren: Gottes Heilswille ist universal, er will, daß alle Menschen selig werden; aber der Gnadenstand ist verlierbar.
Weiter lehren die Reformatoren: In Gott selber gibt es keine Sinngesetze über Gut und Böse. Das Gute, wie auch das Wahre, ist nicht Ausdruck oder Abbild einer unveränderlichen Wesensgesetzlichkeit, die Gott in sich selber trägt, sondern Ausdruck oder Gebot der göttlichen Willkür. Ihr Gott ist ein unheimlicher Willensgott, ein „Daemon". Das sind Züge, von denen auch das Alte Testament nicht frei ist.

---

[5]) *Wilhelm Dilthey*, Ges. Schriften 2: Weltanschauung und Analyse des Menschen seit Renaissance und Reformation, Stuttgart-Göttingen ⁵1957, 235.
[6]) *Karl Werner*, Der heilige Thomas von Aquin 3, Regensburg 1859, 875.

Entsprechend ist auch beim Menschen der Wille die Hauptkraft, die höchste Potenz der Seele. Aktivität auf Erden und ewige Willenseinung mit Gott im Jenseits ist des Christen oberste Bestimmung, nicht Kontemplation und visio beatifica. *Zwingli* lehrt: „Gott will, da er eine Kraft ist, nicht leiden, daß einer, dessen Herz er an sich gezogen hat, untätig sei." „Die Getreuen wissen, wie Christus den Seinen keine Muße gewährt." „Es ist nicht die Aufgabe eines Christen, großartig zu reden über Lehren, sondern immer mit Gott große und schwierige Dinge zu vollbringen"[7]).

c) Der religiöse Individualismus der Reformatoren

Auf welchem Wege wird nun nach der Lehre der Reformatoren dem Menschen die Erlösungsgnade zuteil? Bei *Luther* geschieht das noch durch den Anschluß an die Kirche: „ ... darum wer Christus finden soll, der muß die Kirche am ersten finden. Wie sollte man wissen, wo Christus wäre und sein Glaube, wenn man nicht wüßte, wo seine Gläubigen sind? Und wer etwas von Christus wissen will, der muß nicht ihm selbst trauen noch eine eigene Brücke in den Himmel bauen durch seine eigene Vernunft, sondern zu der Kirche gehen, dieselbige besuchen und fragen ... denn außer der christlichen Kirche ist keine Wahrheit, kein Christus, keine Seligkeit"[8]). Bei *Luther* und *Melanchthon* war die unsichtbare Kirche notwendig immer in der sichtbaren Kirche.
Anders bei *Calvin*. Bei ihm ist der Praedestinationsgedanke, der bei *Luther* den Kirchenbegriff kaum beeinflußt hat, konsequent durchgeführt. *Calvin* spaltet wieder den Begriff der Kirche. Der praedestinierende absolute Gnadenwille Gottes bewirkt durch rein innere Erleuchtung die Gotteskindschaft und die unsichtbare Kirche. Die Forderung eines Anschlusses an die davon getrennte sichtbare Kirche entspringt der göttlichen Willkür. Wohl gibt es ein göttliches Amt und gottbegründete Ordnung, aber es besteht kein innerer Zusammenhang. Die „media salutis" (Taufe und Abendmahl) sind bloß signa salutis. Wie die Gnadenmittel, so wird hier auch die Kirche entwertet. Sie ist zu vergleichen mit der Schule und anderen natürlichen Gemeinschaften, die einen pädagogischen Zweck in Gottes Weltplan haben[9]).
Wenn auch nicht in dem Maße wie die *Calvins*, so ist dennoch auch *Luthers* Lehre schon stark individualistisch. Das wird besonders deutlich im Formalprinzip der sola-scriptura. Zwar nimmt nach *Luther* der einzelne die Heilige Schrift aus den Händen der Kirche entgegen. Aber wenn nicht mehr die mündliche Tradition als eine selbständige Glaubensquelle neben, ja vor der Schrift gilt (wie im Katholizismus), was hindert dann den Christen, besonders nachdem der Buchdruck erfunden ist, sich allein an seine Bibellektüre zu setzen und daraus seinen Glauben zu schöpfen, allein für sich, ohne immer und wesentlich an die

---

[7]) Opp. 4, 152 f., 158 (*Dilthey*, a. a. O., 229).
[8]) Erlanger Ausgabe der Werke *Luthers* 22, 20, zitiert nach: *Reinhold Seeberg*, Studien zur Geschichte des Begriffes der Kirche mit besonderer Beziehung auf die Lehre von der sichtbaren und unsichtbaren Kirche, Erlangen 1885.
[9]) Vgl. *Reinhold Seeberg*, a. a. O.

lebendige mündliche Lehrverkündigung der Kirche gebunden zu sein? Dann konnte es so kommen, wie *Möhler* sagt: „Schrieb Christus ein Buch, oder gaben die Apostel einem Jeden ein solches in die Hände, so ergriff es dieser, setzte sich abgeschlossen mit demselben an seinen Tisch, zog sich Begriffe heraus und keine Kirche, kein gemeinsames Leben ... wurde erzeugt"[10]). Was *Möhler* hier vom ersten Christentum verneint, wurde in der späteren Entwicklung des Luthertums Wirklichkeit, als eine ungewollte Folge von *Luthers* Sola-scriptura-Prinzip, das den Individualismus, gegen Willen und Wissen seines Verkünders, in sich trägt.

Besonders nachdrücklich hat *Zwingli* das Schriftprinzip vertreten, vor allem dadurch, daß er — im Gegensatz zu *Luther* — die Sakramentenlehre noch mehr verdünnte. Bei ihm gelten die Sakramente nicht als objektiv gültige Heilsmittel. *Luthers* Sakramentenlehre, die eine objektive Wirksamkeit einiger Sakramente: Taufe und Abendmahl festhielt, galt *Zwingli* als Aberglaube. Die Heilige Schrift aber und ihre Fruchtbarkeit für den einzelnen ist bei *Zwingli* wiederum auf das „innere Wort" gegründet, das Gott unmittelbar zur Seele spricht, noch vor der Schriftlektüre und auf vielerlei Weise, unabhängig von Bibel und christlicher Kirche. *Zwingli* steht so dem individualistischen Spiritualismus oder spiritualistischen Individualismus besonders nahe. Das nämlich ist die besondere Form, in der sich der allen Reformatoren gemeinsame Individualismus zeigt, am wenigsten noch bei *Luther* (nur in der Sola-scriptura-Lehre), stärker bei *Calvin* (in der Praedestinationslehre), am meisten bei *Zwingli* (in der Lehre vom „inneren Wort")[11].

d) Betonung der weltlichen Werke

Nach katholischer Auffassung spielen freier Wille und eigene Aktivität des Menschen im Prozeß der religiösen Heilsverwirklichung eine unentbehrliche Rolle. Der Anfang freilich kommt allein von Gott: als „gratia praeveniens", die den zum Vernunftgebrauch gelangten Menschen anregt, sich der Glaubensbotschaft zu öffnen oder seine schweren Sünden zu bereuen; oder als „gratia sanctificans", die dem kleinen Kinde ganz ohne sein Zutun geschenkt wird in der Taufe, dem zum Vernunftgebrauch gelangten Menschen, wenn er der gratia praeveniens folgt. Das Ende, die ewige Seligkeit, ist wiederum Geschenk Gottes, ein völliges Hineingetauchtwerden des eigenen Willens in den Willen des von Angesicht zu Angesicht geschauten Gottes. Es ist ein unverlierbares Geschenk. Und vorher schon ist die gratia sanctificans, wenn sie auch den von der gratia praeveniens angeregten Willen des vernünftigen Menschen voraussetzt, ein unverdienbares Geschenk. So steht am Anfang und am Ende nur Gottes Wille,

---

[10]) *Johann Adam Möhler,* Die Einheit in der Kirche oder das Prinzip des Katholizismus dargestellt im Geiste der Kirchenväter der drei ersten Jahrhunderte, Tübingen 1825, neueste Ausgabe hrsg. von R. Geiselmann, Köln-Olten 1957, § 17.

[11]) Vgl. im modernen Protestantismus *Karl Heim,* Wesen des evangelischen Christentums, Leipzig ⁵1929, 116 f.: Die evangelische Kirche „hat den Anspruch aufgegeben, irgend etwas zu besitzen, was der Mensch an sich nicht auch ohne sie besitzen könnte ... Sie macht sich gleichsam überflüssig".

dazwischen aber ist der freie Wille des Menschen mitwirksam. *Bernhard von Clairvaux* deutet so die alttestamentliche Erscheinung der Seraphim (Is. 6): Sie bedecken Füße und Haupt mit ihren Flügeln, nur die Mitte der Gestalten ist sichtbar; in der Mitte des Rechtfertigungsprozesses liegt das Feld des freien Willens[12]).

Dagegen lehren alle Reformatoren die „ausschließliche Kausalität Gottes im religiös-sittlichen Prozeß"[13]). Hierin (nicht überhaupt) ist unser Wille ganz unfrei. Bestimmte Menschen sind von Gott, nach seinem unbegreiflichen Willen, zur ewigen Seligkeit und zum Glauben praedestiniert. Die Praedestinierten werden unwiderstehlich gläubig und des Gnadenstandes teilhaftig, und dieser Gnadenstand ist unverlierbar.

Die guten Werke sind für das Zustandekommen und auch für das Dauern des Gnadenstandes ganz und gar belanglos. Freilich wird der Glaube sich wie von selber — das haben alle Reformatoren sehr betont — ganz spontan in guten Werken auswirken, aber nicht in religiösen Übungen, in religiös-asketischen und kultischen Handlungen. Diese Art von guten Werken war in den Augen der Reformatoren belastet durch das Odium der „Werkheiligkeit", durch die einer sich Gnade verdienen will. Das könne man in keiner Weise. Auswirken jedoch sollen sich Glaube und Gnade im weltlichen Wirken, im „Beruf", sagt *Luther*. Nicht *„per* vocationem", *durch* den Beruf dienen wir Gott, nur *„in* vocatione", *im* Beruf.

Bei *Luther* nun ist das Feld der guten Werke, in denen der Glaube sich auswirkt, noch sehr eng begrenzt. In seiner Frühzeit sieht er diesen Bereich nur in der privaten Sphäre von Mensch zu Mensch. Hier soll der Geist der Bergpredigt walten. Die öffentlichen Einrichtungen des Staates, der Ständeordnung, der Wirtschaft aber, kann man als Christ nur duldend hinnehmen; denn sie sind mit ihrer Zwangsgewalt und bloß egoistischen Tauschgerechtigkeit ein notwendiges Übel. Hier soll der wahre Christ „sich schinden und schänden lassen"[14]). Später fordert *Luther* zu positiver Bejahung und Mitarbeit im öffentlichen Leben auf, ohne jedoch eine grundlegende Umgestaltung der Institutionen zuzulassen. Die göttliche Vorsehung hat das so gefügt. Diesen Rahmen darf man darum nicht ändern. Aber innerhalb dieses Rahmens soll christlicher Geist sich in intensivster Tätigkeit auswirken, soll er Gottes Werk wirken im „Berufe". *Luther* hat zwar das deutsche Wort „Beruf" nicht, wie *Max Weber* behauptet hat, geschaffen; es war im Volksmunde schon gebräuchlich[15]). Er hat es aber gegenüber dem religiöskirchlichen Tun von Laien, Priestern und Ordensleuten mehr betont, als das vorher geschehen war[16]).

---

[12]) Vgl. *Wilhelm Dilthey*, a. a. O., 209.
[13]) *Wilhelm Dilthey*, a. a. O., 66.
[14]) Zitiert bei *Ernst Troeltsch*, Ges. Schriften 1: Die Soziallehren der christlichen Kirchen und Gruppen, Tübingen ³1923, 496; siehe *Luther*, Von weltlicher Obrigkeit, wieweit man ihr Gehorsam schuldig sei, 1523.
[15]) Vgl. *Nikolaus Paulus*, Die Wertung der weltlichen Berufe im Mittelalter, in: Historisches Jahrbuch der Görresgesellschaft 32, 1911.
[16]) Vgl. *Luthers* Auslegung der Bergpredigt, 1533.

Wir stehen also bei *Luther* vor dem Paradoxon: Obwohl er die guten Werke abwertet, insofern er sie aus dem Rechtfertigungsprozeß ausgeschieden wissen will, erfahren sie bei ihm eine ganz hohe Bewertung durch die seines Erachtens notwendige Auswirkung des Glaubens im weltlichen Berufsleben.

Ähnlich wie bei *Luther* ist es bei *Zwingli*, nur ist er nicht so konservativ, sondern vielmehr auf wirkliche Umgestaltung bedacht. Er lehrt nicht einfach Gehorsam gegen die absolutistischen Fürsten, sondern verlangt Demokratisierung des öffentlichen Lebens. Der praedestinierte Christ, seines unverlierbaren Gnadenstandes eingedenk, wird sich hier mit starkem Selbstbewußtsein einsetzen mit der Zuversicht, das Organ für Gottes Willen in der Welt zu sein.

Bei *Calvin* kommt ein weiteres Moment hinzu, wodurch die Notwendigkeit, ja Dringlichkeit der weltlichen Werke noch stärker betont wird: die Lehre von der Ungewißheit des Erwähltseins. Der Gott seiner extremen Praedestinationslehre ist ein Gott von geradezu dämonischer Willkür. Kein inneres Trosterlebnis gibt dem Menschen ausreichende Sicherheit, ob er erwählt sei.

Auch nach katholischer Lehre hat der Mensch zwar keine absolute Gewißheit, ob er im Gnadenstande sei, aber die Unsicherheit ist doch gemildert, weil er wirklich mitwirken kann, weil es objektiv wirksame sichtbare Heilsmittel gibt: die Sakramente und die sichtbare Kirche als „*das* Sakrament" schlechthin, und weil jeder an den Gnaden, Verdiensten und Fürbitten der Gemeinschaft der Heiligen Anteil haben kann. Diese die Ungewißheit des persönlichen Heiles mildernden Faktoren fallen besonders bei *Calvin* ganz weg. Die Sakramente sind nur „signa", Symbole zur Erbauung, nicht media. Die Kirche ist nur eine heilspädagogische Einrichtung, nicht medium der Erlösung. Die Communio sanctorum hilft nicht, sie ändert nichts an der Praedestination des einzelnen. In diesem furchtbaren Zweifel sucht der Mensch nach „Anzeichen" seiner Erwählung. Er sieht sie im Erfolg seines weltlichen Tuns im Berufsleben, in der Wirtschaft. Auch daher erklärt sich der ungeheure Arbeitsimpuls in der calvinischen Welt.

Zusammenfassend läßt sich über alle drei Reformatoren mit *Steinbach* sagen: Die Protestanten „verlangten die innerweltliche Bewährung der Christen. Fürbittende Heilige und stellvertretende Beter lehnten sie ab und leugneten die Möglichkeit der Tilgung von Sündenstrafen durch fromme Stiftungen. Der weltliche Beruf wurde wie nie zuvor in die religiöse Wertordnung mitten hineingestellt. Nach Luthers Lehre war jedermann zur Erfüllung einer gottgewollten Aufgabe auf Erden berufen. Als natürlicher Erfüllungsort galt der Berufsstand, in den man normalerweise hineingeboren wurde. Außerweltliche Berufe mit erhöhten religiösen Standespflichten und entsprechend höheren Erfolgsaussichten im Himmel wurden negiert. So wurde nun erst recht die Arbeit als Mittel persönlicher Heiligung und im Dienste der Gemeinschaft religiös gesegnet und der Berufsstand geheiligt"[17]. *Scheler* schreibt dazu: „Die Umgießung des kultischen Werkgeistes, als der praktischen Seite von Kontemplation und Anbetung in den

---

[17] *Franz Steinbach*, Studien zur Geschichte des Bürgertums, in: Rheinische Vierteljahrshefte 1949, 67 („als Mittel persönlicher Heiligung" scheint mir falsch zu sein: Im Protestantismus ist Arbeit kein „Mittel" der Heiligung, N. M.).

weltlich-praktischen Werkgeist der Berufs- und Erwerbsarbeit — das ist der Kern alles Streites um die Bedeutung der ‚guten Werke'. Und eben darum findet das Paradoxe statt, daß der gesteigerte Supranaturalismus (vgl. *Sombart, N. M.*) der protestantischen Frömmigkeit, d. h. die restlose unvermittelte Hingabe der individuellen Seele an Gottes Gnade, die Leugnung des ‚freien Willens' usw., die Wucht der menschlichen Willensenergie gar nicht mehr nach ‚oben', sondern nach ‚unten' auf die grenzenlose Arbeit an der Materie spannen mußte"[18]. Der Protestantismus bewirkt also eine gewaltige „Richtungsumkehr der Willensenergie" (307), die im neuzeitlichen Menschen schon angelegt war und nun in ihrer auf das Ökonomische zielenden Tendenz religiös bestätigt wurde[19]. Denn „nachdem der Heils- und Heiligungsprozeß zwischen Mensch und Gott durch diesen absolut unbegreiflichen Gnadenakt eines Gottes (der Praedestination, N. M.), der nur als souveräne ‚Macht' gesehen ist, ein für alle Mal von Ewigkeit her *beendet* und jeder inneren Geschichtlichkeit beraubt war, mußten sich die höchsten und stärksten Energien der Menschen, die sich früher im Prozesse der Heilsgewinnung selbst betätigt hatten, ganz auf die *Bearbeitung* und *Formung* der Materie lenken und gleichsam in endlose Arbeit an ihr ausbrechen" (315). „Lasset uns immer geschickter werden in unserem Berufe ... zur Nachahmung der unermüdeten, gemeinnützigen Geschäftigkeit unseres Jesu", heißt es bei dem Protestanten *Johannes Tobler*[20] und bei *Luther*: „Und wenn unser Leben *köstlich* gewesen, dann ist es Mühe und Arbeit gewesen"[21].

e) Zusammenfassung

Mit den angeführten Sätzen *Schelers* ist angedeutet, daß es der Geist des neuzeitlichen arbeitsdurstigen Willensmenschen ist, der in den theologischen Anschauungen der Reformatoren sich auswirkt. „Germanische Aktivität", sagt *Dilthey,* „gesteigert durch die Lage der Gesellschaft, als ein Wille, wirklich etwas zu tun, Wirklichkeiten zu schaffen, den Sachen in dieser Welt genug zu tun, macht sich in dieser ganzen Zeit wie in *Luther* geltend"[22]. Wir fügen hinzu:

---

[18] *Max Scheler,* Umsturz der Werte 2, Leipzig 1919, darin: Der Bourgeois und die religiösen Mächte, 305 f.
[19] Vgl. *Bruno Kuske,* Leistungs- und Arbeitsentwicklung in der deutschen Wirtschaft, in: Soziale Welt 1 (1949/50), 26 f.: „Daher ist es eine nicht mit den Quellen übereinstimmende Auffassung, wenn man dem Protestantismus eine originelle Stellung in der Schöpfung kapitalistischen Unternehmungsgeistes zuschreibt und das womöglich aus einer besonderen Ethik heraus, die in diese Richtung gewiesen hätte. Der Protestantismus hat in dem längst bestehenden einschlägigen Entwicklungsgang eine gewisse *graduelle* Bedeutung, und zwar von jener allgemeinen Meinung über die guten Werke aus."
[20] Zitiert bei *Klara Vontobel,* Das Arbeitsethos des deutschen Protestantismus von der nachreformatorischen Zeit bis zur Aufklärung, Bern 1946, 47.
[21] Vgl. zur katholischen Auffassung Ps. 89 (Übersetzung von Romano Guardini):
„Denn unsers Lebens Summe sind siebzig Jahr,
und sind wir rüstig, können es achtzig sein.
Und all ihr Prangen ist Mühsal und Nichtigkeit,
denn flüchtig gehn sie vorbei, und wir fliegen dahin."
[22] *Wilhelm Dilthey,* a. a. O., 216.

nicht nur in *Luther,* sondern auch in *Zwingli* und *Calvin.* Sie alle hatten als neuzeitliche Menschen kaum mehr Sinn für ein Tun und Wollen, dessen höchstes Ziel die Kontemplation des Göttlichen ist. Alles Wollen und Tun soll greifbare Leistung hervorbringen. Das Neue in der reformatorischen Religiosität und Theologie ist gar nicht die Sola-fides-Lehre für sich genommen; eine solche steht auch, etwas anders nuanciert, bei *Augustinus, Bernhard von Clairvaux, Tauler* u. a. Was diese Lehre aber auf die Spitze trieb, was sie aus dem ausgleichenden Zusammenhang der tradierten christlichen Lehre herausriß, war der neue bürgerliche Geist, der auch in den Reformatoren steckte. Protestantische Theologie und Geist der noch jungen bürgerlichen Gesellschaft weisen eine Stilverwandtschaft auf, einen Verwandtschaftszusammenhang, dessen Auswirkungen nicht so unbedingt und nicht so unvermeidlich sind, wie *Dilthey* meint. Aber im übrigen hat er recht: „Dieser religiös-theologische Fortschritt stand in einem notwendigen (?, N. M.) Zusammenhang mit der ganzen Entwicklung der germanischen Gesellschaft. Denn es war der ganze Zustand der deutschen Gesellschaft in seinem (Luthers, N. M.) Zeitalter, es war unter umfassenderem Gesichtspunkte die ganze Bewußtseinslage des Abendlandes, was den Fortschritt forderte (?, N. M.), welchen die Reformatoren vollbracht haben, und zu demselben die Mittel gewährte. Eben in diesem Verhältnis zwischen den Zuständen der Gesellschaft, welche bedingen und fordern, und der genialen Person, welche auf eine niemals vorauszusehende Weise Elemente verbindet, Wünsche realisiert und Ideale zu Wirklichkeit macht, liegt auch auf diesem höchsten Gebiet aller menschlichen Geschichte das entscheidende Moment des Fortgangs"[23]).
Nicht nur der religiöse Genius eines *Luther,* auch die Religiosität eines *Zwingli* und *Calvin* ist — mit Worten *Diltheys* — „innerlich erfüllt und äußerlich getragen von einer Veränderung der europäischen Gesellschaft, wie sie seit dem Zeitalter des entstehenden Christentums so tiefreichend und so umfassend nicht stattgefunden hatte" (215) — einer Gesellschaft, in der der bürgerliche Willens- und Wirtschaftsmensch, dem kontemplativen Lebensstil abgeneigt, auf Schaffen und Gewinnen bedacht, eine große Rolle spielt und für sein Arbeits- und Erwerbsstreben ein viel freieres Feld geboten bekommt durch die religiösen Lehren und Theorien der Reformatoren. Wenn das auch nicht das bewußte Anliegen der Reformatoren war, so boten doch ungewollt ihre Lehren dem wachsenden Arbeits- und irdischen Gestaltungsstreben des neuzeitlichen Menschen ein willkommenes theoretisches Gehäuse, den religiös-weltanschaulichen Rahmen.

---

[23]) *Wilhelm Dilthey,* a. a. O., 212.

13. Kapitel

Die Stellung der katholischen Moraltheologie zu Monopolen und Monopolverbänden

Papst *Pius XI.* nennt in der Enzyklika „Quadragesimo anno" die monopolistischen Zusammenschlüsse in der Wirtschaft, „diese Zusammenballung von Macht, ... das Eigentümliche der jüngsten wirtschaftlichen Entwicklung" (nr. 107)[1]. Wenn er von der „jüngsten wirtschaftlichen Entwicklung" spricht, müssen wir bedenken, daß eine Enzyklika kein Werk der Geschichtsdarstellung ist. Sie spricht über Verhältnisse der Gegenwart, über ethische Aufgaben der Gegenwart und Zukunft. Wer sich aber der Erforschung der Sozial- und Wirtschaftsgeschichte zuwendet, erfährt bald, daß es monopolistische Vermachtung, sogar besonders wirksame, schon in der ersten Etappe des Frühkapitalismus gegeben hat. Wenn der Papst sich in „Quadragesimo anno" eindringlich gegen diese Vermachtung wendet, so liegt für uns in dieser Untersuchung über die Kirche in der Sozialgeschichte die Frage nahe, wie denn in früheren Jahrhunderten der Neuzeit die Kirche, die Moraltheologen, angesichts der damaligen Monopole und Monopoltendenzen grundsätzlich darüber geurteilt haben.

Wir wollen in diesem Kapitel darüber sprechen, zunächst aber
1. über die Frage, was Monopole eigentlich sind;
2. über ihre Verbreitung im Frühkapitalismus; dann
3. über die sozialethische Beurteilung durch die damaligen Theologen;
4. über die spätere Geschichte der Monopolbildung bis in unsere Zeit, in bezug auf die „Quadragesimo anno" ja die monopolistische Vermachtung beklagt;
5. schließlich — als Ergebnis — über einige sozialethische Leitsätze von dauernder Gültigkeit.

1. Was sind Monopole und Monopolverbände?

a) Worterklärung

Das Wort „Monopol" findet sich schon bei *Aristoteles,* und zwar im 11. Kapitel des ersten Buches seiner „Politik". Er bemerkt dort, daß der Monopolhandel ein geeignetes Mittel zur Geldbeschaffung für die Stadtrepubliken sei. Das Wort setzt sich zusammen aus μόνος = allein und πωλέω = verkaufen. Andere Bezeichnungen waren im Verlauf der Geschichte des Monopolwesens: „Silberkauf", „Kupferkauf", „Ainshand" oder „einhandiger Handel"[2] und „Fürkauf".

---

[1]) Dieses und die folgenden Zitate nach der Übersetzung von *Gustav Gundlach,* Die sozialen Rundschreiben Leos XIII. und Pius' XI., Paderborn 1931.
[2]) Vgl. *Joseph Höffner,* Wirtschaftsethik und Monopole im 15. und 16. Jahrhundert, Jena 1941, 9.

b) Wesen des Monopols

Das Wesen des Monopols liegt in der vollständigen Marktbeherrschung. Markt ist dabei nicht örtlich, als Marktplatz, gemeint, sondern als das Verhältnis zwischen Anbietern und Abnehmern. Die vollständige Marktbeherrschung ist dann gegeben, wenn ein einziger Anbieter oder Nachfrager durch sein Angebot oder seine Nachfrage den Preis für alle Waren der gleichen Art bestimmen kann. Das bedeutet Ausschaltung der Konkurrenz, die durch bessere Qualität oder niedrigere Preise bzw. höhere Angebote einen Teil der Geschäftspartner an sich ziehen könnte. Die preisregulierende Funktion der Konkurrenz auf dem freien Markt wird also unterbunden. Das wirkt sich besonders nachteilig aus, wenn es sich um lebensnotwendige Waren handelt und der Verbraucher weder verzichten noch ausweichen kann. Der Streit um die Monopole ist also primär nicht ein Streit zwischen Arbeitgebern und Arbeitnehmern, sondern er ist — erstens — ein Streit zwischen Produzenten und Konsumenten, zu denen viele gehören, die nicht Arbeitnehmer sind, und dieser Streit ist — zweitens —, und zwar meistens, ein Streit zwischen großen und kleinen Produzenten bzw. Kaufleuten: Die kleinen und mittleren Produzenten und Kaufleute gehen zugrunde, wenn der große Unternehmer sein Monopolziel vollständig erreicht. So ist die Empörung gegen die Monopolisten gar nicht oder nur selten bei der Arbeiterschaft zu finden, sondern bei kleinen und mittleren Unternehmern und Kaufleuten.

c) Arten der Monopole

Bezüglich der Arten der Monopole[3]) wollen wir eine fünffache Unterscheidung treffen:
(a) nach dem Umfang, (b) nach der Marktseite, (c) nach dem Inhalt, (d) nach dem Inhaber und (e) nach der Entstehung.
(a) Bezüglich des *Umfanges* unterscheiden wir
(1.) *vollständige und unvollständige Monopole,* d. h.: Es gibt entweder nur einen Anbieter oder Abnehmer einer Ware; oder es gibt nur einen großen Anbieter oder Abnehmer und mehrere kleine, mit denen der große Monopolist aber noch rechnen muß;
(2.) *vollständige und unvollständige Oligopole,* d. h.: Wenn nur wenige große Anbieter oder Abnehmer auf dem Markt erscheinen und keine anderen Anbieter oder Abnehmer durch konkurrierende Angebote oder Nachfragen ein Gegengewicht bilden, haben wir ein vollständiges Oligopol; wenn neben den großen noch mehrere kleinere Anbieter oder Abnehmer auftreten, mit denen die Oligopolisten noch rechnen müssen, haben wir ein unvollständiges Oligopol.

---

[3]) Vgl. dazu die Lehre von den Marktformen bei *Walter Eucken,* Die Grundlagen der Nationalökonomie, Berlin-Heidelberg-New York ^{8}1965, 91—112.

(b) Wir müssen die Monopole aber auch nach der *Marktseite* unterscheiden, weil solche Verhältnisse auf beiden Marktseiten möglich sind. Meist sind zwar, wenn von Monopolen die Rede ist, die Angebotsmonopole gemeint, aber es gibt, zwar seltener, auch die Nachfragemonopole, z. B.: Ein Fischerdorf liefert an eine Fischhandelsfirma, die als einzige Nachfragerin auftritt. Oder ein Beispiel aus der Geschichte: die Machtstellung mancher Textilverleger in ländlichen Gegenden im 19. Jahrhundert: In *Gerhart Hauptmanns* Schauspiel „Die Weber" ist die Firma Dreißiger die einzige Nachfragerin für Leinen.

(c) Dem *Inhalt* nach kann sich das Monopol beziehen auf

(1.) *Ware:* Eisen, Kohle, Silber, Kali, Salz u. ä. sind in der Wirtschaftsgeschichte zeitweise monopolisiert gewesen, in neuerer Zeit vor allem Produktionsmittel;

(2.) *Geld:* Die Münzprägung und Ausgabe von Banknoten ist in allen modernen Staaten Vorrecht des Staates; in bezug auf solches Geld besteht also ein staatliches Monopol. Aber es gibt, wie wir wissen, daneben das Kredit- und Buchgeld der Banken. Private unvollständige Geldmonopole gab es auf Handelsmessen im 14./15. Jahrhundert in Lyon, Genua und Antwerpen.

(3). *Arbeitskraft:* Ihr eine Monopolstellung zu erringen, ist Ziel der Gewerkschaften. Die vielen Anbieter von Arbeitskraft, alle Arbeiter also, sollen als geschlossene Organisation ein Kollektivmonopol bilden, um die Erfüllung ihrer Forderungen besser erreichen zu können. Lohnstreiks z. B. wären in der Hand eines solchen Kollektivmonopols eine starke Waffe.

(d) Nach dem *Inhaber* unterscheiden wir

(1.) *öffentlich-rechtliche Monopole,* unter ihnen vier Arten:

(aa) *Staatliche* Monopole waren die fürstlichen Monopole im Bergbau, im Salzhandel usw., in manchen neuzeitlichen Staaten Tabak- und Branntweinmonopole oder Monopole bestimmter Transportarten. So ist in Deutschland der Transport auf Schienen nur der Bundesbahn erlaubt; Ausnahmen bedürfen besonderer staatlicher Genehmigung.

(bb) *Kommunale* Monopole sind vielfach die sogenannten Versorgungsbetriebe: städtische Wasser-., Gas- und Elektrizitätswerke, Straßenbahnen usw.

(cc) Auch *andere Körperschaften* öffentlichen Rechts können Monpolstellungen einnehmen. So hatten die Zünfte der Handwerker in den Städten das Monopol jeweils für *eine* Stadt und einen kleinen Umkreis dieser Stadt. Die Hansabünde der Städte waren als einzige Händler mit bestimmten Waren in bestimmten Gebieten zugelassen.

(dd) Auch von der politischen Obrigkeit an *Privatpersonen* verliehene Monopolrechte zählen zu den öffentlich-rechtlichen Monopolen.

2. *Private Monopole* sind die Monopole von Privatleuten ohne öffentlich-rechtliche Stütze.

(e) Nach ihrer *Entstehung* unterscheidet man

(1.) *natürliche Monopole;* sie können beruhen auf

(aa) dem alleinigen Vorkommen bestimmter Bodenschätze im Verfügungsbereich eines Unternehmers, z. B. von Diamanten im Gebiet des südafrikanischen Diamantensyndikates; im 15. Jahrhundert war das päpstliche Alaunmonopol Folge der damals einzigen Fundstelle in Tolfa im Kirchenstaat;
(bb) natürliche Monopole können außerdem entstehen auf Grund einer nicht leicht nachzumachenden Erfindung, z. B. einer Metallegierung, eines Kunststoffes, eines Likörs;
(2.) *künstliche Monopole;* sie können entstehen
(aa) durch Niederringung der Konkurrenz;
(bb) in wenigen Fällen durch tüchtige und geschickte Reklame für die Einzigartigkeit eines Produktes als Meinungsmonopol;
(cc) häufiger als Rechtsmonopol durch rechtliche Verleihung, im Zeitalter des Absolutismus z. B. die staatlich geschützten Monopole, in unserer Zeit aufgrund des staatlichen Patentschutzes für eine nachahmbare technische Erfindung.

Exkurs über Kartelle, Syndikate, Konzerne und Trusts als Wege zu künstlichen Monopolstellungen

Mit dem Ziel, eine Monopolstellung zu erringen, können sich mehrere Unternehmer zu folgenden Verbänden zusammenschließen:
(1.) Kartelle entstehen durch Vereinbarungen selbständiger Unternehmer über Lieferungsbedingungen, Zahlungsfristen, Frachtberechnungen, manchmal auch über Typisierung, Qualität, Produktionstechnik oder auch über den Verkaufspreis ihrer Produkte. Je nachdem sprechen wir von einem Konditions-, Rationalisierungs-, Gebietsschutz-, Quoten- oder Preiskartell.
(2.) Wenn Kartelle eine straffe Organisation erhalten, wenn sie z. B. eine gemeinsame Verkaufsorganisation mit Festlegung der Produktionsquoten und der Gewinnverteilung einrichten, entstehen Kartelle höherer Ordnung: die *Syndikate.* Aber immer noch bleiben die darin zusammengeschlossenen Unternehmer selbständig.
Wenn ein Kartell oder Syndikat der alleinige Anbieter wird, so wird der Verband als solcher Monopolist: Der Zusammenschluß hat sich als geeignetes Mittel zur Erreichung eines künstlichen Monopols erwiesen.
(3.) Wenn die in Syndikaten zusammengeschlossenen Unternehmer *faktisch* ihre Selbständigkeit dadurch verlieren, daß Einkauf, Finanzierung, Herstellung neuer Produktionsanlagen, Einstellung von Arbeitern und Angestellten oder Stillegung einzelner Werke aufgrund gemeinsamer Beschlüsse erfolgen, werden diese Verbände zu *Konzernen.*
(4.) Wird die Zentralisierung, der Zusammenschluß zu einem einzigen Unternehmen auch *wirtschaftsrechtlich* vollzogen, entsteht der Trust.

Die genannten Zusammenschlüsse führen vielfach zu den marktbeherrschenden Gebilden der Oligopole und Monopole. Dies ist das allen gemeinsame äußere Ziel. Aber der innere Sinn ist bei Kartellen und Syndikaten doch etwas anders als bei Konzernen und Trusts; denn Kartelle tragen oft die schwächeren Unternehmungen mit, indem sie sie nicht unterbieten und haben somit einen genossenschaftlichen oder zünftlerischen Einschlag. Das zu wissen ist wichtig für ihre sozialethische Beurteilung.

2. Verbreitung der Monopole im Frühkapitalismus

Schon im ersten Stadium des Frühkapitalismus, im 13. bis 15. Jahrhundert, hat es Monopole gegeben, z. B.
(a) Vereinigungen von Handwerkern und Kaufleuten: Zünfte und Gilden strebten jeweils für ihre Stadt ein eng begrenztes Monopol an durch Absprachen über Preis, Qualität, Menge und Lieferungsbedingungen. Wir sehen, die Zünfte pflegten nicht nur Frömmigkeit, Caritas, Interesse am Gemeinwohl, sie waren auch wirtschaftliche Kampforganisationen[4]). In Städten mit patrizischer Leitung gab es behördliche Preistaxen gegen das Monopolstreben der Zünfte[5]).
(b) *Fürstliche Monopolunternehmungen* im Vertrieb von Salz, Alaun, Bernstein, im Außenhandel mit Gewürzen und anderen Kolonialwaren und im Bergbau von Gold, Silber, Kupfer und Quecksilber.
(c) Es gab auch schon *von Fürsten an private Unternehmer verliehene Monopole.* Sie waren im beginnenden Frühkapitalismus noch nicht von großer Bedeutung. Erst als der Finanzbedarf der Fürsten für Verwaltung, Heer, Hofhaltung groß wurde und als einzelne Unternehmer durch Geschick, geschäftliche Härte und Ausdauer größere Kapitalien gesammelt hatten und in der Lage waren, damit den geldbedürftigen weltlichen und geistlichen Fürsten zu helfen, erwarben sie dafür weitgehende Monopolrechte, die immer schon zu den Regalien der Fürsten gehört hatten, z. B. Bergbau, Silber- und Goldhandel. So sind im Zeitalter des fürstlichen Absolutismus bedeutende Monopole einzelner Großunternehmer entstanden, z. B. der *Medici,* des *Jacques Coeur,* des *Jakob Fugger.*
Die Monopole des 15. und 16. Jahrhunderts teilt *Höffner,* an dessen Darstellung wir uns im folgenden halten[6]), ein in: Monopole der Fürsten — sie waren die zahlreichsten — und Monopole der privaten Wirtschaft, entweder in Anlehnung an die Fürstenmonopole oder als selbständige Monopole.

(1) Fürstenmonopole

Das Salzmonopol bezog sich mehr auf den Salzvertrieb als auf die Salzgewinnung. Viel Salz wurde an der französischen Küste südlich der Loiremündung gewonnen. Es bestand die Vorschrift, an die staatlichen Depots abzuliefern. Der

---

[4]) Vgl. *Gunnar Mickwitz,* Die Kartellfunktion der Zünfte, Helsingfors 1936. — *Ernst Kelter,* Geschichte der obrigkeitlichen Preisregelung, Jena 1935. — *Nikolaus Monzel,* Nachwort zu: *Wilhelm Schwer,* Stand und Ständeordnung im Weltbild des Mittelalters, hrsg. von Nikolaus Monzel, Paderborn ²1952.
[5]) Vgl. *Joseph Höffner,* a. a. O., 15.
[6]) Vgl. *Joseph Höffner,* a. a. O.

Inlandspreis war infolge eines Aufschlags zugunsten der Staatskasse, der Salzsteuer, höher als der Exportpreis. Daher kam das billiger ins Ausland verkaufte Salz oft auf Schleichwegen nach Frankreich zurück.

Das Alaunmonopol war ein päpstliches Monopol. Alaun, eine damals sehr wichtige Salzart, die zum Gerben und Färben gebraucht wurde, und das im Mittelalter aus dem Orient gekommen war, wurde 1461 in sieben Bergen in Tolfa im Kirchenstaat entdeckt. Bald waren dort 8000 Menschen beschäftigt. *Pius II.* (1458—1464) errichtete ein Alaunmonopol und beherrschte damit das ganze christliche Abendland: Er verbietet Alaunhandel mit Ungläubigen, obwohl das Alaun der Türken besser war als das europäische. Der Ertrag des päpstlichen Monopols war bestimmt zur Finanzierung des Krieges gegen die Türken. 1466, unter *Paul II.*, übernahm *Piero*, Sohn des *Cosimo de Medici*, zusammen mit anderen Gesellschaftern die Ausbeute von Tolfa und den Vertrieb. Papst *Paul II.* (1464—1471) belegte alle Städte des Kirchenstaates, die dennoch Alaun aus dem Orient bezogen, mit dem Interdikt, das das Verbot der Sakramentenspendung einschloß (Wie robust die Menschen damals mit heiligen Dingen umgingen!). Es wurden Ablässe ausgeschrieben für die, welche den Alaunhandel der Ungläubigen zerstörten. *Julius II.* (1503—1513) erneuerte die Bestimmungen. So eng war damals der Zusammenhang von Kirche, die auch eine politische Macht war, und Wirtschaft. — Fürsten verschiedener Länder errichteten — als nachgeordnete Monopole — Alauneinfuhrmonopole. Später wurde die päpstliche Monopolstellung dennoch geschwächt, als nämlich auch in Spanien Alaun gefunden wurde.

Das Bernsteinmonopol des Deutschen Ritterordens an der Ostsee war eine seiner wichtigsten Einnahmequellen. Die Strandbewohner mußten — unter Androhung der Todesstrafe — Funde an Beamte des Ordens abliefern. Der Bernstein wurde nach Lübeck und Brügge an Bernsteindreherzünfte verkauft, die ihn zu Schmuck und Rosenkranzperlen verarbeiteten. Als der Ordensstaat durch den Übertritt des Großmeisters *Albrecht von Brandenburg* zum Protestantismus (1525) säkularisiert wurde, blieb das Bernsteinmonopol bestehen. Die Einnahmen wurden noch erhöht dadurch, daß die Ablieferer mit Salz bezahlt wurden, zu einem überhöhten Monopolpreis, weil für Salz gleichfalls ein staatliches Monopol bestand.

Verschiedene Erzregale brachten den deutschen Fürsten den größten Gewinn, besonders das Silber- und Kupferregal. Nach Bodenschätzen durfte nur — gegen Abgaben — mit Genehmigung des Landesherrn gegraben werden, der sich oft auch das Vorkaufsrecht für die gesamte Förderung vorbehielt.

Silber war fast überall zu festen Preisen an die Fürsten abzuliefern; einen Teil durften die zu „Gewerken" zusammengeschlossenen Bergleute — zu höheren Preisen — zurückkaufen.

Kupfer wurde besonders in Ungarn gefunden. 1526 kam Ungarn infolge von Heiraten, die *Jakob Fugger* zwischen den Habsburgern und der ungarischen Königsfamilie zustande gebracht hatte, zum Reich. Damit wurden die Habsburger die Regalverleiher der größten Kupfergebiete der Erde. Kupfer war damals wichtigster Rohstoff der Metallindustrie, die es zu Hausrat, Waffen,

Münzen und Kunstwerken verarbeitete. Die Habsburger verpachteten die Kupferregale und Kupfermonopolrechte an *Fugger* und *Thurzo*.

Quecksilber, gefunden zu Idria im Herzogtum Krain, Jugoslawien, und zu Almaden in Spanien, das beides den Habsburgern gehörte, wurde sehr begehrt, als Mitte des 16. Jahrhunderts ein Verfahren entdeckt wurde, mit Hilfe von Quecksilber Gold und Silber aus Erzgestein auszuscheiden. Es kam eine umfangreiche Ausfuhr von Quecksilber nach Südamerika in Gang. Diese Ausfuhr war ein Kronregal der Habsburger und brachte ihnen großen Gewinn.

Gewürz- und andere Kolonialwarenmonopole hatte bis Ende des 15. Jahrhunderts faktisch Venedig, weil die einzigen damals möglichen Transportwege durch das Rote Meer und den Persischen Meerbusen führten. Als 1498 der Portugiese *Vasco da Gama* den Seeweg nach Indien entdeckte, versuchte der König von Portugal sein Staatsgewürzmonopol zum Weltgewürzmonopol auszuweiten. Es gelang ihm nicht ganz, weil Venedig sich einen Teil des Gewürzhandels erhielt. Auch die spanische Krone versuchte, in Spanien ein Kolonialwarenmonopol durch Verstaatlichung des Handels mit Südamerika zustande zu bringen.

Hier sei bemerkt, daß Außenhandelsmonopole der Fürsten uralt sind[7]). Sie sind zu finden bei den Häuptlingen primitiver Stämme, den altorientalischen Dynastien in Ägypten, Mesopotamien, Babylonien, Persien, China, bei den Kleinkönigen in Griechenland, den mittelalterlichen und nachmittelalterlichen Fürsten. Sie alle verwendeten die hohen Gewinne aus Monopolen zur Prachtentfaltung, der Erhöhung ihres Herrscherdaseins, zum Unterhalt ihrer Streitmacht und — später — zur Finanzierung der zentralisierten neuzeitlichen Verwaltung.

(2) Monopole der privaten Wirtschaft

(a) Die stärksten Monopole privater Art waren die, *die auf staatlichen Monopolen aufbauten,* also die nicht ganz privaten; z. B. pachtete die Tolfaer Alaungesellschaft, später die *Medici,* das päpstliche Alaunmonopol. Aber noch andere Monopole bauten auf dem Erzeugermonopol des Papstes auf: außer dem Alauneinführungsmonopol der Fürsten das Stapelmonopol der Stadt Antwerpen, verliehen von Kaiser *Maximilian* für die Gebiete Flandern, Nordfrankreich, England und Deutschland. Dieser Welthafen, damals für das ganze Abendland sehr wichtig, wurde dadurch zum alleinigen Umschlagplatz für Alaun. Die Monopolvergabe durch den Kaiser wurde damit begründet, daß die Stadt genug verdienen müsse, um ihren Hafen instandhalten zu können. Die Stadt Antwerpen verpachtete ihrerseits die Verwaltung des Stapelmonopols an Kaufleute. So haben wir in diesem Falle im ganzen fünf Monopolstufen: das natürliche Erzeugermonopol des Papstes, darauf aufbauend das Produktions- und Vertriebsmonopol der Tolfaer Gesellschaft bzw. der *Medici,* das fürstliche Einfuhrmonopol, das Antwerpener Stapelmonopol und schließlich das Verkaufsmonopol der Pächter des Stapels. Erst die fünfte Stufe ist ein ganz privates Monopol.

[7]) Vgl. *Siegmund Rubinstein,* Herrschaft und Wirtschaft, München 1930.

Andere Beispiele für auf staatliche Monopole aufgebaute Privatmonopole:
Albrecht von Brandenburg, Besitzer des *Bernsteinmonopols,* überließ für schlechtere Bernsteinsorten bestimmten Kaufleuten aus Königsberg, Lübeck, Danzig und Augsburg die Handelsmonopolrechte. Genauer gesagt handelt es sich hier um ein Oligopol. Im *Silberhandel* hatte Herzog *Sigismund*, später Kaiser *Maximilian*, seit 1488 Kontrakte mit den *Fuggern* über alles Tiroler Silber. Da aber auch anderswo (z. B. in Sachsen) Silber gefunden wurde, bestand in Europa kein volles Monopol für die *Fugger,* sondern ein Oligopol der Hauptlieferanten. Die kleinen Unternehmer waren nicht kapitalkräftig genug, um mit den Fürsten Kontrakte abzuschließen.

Im *Kupferhandel* gelang es *Fugger*, zusammen mit *Thurzo*, durch Preisabreden über das ungarische Kupfer fast eine Monopolstellung für das ganze Abendland zu erringen. Vorausgegangen war ein Kupferkauf vom ungarischen König. Der von *Fugger* und *Thurzo* gegründete „Gemeine Ungarische Handel" betrieb auch die Produktion. Als Handelsgesellschaft blieben beide selbständig, schalteten aber durch Preisabrede (= Preiskartell) die gegenseitige Konkurrenz aus. Die *Fugger* verkauften in Venedig, Nürnberg, Danzig, Stettin, zum Sund (Skandinavien) und nach Antwerpen; *Thurzo* nach Polen und Preußen (= Gebietsschutzkartell). Damit waren aber noch nicht alle anderen Kupferhändler ausgeschlossen; in Venedig gab es noch einige große Händler. Mit diesen schloß *Fugger* ein Preis- und Quotenkartell und ein Syndikat: Gleiche Preise wurden festgelegt, die Quoten der anderen Händler festgesetzt, der Verkauf erfolgte allein durch die *Fugger*.

Ihr *Quecksilberregal* verpachteten die österreichischen Habsburger an *Ambrosius Höchstetter* in Augsburg, die spanischen Habsburger das ihre an ein Konsortium der *Fugger* und *Welser* in Augsburg. Diese begründeten also ein Oligopol, aufbauend auf den fürstlichen Monopolen für die genannten Länder. *Höchstetter* erstrebte ein Weltmonopol, kaufte darum viel auf und wollte bei Neuverpachtung *Fugger* aus Almaden verdrängen. *Fugger* aber zahlte selber an Kaiser *Karl V.* den von der Konkurrenz angebotenen Höchstbetrag für die Pacht (1529). Unter dem Preisdruck der *Fugger* mußte *Höchstetter* weichen, machte Bankrott und starb 1534 nach dreijähriger Haft im Schuldturm zu Augsburg. *Höffner* nennt ihn „den vom Volke am meisten gehaßten Monopolisten seiner Zeit" (41).

Im *Zinnhandel* war ein Erzeugermonopol nicht möglich, weil es in vielen Ländern Vorkommen gab. Es wurde jedoch versucht, Zinnhandelsmonopole aufzubauen. Herzog *Georg von Sachsen* übertrug durch einen Privilegienbrief an eine Gesellschaft das Zwangsvorkaufsrecht für die gesamte sächsische Zinnproduktion.

Im *Gewürzhandel* gab der König von Portugal der Stadt Antwerpen das Recht zum Stapelzwang im städtischen Stapelhaus für alle indischen Gewürze. Aber der König blieb noch mit im Spiel: Sein Faktor schloß dort mit Kaufleuten Monopolhandelsverträge zweierlei Art: 1. den „Indienvertrag", in dem die Kaufleute sich verpflichteten, eine Indienflotte auszurüsten und die Ladung an Portugal abzuliefern; sie zahlten im voraus Geld an den König, um ihm die Gewürze abzukaufen. 2. Im „Europavertrag" verkaufte der königliche Faktor in Antwerpen den ganzen Vorrat an Gewürzen einem Konsortium von Kaufleuten, das den zu erwartenden Preis für mehrere Jahre vorauszahlte. Wegen der großen Elastizität der Nachfrage nach Gewürzen — z. B. bei schlechter Getreideernte und entsprechend hohen Brotpreisen ließ die Nachfrage nach Gewürzen stark nach —, war der Gewürzhandel äußerst riskant. *Jakob Fugger* war darin denn auch sehr zurückhaltend. Anders *Konrad Rott*, der 1576 für einige Jahre den gesamten Indien- und Europavertrag übernahm, sich hohen Gewinn erhoffte, nach wenigen Jahren aber geheimen, 1580 schließlich offenen Bankrott machte. Als letzte Art der auf fürstlichen Privilegien beruhenden privaten Monopole nennt *Höffner* die *Monopole für den Handel mit dem spanischen Südamerika*. 1528 schloß ein Konsortium der *Ehinger* und *Welser* in Augsburg einen Monopolvertrag mit der spanischen Krone über den gesamten Handel zwischen Europa und Venezuela. Darin war auch der Sklavenhandel eingeschlossen. 4000 Sklaven wurden von Afrika nach Südamerika gebracht, für die das Konsortium der spanischen Krone 20 000 Dukaten zu zahlen hatte, die es beim Verkauf wieder hereinbringen mußte.

(b) Die selbständigen Monopole der privaten Wirtschaft

Sie waren weniger groß und dauerhaft wie die fürstlichen und die von Fürsten verliehenen und von ihnen gestützten Monopole. Auch daraus ersehen wir, daß ohne die tatkräftige Mithilfe des Staates der Frühkapitalismus sich nicht so schnell und stark entwickelt hätte.
Da gab es z. B. im 16. Jahrhundert den Versuch, im Mansfelder *Kupferhandel* alle Händler zu einem Preis- und Verkaufskartell zusammenzuschließen, um den Kupferpreis zu erhöhen. Das wurde vor allem betrieben vom Unternehmer *Christoph Fürer*. Dagegen wandte sich der Kupferhändler *Jakob Welser*, der die Ansicht vertrat, das sei gefährlich wegen der Konkurrenz des Tiroler Kupfers, es verleite zur Passivität, weil der Ansporn für die einzelne Firma fehle, und es bringe den Kaufmannstand in Verruf. Trotzdem entstand 1529 *Fürers* Kupfersyndikat, dem — außer *Welser* — alle Kupferhändler beitraten. Die Gewinne stiegen nun, als Folge von Überpreisen, von 11 % auf 22 %. Im *Erz- und Textilhandel* beruhten die privaten Monopole vielfach auf dem Verlagssystem. Die Ablieferer mußten die „Konkurrenzklausel" unterschreiben, d. h. die Verpflichtung, nur an diesen einen Verleger abzuliefern. Damit waren andere Großhändler aus dem betreffenden Gebiet ausgeschlossen.
Die *Geldmonopole* als selbständige private Monopole waren besonders wichtig. Sie waren ausgesprochen künstliche Monopole. Auf den Handelsmessen z. B. in Lyon, Genua und Antwerpen trug jeder Kaufmann in ein Büchlein die Beträge der Schuldner und Gläubiger, von diesen unterschrieben, ein. Am Schluß der Messe wurde es zwei Börsenbeamten abgegeben, die alle Posten aller Büchlein untereinander verrechneten und nur die Spitzenbeträge waren in bar zu zahlen. Nun waren aber verschiedene Münzsorten der vielen Fürsten, die Münzen prägen ließen, im Umlauf. Zu welchem Wechselkurs sollte nun verrechnet werden?

Vor der Verrechnung bestimmte ein Ausschuß der angesehensten Kaufleute die Wechselkurse. Wenn nun eine bestimmte Münzsorte besonders begehrt und dazu rar war, erhielt sie einen hohen Wechselkurs. Die Knappheit wurde manchmal künstlich hervorgerufen durch Aufkauf einer bestimmten Münzsorte, so daß für diese ein Geldmonopol entstand. Papst *Pius V.* (1566—1572) hatte Geldmonopole durch eine Bulle verboten und mit Strafen belegt.

3. Beurteilung der Monopole durch die Wirtschaftsethiker des 15. und 16. Jahrhunderts

a) Beurteilung durch die Prediger

Der Franziskaner *Bernhardin von Siena* († 1444) hat in vielen seiner Predigten gegen die Monopole gesprochen. Als er einmal in Mailand predigte, kam ein Kaufmann zu ihm mit der Bitte, er solle scharf gegen Geldausleihe und Zinsnehmen predigen, so daß es niemand mehr wage. *Bernhardin* erfuhr, daß dieser Kaufmann der schlimmste sei; er wollte auf diese Weise ein Bankmonopol erreichen.
Auch der Franziskaner *Johann von Capistrano* († 1456) wandte sich in seinen Predigten gegen die Monopole.
Gailer von Kaisersberg († 1510) predigte in Straßburg: Sie „heißen Monopoli, die da ein War allein feil hond und haben wellen ... Die andren Monopoli seind, die nit ein Ding wellend allein verkaufen, aber sie stupfen mit einander umb das gelt wie sie es geben wellend, also und anders nit ... Warumb ist das Stupfen unzimlich? Darum, es hat ein Schein und scheint wie es ein erbar Ding sei, und ist doch dem gemeinen Nutz schedlich. Wie ist das? Es nimmt dem Merck (Markt) sein Freiheit. Es ist hie und anderswo ein freier Mergt, darum so sol jedermann sein Kaufmannschatz mögen geben wie er welle"[8].
Eine Predigthandschrift von 1515, deren Verfasser unbekannt ist, spricht von „gut Zeit in deutschen Landen, als noch alle Waar und Kaufmannshab auf den rechten Pfennig stand, und die Oberkeit keinen Fürkauf und Wucher duldete. Aber sint der Handel so unmessig gewachsen und die großen Gesellschaften Alles aufhäufen und verwuchern, ist tüer Zeit worden und Alles, was der arm Man in Notturft siner Narung und Kleidung bedarf, in so hohem Gelt aufgestiegen, daß es bald nit mehr oder schwer mag erlangt werden ... Gelt, Gelt, schreien die Hern, ... denn Gelt macht den Mann ... Du solt arbeiten und nit müßig geen, du solt, was du zu verkeuffen hast, was es sein moge, um gerechten Preis verkeuffen; insonderheit keinen Wucher triben durch Gelt und Zinss. Aber das tönt abscheulich in die Ohren der Wucherer und Fürkeuffer und Geltmacher, die gar vil groß Hern worden sint und Adelbrief erlangen und daherstolziren"[9].

[8]) Zitiert bei *Joseph Höffner*, a. a. O., 54.
[9]) Abgedruckt in: *Johannes Janssen*, Geschichte des deutschen Volkes 1, Freiburg i. B. 1930, 496.

Nicht nur katholische, auch protestantische Prediger wenden sich scharf gegen Monopole. In einer Chronik von 1585 sagt *Sebastian Frank:* „Diese Teurung schreiben viele allein der Untreu der Menschen und dem wucherischen Fürkauf zu, die alles aufkaufen, was der liederlich gemein Mann hat. Alsdann, wenn es ihnen in die Faust kommt, muß man ihr Lied singen und nach ihrem Willen bezahlen"[10]).

b) Rechtfertigungen der Monopole durch weltliche und geistliche Fürsten

Die Monopolgeschäfte des *Jakob Fugger* und seine Kartellvereinbarungen mit *Höchstetter* über das Tiroler, mit *Thurzo* über das ungarische Kupfer stießen auf den Widerstand der Konkurrenten, der Kaufmannsgilden und Handwerkerzünfte. Sie erhoben 1523 Klage beim Reichsanwalt — es bestanden ja Reichsverbote — gegen Augsburger Großkaufleute: die *Fugger, Höchstetter, Welser, Herwart, Grander, Ram* u. a., besonders gegen *Fugger,* wegen Monopolvergehens. Aber *Karl V.* befahl, das Verfahren einzustellen.

Das Edikt von Toledo, 1525, bestimmte: Jeder darf Handel treiben, wann, wie (also auch sich zusammenschließen) und womit er will. Verboten sind nicht alle, sondern nur die vom Gesetz ausdrücklich genannten Monopole. Klage erheben darf nur die Obrigkeit, in deren Bereich ein verdächtiges Unternehmen seinen Sitz hat. Kontrakte, die den Erzgroßhandel in die Hände weniger Kaufleute legen, sind nicht „monopolistisch" im Sinne der Reichsverbote. Begründung: (a) Der Edelmetallbau ist nützlich. Er gibt etlichen tausend Menschen in Deutschland Arbeit und Brot: Bergleuten, Hüttenarbeitern, Fuhrleuten, Wirten, Handwerkern und den Fürsten, die daraus Zölle und Abgaben gewinnen. (b) Dem so sehr teuren Unterhalt der Bergwerke muß ein guter, möglichst stabiler Preis für das Erz entsprechen, sonst übernimmt keiner das Risiko solcher kostspieligen und gefährlichen Unternehmungen. (c) Daher sind auf diesem Gebiet Preisabreden und andere monopolistische Maßnahmen erlaubt. Um den „gemeinen nutz noch mehr zu fürdern", dürfen die Erzkontrakte „nicht monopolia genent, geheißen oder dafür gehalten" werden, heißt es im Edikt von Toledo[11]).

Ähnlich wie *Karl V.* entschied auch 1498 Herzog *Georg von Sachsen* im Privilegienbrief für das Monopol im sächsischen Zinnhandel: „zur fürderunge gemeins nutz der lande und zu aufrichtunge und merunge unser zeenden und bergkwergk"[12]).

Papst *Paul II.,* der den Erlös aus dem Alaunmonopol für den Krieg gegen die Türken bestimmt hatte, rechtfertigt seine Monopolstellung damit, daß „der Preis des Alauns einem so heiligen Werke dient".

---

[10]) Zitiert bei *Joseph Höffner,* a. a. O., 51.
[11]) Text des Ediktes bei *Götz Frh. von Pölnitz,* Jakob Fugger. Kaiser, Kirche und Kapital in der oberdeutschen Renaissance 1, Tübingen 1949, 557 f.
[12]) Vgl. *Joseph Höffner,* a. a. O., 63.

c) Beurteilung durch die Theologen

Von den Moraltheologen wurden die Monopole allgemein abgelehnt. Diese Ablehnung beruhte auf sehr alten Erlassen des Papstes *Julius I.* (337—352)[13]) und des oströmischen Kaisers *Zeno* (483), der jede Art von Monopolen der Kleider- und Fischhändler, Preisabreden der Krämer, Bauleute, Handwerker und Bader verboten hatte. „Wenn es aber jemand wagen sollte, ein Monopol zu errichten, so wird er mit Gütereinziehung und lebenslänglicher Verbannung bestraft"[14]).
Bei *Thomas von Aquin* und *Albertus Magnus* ist die Monopolfrage nicht ausführlich behandelt. Bei ihnen ist nur davon die Rede, daß es ungerecht sei, durch Monopolaufkäufe gleich nach der Ernte eine Teuerung herbeizuführen[15]).
Hoch von Langenstein aus Hessen († 1397), Professor in Paris und Wien, richtet sich scharf gegen Monopole, Lohnabreden der Arbeiter zur Zeit der Ernte und Weinlese, ebenso gegen Lohnabreden der Zimmerleute und Maurer. Er tritt aber nicht für „natürliche Preisbildung" auf freiem Markt ein, sondern für behördliche Preisregelung, wie sie von vielen „nominalistischen" Theologen, besonders im 14. Jahrhundert, empfohlen wurde.
Ähnlich *Johannes Gerson* († 1429), Kanzler der Universität Paris. Er geht ein auf den damals häufigen Einwand gegen Monopolverbote, auch Joseph in Ägypten habe das staatliche Getreidemonopol eingeführt: Der ägyptische Joseph habe das nur getan, um dem Volk zu helfen. Dieses biblische Beispiel finden wir bei vielen Theologen des 14. und 15. Jahrhunderts, die gegen private Monopole sind, als Rechtfertigung für Staatsmonopole in Notfällen.
Ausführlichere theologische Abhandlungen über Monopole gibt es erst seit dem 15. und 16. Jahrhundert, als mit der Ausweitung des Fernhandels die große Zeit der Monopole begann.
So schrieb *Konrad Summenhart* aus Württemberg († 1502) ein umfassendes Werk „De contractibus licitis atque illicitis". Er bringt darin zunächst eine ausführliche Lehre über die Preisbildung, die erfahrungsgemäß von vielen Faktoren abhänge: von Einkaufspreis, Arbeitskosten, Transport- und Lagerkosten, Risiko, Überlegungen und Sorgfalt des Einkäufers, Verkaufsart (en gros, en detail), allgemeine Wertschätzung, Seltenheit u. a. m. Dann folgt eine strenge Verurteilung der monopolistischen Preisbildung. Er kennt verschiedene Arten von Monopolen: Monopole eines einzelnen, privat oder privilegiert; Preisabreden mehrerer Kaufleute; Handwerker beschließen, nur Sohn, Tochter, Neffe, Nichte in die Lehre zu nehmen (Zunftmonopole); Preisvereinbarungen der Bader; Vereinbarung der Lohnarbeiter, von anderen begonnene Arbeiten nicht fortzusetzen.
Beim Warenmonopol, schreibt *Summenhart,* „werden die einzelnen Bürger der Stadt gezwungen, die Waren, deren sie bedürfen, von diesem einen und einzigen

---

[13]) Enthalten in: Decretum Magistri Gratiani, Kamaldulensermönch um 1150.
[14]) Vgl. *Joseph Höffner,* a. a. O., 76.
[15]) *Thomas von Aquin,* Quodl. II, art 10 c. — *Albertus Magnus,* Sent. IV, dist. 16 a 46 (Sentenzenkommentar).

nach dessen Gutdünken zu kaufen. Unter diesem Druck müssen sie einen maßlosen Preis zahlen. Sie werden der Gerechtigkeit zuwider unterjocht und bedrängt und gleichsam in eine sklavische Abhängigkeit gebracht. Und es gehört sich doch, daß in einer freien Stadt Freiheit herrsche in Kauf und Verkauf, Miete und Vermietung"[16]). Die Freiheit des Marktes, der freie Wettbewerb gilt *Summenhart* als Garant des gerechten Preises. Aufkäufe zur Zeit der Ernte hält er für eventuell erlaubt, wenn die Obrigkeit Vorrat schaffen will für Notzeiten (siehe: Joseph von Ägypten!) oder auch, wenn Bauern unter Umständen mit einem Nachfragemonopol und als Folge mit niedrigeren Preisen einverstanden sind, damit sie nicht lange auf dem Markt stehen und ihren Ackerbau vernachlässigen müssen.

Milder als *Summenhart* urteilt *Antoninus von Florenz* († 1459) über Monopole. Mit Einwilligung des Bischofs, der seine Kartellerlaubnis gibt, weil bei einem solchen Zusammenschluß Schwache mitgetragen werden, dürfen Kaufleute gemeinsam einen gerechten Preis verabreden, um sich gegen Schaden zu sichern, also ein „Krisenkartell" bilden.

Schärfer gegen Monopole schreibt wieder *Gabriel Biel* († 1550), Professor in Paris. Er ist weder für freien Markt noch für Monopole, sondern für behördliche Preisfestsetzung[17]).

Äußerst streng wendet sich *Dominikus Soto* O. P. († 1560), Professor in Salamanca, gegen Monopole[18]). Er will die Monopolisten aus dem Staate vertrieben wissen. Für erlaubt hält er unter Umständen einen Zusammenschluß zwecks Nachfragemonopol als Gegenmittel gegen monopolistische Verkäufer der Vorhand.

Der Franziskaner *Johannes Medina* († 1546), Professor in Alcala, hält private Monopolisten für schädlicher als Mißernten und Heuschrecken unter Hinweis auf Abreden von Kaufleuten, Handwerkern und Bauern. Staatliche Monopole — aber nur zu gerechtem Preis — sind eventuell erlaubt zu Notzeiten oder zur Privilegierung nützlicher Gewerbe, z. B. Drucker und Gastwirte, zu denen sich unter Umständen niemand findet[19]).

Der Dominikanerkardinal *Thomas de Vio Cajetanus* († 1534) nennt die Monopolisten in seinem Kommentar zur Summa des *Thomas von Aquin* Preistreiber.

Luis de Molina S. J. († 1600), Professor in Evora in Portugal, war nicht nur bedeutend als Dogmatiker für das Gebiet der Gnadenlehre, sondern auch als Wirtschaftsethiker. Er schrieb fünf Bände „De iustitia et de iure" und lehnt darin, als künstlich, sowohl behördliche wie auch monopolistische Preisregelungen ab. Der natürliche, auf freiem Markt gebildete Preis sei der gerechte Preis, „falls dieser allgemein übliche Preis nicht durch einen Monopolschwindel oder durch

---

[16]) Zitiert bei *Joseph Höffner*, a. a. O., 94.
[17]) Vgl. *Ernst Kelter*, a. a. O.
[18]) De iustitia et de iure, 1556.
[19]) De restitutione et contractibus, 1546.

eine andere ähnliche Betrügerei eingeführt worden ist"[20]). Auch *Molina* läßt Ausnahmen für manche Staatsmonopole zu, „weil der König von Portugal auf seine Kosten der Schiffahrt den Weg nach Indien geöffnet und die Städte jener Gegend unterworfen hat, konnte er auch zu seinem Vorteil bestimmen, daß niemand außer ihm oder jene, denen er gegen eine gewisse Summe diesen Handel erlaubt, bestimmte Waren aus Indien einführen oder aus Portugal nach Indien bringen oder dort verkaufen darf. Diese Regelung bringt übrigens dem Staate Nutzen, da der König auf diese Weise Mittel zur Verteidigung des Staates erhält und ihn deshalb nicht mit neuen Steuern belasten muß ... Wie nämlich der König von seinen Untertanen Steuern zur Milderung der öffentlichen Not verlangen könnte, so kann er ihnen auch die Last eines Monopols auferlegen, nur muß diese Last erträglich und für die Bürger weniger lästig und schädlich sein"[21]). Hier spricht *Molina* das Problem der gerechten Verteilung der Steuerlast an.

Dominikus Bañez O.P. († 1604), Professor in Avila, Alcala und Salamanca, Vertreter des „Thomismus" in der Gnadenlehre, urteilt in seinen „Decisiones de iure et iustitia" milder über die Monopole der großen Fernhändler, fordert aber staatliche Preiskontrolle bei lebenswichtigen Waren. Anders liegen die Dinge für ihn bei Luxusgütern, z. B. Papageien, Affen und vielen Schmuckgegenständen für Frauen.

Der konservative *Martin Luther* urteilt in seiner Schrift „Von Kaufmannshandlung und Wucher" (1524) sehr streng über Monopole: „Monopolia, das sind Eygennützige keuffe, die ym landen und stedten gar nicht zu leyden sind" (305). Die Monopolisten „haben alle wahr unter yhren henden, und machens damit wie sie wollen, ... sie steygern odder nyddrigen nach yhrem gefallen, und drucken und verderben alle geringe kauffleute, gleich wie der hecht die kleyne fisch ym wasser" (312). *Luther* weiß auch, daß die Fürsten führend bei den Monopolen beteiligt sind: „Könige und Fürsten sollten hier dreyn sehen und nach gestrengem recht solchs weren. Aber ich höre, sie haben kopff und teyl dran. Und geht nach dem spruch Esaie 1. ‚Deyne Fürsten sind der diebe gesellen worden.' Die weyl lassen sie Diebe hengen, die eyn gulden odder halben gestolen haben, und hantieren mit denen, die alle wellt berauben" (313). *Luther* hätte am liebsten eine allgemeine behördliche Preisregelung gesehen.

Als *Fazit* ergibt sich, daß die christlichen Wirtschaftsethiker seit langem, besonders seit dem Spätmittelalter, allgemein wegen der Gefahr der Preistreiberei gegen private Monopole sind, dagegen Staatsmonopole als Notmaßnahmen billigen, dabei aber fordern, daß sie zum Nutzen der Gemeinschaft errichtet und gerechte Preise verabredet werden. *Höffner* bemerkt dazu: „Sicherlich haben sich weite Kreise der Wirtschaft nicht an die Forderungen der Scholastiker gehalten; das zeigen die umfangreichen Monopolbildungen jener Jahrhunderte"[22]).

---

[20]) Disp. 40 n. 10: „modo tale commune pretium introductum non sit per fraudem monopolii, aut aliam similem".
[21]) Disp. 345 n. 3; vgl. *Joseph Höffner*, a.a.O., 144.
[22]) *Joseph Höffner*, a.a.O., 164.

4. Spätere Geschichte der Monopolbildungen

Da die spätmittelalterlichen und neuzeitlichen Fürsten die Monopolisten stützten, gab es auf dem europäischen Kontinent viele Monopole. Sie sind geradezu ein Merkmal des Merkantilismus, dessen Praxis älter ist als seine theoretische Ausprägung im 17./18. Jahrhundert[23]). Hier stoßen wir wieder auf den engen Zusammenhang von Politik und Wirtschaft: Jedes antidemokratische Staatswesen begünstigt Staatsmonopole bzw. staatlich privilegierte Privatmonopole als ertragreiche Einnahmequelle. Jedes demokratisierte Staatswesen wendet sich gegen Monopole als einer Ausnutzung politischer oder politisch begünstigter Vormachtstellungen zu wirtschaftlichem Gewinn oder zur Benachteiligung weiter Kreise der Staatsangehörigen, weil es, wie im politischen so auch im wirtschaftlichen Leben, gleiche Grundrechte für jeden Staatsangehörigen fordert.

(1) *In England* drängte das Parlament schon früh auf eine Einschränkung der Vergebung von Monopolrechten durch den König — entsprechend der frühen Demokratisierung des staatlichen Lebens. Die „Magna charta libertatum" von 1215 hatte schon den Staatsangehörigen politische und gewerbliche Freiheiten eingeräumt; im „Book of bounty" von 1610 wurden die Monopolgebühren an den König festgelegt; das „Statue of monopoly" von 1624 erklärte, daß Monopole ganz und gar gegen die Gesetze des Königreiches seien. So setzte das Parlament nach und nach das Prinzip des freien Wettbewerbs durch. Während im Statut von 1624 noch einige Ausnahmen gestattet waren, beispielsweise für Handwerkerinnungen und — wie im modernen Patentrecht — befristeter Patentschutz für Erfindungen, so entzieht die „Bill of rights" von 1689 dem König endgültig das Recht, Ausnahmen zu bewilligen. Von jetzt an ist dafür allein das Parlament zuständig. Dieses gab nur wenige Monopolerlaubnisse, so der „Ostindischen Kompanie", und dieser nur deswegen, weil am Überseehandel dieser Gesellschaft ein allgemeines nationales Interesse bestand.

Gegen Ende des 19. Jahrhunderts und zu Beginn des 20. Jahrhunderts jedoch entstanden auch im früher kartellfeindlichen England viele Kartelle und ähnliche Zusammenschlüsse mit monopolartigem Charakter, gegen die die Gerichte nur selten einschritten.

Aber nach dem Ersten Weltkrieg setzte eine starke Gegenbewegung ein, gemeinsam getragen von den Konservativen und der Labour-Partei. Nach dem Zweiten Weltkrieg, 1948, erließ die Labour-Regierung mit Zustimmung der Konservativen ein Antikartellgesetz. Dabei ist beachtenswert, daß zwar die Labour-Mitglieder für die Verstaatlichung einiger großer Kartelle, beide Parteien aber gegen die Monopolstellung privater Kartelle stimmten. Es wurde eine Aufsichtsbehörde beschlossen, eine Kommission gegen Monopole und wettbewerbsbeschränkendes Geschäftsgebaren. Ausgenommen wurden — erstens — die staatlichen Monopole, weil diese ja demokratisch kontrolliert werden können, und

---

[23]) Vgl. *Ernst Kelter*, a. a. O.

— zweitens — wettbewerbsbeschränkende Handlungen der Gewerkschaften auf dem Arbeitsmarkt, da es sich hier nicht um Warenlieferung handele[24]).

(2) *In den Vereinigten Staaten von Amerika* verläuft die Entwicklung ähnlich wie in England. Auch hier finden wir zunächst die Hochschätzung der demokratischen Freiheit in Politik und Wirtschaft. Als im 19. Jahrhundert dennoch eine starke Kartell-, Konzern- und Trustbildung zu beobachten ist, ergeht auf Antrag von Senator *Sherman* 1890 das „Sherman Act", ein Antikartellgesetz, das jede „Konspiration" zur Beschränkung von Handel und Verkehr zwischen den einzelnen Staaten und dem Ausland verbietet, ferner jede wirtschaftliche Interessenverbindung, die über einen einzelnen Unionsstaat hinausgreift. Die Begründung *Shermans* für dieses Gesetz lautete: „Wenn wir als politische Macht keinen König dulden wollen, so dürfen wir auch keinen König über die Produktion und den Verkauf irgendwelcher Lebensnotwendigkeiten dulden. Wenn wir uns keinem Kaiser unterwerfen wollen, so dürfen wir uns auch keinem Wirtschaftsautokraten unterwerfen, der die Macht hat, die Konkurrenz zu verhindern und den Preis jeder Ware festzusetzen"[25]). Die Durchführung dieses Gesetzes wurde nicht streng gehandhabt, und so war sein Erfolg gering.

(3) *In Deutschland* hat es gegen Ende des 19. Jahrhunderts besonders viele Kartelle und ähnliche Zusammenschlüsse gegeben. Zwar war 1869 die Gewerbefreiheit für jeden Staatsbürger eingeführt worden, aber sie wurde bald als Vertragsfreiheit gedeutet, sich zu wettbewerbsbeschränkenden, monopolistischen Verbänden zusammenzuschließen. 1897 wurde diese Entwicklung vom Reichsgericht in einer berühmten Entscheidung gleichsam sanktioniert. Danach waren Kartelle und auch Sperren gegen Außenseiter zugelassen. Auf dieser Rechtsgrundlage wurden viele neue Kartelle gegründet, die größten im Kali- und Kohlenbergbau, in der Eisen- und Stahlindustrie und in der Ziegelei- und Zementindustrie.

Als 1910 das private Kali-Kartell vor der Auflösung stand und die Gefahr des Ankaufes von wenig rentablen deutschen Kaliwerken durch das Ausland gegeben war, stützte der Staat dieses Kartell durch Gründung des Reichskalisyndikats. Es war ein Zwangskartell und Zwangssyndikat, das die Preise und Lieferungsbedingungen festsetzte und den gemeinsamen Verkauf organisierte. Die Kali-Industrie erholte sich dadurch wieder; es lohnte sich, Kapital in ihr anzulegen. Als Folge entstanden neue Werke, auch staatliche Werke, was einer Überkapitalisierung gleichkam, die sich in überhöhten Preisen auswirkte.

Während des Ersten Weltkrieges wurden unter dem Druck der Kriegsverhältnisse im Interesse der gleichmäßigen und gesicherten Versorgung der Verbraucher noch weitere staatliche Zwangskartelle und -syndikate geschaffen: im Kohlenbergbau, in der Spirituosenfabrikation (Treibstoff!), in der Hefe- und Dörrgemüseindustrie und andere mehr.

1919 wurden verschiedene Kohlesyndikate durch das Kohlenwirtschaftsgesetz zwangsweise zum Reichskohlenverband zusammengeschlossen, dessen wichtigste

---

[24]) Vgl. *Alfred Gleiss,* Kartelle und Monopole, Heidelberg 1952.
[25]) Zitiert bei *Fritz Naphtali,* Wirtschaftsdemokratie. Ihr Wesen, Weg und Ziel, Berlin 1928, 17 f. (Neudruck: Frankfurt 1966).

Aufgabe die Festsetzung der Brennstoffverkaufspreise war. An seiner Spitze stand als Kontrollinstanz der Reichskohlenrat, in dem alle Bevölkerungsschichten: staatliche Behörden, Unternehmer, Angestellte und Arbeiter vertreten waren.
1923 erging zum erstenmal eine allgemeine Kartellverordnung gegen den Mißbrauch wirtschaftlicher Machtstellung durch Kartelle; nicht davon betroffen waren Kali und Kohle. Nach dieser Verordnung waren an sich Kartelle erlaubt, wurden aber der Reichsaufsicht durch das Reichswirtschaftsministerium unterstellt; ferner wurde ein Kartellgericht geschaffen. Schwierig war der Nachweis des Mißbrauchs in konkreten Fällen. Was war hier mit „Mißbrauch" gemeint? Künstliche Verknappung? Überpreise? Boykott gegen Außenseiter? Jedenfalls lag die Beweislast bei der staatlichen Aufsichtsbehörde.
Das sogenannte „Dritte Reich" (1933—1945) hat, besonders seit dem „Vierjahresplan" (1936), intensive Maßnahmen ergriffen mit dem Ziel, eine zentrale Verwaltungswirtschaft zu organisieren. Dabei wurden viele schon bestehende Kartelle, Syndikate und ähnliche Verbände praktisch zu Organen der staatlichen Wirtschaftslenkung. Die großen privaten Verbände erlangten dadurch in dieser Zeit einen starken Einfluß insbesondere auf die staatliche Kreditverteilung und die Vergebung von Staatsaufträgen. Die kleinen Unternehmer waren die Benachteiligten; sie waren dem Staat wenig interessant.
Von 1953—1956 wurde in der Bundesrepublik Deutschland ein neues Kartellgesetz beraten. Dabei standen sich zwei Richtungen gegenüber: Die erste war — nach einem Entwurf von Wirtschaftsminister *Ludwig Erhard* — für ein grundsätzliches Kartellverbot mit genau zu prüfenden Ausnahmen, wobei die Beweislast bei den Firmen liegen sollte. Die zweite Richtung — von vielen Unternehmern vertreten — war für ein Mißbrauchsgesetz, also nur für eine Kontrolle, bei der die Beweislast beim Staate liegen sollte. Als 1954 der Bundesrat sich damit befaßte, haben sich für *Erhards* Entwurf nur die sozialdemokratisch regierten Länder ausgesprochen; die Länder mit Regierungsparteien, zu denen mehr Unternehmer gehörten, stimmten dagegen oder enthielten sich der Stimme. In der Zeit nach dem Ersten Weltkrieg hatten viele Arbeitnehmerorganisationen (DGB) und die entsprechenden Parteien meistens nichts gegen Kartelle, wenn sie öffentlich kontrolliert würden; sie sahen darin einen günstigen Übergang zu einer allgemeinen Verstaatlichung und zur Aufhebung des Privateigentums[26]). Später dachte die Sozialdemokratische Partei anders darüber, wie die Abstimmung im Bundesrat zeigt.
1958 trat das „Gesetz gegen Wettbewerbsbeschränkungen" in Kraft. Es bedeutet, wie *Mestmäcker* es formuliert, „die gesetzliche Wendung zum Schutz des Wettbewerbs als einer Institution der Wirtschaftsordnung", rechts- und wirtschaftswissenschaftlich „durch die Erkenntnis vorbereitet, daß Kartelle mit einer Wirtschaftsordnung unvereinbar sind, die den Wirtschaftsablauf durch Marktpreise steuert und die wirtschaftliche Freiheit durch den Schutz des Wettbewerbs be-

---

[26]) Vgl. *Fritz Naphtali*, a. a. O.

grenzt *und* ermöglicht"[27]). Nach diesem Gesetz sind, von Ausnahmen abgesehen, Kartellverträge unwirksam, Boykott, Sperre und Diskriminierung verboten.

5. Ethische Beurteilung der Monopole

a) Positives zugunsten der Monopole

Die ethische Beurteilung der Monopole wollen wir gesondert für öffentliche und private Monopole versuchen.
Bei der Beurteilung *öffentlicher Monopole* (Staat und Gemeinden) unterscheidet man zweckmäßig zwischen fiskalischen und nichtfiskalischen Monopolen.
(a) *Fiskalische Monopole* sind dann wirtschaftsethisch positiv zu bewerten, wenn sie zur Deckung staatlicher Ausgaben dienen, die anders nicht gedeckt werden könnten, weil die übrigen staatlichen Geldquellen nicht ausreichen. Ein Beispiel ist das Branntwein- und Tabakmonopol: Hier vergibt der Staat Konzessionen gegen hohe Abgaben, erhebt also damit eine Art Steuer auf nicht lebensnotwendige Produktion.
(b) *Nichtfiskalische Monopole der öffentlichen Hand* (Produktions- und Handelsmonopole in staatlicher Regie) können unter folgenden Umständen berechtigt sein:
(1) wenn schädliche private Monopole nicht anders überwunden werden können als dadurch, daß die Obrigkeit in Staat oder Gemeinden diesen Wirtschaftsbereich für sich monopolisiert;
(2) wenn ein allgemeines Interesse an der technischen und qualitativen Einheitlichkeit bestimmter Leistungen besteht, z. B. beim Telefon-, Strom-, Gas- und Wasserleitungsnetz. Beliebig große Verschiedenheit der Telefontechnik, des elektrischen Stromes, der Wasserzuleitung usw. wäre eine Belastung für die Allgemeinheit;
(3) zur Sicherung der Stetigkeit in der Versorgung der Bevölkerung mit solchen und ähnlichen lebensnotwendigen Dingen. Große Schwankungen in Produktionsmengen und Preisen, wie sie leicht eintreten können, wenn diese Dinge der privaten Produktion und dem Konkurrenzkampf der privaten Unternehmer überlassen bleiben, können unter Umständen die Stetigkeit der Versorgung gefährden.
(4) Damit hängt zusammen der vierte Umstand, unter dem ein öffentliches Monopol berechtigt erscheint: wenn es — was einem Privatunternehmer nicht zuzumuten ist — auch Unternehmungen oder Einzelbetriebe unterhält, die zwar unrentabel, aber für das Gemeinwohl wichtig sind. So kann ein öffentliches Monopolunternehmen z. B. unrentable Eisenbahnstrecken unterhalten, unrentable Straßenzüge mit Strom und Wasser versorgen, weil die

---

[27]) *Ernst-Joachim Mestmäcker*, Kartell, in: Staatslexikon der Görres-Gesellschaft 4, Freiburg ⁶1959, Sp. 843.

öffentliche Hand Ausgleichsmöglichkeiten hat, die dem privaten Unternehmer nicht gegeben sind; bei ihr muß und kann also in gewissen Fällen der Rentabilitätsgesichtspunkt zurücktreten. Das ist aber nur möglich, wenn sie bei bestimmten wirtschaftlichen Leistungen Übergewinne erzielen kann und diese gewinnbringenden als Ausgleich für die unrentablen Leistungen monopolisiert.

Auch zugunsten der *privaten Monopole* läßt sich einiges Positive sagen:

(1) Sie können unter Umständen die Verbraucher billiger beliefern, weil die zusammengeschlossenen Partner billiger einkaufen, manche Fracht- und Zwischenhandelskosten einsparen, kostensenkende Spezialisierungen und technische Verbesserungen miteinander vereinbaren und ihre Erfahrungen darüber austauschen können. Die Frage ist aber: Werden diese Kostensenkungen wirklich zu Preissenkungen gemacht? Oder werden sie zu Lohnerhöhung oder zu einer „Produzentenrente" oder zu unrentablen Mammutanlagen, die, wie manche Kritiker behaupten, die Machthaber in den Trusts aus einer Art Größenwahnsinn anlegen lassen? Festzuhalten ist jedoch, daß an sich durch den Zusammenschluß von Unternehmungen Preissenkungen möglich sind.

(2) Die monopolistischen Zusammenschlüsse können nicht nur zu einer billigeren, sondern auch zu einer besseren Versorgung der Bevölkerung führen. *Schumpeter* hat dargelegt, daß der moderne Kapitalismus mit seinen Monopolverbänden und Riesenunternehmungen in monopolartigen Stellungen letztlich nicht, wie *Karl Marx* prophezeit hat, zur Verelendung der breiten Masse geführt, sondern im Gegenteil zur Steigerung ihres Lebensstandards beigetragen hat; denn die Großbetriebe haben den kleineren das voraus, daß sie — frei vom Konkurrenzdruck — Zeit und Geld für Versuche und das Ausprobieren neuer technischer Erfindungen haben, die schließlich zu einem vermehrten Warenangebot führen. Es sei fraglich, so meint *Schumpeter*, ob eine völlig freie Konkurrenzwirtschaft vieler kleiner und mittlerer Unternehmer, eine Wirtschaft also ohne große Zusammenschlüsse die Hebung des Lebensstandards, die reichere Versorgung der Bevölkerung mit Waren aller Art überhaupt oder so schnell fertiggebracht hätte[28]).

(3) Zugunsten privater Monopole ist ferner zu sagen, daß infolge ihrer gemeinsamen Produktionsplanungen (Quotenverteilung) eine größere Sicherheit für die stetige Belieferung der Verbraucher und damit auch für die stetigere Beschäftigung der Arbeiter erreicht werden kann.

(4) Positiv ist zu den privaten Monopolen schließlich noch zu sagen, daß sich in ihnen ein stärkeres Solidaritätsgefühl der Unternehmer untereinander und ein größeres Verantwortungsbewußtsein für die gesamte Volkswirtschaft ausdrücken und auswirken *kann*. Darauf hat *Liefmann* oft hingewiesen: Der private Herr-im-Hause-Standpunkt individualistischer Unter-

---

[28]) Vgl. *Joseph A. Schumpeter*, Kapitalismus, Sozialismus und Demokratie, München ²1950.

nehmer werde so eher überwunden[29]). Dabei dürfen wir aber nicht übersehen, daß durch eine Solidaritätshaltung innerhalb des Verbandes, eines Kartells oder eines Syndikates der Einzelegoismus zwar zurückgedrängt, der Gruppenegoismus nach außen jedoch leicht gestärkt werden kann. Wo das geschieht, wird das so wünschenswerte Verantwortungsbewußtsein für die gesamte Volkswirtschaft doch nicht erreicht.

b) Gefahren der Monopole

Wir haben schon festgestellt, daß nach dem Ersten Weltkrieg Kartelle und andere monopolistische Verbände von der sozialistischen Arbeiterbewegung begrüßt wurden als Durchgangsstadium zur Sozialisierung, zur Verstaatlichung, zur Abschaffung des Privateigentums an Produktionsmitteln. Die Sozialdemokratische Partei in der Bundesrepublik Deutschland rückte nach dem Zweiten Weltkrieg vom marxistischen Programm ab — bis zur völligen Ablehnung von Kartellen bei der Diskussion um das Kartellgesetz von 1958.
Auch die christlichen Sozialpolitiker unserer Zeit sehen in der Vermachtung der Wirtschaft durch monopolistische Zusammenschlüsse eine Gefahr für die Freiheit des Individuums. Zu den Gefahren der Kartelle und anderer Monopolverbände zählen sie:

(1) die rücksichtslose Bekämpfung der Außenseiter durch Lieferungssperren, Boykott oder durch Unterpreise; denn Trusts z. B. können eine Zeitlang — weil sie die Möglichkeit des Ausgleichs durch andere Sparten ihrer Produktion haben — unter den Gestehungskosten liefern, bis sie ihre Konkurrenten vernichtet und deren Kunden an sich gezogen haben. Vor dieser Gefahr warnt u. a. die Enzyklika „Quadragesimo anno", wenn sie sagt, daß die Zusammenballung wirtschaftlicher Macht „nicht anders als mit dem Überleben des Stärkeren, d. i. allzuoft des Gewalttätigeren und Gewissenloseren enden kann" (nr. 107).

(2) Haben sie ihre Konkurrenten niedergerungen, dann können diese Monopolisten — und das ist die zweite Gefahr — auf Grund ihrer Monopolstellung Überpreise fordern.

(3) Bedenklich ist die Vermachtung der Wirtschaft auch im Hinblick auf die staatliche Politik, d. h.: Die konkurrenzlosen mächtigen Wirtschaftsverbände können durch Manipulierung der Preise und der öffentlichen Meinung einen illegalen Einfluß auf die Politik des Staates nehmen, und zwar einseitig im Unternehmerinteresse, ja, sie haben eventuell Einfluß auf die Entscheidung über Krieg und Frieden. Mit Recht kann man dann von „Plutokratie" sprechen. Es ist sogar möglich, daß eine in Privathänden liegende vermachtete Rüstungsindustrie auf Grund internationaler Kartelle — auf dem Umweg über das neutrale Ausland — auch an die Feindmächte Kriegsmaterial lie-

---

[29]) Vgl. *Robert Liefmann*, Kartelle, in: Handwörterbuch der Staatswissenschaften 5, Jena [4]1923, 618.

fert. Die Enzyklika „Quadragesimo anno" bezeichnet „die Erniedrigung der staatlichen Hoheit ... zur willenlos gefesselten Sklavin selbstsüchtiger Interessen", die „Vermengung und unerfreuliche Verquickung des staatlichen und des wirtschaftlichen Bereichs" als „einen der schwersten Schäden", die der zügellose freie Wettbewerb hervorgebracht hat (nr. 109).

Wegen solcher Gefahren ist eine *öffentliche Monopol- und Kartellkontrolle* notwendig. Diese Instanz hat insbesondere zwei Aufgaben: Sie muß kontrollieren — *erstens* —, ob die zugelassenen Monopolverbände ihren Kampf gegen Außenseiter nur mit erlaubten Mitteln, also im Rahmen einer echten Leistungskonkurrenz führen, und — *zweitens* — ob sie die durch den Zusammenschluß erreichten Kostensenkungen zu Preissenkungen und Lohnerhöhungen verwenden und nicht etwa als Übergewinne abschöpfen.

Die beiden genannten Kontrollaufgaben fallen einer staatlichen Aufsichtsbehörde zu. Ganz besonders wichtig ist darum auch in diesem Zusammenhang die Stärkung der politischen Demokratie durch allgemeines und gleiches Wahlrecht und durch eine geeignete Geschäftsordnung; denn wir betonen noch einmal, daß politische und wirtschaftliche Demokratie eng zusammenhängen. „Unter modernen Produktionsverhältnissen", schreibt *Carell*, „ist Wettbewerbswirtschaft nur dann gegeben, wenn der Staat eingreift, d. h. das Bestehen von Wettbewerb erzwingt. Eine ‚freie Wirtschaft' im Sinne einer sich selbst überlassenen Wirtschaft führt unter modernen Produktionsverhältnissen nicht zur Wettbewerbswirtschaft, sondern zur Ausschaltung des Wettbewerbs, d. h. zur Monopolwirtschaft"[30]).

c) Das Monopolproblem unter dem Gesichtspunkt der Gerechtigkeit

Das ethische Prinzip, um das es bei Monopolfrage und Kartellproblem geht, ist das der *Gerechtigkeit*. Seit *Aristoteles* ist es in der Ethik üblich, drei Arten der Gerechtigkeit zu unterscheiden: Tauschgerechtigkeit, Legalgerechtigkeit und austeilende Gerechtigkeit — iustitia commutativa, iustitia legalis, iustitia distributiva. Seit einigen Jahrzehnten, zumal seit dem Erscheinen der Enzyklika „Quadragesimo anno", ist viel von der „sozialen Gerechtigkeit" die Rede. Was ist das? Ist das nur eine neue Bezeichnung für eine oder zwei Arten der Gerechtigkeit, die das traditionelle Einteilungsschema aufzählt, nämlich für die distributive oder auch für die distributive und die legale Gerechtigkeit zugleich — oder aber

---

[30]) *Erich Carell*, Allgemeine Volkswirtschaftslehre. Eine Einführung, München ⁴1949, 176. — Vgl. auch *Bernhard Pfister*, Leistungswettbewerb und Monopolkontrolle, in: Hochland 40 (1948), 558—573. — *Hermann Josef Wallraff*, Zum Kartellproblem, Paderborn o. J. (Schriftenreihe der Arbeitsgemeinschaft katholisch-sozialer Bildungswerke in der Bundesrepublik Deutschland, H. 10). — *Nikolaus Monzel*, Solidarität und Selbstverantwortung. Beiträge zur christlichen Soziallehre, München 1959, darin: Die freie Konkurrenz, 140—155. — *Oswald von Nell-Breuning*, Berufsständische Ordnung und Monopolismus, in: Ordo. Jahrbuch für die Ordnung von Wirtschaft und Gesellschaft 3 (1950), 211—237, jetzt auch in: O. v. Nell-Breuning, Wirtschaft und Gesellschaft 1: Grundfragen, Freiburg 1956, 272—293; darin auch: Vorfragen zur Monopolkontrolle, 122—125. — *K. Paul Hensel*, Ordnungspolitische Betrachtungen zur katholischen Soziallehre, in: Ordo 2 (1949), 229—269.

ist mit der Bezeichnung „soziale Gerechtigkeit" eine von der traditionellen Ethik nicht oder kaum beachtete und darum in dem üblichen Einteilungsschema nicht eigens genannte Grundart der Gerechtigkeit gemeint? Wir übergehen hier die bloß terminologische Seite der Frage. Wir wenden uns der Sache selber zu und können feststellen, daß von der üblichen dreiteiligen Aufzählung ein wichtiges Stück der sozialen Wirklichkeit unserer Tage — und auch früherer Zeiten — nicht erfaßt wird: das spannungsreiche Feld der Beziehungen, die zwischen den verschiedenen Sozialgebilden sich abspielen, welche nicht Ausgliederungen des Staates sind, sondern als Gruppen, Kreise, Schichten, Klassen, Verbände u. dgl. im Rahmen des Staates oder über diesen Rahmen hinaus ein gewisses Eigenleben führen und eine eigene Dynamik gegen- und miteinander sowie in ihrem Verhältnis zum Staate entfalten. Die Gerechtigkeit in den Beziehungen zwischen diesen Gruppierungen wird von der aristotelischen Gerechtigkeitslehre zum großen Teil nicht erfaßt. Das Kräftespiel zwischen den gesellschaftlichen Gruppen, ob es nun bis zu staatlichen Regelungen führt oder nur zu Übereinkünften nichtstaatlicher Art, ist das Feld, wo die soziale Gerechtigkeit walten soll[31]).
Bei der Beurteilung des Monopolproblems unter dem Gesichtspunkt der Gerechtigkeit sind drei Arten der Gerechtigkeit mit im Spiele:

(1) *Die iustitia commutativa* fordert, daß die Leistung der Gegenleistung entspreche; sie spricht immer gegen Monopole, gegen Übergewinne und gegen übermäßige Produzentenrenten.

(2) *Die iustitia distributiva*, die in der gerechten Verteilung der Vorteile und Lasten durch die Obrigkeit besteht, und

(3) *die iustitia socialis*, die das gerechte Verhalten der wirtschaftenden Menschen und Gruppen zueinander verlangt, sprechen unter Umständen für die Berechtigung bestimmter kartellartiger Zusammenschlüsse zur Marktbeeinflussung, auch wenn sie zu — kontrollierten — Monopolstellungen führen. Was dabei die iustitia socialis fordert, soll ein Beispiel zeigen: Wenn infolge der Anwendung neuer technischer Erfindungen einige Werke eines Produktionszweiges billiger liefern können, sind unter Umständen andere Werke plötzlich unrentabel geworden. Eine sofortige Stillegung dieser Werke würde vielleicht Massenarbeitslosigkeit zur Folge haben. Diese Folge wäre zu vermeiden oder zu mildern, wenn die vorerst noch unrentablen Werke von einem Kartell oder Konzern mitgetragen würden. Zwar treten dann auf dem Markt nicht sofort die an sich den fortgeschrittenen Unternehmungen möglichen Preissenkungen ein, aber die Fortdauer der Beschäftigung vieler Arbeiter ist gewährleistet, die sonst aus dem Arbeitsprozeß ausgeschaltet worden wären. Die seelische Verkümmerung, die das — auch bei Gewährung

---

[31]) Vgl. *Werner Schöllgen*, Die soziologischen Grundlagen der katholischen Sittenlehre (Handbuch der katholischen Sittenlehre 5, hrsg. von Fritz Tillmann), Düsseldorf 1953, 23—30. — Ferner die Zusammenfassung der Diskussion über den Begriff der sozialen Gerechtigkeit bei *Joachim Giers*, Zum Begriff der iustitia socialis, in: Münchener Theologische Zeitschrift 7 (1956), 61—74, und *Johannes Meßner*, Das Naturrecht, Innsbruck-Wien-München ⁵1966, 429 f., 432 f.

von Arbeitslosenunterstützung — für sie bedeutet hätte, ist ihnen so erspart geblieben, und der gesamten Wirtschaftsgesellschaft die bei größerer Arbeitslosigkeit unvermeidlich auftretenden sozialen Spannungen. Mit Recht sagt *Pesl*, daß es in solchen Fällen „für das Staatsinteresse weniger darauf an(kommt), daß die Abnehmer und Verbraucher alle Erzeugnisse billiger erhalten, als darauf, daß die ganze Volkswirtschaft gedeiht"[32].

Daß und wieso auch hier Gerechtigkeit nur möglich ist auf dem Fundament der Nächstenliebe, mit anderen Worten: daß die Liebe die Sehbedingung und die Motivkraft der Gerechtigkeit ist, und in welcher Hinsicht die christliche Lebenslehre über die auch natürlich-ethisch mögliche Einsicht in diesen Zusammenhang und seine Verwirklichung im sozialen Leben hinausführt, habe ich in der systematischen Vorlesung über die katholische Soziallehre ausführlich dargelegt[33].

---

[32] *L. D. Pesl*, Kartell, in: Staatslexikon der Görres-Gesellschaft 3, ⁵1929, Sp. 28.
[33] Aus dem Nachlaß hrsg. unter dem Titel „Katholische Soziallehre", 2 Bde., Köln 1965 und 1967, von Trude Herweg unter Mitarbeit von Karl Heinz Grenner. — Vgl. auch: *Nikolaus Monzel*, Christlicher Glaube und weltanschaulicher Pluralismus. Beiträge der katholischen Soziallehre zum Dialog, hrsg. von Trude Herweg und Karl Heinz Grenner, Köln-Bonn 1974, darin: Liebe und Gerechtigkeit, 181—194 (Hrsg.).

14. Kapitel

Die weltanschaulichen Grundlagen des klassischen Wirtschaftsliberalismus

1. Vorbemerkungen

Die zweite Etappe des Frühkapitalismus ist gekennzeichnet durch die enge Verbindung des fürstlich-absolutistischen Staates mit der Wirtschaft: Einmal betrieb die fürstliche Obrigkeit selber wirtschaftliche Unternehmungen in Produktion und Handel, zum anderen verlieh sie gegen hohe Abgaben Monopolrechte an kapitalkräftige Unternehmer. Das bedeutete eine gewisse Verstaatlichung der Wirtschaft oder eine weitgehende Verquickung von staatlichen Hoheitsrechten und wirtschaftlichen Interessen.
Diese Etappe wird im Hinblick auf den bevorzugten Inhalt als „Merkantilismus" bezeichnet, weil nach der damals herrschenden wirtschaftstheoretischen Auffassung der Handel und das hinter ihm stehende Geld die Hauptquelle des Reichtums sind: Was der Großkaufmann, der „Mercator" betreibt, darauf kommt es entscheidend an.
Der konservativ eingestellte Adel und der landwirtschaftliche Großgrundbesitz kamen dabei zu kurz. Die Gegnerschaft des Landadels gegen die absolutistisch regierenden Fürsten war daher nicht nur in der Schmälerung der alten politischen Rechte des Adels begründet, sondern auch in seiner wirtschaftlichen Zurückdrängung durch das merkantilistische System.
Eine Gegenrichtung erhob sich in der Lehre und den Bestrebungen der Physiokraten. Sie sahen den Reichtum eines Landes in erster Linie auf der Physis beruhen: der Natur und ihrer Fruchtbarkeit. Nur landwirtschaftliche Arbeit sei wirklich produktiv, der „produit net" nur aus ihr zu gewinnen. Das war der Inhalt ihrer Lehre, deren Klassiker *Francois Quesnay* († 1774) war, der Leibarzt *Ludwigs XV.* Formal verlangten die Physiokraten von der staatlichen Obrigkeit Freiheit für die Wirtschaft, kein Dirigieren und keine monopolistische Vermachtung. Die inhaltliche Seite dieses Systems wurde bald korrigiert. Die formale Seite jedoch wurde wirkkräftige Losung für die Wirtschaft des Hochkapitalismus seit Ende des 18. Jahrhunderts, besonders seitdem ein englischer Wirtschaftstheoretiker und Wirtschaftsethiker die Forderung der freien Konkurrenzwirtschaft in einem berühmt gewordenen Werk ausführlich begründet hatte: *Adam Smith* († 1790), Professor für Logik, dann für Moralphilosophie an der Universität Glasgow, in seinem Buch „An Inquiry into the Nature and Causes of the Wealth of Nations" (1776). Dieser Mann und seine Ideen sind für unser Thema besonders wichtig. Er ist der bedeutendste Klassiker des Wirtschaftsliberalismus, der Schöpfer der ideellen Grundlage, auf dem das System des Hochkapitalismus entstand, welches seinerseits durch seine Auswüchse die

sozialethischen Proteste hervorrief, die sowohl in den sozialistischen wie in den christlich-sozialen Bewegungen des 19. und 20. Jahrhunderts zu Wort kamen. Es handelt sich für uns, wenn wir uns dem Wirtschaftsliberalismus und seinem klassischen Vertreter zuwenden, vor allem um die Frage der sozialethischen Beurteilung der freien Konkurrenzwirtschaft. Dabei gilt unser Hauptinteresse nicht wirtschaftswissenschaftlichen Einzelfragen, sondern den weltanschaulichen Grundlagen. Dabei werden wir einen kurzen Überblick geben, der zeigen soll, daß und warum die von *Smith* proklamierte freie Konkurrenzwirtschaft ohne staatliche Regulierung sich selbst aufgehoben hat, indem sich aus ihr eine monopolistisch vermachtete Wirtschaft entwickelte.

2. Grundzüge der Wirtschaftslehre von Adam Smith

a) Den Reichtum eines Volkes begründet in erster Linie seine Arbeit, nicht die Fruchtbarkeit des Bodens, nicht Handel und Geld. Das spricht *Smith* im ersten Satz seines fünf Bücher umfassenden Werkes aus und zeigt so gegenüber den einseitigen Wohlstandstheorien der Physiokraten und der Merkantilisten eine neue und breitere Grundlage auf: „Die jährliche Arbeit eines jeden Volkes ist die Quelle, welche dasselbe mit den jährlich verbrauchten Bedürfnissen und Annehmlichkeiten des Lebens versorgt, entweder durch das unmittelbare Erzeugniß dieser Arbeit, oder durch dasjenige, was es für dieses Erzeugniß von anderen Völkern kauft.

Je nachdem also, wie sich die Menge dieses direct Erzeugten oder des dafür Gekauften zu der Anzahl der Verbrauchenden verhält, wird das Volk besser oder schlechter mit den Bedürfnissen und Annehmlichkeiten des Lebens versorgt sein"[1]).

Im ersten Buch findet sich auch ein interessantes Kapitel über Arbeitsteilung, ein vor *Smith* im wirtschaftstheoretischen Schrifttum kaum beachtetes Problem. Der industriellen Produktion und dem Absatz der durch sie erstellten Güter gilt das besondere Interesse von *Smith*.

b) Haupttriebfeder der Wirtschaft ist das Interesse der Menschen an ihrem eigenen Vorteil: „Der Mensch aber ist fast immer auf die Hilfe seiner Mitmenschen angewiesen, und er würde diese vergebens von ihrem Wohlwollen allein erwarten. Er wird eher zu seinem Zwecke gelangen, wenn er ihre Selbstsucht zu seinen Gunsten anregen und ihnen zeigen kann, daß es in ihrem eigenen Interesse liegt, das für ihn zu tun, was er von ihnen verlangt. Wer auch einem Anderen ein Geschäft irgend einer Art vorschlägt, beabsichtigt dies zu tun. ‚Gib mir, was ich brauche, und du sollst haben, was du brauchst', ist der Inhalt eines jeden solchen Anerbietens; und derart erhalten wir einer vom andern den weit-

---

[1]) *Adam Smith,* Untersuchung über die Natur und die Ursachen des Reichtums der Völker. Hier und im folgenden zitiert nach der Übers. von Wilhelm Loewenthal, 2 Bde., Berlin 1879.

aus größten Teil all der Dienste, auf welche wir gegenseitig angewiesen sind. Nicht vom Wohlwollen des Fleischers, Brauers oder Bäckers erwarten wir unser Mittagessen, sondern von ihrer Rücksicht auf ihren eigenen Vorteil; wir wenden uns nicht an ihre Menschenliebe, sondern an ihre Selbstsucht, und sprechen ihnen nie von unseren Bedürfnissen, sondern stets nur von ihrem Vorteile. Ein Bettler nur hängt fast ganz von dem Wohlwollen seiner Mitbürger ab ..." (1, 15 f.).

c) Durch das Interesse am Eigennutz geschieht auch der zweckmäßigste Kapitaleinsatz: „Jedes Individuum bemüht sich fortwährend, für das ihm zur Verfügung stehende Kapital die vorteilhafteste Anlage ausfindig zu machen. Allerdings hat es hierbei nur seinen eigenen Vorteil, nicht den der Gemeinschaft im Auge. Dieses Bestreben aber führt naturgemäß oder richtiger notwendig dazu, derjenigen Anlage den Vorzug zu geben, welche auch die für die Gesellschaft vorteilhafteste ist" (1, 464). Der Staat soll deshalb nicht unbedingt Landwirtschaft oder Industrie oder Handel „bevorzugen", sondern jeder solle ohne staatliche „Beschränkung" Arbeit und Kapital so einsetzen können, wie es für ihn am vorteilhaftesten zu sein scheint.

d) Verbleibende Aufgaben des Staates: „Da mithin sämtliche Bevorzugungs- oder Beschränkungssysteme vollständig wegfallen, stellt sich das klare und einfache System natürlicher Freiheit von selbst her. Jeder Mensch genießt, solange er die Gesetze des Rechtsstaates nicht übertritt, vollkommene Freiheit, sein eigenes Interesse auf seinem eigenen Wege zu verfolgen und seinen Fleiß sowohl wie sein Kapital mit denen eines jeden anderen Menschen oder jeder anderen Menschenklasse in Konkurrenz zu setzen. Der Landesherr wird vollkommen von einer Pflicht entlastet, deren versuchte Erfüllung ihm stets unzählige Täuschungen bereiten muß, und zu deren zweckmäßiger Erfüllung keine menschliche Weisheit oder Kenntnis ausreicht: die Pflicht, den Gewerbefleiß von Privatleuten zu überwachen und ihn zu denjenigen Beschäftigungen hinzuleiten, die dem Interesse der Gesellschaft am meisten entsprechen. Dem Systeme natürlicher Freiheit gemäß hat der Landesherr nur drei Pflichten zu erfüllen, die allerdings von großer Bedeutung aber doch sehr klar und gemeinverständlich sind. *Erstens* die Pflicht, den Staat vor Gewalttätigkeiten und Überfällen seitens anderer unabhängiger Staaten zu schützen; *zweitens*, jedes Mitglied der Gesellschaft vor der Ungerechtigkeit oder Unterdrückung von Seiten irgend eines anderes Mitgliedes möglichst zu sichern, d. h. eine strenge Rechtspflege einzuführen; und *drittens*, gewisse öffentliche Werke und Anstalten zu errichten oder zu erhalten, deren Errichtung und Erhaltung niemals im Interesse eines einzelnen Individuums oder einer kleinen Anzahl solcher liegen kann, weil der Gewinn diesem Einzelnen oder dieser kleinen Gruppe die Kosten niemals ersetzen könnte ..." (2, 200 f.). Allerdings ist *Smith* nicht konsequent. An anderer Stelle verteidigt er die „Navigationsakte", ein Gesetz zur Bevorzugung der englischen Handelsschiffahrt, weiter verteidigt er die staatliche Festlegung eines Höchstzinssatzes, die Außenhandelszölle u. a. m.

3. Der Umschlag der proklamierten Freiheit in die Vermachtung

a) Die Umdeutung: wirtschaftliche Freiheit = Vertragsfreiheit

Smith war Optimist, wenn nicht in der Beurteilung des Menschen, so doch in der Zuversicht, daß die vielen Einzelegoismen durch ihr freies Zusammenwirken ein positives Gesamtresultat, den Wohlstand des ganzen Volkes hervorbringen würden. Ähnliche Gedanken hatte vorher schon *Bernhard de Mandeville* († 1733), ein Arzt in London, in seinem Hauptwerk „The Fable of the Bees or private Vices public Benefits" ausgesprochen. Ihm ging es darum, die Entstehung von Sittlichkeit, Zivilisation und Recht zu erklären. *Smith* spezialisiert die Grundidee vom wohltätigen Egoismus auf die Wirtschaft.
Der Optimismus von *Smith* war nicht wirklichkeitsnah genug. Das egoistische Streben der Menschen nach Wirtschaftsgütern kann auch auf andere Weise als durch in freier Konkurrenz sich bewährende Leistungen auf seine Kosten kommen, nämlich durch das Bündnis mit der Macht; das ist der bequemere Weg. „Die Menschen", sagt *Pfister*, „welche es mit den Nutzwerten, mit der Wirtschaft zu tun haben, bedienen sich, wo es nur irgendwie angeht, zur Erringung dieser Nutzwerte im allgemeinen der Macht ohne Leistung lieber als der Leistung"[2]). Das hat die Entwicklung gezeigt. Weitgehend richtete man sich nach den Grundforderungen von *Smith:* Jeder möge in uneingeschränkter Freiheit seinen wirtschaftlichen Interessen nachgehen. Und was geschah? Die wirtschaftlich Starken nutzten die Schwachen aus oder schalteten sie ganz aus. *Ausgebeutet* wurden die kapitallosen Lohnarbeiter, die lange sozialpolitisch ungeschützt waren. Was half ihnen freie Konkurrenz? Ihre Arbeitskraft wurde wie eine Ware zum wechselnden Marktpreis, der oft unter dem Existenzminimum lag, bezahlt. Freie Konkurrenz ist nur bei Startgleichheit eine sinnvolle Forderung. Bei ungleichen Startbedingungen kommen die Schwachen trotz bester Leistungen zu kurz. — *Ausgeschaltet* aus der Konkurrenz wurden die kleinen Unternehmer von den großen. Diese waren oder wurden groß durch Monopolstellungen, die sie durch Aufkäufe kleiner Unternehmungen oder durch Zusammenschlüsse in Kartellen, Konzernen, Trusts erlangten: durch Preisabreden, Liefersperren gegenüber abhängigen kleinen Betrieben u. dgl. m. Beachten wir: Auch durch staatliche Privilegien suchten monopolistische Industrien ihre Stellung zu stärken und zu sichern: durch Subventionen, Schutzzölle u. a. m. Auf diese Weise schon wurde man dem alten klassischen Liberalismus untreu: Beim Staat gerade, der sich doch aus der Wirtschaft heraushalten sollte, suchten große monopolistische Unternehmungen und Verbände Stütze und Garantie ihrer Machtstellung.
Wer monopolistische Machtstellung hat, hat es bequem. Seine Gewinne sind nicht täglich im Leistungswettbewerb neu zu erringen, sind keine schwankenden, unsicheren „Differentialgewinne", sondern sie sind eine relativ feste Rente aus

---

[2]) *Bernhard Pfister,* Leistungswettbewerb und Monopolkontrolle, in: Hochland 40 (1947/48).

angelegtem Kapital, das sich, weil die Konkurrenz weithin ausgeschaltet ist, besonders hoch verzinst, ein fester Rentengewinn, dessen Höhe oft in keinem rechten Verhältnis zur wirklichen Leistung steht. Gerade der uneingeschränkte Grundsatz des „Laisser faire" hat dazu geführt, daß man Freiheit nicht nur zum Leistungswettbewerb benutzte, sondern auch als unbeschränkte Vertragsfreiheit auffaßte. Beim Arbeitsvertrag z. B. zwischen dem Unternehmer und dem Arbeitsuchenden mußte dieser, unter dem Druck seiner täglichen Lebensbedürfnisse, wollte er nicht verhungern, u. U. in noch so ungünstige Bedingungen einwilligen. Wenn der Staat völlige Vertragsfreiheit zuläßt, ist ein solcher Arbeitsvertrag, wenn er formal richtig geschlossen ist, gültig, ganz abgesehen von seinem Inhalt, mag der noch so ausbeuterisch sein. Zum Schutz der vermögenslosen Lohnarbeiter wäre eine Einschränkung der Freiheit bei der Gestaltung der Arbeitsverträge notwendig gewesen. Das geschah aber erst spät, am Ende des 19. Jahrhunderts.

Eine ebenso bedenkliche Wendung nahm die liberale Freiheitsparole im Verhältnis der Unternehmer zueinander. Auch hier erfolgte der Umschlag von Leistungsfreiheit in Vertragsfreiheit: Freiheit zu Verabredungen und Zusammenschlüssen. Mit dem die Absichten von *Smith* verfälschenden Hinweis auf die wirtschaftliche Freiheit wurden Machtstellungen in Kartellen und künstlichen Monopolen gebildet. Außenseiter wurden gezwungen, sich anzuschließen, oder sie wurden vernichtet. Die beanspruchte Koalitionsfreiheit wurde für die schwächeren Unternehmer zum Koalitionszwang, weil an Stelle der Leistung Macht getreten war. Aus dem Wettbewerber wurde der Marktstratege. Aus der allzu weiten Gewerbefreiheit entstand der monopolistische Vernichtungskampf.

Nachdem 1887 in Deutschland das Reichsgericht Kartellverträge als zulässig erklärt hatte, auch Sperren gegen Außenseiter, selbst Boykott u. ä. wuchs die Zahl der Monopolverbände rapid. 1905 gab es 305, 1925 schon 2500 Kartelle und kartellähnliche Verbände in Deutschland. Ausgangspunkt dieser Entwicklung zum Monopolkapitalismus war die Losung der völligen wirtschaftlichen Freiheit gewesen, Freiheit nicht nur des Angebotes und der Nachfrage, sondern auch der Verträge.

b) Neue Einsichten der modernen Wirtschaftswissenschaft

Zwar kann man, wenn man das 19. Jahrhundert mit seinem schnellen Bevölkerungswachstum ins Auge faßt, auch etwas Gutes über diese unbegrenzte wirtschaftliche Freiheit sagen. So betont *Nell-Breuning,* „daß die Entbindung der Wettbewerbsfreiheit dem wirtschaftlichen Leben und damit der Versorgung der Menschheit mit den materiellen Bedarfsgütern einen ganz beispiellosen Aufschwung gegeben hat, so daß es für uns völlig unvorstellbar ist, wie auch nur die notdürftigste Ernährung der heute lebenden Menschenzahl in den gebundenen Wirtschaftsformen von ehedem sich hätte ermöglichen lassen"[3]. Beachten wir aber: *Nell-Breuning* spricht von „Wettbewerbsfreiheit". Gerade diese ist aber,

---

[3] Oswald von Nell-Breuning, Die soziale Enzyklika, Köln ³1950, 167.

weil keine obrigkeitliche Aufsicht zur Sicherung des echten Wettbewerbs und zur Verhinderung von Monopolbildungen da war, in ihr Gegenteil umgeschlagen. Es vollzog sich eine Perversion der Freiheit. „Die Freiheit zeugt aus sich selbst heraus ihre eigene Antithese", schreibt *Muthesius*[4]). Weil unbegrenzte, ungeregelte Konkurrenzfreiheit so leicht in ihr Gegenteil umschlägt, erklären heute auch neoliberale Befürworter der Konkurrenzfreiheit, daß der Wettbewerb durch einen Rahmen geordnet werden müsse, innerhalb dessen er unverfälscht ablaufen könne. Ein solcher Rahmen wächst nicht von selbst. Nicht irgendeine, irgendwie gewachsene, sondern eine mit Überlegung und Autorität „gesatzte" Ordnung und „Wirtschaftsverfassung" ist notwendig. Sie muß vom Staat garantiert werden. „Die moderne industrialisierte Welt läßt das Wachsenlassen ihrer Ordnungen nicht mehr zu." Das einfache System der natürlichen „Freiheit" hat versagt[5]). Die modernen Nationalökonomen, die in der „freien Konkurrenz" ein regulatives Prinzip der Wirtschaft sehen, sprechen es also selber aus, daß dieses Prinzip nicht in sich selber ruhen kann. Notwendig sind staatliche Förderung und Schutzmaßnahmen für den Leistungswettbewerb, entsprechende Wirtschaftsgesetzgebung und insbesondere ein Amt für Monopol- und Kartellkontrolle[6]). Dazu bedarf es, wie *Röpke* betont, eines „starken Staates"[7]). Das Verhältnis des Staates zur Wirtschaft, wie es sich *Smith* und die klassischen Liberalen dachten, Staat gleichsam in der Rolle des Nachtwächters, der nur achtzugeben hat, daß nichts gestohlen wird, ist ganz unzureichend zur Sicherung dessen, was *Smith* wollte: echte Leistungskonkurrenz. Das „regulative Prinzip der freien Konkurrenz" muß also selber wiederum reguliert, d. h. gesichert werden, um unverfälscht erhalten zu bleiben.

4. Die weltanschaulichen (oder pseudotheologischen) Voraussetzungen des klassischen Wirtschaftsliberalismus

a) Smith

Wie ist es zu erklären, daß *Smith* und die Anhänger seiner Theorie die Notwendigkeit einer staatlichen Sicherung des Wettbewerbs übersahen? Wie kam es, daß der klassische Wirtschaftsliberalismus blind war „für die Grenzbedingungen seiner Gültigkeit"[8]), daß man so optimistisch dachte über das automatische Gelingen des liberalen Programms?
Diese Fragen führen zu den weltanschaulichen Voraussetzungen, auf denen die Wirtschaftsauffassung von *Smith* und anderen beruhen. Die Forderung der unbegrenzt freien Konkurrenz war ihnen nicht nur eine praktische Maxime, über

---

[4]) *Volkmar Muthesius*, Die Wirtschaft des Wettbewerbs, Wiesbaden 1948, 17.
[5]) *Walter Eucken*, Die Grundlagen der Nationalökonomie, Godesberg ⁵1947, 87, 371 f., 86.
[6]) Vgl. *Bernhard Pfister*, a. a. O.
[7]) *Wilhelm Röpke*, Die Lehre von der Wirtschaft, Erlenbach-Zürich 1946, 280.
[8]) *Alexander Rüstow*, Das Versagen des Wirtschaftsliberalismus, Godesberg ²1950, 87.

deren mehr oder weniger große Zweckmäßigkeit man nüchtern, kritisch und auf Grund von Erfahrungen diskutieren und verschiedener Meinung sein kann, sondern sie war eine Art von Dogma im theologischen Sinne als Bestandteil einer Weltanschauung, einer Gesamtauffassung des Verhältnisses von Gott und Welt und Menschenleben. Darauf haben früher schon *Hasbach* und *Rüstow* hingewiesen[9]).

Wenden wir uns noch einmal dem Werk von *Smith* zu. Man möchte annehmen, es sei ein rein wirtschaftswissenschaftliches Buch, ohne Theologie und religiöse Weltanschauung. Aber nun treffen wir auf folgende Stellen. Im 7. Kapitel des 4. Buches: Immer treffen „die natürlichen Interessen und Neigungen der Menschen mit dem Interesse der Allgemeinheit zusammen . . .". Woher will *Smith* von der Koinzidenz von Individualinteressen und Gesamtwohl wissen? Das ist keine Erfahrungstatsache. — Im 2. Kapitel des 4. Buches greift er zu einer „mystischen" Erklärung. Der einzelne geht seinem Eigeninteresse nach. Er „beabsichtigt in der Regel keine Förderung der öffentlichen Interessen". Er hat „nur seinen eigenen Gewinn im Auge", aber „he is led by an invisible hand to promote an end which was no part of his intention" — „er wird durch eine unsichtbare Hand einen Endzweck zu fördern angeleitet, den er niemals zu fördern beabsichtigte". „Unsichtbare Hand", das geht ins Theologische. Das Christentum lehrt, daß Gott immer seine Hand mit im Spiele hat und in individueller Vorsehung immerfort gleichsam interveniert, indem er die persönlichen Schicksale der Menschen lenkt und „die Herzen der Könige wie Wasserbäche" (Altes Testament). *Smith* meint die Hand eines göttlichen Weltenbaumeisters, der in den Kosmos die Naturgesetze und in die Menschen eine Art von Gesetzmäßigkeit der Neigungen und Triebe hineingelegt hat, eine Gesetzmäßigkeit, die auch ohne Wissen und Wollen der Menschen die Auswirkung der Neigungen zu dem glücklichen Ziele, dem Allgemeinwohl führt. Dieser Glaube an eine Art von Automatismus und die Forderung, den Dingen ihren Lauf und die Menschen gewähren zu lassen, ist die Frucht eines Wiederauflebens stoischer Ideen im 17./18. Jahrhundert[10]). — Im 9. Kapitel des 4. Buches: „Es scheint, als ob der gesunde menschliche Körper ein unbekanntes Erhaltungsprinzip besitze, das ... die schlechten Folgen selbst eines sehr fehlerhaften Verhaltens entweder verhindern oder ausgleichen könne." „Die Weisheit der Natur hat auch den Staatskörper reichlich mit Mitteln versehen, um den schlechten Folgen menschlicher Torheit und Ungerechtigkeit zu begegnen wie den menschlichen Körper hinsichtlich seiner Faulheit und Unmäßigkeit."

Wie für *Smith* diese Auffassung von den harmonisierenden Kräften des menschlichen Organismus in Zusammenhang steht mit der Vorstellung von der natürlichen Harmonie-Kraft, und wie er sich des geistesgeschichtlichen Zusammen-

---

[9]) *Wilhelm Hasbach*, Die allgemeinen philosophischen Grundlagen der von François Quesnay und Adam Smith begründeten politischen Ökonomie, Leipzig 1890. — *Alexander Rüstow*, a. a. O.
[10]) Vgl. *Wilhelm Dilthey*, Ges. Schriften 2: Weltanschauung und Analyse des Menschen seit Renaissance und Reformation, Stuttgart-Göttingen ⁵1957.

hanges mit stoischen Auffassungen bewußt war, zeigen zwei Stellen aus seiner „Theory of moral Sentiments" (1759). Dort gibt er, selber zustimmend, stoische Auffassungen wieder: „Die alten Stoiker waren der Meinung, daß wir — da die Welt durch die alles regelnde Vorsehung eines weisen, mächtigen und gütigen Gottes beherrscht werde — jedes einzelne Ereignis als einen notwendigen Teil des Weltplanes betrachten sollen, als etwas, was die Tendenz habe, die allgemeine Ordnung und Glückseligkeit des Ganzen zu fördern: daß darum die Laster und Torheiten der Menschen einen ebenso notwendigen Teil dieses Planes bilden, wie ihre Weisheit und Tugend, und daß sie durch jene ewige Kunst, die Gutes aus Bösem schafft, dazu bestimmt seien, in gleicher Weise für das Gedeihen und die Vollendung des großen Systems der Natur zu wirken"[11]. Und: „Man kann also in gewissem Sinne von uns sagen, daß wir Mitarbeiter der Gottheit sind (fellow-workers with God, Heraklit, fr. 75), und daß wir, soweit es in unserer Macht steht, die Pläne der Vorsehung ihrer Verwirklichung näher bringen. Wenn wir anders handeln, dann scheinen wir dagegen den Plan gewissermaßen zu durchkreuzen, den der Schöpfer der Natur zur Herbeiführung der Glückseligkeit und Vollkommenheit der Welt entworfen hat, und scheinen uns, wenn ich so sagen darf, gewissermaßen als Feinde Gottes zu erklären"[12].

b) Thünen und Bastiat

Auch bei anderen Vertretern des klassischen Wirtschaftsliberalismus finden wir die Begründung des Laisser faire mit theologischen oder quasitheologischen oder weltanschaulichen Ideen. *Thünen* († 1850) schreibt in „Der isolierte Staat": „Während der Mensch nur seinen eigenen Vorteil zu verfolgen wähnt, ist er das Werkzeug in der Hand einer höheren Macht und arbeitet, ihm selbst oft unbewußt, an dem großen und künstlichen Bau des Staates und der bürgerlichen Gesellschaft — und die Werke, die die Menschen als Gesamtheit betrachtet, hervorbringen und schaffen, sowie die Gesetze, wonach sie dabei verfahren, sind gewiß nicht weniger der Aufmerksamkeit und Bewunderung würdig, als die Erscheinungen und Gesetze der physischen Welt." Und an anderer Stelle spricht er von „dem Plan des Weltgeistes oder der Vorsehung"[13].
Bastiat († 1850) sagt in der Einleitung zu seinem Werk „Harmonies économiques": „L'idée dominante de cet escrit ... est religieuse, car elle nous dit que ce n'est pas seulement la mécanique céleste mais aussi la mécanique sociale qui révèle la sagesse de Dieu et raconte sa gloire" — „Die beherrschende Idee dieser Schrift ist religiös, denn sie sagt uns, daß nicht nur die himmlische, sondern auch die soziale Mechanik die Weisheit Gottes enthüllt und seinen Ruhm verkündet". — Im Epilog zum 1. Teil lesen wir: „A la vue de cette harmonie, l'économiste peut bien s'écrier comme fait l'astronome au spectacle des mouvements planétaires ou le physiologiste en contemplant l'ordonnance des organs

---

[11] 1. Teil, 2. Abschn., 3. Kap., zitiert bei *Alexander Rüstow*, a. a. O., 17.
[12] 2. Teil, 5. Kap., § 7, zitiert bei *Alexander Rüstow*, a. a. O., 19 f.
[13] *Johann Heinrich Thünen*, Der isolierte Staat, Rostock ²1842, 1. Teil, 327, 41, zitiert bei *Alexander Rüstow*, a. a. O., 30.

humaines: Digitus Dei est hic!" — „Beim Anblick dieser Harmonie kann der Ökonom wohl ausrufen, wie es der Astronom beim Schauspiel der Planetenbahnen tut oder der Physiologe bei der Betrachtung des Zusammenspiels der menschlichen Organe: ‚Der Finger Gottes ist hier'!" — Daher wird verständlich, was *Bastiat* (im 10. Kapitel) über die freie Konkurrenz sagt: „Il faut la bénir comme la plus éclatante manifestation de l'impartiale sollicitude de Dieu envers toutes ses créatures" — „Man muß sie segnen als die glänzendste Bestätigung der unparteiischen liebevollen Sorge Gottes um alle seine Kreaturen." — Und im 8. Kapitel: „Attendez la fin, et vous verrez que, si chacun s'occupe de soi, Dieu pense à tous." — „Wartet das Ende ab, und ihr werdet sehen, daß, wenn jeder sich mit dem seinen befaßt, Gott an alle denkt"[14]).

c) Die „Numinosierung" der Marktgesetze

Rüstow spricht in seiner Schrift „Das Versagen des Wirtschaftsliberalismus" im Hinblick auf solche religiöse Umkleidung wirtschaftstheoretischer Forderungen von „Numinosierung der Marktgesetze" (42), von einer „numinosen Aura" (42), von „theologischen" bzw. „subtheologischen" Voraussetzungen des Wirtschaftsliberalismus, von seinem „theologisch-metaphysischen Charakter" (40), von einer „neustoisch-liberalen Erlösungslehre" (40). Diese quasitheologische Einkleidung habe es verhindert, in realistischer Blickweise die notwendigen Randbedingungen zu sehen und zu erforschen, ohne die Konkurrenz nicht wirklich freie Leistungskonkurrenz sein und bleiben könne; das sei wirklichkeitsfremder Optimismus mit einer folgenschweren Soziologie-Blindheit gewesen, „Blindheit für die bedingenden Grenzen der Wirtschaftsfreiheit" (87). Die liberale Wirtschaftstheorie „stand so bei ihrer Entstehung unter dem faszinierenden Einfluß sachfremder, unsachlicher Gedanken und Gefühle. Dieser theologisch-metaphysische Ursprungscharakter als Erlösungswissen (— statt Leistungswissen —) gab dem Liberalismus und der liberalen Wirtschaftspolitik zunächst, in einer noch theologiebeherrschten Welt, eine ungeheure Missionskraft und einen unwiderstehlichen Schwung: die Jünger fühlten sich getragen von der Überzeugung: Gott will es!" (87). Da war also wenig Raum für Überlegungen über die begrenzte Gültigkeit der freien Konkurrenz, über die Notwendigkeit menschlicher Bemühungen um staatliche und ethische Sicherungen gegen den Mißbrauch wirtschaftlicher Macht.

Rüstows Darstellung hat Kritik erfahren. *Goetz Briefs* z. B. wendet ein, die Wirtschaftstheorie von *Smith* sei auch ohne den quasitheologischen Unterbau verständlich, und dieser Unterbau sei nicht theologisch im eigentlichen Sinne, sondern metaphysisch-deistisch. Beides stimmt. Aber wir dürfen *Rüstow* doch darin zustimmen, daß die Zugkraft des liberalen Wirtschaftsprogramms zum Teil der quasitheologischen Unterbauung oder Einkleidung zu verdanken war. Sehen wir uns also diese quasitheologische Begründung kritisch an.

---

[14]) *Fréderic Bastiat*, Harmonies économiques, Paris 1850, zitiert bei *Alexander Rüstow*, a. a. O., 33.34, 33; Übers.: Hsrg.

5. Unsere Kritik an den weltanschaulichen Grundlagen des klassischen Wirtschaftsliberalismus

a) Der sogenannte Vorsehungsglaube

(1) „VORSEHUNG" UND „WELTHARMONIE"

Rüstow spricht von einem „stoischen Vertrauen in die göttliche Vorsehung" bei *Smith* (27). Es gibt jedoch bei ihm *keine klare Unterscheidung von „Vorsehung" und „Weltharmonie".* Aber harmonische Weltordnung und göttliche Vorsehung sind nicht schlechthin dasselbe und auch nicht notwendig miteinander gegeben. Eine harmonische Ordnung der Kräfte des Weltganzen kann man wie *Pythagoras* und die Stoiker annehmen ohne die Annahme eines persönlichen Gottes, ein anonymes „Weltgesetz" genügt. „Vorsehen" aber im Sinne einer immer aktiven Vorsorge, die die Auswirkungen der wechselnden guten und bösen, weisen und törichten Verhaltensweisen der Menschen immer wieder zu bestimmten Endzwecken hinlenkt, kann nur eine personhaft gedachte Gottheit. Der Stoiker vertraut dem anonymen göttlichen Weltgesetz der Harmonie, aber er rechnet nicht mit der Vorsehung eines nach seinem unerforschlichen Ermessen wirkenden persönlichen Gottes. Wenn die Smith'sche Forderung des Laisser faire „without any assistance" mit einer entsprechenden Vorstellung des Verhältnisses zwischen Gott und Welt in Verbindung gebracht werden soll, dann kann dazu wohl die stoische Lehre, aber nicht die christliche Auffassung von Gott und Welt dienen; denn nach christlicher Auffassung geschieht nichts im Geschaffenen, geschieht insbesondere nichts Gutes und Sinnvolles seitens der Menschen „without any assistance" des persönlichen Gottes. Den Unterschied zwischen der stoischen und der christlichen Harmonie- bzw. Vorsehungslehre haben in früheren Auseinandersetzungen schon *Justinus* († ca. 165) und *Klemens von Alexandrien* († ca. 215) herausgestellt, der letztere in einer eigenen Schrift, die aber bis auf unbedeutende Bruchstücke verlorengegangen ist. Beide Kirchenväter betonen gegenüber der Stoa vor allem folgende Punkte: *Erstens:* Die göttliche Vorsehung bezieht sich nicht nur auf die Weltordnung im ganzen, drückt sich nicht nur in der Wirksamkeit allgemeiner Gesetze aus, sondern bezieht sich in je besonderer Weise auf jeden Einzelnen. *Zweitens:* Sie wendet sich an den freien, der sittlichen Entscheidung fähigen Menschen. Damit wird der durch die Stoa nahegelegte Fatalismus abgewiesen. *Drittens:* Die göttliche Vorsehung zielt auf das welttranszendente Heil der Menschen. Irdische Verhältnisse, also auch Wohlstand oder Armut, Glück oder Unglück, sind nur verschiedene Wege zu diesem Ziel. Eine solche, sich um das ewige Heil jedes einzelnen Menschen in besonderer Weise kümmernde göttliche Vorsehung ist selbstverständlich etwas anderes als die an allgemeinen Gesetzmäßigkeiten sich auswirkende Weltvernunft der Stoiker. Eine solche oder etwas ihr Entsprechendes, etwa die gesetzmäßig wirkende „Natur", nahmen ja auch die Neustoizisten an, darunter auch die „libertins", die ungläubigen Freigeister, gegen die sich *Bossuet* († 1704) wandte, weil sie „déclarent la guerre à la Providence divine" — „der göttlichen Vorsehung den Krieg erklären". Als weltanschauliches Fundament des klassischen Wirtschaftsliberalismus erkennen wir also den stoischen Harmonieglauben, nicht den christlichen Vorsehungsglauben. Und insofern der stoische Harmonieglaube von der christlichen Theologie her zu korrigieren ist, erweist er sich auch als eine nicht haltbare weltanschauliche Voraussetzung des Wirtschaftsliberalismus.

(2) INVISIBLE HAND

„Invisible hand" hat im christlichen Glaubensverständnis einen anderen Sinn als bei Smith.
Wenn man den theologischen Hintergrund der Lehre von einem wohltätigen Automatismus der Marktgesetze im Sinne des klassischen Liberalismus aufzeigen will, sollte man dem Ausdruck „invisible hand" nicht zuviel Bedeutung beimessen. Die Ausdrücke „Gottes Hand", „Gottes Finger" und andere Synonyma gehören zum biblischen und christlichen Sprachgut. Aber gerade die Bibel und das genuin christlich-religiöse Denken stellen sich Kosmos und Menschenwelt nicht als einen automatisch funktionierenden Mechanismus vor, dessen Teile und Kräfte der Schöpfer ein für allemal so angelegt und einander zugeordnet hat, daß eine Harmonie erreicht wird, ohne daß der Schöpfer dauernd mitwirkt und in das menschliche Geschehen je nach den wechselnden Situationen so oder so eingreift. Die unsichtbare Hand Gottes ist im biblischen und genuin christlichen Denken nicht eine Hand, die einst den Kosmos mit seinen Kräften und den Menschen mit seinen Trieben planvoll geschaffen und sein Werk dann nach der Parole Laisser faire sich selber überlassen hat, sondern die Hand, die auch nach dem Schöpfungsakt dauernd regiert und interveniert. Wenn nun diese Vorstellung vom Verhältnis zwischen Gott und seiner Welt in analoger Weise auf das Verhältnis zwischen staatlicher Obrigkeit und den wirtschaftenden Bürgern übertragen werden sollte, dann läge es eigentlich viel näher, sich eine weitgehend obrigkeitlich gelenkte Wirtschaft vorzustellen. M. a. W. die biblisch und genuin christlich aufgefaßte Idee von Gottes unsichtbarer Hand in Welt und Menschenleben könnte viel besser zu einer theologischen Rechtfertigung des Staatsinterventionismus, wie er im Merkantilismus vertreten wurde, als zu einer quasitheologischen Begründung des wirtschaftlichen Liberalismus dienen.
So ist es denn auch gar nicht verwunderlich, daß z. B. *Bossuet*, der große Hoftheologe des fürstlichen Absolutismus, so oft und gern von der Hand Gottes in der Geschichte spricht[15]) und die Parallele zieht zwischen Gott, der immer und überall aktiv mit im Spiele ist, und dem Fürsten. Von Gott sagt *Bossuet*: „Il a tous les coeurs en sa main: tantôt il retient les passions, tantôt il leur lâche la bride et par là il remue tout le genre humain" — „Er hat alle Herzen in seiner Hand: einmal dämpft er die Leidenschaften, ein anderes mal läßt er ihnen freien Lauf, und so bewegt er die ganze Menschheit". Und vom Fürsten sagt

---

[15]) *Jacques Bénigne Bossuet*, Discours sur l'Histoire universelle; Sermon sur la Providence de Dieu, Paris 1839.

Bossuet: „Il a des yeux et des mains partout" — „Er hat die Augen und Hände überall." Wie sehr die absolutistisch regierenden Fürsten im Zeitalter des Merkantilismus analog der Vorstellung vom allgegenwärtigen und allwirksamen Gott in das wirtschaftliche Geschehen eingegriffen haben, ist ja bekannt. Auch für eine quasitheologische Rechtfertigung dieses Verhaltens kann man die Idee der invisible hand gebrauchen, viel besser als für eine weltanschauliche Begründung des Wirtschaftsliberalismus. Die „theologisierenden" Theoretiker des klassischen Liberalismus scheinen an einer theologischen Auseinandersetzung mit den Vertretern des alten Vorsehungsglaubens, die — im Gegensatz zu ihnen — von der Allwirksamkeit Gottes so leichthin auf die Notwendigkeit einer quasiallwirksamen Lenkung des gesamten sozialen Lebens, also auch der Wirtschaft, durch die absolutistischen Fürsten schlossen, nicht interessiert gewesen zu sein[16]).

(3) Philosophische oder weltanschauliche Grundlagen

a) Anstatt von „Wirtschaftstheologie" und „theologischen" Grundlagen des Wirtschaftsliberalismus spricht man besser von philosophischen oder weltanschaulichen Grundlagen.
Die diesbezüglichen Lehren der antiken Philosophen, die im Neustoizismus des 17./18. Jahrhunderts wiederauflebten, stützen sich nicht auf die gläubige Annahme einer positiven oder Wortoffenbarung Gottes in der Geschichte, sondern beanspruchen, ohne derartige Grundlage einsichtig zu sein. Es handelt sich da also nicht um Theologie i. e. S. des Wortes, sondern um Philosophie. Zwar ist es nicht sinnwidrig, eine philosophische Lehre über Gott „Theologie" zu nennen; hat doch auch *Aristoteles* seine Lehre über die obersten Arten und den Ursprung des Seins, seine allgemeine Ontologie, sowohl „erste Philosophie" wie auch „theologische Wissenschaft" genannt. Nun ist es aber bekanntlich im abendländischen Sprachgebrauch seit langem üblich, Philosophie und Theologie zu unterscheiden, indem man die aus der allgemein zugänglichen Welt mittels Erfahrung und Vernunft herauszulesende Lehre über Welt, Gott und Menschenleben „Philosophie" nennt und den Namen „Theologie" einschränkt auf die entsprechenden Lehren, die auf der Grundlage des Glaubens an eine besondere Offenbarung Gottes in der Geschichte ausgebildet werden, d. h. im Abendlande auf der Grundlage des christlichen Offenbarungsglaubens. Selbstverständlich kann man es keinem verwehren, sich auf eine andere Terminologie festzulegen. Es wird dann aber das wissenschaftliche Gespräch mit den Zeitgenossen unnötig erschwert. So würde es also der Klarheit dienen, nicht von „theologischer", sondern von philosophischer oder weltanschaulicher Begründung des Laisser faire zu sprechen.
Gewiß, auch mit der christlichen Theologie ist die Idee des harmonischen naturgesetzlichen Ganges der Weltkörper und Gestirne vereinbar; das ist ja oft im biblischen und christlich-religiösen Schrifttum Anlaß zum Lobe des weisen gött-

---

[16]) Es wäre einer weiteren Untersuchung wert: I. Vorsehungsglaube 1) bei Bossuet u. a., 2) bei den Neustoikern des 18. Jahrhunderts, und II. was daraus für das Verhältnis 1) Staat-Gesellschaft, 2) Staat-Wirtschaft folgt.

lichen Schöpfers. Aber die christliche Theologie läßt nicht zu die Vermischung dieser lex divina physica mit der von Gott gegebenen lex moralis. Diese wendet sich an die freie sittliche Entscheidungsfähigkeit des Menschen. Hier gibt es weder im einzelnen, noch in der menschlichen Gesellschaft einen Automatismus, der von selber zum Guten führe. Hier wird die Harmonie im Sozialleben nicht im Indikativ, sondern als Imperativ ausgesprochen. „Du sollst!", das hat nur Sinn, wenn Mensch und Gesellschaft auch die Möglichkeit haben, anders zu handeln und damit die Möglichkeit, Unordnung und Unheil zu bewirken.

b) Der Organismusvergleich ist unzutreffend

Die Eigenheilkraft des körperlichen Organismus, auf die *Smith*[17]) und andere sich berufen, ist beim Menschen sehr begrenzt. Gerade für die Lebensmöglichkeit des menschlichen Leibes ist die planmäßige technische Gestaltung der Umwelt erforderlich[18]). Der Mensch wird geradezu definiert als das Wesen, das nur durch planvolle Umgestaltung des in der Natur Vorgefundenen leben und sich entfalten kann. Dazu dienen der planende Geist und die geschickte Hand des Menschen. Will man den menschlichen Organismus und die Wirtschaftsgesellschaft miteinander vergleichen, wie *Smith* das tut, so führt das eher zur Einsicht in die Notwendigkeit der Intervention als in die des Laisser faire: Wie für die Lebensmöglichkeit und Entfaltung des menschlichen Organismus eine planvolle Umgestaltung der Natur notwendig ist, so ist es auch notwendig, daß der Staat die institutionellen und rechtlichen Randdaten — in der Geldpolitik, der Monopolkontrolle, der Sozialpolitik und mancherlei Maßnahmen der Wirtschaftsgesetzgebung — schafft, innerhalb derer freie Konkurrenz als Spielregel heilsam funktionieren kann.

c) Kritik der Anthropologie des Wirtschaftsliberalismus

Der klassische Wirtschaftsliberalismus hatte eine zu optimistische Auffassung vom Menschen. Wohl hat *Smith* unterschieden zwischen Selbstinteresse und einem grenzenlosen Egoismus, der die Rechte des Nachbarn nicht achtet. Aber im ganzen dachte er zu harmlos vom Menschen. Die Unterschätzung der Neigung des Menschen zum Bösen, zum gemeinschaftsprengenden Egoismus, zum Mißbrauch wirtschaftlicher Macht ist ein Grundzug des aufklärerischen Denkens. Er führte folgerichtig dazu, auch die Notwendigkeit eines starken Staates zu unterschätzen, der Sicherungsmaßnahmen als Randdaten für wirtschaftliches Verhalten setzt, er führte also zu einem gewissen staatlichen Quietismus, Passivismus.
Eine solche Haltung kann sich übrigens auch ergeben aus einer pessimistischen Auffassung vom Menschen. So z. B. ist es bei *David Ricardo* († 1823), der in dem „Ehernen Lohngesetz" und im gesamten Wirtschaftsleben einen brutalen

---

[17]) Wealth of Nations, 4. Buch, 9. Kap., Übers. Loewenthal 2, 187.
[18]) Vgl. *Arnold Gehlen*, Der Mensch. Seine Natur und seine Stellung in der Welt, Frankfurt ⁵1955.

Egoismus aller am Werke sieht, der so tief in dem Menschen stecke, daß staatliche Maßnahmen dagegen ganz unwirksam und deshalb überflüssig seien. Auch er ist für Nichtintervention des Staates, aber nicht auf Grund einer optimistischen, sondern auf Grund einer pessimistischen Auffassung vom Menschen und dem menschlichen Sozialleben. Staatliche Sicherung der freien Konkurrenz wird von *Smith* freudig als überflüssig, von *Ricardo* achselzuckend als unwirksam erklärt.

Beide denken zu naturalistisch: In einem erfreulichen bzw. betrüblichen Mechanismus, angetrieben nur durch Egoismus, bewegt sich das Ganze; anderes ist nicht möglich und nicht denkbar. *Marx* versucht, die Wertakzente wegzunehmen. Die Egoismen sind nicht mit ethischem Pathos zu begrüßen oder zu bedauern. Es gilt einzusehen, daß in der modernen Wirtschaft ein mit Naturnotwendigkeit verlaufender Prozeß sich seinem Höhepunkt nähert, jenseits dessen das wirkliche Allgemeinwohl sich mit Sicherheit ergibt. Am Ende eines Prozesses, der über die Stufen: Kapitalakkumulation — Unternehmungskonzentration — Fehlinvestitionen, Absatzkrisen, Arbeitslosigkeit — wachsendes Proletariat — Weltrevolution — Diktatur des Proletariats — verläuft, steht die völlige Freiheit in einer klassen- und staatenlosen Gesellschaft. Zwar kann man diesen Prozeß beschleunigen, aber auch ohnedem führt sein Ablauf automatisch zum glücklichen Ziel.

Nach Liberalismus und Marxismus führt also ein statischer oder ein dynamischer Automatismus zum wirtschaftlichen Allgemeinwohl. Eine Sozialethik, die sich einerseits an die Gesinnung des einzelnen wendet, andererseits vom Staat gesetzliche Sicherungen verlangt für ein Minimum sozialer Gerechtigkeit, ist überflüssig. Hier wird naturwissenschaftliches Denken, dessen Erfolge im 18. und 19. Jahrhundert so eindrucksvoll waren, verallgemeinert und in einer Kompetenzüberschreitung auf das menschliche Sozialleben übertragen. Es wird verkannt, daß das menschliche Sozialleben wesentlich geistbestimmt ist. Der Geist ist frei, er kann Werte wählen, kann Nein! sagen zu naturhaftem Begehren, kann erfassen, was solidaritätsbewußtes Handeln ist. Gegenüber dem altliberalen und marxistischen Denken sagt das Christentum auch in der Wirtschaft: Du sollst! Du sollst nicht! Es verlangt Gesinnungsänderung und Gesinnungsbildung, und es verlangt staatliche Sicherungen, die ein Minimum sozialethischer Gesinnung bzw. ein Minimum des entsprechenden Verhaltens zur kontrollierbaren Pflicht machen. Jede Art von Automatismus ist wirklichkeitsfremd, utopisch. Der Mensch ist nicht so gut, daß staatliche Regulierungen überflüssig wären. Der Mensch ist nicht so radikal schlecht, daß ethische Einwirkungen auf ihn und staatliche Regulierungen immer vergeblich sein müssen. Die Menschen sind zu Verantwortung und solidaritätsbewußtem Handeln fähig und verpflichtet. Daraus ergibt sich für das Verhältnis des Staates zur Wettbewerbswirtschaft eine sinnvolle, notwendige und auch erfüllbare Aufgabe.

15. Kapitel

Die katholisch-soziale Bewegung im 19. Jahrhundert und das Rundschreiben „Rerum novarum" von 1891

1. Die soziale Lage in Deutschland und die katholisch-soziale Bewegung bis zum Erscheinen der Enzyklika „Rerum novarum"

a) Auswirkungen der hochkapitalistischen Wirtschaftsweise

Im 19. und beginnenden 20. Jahrhundert ist die kapitalistische Wirtschaftsweise in ihr hochkapitalistisches Stadium getreten. Sie wird — wie wir im Kapitel über den neuzeitlichen Kapitalismus näher ausgeführt haben — hochkapitalistisch genannt, weil jetzt nicht mehr, wie in den vorangegangenen Stadien des Frühkapitalismus, die Kaufmannskontore, nicht mehr die Manufakturen entscheidend sind für den Wirtschaftsablauf, sondern weil die Fabriken zu zentralen Produktionsstätten werden und weil die durch künstliche Energiequellen angetriebenen Maschinen vorherrschend die Technik der Produktion bestimmen. Voraussetzungen dieser Entwicklung waren technische Erfindungen, die rechtliche Loslösung der Bauern vom Boden, das Bevölkerungswachstum, der Wegfall öffentlich-obrigkeitlicher Bevormundung und die Schrumpfung ethischer Bindungen.

Die Auswirkungen dieser hochkapitalistischen, liberal-ökonomischen Wirtschaftsweise sind schwerwiegend gewesen: anwachsende, sich gegenseitig bedingende Bevölkerung und Güterproduktion, zunehmende Verstädterung und Verelendung der Arbeiter. Auf die letztgenannte folgenschwere Auswirkung des Hochkapitalismus wollen wir hier näher eingehen.

b) Das Proletariat

Das Wort „Proletariat" wird in sehr verschiedenem Sinne gebraucht. Wir verstehen darunter nicht alle irgendwann und irgendwo in der Geschichte anzutreffenden Menschenmengen, die in gedrückter wirtschaftlicher Lage leben. Proletariat im genauen soziologischen Sinne nennen wir die Bevölkerungsschicht, die im Zeitalter der weitgehenden Trennung von Produktionsmittel und Arbeitskraft auf Grund ihrer Vermögenslosigkeit dauernd gezwungen ist, ihre Arbeitskraft wie eine Ware zum wechselnden Marktpreis anzubieten und daher in erblich gewordener ökonomischer Existenzunsicherheit lebt. Das ist der Inhalt des Begriffes Proletariat, wie ihn mit besonderer Präzision *Goetz Briefs* herausgearbeitet hat[1]. So ist der Begriff scharf umgrenzt und doch so weit, daß er nicht nur die

---

[1] Vgl. *Goetz Briefs*, Das gewerbliche Proletariat, in: Grundriß der Sozialökonomik, IX. Abt., 1. Teil: Die gesellschaftliche Schichtung im Kapitalismus, Tübingen 1926, 443. — *Paul Jostock*, Das Proletariat, Karlsruhe 1946. — Das Sozialprodukt und seine Verteilung, hrsg. vom Sozialreferat des Zentralkomitees der Deutschen Katholiken, Paderborn 1953.

Arbeitermassen in den altkapitalistischen Ländern, sondern auch die von der Scholle losgelösten Massen in den vom Kapitalismus erschlossenen ehemaligen Kolonialgebieten umfaßt.

Wir wollen, um das Wesen des Proletariats und damit das Ausmaß der Verheerung, die diese Auswirkung des Kapitalismus gehabt hat, klarer erkennen zu können, den Idealtypus des Proletariers beschreiben im Sinne eines reinen Begriffs, sozusagen den Proletarier „in Reinkultur".

Der Proletarier ist gekennzeichnet durch sechs Merkmale: drei Hauptmerkmale und drei abgeleitete Merkmale.

(1) *Vermögenslosigkeit.* Sein Einkommen ist so gering, daß es nur für die Verbrauchsgüter der eigenen Lebenshaltung ausreicht, oft nicht einmal dazu. Weil er kein akkumulationsfähiges Einkommen hat, kommt er nie zu Vermögen.

(2) Daraus ergibt sich für ihn der *Zwang zu dauernder Lohnarbeit,* und zwar zu Bedingungen, die ihm vorgeschrieben werden.

(3) Der *Warencharakter seiner Arbeit* ist das dritte Hauptmerkmal des Proletariers. Das heißt einmal, daß persönliche Bindungen zwischen Unternehmer bzw. Betriebsleiter und Arbeiter wegfallen; zum anderen, daß der Preis für seine Arbeit, der Lohn, sich nach Angebot und Nachfrage richtet und also unter Umständen unter das Existenzminimum sinken kann. Daraus resultiert die dauernde *wirtschaftliche Existenzunsicherheit,* die in der Enzyklika „Quadragesimo anno" (nr. 61) als „das eigentliche Schicksal" des Proletariers bezeichnet wird. Diese im Vergleich zu anderen Wirtschaftsgruppen erhöhte Existenzunsicherheit, die sich aus der Vermögenslosigkeit des Proletariers und aus dem Warencharakter seiner Arbeit ergibt, wird noch gesteigert durch zwei der modernen labilen Wirtschaft eigene Züge: Durch die weitgehende Arbeitsteilung — die zwischenbetriebliche, besonders aber die vertikale — wird die vorausschauende Übersicht über den Absatz der Produkte, zumal der Halbprodukte, erschwert; ferner werden durch den unaufhaltsamen Fortschritt der technischen Erfindungen, der „schöpferischen Zerstörung" *(Schumpeter),* nicht selten ganze Betriebe unrentabel, was dann Arbeiterentlassungen zur Folge hat.

Aus den drei genannten Hauptmerkmalen des Proletariers lassen sich drei weitere Merkmale ableiten:

(4) *Erblichkeit des beschriebenen Zustandes.* Obwohl der Proletarier freizügig war, hatte er infolge des geringen Lohnes und des lange Zeit viel zu wenig beachteten Bildungsmonopols der Reichen[2]), ferner infolge des Wegfalls des kirchlichen mittelalterlichen Stipendienwesens keine Chance, aus der proletarischen Lage aufzusteigen oder seinen Kindern den Aufstieg zu ermöglichen. Erst in neuester Zeit holen die Staaten in steigendem Maße das hier Versäumte auf.

(5) *Geringes soziales Ansehen* der Arbeiter hat, besonders in den Frühzeiten des

---

[2]) Vgl. *Walther Rathenau,* Gesammelte Werke 1, Berlin 1925: Zur Kritik der Zeit, 78; 3. Bd.: Von kommenden Dingen, 70 ff. und 5. Bd.: Wirtschaft, Staat und Gesellschaft, 207 f. — Vgl. auch *Franz Steinbach,* Studien zur Geschichte des Bürgertums 2, in: Rheinische Vierteljahrsblätter 14 (1949), 49.

Industrialismus, ihr Schicksal noch erschwert. Heute noch ist das der Fall in den unterentwickelten ehemaligen Kolonialländern.

(6) Eine bestimmte *proletarische Bewußtseinshaltung* nennen wir als letztes abgeleitetes Merkmal. Das Klassenbewußtsein, das den gemeinsamen Willen zur Veränderung, eventuell zum Kampf einschließt, und das Bewußtsein der großen Macht, die eine zusammengeschlossene Arbeiterschaft darstellt, sind allerdings zu Beginn der Proletarisierung breiter Bevölkerungsschichten noch kaum vorhanden. Es fehlten anfangs überhaupt das Erkennen der Möglichkeiten der Selbsthilfe und erst recht die großen gewerkschaftlichen und politischen Organisationen der proletarischen Lohnarbeiter. Auch der Staat dachte zunächst nicht an Hilfe durch Veränderung der sozialen Situation, und es gab anfangs auch keine nennenswerten Bestrebungen anderer Schichten, die Lage der Arbeiter zu verbessern — außer der traditionellen Armenfürsorge. Diese lag, was den katholisch-kirchlichen Bereich betrifft, wegen Mangel an Geld und Einrichtungen — sie waren der Säkularisation zum Opfer gefallen — sehr im Argen.

c) *Verschiedene Vorschläge katholischer Reformer des 19. Jahrhunderts*

Die Pauperisierung und Proletarisierung breiter Bevölkerungsteile, darunter besonders der katholischen, war ein neuartiges gesellschaftliches Phänomen. Schon seine Erfassung war nicht leicht, erst recht nicht die Entwicklung von Vorschlägen zur Besserung und Abhilfe. Immerhin meldeten sich von den Anfängen der sozialen Frage des 19. Jahrhunderts an eine Reihe katholischer Persönlichkeiten zu Wort, um Vorschläge für eine Entproletarisierung zu machen.

Aus mancherlei Gründen, die hier nicht ausführlich erörtert werden können, waren diese Vorschläge sehr verschieden voneinander. Hinzu kam, daß einzelne Persönlichkeiten Entwicklungen durchmachten, die zur Veränderung ihrer ursprünglichen Ansätze und Vorschläge führten.

Grob umrissen lassen sich drei Gruppen von Reformvorschlägen katholischer Persönlichkeiten zusammenstellen:

(1) In der ersten Gruppe von Reformvorschlägen wird die *Rückkehr* zu einer überwiegend agrarisch und handwerklich geformten Gesellschaft gefordert. Zu den Vertretern dieser Vorschläge gehörten z. B. *Adam Müller*, zuletzt Hofrat in Wien († 1829)[3] und *Franz von Baader*, Professor in München († 1841)[4]. Beide gaben schon vor *Karl Marx* zutreffende Analysen der Lage des Proletariats im Hochkapitalismus, aber ihre Analysen fanden keine Resonanz in der Gesellschaft.

---

[3] Vgl. *Adam Heinrich von Müller*, Die heutige Wissenschaft der Nationalökonomie kurz und faßlich dargestellt, Wien 1816; Von der Notwendigkeit einer theologischen Grundlage der gesamten Staatswissenschaften und der Staatswirtschaft insbesondere, Wien 1819.

[4] Vgl. *Franz von Baader*, Über das dermalige Mißverhältnis der Vermögenslosen oder Proletairs zu den Vermögen besitzenden Klassen der Sozietät in betreff ihres Auskommens, sowohl in materieller als intellektueller Hinsicht, aus dem Standpunkte des Rechtes betrachtet, München 1835.

(2) In einer zweiten Gruppe von Reformvorschlägen ging es um die Aufhebung der Trennung von Kapital und Arbeit durch Einführung von *Produktivgenossenschaften*, letztlich also um die Betonung der Selbsthilfe, die freilich von außerhalb des Proletariats angeregt und gestützt werden sollte. Vorschläge dieser Art machten z. B. *Wilhelm Emmanuel von Ketteler*, Bischof von Mainz († 1877)[5], *Karl Freiherr von Vogelsang*, Schriftsteller und markante Persönlichkeit in der katholisch-sozialen Bewegung Österreichs († 1890)[6] und *Franz Hitze*, Priester, Sozialpolitiker und schließlich Inhaber des ersten Lehrstuhles für Christliche Gesellschaftslehre in Münster († 1921)[7]. Diese Vorschläge scheiterten an der Schwierigkeit der Kapitalbeschaffung für die angestrebten Produktivassoziationen. Deshalb besannen sich die Reformer dieser Gruppe auf die Möglichkeiten der Staatshilfe und gelangten zu einer

(3) dritten Gruppe von Reformvorschlägen, die staatliche *Sozialpolitik* im Rahmen der kapitalistischen Trennung von Produktionsmittelbesitz und Arbeitskraft forderte. Außer den in der zweiten Gruppe Genannten vertrat Vorschläge dieser Art z. B. *Franz Joseph Ritter von Buß*, Professor in Freiburg († 1878)[8]. Er hielt 1837 die erste große sozialpolitische Rede in einem deutschen Parlament, nämlich in der Badischen Abgeordnetenkammer. Ein weiterer Vertreter sozialpolitischer Vorschläge war *Georg Freiherr von Hertling*, Professor in München, 1912 bayerischer Ministerpräsident und 1917/18 deutscher Reichskanzler († 1919)[9]. Zu den sozialpolitischen Forderungen, die diese Männer aufstellten und vertraten, gehörten: Einschränkung der Frauen- und Kinderarbeit; Beschränkung der Arbeitszeiten, insbesondere auch Einhaltung der Sonntagsruhe; verbindliche Lohnregelungen; Kündigungsschutz; bezahlter Urlaub; Kranken-, Invaliden-, Alters- und Arbeitslosenversicherung; betrieblicher Gefahrenschutz.

d) Große caritative Anstrengungen ohne durchgreifenden Erfolg

Die Vorschläge zur Selbsthilfe und zur staatlichen Sozialpolitik waren für viele Katholiken neu und angesichts einer weithin nicht kirchenfreundlichen Praxis der einzelnen Staaten in Deutschland sogar befremdlich. Vertraut, aber nun in ihren

---

[5]) Vgl. *Wilhelm Emmanuel von Ketteler*, Die sozialen Fragen der Gegenwart. Predigten im Mainzer Dom, 1848; Die Arbeiterfrage und das Christentum, 1864. Beides abgedruckt in Kettelers Schriften, hrsg. von Johannes Mumbauer, Kempten 1911.

[6]) Vgl. *Karl Freiherr von Vogelsang*, Die materielle Lage des Arbeiterstandes in Österreich, Augsburg 1883/84; Gesammelte Aufsätze über sozialpolitische und verwandte Themata, Augsburg 1886.

[7]) Vgl. *Franz Hitze*, Die sociale Frage und die Bestrebungen zu ihrer Lösung. Mit besonderer Berücksichtigung der verschiedenen socialen Parteien in Deutschland (1877), Mönchengladbach [4]1905; Die Quintessenz der socialen Frage, Paderborn 1880; Capital und Arbeit und die Reorganisation der Gesellschaft, Paderborn 1880; Schutz dem Handwerk, Paderborn 1883.

[8]) Vgl. *Franz Joseph Ritter von Buß*, Über den Einfluß des Christentums auf Recht und Staat, Freiburg 1841.

[9]) Vgl. *Georg Freiherr von Hertling*, Recht, Staat und Gesellschaft, Kempten 1906; Aufsätze und Reden sozialpolitischen Inhalts, Freiburg 1884; Naturrecht und Sozialpolitik, Köln 1893.

Ausmaßen wachsend, waren die Armut und die vielfältige Not breiter Bevölkerungsschichten. Da die kirchliche Organisation sich von den Folgen der Säkularisation nur langsam erholte, der Pauperismus aber durchaus als Herausforderung an die christliche Nächstenliebe empfunden wurde, kam es zur Gründung zahlreicher caritativer Genossenschaften und Einrichtungen. Diese Antwort aus einer entschiedenen Glaubenspraxis christlicher Frauen und Männer, Priestern und Laien, entsprach der Auffassung, daß christliche Caritas und Diakonie mit den Problemen der Massenverelendung fertig werden müßten.

1845 wurden z. B. die in Frankreich entstandenen Vinzenz-Konferenzen in Deutschland eingeführt. Ebenso traten bald die Elisabeth-Konferenzen in Aktion. Das Aufgabengebiet der zahlreichen neuen Kongregationen erstreckte sich auf Krankenpflege, Unterricht, Hilfe für sozial Schwache, Suchtvorsorge und -bekämpfung u. a. m.[10]). Auch die Vereinsgründungen für wandernde Handwerksgesellen *(Kolping)*, für Bergleute und Arbeiter sowie für Bauern *(von Schorlemer-Alst)* hatten eine starke caritative Komponente.

Aber die caritative Bemühung allein konnte in dieser Zeit der raschen gesellschaftlichen Veränderung keinen durchgreifenden Erfolg erzielen. Die christliche Gesinnung, aus der heraus sie entstand, konnte ohne Veränderung der Zustände die Lage des Proletariats nicht wenden. So verstärkten sich die Bemühungen nach Veränderung der gesellschaftlichen Zustände. Jedoch konnte man sich im katholischen Lager nicht schlüssig werden, welche erfolgversprechenden gesellschaftlichen und/oder staatlichen Maßnahmen möglichst geschlossen gefordert oder durchgeführt werden sollten.

2. Vorgeschichte und Anlaß der Enzyklika „Rerum novarum"

*a) Ungelöste Streitfragen vor dem Erscheinen der Enzyklika
„Rerum novarum" (1891)*

Als umstrittene theoretische Fragen katholischer Gelehrter und Publizisten im 19. Jahrhundert seit Aufkommen der Arbeiterfrage sind vor allem folgende zu nennen:

(1) Ist das Zins- und Kreditwesen, worauf die kapitalistische Wirtschaft beruht, in sich schlecht, oder muß es nur durch eine von sittlichen Grundsätzen getragene Gesetzgebung vor Auswüchsen bewahrt werden? Wir haben in dem Kapitel über den Zins gesehen, wie bis ins 19. Jahrhundert hinein viele katholische Theologen einige gegen das Zinsnehmen gerichtete Stellen aus dem Alten Testament auf die Wirtschaftsverhältnisse ihrer Zeit übertrugen. Sie vermochten nicht zwischen Konsumtiv- und Produktivkredit zu unterscheiden.

---

[10]) Vgl. *Albert Franz*, Der soziale Katholizismus in Deutschland bis zum Tode Kettelers, Mönchengladbach 1914, darin: Einführung und Ausbreitung caritativer Genossenschaften in Deutschland, 78 ff.

(2) Eine ebenfalls umstrittene Frage betraf das Lohnarbeitsverhältnis. Ist es an sich nicht ungerecht, nicht unsittlich, oder fordert die natürliche und christliche Sittenlehre unbedingt den Gesellschaftsvertrag gleichberechtigter Partner in der Wirtschaft? Letztere Meinung wurde z. B. von *Karl Freiherr von Vogelsang* und anfangs auch von *Franz Hitze* vertreten.

(3) Nicht einheitlich beantwortet wurde schließlich die Frage: Soll den Proletariern durch staatliche Eingriffe, Interventionen in das Sozial- und Wirtschaftsleben, z. B. durch soziale Zwangsversicherungen, oder soll ihnen nur durch private Aktivitäten geholfen werden? Gegen staatliche Interventionen und damit mehr für eine liberale Lösung waren die „Schule von Angers" in Frankreich mit Bischof *Treppel* und anfangs auch Bischof *von Ketteler* in Mainz. Die „Schule von Angers" fußte hauptsächlich auf dem zweibändigen Werk von *Charles Périn* († 1905): De la richesse dans les sociétés chrétiennes (Paris 1861). Staatlichen Interventionismus befürworteten dagegen *Karl Freiherr von Vogelsang* und die „Schule von Lüttich". „Lüttich" wurde zur Richtungsbezeichnung und zum Sammlungsort führender katholischer Persönlichkeiten der sozialen Theorie und Praxis, die für staatliche Eingriffe in das Sozial- und Wirtschaftsleben und damit eher für eine Lösung der sozialen Frage im Sinne wohlfahrtsstaatlicher (sozialistischer) Vorstellungen eintraten. Diese interventionistische Einstellung dominierte deutlich auf drei internationalen katholischen Sozialkongressen, die 1886, 1887 und 1890 in Lüttich stattfanden[11]).

b) Vorbereitende Arbeitskreise zur Erarbeitung einheitlicher katholischer Vorschläge zur Lösung der sozialen Frage

Mehrere, aus unterschiedlichen Initiativen entstandene Arbeitskreise haben, wie man nachträglich feststellen konnte, wertvolle Vorarbeiten für eine Urteilsbildung des Papstes geleistet. Sie erörterten auf wissenschaftlicher Basis die schwierigen Probleme der Industrialisierung und ihrer sozialen Auswirkungen. Sie klärten dadurch die katholisch zu verantwortenden Standpunkte, ehe der Papst offiziell Stellung nahm und die Richtung des sozialen Engagements der Katholiken festlegte.

(1) Zuerst trat die „Studienkommission der katholischen Arbeitervereine Frankreichs" (Conseil des études de l'oeuvre des cercles catholiques d'ouvriers) zusammen. Sie wirkte seit 1870. Ihre führenden Mitglieder waren Baron *René de la Tour du Pin* und Graf *Albert de Mun.*

(2) Der österreichische Graf *Kuefstein,* ein Mitarbeiter *Vogelsangs,* regte einen „Sozialen und ökonomischen Studienzirkel" (Circolo dei Studi sociali ed economiche) in Rom an. Er trat von 1882 an zusammen und wurde von den späteren Kardinälen *Jacobini* und *Mermillod* geleitet.

(3) Ein Jahr später, 1883, begann in Österreich und Süddeutschland die „Freie Vereinigung katholischer Sozialpolitiker" ihre Arbeit. *Vogelsang* war Schrift-

---

[11]) Vgl. dazu und zum folgenden: *August Maria Knoll,* Der soziale Gedanke im modernen Katholizismus. Von der Romantik bis Rerum novarum, Wien-Leipzig 1932.

leiter und Eigentümer der Zeitschrift dieser Vereinigung, der „Österreichischen Monatsschrift für Gesellschaftswissenschaft und Volkswirtschaft". Eine weitere, seit 1879 von *Vogelsang* herausgegebene Zeitschrift war die „Monatsschrift für christliche Sozialreform". Zu den bekannteren Mitgliedern der „Freien Vereinigung katholischer Sozialpolitiker" zählten neben *Vogelsang: Albert Maria Weiß* O.P., Fürst *Karl zu Löwenstein, Franz von Wamboldt*, Bischof *Paul Leopold Haffner, Franz Hitze*, Graf *Franz Kuefstein, Franz Martin Schindler, August Lehmkuhl* S.J., Graf *Gustav Blome, Joseph Scheicher, Georg Ratzinger*, Graf *Anton Pergen, Fritz von Ketteler, Georg von Hertling* und *Karl Scheimpflug*.

(4) Es war das besondere Verdienst des Genfer Kardinals *Mermillod*, die genannten drei Arbeitskreise 1885 international zusammenzuführen zu der „Freiburger Union für soziale und ökonomische Studien" (Union catholique d'études sociales et économiques à Fribourg/Suisse). Das Wirken dieser Union reichte zeitlich am nächsten an die Enzyklika „Rerum novarum" heran und lieferte unter der Leitung von Kardinal *Mermillod* bedeutende Vorarbeiten für das Weltrundschreiben, das 1891 erschien.

c) Wichtige politische Ereignisse kurz vor der Veröffentlichung von „Rerum novarum"

Kurz vor dem Erscheinen der Enzyklika zur Arbeiterfrage gab es in verschiedenen Ländern Ereignisse, die wichtige sozialgeschichtliche und sozialpolitische Weichenstellungen darstellten. Sie unterstrichen die Dringlichkeit einer offiziellen katholischen Stellungnahme.

(1) Kardinal *Manning* († 1892) vermittelte erfolgreich im Streik der Londoner Dockarbeiter von 1889, nachdem der anglikanische Erzbischof und der Bürgermeister von London ihre Vermittlungsversuche bereits aufgegeben hatten.

(2) In Österreich war in den achtziger Jahren unter dem Einfluß *Vogelsangs* ein sozialpolitisches Gesetzgebungswerk begonnen worden, ebenso in Deutschland unter den Kaisern *Wilhelm I.* und *Wilhelm II.*, woran die Zentrumspartei im Reichstag entscheidend mitwirkte. Ihre hervorragenden Sozialpolitiker waren damals *Georg von Hertling* und *Franz Hitze*.

(3) Auf Beschluß des deutschen Katholikentages von 1882 in Frankfurt/Main hatte sich 1883 eine Kommission katholischer Sozialreformer auf Schloß Haid in Böhmen zusammengefunden und die sogenannten „Haider Thesen" verabschiedet[12]). Die umstrittene Frage der Erlaubtheit des Zinsnehmens hatte man darin nicht entschieden, aber man forderte gerechtere Löhne, den Abschluß von Gesellschaftsverträgen zwischen Kapitalbesitzern und Arbeitern u. a. m. Die Forderung von Gesellschaftsverträgen blieb zwischen den katholischen Sozialreformern heftig umstritten.

(4) Auf dem Dritten Internationalen katholischen Sozialkongreß, der 1890 in Lüttich tagte, setzten sich endgültig jene Persönlichkeiten durch, die für staatliche sozialpolitische Interventionen eintraten.

[12]) Vgl. *August M. Knoll*, a. a. O.

(5) Ebenfalls 1890 wurde das Internationale Arbeitsamt für die Sammlung und Herausgabe der sozialpolitischen Gesetze aller Länder gegründet, im März 1891 in Paris die „Internationale Vereinigung für gesetzlichen Arbeiterschutz", und in Berlin trat zur selben Zeit die Erste Internationale Konferenz für Sozialpolitik zusammen. Schon 1890 war die Einladung zu dieser Konferenz auf Anregung Kaiser *Wilhelms II.* ergangen, und der Papst hatte ihr ausdrücklich zugestimmt.
(6) Während das Oberhaupt der katholischen Kirche und mehrere Industriestaaten sich für eine Lösung der Arbeiterfrage u. a. durch den Ausbau der staatlichen Sozialpolitik entschieden, ließen die Vorbereitungen für den Erfurter Parteitag der deutschen sozialdemokratischen Partei und seine Durchführung im Oktober 1891 erkennen, daß in der Sozialdemokratie nun nach *Lassalle* die revolutionären Ideen von *Marx* stärker zum Durchbruch kamen.

3. Der Inhalt des Rundschreibens „Rerum novarum"

In ihrer Einleitung beschreibt die Enzyklika die Lage des Proletariats und kennzeichnet damit die zur Lösung anstehende soziale Frage. Es geht um die Überwindung der Zwei-Klassen-Gesellschaft aus Proletariern und ihren Familien und aus den Produktionsmittelbesitzern (Kapitalisten), die auf Grund ihrer Verfügungsmacht über den Produktionsprozeß die breite Masse der Besitzlosen in beinahe sklavischer Abhängigkeit und damit in einem verelendeten, menschenunwürdigen Dasein halten (nr. 2).
Zwei Lösungswege werden in der Gesellschaft angeboten: die vom Papst als falsch bezeichnete Lösung des Sozialismus und die richtige Lösung durch Sozialreform, an der Staat, Kirche und die Arbeiterschaft selber beteiligt sind.

a) Die Abweisung des sozialistischen Vorschlages der Vergesellschaftung der Produktionsmittel (nr. 3—12)

Im Gegensatz zu der vom Sozialismus geforderten Vergesellschaftung des Eigentums betont der Papst, daß der Mensch Anspruch hat auf privates Sondereigentum, um dadurch sein leibliches und geistiges Leben frei entfalten und in eigener Verantwortung für sich und seine Familie sorgen zu können. Jeder muß das Recht haben, sein Einkommen auch in Produktionsmitteln anzulegen. Dabei hat niemand Anspruch auf einen bestimmten, festen Anteil daran. Verstaatlichung aller Produktionsmittel würde jedoch zum totalen Staat und zur Unfreiheit der Menschen führen. Die Pflicht zur Vorsorge darf der Staat den Menschen nicht völlig abnehmen. Andererseits gibt es kein unterschiedsloses Verfügungsrecht aller über alle Güter.

b) Die vom Papst als richtig bezeichnete Lösung der Arbeiterfrage durch Sozialreform (nr. 13—44)

An ihr sind die Arbeitenden selber, die Kirche, vor allem aber der Staat beteiligt.

(1) Der Grundtenor der päpstlichen Stellungnahme

Das Zins- und Kreditwesen, das für den Kapitalismus so bedeutsam ist, wird nicht verworfen; es wird nicht behandelt. Das Lohnarbeitsverhältnis wird ebenfalls nicht verworfen — etwa zugunsten eines Gesellschaftsverhältnisses —, aber es werden Grundsätze für seine Gestaltung aufgestellt. Es werden sozialpolitische Maßnahmen des Staates verlangt. Damit sind die wichtigsten offenen Streitfragen der katholischen Sozialreformer beantwortet und entschieden.

(2) Aufgaben des Staates und der Selbsthilfe der Arbeiter

Der Staat hat die Aufgabe, dem Gemeinwohl aller Bürger zu dienen. Doch ist er nicht nur Rechtsstaat, sondern auch Wohlfahrtsstaat, der im Interesse des Gemeinwohls Benachteiligungen ganzer Schichten der Bevölkerung nach Kräften auszugleichen hat. Wegen ihres Elends soll also der Staat „alles fördern, was irgendwie der Lage der Arbeiterschaft nützen kann" (nr. 27). Die Arbeitskraft des Arbeiters ist zu schützen; sie darf nicht wie ein Sachapparat ausgenutzt werden (nr. 33). Dazu gehört die Ermöglichung ausreichender Freizeit und Sonntagsruhe sowie die Einschränkung der Kinder- und Frauenarbeit (nr. 33 f.), ferner die Durchsetzung eines betrieblichen Gesundheitsschutzes (nr. 34). Streikursachen sind möglichst im voraus zu beseitigen (nr. 31), und Koalitionsfreiheit zur Förderung der Selbsthilfe zu gewähren (nr. 36 ff.). Arbeitervereinigungen, die die Interessen der Arbeiter vertreten, sollen nicht bevormundet werden. Ihre Selbsthilfeeinrichtungen für kranke, alte, invalide und unbeschäftigte Arbeiter haben Vorrang. Doch wo sie nicht ausreichen, soll der Staat durch Unterstützungskassen helfend eingreifen (z. B. in Form eines gesetzlichen Sozialversicherungswesens, nr. 34; 40—44). Der Staat soll auf die Zahlung von Löhnen dringen, die dem Kulturstand der Zeit angemessen sind und die eine Eigentumsbildung ermöglichen. Es geht also um einen akkumulationsfähigen Lohn, der nicht nur die Lebensbedürfnisse der Familie deckt, sondern auch noch die Bildung von Sparguthaben zuläßt (nr. 34 f.). Das geht nur, wenn in Fragen des Arbeitsentgeltes nicht bloß die Tauschgerechtigkeit, sondern auch und entscheidender eine „natürliche Gerechtigkeit" maßgebend ist. Durch breite Vermögensstreuung die Annäherung der Klassen zu betreiben, ist in diesem Zusammenhang die besondere Aufgabe der staatlichen Bodenreform- und Sozialpolitik (nr. 35)[13]).

(3) Der Beitrag der Kirche

Indem der Papst sehr entschieden über die Mithilfe der Kirche bei der Sozialreform handelt, legt er gleichzeitig die weltanschaulichen Grundlagen seines

---

[13]) Vgl. zu den einzelnen Punkten den Kommentar von *Paul Jostock* in der von ihm besorgten und erläuterten Ausgabe „Die sozialen Rundschreiben: Leo XIII., Über die Arbeiterfrage, Pius XI., Über die gesellschaftliche Ordnung, Freiburg 1948, 59, 60, 52.

Rundschreibens offen. Zugleich werden der sich formierenden kirchenamtlichen Soziallehre wichtige Grundsätze mit auf den Weg gegeben.
Vor allem zwei Gesichtspunkte der päpstlichen Darlegung sind hier besonders hervorzuheben:
Erstens: Die Kirche vertritt eine objektive Rangordnung der Güter und Werte und dient dadurch und durch den Hinweis auf die Überweltlichkeit des menschlichen Lebenszieles einer wahrhaft humanen Sozialreform.
Indem die Kirche die Erinnerung an menschliche Grundeinsichten über eine Rangordnung der Güter und Werte wachhält, die von der christlichen Offenbarung bestätigt werden, wird der prinzipiell diesseitige Sozialeudämonismus, der sowohl von philanthropischen Sozialisten und Kapitalisten als auch von Anhängern der kommunistischen Diktatur vertreten wird, abgewiesen. Die ökonomischen Güter und Werte bilden nur die unterste Stufe der objektiven Güter- und Wertrangordnung. Ihrem Wesen gemäß sind sie dienende Güter und Werte. Sie sollen dienen der vitalen Gesundheit, der zivilisatorischen Daseinserleichterung, der Entfaltung kultureller Kräfte, der Ermöglichung äußerer und innerer Muße, damit der Mensch freier und fähiger werde für die Besinnung auf sein höchstes Lebensziel und auf die Fülle der diesem Ziel zugeordneten Güter und Werte und dadurch wiederum freier und fähiger für die Anbetung Gottes im Kult und in der religiösen Weltbetrachtung (nr. 18—21). Daher fordert *Leo XIII.* die prinzipielle Erhaltung des Privateigentums zur Sicherung der auf der welttranszendenten Lebensbestimmung beruhenden Menschenwürde und der vollen menschlichen Wesensentfaltung. Ausreichende Löhne, Freizeiten, Sonntagsruhe verlangt das Rundschreiben nicht nur zum Ersatz der verbrauchten Kräfte (nr. 33), sondern weil darüber hinaus jene Dinge eine noch höhere Bedeutung haben, nämlich als Voraussetzungen zur Erfüllung „der religiösen und geistigen Bedürfnisse des Lohnarbeiters" (nr. 16 und 32). So spricht der ganze Abschnitt über die Mithilfe der Kirche (nr. 13—24) offen und bestimmt von der Notwendigkeit, die aus der wirtschaftlichen Lage sich ergebenden sozialen Spannungen und Fragen in das Licht der christlich-transzendenten Lebenslehre zu rücken.
Es ist selbstverständlich, daß alle Gruppen und Bewegungen, die das höchste Lebensziel im größtmöglichen materiellen Glück der größtmöglichen Zahl sehen, den christlichen Jenseitsgedanken als wirklichkeitsfremd empfinden. Nun aber läßt sich nicht länger verkennen, daß auch für große Teile der noch kirchlich gebundenen Lohnarbeiterschaft das Ideal des größtmöglichen materiellen Glückes mehr und mehr *der* Sinn des Lebens überhaupt und *die* Losung ihres Ringens um den wirtschaftlichen Aufstieg geworden ist. Vergessen ist von vielen das Ziel des wahrlich berechtigten Kampfes um den Achtstundentag und die Sonntagsruhe: Muße und Freiheit zu gewinnen für nichtökonomische Lebensbereiche, für die Werte des Familienlebens, der Naturanschauung und des kulturellen Lebens. Gerade in Deutschland sehen wir heute große Teile der Lohnarbeiterschaft, und zwar nicht nur der geringer bezahlten, sondern auch der qualifizierten und höher entlohnten, bedenkenlos lange und regelmäßige Überstunden und Sonntagsarbeit übernehmen, so daß ihr Leben keinen anderen nennenswerten Inhalt mehr hat

als Geldverdienen und flüchtige Genüsse. Regierungen, die von christlichen Parteien getragen werden, und Behörden in Bezirken und Städten kommen dieser Tendenz zur totalen Ökonomisierung des Lebens entgegen, indem sie, angesteckt von einem sinnlosen Streben nach Zeitgewinn um jeden Preis, leicht vermeidbare Sonntagsarbeiten dulden und selber veranlassen. Höhere Löhne und längere Freizeiten werden auch von weiten Kreisen der christlichen Lohnarbeiter, in einer psychologisch freilich leicht verständlichen Nachahmung besser lebender Gesellschaftsschichten, fast nur benutzt für schnell aufzehrbare Luxusgüter, kostspielige Lebensgewohnheiten und seelenlose Vergnügungen. So wird das Ziel einer Entproletarisierung durch Vermögensbildung immer weiter hinausgeschoben, weil akkumulationsfähige Löhne nicht wirklich akkumuliert werden. Die sozialen Spannungen sind an vielen Stellen trotz der Hebung der materiellen Lebenslage der Arbeiterschaft in den Jahrzehnten nach „Rerum novarum" noch gewachsen. Hier machen wir in bezug auf unsere Zeit eine Feststellung, die der Historiker *Franz Steinbach* in einer allgemeinen Formulierung ausgesprochen hat: „Nicht durch zunehmende Verelendung, sondern durch wachsenden Wohlstand ist zu allen Zeiten die Menschheit unzufriedener mit den bestehenden Verhältnissen und revolutionärer geworden"[14]). Die nächstliegende Ursache solcher Spannungen liegt darin, daß die aufsteigenden Schichten sich die wirklich oder vermeintlich bloß auf Reichtum und materiellen Genuß zielende Lebensauffassung der jeweiligen höheren Schichten zu eigen machen. Wenn wir eine Lebensauffassung, die die Nützlichkeits- und Annehmlichkeitswerte an die Spitze der ganzen Wertrangordnung stellt, „kapitalistisch" in einem weiteren Sinne des Wortes nennen, dann müssen wir *Briefs* recht geben, wenn er sagt: „Je stärker jenes kapitalistische Wert- und Geltungsvorbild von proletarischen Gruppen aufgenommen wird, desto intensiver die soziale Unruhe und die daraus folgende soziale Bewegung"[15]). Dieser Zusammenhang aber gründet darin, daß die materiellen Güter und Werte nicht mitteilbar sind ohne quantitative Aufteilung. Je mehr Menschen an einem materiellen Gute Anteil bekommen, desto kleiner ist das Stück und der Genuß für jeden einzelnen. Darin liegt eine immer fließende Quelle von Rivalitäten, sozialen Unruhen und zerstörerischen Kämpfen — wenn nicht über den unvermeidlichen materiellen Interessenkonflikten eine Friedensbrücke sich wölbt, die aufruht auf dem gemeinsamen Streben nach den höheren Werten des vitalen Lebens, der Kultur, der Sittlichkeit und der Religion, die alle Wertgebiete zu einem Stufenreich ordnet und selber nicht ist ohne die Hinwendung zu einem alles Weltliche übersteigenden höchsten Gute, zu der absolut heiligen, alle Wertfülle in sich bergenden Person des welttranszendenten Gottes. Aus diesem ewigen Sinngesetz des wertbezogenen menschlichen Verhaltens ergibt sich, daß die Aus-

---

[14]) *Franz Steinbach*, Geburtsstand, Berufsstand und Leistungsgemeinschaft, in: Rheinische Vierteljahrsblätter 14 (1949), 74 f. — Vgl. auch *Georg von Below*, Probleme der Wirtschaftsgeschichte, Leipzig ²1926. — *Alexander Rüstow*, Ortsbestimmung der Gegenwart 2, Erlenbach-Zürich-Stuttgart 1952, 631, Anm. 31.
[15]) *Goetz Briefs*, Proletariat, in: Handwörterbuch der Soziologie, hrsg. von Alfred Vierkandt, Stuttgart 1931, 452 (Neudruck 1959).

führungen des Rundschreibens „Rerum novarum" über die welttranszendente Lebensbestimmung nicht eine „erbauliche" Zutat zu den sozialen Reformvorschlägen sind, sondern deren unentbehrliches Fundament, unentbehrlich aber auch für die christliche Soziallehre unserer und aller Zeiten.

Zweitens: Die solidarische Mitverantwortung der Menschen füreinander.

Das ist der zweite Gesichtspunkt der päpstlichen Ausführungen, der im Hinblick auf die weltanschaulichen Grundlagen seines Rundschreibens besonders hervorzuheben ist.

Wenn die Kirche in jedem Menschen die Verwirklichung eines einzigartigen Gedankens des Schöpfergottes sieht und ihm einen unersetzbaren Eigenwert zuspricht, so wird damit der kollektivistische Sozialismus zurückgewiesen. Wenn nach christlicher Lehre gleichzeitig jeder Mensch aber auch von vornherein ein Gemeinschaftswesen ist — und zwar nicht nur wegen seiner körperlichen Hilfsbedürftigkeit, sondern mehr noch wegen seiner Befähigung zu geistigen Akten, die nur in der Begegnung mit anderen Menschen ihre Erfüllung finden —, dann ist damit der individualistische Liberalismus abgewiesen. Die Heilsbotschaft Jesu Christi ist die Verkündigung einer neuen Gemeinschaft, die Lehre vom Gottesreich. Das Gottesreich ist eine welttranszendente Wirklichkeit, aber es hat auch eine weltimmanente Seite. Denn es wird verwirklicht in dem Maße, wie die durch Jesus Christus erlösten und begnadeten Menschen in solidarischer Verbundenheit und Mitverantwortlichkeit ihr wirtschaftliches, vitales, geistig-kulturelles und sittliches Verhalten in den Dienst ihrer gemeinsamen Vereinigung mit dem höchsten Gute stellen. Alles Verhalten des Menschen steht ausnahmslos in einer objektiven Beziehung zu seinem ewigen Heil. Sein ewiges Heil aber findet der Mensch nicht auf dem einsamen Wege „Gott und die Seele", sondern nur in der Gemeinschaft des corpus Christi mysticum, durch das Geheimnis der Gnade und durch erfahrbare Liebe mit den Gliedern dieser Gemeinschaft sichtbar oder unsichtbar verbunden. Daraus ergibt sich, daß der Mensch sich bewußt sein muß seiner solidarischen Mitverantwortlichkeit für die Auswirkungen all seines Tuns und Lassens in allen Lebensgebieten. Sein eigenes wirtschaftliches Verhalten ist immer mitbestimmend für das wirtschaftliche Verhalten anderer Menschen. Das wirtschaftliche Verhalten jedes Menschen hat Voraussetzungen oder Auswirkungen im vitalen, zivilisatorischen, kulturellen und sittlich-religiösen Leben. So stehen die Menschen immer in einem sozialen Wirkungszusammenhang, den sie nie ganz durchschauen und übersehen können, für dessen Form und Gehalt sie dennoch mitverantwortlich sind. Darum spricht das Rundschreiben *Leos XIII.* nicht nur von der solidarischen Verbundenheit im religiös-kirchlichen Leben (nr. 21 u. 42), sondern auch von den Auswirkungen des religiösen Solidaritätsbewußtseins im wirtschaftlichen und im übrigen sozialen Leben. Das Rundschreiben führt aus, daß in solidarischer Mitverantwortlichkeit aufeinander angewiesen sind die Lohnarbeiter untereinander (nr. 36—44), die Kapitalbesitzer und die Lohnarbeiter (nr. 15 u. 19) und schließlich alle Glieder des Staatsvolkes füreinander (nr. 27—29).

4. Die Auswirkungen und die Gegenwartsbedeutung des Rundschreibens „Rerum novarum"

a) Vielfältige Zustimmung; Fortsetzung staatlicher Sozialpolitik

Nach seinem Erscheinen fand das Weltrundschreiben Papst *Leos XIII.* über die Arbeiterfrage ein vielfältiges Echo — übrigens auch in protestantischen Zeitungen und in der sozialdemokratischen Presse. Mehrere Staatsoberhäupter beglückwünschten den Papst. Die Regierungen vieler Länder fühlten sich ermutigt, die sozialpolitische Gesetzgebung fortzusetzen oder zu beginnen. Eine umfassende sozialpolitische Gesetzgebung zum Schutz der den Wechselfällen der kapitalistischen Dynamik preisgegebenen vermögenslosen Lohnarbeiterschaft war das Gebot der Stunde, zu dessen Erfüllung *Leo XIII.* die aufgeschlossenen Staatsmänner Europas bestärken wollte; und dieses Ziel hat er wohl weitgehend erreicht. Vor allem aber gelang es ihm, die verschiedenen katholisch-sozialen Richtungen, besonders die von Angers, Lüttich und Fribourg durch seine autoritative Entscheidung zur Erkenntnis und gemeinsamen Befolgung dieser Forderung des Tages zu führen.

b) Zeitbedingte Elemente des Rundschreibens

Papst *Pius XI.* hat das Rundschreiben „Rerum novarum" die Magna Charta der christlichen Sozialarbeit genannt. Das kann jedoch nicht bedeuten, daß mit „Rerum novarum" alle sozialen Fragen der Gegenwart und Zukunft schon vorweg als gelöst zu betrachten seien. Hier gilt nicht: „Roma locuta, causa finita". Eine solche Betrachtung ist unhaltbar angesichts der unaufhebbaren Dynamik des menschlichen Zusammenlebens, das ein wesentlich geschichtliches Phänomen ist. Es kann keine soziale Lage geben, die genauso schon einmal dagewesen ist. Die Ursache der Einmaligkeit alles Sozialgeschichtlichen liegt weniger in den verschiedenen rassischen, geographischen und klimatischen Vorgegebenheiten als im Wandel des technischen und geistesgeschichtlichen Erbgutes sowie im Wechsel der wirtschaftlichen und politischen Machtgruppierungen, hinter denen als letzte unreduzierbare Varianten menschliche Individualitäten stehen. Derselbe Papst, der „Rerum novarum" vierzig Jahre nach dem Erscheinen als „sichere Unterlage aller christlichen Sozialarbeit" bezeichnete, füllte zugleich den zweiten Hauptteil seines Rundschreibens „Quadragesimo anno" mit notwendigen Ergänzungen zu den Lehren *Leos XIII.* und sah sich veranlaßt, im dritten Hauptteil die tiefgreifenden Wandlungen in Wirtschaft und Gesellschaft seit vier Jahrzehnten aufzuzeigen, damit die Kinder der Kirche den neuen Forderungen des Tages in christlicher Weise gerecht würden.

Wie es also mehrere Jahrzehnte nach dem Erscheinen von „Rerum novarum" nicht angängig ist, in tatenlosem, selbstgefälligem Gruppenstolz auf dieses bedeutsame Dokument hinzuweisen, so ist es auch widersinnig, in geschichtsfremder Einstellung alle Vorschläge des päpstlichen Autors wie starre Modelle zu handhaben, nach denen die soziale Wirklichkeit unserer Tage geformt werden soll. Um so dringlicher ist es, daß wir unterscheiden, welches die zeitgebundenen und welches die dauernd und darum für unsere Zeit gültigen Gehalte dieses Rundschreibens sind.

Wilhelm Schwer hat 1931 in der Festschrift zum vierzigjährigen Jubiläum des Rundschreibens „Rerum novarum" einen Aufsatz über dessen zeitbedingte Elemente veröffentlicht[16]). Seine Ausführungen lassen sich in drei Punkten zusammenfassen:

(1) Die Darstellung des Sozialismus ist schroff und summarisch. Es wird nicht unterschieden zwischen anarchistischen, kommunistischen und gemäßigt sozialistischen Richtungen. Es fehlt jede Würdigung der sozialistischen Welle als einer verständlichen und bis zu einem gewissen Grade berechtigten Gegenbewegung gegen den allzu liberalen Kapitalismus. Nicht behandelt wird die Frage, ob und wie ein legales Miteigentum der Arbeiter an den Produktionsmitteln ihre in dem Rundschreiben beklagte „sklavische Abhängigkeit" von den Arbeitgebern beseitigen könne. Es unterbleibt jede positive Würdigung der Bodenreformbewegung als eines Weges, auf dem die von der Enzyklika gepriesenen Segnungen der Verwurzelung der Arbeiter in der heimatlichen Erde erreicht werden könnten.

(2) Nicht minder schroff als die sozialistische Bewegung wird das liberale Unternehmertum gezeichnet, ohne Nuancierungen und ohne Hinweis auf die durch die liberale Entbindung der wirtschaftlichen Kräfte erst ermöglichte Versorgung der im 19. Jahrhundert so unerhört schnell angewachsenen Bevölkerung Europas mit Arbeit und Brot.

(3) Die Hauptlast der sozialpolitischen Aufgaben wird anscheinend für immer den Staaten übertragen. Die freiwilligen Fürsorge- und Versicherungseinrichtungen beruflicher Organisationen erscheinen nur als zusätzliche Hilfen zu den sozialpolitischen Maßnahmen der Staaten. Es fehlt der Ausblick auf eine neue Gesellschaftsordnung, in der andere — berufsständische oder leistungsgemeinschaftliche — Körperschaften die Hauptträger der sozialpolitischen Einrichtungen sein können.

Heute begreifen wir leicht die Zeitbedingtheit dieser Betrachtungsweise. Damals ging es nicht darum, in der Art einer verstehenden Geschichtsschreibung Sozialismus und Liberalismus als vielgestaltige Bewegungen zu würdigen, die aus vielerlei Ursprüngen kommen und von verschiedenartigen Motiven erfüllt sind. Es war dem Papst vielmehr um die entschlossene Gestaltung der sozialen Wirklichkeit seiner Tage zu tun. Er wollte einen anderen als den privateigentumsfeindlichen sozialistischen Weg zeigen, der herausführen sollte aus der wachsenden Verelendung der Arbeiter, die eine Folge des hemmungslosen wirtschaftlichen Liberalismus war. In dieser drängenden Notlage war wenig Zeit, den Plan eines völligen Neubaus von Wirtschaft und Gesellschaft zu entwerfen. „Schnell und

---

[16]) *Wilhelm Schwer*, Zeitbedingte Elemente im Rundschreiben „Rerum novarum", in: Die soziale Frage und der Katholizismus. Festschrift zum vierzigjährigen Jubiläum der Enzyklika „Rerum novarum", hrsg. von der Sektion für Sozial- und Wirtschaftswissenschaften der Görres-Gesellschaft, Paderborn 1931.

wirksam", sagte der Papst, „muß man den unteren Volksschichten helfen" (nr. 2). Wer war dazu imstande? Waren es nicht die Staaten, deren Regierungen schon hier und dort, zumal in Deutschland, sich darauf besonnen hatten, daß sie sich nicht mehr mit der Nachtwächterrolle des Beschützers liberaler Erwerbsmethoden begnügen dürften?

c) Unerwünschte Folgen staatlicher Sozialpolitik

Die sozialpolitischen Hoffnungen wurden in den Jahrzehnten seit dem Erscheinen der Enzyklika zum großen Teil erfüllt. Zumal in Europa haben die Regierungen und gesetzgebenden Körperschaften der industriellen und der agrar-industriell gemischten Länder durch staatliche Maßnahmen und internationale Abmachungen pflichtmäßige Sozialversicherungen und arbeitsrechtliche Bestimmungen eingeführt. Dadurch ist der Spielraum liberaler Wirtschaftsmethoden sehr merklich eingeengt worden[17]. Das Unternehmertum anerkennt heute allenthalben ein gewisses Maß von Sozialpolitik als „kapitalistische Notwendigkeit" (*Sering*) für eine Rentabilität auf weite Sicht. Sozialistische Parteien und Gewerkschaften in vielen Ländern begrüßen jeden Fortschritt der staatlichen Sozialpolitik als eine Errungenschaft der Arbeiterklasse im Kampf um eine neue Wirtschafts- und Gesellschaftsordnung[18]. In den Kolonialländern und in den Gebieten mit nationalfremder kapitalistischer Aufschließung stecken allerdings Sozialpolitik und Arbeitsrecht noch in den Anfängen. In manchen Gebieten stehen selbst diese spärlichen Anfänge bloß auf dem Papier. Aber in dem Maße der zunehmenden politischen Verselbständigung dieser Länder wächst auch das Tempo der sozialpolitischen und arbeitsrechtlichen Entfaltung, so daß in absehbarer Zeit der Grad der sozialpolitischen Sicherungen der Lohnarbeiterschaft in den altkapitalistischen Ländern eingeholt sein kann.

Hier aber hat man inzwischen auch die nachteiligen, in der nach schneller Abhilfe verlangenden Krisenlage am Ende des 19. Jahrhunderts nicht leicht vorauszusehenden Folgen der weiten Ausdehnung sozialpolitischer Funktionen der Staaten erfahren. Diese nach den Grundsätzen der christlichen Soziallehre unerwünschten Folgen lassen sich zusammenfassen in der Feststellung, daß in manchen Ländern Form und Ausdehnung der Sozialversicherungen die Selbstverantwortung der Versicherten zu sehr ausschalten. Das Ergebnis ist der die Sozialversicherungen ausnützende „risikolose Massenmensch"[19]. Die Ursachen dieses Ergebnisses sind folgende:

(1) Die Sozialversicherungen sind zu groß, zu zentralistisch, zu anonym. Die einzelnen Mitglieder verkennen daher leicht, daß durch mißbräuchliche Inanspruchnahme die Leistungsfähigkeit der Versicherung gegenüber allen Mitgliedern auf die Dauer geschwächt wird. Zur Erhaltung der Leistungsfähigkeit der Ver-

---

[17] Vgl. *Goetz Briefs*, Wirtschaft, Staat und Gesellschaft im System des Kapitalismus, in: Die soziale Frage und der Katholizismus, a. a. O., 261 ff.
[18] Vgl. *Eduard Heimann*, Die soziale Theorie des Kapitalismus, Tübingen 1929.
[19] *Ferdinand Aloys Hermens*, Reform der Sozialversicherung und Entproletarisierung, in: Hochland 31 (1933/34).

sicherungen werden dann Beitragserhöhungen oder erhöhte staatliche Zuschüsse und damit meistens auch Steuererhöhungen notwendig. In beiden Fällen müssen der nationalen Wirtschaft im ganzen höhere Lasten auferlegt werden, was schließlich auch der die Sozialversicherungen mißbrauchende „risikolose Massenmensch" durch Preissteigerungen und Arbeitslosigkeit zu spüren bekommt, während er diese Zusammenhänge gar nicht durchschaut. Hier könnte eine weitgehende berufliche Aufgliederung der Sozialversicherungen Abhilfe schaffen. Dabei stößt man allerdings auf die Tatsache, daß es Berufsgruppen gibt, in denen ein überdurchschnittliches Maß von Gesundheitsgefährdung und -schädigung, aber nicht zugleich eine entsprechende große finanzielle Leistungsfähigkeit der Beitragszahlenden vorliegt. Hier müßte nach sinnvollen Formen eines gewissen finanziellen Ausgleichs zwischen den Berufsgruppen als Versicherungsträgern gesucht werden.

(2) Vielen Pflichtversicherungen sind keine auf den einzelnen Versicherten wirkenden Anreize zu sparsamer Inanspruchnahme eingebaut. Bekanntlich ist deshalb schon des öfteren vorgeschlagen worden, die Beiträge auf individuelle Sparkonten abzuführen, nach deren Aufzehrung erst die Konten der Mitversicherten heranzuziehen seien. Bei der Krankenversicherung, die ja am meisten der Reform bedarf, müßte der Versicherte das Defizit, das so auf seinem Konto entsteht, durch die späteren Beiträge nach Möglichkeit wieder ausgleichen. Allen Mitgliedern, die über ein Guthaben bei der Krankenversicherung verfügen, wäre dieses regelmäßig nach längeren Zeiträumen abzüglich einer Reserve auszuzahlen[20]).

(3) Angesichts des vom Staate aufgezogenen mächtigen sozialpolitischen Apparates, der mit seiner Vorsorge immer mehr in das Leben der einzelnen und der Familien eingreift, wurde allzu leicht vergessen, daß staatliche Hilfe nur subsidiär sein soll gegenüber den Leistungen der einzelnen, der Familien, Sippen, Nachbarschaften und beruflichen Zusammenschlüsse. Durch die heutige Form der Sozialversicherungen wurde der Selbsthilfegedanke verwässert[21]). *Leo XIII.* hatte in „Rerum novarum" den Subsidiaritätsgrundsatz nur kurz angedeutet (nr. 11, 12, 28, 34). Es gehörten einige Jahrzehnte des Anwachsens totalitärer Staatsmacht dazu, um deutlicher erkennen zu können, daß auch die Zentralisierung sozialpolitischer Einrichtungen zu einer Staatsallmacht beitragen kann, die von der christlichen Soziallehre abgelehnt wird.

d) Die Gegenwartsbedeutung des Rundschreibens

Wortführer des Proletariates haben in der Sozialpolitik ein fremdartiges Element gesehen, das, einmal in den Kapitalismus eingesenkt, diesen über ihn selber hin-

---

[20]) Vgl. dazu außer *Ferdinand Aloys Hermens*, a. a. O., auch *Bernhard Pfister*, Marktwirtschaft und soziale Sicherheit, in: Wir fordern eine zielklare Wirtschafts- und Sozialpolitik, hrsg. von der Aktionsgemeinschaft Soziale Marktwirtschaft, 1955, 34—38. Ausführlicher befaßt sich damit die Münchener Dissertation von *Otto Vogel*, Probleme der Sozialversicherung in der Verkehrswirtschaft, 1956.
[21]) Vgl. *Oswald von Nell-Breuning*, Versicherungsmoral, in: Staatslexikon der Görres-Gesellschaft, Freiburg ⁵1926 ff.

austreiben werde. Jedoch die Anhänger der kapitalistischen Wirtschaft glaubten, dieses System werde gerade durch die Aufnahme und Einschmelzung der Sozialpolitik zur Vollendung gelangen. Schon aus der Möglichkeit solcher entgegengesetzter Bewertungen ergibt sich, daß durch die in „Rerum novarum" geforderte Einführung und Steigerung der staatlichen Sozialpolitik das kapitalistische Wirtschaftssystem in der Tat nicht entscheidend angegriffen wurde. Aber man muß beachten, daß diese Feststellung nicht vom Gesamtinhalt des Rundschreibens spricht und vom Kapitalismus nur als von einem Wirtschaftssystem. „Rerum novarum" enthält außer den institutionellen Vorschlägen die Forderung einer Gesinnungsreform. Und Kapitalismus ist, wie wir früher ausgeführt haben, noch etwas anderes als bloß ein Wirtschaftssystem, dessen Merkmale Trennung von Produktionsmitteleigentum und Arbeitskraft, großbetriebliche Produktion sowie eine konsequente Rationalisierung der Produktionstechnik, der Absatzmethoden, der menschlichen Arbeitskraft und der Menschenbehandlung sind. Hinter dem kapitalistischen Wirtschaftssystem, wie es als geschichtliche Wirklichkeit im neuzeitlichen Abendland entstanden ist, steht eine ganze Welt- und Lebensanschauung, eben die „kapitalistische"[22]. Ihr entscheidendes Merkmal liegt darin, daß sie die ökonomischen Güter und Werte über die vitalen, geistig-kulturellen und sogar über die religiösen Güter und Werte hinaushebt und an die Spitze der Wertrangordnung stellt. Dieser weltanschauliche Ökonomismus ist der Geist, aus dem das kapitalistische Wirtschaftssystem der Neuzeit einen großen Teil seiner Lebenskraft geschöpft hat und noch schöpft. Er ist mit der christlichen Lebensauffassung nicht vereinbar.

Wenn nun *Leo XIII.* in „Rerum novarum" zur Abhilfe der sozialen Nöte vor allem die „Erneuerung der christlichen Lebensauffassung und Lebensführung" fordert, so wird damit also doch der neuzeitliche Kapitalismus an seiner Wurzel angegriffen, denn angegriffen wird der Geist, aus dem er lebt. Gegenüber jeder im Diesseits sich abschließenden Soziallehre und -bewegung sagt das Rundschreiben klar und bestimmt: Das eigentliche Lebensziel aller Menschen liegt *jenseits* dieser und aller möglichen Welten — in der gnadenhaften Vereinigung mit dem überweltlichen Gott, mit dem Vater im Himmel. Der Weg dahin ist der Kreuzweg der Nachfolge Jesu Christi. Diesem höchsten Ziel und Gut müssen alle anderen Ziele und Güter untergeordnet werden in einer Rangordnung, deren Aufbau von der welttranszendenten Spitze her bestimmt ist und das Licht empfängt, das sie im ganzen erkennbar macht.

Was die Anerkennung einer solchen Wertrangordnung bedeutet, in der die ökonomischen Güter und Werte Dienstwerte darstellen, davon haben wir bereits gesprochen. Die Gesellschaft wird sich nicht in den Rivalitäten um die quantitative Verteilung dieser Güter aufreiben, sofern gemeinsam das Streben nach den höheren Gütern und Werten als sinnvoll anerkannt wird. Darauf hingewiesen zu haben, gehört zu den dauernd gültigen Gehalten der Enzyklika.

---

[22] Vgl. *Max Scheler*, Vom Umsturz der Werte, Bern-München ⁴1955, darin die Aufsätze über den „Bourgeois" und über die „Zukunft des Kapitalismus".

Eine andere in „Rerum novarum" ausgesprochene Forderung, die heute noch unvermindert aktuell ist, ist die nach der solidarischen Verantwortlichkeit alles menschlichen Verhaltens. Es ist leicht zu erkennen, welche Bedeutung die Idee der Solidarität hat für die heute aktuellen Fragen der Sozialversicherungsreform, des wirtschaftlichen Mitbestimmungsrechtes, der Bodenreform, der Eingliederung von Millionen von Menschen, die zur Auswanderung gezwungen sind, für die Bildung lebensfähiger demokratischer Staaten, in denen ein wesentlich immer aristokratisch geformtes Kulturleben gedeihen kann, für die dazu notwendige Gestaltung des demokratischen Wahlrechtes, für die im Zeitalter der Demokratien neu aufgeworfenen Fragen der politischen Ethik usw. Eine so ins einzelne gehende solidaristische Sozialauffassung kann kein festeres Fundament haben als die Überzeugung, daß jede Form menschlichen Zusammenlebens und -wirkens ein wenn auch noch so schwaches Abbild jener höchsten aller Gemeinschaften sein soll, die auf dem gemeinsamen welttranszendenten Menschheitsziel und auf dem gemeinsamen Heilsbesitz des Miterbes Christi beruht.

Dieser mit der Lehre von der Welttranszendenz der menschlichen Lebensbestimmung innerlich verbundene Solidarismus ist keine heute überholte Angelegenheit, wie vielfach behauptet wird. Der Solidarismus ist aber primär nicht eine nationalökonomische Richtung, sondern eine Wesensauffassung vom menschlichen Zusammenleben überhaupt, die von Philosophie und Theologie systematisch begründet und dargestellt werden kann. *Leo XIII.* hat das nicht getan. Es war nicht seine Aufgabe. Aber es ist eine Aufgabe für die Philosophen und Theologen unserer Tage, die den Fragen des sozialen Lebens sich zuwenden[23]).

Das Rundschreiben „Rerum novarum" enthält, wie wir heute erkennen, manches zeitbedingte Element. Die von ihm als institutionelle Sozialreform vorgeschlagene Ausweitung der staatlichen Sozialpolitik ist heute selber reformbedürftig geworden. Unvermindert aktuell aber sind geblieben die Ideen der Welttranszendenz der menschlichen Lebensbestimmung und der solidarischen Mitverantwortlichkeit. Das Aussprechen dieser Ideen und das Festhalten daran bedeutet keine unsachliche Theologisierung und Moralisierung sozialer Fragen, sondern ist begründet in Wesenseinsichten, die niemals verlorengehen dürfen, wenn wir nicht einem zielblinden sozialreformerischen Praktizismus verfallen wollen.

---

[23]) Die philosophische und theologische Begründung des Solidarismus erbrachte *Nikolaus Monzel*, in: Katholische Soziallehre 1, aus dem Nachlaß hrsg. von Trude Herweg unter Mitarbeit von Karl Heinz Grenner, Köln 1965, 237—297 (Hrsg.).

16. Kapitel

Die Stellung der Kirche zu Klassenkampf und Streik

Die Wirtschafts- und Sozialwissenschaftler weisen, besonders seit dem Erscheinen der Monographie des Sozialisten *Bernstein*[1]), darauf hin, daß der Streik in Form und Bedeutung eine Entwicklung durchlaufen hat. Bis etwa zur Mitte des 19. Jahrhunderts waren die meisten Streiks schlecht oder gar nicht vorbereitete lokale Revolten. Danach haben sie mehr und mehr den Charakter umfassender Aktionen angenommen, die durch große Arbeitnehmerorganisationen planvoll vorbereitet und durchgeführt werden. Seitdem ist der Streik unverkennbar ein Hauptmittel im Klassenkampf. Dabei sind viele christliche Arbeitnehmer beteiligt. Es erhebt sich die Frage: Ist dieses Kampfmittel gemäß der christlichen Sittenlehre erlaubt? Es gibt einen nicht unwesentlichen über das natürliche Sittengesetz hinausgehenden inhaltlichen Überschuß der christlichen Sittenlehre; zu einem großen Teil ist jedoch nach der Lehre der katholischen Kirche ihr Inhalt identisch mit dem natürlichen Sittengesetz. So stehen auch die nichtchristlichen Arbeitnehmer und Arbeitgeber vor der Frage nach der sittlichen Erlaubtheit des Streiks. Diese Frage kann nur geklärt werden, wenn zuvor die umfassendere Frage beantwortet ist: Ist der Klassenkampf überhaupt sittlich erlaubt?

1. Der Sinn des Wortes Klassenkampf

Es kommt dabei auf den Sinn des Wortes Klassenkampf an. Bedeutet es ein rücksichtsloses oder haßerfülltes Ringen mit dem Ziel der wirtschaftlichen Vernichtung einer Bevölkerungsschicht durch die Diktatur des Proletariates oder mit dem Ziel der Ausbeutung der Lohnarbeiterschaft durch eine — wenn auch verhüllte — Diktatur der Großkapitalbesitzer, so muß die christliche Lebenslehre einen solchen Klassenkampf ohne Frage verwerfen; denn sie spricht grundsätzlich jedem Menschen das Recht zur wirtschaftlichen Entfaltung und zugleich die Pflicht einer solidarischen Rücksichtnahme auf die Mitmenschen zu. Die anzustrebende Form des menschlichen Zusammenlebens ist das friedliche Zusammenwirken und nicht der Kampf im Sinne einer darwinistischen Lebensauffassung, die nur den jeweils Stärkeren das Recht zum Leben zugesteht.
Es gibt aber neben dieser noch eine andere Art des Kampfes zwischen den Arbeitsmarktparteien der Arbeitgeber und Arbeitnehmer. Das ist eine entgiftete, vom Klassenhaß freie, aber doch streitbare Auseinandersetzung, bei der es um eine gerechtere Verteilung der verschiedenartigen, mit der Wirtschaft zusammenhängenden Vorteile und Lasten geht. Die Enzyklika „Quadragesimo anno"

---

[1]) *Eduard Bernstein*, Der Streik. Sein Wesen und Wirken, Frankfurt 1906.

macht deshalb die Unterscheidung zwischen dem von Haß, Ausbeutungs- oder Vernichtungswillen erfüllten Klassenkampf und der vom Gerechtigkeitswillen getragenen „ehrenhaften Auseinandersetzung" zwischen den Klassen. *Pius XI.* spricht da von der „honesta disceptatio", die „zwar noch nicht den allseits ersehnten sozialen Frieden bedeutet, aber als Ausgangspunkt dienen kann und soll, von dem aus man sich zur einträchtigen Zusammenarbeit der Stände (ordines) emporarbeitet" (QA nr. 114; vgl. auch nr. 81). In diesem Sinne wird also der Klassenkampf, und als Teil desselben eben auch der Arbeitskampf, als sittlich erlaubt und als unter Umständen notwendig anerkannt. Das ist erst möglich auf Grund der erwähnten Unterscheidung von Klassenkampf im darwinistischen Sinne, wie ihn Marxismus und individualistischer Liberalismus vertreten, und Klassenkampf im Sinne einer auf friedliche Zusammenarbeit zielenden Auseinandersetzung, die auch ein Kampf ist. *Jostock* sagt darüber: „Diese Unterscheidung fehlt den älteren katholisch-sozialen Schriften noch durchweg, weil man in Abwehr gegen die Umsturzpropaganda des Sozialismus alles Klassenkämpferische rundweg abwies und nur an den friedlichen guten Willen apellierte. Die Zeit hat aber gezeigt, daß das allein nicht zum Ziele führt. Auch erkannte man genauer, daß ein Klassenkampf, der die verletzte Gerechtigkeit wiederherstellen will, nicht aus bösem, sondern aus gutem Willen stammt und als Bundesgenosse aller christlich-sozialen Reformbestrebungen gelten darf. Es ist von der größten Wichtigkeit, hierüber volle Klarheit zu schaffen. Denn mit der einfachen Ablehnung aller kämpferischen Haltung auf diesem Gebiet stößt man nicht nur die sozialistischen Arbeiter von sich (die sich über die bloße Gesundbeterei moralischer Beschwörungen lustig machen), sondern schließlich auch die christlichen, weil sie sich im Stich gelassen fühlen und alsdann die Hoffnung verlieren, mit den christlichen Methoden je zu einer befriedigenden Lösung der sozialen Frage zu kommen"[2]). Es ist also, wie *Nell-Breuning* schreibt, bemerkenswert, „daß der Papst nicht wesensmäßig, wohl aber bei der gegebenen Lage der Dinge in den kapitalistischen Ländern die Klassenauseinandersetzung als notwendig ansieht"[3]). Ein auf gerechten Ausgleich der Interessen und friedliche Zusammenarbeit zielender Klassen- und Arbeitskampf kann nach einer Formulierung von *Gundlach* ein „sittlich positiv zu bewertender Prozeß zur organischen Gesundung der Gesellschaft" sein[4]).

2. Die Kampfmittel und ihre Beurteilung in der christlichen Sozialethik

Wer den Arbeitskampf bejaht, muß auch die Kampfmittel bejahen. Welche Kampfmittel sind hier möglich? Welche davon sind erlaubt? Die nationalöko-

---

[2]) *Paul Jostock*, Die sozialen Rundschreiben, Freiburg 1948, 152 Anm.
[3]) *Oswald von Nell-Breuning*, Klassenkampf, in: Beiträge zu einem Wörterbuch der Politik, 3. Heft: Zur sozialen Frage, Freiburg 1949, 165.
[4]) *Gustav Gundlach*, Klassenkampf, in: Staatslexikon der Görres-Gesellschaft 3, Freiburg ⁵1929, 396.

nomische Fachliteratur nennt als mögliche Kampfmittel auf seiten der Arbeitgeber die Aussperrungen und die „Schwarzen Listen" mit den Namen der Arbeiter, deren Einstellung sie verhindern möchten. Über diese in sozialpolitisch fortgeschrittenen Ländern selten gewordenen Kampfmittel der Arbeitgeber soll im folgenden nicht weiter gesprochen werden. Es geht hier um die Kampfmittel der Arbeitnehmer. Die wichtigsten sind[5]):

a) Die Sabotage

Sie ist die gewaltsame Hemmung oder Zerstörung der Produktionseinrichtungen. Dieses Kampfmittel wurde in der ersten Hälfte des 19. Jahrhunderts oft bei den lokalen Arbeiterrevolten angewandt. Es wird nicht mehr angewandt, wo die Arbeiter in großen Verbänden organisiert sind und seit die Gewerkschaftsführer solche Zerstörungen als unzweckmäßig oder auch als sittlich verwerflich erkennen und ablehnen. Die christliche Sittenlehre hält daran fest, daß solche gewaltsamen Hemmungen oder Zerstörungen unerlaubte Schädigungen fremden Eigentums sind.

b) Die gewaltsame Betriebsbesetzung

Sie ist selten, aber immerhin noch 1920 im großen Stil in den Mailänder Metallfabriken vorgekommen. Als man jedoch nicht imstande war, neue Betriebsmittel zur Weiterführung der Betriebe zu beschaffen, als insbesondere die Rohstofflieferanten sich auf die Seite der Unternehmer stellten, mußten die Arbeiter die Untauglichkeit ihrer Kampfmaßnahme einsehen. Die gewaltsame Betriebsbesetzung ist aber nicht nur ein untaugliches, sondern gemäß dem christlichen Sittengesetz als widerrechtliche Aneignung fremden Eigentums auch ein unerlaubtes Kampfmittel. Man könnte versucht sein, hier darauf hinzuweisen, daß es doch Enteignungen gibt, die unter bestimmten Umständen wegen ihrer Beziehung zum Allgemeinwohl sittlich erlaubt sind. Man darf aber nicht übersehen, daß die im Interesse des Gemeinwohles zur Behebung von Notständen erforderlichen Enteignungen nicht Sache der sich streitenden Interessenten, sondern der rechtmäßigen staatlichen Obrigkeit sind.

c) Der Boykott

Ein drittes Kampfmittel der Arbeitnehmer kann der *Boykott* sein, d. h. der Entschluß größerer Teile der Arbeiterschaft, die auf Absatz in Arbeiterkreisen angewiesenen Waren oder Dienstleistungen bekämpfter Unternehmungen nicht zu kaufen oder in Anspruch zu nehmen. Dieses Kampfmittel wurde früher häufig in den USA, jedoch selten und immer seltener in Europa angewandt. Seine Anwendung ist nicht unbedingt sittlich zu verwerfen, da ja niemand verpflichtet ist, gerade die Waren der bekämpften Unternehmen zu kaufen. Aber dieses

---

[5]) Vgl. zum folgenden *Adolf Weber*, Arbeitskämpfe, in: Handwörterbuch der Staatswissenschaften 1, Jena ⁴1923, 770—778.

Kampfmittel hat wenig Aussicht auf Erfolg, weil es kaum gelingt, einen großen Konsumentenkreis auf längere Dauer zur Teilnahme an der Boykottierung zu bewegen, wenn die betreffenden Erzeugnisse oder Dienste wegen ihrer Qualität oder ihres günstigen Preises den Konsumenten erwünscht sind.

d) Die passive Resistenz

Ein anderes Kampfmittel der Arbeitnehmer kann die *passive Resistenz* sein. Sie besteht in der mehr oder weniger versteckten Verminderung der Arbeitsleistung, während man die gleiche Entlohnung weiterbezieht. Die großen Arbeitnehmerverbände zählen die passive Resistenz heute nicht zu den empfehlenswerten Kampfmitteln, weil dieses Verfahren, wie *Bernstein* sagt, „mit seinem Umgehen eines offenen Kampfes nicht sonderlich sympathisch anmutet", und wohl auch deshalb, weil die öffentliche Meinung, auf deren Zustimmung die kämpfenden Arbeitnehmer sehr angewiesen sind, ebenfalls diese hinterhältige Kampfesweise nicht bejaht. Die christliche Sittenlehre verwirft die passive Resistenz, weil dem Unternehmer hier auf betrügerische Weise die im Lohnvertrag ausgemachte Arbeitsleistung entzogen wird.

e) Die „stille Betriebssperre"

Eine andere Art des Entzuges der Arbeitskraft ist die sogenannte *stille Betriebssperre*. Sie besteht in der Warnung von Mund zu Mund vor der Beschäftigungsaufnahme bei mißliebigen Arbeitgebern. Die Arbeiter können unter Umständen zu solchen Warnungen sittlich berechtigt sein, um die betreffenden Arbeitgeber zur Gewährung besserer Arbeitsbedingungen zu drängen. Aber es ist ein nur in kleinem Umfange wirksames Kampfmittel.

f) Der organisierte Streik

Das wichtigste, d. h. wirksamste Kampfmittel der Arbeitnehmer ist in den Verhältnissen der privatkapitalistischen Großproduktion der durch große Verbände organisierte *Streik*. Von diesem soll im folgenden ausführlicher die Rede sein. Dabei schränkt sich unsere Betrachtung ein auf den gesellschaftskämpferischen, d. h. direkt gegen die Arbeitgeber gerichteten Streik. Der politische Streik wird nicht behandelt. Es ist jedoch für unsere Betrachtung zweckmäßig, den Unterschied zwischen diesen beiden Streikarten zunächst klarzustellen.

3. Der Streik

a) Der Unterschied zwischen politischem und gesellschaftskämpferischem Streik

Als gesellschaftskämpferischen Streik bezeichnen wir im folgenden die verabredete Arbeitseinstellung vieler Arbeitnehmer, die sich mit diesem Verhalten

direkt gegen die Arbeitgeber wenden, um sie zu zwingen, eine Verschlechterung der Arbeitsverhältnisse zu unterlassen oder eine Verbesserung der Arbeitsverhältnisse zu gewähren. Zu den Arbeitsverhältnissen gehören Löhne, Arbeitszeiten, betrieblicher Gesundheitsschutz und die mannigfachen Anliegen des eigentlichen Arbeitsrechtes. Um solche Zielsetzungen kann es auch in einem direkt gegen den Staat gerichteten, d. h. in einem politischen Streik gehen. Es ist deshalb der Klarheit in der Benennung dienlicher, den ausschlaggebenden Unterschied nicht wie üblich in den Zielsetzungen, sondern in den verschiedenen „Adressaten" des Streiks zu sehen. Beim gesellschaftskämpferischen Streik sind es die Arbeitgeber, beim politischen Streik ist es der Staat oder eine nach der Staatsgewalt strebende Gruppe. Die Ziele des politischen Streiks können sehr verschieden sein. Ich versuche, eine unserer Untersuchung dienliche Übersicht über die möglichen Zielsetzungen des politischen Streiks zu geben:
(1) Es geht darum, die verfassungsmäßig regierenden Inhaber der Staatsgewalt zu stürzen oder in ihrer Tätigkeit zu lähmen.
(2) Es geht darum, die Inhaber der Staatsgewalt von einer Verletzung des verfassungsrechtlichen Systems abzuschrecken.
(3) Es geht darum, einer nach der Staatsgewalt strebenden politischen Gruppe entgegenzutreten. Ein Beispiel dafür ist der zur Abwehr des Kapp-Putsches im März 1920 von der verfassungsmäßigen Reichsregierung ausgerufene Generalstreik, an dem sich außer den Arbeitnehmern in Industrie und Gewerbe auch die Beamten und Angestellten der zivilen Behörden beteiligten. *Welty* rechnet ein solches Vorgehen nicht zu den politischen Streiks im engeren Sinne[6]). Eine vollständige und konsequente soziologische Klassifikation aller verabredeten umfangreichen Arbeitsniederlegungen wird jedoch auch diesen Vorgang als eine Art des politischen Streiks aufzählen müssen. Es ist zweckmäßig, zu den möglichen Adressaten des politischen Streiks nicht nur die rechtmäßigen Inhaber der Staatsgewalt, sondern auch nach der Staatsgewalt strebende Gruppen zu rechnen.
(4) Es geht darum, einzelne, nicht direkt auf die wirtschaftliche oder arbeitsrechtliche Lage der Arbeitnehmerschaft sich beziehende politische oder gesetzgeberische Entscheidungen des Staates zu beeinflussen, z. B. Entscheidungen über Kriegsbeginn, Kriegsschluß, militärische Rüstung, außenpolitische Bündnisse, Schulwesen, Verhältnis von Kirche und Staat und dergleichen mehr.
(5) Es geht darum, staatliche Maßnahmen, die sich direkt auf die Arbeitsverhältnisse der Arbeitnehmer beziehen, zu beeinflussen. Hier sei erinnert an die Streikandrohung des Deutschen Gewerkschaftsbundes während der parlamentarischen Verhandlungen über das Betriebsverfassungsgesetz von 1952. Alle diese Arten sind politische Streiks, sofern sie sich gegen den Staat oder eine nach der Staatsgewalt strebende politische Gruppe richten. Den an fünfter Stelle genannten Vorgang könnte man im Hinblick auf seine Zielsetzung auch „wirtschaftlichen" oder „wirtschaftskämpferischen" oder „arbeitsrechtlichen" Streik nennen. Es ist

---

[6]) Vgl. *Eberhard Welty*, Der politische Streik, in: Die neue Ordnung, 9. Jg. (1955). — Vgl. jetzt auch von demselben Verfasser: Herders Sozialkatechismus 3, Freiburg 1958, 255 f.

jedoch von methodischem Vorteil, wenn man sich bei der Benennung nach dem Adressaten des Streiks richtet. Die Bezeichnung „gesellschaftskämpferischer" Streik ist zwar nicht üblich, entspricht aber der wohlbegründeten und üblichen Unterscheidung von Staat und Gesellschaft. Diejenigen Streiks, die im Hinblick auf den Adressaten zwar politische Streiks genannt werden müssen, aber die Gestaltung der Arbeitsverhältnisse zum eigentlichen Inhalt haben, sind als eine Mischform besonders schwer zu beurteilen. *Nell-Breuning* hat diese Sonderform des politischen Streiks mit Recht zur Diskussion gestellt[7]). Im folgenden sollen jedoch nur die gesellschaftskämpferischen Streiks behandelt werden, also die verabredeten Arbeitsniederlegungen, die sich direkt gegen die Arbeitgeber wenden[8]).

Verabredete Arbeitsniederlegungen als wirtschaftliches Kampfmittel lagen auch in den Sklavenrevolten des Altertums und in den Gesellenbewegungen des Spätmittelalters vor. Aber diese Kämpfe spielten sich unter ganz anderen politischen, gesellschaftlichen und wirtschaftlichen Verhältnissen ab als die neuzeitlichen Streikvorgänge. Diese sind ein bevorzugtes Mittel im Klassenkampf unter den Voraussetzungen der politischen Gleichberechtigung, des freien Lohnvertrages, der rechtlichen Freizügigkeit, der Koalitionsfreiheit und anderer Umstände, die dem Zeitalter des modernen Kapitalismus eigentümlich sind. Dank der rechtlich garantierten Koalitionsfreiheit ist es möglich, daß große Kampfverbände der Arbeitnehmer die Streiks zu umfassenden, planvoll vorbereiteten und schlagkräftig durchgeführten Aktionen ausgestalten. Seitdem haben, wie *Lederer* richtig bemerkt, die großen Streiks „stets einen politischen Nebencharakter"[9]). Man denke nur daran, daß die im gesellschaftskämpferischen Streik errungenen wirtschaftlichen Vorteile größeren Einkommensverschiebungen gleichkommen können und sich so auf die Dauer auch auf die politische Struktur auswirken werden. Noch deutlicher können arbeitsrechtliche Verbesserungen, die durch gesellschaftskämpferische Streiks erreicht wurden, das politische Leben beeinflussen. Trotz dieses unvermeidlichen politischen Nebencharakters aller großen modernen Streiks ist es zweckmäßig, je nach dem direkten Adressaten den gesellschaftskämpferischen vom politischen Streik zu unterscheiden. Denn bei dem letzteren stehen wir, gerade wenn es dabei um die Gestaltung der Arbeitsverhältnisse geht, vor einer besonderen Problematik, insofern dabei der Staat, der doch seiner Bestimmung und seinem Anspruch nach über den Klasseninteressen stehen soll und will, direkt unter Druck gesetzt wird. Doch diese Problematik soll hier nicht unser Thema sein.

---

[7]) *Oswald von Nell-Breuning*, Streik, in: Stimmen der Zeit, 80. Jg. (1954/55), 264—279; jetzt auch in dem Sammelband: Wirtschaft und Gesellschaft 2: Zeitfragen, Freiburg 1957, 46—62.

[8]) Für den politischen Streik sei verwiesen auf den erwähnten Aufsatz von *Welty* und die dort in Herders Sozialkatechismus 3, 247 angegebene Literatur.

[9]) *Emil Lederer*, Die Klassen auf dem Arbeitsmarkt und ihre Organisationen, in: Grundriß der Sozialökonomik, IX. Abt. 2. Teil, Tübingen 1927, 171.

b) Der gesellschaftskämpferische Streik

Wie steht es mit der sittlichen Erlaubtheit des sich unmittelbar gegen die Arbeitgeber wendenden, des gesellschaftskämpferischen Streiks? Eine ganz summarische Antwort würde so lauten: Ein solcher Streik ist weder unter allen Umständen verwerflich noch unter allen Umständen sittlich erlaubt. Um die Voraussetzungen der sittlichen Erlaubtheit des Streiks im erwähnten Sinne bestimmen zu können, müssen wir den Unterschied zwischen Notwehr- oder Abwehrstreik einerseits und dem Meliorationsstreik oder Angriffsstreik andererseits berücksichtigen.

(1) Unterscheidung zwischen Notwehr- oder Abwehrstreik und Meliorations- oder Angriffsstreik

Was ist ein Notwehr- oder Abwehrstreik? *Adolf Weber* sagt, beim Abwehrstreik handelt es sich darum, „Verschlechterungen des Arbeitsverhältnisses abzuwehren"[10]. Es ist notwendig, diese Umschreibung zu ergänzen: Hierhin gehören auch die Fälle, in denen die Arbeitgeber mögliche Abhilfen gegen schwere Gefahren für Gesundheit, Leben und Sittlichkeit der Arbeiter nicht treffen oder einen zum physischen Existenzminimum ausreichenden Lohn nicht zahlen wollen, auch wenn solcher Schutz und solcher Lohn bisher noch nicht errungen waren. Streiken jetzt die Arbeiter, dann ist das für eine ganz formale Betrachtung zwar ein „Angriffsstreik", sofern die Arbeiter dabei „neue Vorteile" erringen wollen. Dem Inhalt nach aber ist es ein Abwehr- oder, noch besser gesagt, ein Notwehrstreik; denn es geht dabei um die Abwehr einer in sich ungerechten Gestaltung des Arbeitsverhältnisses, die nicht dadurch gerecht geworden war, daß sie von den Arbeitnehmern bisher hingenommen wurde. Im Hinblick auf solche Zusammenhänge ist der Ausdruck „Notwehrstreik" der Bezeichnung „Abwehrstreik" vorzuziehen, zumal wenn es sich um die sittliche Bewertung handelt. So ist es denn auch verständlich und berechtigt, daß die Moraltheologen, abweichend von der nationalökonomischen Fachliteratur, lieber von Notwehr- und Meliorationsstreik als von Abwehr- und Angriffsstreik sprechen[11].

Beim Meliorationsstreik geht es um die Verbesserung von Arbeitsverhältnissen, die bisher zwar nicht offensichtlich ungerecht waren, aber doch den Arbeitnehmern nicht mehr genügen.

Daß ein Notwehrstreik im strengen Sinne des Wortes immer sittlich erlaubt ist, wird von keinem katholischen Moraltheologen bestritten. Die Berechtigung dieser Auffassung ist leicht einzusehen. Auch wer — wie im ersten Jahrzehnt unseres Jahrhunderts führende Männer des „Verbandes katholischer Arbeiterver-

---

[10] *Adolf Weber*, Der Kampf zwischen Kapital und Arbeit, Tübingen ⁶1954, 159.
[11] Vgl. z. B. *Joseph Biederlack*, Theologische Fragen über die gewerkschaftliche Bewegung, München 1910. Andere Moralisten sprechen von Notwehr- und Selbsthilfestreiks, z. B. *August Lehmkuhl*, Arbeitsvertrag und Strike, in: Die soziale Frage, beleuchtet durch die „Stimmen aus Maria Laach", Freiburg ³1895, und auch *Heinrich Pesch*, Lehrbuch der Nationalökonomie 5, Freiburg ²1923, 796 f. Als „Selbsthilfe" wird dabei ein Streik bezeichnet, der nicht eigentliche Notwehr gegen ein zugefügtes Unrecht ist, sondern auf eine Verbesserung der bisherigen, nicht offensichtlich ungerechten Arbeitsverhältnisse zielt.

eine" (Sitz Berlin; vgl. die Berlin-Trierer Richtung im sogenannten „katholischen Gewerkschaftsstreit") — die Meinung vertritt, daß jeder Streik ein direkter Eingriff in die Rechte des Arbeitgebers sei, muß doch zugeben, daß ein solcher Eingriff als Notwehr erlaubt ist, falls eben die allgemeinen Bedingungen der erlaubten Notwehr überhaupt vorliegen. Notwehr ist ja die Abwehr eines Unrechtes, welche dadurch geschieht, daß der Abwehrende seinerseits in die Rechte des Angreifers eingreift.

Die Erlaubtheit jeder Notwehr ist an folgende Bedingungen geknüpft: Es muß sich um ein gegenwärtiges, nicht bloß um ein befürchtetes zukünftiges Unrecht handeln, und zwar um ein Unrecht, das durch den Gegeneingriff abgewehrt werden kann. Es muß ferner eine gewisse Proportionalität bestehen zwischen dem verletzten Recht bzw. dem bedrohten oder geschädigten Gut einerseits und dem bei der Abwehr verletzten Recht oder Gut andererseits. Der Gegeneingriff darf nicht weiter gehen, als zur Abwehr des Unrechtes notwendig ist, und ist überhaupt nur erlaubt, wenn eine friedliche, d. h. ohne Eingriffe in die Rechte des Unrecht Tuenden erfolgende Abhilfe nicht möglich ist[12]).

Diese in der katholischen Moraltheologie allgemein vertretene Auffassung von der erlaubten Notwehr wendet *Lehmkuhl* mit folgenden Worten auf den Fall an, daß während eines noch laufenden Arbeitsvertrages die Arbeitnehmer einen Notwehrstreik beginnen: „Handelt es sich ... um eine berechtigte Notwehr, dann darf diese je nach Umständen durch Verweigerung sonstiger Rechtsleistungen (da ja der Vertrag noch läuft) verwirklicht werden: durch Erzwingung meiner Rechtsforderung (z. B. möglicher Schutz für Leben, Gesundheit, Sittlichkeit oder möglicher zur Existenz ausreichender Minimallohn) darf ich demjenigen, der mir Unrecht zufügen will, seine eigenen gleichwertigen (und erst recht seine weniger dringlichen) Rechtsforderungen zu erfüllen mich weigern, um ihn auf diese Weise zu zwingen, von seinem Unrecht abzustehen"[13]).

Die so begründete Berechtigung des eigentlichen Notwehrstreiks gilt unter Umständen sogar für Beamte sowie für Arbeitnehmer bei staatlichen Behörden und Betrieben. *Nell-Breuning* sagt darüber: „Dem Beamtenstreik steht die Treuepflicht entgegen. Andererseits kann nicht verkannt werden, daß trotz des hoheitsrechtlichen Charakters der Beamtenstellungen eine gewisse Ähnlichkeit mit einem Arbeitnehmerverhältnis vorliegt. Zur Durchsetzung unverzichtbarer Rechte wie des unumgänglichen Existenzminimums müßte daher für den äußersten Fall auch ein Notstandsrecht der Beamtenschaft — in Unterordnung unter die zwingenden Erfordernisse des Allgemeinwohls anerkannt werden"[14]).

Unsere Erwägungen über den eigentlichen Notwehrstreik haben in Deutschland und in anderen sozialpolitisch fortgeschrittenen Ländern wenig praktische Bedeutung. Aber die prinzipielle Bedeutung solcher Erwägungen ist auch heute noch nicht ohne Interesse, da es ja noch ausgedehnte Gebiete auf der Erde gibt,

---

[12]) Vgl. *Wendelin Rauch*, Notwehr, in: Lexikon für Theologie und Kirche 7, Freiburg 1935, 655 f.
[13]) *August Lehmkuhl*, a. a. O., 57 (Die Zusätze in Klammern sind von mir, N. M.).
[14]) *Oswald von Nell-Breuning*, Streik, in: Beiträge zu einem Wörterbuch der Politik, 3. Heft: Zur sozialen Frage, Freiburg 1949, 162.

in denen große Arbeiterscharen ohne wirklichen und wirksamen sozialpolitischen Schutz nicht selten sich in der echten Notwehrsituation im Klassen- und Arbeitskampf befinden, wie es eben in manchen Ländern und Erdteilen noch ausgedehnte und kaum gemilderte Proletarität gibt.

(2) Die sittliche Erlaubtheit des Meliorationsstreiks

Wie steht es nun mit der sittlichen Erlaubtheit des sogenannten Meliorationsstreiks? Wir haben ihn definiert als einen Streik, bei dem es um die Verbesserung von Arbeitsbedingungen geht, die bisher zwar nicht offensichtlich ungerecht waren, aber doch den Arbeitnehmern nicht mehr genügen. Diese Formulierung enthält eine gewisse Problematik. Man kann mit Recht fragen, wieso denn die Arbeitnehmer überhaupt mehr fordern dürfen als das, was gerecht ist. Auf mehr als auf das Gerechte hat ja weder der Unternehmer noch der Arbeitnehmer Anspruch. Die Schwierigkeit liegt jedoch in der jeweiligen Abgrenzung des Gerechten. Es ist verhältnismäßig leicht, festzustellen, daß bestimmte Arbeitsbedingungen, die einem Raubbau an den körperlichen und seelischen Kräften der Arbeitnehmer oder einer Ausbeutung rechtlich ungeschützter Proletarier gleichkommen, ungerecht sind. Viel schwieriger jedoch ist es, positiv zu bestimmen, was jeweils der gerechte Anteil der Arbeitnehmer am Arbeitsertrag, an den anderen errungenen Wirtschaftserfolgen und an möglichen arbeitsrechtlichen Fortschritten ist.
Für die Bestimmung des gerechten Lohnes führt *Pius XI.* in „Quadragesimo anno" (nr. 71—75) folgende drei Gesichtspunkte als maßgebend an: 1. Der Lohn muß „ausreichend" sein für den Lebensunterhalt des Arbeitnehmers und der Familie, die er hat oder gründen will. 2. Die Lohnforderung muß Rücksicht nehmen auf die wirtschaftliche Lage des Unternehmens. 3. Es ist Rücksicht zu nehmen auf die allgemeine Wohlfahrt, damit nicht etwa langdauernde Massenarbeitslosigkeit entstehe, wozu sehr hohe Löhne ebenso die Ursache sein können wie zu stark gedrückte Löhne. Es muß zwischen den Löhnen, ferner zwischen den Preisen der Erzeugnisse der verschiedenen Wirtschaftszweige und endlich zwischen Löhnen und Preisen im ganzen ein solches Verhältnis erstrebt werden, bei dem „allen Gliedern des Wirtschaftsvolkes alle die Güter zur Verfügung stehen, die nach dem Stande der Ausstattung mit natürlichen Hilfsquellen, der Produktionstechnik und der gesellschaftlichen Organisation des Wirtschaftslebens geboten werden können. So reichlich sollen sie bemessen sein, daß sie nicht bloß zur lebensnotwendigen ehrbaren Bedarfsbefriedigung ausreichen, sondern den Menschen die Entfaltung eines veredelten Kulturlebens ermöglichen". Aus diesen Gesichtspunkten zur Bestimmung des gerechten Lohnes und gerechter Arbeitsbedingungen lassen sich offensichtlich keine bestimmten Zahlen und Maße ableiten, im allgemeinen nicht und auch nicht für das einzelne Unternehmen. Das weiß nicht nur der wirtschaftswissenschaftliche Fachmann, das kann auch jeder Laie einsehen. Es geht hier nicht nur um Lohnsummen und um die Länge und Aufteilung der Arbeitszeiten. Es geht auch um Fragen der Produktionstechnik

und der betrieblichen und überbetrieblichen Organisation des Wirtschaftslebens. Es geht ferner um die Beurteilung, welche Konsumgüter besonders wichtig sind und was denn hier und jetzt zur „ehrbaren Bedarfsbefriedigung" und zu einem „veredelten Kulturleben" gehört. Einige dieser Faktoren sind überhaupt nicht in Zahlen ausdrückbar, andere sind positiv rechtlich gar nicht eindeutig zu fassen. Und selbst in den Punkten, die zahlenmäßig oder juristisch eindeutig bestimmbar sind, werden die Meinungen der Beteiligten auch beim besten Willen zur Objektivität sehr oft auseinandergehen. Dann bleibt, falls nicht die eine Seite aus nichtwirtschaftlichen, z. B. aus staatspolitischen, aus kulturellen oder ethisch-religiösen Gründen nachgibt und falls auch kein Dritter, etwa der Staat als Schiedsrichter, die Entscheidung fällt, nichts anderes übrig, als daß die beiden Partner die Entscheidung über das hier und jetzt Gerechte machtmäßig austragen. Das schlagkräftigste Machtmittel der Arbeitnehmer aber ist eben der Entzug der Arbeitskraft, d. h. in dem hier betrachteten Zusammenhang: der Meliorationsstreik.

Wohl alle katholischen Moraltheologen sagen heute, daß ein Meliorationsstreik im umschriebenen Sinne unter bestimmten Bedingungen erlaubt ist. Vor einigen Jahrzehnten war die Übereinstimmung nicht so vollständig. Es gab damals im sogenannten „Gewerkschaftsstreit" die Berlin-Trierer Richtung, die die konfessionell gemischten Gewerkschaften ablehnte. Führende Männer dieser Richtung waren der Überzeugung, daß ein Meliorationsstreik in keinem Fall erlaubt sei. In der Enzyklika „Rerum novarum" steht ein Abschnitt (nr. 31), der je nach Übersetzung und Auslegung fast wie eine sittliche Verwerfung jedes Streiks, insbesondere jedes Meliorationsstreiks, wirken kann. Das war der allgemeine gedankliche und ethische Hintergrund, vor dem sich die Beweisführung der Berlin-Trierer Richtung gegen jeden Meliorationsstreik entfaltete. In der ersten deutschen Übersetzung, die im Verlag Herder herauskam und erst viel später verbessert wurde, lautet jener Abschnitt so: „Nicht selten greifen die Arbeiter zu gemeinsamer Arbeitseinstellung, um gegen die Lohnherren einen Zwang auszuüben, wenn ihnen die Anforderungen zu schwer, die Arbeitsdauer zu lang, der Lohnsatz zu gering scheint. Dieses Vorgehen, das in der Gegenwart immer häufiger wird und immer weiteren Umfang annimmt, fordert die öffentliche Gewalt auf, Gegenwehr zu ergreifen: denn die Ausstände gereichen nicht bloß den Arbeitgebern mitsamt den Arbeitern insgemein zum Schaden, sie benachteiligen auch empfindlich Handel und Industrie, überhaupt den ganzen öffentlichen Wohlstand. Außerdem geben sie erfahrungsgemäß Anlaß zu Gewalttätigkeiten und Unruhen und stören so den Frieden im Staate. Demgegenüber ist diejenige Art der Abwehr am meisten zu empfehlen, welche durch entsprechende Anordnungen und Gesetze dem Übel zuvorzukommen trachtet und sein Entstehen hindert durch Beseitigung jener Ursachen, die den Konflikt zwischen den Anforderungen der Brotherren und der Arbeiter herbeizuführen pflegen"[15]).

Ehe wir auf die Mängel dieser Übersetzung eingehen, ist es gut, daran zu er-

---

[15]) Zit. bei *August Lehmkuhl*, a. a. O., 53 f.

innern, daß auch die in amtlichem Auftrag angefertigten Übersetzungen päpstlicher Rundschreiben keinen amtlichen Charakter tragen. Es muß ihnen zwar ein hohes Gewicht beigelegt werden, aber „der Heilige Stuhl hat ihnen keinerlei Siegel der Beglaubigung aufgedrückt". Daraus folgt, „daß die Erläuterung und wissenschaftliche Vertiefung sich ständig an den Urtext halten muß"[16]). Hält man sich an diese Regel, so ergibt sich folgendes: Im zweiten Satz darf der Ausdruck „publice medendum" nicht mit „Gegenwehr" übersetzt werden. „Gegenwehr" ist auch ein Bataillon Soldaten, das man gegen Streikende einsetzt. *Lehmkuhl* sagt in seiner Übersetzung, die wir nachher anführen werden, richtiger: „ein Heilmittel schaffen". Im dritten Satz spricht die erste Herdersche Übersetzung von der Art der „Abwehr", die „am meisten zu empfehlen" sei. Die Übersetzung *Lehmkuhls* spricht von dem „wirksamsten und zuträglichsten Mittel", und *Pesch* gibt hier mit der noch genaueren Übersetzung auch den versöhnlichsten Wortlaut, indem er schreibt: „Es ist am wirkungsvollsten und heilsamsten"[17]) (magis efficax ac salubre), durch vorbeugende Gesetze die Ursachen der Streiks zu beseitigen. Der ganze Abschnitt lautet in der Übersetzung *Lehmkuhls* so:

„Zu lange oder zu beschwerliche Arbeit und, wie die Arbeiter meinen, zu knapper Lohn geben für diese Grund ab, nach Verabredung gemeinsam die Arbeit niederzulegen und freiwillig zu feiern. Diesem so verbreiteten und schweren Übel muß die öffentliche Autorität ein Heilmittel schaffen; denn jede Art von Arbeitseinstellung schädigt nicht nur die Arbeitgeber samt den Arbeitern selbst, sondern auch dem Handelsverkehr und dem öffentlichen Wohle ist sie hinderlich; und weil man gewöhnlich von Gewalttätigkeit und Aufreizung sich nicht fernhält, wird gar häufig die öffentliche Ruhe und Sicherheit in Gefahr gebracht. Das wirksamste und zuträglichste *(Pesch:* „heilsamste") Mittel ist hier, dem Übel durch das Ansehen der Gesetze zuvorzukommen und seinen Ausbruch durch frühzeitige Beseitigung der Ursachen zu verhindern, welche den Streit zwischen den Arbeitgebern und Arbeitern hervorzurufen scheinen."

Hält man sich nicht an diese genauere und zugleich mildere Übersetzung, sondern an den ungenauen und schroffen Text der ersten deutschen Übertragung, dann fällt freilich von vornherein auf die streikenden Arbeiter in jedem Fall ein ungünstiges Licht. In diesem ungünstigen Licht haben offenbar führende Männer der Berlin-Trierer Richtung die streikenden Arbeiter gesehen und dann so argumentiert:

Die Arbeiter wollen ihre Forderungen „mit Gewalt" durchsetzen. Unter „Gewalt" verstanden diese Streikgegner nicht nur das, was wir „Gewalttaten" und „physische Gewalt" nennen, sondern auch die bloße Arbeitseinstellung, die den Zweck verfolgt, bessere Arbeitsbedingungen zu erzwingen. — Dagegen ist zu sagen: Zwang und Gewalt sind nicht dasselbe. Die bei vielen moraltheologischen, ethischen und juristischen Fragen bewährte Unterscheidung von vis moralis und vis physica, von moralischem Zwang und physischer Gewaltanwendung darf

---

[16]) *Oswald von Nell-Breuning,* Die soziale Enzyklika, Köln ³1950, 12.
[17]) *Heinrich Pesch,* a. a. O., 803.

man hier nicht unter den Tisch fallen lassen. Wo physische Gewaltanwendung nicht erlaubt ist, kann unter Umständen ein moralischer oder ökonomischer Druck immer noch sittlich erlaubt sein.

Das zweite Argument jener Streikgegner lautete: Die streikenden Arbeiter hindern den Arbeitgeber an der Verwirklichung seines Rechtes zur „geschäftlichen Ausnutzung seines Eigentums". Das ist eine ungerechte „Vermögensschädigung". — Auch hier ist, wie *Biederlack* ausgeführt hat, eine in der Moraltheologie übliche und bewährte Unterscheidung nicht beachtet worden, nämlich die Unterscheidung zwischen „entgehendem Gewinn" (lucrum cessans) und „entstehendem Schaden" (damnum emergens)[18]. Wesentlich für den Streik ist nur, daß die Arbeiter sich weigern und andere davon abzuhalten suchen, zur Erzielung eines Gewinnes mit dem Arbeitgeber zusammenzuwirken. Es kann freilich auch eine wirkliche Vermögensschädigung oder -verminderung für die Produktionsmittelbesitzer durch einen Streik eintreten, wenn etwa Maschinen verrosten, Gruben ersaufen und dergleichen mehr. Aber die Arbeitnehmer sind durchaus nicht immer verpflichtet, ihre Rechte auf Erzielung besserer Arbeitsbedingungen zurückzustellen, damit die Arbeitgeber oder Produktionsmittelbesitzer ihr Recht auf ungeschmälerte Erhaltung ihres Vermögens durch Mitarbeit der Arbeiter verwirklichen können.

Biederlack zitiert eine große Anzahl von Moraltheologen, die sich grundsätzlich für die sittliche Erlaubtheit eines Meliorationsstreiks aussprechen. Von ihnen sei nur *Noldin* zitiert. Er schreibt: Die Arbeitnehmer handeln „nicht gegen die Gerechtigkeit, wenn sie nach Ablauf des Vertrages die Arbeit einstellen, bis sie bessere Arbeitsbedingungen erlangen, aber nur, wenn sie nichts anderes als gerechte Bedingungen, wie einen höheren Lohn (nicht das Höchstmaß überschreitend), Einschränkung der Arbeitszeit etc. fordern ... Streikende Arbeiter, welche andere Arbeiter durch Überredung zu veranlassen suchen, daß auch sie die Arbeit einstellen (vorausgesetzt ist natürlich ein gerechter Streik), verletzen die Gerechtigkeit nicht"[19].

Wie *Noldin*, so hielten bis vor kurzem alle Moraltheologen daran fest, daß ein Meliorationsstreik nur nach Ablauf des Arbeitsvertrages sittlich erlaubt sei. Es müßten also die Kündigungsfristen eingehalten werden. Wer von der Entwicklung des modernen Arbeitsrechtes nichts weiß, wird dieser naturrechtlich begründeten Auffassung der Moraltheologen ohne Zögern zustimmen: Pacta sunt servanda. Verträge müssen gehalten werden. Nur in einem dringenden Notfall ist es erlaubt, ohne Zustimmung des Vertragspartners vom Vertrag abzuweichen, wobei dann allerdings unter Umständen eine Schadenersatzpflicht eintritt. Beim Meliorationsstreik liegt, zum Unterschied vom Notwehrstreik im umschriebenen Sinne, ein solcher dringender Notstand, der sofortige Abhilfe auch ohne Zu-

---

[18] Vgl. *Joseph Biederlack*, a.a.O., 56. Biederlack setzt sich auseinander mit *Jakob Treitz*, Der moderne Gewerkschaftsgedanke vom Standpunkt der Vernunft und Moral, Trier 1909.

[19] *Hugo Noldin*, Summa theologiae moralis, 2. Bd. — *Biederlack* bringt das Zitat nach der 7. Aufl. von 1908. In der von A. Schmitt bearbeiteten Aufl. von 1944 steht der entsprechende lateinische Text unter Nr. 304, 2 und 3.

stimmung beider Vertragspartner erfordert, nicht vor. Ein Meliorationsstreik ohne fristgemäße Kündigung wäre also ein sittlich unerlaubter Bruch des Arbeitsvertrages.

Nell-Breuning hat neuerdings gegen diese Beurteilung des Streiks eingewandt, sie verkenne den wirklichen Sachverhalt; die Streikenden wollten ja gar nicht die Lösung des Arbeitsverhältnisses, sondern seine Fortsetzung unter abgeänderten Vertragsbedingungen[20]. Dieser Hinweis auf die Absicht der Streikenden ist offenbar zutreffend. Es fragt sich nur, ob die in dieser Absicht durchgeführte Arbeitseinstellung nicht doch objektiv eine Auflösung des Arbeitsverhältnisses ist, zwar nicht durch eine formelle Erklärung, aber doch durch ein gleichermaßen wirksames Verhalten. Die Theorie und Praxis des modernen Arbeitsrechtes verneint diese Frage: „Das Arbeitsverhältnis wird ... durch den Streik nicht gelöst, sondern es ruht nur während der Dauer des Kampfes, wird daher nach der Beendigung des Kampfes nicht neu abgeschlossen, sondern lediglich ‚wiederaufgenommen', d. h. fortgesetzt"[21]. Die Arbeitsrechtler weisen außerdem darauf hin, daß nicht alle im Arbeitsverhältnis einbegriffenen Rechtsbeziehungen zwischen Arbeitgeber und Arbeitnehmer beim Streik abgebrochen werden, solange nicht eine ausdrückliche Kündigung des Arbeitsverhältnisses ausgesprochen ist: das Amt der Arbeitnehmervertreter im Betriebsrat dauert fort; der Lauf der Wartezeiten für Urlaub und Pension ruht nur, er wird nicht abgebrochen[22]. Hinter dieser arbeitsrechtlichen Theorie und Praxis steht offenbar die Überzeugung, daß das Arbeitsverhältnis in der modernen Wirtschaft nicht, wie vor etwa 50 Jahren die durch *Nell-Breuning* kritisierten Moraltheologen allgemein annahmen, ein bloß schuldrechtliches Verhältnis ist. Dem Schuldrecht, das mit im Spiel ist, entspricht es, daß bei der Arbeitseinstellung die Lohnzahlung ausfällt. Andere Fäden des Arbeitsverhältnisses können dabei bestehen bleiben. Das heute geltende öffentliche Recht anerkennt in diesem Sinne ein Recht zum Streiken auch ohne Kündigung des Arbeitsvertrages im ganzen und sogar auch ohne Ankündigung der Arbeitseinstellung bei Fortdauer des vertraglichen Arbeitsverhältnisses. *Nell-Breuning* hat zutreffenderweise ausgeführt, daß unter den gegenwärtigen Verhältnissen der in zwei Arbeitsmarktparteien gespaltenen Gesellschaft der Staat, wenn er kein totalitärer Staat sein und keine zentrale Verwaltungswirtschaft einführen will, keine andere Möglichkeit hat, als die Regelung der Arbeitsbedingungen in erheblichem Ausmaße der machtmäßigen Auseinandersetzung der Arbeitsmarktparteien zu überlassen. Er kann nicht anders, als mit dem Streik dann auch den „tatbestandmäßigen" Bruch des privatrechtlichen Arbeitsvertrages, wenn er auch dadurch nicht als völlig aufgelöst gilt, zu legitimieren.

---

[20]) Vgl. *Oswald von Nell-Breuning*, Streik, in: Stimmen der Zeit, 80. Jg. (1954/55), 265 f.

[21]) *Walter Kaskel*, Arbeitsrecht, 1925, 306. — Vgl. auch die von *H. Dersch* bearbeitete 5. Aufl. 1957, 328. — Ferner *Hans Carl Nipperdey*, Das Streikrecht, in: *E. Wolff*, Beiträge zum Handels- und Wirtschaftsrecht, Tübingen 1950, 175 (Sonderveröffentlichung der Ztschr. für ausländisches und internationales Privatrecht).

[22]) Vgl. *Walter Kaskel*, a. a. O., 306 Anm.

Damit entsteht nun aber ein gewisser Zwiespalt zwischen der verfassungsrechtlichen Ordnung und der privatrechtlichen und moralischen Verpflichtung, die im Arbeitsvertrag vereinbarte Arbeitsleistung während der Laufzeit nicht einzustellen. Man kann versuchen, diese Diskrepanz theoretisch aus der Welt zu schaffen, indem man sagt: Beide Vertragsparteien wissen ja, daß das über das Privatrecht obsiegende öffentliche Recht die Arbeitseinstellung zum Zweck der Verbesserung der Arbeitsbedingungen ohne Kündigung erlaubt. Wenn sie jetzt Arbeitsverträge (und Tarifverträge) abschließen, so muß die durch das öffentliche Recht anerkannte Arbeitseinstellung während der Laufzeit als eine auch vom Arbeitgeber nolens volens wenigstens stillschweigend anerkannte Bedingung des Arbeitsvertrages (und der Tarifverträge) angesehen werden. Neben dieser theoretischen Überbrückung der Kluft zwischen öffentlich-rechtlicher Ordnung und privatrechtlicher Verpflichtung ist aber auch in der Praxis eine Milderung der Spannung möglich und anzustreben. Das würde geschehen, wenn der Gesetzgeber bei einer genaueren Umschreibung des Streikrechtes die Pflicht einführte, die Arbeitseinstellung unter Einhaltung bestimmter, nicht allzu kurzer Fristen anzukündigen, auch wenn das vertragliche Arbeitsverhältnis im ganzen nicht aufgelöst werden soll. Der Tarifvertrag ist eben als Vertrag ein Instrument zur relativ „friedlichen" Regelung der Arbeitsverhältnisse. Daher spricht das moderne Arbeitsrecht von einer allgemeinen Friedenspflicht, „die in jedem Tarifvertrag begriffsnotwendig enthalten ist"[23]). Dieser Sinn würde in noch höherem Grade erfüllt, wenn das öffentliche Recht die Ankündigung der Arbeitseinstellung unter Einhaltung nicht allzu kurzer Fristen verlangte. Man hat gesagt, der Streik, insbesondere der gewerkschaftlich organisierte Streik, sei aus den Niederungen roher Gewalt auf eine hohe Stufe der Rechtskultur gehoben worden[24]). Das stimmt in etwa. Aber die zur Zeit mögliche Höchststufe ist ohne Zweifel noch nicht erreicht. Dazu gehört die Einrichtung von beiderseitig anerkannten Schlichtungsinstanzen und eben auch die gesetzliche Festlegung von Ankündigungsfristen für die Arbeitsniederlegung. Wo solche Kampfordnungen bestehen, wächst das Bewußtsein, daß man in den unvermeidlichen Arbeitskämpfen aus Gründen der Tauschgerechtigkeit und aus Gründen des Gemeinwohles an verpflichtende Regeln gebunden ist. Auch der Anschein bloßer Willkür, die immer wieder auf der Gegenseite Erbitterung hervorruft, würde dann eher vermieden. Das würde einen begrüßenswerten Fortschritt in der Zivilisierung und Einhegung der Arbeitskämpfe bedeuten. Danach zu streben, ist eine Forderung des christlichen Sittengesetzes.

(3) WEITERE BEDINGUNGEN FÜR DIE SITTLICHE ERLAUBTHEIT DES MELIORATIONSSTREIKS

Die übrigen Bedingungen für die sittliche Erlaubtheit eines Meliorationsstreiks kann man in fünf Punkten zusammenfassen.

[23]) *Walter Kaskel*, a. a. O., 318. — Vgl. auch *Hans Carl Nipperdey*, a. a. O., 179 f.
[24]) Vgl. *Oswald von Nell-Breuning*, a. a. O., 264 und 267 Anm. mit Berufung auf *Adolf Weber*, Der Kampf zwischen Kapital und Arbeit, Tübingen ⁶1954, 155 ff.

(aa) Die Arbeitnehmer dürfen nur gerechte und praktisch mögliche Forderungen stellen. Was jeweils gerecht und praktisch möglich ist, das ist nicht leicht zu überschauen und mit Gewißheit festzustellen. Es hängt vor allem von der Marktlage ab. Diese ist wiederum von vielen Faktoren bedingt. Das Urteil darüber wird beim besten Willen zu objektiver Erkenntnis bei Arbeitgebern und Arbeitnehmern oft verschieden sein. Von großem Wert könnte ein Institut zur Erforschung der Marktlagen und -aussichten sein, das von Arbeitgebern und Arbeitnehmern gemeinsam getragen und außer von ihren Vertretern auch von gemeinsam anerkannten neutralen Fachleuten besetzt wäre. Fast nie kann unter den heutigen komplizierten Wirtschaftsverhältnissen bei der Interdependenz der vielen Daten und Faktoren der einzelne Arbeitnehmer die Marktlage und das, was an wirtschaftlichen Verbesserungen für die Arbeitnehmer möglich ist, überschauen. Deshalb sind die um Verbesserung ihrer wirtschaftlichen Lage kämpfenden Arbeitnehmer verpflichtet, sich zusammenzuschließen und sich durch wirtschafts- und sozialwissenschaftlich geschulte Leute ihres Vertrauens beraten zu lassen, damit sie ein möglichst zutreffendes Urteil bekommen über das Ausmaß besserer Arbeitsbedingungen, das hier und jetzt ohne ungerechte Benachteiligung anderer Bevölkerungsschichten und Gruppen möglich ist. Schon deshalb kann ein gerechter Meliorationsstreik heute ohne gewerkschaftliche oder ähnliche Leitung nicht durchgeführt werden. Die beratenden und leitenden Männer müssen vor der Ausgabe einer Streikparole die möglichen Folgen gründlich erwägen. Nur auf einiges sei hier hingewiesen:

Wenn infolge von Lohnerhöhungen mehr konsumiert und im ganzen weniger gespart, das Geldkapital also knapper wird, kann unter Umständen der Kapitalzins für notwendige Kredite so sehr steigen, daß gerade dadurch weitere Lohnerhöhungen für manche oder viele Unternehmungen unmöglich werden.

Wenn zuweilen durch günstige Zufallsgelegenheiten oder durch monopolartige Stellungen mancher Unternehmungen Extraprofite herausspringen, soll man wohl überlegen, ob es für die Arbeitnehmerschaft oder die Konsumenten im ganzen wirklich günstig ist, zu verlangen, daß solche Extraprofite zu Extralöhnen werden; denn dann werden schließlich Arbeiter von ungünstiger gestellten Betrieben, die vielleicht notwendige Verbrauchsgüter herstellen, wegstreben und diese Betriebe zu Lohnerhöhungen gezwungen sein, die sich als allgemeine Preissteigerungen für notwendige Konsumgüter auswirken. Ein besseres Mittel zur Einschränkung unverdienter Rentengewinne ist eine möglichst monopolfreie Konkurrenz der Unternehmungen. Vor der Ausgabe von Streikparolen muß auch ernsthaft bedacht werden, daß mit der Häufigkeit der Arbeitskämpfe und Streiks unvermeidlich die Höhe der notwendigen Risikoprämien der Unternehmungen, der Geldreserven für Krisenzeiten, steigt und so die andernfalls möglichen Lohnerhöhungen erschwert oder unmöglich werden. Das und manches andere wäre im Anschluß an die erstgenannte Bedingung der sittlichen Erlaubtheit des Meliorationsstreiks zu erwägen.

(bb) Es muß eine vernünftige Proportionalität zwischen den erstrebten Forderungen, also dem Zweck, und den durch das Mittel des Streiks eintretenden und dabei fast immer unvermeidbaren Nachteilen bestehen. Solche Nachteile sind: Gewinneinbußen für die Arbeitgeber, Lohnausfall für die Arbeitnehmer und vor allem wirtschaftliche Schäden für die Gesamtheit: wenn z. B. durch Produktionseinschränkungen die Preise für lebenswichtige Güter steigen, kaum entbehrliche Dienstleistungen für die Öffentlichkeit ausfallen, seelische Verbitterung auf beiden Seiten der Kämpfenden und dadurch eine Vertiefung des Klassengegensatzes eintritt und zuweilen auch erregte Arbeitnehmer sich zu Gewalttaten hinreißen lassen. Je größer solche Nachteile im Einzelfall sind, desto wichtiger muß objektiv das Gut sein, um dessentwillen ein Streik als gerechter Streik geführt werden darf. Das ist sehr gewissenhaft abzuwägen.

(cc) Der Streik ist, weil er ein Kampfmittel ist, erst als ultima ratio erlaubt, d. h. wenn alle anwendbaren friedlichen Mittel erschöpft sind. Das ist wohl auch der Sinn jenes Streik-Kapitels im päpstlichen Rundschreiben „Rerum novarum", das ja wie auch die Enzyklika „Quadragesimo anno" auf eine friedliche Verständigung der Arbeitsmarktparteien drängt. Es ist erfreulich, daß auch die meisten Gewerkschaften sich schon vor Jahrzehnten in ihren Statuten auf den Grundsatz festgelegt haben, daß vor einer Arbeitseinstellung alle Verhandlungsmöglichkeiten zu erschöpfen sind. In den Kampf-Richtlinien des 1949 gegründeten Deutschen Gewerkschaftsbundes wird betont, daß die Arbeitsniederlegung nur als „letztes Mittel zur Durchsetzung gewerkschaftlicher Forderungen" anzuwenden sei[25]. Es ist zu wünschen, daß gemäß dieser Richtlinie die Tarifgemeinschaften und das Schlichtungswesen ausgebaut werden, damit auch in Wirklichkeit der Streik die ultima ratio, das zuallerletzt ergriffene Kampfmittel sei.

(dd) Die für ein Mindestniveau des öffentlichen Wohles unentbehrlichen Notstandsarbeiten dürfen bei einem Meliorationsstreik nicht ausfallen. Sie können ausgeführt werden durch eine neutrale Organisation, wie die in Deutschland nach dem Ersten Weltkrieg gegründete „Technische Nothilfe". Die Notstandsarbeiten können aber auch durch einen Teil der Arbeiterschaft selber übernommen werden. Letzteres liegt begreiflicherweise auf die Dauer mehr im Interesse der Arbeiterschaft, die befürchtet, daß eine von ihr unabhängige Nothilfe-Organisation sich einseitig im Interesse der Arbeitgeber einsetzen könnte. Je weniger aber eine Technische Nothilfe eingesetzt werden kann, desto mehr ist die streikende Arbeiterschaft verpflichtet, selber für die Fortführung der unentbehrlichen Notstandsarbeiten zu sorgen. Über das notwendige Mindestmaß der betreffenden Bedürfnisse der Allgemeinheit kann man natürlich verschiedener Meinung sein.

(ee) Auch bei einem Streik mit gerechten Zielen dürfen keine unerlaubten Mittel eingesetzt werden.

---

[25] Teilabdruck der Richtlinien bei *Hermann Grote,* Der Streik. Taktik und Strategie, Köln 1952, 193 ff. — Vgl. auch *Hans Carl Nipperdey,* Der Arbeitskampf als unerlaubte Handlung, in: Sozialpolitik, Arbeits- und Sozialrecht, Festschrift für Friedrich Sitzler, Stuttgart 1956, 82.

Als ein solches ist vor allem die Anwendung physischer Gewalt gegen Arbeitgeber und gegen Arbeitswillige anzusehen. Das Monopol physischer Gewaltanwendung liegt beim Staat und seinen dazu beauftragten Organen. Um diese Bedingung des erlaubten Streiks genau fassen zu können, darf man den schon erwähnten Unterschied zwischen physischem und moralischem Zwang nicht unbeachtet lassen. Es liegt im Sinne jedes wirtschafts- oder gesellschaftskämpferischen Streiks, einen „moralischen Zwang" auf die bestreikten Unternehmer auszuüben: durch den Gedanken an den entgehenden Gewinn sollen sie ja zur Gewährung günstigerer Arbeitsbedingungen gezwungen werden. Auch die Streikbrecher werden vielfach durch die Streikenden und besonders durch Streikposten unter starken moralischen Druck gesetzt. Aber das ist noch keine physische Gewaltanwendung. Diese ist nach dem einstimmigen Urteil aller Moraltheologen unerlaubt. Auch nach der positiven Gesetzgebung ist die physische Gewaltanwendung rechtswidrig. Ebenso stellen sich die Arbeitnehmerorganisationen — insofern es sich nicht um politische Widerstands- oder Umsturzbewegungen handelt — auf den Boden der grundsätzlichen Nichtanwendung physischer Gewalt. Das gleiche gilt in bezug auf die Beschädigung fremden Eigentums durch positive Eingriffe. Eine Beschädigung dagegen, die bloß durch Unterlassung der Bedienung der Produktionseinrichtungen entsteht, ist nicht immer als unerlaubt anzusehen[26]); denn der Arbeitnehmer ist nicht unbedingt verpflichtet, mit dem Arbeitgeber zur Verhinderung des Vermögensrückganges zusammenzuwirken. Andernfalls gäbe es für viele Arbeitnehmer überhaupt kein Streikrecht, selbst unter offensichtlich ungerechten Arbeitsbedingungen nicht. Die moraltheologische Beurteilung wird sich hier der herrschenden Lehre des modernen Arbeitsrechtes anschließen: Ein Kampfmittel „ist nicht deshalb unsittlich, weil dadurch der Gegner mehr oder weniger schwer wirtschaftlich geschädigt wird"[27].

Ein sittlich nicht erlaubtes Kampfmittel beim Streik ist auch die absichtliche oder grob fahrlässige tumultuarische Störung der öffentlichen Ordnung. Der Streik muß seine letzte Rechtfertigung in der Berufung auf das Gemeinwohl finden, dem die zur Zeit geltenden Arbeitsbedingungen nicht entsprechen, darf also nicht durch Tumulte das Gemeinwohl gefährden, wenn er nicht sinnwidrig werden soll. Streikbrecher werden von den Streikenden heute in hohem Grade diskriminiert. Sie gelten als moralisch minderwertige Individualisten. Das ist die Kehrseite des starken Solidaritätsgefühls, das nach einem Wort von *Bernstein* „den stärksten geistigen Faktor der modernen Arbeiterbewegung" bildet[28]). Wenn viele Arbeiter in günstigen Stellungen ihre Arbeit niederlegen und einen sehr spürbaren Lohnausfall hinnehmen, um anderen, schlechter gestellten Kameraden durch Teilnahme am Streik zu besseren Arbeitsbedingungen zu verhelfen, dann ist ihre Entrüstung über die Streikbrecher verständlich. Diesen wird begreiflicherweise und manchmal auch zutreffenderweise vorgeworfen, daß ihnen das Solidaritätsgefühl fehle, welches die anderen verbindet. Die Diskriminierung

---

[26]) Vgl. *Walter Kaskel*, a. a. O., 328.
[27]) *Hans Carl Nipperdey*, a. a. O., 194.
[28]) *Eduard Bernstein*, a. a. O., 130.

darf aber nicht so weit gehen, daß einmalige Streikbrecher, von denen manche vielleicht in einer harten Pflichtenkollision zwischen individuellen Bedürfnissen und Solidaritätsverpflichtungen gestanden haben, dauernd am gewinnbringenden Einsatz ihrer Arbeitskraft behindert oder groben Schikanen ausgesetzt werden.
Ganz selbstverständlich verwirft das christliche Sittengesetz Lügen, Verleumdungen und Aufhetzung zum Personen- und Klassenhaß. Dem entspricht bei uns die Berufung der Arbeitsrechtler auf die §§ 824 und 826 des Bürgerlichen Gesetzbuches über Schädigung eines anderen durch wahrheitswidrige Behauptungen oder anderes Verhalten, das den „guten Sitten" widerspricht[29]).

4. Garantien für die Einhaltung der Bedingungen eines sittlich erlaubten Streiks

Die Einhaltung der erforderlichen Bedingungen eines sittlich erlaubten Streiks ist zwar nicht mit Gewißheit, aber doch am ehesten garantiert, wenn die Arbeitnehmer in Verbänden zusammengeschlossen sind, deren leitende Köpfe über eine gründliche und ausgedehnte Kenntnis des heutigen Wirtschaftslebens verfügen und — obwohl sie für ihre Arbeitsgenossen wirken und kämpfen — dennoch auf eine allseitige Gerechtigkeit bedacht sind. Solche Männer und Frauen sind nicht zahlreich. Es ist ein dringendes Anliegen unserer Tage, daß aus der christlichen Arbeitnehmerschaft mehr Persönlichkeiten diese intellektuellen und charakterlichen Qualitäten in sich ausbilden und an die Führungsstellen der Arbeitnehmerverbände gelangen.
In der Zeit, als bei vielen Unternehmern noch die unbeschränkte Freiheit des einzelnen im Wirtschaftsleben als die beste Parole galt, ist in den kämpfenden Arbeitnehmerverbänden ein Solidaritätsgefühl entstanden und erstarkt, das im Lichte der christlichen Lebensanschauung durchaus positiv bewertet werden muß. Aber gerade die christliche Solidaritätslehre fordert, daß die bestehende Klassen- oder Verbandssolidarität sich nicht nach außen als Klassen- oder Verbandsegoismus verfestige. Sie muß darüber hinauswachsen zu einem umfassenden Verantwortungsbewußtsein, das bereit ist, jedem das Seine zu geben. Dazu aber genügt nicht die Erkenntnis der allseitigen materiellen Interessenverzahnung, durch die Arbeitgeber und Arbeitnehmer aufeinander angewiesen sind. Diese Einsicht kann nur den Boden auflockern. Zur Verwirklichung echter Solidarität über die nie ganz aus der Welt zu schaffenden, wohl aber zu mildernden materiellen Interessengegensätze hinweg bedarf es der Kräfte von oben, moralischer und religiöser Zentralkräfte, die uns aus der bewußten Verbindung mit Gott, dem Vater und Richter, und besonders aus der bewußten Verbindung mit dem menschgewordenen Gottessohn, in dem wir alle Brüder und Schwestern sind, zuströmen.

---

[29]) Vgl. *Hans Carl Nipperdey*, Das Streikrecht, 194. — Ferner *Klaus Doerk*, Der Streik als unerlaubte Handlung im Sinne des § 826 BGB, Düsseldorf 1954.

17. Kapitel

Katholische Bestrebungen zur Neuordnung von Gesellschaft und Wirtschaft im 20. Jahrhundert

Das Rundschreiben „Quadragesimo anno" von 1931 und die Problematik einer „berufsständischen" Neuordnung der Gesellschaft

Vierzig Jahre nach der Enzyklika „Rerum novarum", in der Papst Leo XIII. zu einer umfassenden staatlichen Sozialpolitik und zur korporativen Selbsthilfe der Arbeiterschaft aufgefordert hatte, damit die Spannungen der in zwei Klassen aufgespaltenen Wirtschaftsgesellschaft gemildert würden, erschien das Weltrundschreiben „Quadragesimo anno" von Papst Pius XI. Der Papst behandelte darin nicht nur die soziale Arbeiterfrage, wie dies „Rerum novarum" getan hatte, sondern stellte sich ein umfassenderes Thema, das er im Titel der Enzyklika angibt, nämlich „De ordine sociali instaurando et ad evangelicae legis normam perficiendo" — Über die Wiederherstellung der gesellschaftlichen Ordnung und ihre Vollendung nach der Form des Evangeliums[1].

1. Der Hauptinhalt des Rundschreibens

Mit der Überschrift der Enzyklika ist das Anliegen *Pius' XI.* genauestens bezeichnet, jedoch nicht eine Zweiteilung der Gliederung angedeutet. Vielmehr hat das Rundschreiben außer der Einleitung (nr. 1—15) und dem Schlußwort (nr. 144—147) drei Hauptteile (vgl. nr. 15)[2]:

Erster Teil: Die segensreichen Wirkungen von „Rerum novarum"
  (nr. 16—40)

Aus den Ausführungen des ersten Teiles sind hervorzuheben a) der Einfluß katholischer Soziallehren auf nicht-katholische Kreise; b) die verstärkte Durchführung staatlicher Sozialpolitik; c) der Zusammenschluß der Arbeiter in Arbeitervereinen und Gewerkschaften, für die „Rerum novarum" Koalitionsfreiheit gefordert hatte. Im Ringen verschiedener Richtungs- (= Weltanschauungs)gewerkschaften um die Gefolgschaft der Arbeiter, stellte das Nebeneinanderbe-

---

[1] Vgl. zu dieser Inhaltsangabe und der Einteilung des Rundschreibens den Kommentar von *Oswald von Nell-Breuning,* Die soziale Enzyklika Papst Pius' XI. über die gesellschaftliche Ordnung, Köln 1932, 14 ff.
[2] Zitate und Nummernangaben folgen der Ausgabe: Die sozialen Rundschreiben. Leo XIII., Über die Arbeiterfrage; Pius XI., Über die gesellschaftliche Ordnung. Mit Erläuterungen von *Paul Jostock,* Freiburg 1948.

stehen von katholischen Arbeitervereinen und Gewerkschaften für die katholischen Arbeitnehmer eine Sicherung dar: Weil die Arbeitervereine für ihre religiös-sittliche Bildung einstanden, war es ihnen möglich, u. U. auch in konfessionell gemischten Gewerkschaften Mitglieder zu sein. Das Ringen um die kirchenamtliche Billigung solcher Gewerkschaften auch für die Katholiken hatte zu Beginn des 20. Jahrhunderts den über Jahre sich hinziehenden sogenannten katholischen Gewerkschaftsstreit heraufbeschworen[3]). Papst *Pius X.* hatte ihn 1912 mit seinem Rundschreiben „Singulari quadam" zwar offiziell geschlichtet, damit aber noch kein Ende der Polemiken erreicht. Daran konnte „Quadragesimo anno" nun erinnern und die entscheidenden Grundsätze nochmals einschärfen (nr. 35). Daraufhin hat sich Ende Dezember 1931 der „Verband der katholischen Arbeitervereine (Sitz Berlin)" aufgelöst, der der Hauptträger der Angriffe gewesen war, die sich gegen die christlichen (= gemischt konfessionellen) Gewerkschaften und gegen deren Förderer unter Priestern und Bischöfen richteten.

Zweiter Teil: Auslegung und Fortbildung von „Rerum novarum"
  (nr. 41—98)

Eine den Zeitumständen gemäße Auslegung der Ausführungen des Rundschreibens „Rerum novarum" war nötig angesichts innerkatholischer Auseinandersetzungen um die Interpretation von Textstellen wie z. B. über Begriff und Bewertung des Kapitalismus, über Fragen des Eigentums und der Sozialpolitik und anderer Teilprobleme der Entproletarisierung (vgl. Q. a. nr. 40)[4]). Darüber hinaus aber drängt es den Papst, die Ansätze von „Rerum novarum" fortzubilden, die auf eine Erneuerung und Wiederherstellung der in Klassen gespaltenen Gesellschaft zielen.

Zwei Punkte sind in diesem Teil deshalb besonders bedeutsam:

a) Nr. 59—62 enthält die Einschärfung des Gebots der Entproletarisierung. Der Papst gebraucht hierfür den lateinischen Begriff der „redemptio proletariorum". Zwar kann der Papst einräumen, daß „die Lage der Arbeiterschaft zum Besseren gewendet und in vielfacher Hinsicht gehoben (ist), namentlich in den fortgeschrittenen Ländern, wo die Arbeiterschaft nicht mehr allgemein und unterschiedslos als in Elend und Not lebend angesehen werden kann" (nr. 59). Doch fortfahrend weist er dann darauf hin: „ ... seit die moderne Technik und die Industriewirtschaft reißend in unübersehbare Gebiete, in die jungen Einwanderungsländer wie in die uralten Kulturstaaten des fernen Ostens eingebrochen sind und sich dort festsetzten, ist von neuem ein Elendsproletariat zu ungeheurer Zahl angeschwollen, dessen jammervolle Lage zum Himmel schreit. Dazu kommt das Riesenheer des Landproletariats" (nr. 59). Diese Worte gelten leider auch heute noch, Jahrzehnte nach der Abfassung von „Quadragesimo anno", für die breite Masse der Menschen in den sogenannten Entwicklungsländern.

---

[3]) Vgl. Artikel „Gewerkschaftsstreit", in: Lexikon für Theologie und Kirche 4, Freiburg 1932, Sp. 475.
[4]) Vgl. dazu die Kommentare von *Paul Jostock* und *Oswald von Nell-Breuning*, a. a. O.

b) Nr. 81—87 bietet die Anregung und Aufforderung zur Überwindung der klassenkämpferischen Aufspaltung der Gesellschaft durch eine sogenannte berufsständische oder leistungsgemeinschaftliche Ordnung. Darüber ist nachher mehr zu sagen.

Dritter Teil: Wandlungen in Wirtschaft und Gesellschaft seit „Rerum novarum"
(nr. 99—143)

Hier erwähnt das Rundschreiben vor allem die tiefgreifenden Wandlungen, die seit den Tagen *Leos XIII.* die kapitalistische Wirtschaftsweise und der Sozialismus durchgemacht haben.

a) WANDLUNGEN DES KAPITALISMUS (NR. 100—110)

Die kapitalistische Wirtschaftsweise, „bei der es im allgemeinen andere sind, die die Produktionsmittel, und andere, die die Arbeit zum gemeinsamen Wirtschaftsvollzuge beistellen" (nr. 100), wird als „nicht in sich schlecht" bezeichnet. Diese Wirtschaftsweise aber entwickelte sich vom Konkurrenz- zum Monopolkapitalismus mit seiner ungeheuren Zusammenballung nicht nur an Kapital, sondern auch an Macht und wirtschaftlicher Verfügungsgewalt in den Händen weniger, die sehr häufig nicht einmal die Eigentümer sind[5]). Da durch solch gehäufte Macht Kämpfe um die Macht innerhalb der Wirtschaft, um die Macht über den Staat und um die Macht der Staaten untereinander ausgelöst werden, sieht der Papst nicht nur die Belange der kapitalistischen Länder, sondern die der Gesamtmenschheit berührt (vgl. nr. 109 und 104). Als Abhilfe gegen die verderblichen Folgen dieser Entwicklung des Kapitalismus empfiehlt der Papst die Gestaltung des menschlichen Zusammenlebens nach den Erfordernissen des Gemeinwohls und verweist dafür im einzelnen auf seine Ausführungen im lehrhaften zweiten Teil seines Rundschreibens[6]).

b) WANDLUNGEN DES SOZIALISMUS (NR. 111—126)

Das Rundschreiben „Rerum novarum" hatte ebenso wie auch frühere päpstliche Stellungnahmen[7]) keine Unterscheidungen zwischen verschiedenen sozialistischen Richtungen getroffen, sondern den Sozialismus als ganzen und seine Lösungsvorschläge für die Probleme der modernen Gesellschaft abgelehnt. Inzwischen

---

[5]) Vgl. unsere Ausführungen in den Kapiteln über den neuzeitlichen Kapitalismus, über die ethischen Auseinandersetzungen katholischer Moraltheologen mit Monopolen und Kartellen und über Christentum und moderne Demokratie, die auch die Wirtschaft zu demokratisieren sich anschickt.
[6]) Vgl. hier auch den folgenden Abschnitt: Die „berufsständische" Ordnung der Gesellschaft und ihre Probleme.
[7]) Vgl. päpstliche Stellungnahmen zum Sozialismus vor „Rerum novarum": *Pius' IX.* Rundschreiben „Qui pluribus" (1846), „Nostis et nobiscum" (1849), „Quanta cura" (1864); Syllabus der verurteilten Irrtümer (1864); *Leos XIII.* Rundschreiben „Quod apostolici muneris" (1878).

aber ist nicht mehr zu übersehen, daß sich auf dem Boden des ursprünglich als einheitlich verstandenen Sozialismus zwei Hauptrichtungen entwickelt haben, die einander leidenschaftlich bekämpfen. Daher unterscheidet „Quadragesimo anno" als erstes der kirchenamtlichen Dokumente zwischen dem Kommunismus als der schärferen und dem Sozialismus als der gemäßigteren Richtung. Mit dieser „gemäßigteren Richtung" ist nach der Beschreibung, die von ihr gegeben wird, offensichtlich der sozialistische Revisionismus sozialdemokratischer Prägung gemeint. Von der gemäßigteren Richtung wird gesagt, daß sie zu einer Abmilderung des Klassenkampfes und der Eigentumsfeindlichkeit gelangt sei und sich gelegentlich an die Postulate einer christlichen Sozialreform angenähert habe (nr. 113). Dennoch bleibt nach dem Urteil von „Quadragesimo anno" die sozialistische Weltanschauung in zwei Punkten mit dem Christentum und seiner Gesellschaftsauffassung unvereinbar — es sei denn, der Sozialismus würde aufhören Sozialismus zu sein (nr. 117, 120, 121) —, was vom Kommunismus weiterhin sowieso gilt (nr. 112). Diese zwei Punkte sind:
(1) der dem Sozialismus als Sozialismus wesenhaft eigene Kollektivismus und
(2) der diesseitsverhaftete Sozialeudämonismus (nr. 118 f.).
Der Gegensatz zwischen Sozialismus und Christentum betrifft also vor allem das Personverständnis und die Welttranszendenz des menschlichen Lebenszieles[8]).
Die Schlußworte der Enzyklika (nr. 141—147) enthalten den an Bischöfe, Klerus und Laien gerichteten Appell zur unermüdlichen praktischen und wissenschaftlichen Bemühung um die gesellschaftliche Neuordnung. Als Hauptmotiv eines christlichen Engagements für die Entproletarisierung hatte der Papst schon in nr. 130 angegeben, daß „die gesellschaftlichen und wirtschaftlichen Verhältnisse der Gegenwart ohne Übertreibung als derartig bezeichnet werden müssen, daß sie einer ungeheuer großen Zahl von Menschen es außerordentlich schwer machen, das eine Notwendige, ihr ewiges Heil zu erwirken". Solche Verhältnisse erforderten zwingend eine Zuständereform, die mit einer Gesinnungs- und Sittlichkeitsreform zusammenwirken müsse. Die Aufgabe der Schulung eines in diesem Sinne tätigen Laienapostolates verlangt im Hinblick auf den ganzen Priesternachwuchs, der später dieser Aufgabe nachkommen soll: Er „muß durch angestrengtes Studium der Gesellschaftswissenschaften eine gediegene Ausrüstung dazu erhalten" (nr. 142).

2. Die „berufsständische" Ordnung der Gesellschaft und ihre Probleme

Bei einem flüchtigen Durchblick durch die Enzyklika „Quadragesimo anno" und durch den von ihr als gewichtige Aussage gemachten Vorschlag einer neuen ge-

---

[8]) Vgl. unsere Ausführungen über diese beiden Punkte in dem Kapitel über die katholisch-soziale Bewegung im 19. Jahrhundert und das Rundschreiben „Rerum novarum" von 1891.

gesellschaftlichen Ordnung, die im deutschen Schrifttum meistens „berufsständische Ordnung" genannt wird, könnte es scheinen, als ziele dieser Vorschlag auf eine Wiedererrichtung des mittelalterlichen Sozialaufbaues. Das Rundschreiben spricht ja von einer „Erneuerung", von „ordines reficiendi" (nr. 82) und nimmt — wenn auch mit vorsichtigen Worten — Bezug auf die Ständeordnung des Mittelalters (nr. 97). Auch die meisten deutschen Übersetzer und Erklärer rufen in uns assoziierende Vorstellungen aus der mittelalterlichen Ständeordnung wach, indem sie die nach dem Vorschlag des Rundschreibens zu bildenden Körperschaften, die „ordines", als „Stände" oder „Berufsstände" bezeichnen. Bei genauerem Zusehen jedoch läßt sich erkennen, daß der geplante Neubau etwas ganz anderes ist als die Sozialordnung des abendländischen Mittelalters.

Um den Unterschied aufzuzeigen, ist es wichtig, deutlich zu machen, was die mittelalterlichen Geburtsstände waren und was mit den sogenannten Berufsständen, besser Leistungsgemeinschaften in der Enzyklika gemeint ist.

a) Zum Unterschied von Geburtsständen und „Berufsständen"

(1) Was sind Geburtsstände?

Sie verkörpern den ursprünglichen Sinn des Wortes Stand in vollem Umfang. In diesem ursprünglichen Wortsinn bedeutet Stand den festen Standort des einzelnen Menschen im staatlichen und gesellschaftlichen Gefüge, seine dauernde Einordnung, durch die sein äußerer Lebenskreis mit bestimmten rechtlichen, politischen, wirtschaftlichen und kulturellen Möglichkeiten abgegrenzt ist. Die Sozialordnungen des abendländischen Mittelalters, aber auch die vielen Hochkulturen der vorchristlichen Zeit lehren, daß echte Stände immer nur möglich sind auf der Grundlage des Prinzips der Abstammung, wodurch soziale, politische Stellung und berufliche Möglichkeiten im voraus festgelegt werden, und dazu auf der Grundlage eines relativ geschlossenen Connubiums sowie im Rahmen eines herrschaftlichen — also nicht demokratischen — Sozialgefüges. Die ständische Gliederung beginnt oben. Sie wird dadurch bewirkt, daß der oberste Stand den übrigen ihre Stelle und Bedeutung zuweist und daß zugleich dieses System der Unter- und Überordnung grundsätzlich von allen bejaht wird.

Demokratie aber heißt nicht Stellung des einzelnen nach Abstammung, geschlossenem Connubium und herrschaftlicher Über- und Unterordnung, sondern freie Startmöglichkeit für jeden im politischen, wirtschaftlichen und kulturellen Wettbewerb. Mit der stabilen Ständeordnung ist es in demokratischen Zeiten vorbei. Das Ordo-Programm der Enzyklika „Quadragesimo anno" aber bejaht soziale Startgerechtigkeit und Freiheit der Berufswahl sowie des Berufswechsels, und es meint nicht eine Übereinanderschichtung, sondern das Nebeneinander der großen Gruppierungen: nicht Herrschaft, sondern Genossenschaftlichkeit.

Es empfiehlt sich also, die im Deutschen übliche Bezeichnung „berufsständische Ordnung" durch eine andere zu ersetzen. Wir wählen dazu mangels eines noch besseren den Ausdruck „leistungsgemeinschaftliche Ordnung".

(2) Was sind Leistungsgemeinschaften?

(a) Sie sind keine (Geburts)Stände — wir wir eben gezeigt haben.
(b) Sie sind auch keine Klassen. Klassen sind durch bloß wirtschaftliche Interessen äußerlich zusammengehaltene Kampfgruppierungen oder Arbeitsmarktparteien. Wenn keine anderen Gliederungsprinzipien mehr entscheidend wirksam sind, haben wir die reine Klassenkampfgesellschaft, in der alle an sich höheren sozial bedeutsamen Gesichtspunkte den wirtschaftlichen Zielen des Klassenkampfes untergeordnet werden. In einer Kampfgesellschaft, deren Denken und Streben mehr und mehr ökonomisiert ist, kann es ein der vollen Entfaltung des Menschentums dienliches Sozialleben nicht geben.
Echte Ständegliederung, die immer geburts- und herrschaftsständisch ist, ist im Zeitalter demokratischen Denkens und Empfindens nicht mehr möglich und für uns unter dem Gesichtspunkt der christlichen Idee der Brüderlichkeit auch nicht mehr wünschenswert. Klassenkampf, bei dem die Klassen sich gegenseitig von jedem entscheidenden Einfluß in Wirtschaft und Gesellschaft auszuschalten suchen und das Gemeinwohl keinen gemeinsamen Wert darstellt, ist kein sozialer Ordnungsfaktor. Wir schauen aus nach einem neuen sozialen Gliederungsprinzip. Das päpstliche Rundschreiben „Quadragesimo anno" und die katholische Soziallehre des 19. und 20. Jahrhunderts zeigen ein solches auf in der leistungsgemeinschaftlichen Ordnung.
Leistungsgemeinschaften in diesem Sinne wären Körperschaften, in denen alle an einer bestimmten sozialen Leistung beteiligten Menschen zusammengeschlossen sind, gleich, ob sie als Arbeitnehmer oder Arbeitgeber, in leitender oder bloß ausführender Tätigkeit beteiligt sind. Die Leistungsgemeinschaften sind für das Individuum frei wählbar und wechselbar und sind genossenschaftlich einander nebengeordnet. In der Ausführung dieses sozialreformerischen Programms soll es, wie in den Kommentaren zu lesen ist, z. B. die Leistungsgemeinschaften des Erziehungswesens, des Gesundheitswesens, der Wissenschaft, der Kunst, der verschiedenen Wirtschaftszweige u. dgl. m. geben[9]). Die Leistungsgemeinschaften sollen Körperschaften öffentlichen Rechts sein, mit weitgehender Autonomie gegenüber der staatlichen Gewalt ausgestattet, während die nach der verschiedenen Position auf dem Arbeitsmarkt gebildeten Interessenverbände der Arbeitgeber, der Gewerkschaften u. ä. eine viel geringere Bedeutung haben würden, als sie in der Klassengesellschaft tatsächlich haben. Das dem Gemeinwohl dienende Verhalten der verschiedenen Leistungsgemeinschaften soll durch ihre ethische Einstellung und durch die ausgleichende Tätigkeit des Staates bewirkt werden, der über den Leistungsgemeinschaften wachsam und regulierend waltet (nr. 76—90, besonders 81—87).
Nach Auskunft verschiedener Autoren, die über die leistungsgemeinschaftliche Ordnung sich Gedanken gemacht haben, sollen Leistungsgemeinschaften z. B.

---

[9]) Vgl. *Johannes Messner*, Die berufsständische Ordnung, Innsbruck-Wien-München 1936, 40 ff. — *Oswald von Nell-Breuning,* Beiträge zu einem Wörterbuch der Politik 1: Zur christlichen Gesellschaftslehre, Freiburg 1947, 62 ff. — *Paul Jostock*, Die sozialen Rundschreiben, Freiburg 1948, 136 ff.

regeln: das berufliche Aus- und Fortbildungswesen, die Erziehung zum Berufsethos, die Überwachung echten Leistungswettbewerbs, der Kartellgesetzgebung, Sozialversicherung, freiwillige Alters- und Krankenversicherung sowie die Errichtung eines Beratungsdienstes für staatliche Behörden in Fragen, die die Leistungsgemeinschaften interessieren u. a. m.

In ihrer Organisation sollen die Leistungsgemeinschaften möglichst viel Selbständigkeit und Selbstverwaltung an den Tag legen. Hierfür berufen sich die Autoren auf das von *Pius XI.* in „Quadragesimo anno" formulierte Subsidiaritätsprinzip (nr. 78—80). Jenes überaus wichtige sozialphilosophische Prinzip besagt: „Wie dasjenige, was der Einzelmensch aus eigener Initiative und mit eigenen Kräften leisten kann, ihm nicht entzogen und der Gesellschaftstätigkeit zugewiesen werden darf, so verstößt es gegen die Gerechtigkeit, das, was die kleineren und untergeordneten Gemeinschaften leisten und zum guten Ende führen können, für die weitere und übergeordnete Gemeinschaft in Anspruch zu nehmen; zugleich ist es überaus nachteilig und verwirrt die ganze Gesellschaftsordnung. Jedwede Gesellschaftstätigkeit ist ja ihrem Wesen und Begriff nach subsidiär; sie soll die Glieder des Sozialkörpers unterstützen, darf sie aber niemals zerschlagen oder aufsaugen" (nr. 79)[10].

Pius XI. hat in seinem Rundschreiben zwar den Grundgedanken einer gesellschaftlichen Neuordnung im Sinne einer leistungsgemeinschaftlichen Ordnung skizziert, ihn aber, wie *Nell-Breuning* schreibt, „nicht mit der wünschenswerten Klarheit und Deutlichkeit entwickelt"[11]. Trotz aller Ausmalungen und aller ernsthaften Bemühungen[12] um die Konkretisierung des Programms gibt es immer noch gewichtige Fragen, die nicht zufriedenstellend beantwortet sind, weshalb denn wohl auch in der päpstlichen Sozialverkündigung und in der katholischen Soziallehre in jüngster Zeit immer weniger von der Errichtung einer leistungsgemeinschaftlichen Ordnung die Rede war[13].

b) Die dreifache noch ungelöste Problematik einer leistungsgemeinschaftlichen Gesellschaftsordnung

Sie betrifft das Verhältnis der Leistungsgemeinschaften zueinander, das Verhältnis der Leistungsgemeinschaften zum Staat und die in der Dynamik der heutigen Wirtschaft und Gesellschaft erschwerte Entwicklung eines für die einzelnen Leistungsgemeinschaften spezifischen Berufsethos.

[10] Zur Interpretation des Subsidiaritätsprinzips in der Fassung von „Quadragesimo anno" vgl. *Nikolaus Monzel*, Katholische Soziallehre 2, Köln 1967, 198 f. (Hrsg.).
[11] *Oswald von Nell-Breuning*, Berufsständische Ordnung und Monopolismus, in: Ordo. Jahrbuch für die Ordnung von Wirtschaft und Gesellschaft 3, 1950, 211.
[12] Vgl. für letzteres: *Johannes Messner*, a. a. O. — *Oswald von Nell-Breuning*, Zur christlichen Gesellschaftslehre, a. a. O., Sp. 61—77. — *Manfred Hättich*, Berufsständische Ordnung und Subsidiaritätsprinzip, in: Ordo socialis 6 (1958/59), 63—72, 126—138, 205—219; vgl. dazu: *Nikolaus Monzel*, Berufsständische Ordnung und Subsidiaritätsprinzip. Eine Stellungnahme, in: Ordo socialis 7 (1959/1960), 264—272.
[13] Vgl. die Ausführungen von *Nikolaus Monzel* und die weiterführenden Bemerkungen von *Paul Becher*, in: Katholische Soziallehre 2, Köln 1967, 517—520, 522 und 520—522 (Hrsg.).

(1) Das Verhältnis der Leistungsgemeinschaften zueinander und das Problem ihrer Wichtigkeit im Hinblick auf die Verwirklichung einer allgemein verbindlichen Güter- und Wertrangordnung

Im Schrifttum über die leistungsgemeinschaftliche Ordnung werden fast ausschließlich die geplanten wirtschaftlichen Leistungsgemeinschaften behandelt, die kulturellen und andere nichtwirtschaftliche werden meistens nur nebenher erwähnt. Das ist ein großer Mangel; denn eine Gesellschaftsordnung kann niemals bloß von der Wirtschaft bzw. von einer speziellen Wirtschaftsethik her aufgebaut werden. Selbst in Zeiten und Völkern mit einer weitgehend ökonomisierten Lebens- und Weltanschauung behalten die nichtwirtschaftlichen und überwirtschaftlichen Lebensbereiche ihre eigengesetzlichen Fragestellungen, und es werden tatsächlich auch irgendwelche Antworten darauf gegeben, mögen diese Antworten auch so ökonomisch formuliert werden, wie es durch den ökonomischen Determinismus oder historischen Materialismus geschieht. Auch in seiner Gesellschaftsordnung müßten die Anliegen der sogenannten „Kulturschaffenden" mit denen der unmittelbar der wirtschaftlichen Produktion Zugewandten in irgendeine Zusammenordnung gebracht werden. Die Frage nach dem Wie dieser Zusammenordnung muß jedoch von erhöhter Wichtigkeit sein für alle, die keine ökonomischen Deterministen sind. Es ist daher zu bedauern, daß in der Literatur zur leistungsgemeinschaftlichen Ordnung die Frage nach den nichtwirtschaftlichen Leistungsgemeinschaften und ihrem Zusammenwirken mit den wirtschaftlichen häufig ganz nebenher abgetan wird.

Sind wir uns aber einig darüber, daß mit dem Vorschlag der Enzyklika eine Neuordnung des *gesamten* staatlich geeinten Volkes nach den verschiedenen gesellschaftlichen Funktionen der einzelnen gemeint ist, dann erhebt sich die Frage: Wie kann Vorsorge getroffen werden, daß in einer obersten Vertreterversammlung aller Leistungsgemeinschaften die vitalen, kulturellen und religiösen Anliegen gegenüber der massiven Stoßkraft der wirtschaftlichen Interessen nicht immer wieder zu kurz kommen? Die Mehrzahl der Menschen ist ja unmittelbar in der Wirtschaft tätig. Für sehr viele Menschen unserer Zeit ist es selbstverständlich, daß die Mehrheit immer recht hat oder daß doch ihre Ansprüche immer vorgehen. Sie würden es als ein Unrecht abweisen, wollte man die oberste leistungsgemeinschaftliche Vertreterversammlung nicht nach dem Verhältnis der Mitgliederzahlen der verschiedenen Leistungsgemeinschaften zusammenstellen oder wollte man den an sich schon weniger zahlreichen nichtwirtschaftlichen Leistungsgemeinschaften ein Vorzugsstimmrecht einräumen, um der Höherwertigkeit der geistig-kulturellen, ja schon der vitalhygienischen Anliegen vor rein wirtschaftlichen Interessen Geltung zu verschaffen.

Hier ist auch eine andere, noch tiefer liegende Schwierigkeit zu erwähnen. Die Enzyklika machte ihren gesellschaftspolitischen Vorschlag auf dem Hintergrund der Überzeugung, daß es eine objektive und allgemein verbindliche Güter- und Wertrangordnung gibt. Gemäß dieser haben wir auch bei der Gestaltung des Zusammenlebens in Staat und Gesellschaft grundsätzlich den sinnlichen und zivilisatorischen Annehmlichkeiten und der Anhäufung von Wirtschaftsgütern die vitale Gesundheit und Lebenssteigerung vorzuziehen, noch höher aber die kulturelle Geistesentfaltung und über alles schließlich die sittlich-religiöse Heilsverwirklichung zu stellen. Wohl gibt es innerhalb dieser Stufenordnung Spielraum für die Mannigfaltigkeit des durch wechselnde Umstände und Aufgaben und durch individuelle Veranlagungen berechtigten subjektiven Wertvorziehens. Wohl ist auch nicht zu bestreiten, daß in bestimmten Konfliktsfällen den Gütern niederen Ranges eine größere Dringlichkeit zuerkannt werden muß. Aber all das hebt die objektive Gültigkeit der umrissenen allgemeinen Güter- und Wertrangordnung, wie sie die Enzyklika für Christen und Nichtchristen als erkennbar und verpflichtend voraussetzt, nicht auf. Wenn aber dieser objektiven Gültigkeit weithin keine faktische Geltung mehr entspricht, wenn viele Menschen die Verbindlichkeit jener Wertrangordnung der Güter und Aufgaben bezweifeln oder ihr ein anderes Wertsystem entgegenstellen, dann wird man bei den in der obersten Vertreterversammlung aller Leistungsgemeinschaften sich zeigenden Konflikten zwischen verschiedenwertigen Zielsetzungen keinen gemeinsamen Maßstab haben. Man wird sich, solange kein Diktator kommt oder herbeigerufen wird, damit begnügen, die Stimmen zu zählen, anstatt die Werte zu wägen. Und das wird von denen, die sich an ein anti-hierarchisches, egalitäres Denken gewöhnt haben, nicht einmal als eine Verlegenheitslösung, sondern als der einzig richtige Weg zur Entscheidung angesehen werden. Auf diesem Wege kommt man nicht zu einer leistungsgemeinschaftlichen Ordnung, die dem wahren Gemeinwohl dient, wie es die Enzyklika versteht. Denn sie setzt dazu voraus die allgemeine und lebendige Überzeugung von der Objektivität einer bestimmten Güter- und Wertrangordnung. Wir stehen vor der ernsten Frage, ob diese Voraussetzung noch gegeben ist bei den Teilen der heutigen Menschheit, die aus den alten sozialen und weltanschaulichen Bindungen gelöst sind. Reichen die Reste naturrechtlicher Überzeugungen und christlicher Lebensregeln in den zivilisierten Völkern dazu noch aus?

Aber selbst wenn die prinzipielle Bejahung der von der Enzyklika vorausgesetzten objektiven Wertrangordnung für ein ganzes Volk und seine leistungsgemeinschaftlichen Vertreter und der danach ausgerichtete Wille zum Dienst am Gesamtwohl des Volkes gegeben wären, bliebe noch ein anderes Hemmnis bestehen. Es liegt in der fachlichen Blickverengung, die sich fast unvermeidlich aus den speziellen Interessenperspektiven der verschiedenen Leistungsgemeinschaften bzw. ihrer Funktionäre ergibt, und zwar um so mehr, als ja eine dauernde Verwurzelung der Menschen in bestimmten gesellschaftlichen Funktionen angestrebt wird, wenn dabei auch ein Berufswechsel nicht verhindert werden soll.

(2) Das Verhältnis zwischen Leistungsgemeinschaften und Staat

Setzt man einmal voraus, daß Leistungsgemeinschaften vorhanden sind, so ist es angesichts der vorstellbaren Schwierigkeit einer freiwilligen Einigung der Vertreter aller Leistungsgemeinschaften begreiflich, daß die Enzyklika und die Kom-

mentare dazu den Konfliktausgleich und die Integration der verschiedenen leistungsgemeinschaftlichen Anliegen auf das Gesamtwohl hin dem Staate übertragen wissen wollen. Die Enzyklika sagt: Die staatliche Hoheit soll über den Leistungsgemeinschaften stehen, „unparteiisch und allem Interessenstreit entrückt, einzig auf das gemeine Wohl und die Gerechtigkeit bedacht, als oberste Schlichterin wirken" (nr. 109). Der Staat soll überwachen und schlichten. „Leitung, Überwachung, Nachdruck und Zügelung, je nach Umständen und Erfordernis", so umschreibt die Enzyklika (nr. 80) die Aufgabe, die der Staat gegenüber den Leistungsgemeinschaften erfüllen soll, besonders wenn sich aus dem Zusammenstoß der speziellen Fach- und Verbandsinteressen ernste Konflikte ergeben.
Es erhebt sich hier zunächst die Frage: Wie muß im demokratischen Zeitalter ein Staat bzw. sein oberstes gesetzgebendes Organ beschaffen sein, wenn es für die ihm zugedachte Aufgabe gegenüber den verschiedenen Spezialinteressen der Leistungsgemeinschaften handlungsfähig sein soll? An sich ergäbe sich diese Frage auch in bezug auf monarchisch regierte Staaten. Auch ein Monarch, der wirklich regiert und Gesetze erläßt und nicht fast nur repräsentiert, könnte ja, als wohlmeinender pater patriae, den Leistungsgemeinschaften seines Volkes ein offenes Ohr schenken und ihre Dienste und Ansprüche leitend und ausgleichend auf das Gesamtwohl hinordnen. Aber das ist ja nun ganz hypothetisch gesprochen. In Wirklichkeit handelt es sich bei den meisten Staaten der zivilisierten Welt heute um parlamentarische Demokratien, um Staatsgebilde, in denen ein aus allgemeinen und gleichen Wahlen hervorgegangenes Parlament die entscheidende Instanz bei der Gesetzgebung ist.
Was also muß geschehen, damit die Aufsplitterung der Interessen, die als gesellschaftliche Funktionsteilung bei den Leistungsgemeinschaften sinnvoll und sachgemäß ist, sich nicht ins politische Parlament hinein als lähmende Aufsplitterung in viele Interessenvertretungen fortsetzt? Je ausgeprägter die leistungsgemeinschaftliche Aufgliederung der Gesellschaft ist, desto handlungsfähiger muß das Parlament und desto kräftiger die von ihm gebildete Regierung sein, um die Aufgabe des Ausgleichs, des Nachdrucks oder der Zügelung gegenüber den Leistungsgemeinschaften erfüllen zu können. Dazu ist vor allem notwendig, daß im Parlament nur *echte* politische Parteien vertreten sind. Darunter verstehen wir Parteien, die ein umfassendes politisches Programm für das ganze Volk und alle wichtigen staatlichen Aufgabengebiete und nicht bloß irgendein spezielles Anliegen vertreten, wie z. B. eine ausgesprochene Arbeiter-, Bauern-, Mieterpartei o. dgl.
Im übrigen hängt es auch von der Art der Bildung und der Tätigkeit des Parlamentes ab, ob durch dieses der Pluralismus der Welt- und Lebensanschauungen, der der allgemeinen Anerkennung einer verbindlichen Rangordnung der sozial bedeutsamen Güter und Werte entgegensteht und das Zusammenwirken der Leistungsgemeinschaften miteinander erschweren würde, in etwa gemildert wird. Auf jeden Fall ist das durch ein Parlament der politischen Parteien eher möglich als durch die primär an Fachinteressen gebundenen Leistungsgemeinschaften. Die Handlungsfähigkeit des Parteienparlamentes hängt weitgehend davon ab,

daß die Abgeordneten bereit sind, den Argumenten anderer wirklich Gehör zu schenken und ihr eigenes Parteiprogramm nicht wie eine geoffenbarte, unantastbare Glaubenslehre auffassen; daß sie in ihrer eigenen Partei nicht eine Art von Kirche oder Sekte sehen, außer der es kein Heil gibt. Parteien sollen nicht so etwas wie Zünfte mit Innungszwang sein, sondern die Struktur einer freien Gefolgschaft oder Genossenschaft haben und den sachlichen Gedankenaustausch mit Abgeordneten anderer Parteien nicht hindern oder mißkreditieren.

Das sind einige Forderungen, die das Verhältnis zwischen den Parteien und insbesondere zwischen Regierungs- und Oppositionsparteien betreffen. Es sind Forderungen der politischen und speziell der parlamentarischen Ethik. Sie müssen erfüllt werden, wenn das Parlament und durch dieses eben der Staat seine ausgleichende und integrierende Aufgabe gegenüber den Leistungsgemeinschaften erfüllen soll. Daraus ergibt sich eine wichtige Nutzanwendung: Arbeitet man nicht zugleich aufklärend, werbend und erziehend auf ein solches Umdenken über Wesen und Aufgaben der Parteien und auf eine solche politische und parlamentarische Ethik hin, dann wäre es geradezu gefährlich, eine organisatorische Aufgliederung des Volkes in leistungsgemeinschaftliche Zusammenschlüsse zu verlangen; denn durch diese wächst ja doch auf jeden Fall auch die Stoßkraft der gebündelten Sonderinteressen, und diese würden ohne ein starkes, überlegen handlungsfähiges Parlament den demokratischen Staat auseinandersprengen, falls dann nicht in letzter Minute ein Diktator auftritt, der freilich der Demokratie und auch dem freiheitlichen Zusammenwirken der Leistungsgemeinschaften auf seine Weise ein Ende macht.

Neben der Frage nach der Art der Zusammensetzung des politischen Parlamentes und der Wirksamkeit der Parlamentarier ist hier noch eine andere, besonders schwer zu beantwortende Frage über das Verhältnis zwischen Staat und Leistungsgemeinschaften aufzuwerfen. Im Unterschied zu früheren Autoren und Politikern, die, wie z. B. *Karl von Vogelsang* und in etwa noch *Heinrich Pesch,* verlangt oder erwartet hatten, daß die Spitzenversammlung der Leistungsgemeinschaften zur Ablösung des politischen Parlamentes berufen werde und selber die obersten Aufgaben des Staates übernehme, treten die Enzyklika und ihre Kommentatoren für das Nebeneinanderbestehen der politischen Gewalt und der leistungsgemeinschaftlichen Organisation ein. Man will keinen Ständestaat und keine berufsständische oder leistungsgemeinschaftliche Regierung, zumal nicht nach der Episode des faschistischen Korporativsystems in Italien unter *Mussolini* und nach dem Versuch eines Ständestaates in Österreich unter dem Kanzler *Dollfuß.* Die Leistungsgemeinschaften sollen Zusammenfassungen und Ausdruck der *gesellschaftlichen* Kräfte, nicht verlängerte Arme des Staates sein. Das ist mit wachsender Einmütigkeit besonders in den letzten Jahrzehnten immer wieder ausgesprochen worden. Die Vertreter der christlichen Soziallehre in Wissenschaft und Praxis wollen nicht, daß das im freien Zusammenwirken sich regende Leben erstarre und die Initiative der gesellschaftlichen Kräfte gelähmt werde durch eine alles reglementierende Staatsallmacht. Die Formulierung des Subsidiaritätsprinzips in „Quadragesimo anno" (nr. 78—80) im engen Zusammenhang mit den Ausführungen des Papstes über die leistungsgemeinschaftliche Ordnung ist nur zu verstehen auf dem Hintergrund der faschistischen Machtergreifung in Italien und entsprechender autoritärer und totalitärer Experimente in der Gesellschaft Italiens unter *Mussolini*. Sie werden in den Nummern 91—95 ausdrücklich gekennzeichnet und kritisiert. Immer deutlicher hat sich in der Geschichte gezeigt, daß die — nicht zuletzt durch die christliche Lehre vom Eigenwert und der Personwürde jedes Menschen und schon durch die bloße Existenz einer großen Kirche neben dem Staate bewirkte — fruchtbare Spannung zwischen Staat und Gesellschaft eine unentbehrliche Grundlage der abendländischen Kultur ist. Darum also sollen die Leistungsgemeinschaften keine Organe des Staates sein. Den die gesellschaftlichen Kräfte zusammenfassenden und gliedernden Leistungsgemeinschaften wird von den meisten Vertretern dieses Programms heute eine bloß beratende Aufgabe und manchmal auch ein Vetorecht gegenüber dem politischen Parlament zugedacht und im übrigen eine gewisse autonome Vollmacht zur verbindlichen Regelung von internen Anliegen der Leistungsgemeinschaften.

Man kann sich jedoch der Einsicht nicht verschließen, daß ohne staatliche Hilfe und ohne staatlichen Zwang es wohl niemals zu einer leistungsgemeinschaftlichen Gliederung der Gesellschaft kommen wird. Nur der Staat kann die Abgrenzungen zwischen den Leistungsgemeinschaften und die Form ihres Zusammenwirkens mit den politischen Organen, vor allem mit dem politischen Parlament, *verbindlich* festlegen und den leistungsgemeinschaftlichen Organen öffentlich-rechtlichen Charakter verleihen. Ohne staatlichen Zwang wird es wohl nie dazu kommen, daß die verschiedenen Leistungsgemeinschaften, die ja — so mißverständlich und unbeliebt das Wort auch sein mag — in gewissem Sinne „Zwangskörperschaften" *(Nell-Breuning)* sein würden, überhaupt entstehen und ein geordnetes Zusammenwirken beginnen. Der staatliche Eingriff ist aber, wie der Wirtschaftshistoriker *Franz Steinbach* mit Recht sagt, eine „lebensgefährliche Operation", wenn zwar lebensnotwendig, so doch zugleich auch lebensgefährlich, nämlich für das Eigenleben der gesellschaftlichen Kräfte. Man räumt dem Staat zum Start der leistungsgemeinschaftlichen Ordnung weitgehende Befugnisse ein. Werden die einmal mit einer solchen legalen Machtfülle ausgestatteten Menschen sie *nach* dem Start freiwillig zugunsten eines stärkeren Eigenlebens der leistungsgemeinschaftlichen Körperschaften wieder aufgeben? Es müßten Politiker der Selbstbescheidung und des Maßes sein. Vorsichtig müßten sie das Instrument jener „lebensgefährlichen Operation" handhaben und es rechtzeitig wieder aus der Hand legen. Durch echte Dienstbereitschaft müßten sie gefeit sein gegen die starken Verlockungen zur selbstsüchtigen Machtausübung und zum Machtgenuß. Wir stehen vor der Frage: Werden in den Völkern, in denen eine ausreichende Mehrheit vielleicht zu einer solchen Neuordnung in Staat und Gesellschaft bereit ist oder einmal bereit sein wird, genug Politiker mit diesem Ethos sich finden und zu entscheidender Wirksamkeit gelangen[14])?

---

[14]) Unter den Gesichtspunkten der Sozialethik wird das Verhältnis zwischen Staat und Verbänden auch behandelt von *Joseph Höffner*, Machtgruppen in der modernen Gesellschaft, in: Die Kirche in der Welt 9 (1957), 329—377 und auf evangelischer Seite

(3) Erschwerung der Entstehung eines für die einzelnen Leistungsgemeinschaften spezifischen Berufsethos unter den Bedingungen der wirtschaftlichen und gesellschaftlichen Dynamik

Auf einen dritten Problembereich stoßen wir, wenn wir die Dynamik ins Auge fassen, die der modernen kapitalistischen Wirtschaft innewohnt und große Teile der Gesellschaft in dauernder Bewegung hält. Im Kapitel über den „neuzeitlichen Kapitalismus" nannten wir unter den Merkmalen, die den modernen Kapitalismus kennzeichnen, das unbegrenzte Streben nach Kapitalvermehrung und den ökonomischen Rationalismus, zumal in der Produktions- und Absatztechnik. Aus ihnen ergibt sich eine gewaltige wirtschaftliche Dynamik, die auch die Stabilisierung und stetige Ordnung der Gesellschaft sehr erschwert. *Ricardo* und *Marx* haben gezeigt, daß der moderne Kapitalismus das Gegenteil eines statischen Wirtschaftssystems ist, wie es noch vom klassischen Liberalismus eines *Adam Smith* vorausgesetzt wurde. *Ricardo* und *Marx* behaupten zutreffend, daß es sich bei der modernen kapitalistischen Wirtschaft um einen Entwicklungsprozeß von geschichtsmächtiger, gesellschaftsumwälzender Dynamik handelt. Auch der Gegner einer prinzipiell dialektischen Geschichts- und Sozialauffassung kann nicht leugnen, daß die kapitalistische Wirtschaft, zumal seit dem 19. Jahrhundert, mit wachsendem Tempo eine Entwicklung durchläuft und von einem nicht weniger dynamischen Verlauf des gesellschaftlichen Prozesses begleitet ist. Dieser Kapitalismus ist, wie *Schumpeter* mit Recht sagt, „von Natur eine Form oder Methode der Veränderung"; denn die erwähnten Merkmale des unbegrenzten Kapitalvermehrungsstrebens und des ökonomischen Rationalismus schließen folgendes ein: sehr weitgehende Arbeitsteilung, Erschließung immer neuer Rohstoff- und Energiequellen, Gewinnung immer neuer Märkte für die bisherigen und für neue Waren, unaufhaltsames technisches Fortschrittsstreben im Dienste der Produktionsverbesserung und -ausweitung, Veralten von Produktionsanlagen, Transportmitteln und Absatzmethoden — kurz all das, was man mit *Schumpeter* den Prozeß der „schöperischen Zerstörung" nennen kann[15]).

Die damit gegebene Labilität der Wirtschaft bringt es mit sich, daß viele in der Wirtschaft beschäftigte Menschen zum Wechsel, auch zum wiederholten Wechsel ihrer Tätigkeit gezwungen oder dazu durch die Aussicht auf angenehmere oder besser bezahlte Tätigkeit verlockt werden. Der sogenannte Berufswechsel oder richtiger: Wechsel der Erwerbstätigkeit ist für viele Menschen, solange wir in diesem für uns geradezu schicksalhaften Wirtschaftssystem leben, unvermeidlich,

---

von *Ulrich Scheuner*, Der Staat und die intermediären Kräfte, in: Zeitschrift für evangelische Ethik 1 (1957), 30—39. *Scheuner* steht dem Programm einer „berufsständischen" Ordnung mit größeren Vorbehalten gegenüber als *Höffner*. Vor allem will er hier keine Zwangskörperschaften, sondern „freie Organisationen". Aber beide Verfasser betonen, daß die großen Verbände und Gruppen im modernen Staat nicht einfach als parasitärer Wildwuchs aufzufassen sind, sondern mit einer gewissen Notwendigkeit entstanden sind und daß eine öffentlich-rechtliche Anerkennung ihrer Existenz und Kompetenz verdeckten Einflüssen vorzuziehen ist. Beide Autoren geben auch wichtige Literatur zum Thema „Staat und Verbände" an.

[15]) *Joseph Schumpeter*, Kapitalismus, Sozialismus und Demokratie, München ²1950, 134 ff.

für andere zwar vermeidlich, aber doch begreiflicherweise von großer Anziehungskraft. Die Dynamik der vorwärtsstürmenden kapitalistischen Wirtschaft wirkt sich überall auf die Gestaltung der Gesellschaft so aus, daß in ihr viele Menschen keinen stetigen „Beruf" im alten Sinne, sondern bloß noch irgendeine schnell vertauschbare Erwerbstätigkeit, einen „job" haben. Auf die unmittelbar in der Wirtschaft tätigen Menschen — und das sind ja die meisten — trifft jedenfalls zu, was *Sombart* schon vor dem Ersten Weltkrieg ausführte: „Welchem Beruf jemand angehört, wird immer gleichgültiger; anders ausgedrückt: die Ausübung eines bestimmten Berufes verliert unausgesetzt an gesellschaftsbildender Kraft, weil die Berufsgruppe immer mehr an Festigkeit einbüßt"[16]). „Beruf" ist jetzt immer weniger eine soziologische Kategorie, als vielmehr eine mögliche Form der innerlich-religiösen Einstellung, in der der einzelne seine jeweilige, noch so schnell wechselnde Situation in der Gesellschaft als Fügung der persönlichen göttlichen Vorsehung ansieht. Es ist schwierig und wird vielleicht noch schwieriger werden, alle in der labilen und dynamischen Wirtschaft unseres Zeitalters tätigen Menschen zu den vorgeschlagenen Leistungsgemeinschaften zusammenzuschließen. Wenn auch betont wird, der Berufswechsel werde jedermann in einer leistungsgemeinschaftlichen Ordnung möglich sein, so sollen ja doch andererseits die Leistungsgemeinschaften dem einzelnen, wie immer wieder gesagt wird, einen festen dauernden Stand in der Gesellschaft geben.

Durch seine Zugehörigkeit zu einer Leistungsgemeinschaft soll nach der allgemeinen Aussage der einschlägigen Literatur der einzelne in ein bestimmtes Berufsethos, das seiner Tätigkeit entspricht, hineinwachsen; er soll ein Gefühl für die seiner Leistungsgemeinschaft zukommende Berufsehre bekommen; er soll erfüllt werden von einem lebendigen Solidaritätsbewußtsein in bezug auf die mit ihm in einer solchen Körperschaft verbundenen Menschen und von einem wachen Empfinden des besonderen Wertes gerade seines Verbandes für das Allgemeinwohl. Offenbar müßte, damit das möglich werde, die moderne Wirtschaft eine viel größere Stabilität erhalten, als sie jetzt hat. Erst dann könnte auch die Stabilisierung der Gesellschaft, insbesondere der Wirtschaftsgesellschaft, durch eine umfassende leistungsgemeinschaftliche Ordnung im erhofften Maße erreicht werden. Aber wer will und kann den technischen Fortschritt, das Streben nach immer neuen Rohstoffquellen, rationaleren Produktionsweisen und Absatzmethoden und all die anderen dynamisierenden Faktoren der modernen Wirtschaft abstoppen oder gar beseitigen? Wer will das ernsthaft, und wer kann das? Aus der Einsicht in die nicht aus der Welt zu schaffende Labilität und Dynamik der modernen Wirtschaft ergibt sich für unser Thema die Feststellung: In den nach der leistungsgemeinschaftlichen Leitidee formierten Zusammenschlüssen der in der *Wirtschaft* tätigen Menschen ist die Entstehung und Erstarkung eines leistungsgemeinschaftlichen Ethos viel schwieriger als in den anderen Bereichen gesellschaftlichen Wirkens.

---

[16]) *Werner Sombart*, Die deutsche Volkswirtschaft im 19. Jahrhundert und im Anfang des 20. Jahrhunderts, Berlin 1912, zitiert nach der 4. Aufl. 1919, 423 f.

Sollen wir nun, nach dem Aufweis der Problembereiche, die die Verwirklichung einer leistungsgemeinschaftlichen Ordnung erschweren können, sagen: „Wenn nicht alles, dann eben nichts!"? Das ist uns wohl nicht erlaubt. Denn wir stehen doch angesichts der an einer „Unter-Integration" *(Rüstow)* leidenden Klassengesellschaft unseres individualistischen Zeitalters vor der schicksalsschweren Frage, ob es gelingt, an Stelle der veralteten und unwiderruflich verschwundenen privilegierten ständischen Bindungen neue Formen der gesellschaftlichen Gliederung zu finden, oder ob wir den Zersetzungsprozeß immer weiter fortschreiten lassen, bis schließlich die ungegliederte, formlose Masse ihren Diktator erhält im totalitären Staat. Der macht der wünschenswerten wirtschaftlichen Freiheit und ebenso der schöpferischen Freiheit des kulturellen und religiösen Lebens ein Ende und kann auf die Dauer viele Menschen dahin bringen, auch innerlich auf die Freiheiten eines Lebens in echter Selbst- und Mitverantwortung zu verzichten.

18. Kapitel
Kirche und Demokratie

1. Zitate

Unseren Überlegungen möchten wir einige Zitate vorausschicken, die unser Thema an wichtigen Stellen der Geschichte wie in einem Scheinwerferlicht aufleuchten lassen.

In der *Didache*, der Schrift eines unbekannten frühchristlichen Autors aus dem *1. Jahrhundert*, steht der Satz: „Wenn ihr im Unvergänglichen Brüder seid, wieviel mehr dann im Vergänglichen"[1]).

Im *9. Jahrhundert* redet Bischof *Jonas von Orleans* den Grundherren, der nach mittelalterlicher Rechtsgewohnheit über Leibeigene und Hörige verfügt, mit diesen Worten an: „Durch sein irdisches Los ist der Leibeigene dein Knecht, durch die Gnade aber dein Bruder. Denn auch er hat Christus angezogen, nimmt an denselben Sakramenten teil, hat in Gott seinen Vater — wie du! Warum also soll er in dir nicht seinen Bruder sehen dürfen?"[2]).

Im *Bauernkrieg* um 1524—25 berufen sich die gegen Hörigkeit und wirtschaftliche Ausbeutung aufbegehrenden schwäbischen Bauern in einem öffentlichen Schreiben, den sogenannten *Zwölf-Bauern-Artikeln*, auf die Heilige Schrift: „Angesechen das uns Cristus al mit seinem teuren kosbarlichen Plut vergiessen erlost und erkauft hat, den hierten gleich so wol als den hechsten, khain ausgenomen, ... darumb erfindt sich mit der geschrift das wir frey seyen und wollen sein"[3]).

Mit dem Blick auf die Folgen der *Französischen Revolution*, die sich in ihrem zweiten Stadium, von 1792 an, als eine Entfesselung religions- oder kirchenfeindlicher Kräfte zeigte und daher einen langdauernden Widerstand der kirchlichen Kreise gegen die modernen demokratischen Strömungen hervorrief, schrieb der französische Philosoph *Jacques Maritain*: Diese Gegnerschaft war ein „tragisches Mißverständnis" von beiden Seiten. Denn es ist „festzustellen, daß die Demokratie untrennbar mit dem Christentum verknüpft ist und daß der demokratische Lebenstrieb in der Menschheitsgeschichte als eine weltliche Ausdrucksform des christlichen Geistes emporgewachsen ist"[4]).

Als in den *sechziger Jahren des 19. Jahrhunderts* die kleinen Handwerker und die industriellen Arbeitermassen unter der durch sozialpolitische Gesetze noch kaum eingeschränkten Vorherrschaft der kapitalistischen Großunternehmer ein sehr elendes Dasein hatten und manche Reformer vorschlugen, diese Vorherrschaft

---

[1]) Didache (oder: Die Lehre von den 12 Aposteln), dt. Übers. in der Bibliothek der Kirchenväter, 2. Serie, 35. Bd., München 1918.
[2]) Migne, PL 106, 214: De institutione laicali.
[3]) Zitiert von *Alfred Stern*, Die Streitfrage über den Ursprung des Artikelbriefs und der Zwölf Artikel der Bauern, in: Forschungen zur deutschen Geschichte, Göttingen 1872, 516.
[4]) *Jacques Maritain*, Christentum und Demokratie, Augsburg 1949, 26, 33.

durch Gründung von Produktivgenossenschaften der Arbeiter zu brechen, schrieb der Mainzer Bischof *Wilhelm Emanuel von Ketteler:* „So oft ich ... diese Verhältnisse und Schwierigkeiten überlegt habe, so oft ist auch die Zuversicht und die freudige Hoffnung in mir aufgelebt, daß die Kräfte, die im Christentum die Herzen bewegen, auch auf diesem Gebiete dem Arbeiterstande zu Hilfe eilen und die Idee der Produktivassoziationen im größeren Umfange verwirklichen werden... Möge ... Gott ... bald die Männer erwecken, die diese fruchtbare Idee der Produktivassoziationen im Namen Gottes auf dem Boden des Christentums in Angriff nehmen"⁵).

Als beim Wiederaufbau *nach dem Zweiten Weltkrieg* die Forderung nach Demokratisierung des Wirtschaftslebens diskutiert wurde, gab der Erzbischof von Köln, *Joseph Kardinal Frings,* eine Schrift heraus über „Verantwortung und Mitverantwortung in der Wirtschaft". Darin wird die Mitbestimmung der Arbeitnehmer in den Betrieben und in den volkswirtschaftlichen Führungsorganen als eine der Aufgaben bezeichnet, die „weil die Zeit für sie reif geworden ist, ... der Verwirklichung entgegengeführt werden *müssen,* wenn anders Gottes Ruf sich in und an der Zeit erfüllen soll"⁶).

Diese Zitate stammen aus verschiedenen Zeitaltern und betreffen sehr verschiedene Verhältnisse in Staat und Wirtschaft. Aber allen liegt die Überzeugung zugrunde, daß ein wesentlicher Zusammenhang besteht zwischen der christlichen Glaubensbotschaft und der demokratischen Gestaltung des menschlichen Zusammenlebens. Die christlich-demokratische Forderung ist dabei in verschiedenen Worten ausgedrückt. Sie heißt „Brüderlichkeit", „Freiheit jeder Person", „Genossenschaft" oder „Mitbestimmung" und „Mitverantwortung". Diese Worte geben keine genaue Begriffsbestimmung der Demokratie, aber sie besagen doch deutlich, daß eine Ordnung des Zusammenlebens abgelehnt wird, in der die leitenden Funktionen Menschen aus bestimmten Geburts- oder Besitzschichten vorbehalten und die Angehörigen der übrigen Bevölkerungsschichten grundsätzlich ohne Rücksicht auf persönliche Fähigkeiten und Leistungen aus der Mitbestimmung ausgeschlossen sind.

2. Das Wesen der Demokratie

Das Gegenteil zu der eben beschriebenen Herrschaftsordnung ist eine demokratische Sozialordnung. In ihr wird jedem Beteiligten die Chance gegeben, gemäß seinen Fähigkeiten und Leistungserweisen und gemäß seiner Bereitschaft zur Mitverantwortung bei der Gestaltung des staatlichen, kulturellen und wirtschaftlichen Lebens mitzuwirken und mitzubestimmen und auch die seinen Leistungen

---

⁵) *Wilhelm Emanuel von Kettelers* Schriften, hrsg. von Johannes Mumbauer, Bd. 3: Soziale Schriften und Persönliches, München 1911, 126 f., 130.

⁶) *Joseph Kardinal Frings,* Verantwortung und Mitverantwortung in der Wirtschaft. Was sagt die katholische Gesellschaftslehre über Mitwirkung und Mitbestimmung?, Köln 1949, 97.

entsprechenden Anteile an den Gütern des Zusammenlebens und Zusammenwirkens zu erhalten. Demokratie ist also nicht Egalitarismus, nicht eine Form des Zusammenlebens und Zusammenwirkens, bei der alle, ohne Rücksicht auf die Verschiedenheit ihrer intellektuellen und charakterlichen Eigenschaften, gleich viel zu bestimmen hätten. Es gibt eben, vor allem in den Höhenschichten des menschlichen Geisteslebens, Gebiete, die sich jedem egalitären Andrang verschließen: In der Religion waltet die Verschiedenheit der von göttlicher Freiheit verteilten Gnadengaben, in der Kunst die quasignadenhafte Bevorzugung des Genies, in der Wissenschaft die Verschiedenheit der Begabungen und die jeweils verschiedene Fähigkeit und Bereitschaft zu asketischer Abkehr von zerstreuenden Genüssen. Entsprechendes gilt von der Befähigung zur Leitung im Staat und in wirtschaftlichen Sozialgebilden. Nicht daß alle ohne weiteres gleich viel zu sagen haben, ist von uns mit dem Worte „Demokratie" gemeint, sondern: daß allen Fähigen und Willigen die gleiche Chance des Aufstiegs gegeben wird.

Ferner ist zu beachten, daß wir Demokratie nicht definieren als ein Sozialgebilde, in dem jeder Beteiligte tatsächlich und unmittelbar mitbestimmt. Das ist ja überhaupt nur in ganz kleinen Sozialgebilden möglich. In den meisten Sozialgebilden, vor allem im Staat und in der Wirtschaft, ist eine Konzentration der Leitungsvollmachten unerläßlich. Es ist einfach nicht möglich, daß ein großes Sozialgebilde funktioniert, wenn *alle* bei *allen* Angelegenheiten mitreden und mitbestimmen. Das ist eine formalsoziologische Gesetzmäßigkeit ganz allgemeiner Art; das „Gesetz der kleinen Zahl" hat auch diesen Sinn. Aber es ist nicht richtig, aus dieser Gesetzmäßigkeit die Schlußfolgerung zu ziehen, daß eine wirkliche Demokratie also gar nicht möglich sei. Wenn man freilich, wie z. B. *Rousseau*, der irrigen Meinung ist, zum Wesen eines demokratischen Staates gehöre die unmittelbare Mitsprache und Mitbestimmung aller Staatsangehörigen, dann kommt man angesichts der Notwendigkeit, die Leitungsvollmachten in wenigen Händen zu konzentrieren, zu der resignierenden Feststellung: Politische Demokratie ist praktisch nicht möglich. Und wenn man, dieser auf den Staat gerichteten Betrachtung entsprechend, unter Wirtschaftsdemokratie eine Wirtschaftsorganisation und Betriebsgestaltung versteht, bei der jeder in allen Angelegenheiten unmittelbar mitspricht und mitentscheidet, dann muß man auch hier die Feststellung treffen: Wirtschaftsdemokratie ist gar nicht möglich.

Aber solche Vorstellungen von Demokratie sind Zerrbilder, die manche Leute gerne hinzeichnen, um die Forderung nach Demokratisierung, insbesondere in bezug auf das Wirtschaftsleben, desto leichter abweisen zu können. In bezug auf den Staat sind sie dabei weniger abweisend. Sie sagen: Im Staate kann es Demokratie geben, aber in der Wirtschaft und besonders in den modernen Großbetrieben nicht. Denn, so lautet die Begründung, die arbeitsteilige und komplizierte Produktions- und Absatztechnik erfordert gerade in der modernen Wirtschaft, die von immer neuen technischen Erfindungen ruhelos vorangetrieben wird und schnell wechselnden Marktlagen ausgesetzt ist, *erstens* fachmännisches Wissen — das ist nicht jedermanns Sache; *zweitens* wendige Entschlußfähigkeit — die kann ein allgemeines Betriebsparlament nicht haben; *drittens* Über- und

Unterordnung und freien Entscheidungsspielraum für die Unternehmungs- und Betriebsleitungen — im Staate mag es so etwas geben, in der modernen Wirtschaft nicht.

Diese Schlußfolgerung ist falsch. Wäre sie richtig, dann könnte es auch keinen demokratischen Staat geben. Auch in ihm wird kein vernünftiger Mensch verlangen, daß für jede Regierungshandlung und für jeden der oft von schnell wechselnden Situationen bedingten diplomatischen Schritte eine vorausgehende Beratung und Abstimmung im Parlament oder gar im ganzen Volke erfolge. Auch der demokratische Staat hat eine Konzentration der Leitungsvollmachten und einen freien Entscheidungsspielraum für seine Regierung und ihre Fachleute nötig. Er hört deshalb nicht auf, ein demokratischer Staat zu sein, wenn nur seine Regierung vom Volke bzw. von der frei gewählten Volksvertretung bestimmt und wirksam kontrolliert wird.

Auf zweierlei kommt es bei jeder Demokratie wesentlich an:

(1) auf die Auswahl der Menschen, die zur Leitung aufsteigen. Das demokratische Prinzip verlangt, daß die Chance dazu nicht nur den Menschen bestimmter privilegierter Schichten, sondern allen Angehörigen eines Sozialgebildes gegeben wird — gemäß ihrer sachlichen Befähigung und ihrer Bereitschaft zu verantwortlicher Leitung, und daß die zur Ausbildung solcher Fähigkeiten notwendigen Bildungsmittel allen zugänglich sind —, ohne Rücksicht auf die Herkunft aus bestimmten Geburts- oder Besitzschichten. Wir haben darauf hingewiesen, daß die Entproletarisierung auch eine Reform des Schul- und Bildungswesens voraussetzt in dem Sinne, daß jedem Begabten und Willigen, gleich aus welcher sozialen Schicht er stammt, alle höheren Bildungsanstalten offenstehen müssen, und zwar nicht nur rechtlich, sondern auch faktisch, d. h.: daß jedem so Qualifizierten der Zugang auch wirtschaftlich ermöglicht werden muß.

Aber kehren wir zum eigentlichen Thema zurück: Nicht unterschiedsloses Mitbestimmen aller, sondern die durch keinerlei Privilegien eingeschränkte *Allgemeinheit der Chance des Aufstiegs zur Leitung* gehört zum Wesen der Demokratie. In diesem Sinne hat *Schumpeter* die Demokratie definiert[7]) und damit die zum mindesten sehr mißverständliche Definition der Demokratie als „Regierung des Volkes durch das Volk und für das Volk", wie das viel zitierte Wort *Abraham Lincolns* († 1864) lautet, durch eine bessere ersetzt.

(2) Aber noch ein zweites Wesensmerkmal der Demokratie ist zu nennen: die *Kontrolle* der Leitung und die *Möglichkeit des Entzuges der Leitungsvollmachten* durch die Gesamtheit bzw. durch die dazu von ihr Beauftragten. Die sogenannte „Demokratie" der Faschisten aller Färbungen, ob sie nun von Bolschewisten, Nationalsozialisten oder den Anhängern Mussolinis propagiert wurde oder wird, ist keine echte Demokratie, weil es in ihr keine wirksame Kontrolle und keinerlei legale Möglichkeit zur Abberufung der obersten Leitung gibt; sie ist vielmehr schon das, was auf schlecht funktionierende Demokratien leicht folgt: die Diktatur.

---

[7]) Vgl. *Joseph A. Schumpeter*, Kapitalismus, Sozialismus und Demokratie, München ²1950.

Im Vergleich dazu kommt manche konstitutionelle Monarchie der Demokratie viel näher, nämlich in dem Maße, wie einzelne demokratische Elemente in sie eingebaut sind.

3. Die Bedeutung der Kirche und ihrer Glaubensbotschaft für die demokratische Gestaltung des menschlichen Zusammenlebens

a) Das christliche Sozialprinzip der Brüderlichkeit

Alle nicht extrem asketisch und radikal weltablehnend eingestellten Religionen haben, um mit *Troeltsch* zu sprechen, „ein über die Grenzen der eigentlich religiösen Gemeinschaft oder Kirche hinausstrebendes Ideal von einem allgemeinen Grundschema menschlicher Lebensbeziehungen überhaupt"[8]). Ein oberflächlicher Beobachter wird das soziale Vorbildschema des Christentums für schlechthin monokratisch halten, da die Kirche monarchisch regiert wird — woraus sich dann die grundsätzlich antidemokratische Einstellung des Christentums und der Kirche ergäbe. Aber nun zeigt es sich, wie zweckmäßig es war klarzustellen, daß der Hauptunterschied zwischen den verschiedenen Staatsformen nicht, wie *Aristoteles* es darstellt, in der verschiedenen Zahl derer liegt, in deren Händen die Regierungsgewalt konzentriert ist. Viel wichtiger ist die Unterscheidung nach der schmäleren oder breiteren Zugangsmöglichkeit zur oberen Staatsleitung. Echte Demokratie besteht nicht darin, daß alle in allen Fragen unmittelbar mitreden und mitentscheiden. Das ist Anarchie, nicht Demokratie. Das Wesen der Demokratie liegt — *erstens* — in der Tendenz, allen Mitgliedern eines Sozialgebildes möglichst gleiche Chancen des Aufstiegs zur obersten Leitung zu bieten, *zweitens* — in der Kontrolle der Leitung durch die Gesamtheit und in der legalen Möglichkeit, die oberste Leitung abzusetzen. Demokratie ist das Gegenteil des Gemeinschaftstypus, in dem die oberste Leitung bestimmten Geburts- oder Besitzschichten, Sippen oder Familien vorbehalten ist[9]).

Aus dieser Unterscheidung ergibt sich, daß wir die Kirche, in der Männer aus allen Bevölkerungsschichten zur obersten Leitung emporsteigen, ihre Stellung aber niemals erblich machen oder für Nachfolger aus einer bestimmten Sozialschicht durch Privileg reservieren können, zum Grundtypus der demokratischen oder genossenschaftlichen Sozialgebilde zu rechnen haben — soviel auch näherhin über aristokratische (Kardinalskollegium, Bischofssynode), ja selbst absolutistische (Primat, Unfehlbarkeit) Elemente in der Struktur der Kirche mit Recht ausgeführt werden kann.

Aber wie steht es in der Kirche mit dem zweiten Wesensmerkmal der Demokratie: Kontrolle durch die Gesamtheit und legale Möglichkeit, die oberste Lei-

---

[8]) *Ernst Troeltsch*, Die Soziallehren der christlichen Kirchen und Gruppen, Tübingen 1922, 14.
[9]) Vgl. *Ferdinand Aloys Hermens*, Demokratie und Kapitalismus, München-Leipzig 1931, 22 ff. — *Joseph A. Schumpeter*, a. a. O., 427 ff.

tung abzusetzen? Zur Beantwortung dieser Frage müssen wir unterscheiden zwischen juristisch Festgelegtem in der Kirche und ihrer tatsächlichen sozialen Verfassung: Wenn auch der juristischen Form nach aristokratisch, so ist die Kirche in dem Miteinander ihrer Gliederungen stark demokratisch-genossenschaftlich geprägt. Das sei hier nur angedeutet, nicht ausgeführt.

Die tiefste Wurzel des demokratischen oder genossenschaftlichen Grundzuges der Kirche liegt — und entsprechend kann eine ideelle Wurzel der demokratischen Staatsgestaltung liegen — in der christlichen Offenbarungslehre von der Gotteskindschaft aller Erlösten. Wenn *Epiktet* sagte: „Wir sind alle Brüder und haben in gleicher Weise Gott zum Vater"[10]), so bedeutete „Vater" bei ihm — entsprechend dem stoischen Gottesbegriff — die Weltvernunft, die in allen Menschen lebt. Die christliche Offenbarung meint mit Vater den persönlichen Gott, wenn sie sagt: „Ihr alle seid Brüder" (Mt 23, 8). In der christlichen Idee der Brüderlichkeit liegt die Antwort auf die Frage, was denn die übernatürliche, auf das ewige Heil der Menschenseelen, auf die Gnadengüter und den religiösen Herzensfrieden gerichtete Glaubensbotschaft des Christentums mit der Demokratie zu tun habe. Der Wesenszusammenhang zwischen Christentum und Demokratie liegt in der Lehre, daß die durch Christi Blut erlösten Kinder des himmlischen Vaters Brüder und Schwestern in Christus sind. Alle sollen die gleiche Taufe empfangen, Glieder Jesu Christi werden und Wohnstätte des Heiligen Geistes. Alle sollen teilnehmen am gleichen eucharistischen Mahl. Alle sind berufen zur beseligenden Anschauung des dreipersönlichen Gottes, ganz ohne einen aus der irdischen rassischen, politischen, wirtschaftlichen oder gesellschaftlichen Stellung stammenden Unterschied. Die dem christlichen Mittelalter noch so plastische, uns Menschen eines vom Egalitätsfanatismus infizierten Denkens so blaß gewordene Idee der himmlischen Stufenordnung der Engel und Seligen bedeutet durchaus keine Einschränkung jener Lehre von der übernatürlichen Brüderlichkeit. Diese findet ihren stärksten Ausdruck im gleichen Recht auf die Sakramente und in ihrer gemeinsamen Feier und drängt von da aus auch ganz spontan auf vielerlei Milderungen und schließlich auf die Aufhebung der Gewalt- und Herrschaftsbeziehungen zwischen den Menschen. „Die *religiös-metaphysische* Demokratie ist in aller Geschichte die *oberste* Voraussetzung *jeder* anderen Art von Demokratie und ihres Fortschrittes gewesen, ebensowohl der politischen als der sozialen und ökonomischen", sagt *Scheler*[11]).

Der Zusammenhang zwischen der innerreligiösen, innerkirchlichen Brüderlichkeit und einer genossenschaftlichen Umformung des außerkirchlichen Soziallebens ist gewiß nicht als logisch notwendige Konsequenz aufzufassen. Aber ein erlebnismäßiger Sinnzusammenhang, eine emotionale Gesetzlichkeit liegt hier vor, denn: Wenn man davon erfüllt ist, daß vor Gott und auf Jesus Christus hin die Menschen — trotz der individuellen Unterschiede der natürlichen Begabung und der übernatürlichen Begnadung — Brüder und Schwestern sind, dann wird man es

---

[10]) *Epiktet*, Dissertationes I 13, 2, in: Gesamtausgabe von H. Schenkl, Leipzig 1916.
[11]) *Max Scheler*, Die Wissensformen und die Gesellschaft. Probleme einer Soziologie des Wissens, Bern-München ²1960, 46 f.

auf die Dauer nicht mehr für recht und christenwürdig ansehen, daß sich die Menschen im staatlichen Zusammenleben wie unabsetzbare Herren und nur zum Gehorchen verpflichtete Untertanen zueinander verhalten; dann wird man den Mitmenschen, die einem in einem viel tieferen Sinne als es durch nahe Blutsverwandtschaft möglich ist, Bruder und Schwester sind, die Chance geben wollen, im weltlichen Sozialleben eine Stelle auszufüllen, die ihren intellektuellen und charakterlichen Fähigkeiten entspricht. Je tiefer von den Christen die Botschaft vom Vater aller im Himmel, von der Erlösung aller in Jesus Christus aufgefaßt, je intensiver die gemeinsame Kultfeier mitvollzogen wurde, desto stärker und lebendiger wurde in ihnen auch die Überzeugung, daß, allen fest verankerten wirtschaftlichen und politischen Herrschaftsverhältnissen entgegen, es ihre und vor allem die Aufgabe der christlichen Politiker ist, „das Gemeinschaftsleben besser und brüderlicher zu machen und daran zu arbeiten, daß aus dem Gebäude der Gesetze, Einrichtungen und Gewohnheiten dieses Gemeinschaftsleben ein Haus für Brüder werde"[12]).

b) Die Brüderlichkeit in der Sozialgeschichte des Christentums[13])

Es ist bekannt, daß schon das Christentum der ersten Jahrhunderte viel beigetragen hat zur Milderung der Sklaverei, jener Einrichtung politischer Rechtlosigkeit und wirtschaftlicher Ausbeutung, auf der die Zivilisation und Kultur der alten Völker sich aufbaute. Seltener jedoch ist im katholischen Schrifttum die Erkenntnis ausgesprochen worden, daß das germanische Prinzip der Grundherrschaft über die Hörigen, an sich gewiß ein milderes Verhältnis als das der Sklavenhaltung, doch in gewisser Hinsicht einen Rückschlag in der vom christlichen Brudergeiste vorangetriebenen Vergenossenschaftlichung des menschlichen Zusammenlebens bedeutet hat. Als die germanischen Völker in das spätrömische Reich und in die christliche Kirche einströmten, brachten sie ein soziales Gliederungsprinzip mit, das zum Grundtypus der Herrschaft, nicht der Genossenschaft gehört: die Grundherrschaft, wie es sie auch bei Griechen und Ägyptern gegeben hat[14]). Die Germanen waren damals nicht, wie man lange gemeint hat, zum größten Teil als freie, gleichberechtigte Volksgenossen zusammengeschlossen, sondern es gab unter der schmalen Schicht freier, kriegerischer Grundbesitzer die breite Schicht der hörigen Germanen, die das Land bearbeiteten[15]). Außer den verschuldeten Volksgenossen gerieten sehr viele Bewohner der von den Germanen eroberten Gebiete in das Hörigkeitsverhältnis zu den neuen Grundherren; so

---

[12]) *Jacques Maritain,* a. a. O., 48.
[13]) Nicht ohne Absicht des Autors überschneiden sich einige Aussagen über Demokratie allgemein und ihre Geschichte in diesem Kapitel mit solchen in anderen Kapiteln. Das hat seinen Grund darin, daß der Vorlesungszyklus „Die Kirche in der Sozialgeschichte" sich über drei Semester erstreckte und daß mit Rücksicht auf die unterschiedliche Zahl der Vorlesungsstunden nicht alle Kapitel in jedem Zyklus abgehandelt werden konnten, Hrsg.
[14]) Vgl. *Alfons Dopsch,* Die wirtschaftlichen und sozialen Grundlagen der europäischen Kulturentwicklung 2, Wien 1918, 133.
[15]) Vgl. *Alfons Dopsch,* a. a. O., 1. Bd.

war die Landnahme zugleich auch „Leutenahme" *(Rüstow)*. Andere hatten sich, als sie verarmten, freiwillig in die Abhängigkeit von reichen Grundherren begeben. Der Hörige war an die Scholle und an deren Besitzer rechtlich gebunden. Dieser gewährte ihm und seiner Familie in Naturalien das Existenzminimum an Nahrung, Kleidung, Wohnung und Altersversorgung, dazu Vertretung vor Gericht und Schutz vor gesetzwidriger Gewalt in einer Zeit, in der der öffentliche polizeiliche Schutz noch ganz minimal war. Dafür hatte der Hörige den Boden des Grundherrn zu bearbeiten oder handwerkliche Dienste zu leisten. Auch die Kinder des Hörigen waren wiederum dem Grundherrn hörig. Über die gesellschaftliche, politische und wirtschaftliche Stellung des einzelnen entschied also nicht Begabung, Tüchtigkeit und berufliche Charakterbewährung, sondern die Geburt.

Die mittelalterliche Kirche hat die Einrichtung der Grundherrschaft und Hörigkeit nicht abgeschafft[16]). Sie hätte es wahrscheinlich gar nicht gekonnt gegenüber der Beharrungskraft einer so alten und in gewisser Weise auch bewährten Einrichtung. Die Kirche hat damals sogar die politisch und wirtschaftlich so bedeutsame Aufteilung der Bevölkerung in freie Grundherren und erblich hörige Dienstleute wirksam werden lassen für die Gliederung des Klerus und für den Zugang zu den höheren Kirchenämtern, die lange Zeit hindurch dem Adel vorbehalten waren[17]). Aber die Kirche konnte den Geist des Evangeliums der Brüderlichkeit nicht verleugnen. Auch innerhalb der herrschaftsständischen Ordnung mußte sich etwas von diesem christlichen Geiste auswirken. *Schwer* hat das in seiner Schrift „Stand und Ständeordnung im Weltbild des Mittelalters"[18]) mit vielen Belegen ausgeführt. Hinzu kam der aus der antiken Philosophie stammende Vergleich des Sozialkörpers mit dem menschlichen Organismus, ein Vergleich, der über Paulus in das gelehrte und volkstümliche Schrifttum der christlichen Theologen kam und den Predigern dazu diente, durch die Mahnung zum solidarischen Miteinander und Füreinander aller Glieder das schroffe herrschaftsständische Prinzip zu mildern: Wie jedes Glied im menschlichen Organismus seine Aufgabe und seine Ehre hat, so auch jeder Stand im Sozialaufbau. Von besonderer Wirksamkeit war hier die christliche Würdigung der körperlichen Arbeit, die zwar noch weit entfernt ist von der modernen Vergötzung, aber doch gegenüber ihrer heidnisch-antiken Verachtung eine sozialgeschichtlich wichtige Änderung der Lebensanschauung darstellt und viel zur Milderung der herrenständischen Ordnung beigetragen hat.

Wir haben beim Aufweis der Leitgedanken der mittelalterlichen Weltanschauung dargestellt, warum die Hörigen ihre politische und wirtschaftliche Unterdrückung

---

[16]) Vgl. *Joseph Höffner*, Christentum und Menschenwürde. Das Anliegen der spanischen Kolonialethik im Goldenen Zeitalter, Trier 1947, 60 ff., über die verhängnisvolle Auswirkung der Übernahme der aristotelischen Lehre über die Sklaverei durch die Scholastik.
[17]) Vgl. *Aloys Schulte*, Der Adel und die deutsche Kirche im Mittelalter. Studien zur Sozial-, Rechts- und Kirchengeschichte, Stuttgart ²1922, Neudruck Darmstadt 1958.
[18]) *Wilhelm Schwer*, Stand und Ständeordnung im Weltbild des Mittelalters, mit einem Nachwort hrsg. von Nikolaus Monzel, Paderborn ²1952.

ertragen haben und wie es kam, daß die christlichen Grundherren ihre politische und wirtschaftliche Vorrangstellung mit gutem Gewissen innehatten. In der theologischen Unterbauung durch die mittelalterliche Form des Vorsehungsglaubens fand das von den Germanen übernommene soziale Gliederungsprinzip der Grundherrschaft eine ideologische Rechtfertigung und reale Bestärkung. Andererseits hat die religiöse Verklärung dieser Sozialstruktur das Verhältnis zwischen Herren und Hörigen ethisch gemildert und dazu mitgewirkt, daß das allen Herrschaftsstaaten wesentliche Streben nach politischer Entrechtung und wirtschaftlicher Ausbeutung der unteren Schichten gemäßigt und durch mancherlei Einrichtungen und Rechtsvorschriften eingehegt wurde. Das war immerhin *auch* ein Schritt auf dem Wege, das politische und wirtschaftliche Zusammenleben brüderlicher zu gestalten, ein Schritt zu einem Ziel, das der christlichen Sozialethik wesentlich ist, wenn auch die ganze Tragweite dieser Forderung viele Jahrhunderte hindurch nicht erkannt wurde.

Ein Schritt auf dem Wege der Demokratisierung kann auch in der politischen Repräsentativverfassung des Mittelalters gesehen werden. Demokratie bedeutet ja Zugangsmöglichkeit für möglichst viele zur politischen Mitbestimmung. Jede Verbreiterung des politisch mitbestimmenden Bevölkerungskreises ist ein Schritt vorwärts zur Demokratisierung. Das mittelalterliche Reich enthielt in seiner ständisch-repräsentativen Verfassung ein wichtiges demokratisches Element: Die Vollmachten der Kaiser und Könige waren begrenzt durch das Mitbestimmungsrecht zwar nicht jedes Staatsangehörigen, aber doch der oberen „Stände", des hohen Adels und des Klerus. Das hing rechtlich mit Feudalismus und Lehenswesen zusammen. Die ideellen Kräfte, die hinter dieser Einschränkung der kaiserlichen und königlichen Vollmachten standen, stammen aus Germanentum und Christentum. Germanischer Herkunft war die Auffassung, daß dem Staatsoberhaupt nicht absolute Herrschaft, sondern „Führung" zukommt, die „im Namen und mit Zustimmung der Volksgesamtheit ausgeübt wird, mag eine solche Zustimmung nun ausdrücklich erteilt oder stillschweigend vorausgesetzt sein"[19]). Mit diesem germanischen Führungsgedanken hing zusammen die Auffassung, daß das Staatsoberhaupt dem Volke Rechenschaft schuldig und in wichtigen Angelegenheiten an die Zustimmung der Ständeversammlungen gebunden ist, die zwar aus den oberen Volksschichten sich rekrutieren, aber doch die Anliegen aller Schichten zu vertreten haben.

Außer dieser germanischen Auffassung waren es christliche Einflüsse, die zur Bindung der politischen Führungsvollmachten und insofern zur Demokratisierung der politischen Verhältnisse im Mittelalter beitrugen. Hier sei nur zweierlei genannt: *Erstens* die sozialgeschichtlich so wichtige Tatsache, von der wir bereits gesprochen haben, daß das Christentum grundsätzlich zwischen geistlicher und weltlicher Autorität unterscheidet. *Hintze* hat darauf hingewiesen, daß in der Weltgeschichte überall da, wo diese Unterscheidung nicht gemacht wurde, der

---

[19]) *Otto Hintze*, Weltgeschichtliche Bedingungen der Repräsentativverfassung, in: Historische Zeitschrift 134 (1931), 7.

politische Herrscher entweder, wie im alten Ägypten, China und Japan, als ein auf Erden wandelnder Gott galt oder als ein unmittelbar Beauftragter und besonderer Schützling Gotttes, wie in Babylon und in den islamischen Reichen, oder der Kaiser wurde wegen seiner politischen und militärischen Erfolge vergöttlicht, wie *Alexander der Große* und die römischen Imperatoren. So erhielt die politische Autorität eine übergroße Verstärkung, und so war die weltanschauliche Bahn frei für einen schrankenlosen Absolutismus. Dagegen war durch die christliche Unterscheidung zwischen geistlicher und weltlicher Autorität, zwischen Kirche und Staat, von vornherein diesem schrankenlosen Herrentum der Weg verbaut, und es war der weltanschauliche Boden aufgelockert, auf dem das germanische Prinzip genossenschaftlicher Beauftragung des politischen Führers sich entfalten konnte.

Das *zweite* christliche Moment, das zur Stärkung der politischen Rechte der Repräsentativkörperschaften und damit zu einer gewissen Demokratisierung des mittelalterlichen Staates beitrug, lag in der Vorbildwirksamkeit, die die kleinen und großen kirchlichen Konzilien ausübten. Wie die Angelegenheiten der Kirche durch Mitberatung und Mitbestimmung der Bischöfe auf den Landes- und Provinzialkonzilien durch Vertreter der Domkapitel, Kollegialstifte und Dekanate mitberaten und mitentschieden wurden — das wirkte damals, wie *Hintze* nachgewiesen hat, auch als Vorbild für die politischen Repräsentativversammlungen und damit als Kräftigung des demokratischen Grundzuges innerhalb des herrschaftsständischen Rahmens der mittelalterlichen Politik.

Freilich, trotz alledem blieben politische Entrechtung und wirtschaftliche Ausnutzung einer breiten Bevölkerungsschicht im mittelalterlichen Sozialgefüge bestehen. Der christliche Brudergedanke hat sich erst im aufsteigenden Bürgertum des 13. Jahrhunderts als freie genossenschaftliche Einung zwischen Gleichberechtigten durchsetzen können. Kleine Gewerbetreibende und Patrizier, Handwerker, Kleinhändler, Großkaufleute und die ersten großindustriellen Unternehmer schlossen sich auf ihre Weise zusammen: in Zünften, Gilden und Kartellen — immer aber auf demokratische Weise, als grundsätzlich Gleichberechtigte. Man kann wohl sagen, daß die unter kirchlichen Bannern aufblühende spätmittelalterliche Stadtbürgerschaft bis dahin am getreuesten den christlich-demokratischen Gedanken der Vergenossenschaftlichung des politischen und wirtschaftlichen Lebens spiegelte[20]). Und es ist gewiß kein zufälliges Zusammentreffen, daß gerade in den neuen Orden des 13. Jahrhunderts, bei den Franziskanern und Dominikanern, die — zwar nicht in altchristlichen, wohl aber in mittelalterlichen Klöstern übliche — unterschiedliche Stellung der frei geborenen und der unfrei geborenen Mönche, wie der heilige Benedikt in seiner regula es gewollt hatte, wieder wegfiel.

Einen neuen Rückschlag erlitt die Demokratisierung unter dem politischen und wirtschaftlichen Zwangssystem des Absolutismus. „Es ist der große Ruhm der christlich-scholastischen Lehre von der Volkssouveränität", sagt *Nell-Breuning*,

---

[20]) Vgl. *Sigmund Rubinstein*, Herrschaft und Wirtschaft. Grundlagen und Aussichten der Industriegesellschaft, München 1930, 274.

„dem fürstlichen Absolutismus in Westeuropa, namentlich im spanischen Weltreich des 16./17. Jahrhunderts, als er seine höchste Machtentfaltung erreicht hatte, mit den glänzend geschliffenen Waffen des Geistes sich entgegengestellt zu haben"[21]).

Wir wollen bei der Darstellung dieser Lehre ausgehen von der wichtigen kirchenamtlichen Äußerung über die Volkssouveränität in der Radiobotschaft Papst *Pius' XII.* vom 24. Dezember 1944: „Grundlehren über die wahre Demokratie", in der das Recht des Volkes bejaht wird, zu bestimmen, wer regieren soll.

Was haben wir unter diesem Bestimmen zu verstehen? Bedeutet es nur ein Bezeichnen, designatio, der Menschen, die dann ihre Regierungsgewalt unmittelbar von Gott erhalten — wie die Vertreter der *Designationstheorie* meinen — oder ist dieses Bestimmen zugleich ein Übertragen, translatio, der Regierungsgewalt vom Volk auf bestimmte Personen — eine Auslegung, welche die Vertreter der *Translationstheorie* verfechten? Bei der translatio gilt das Volk als ursprünglicher irdischer Träger der Staatsgewalt, als der Souverän, so daß hier Demokratie ohne Zweifel tiefer begründet ist als bei der designatio. Die theologische Kontroverse: designatio oder translatio entstand, weil die Stelle in der Heiligen Schrift: „Denn es gibt keine Gewalt, die nicht von Gott (stammt)" (Röm 13, 1), eine unterschiedliche Auslegung zuläßt: Stammt die Gewalt unmittelbar oder mittelbar von Gott? Die Anhänger der beiden Theorien berufen sich auf *Thomas von Aquin,* der — allerdings in anderem Zusammenhang — ausführt: „Ich antworte, daß das Gesetz eine eigentümliche, erstrangige und hauptsächliche Ausrichtung auf das Gemeinwohl hat. Einer Sache — (und also auch dem Gesetz) — die Ausrichtung auf das Gemeinwohl (als Ziel) zu geben, ist aber Aufgabe entweder der Gesamtheit oder dessen, der die Gesamtheit vertritt. Daher kommt die Gesetzgebung entweder der Gesamtheit zu oder der öffentlich bestellten Person, der die Sorge für die Gesamtheit obliegt. Denn auch sonst überall hat derjenige auf das Ziel hin auszurichten, dem das betreffende Ziel wesenseigen ist"[22]. *Welty*[23]) und andere meinen, man könne diese Stelle nicht im Sinne der Translationstheorie und der Volkssouveränität auslegen, während *Tischleder*[24]) und andere der gegenteiligen Ansicht sind. Beide Richtungen berufen sich außerdem auf *Leo XIII.,* in dessen Enzyklika „Diuturnum illud" (1881) über den Ursprung der Staatsgewalt anscheinend eine Stelle die translatio ablehnt, wobei jedoch eine gewisse Unklarheit bestehenbleibt. Nachdem der Papst festgestellt hat, daß „die Katholiken das Befehlsrecht von Gott ab(leiten), als seinem natürlichen und notwendigen Ursprung", fährt er fort: „Es muß hier freilich bemerkt werden, daß in bestimmten Fällen die Staatsmänner nach Willen und Urteil des Volkes bestimmt werden können, ohne dadurch mit der katholischen Lehre in Widerspruch zu geraten. Durch eine solche Wahl wird wohl der

---

[21]) *Oswald von Nell-Breuning,* Zur christlichen Staatslehre, in: Wörterbuch der Politik 2, Freiburg ²1957, Sp. 52.
[22]) *Thomas von Aquin,* Summa theologica I-II 90, 3.
[23]) Vgl. *Eberhard Welty,* Herders Sozialkatechismus 2, Freiburg ²1953, 175 f.
[24]) Vgl. *Peter Tischleder,* Ursprung und Träger der Staatsgewalt nach der Lehre des hl. Thomas und seiner Schule, Mönchengladbach 1923, 87 ff.

Gewaltinhaber bezeichnet, aber nicht das Herrscherrecht verliehen, noch wird die Herrschaft übertragen, sondern es wird nur bestimmt, wer dieselbe auszuüben hat"[25]).

Es gibt aber eine *spätscholastische Tradition,* welche die Lehre von der Volkssouveränität und der translatio vertritt. *Tischleder* hat sie mit Bezug auf viele Theologen dargelegt[26]). Hier seien nur vier Dominikaner genannt: *Thomas Cajetan* († 1534), *Franz de Vitoria* († 1546), Begründer der berühmten Salmantizenserschule, *Dominicus de Soto* († 1560), *Domingo Báñez* († 1604) sowie zwei Jesuiten: *Franz Suarez* († 1617) und Kardinal *Franz Robert Bellarmin* († 1621)[27]). Diese Theologen waren mit ihrer Theorie Gegner des fürstlichen Absolutismus ihrer Zeit, der in Spanien vertreten wurde durch König *Karl I.* — als deutscher Kaiser: *Karl V.* († 1556) —, der die Rechte des Ständeparlamentes, der Cortes, mißachtete; in Frankreich dann durch die Könige des 17. und 18. Jahrhunderts. Sie alle waren der Überzeugung, ihre Gewalt stamme unmittelbar von Gott, sei „Gottesgnadentum", und fanden dabei die Unterstützung ihrer Hoftheologen, von denen z. B. Bischof *Bossuet* sagte, daß man einen König wegen verbrecherischer Taten nicht absetzen, sondern nur für ihn beten könne. Die genannten Theologen konnten sich darauf berufen, daß die Translationstheorie eine alte Theorie sei[28]. Viele Kanonisten des 12. Jahrhunderts wandten sich gegen die Einzigkeit der kaiserlichen Souveränität und vertraten die Meinung, auch die Könige sowie die Magistrate der Stadtstaaten seien in ihrem Bereich souverän. Die Souveränität der Magistrate, die vom Volke gewählt wurden und oft wechselten, konnte aber nur als auf der translatio beruhend verstanden werden. Entsprechend wurde vielfach auch die Souveränität der Könige gedeutet: als übertragen vom Volke. Im 19. Jahrhundert vertraten die meisten Theologen die Designationstheorie, nur wenige die Translationstheorie, unter ihnen der englische Kardinal *Manning* († 1892). Die Gegnerschaft katholischer Theologen und Staatsphilosophen dieser Zeit gegen die Lehre von der Volkssouveränität ist aus einer apologetischen Tendenz zu erklären: Sie versuchten, die rein irdische bzw. atheistische Deutung dieser Lehre durch die von der Französischen Revolution beeinflußten radikaldemokratischen Kräfte abzuwehren[29]).

---

[25]) Übers. nach *Emil Marmy* (Hrsg.), Mensch und Gemeinschaft in christlicher Schau. (Päpstliche) Dokumente, Freiburg/Schweiz 1945, Nr. 806 f. — Vgl. dazu *Peter Tischleder,* Die Staatslehre Leos XIII., Mönchengladbach 1925, 214—219: Die katholische Lehre vom Volksganzen als dem naturrechtlichen Träger der Staatsgewalt.

[26]) Vgl. *Peter Tischleder,* Ursprung und Träger der Staatsgewalt nach der Lehre des hl. Thomas und seiner Schule, Mönchengladbach 1923.

[27]) Vgl. *Thomas Cajetan,* Tractatus de comparatione auctoritatis Papae et concilii, 1511. — *Franz de Vitoria,* Praelectiones morales. — *Domingo Báñez,* De iure et iustitia, Salamanca 1594. — *Franz Suárez,* Tractatus de legibus ac Deo legislatore, Antwerpen 1613. — *Robert Bellarmin,* Disputationes de controversiis christianae fidei adversus huius temporis heareticos I, Köln 1615.

[28]) Vgl. *Sergio Mochi Onory,* Fonti canonistiche dell'idea moderna dello stato, Mailand 1951.

[29]) Vgl. *Hans Rommen,* Die Staatslehre des Franz Suárez S.J., Mönchengladbach 1926, 190 ff.

Außer der Radiobotschaft *Pius' XII.* zu Weihnachten 1944 ist für unser Thema wichtig seine Ansprache an die „Sacra Romana Rota" vom 2. Oktober 1945: „Der Unterschied zwischen der kirchlichen und der staatlichen Gerichtsbarkeit, aufgezeigt an deren je verschiedenem Ursprung und Wesen"[30]). Richterliche Gewalt, so führt der Papst aus, gibt es in Staat *und* Kirche. Auf Grund dieser Tatsache wird manchmal versucht, noch tiefer gehende Ähnlichkeiten zwischen Staat und Kirche aufzuzeigen, so insbesondere von den Anhängern des staatlichen Totalitarismus, der wegen seiner ungebührlichen Ausdehnung der Staatsgewalt in alle Lebensbereiche abzulehnen ist, und von den Vertretern des staatlichen „Autoritarismus", der, weil er die Bürger „von jeder wirksamen Teilnahme und jedem Einfluß bei der Bildung des sozialen Willens ausschließt" (nr. 2710), ebenso abzulehnen ist. Anders steht es mit der Demokratie: „Ohne Zweifel erfüllt eine wahre theoretische und praktische Demokratie jene Lebensnotwendigkeit einer jeden gesunden Gemeinschaft, von der wir gesprochen haben" (nr. 2713), nämlich „die Einheit in der Verschiedenheit ihrer Glieder dauernd zu bewahren" (nr. 2707), „innigst geeint im letzten Ziel, dem Gemeinwohl" (nr. 2711). Jene Lebensnotwendigkeit kann auch in anderen rechtmäßigen Regierungsformen erfüllt werden, sagt der Papst, und stellt damit fest, daß die Demokratie nicht die einzige annehmbare Staatsform ist (nr. 2713). Auch sie birgt ja eine Gefahr in sich, nämlich die, dem „Totalitarismus" und „Autoritarismus" einer einzigen Partei zu verfallen. Dann führt der Papst den Vergleich zwischen dem Staat in der Form der Demokratie und der Kirche fort, indem er sagt: „Wenn man sich andererseits die Hauptthese der Demokratie vor Augen hält, daß der ursprüngliche Träger der von Gott kommenden staatlichen Gewalt das Volk ist — eine These, die hervorragende christliche Denker zu allen Zeiten verfochten haben —, dann stellt sich der Unterschied zwischen der Kirche und dem Staat, auch dem demokratischen Staat, immer klarer heraus" (nr. 2715). Dazu gehört nach Meinung des Papstes die Tatsache, daß es keinen Anhaltspunkt dafür gibt, daß die Kirche wie die bürgerliche, staatlich erfaßte Gesellschaft auf natürliche Weise entstanden sei und sich entwickelt habe. Dann erklärt der Papst weiter: „In einem Punkt fällt aber der grundlegende Unterschied zwischen Staat und Kirche besonders klar auf. Die Gründung der Kirche als Gesellschaft vollzog sich im Gegensatz zum Ursprung des Staates nicht von unten nach oben, sondern von oben nach unten" (nr. 2717). Die kirchliche Gewalt kommt also direkt von Gott, von oben. Der Papst zitiert dazu den Canon 109 des kirchlichen Rechtsbuches: daß man in die kirchliche Hierarchie aufgenommen wird „nicht auf Grund der Zustimmung oder der Berufung von seiten des Volkes oder der weltlichen Macht" (nr. 2719). Bei der Benennung hat das christliche Volk oder die staatliche Gewalt zwar oft mitgewirkt, aber das war bloß designatio, nicht translatio. Translatio gibt es nur bei der staatlichen Gewalt. In bezug auf den Staat ist die Translationstheorie also nicht mehr ab-

---

[30]) Vgl. *Arthur-Fridolin Utz — Joseph-Fulko Groner* (Hrsg.), Aufbau und Entfaltung des gesellschaftlichen Lebens. Soziale Summe Pius' XII. 2, Freiburg/Schweiz o. J., Nr. 3467—3510 und 2702—2724.

zulehnen, wie das noch *Meyer, Cathrein* und neuerdings *Fellermeier* tun[31]). Anders als im Staat ist in der Kirche der ursprüngliche Träger der Gewalt, die höchste richterliche Gewalt, die höchste Appellationsinstanz niemals die Gemeinschaft der Gläubigen" (nr. 2721), sagt *Pius XII.* in seinen Schlußfolgerungen. Im Staat also gibt es echte Volkssouveränität, die Gewalt innehat und Gewalt übertragen kann, in der Kirche nicht.

Das politische und wirtschaftliche Zwangssystem des Absolutismus, gegen das sich die christlich-scholastische Lehre von der Volkssouveränität richtete, brach in der Französischen Revolution und ihren Auswirkungen auf andere Länder zusammen. Das Bürgertum setzte, unter Berufung auf die urchristlichen Ideen der Freiheit, Gleichheit und Brüderlichkeit, seinen politischen und wirtschaftlichen Freiheitswillen durch. Das System der politischen Entrechtung und wirtschaftlichen Ausnutzung großer Bevölkerungsschichten durch absolutistische Könige und Fürsten ließ sich nicht mehr aufrechterhalten, weil die urchristlichen Gedanken der Brüderlichkeit und Genossenschaftlichkeit im allgemeinen Bewußtsein schon zu weit entfaltet waren — auch bei den Menschen, die bewußt keine Christen mehr sein wollten.

Mit welchem Recht deuten wir die Parolen der Französischen Revolution so christlich? Nun, dafür können wir uns auf namhafte Forscher berufen. So hat *Rheinfelder* nachgewiesen, daß die Wörter „liberté", „égalité" und vor allem „fraternité" Gedanken ausdrücken, die „in christlicher Luft geboren oder wenigstens stark geworden sind"[32]). Die Forderungen der Freiheit der Arbeitskraft und des Konsums sowie der Gleichheit der politischen Grundrechte und der wirtschaftlichen und kulturellen Chancen haben in der Tat ihre hinreichende Begründung nur in der christlichen Idee der Brüderlichkeit. Die Überzeugung davon und das Gefühl dafür waren im ersten Stadium der Französischen Revolution allgemein und sehr lebendig. Aber dann kam — seit 1792 — das zweite Stadium, der Blutterror, das Schreckensregiment der Jakobiner, die Diktatur einer entfesselten „Ochlokratie", wie *Aristoteles* sagen würde. Durch diesen Umschlag wurde jenes tragische Mißverständnis verursacht, von dem *Maritain* gesprochen hat, ein Mißverständnis, das darin bestand, daß „führende Kräfte der christlichen sozialen Kreise ein Jahrhundert hindurch im Namen der Religion die demokratischen Bestrebungen bekämpften", während „die führenden Kräfte der modernen Demokratien ein Jahrhundert hindurch im Namen der Freiheit das Evangelium und das Christentum ablehnten"[33]). Es war hier wie so oft bei großen geschichtlichen Ereignissen, daß Gutes und Böses, Wahrheit und Irrtum so sehr miteinander vermischt sind, daß es lange dauert, ehe wir beides voneinander scheiden können. Heute sind wir imstande, jenes tragische Mißverständnis

---

[31]) Vgl. *Theodor Meyer*, Institutiones iuris naturalis 2, 1900, Nr. 412. — *Viktor Cathrein*, Moralphilosophie 2, Freiburg ⁶1926, 512. — *Jakob Fellermeier*, Abriß der katholischen Gesellschaftslehre, Freiburg 1956, 128.

[32]) *Hans Rheinfelder*, Die Ideale der französischen Revolution in ihrer überzeitlichen Gültigkeit, München 1947.

[33]) *Jacques Maritain*, a. a. O., 26.

zu durchschauen. In der Überzeugung, daß die christlichen Lehren der allgemeinen Gotteskindschaft und der Brüderlichkeit auf die Dauer mit keinem politischen und wirtschaftlichen Privilegiensystem vereinbar sind, müssen wir die politische und wirtschaftliche Befreiung des Bürgertums durch die Französische Revolution und durch ihre Ausstrahlungen bejahen.

Aber da waren neben dem befreiten Dritten Stand noch die Massen des sogenannten Vierten Standes: die aus Leibeigenschaft und Hörigkeit entlassenen, von der Scholle rechtlich gelösten Landarbeiter, ferner die vermögenslosen Lohnarbeiter und die durch das Aufblühen der Industrie verarmten Handwerker in den Städten. Diese Menschen waren infolge ihrer allzu ungünstigen Startbedingungen dem Besitzbürgertum im wirtschaftlichen Wettbewerb nicht gewachsen. Aus der Hörigkeit unter den Grundherren entlassen, gerieten sie in die „Fabrikhörigkeit", der sie sich vielfach nur um den Preis des Verhungerns hätten entziehen können. Das waren die Proletariermassen, Menschen, die nichts besaßen als ihre Arbeitskraft, die sie zum wechselnden Marktpreis anbieten mußten wie eine Ware. Dauernde Existenzunsicherheit, wie sie die mittelalterlichen Hörigen bei all ihrer Armut und Lebensenge doch nicht gekannt hatten, war das Los der Proletarier. Trotz ihrer rechtlichen Freiheit waren sie gezwungen, in fremden Betrieben fremdbestimmte Arbeit zu tun — in mechanischen Einzelverrichtungen, deren technischer und wirtschaftlicher Sinn ihnen vielfach undurchschaubar war; und das alles zu Bedingungen, die damals einseitig nur von den kapitalbesitzenden Unternehmern festgesetzt und den Proletariern aufgezwungen wurden —, bis diese sich zur Selbsthilfe in großen Organisationen, Parteien und Gewerkschaften zusammenschlossen und bis die staatliche Sozialpolitik, besonders im letzten Drittel des 19. Jahrhunderts, einsetzte, die Papst *Leo XIII.* in der Enzyklika „Rerum novarum" so nachdrücklich befürwortet hat. Der proletarische Wirtschafts*untertan* wollte zum Wirtschafts*bürger* werden. Auch die Lohnarbeiter und Angestellten wollten teilhaben an der Demokratisierung wie des politischen so auch des wirtschaftlichen Lebens.

Für das erste Stadium christlich-demokratischer Bestrebungen in der Wirtschaft verweisen wir auf unsere Ausführungen über die christlich-soziale Bewegung im 19. Jahrhundert und über die katholischen Bestrebungen zur Neuordnung von Wirtschaft und Gesellschaft im 20. Jahrhundert.

In ein zweites Stadium traten die christlich-wirtschaftsdemokratischen Bestrebungen in Deutschland, als auch christliche Sozialpolitiker nach dem Ersten Weltkrieg für das Betriebsrätegesetz von 1920 mit seinen Ergänzungen von 1921 und 1922 eintraten, und als nach dem Zweiten Weltkrieg christliche Unternehmer und Arbeitervertreter sich für das Gesetz über die Mitbestimmung in den Aufsichtsräten und Vorständen des Bergbaues und der Eisen und Stahl erzeugenden Industrie von 1951 und für das Betriebsverfassungsgesetz von 1952 aussprachen. Ferner wäre noch besonders zu nennen die von der katholischen Arbeiterbewegung, vom Bund katholischer Unternehmer, von den wissenschaftlichen Vertretern der christlichen Soziallehre und manchen anderen christlichen Kreisen beider Konfessionen gemachten Vorschläge, die auf neue rechtliche und soziale

Formen der Unternehmungen und Betriebe zielen: die Gewinnbeteiligung der Arbeitnehmer; das Miteigentum der Arbeiter am arbeitgebenden Unternehmen, indem die Arbeitnehmer ihre Gewinnanteile als Kapitalanteile stehenlassen; die Kapitalbeteiligung der Arbeitnehmer an fremden Unternehmungen in Form von Kleinaktien und sogenannten Investment-Papieren, die von treuhänderischen Kapitalanlage-Gesellschaften für den mit den komplizierten Verhältnissen des Börsenmarktes nicht vertrauten Arbeiter und kleinen Angestellten verwaltet werden, u. a. m.

Es läßt sich nicht bestreiten, daß diese Gesetze und Reformvorschläge mit mancherlei Schwierigkeiten und Gefahren verbunden sind. Die Schwierigkeiten sind psychischer, organisatorischer, wirtschaftsrechtlicher und steuerrechtlicher Art. Eine ernste Gefahr der betrieblichen Mitbestimmung liegt nach der Ansicht christlicher Sozialpolitiker darin, daß sie als Mittel und als Durchgangsstadium zur Verstaatlichung aller Betriebe oder doch aller Großbetriebe benutzt werden könnte. Eine so weitgehende Verstaatlichung führt nicht zur freien Partnerschaft der wirtschaftenden Menschen, sondern zur Diktatur einer kleinen Gruppe, die über den Staatsapparat verfügt und die mit dem Brotkorb auch die geistige, kulturelle und die religiöse Freiheit der anderen in der Hand hat. Solche Gefahren und möglichen Schwierigkeiten muß man sehen.

Aber welches große Ziel wäre je ohne Gefahren und Schwierigkeiten erreicht worden! Die Gefahr der staatlichen Wirtschaftsdiktatur ist vermeidbar, die organisatorischen und rechtlichen Schwierigkeiten sind überwindbar, wenn die Beteiligten einerseits nicht an der Autokratie der Großkapitalisten und der von ihnen Beauftragten, der Großmanager, festhalten und andererseits auch nicht eine Diktatur der Arbeitnehmerfunktionäre anstreben, sondern aufrichtig nach wirklicher Partnerschaft, nach echter Wirtschaftsdemokratie streben.

4. Pseudotheologischer Einwand gegen demokratische, insbesondere wirtschaftsdemokratische Bestrebungen

Gerade auf christlicher Seite wird manchmal gegen demokratische Bestrebungen ein grundsätzlicher Einwand gemacht. Man weist hin auf die Folgen der Ursünde und sagt: Da die Menschen infolge der Ursünde zum Bösen neigen, zur Trägheit, zum Egoismus, zur Verantwortungslosigkeit, kann ein wirklich genossenschaftliches Verhältnis in Staat und Wirtschaft nicht bestehen. Die Menschen müssen geleitet und regiert werden auch ohne ihre Zustimmung und Mitbestimmung. Für so etwas werden sie nie reif und mündig genug werden.

Zu diesem Einwand ist zu sagen, daß er eine mißbräuchliche Argumentation mit theologischen Lehren und eine recht inkonsequente Beweisführung ist. In Wahrheit sagt die christliche Offenbarung und Theologie, wie man im Römerbrief des heiligen Paulus nachlesen kann, daß *alle* Menschen von den Folgen der Ursünde betroffen sind, also nicht nur die Regierten und die kapitallosen Arbeitnehmer, sondern auch die Regierenden und die Großkapitalisten, die

Besitzer-Unternehmer und die Wirtschaftsmanager. Wenn man schon diese christliche Glaubenslehre von der Erbsünde mit in die Diskussion über die Probleme der Wirtschaftsdemokratie einbezieht, dann kommt man nicht daran vorbei, die unbestreitbaren Mißstände und sozialethischen Schäden gerade der autokratisch geleiteten Großbetriebe mit dem reinen Lohnarbeitsverhältnis im 19. und 20. Jahrhundert *auch* in Zusammenhang zu bringen mit den Folgen der Ursünde. Auf die Folgen der Ursünde nur bei den Arbeitnehmern hinzuweisen, das nennen wir eine pseudotheologische Argumentation.

Freilich, die christliche Ursündenlehre liefert in der Tat einen wichtigen Beitrag für jede christliche Erwägung über Formen des staatlichen und wirtschaftlichen Zusammenlebens. Nach christlicher Lehre ist durch den Ursündenfall und seine Folgen für uns alle der Verstand geschwächt in der Erkenntnis der wahrhaft erstrebenswerten Lebensziele und in der Erkenntnis der rechten Mittel und Wege dazu. Daraus ergibt sich für unser Thema die Notwendigkeit des mühsamen Lernens, ehe jemand über komplizierte politische, wirtschaftliche, technische Verhältnisse sachverständig mitreden kann.

Nach christlicher Lehre ist durch den Ursündenfall und seine Folgen ferner der Wille zum Guten, zur Gerechtigkeit und zur solidarischen Mitverantwortung geschwächt. Daraus ergibt sich für unser Thema die Notwendigkeit einer charakterlichen Übung und Bewährung, zunächst in kleinen Aufgabenkreisen, und die Notwendigkeit der entsprechenden Auslese derer, die in genossenschaftlich-demokratischen Sozialgebilden politischer und wirtschaftlicher Art mit leitenden Funktionen betraut werden sollen. Wie in der staatlichen als auch in der Wirtschaftsdemokratie ist die Bildung von Eliten von größter Bedeutung. Im Bereich der Wirtschaft unterliegt sie einer besonderen Problematik. Es liegt natürlich im Interesse der Unternehmungs- und Betriebsvorstände, sich tüchtige Nachwuchskräfte für Leitungsaufgaben auszulesen und heranzubilden. Aber es gibt keinen Automatismus der frei konkurrierenden Selbstinteressen, der zu einer Führungselite der Wirtschaft führt, die das wirtschaftliche Gesamtwohl eines Volkes bewußt und wirksam anstrebt. Der Weg zur Bildung einer solchen Elite kann nur bestehen in einer sozialethischen Erziehung und Selbsterziehung, die alle mit wirtschaftlichen Leitungsaufgaben Betrauten bewegt, über die Verfolgung des jeweiligen Sonderinteresses hinauszuschauen und dem wirtschaftlichen Gesamtwohl des Volkes zu dienen. Wenn man diese Notwendigkeit übersieht, bringt man durch seine Wirklichkeitsfremdheit natürlich alle wirtschaftlich-demokratischen Bestrebungen in argen Mißkredit. Ein allgemeines Mitreden und Mitbestimmen aller — ohne Sachkenntnis und ohne erhöhte Verantwortungsbereitschaft — kann keinem besonnenen Menschen als ein erstrebenswertes Ziel gelten.

Die Menschheit steht vor der weltgeschichtlichen Aufgabe, das Zusammenleben der Menschen nach den Prinzipien echter Demokratie, Partnerschaft und Genossenschaftlichkeit zu gestalten und dabei doch funktionsfähige Formen zu finden für die im politischen wie im wirtschaftlichen Leben unentbehrliche Konzentration der Leitungsvollmachten. Ein vom christlichen Glauben erleuchteter

Wirklichkeitssinn wird, im Maße er von der christlichen Idee der Brüderlichkeit erfüllt ist, nicht aufhören, sich dafür einzusetzen, daß, um noch einmal *Maritain* zu zitieren, aus dem Gebäude unserer Gesetze und Einrichtungen „ein Haus für Brüder" werde. Denn, so sagte Papst *Pius XII.* in der Weihnachtsansprache über Kirche und Demokratie im Jahre 1944: „Soll die Zukunft der Demokratie gehören, dann muß ein wesentlicher Teil der Erfüllung ihrer Aufgabe der Religion Christi und der Kirche zufallen, die die Künderin der Predigt des Erlösers und die Fortsetzerin seiner Heilsmission ist"[34]).

---

[34]) *Utz-Groner* (Hrsg.), Aufbau und Entfaltung des gesellschaftlichen Lebens. Soziale Summe Pius' XII. 2, Freiburg/Schweiz o. J., Nr. 3503.

19. Kapitel

Die Kirche in der säkularisierten Umwelt

1. Die Bedeutung des Naturrechts

Die religiös und weltanschaulich gespaltene Gesellschaft unseres Zeitalters kann ein zum gedeihlichen Zusammenleben tragfähiges Fundament nur in einer Naturrechtslehre finden, die auch ohne den christlichen Offenbarungsglauben sinnvoll zu bejahen ist, einer Naturrechtslehre also, die die natürlich erkennbaren allgemeingültigen Sozialnormen umfaßt. An der Möglichkeit einer Naturrechtslehre hat katholisches Denken gegenüber dem Rechtspositivismus des 19. und 20. Jahrhunderts immer festgehalten. Auch protestantische Denker unserer Zeit erkennen in Auseinandersetzung mit dem radikalen Supranaturalismus nachlutherischer Theologen mehr und mehr die Unentbehrlichkeit einer naturrechtlichen Grundlage für eine wirksame Sozialethik der weltanschaulich gespaltenen Gesellschaft.

a) Die rationalistische Naturrechtslehre

Wir unterscheiden hauptsächlich drei Etappen und Formen der Naturrechtslehre: die antike — *Aristoteles* und die *Stoa* gehören dazu —, die christliche — anknüpfend an die Antike sind ihre wichtigsten Vertreter *Augustinus, Thomas von Aquin* und *Suarez* — und die neuzeitliche Lehre vom Naturrecht, deren Blütezeit im 17. und 18. Jahrhundert lag. Die Lehre der dritten Etappe wird in der modernen sozialwissenschaftlichen und juristischen Literatur vielfach als *das* Naturrecht schlechthin bezeichnet.
Warum aber werden Neuzeit und Naturrecht in so enge Beziehung gebracht? Bei manchen Darstellern der Geistes- und Rechtsgeschichte ist ein — formaler — Grund darin zu suchen, daß sie die antike und die christliche Naturrechtslehre nicht näher oder nur in Verzerrungen kennen. Ein zweiter — sachlicher — Grund aber liegt in der neuzeitlichen Naturrechtslehre selber, in einer besonderen Eigenart dieser Lehre: Man leitete aus der Natur des Menschen, wie man sie jeweils verstand, eine Anzahl ganz allgemeiner Rechtsnormen ab, z. B. „Jedem das Seine", „Man darf keinem ein Unrecht antun", „Pacta sunt servanda, Verträge müssen gehalten werden" u. a. m. Diese allgemeinen Rechtsnormen sind richtig. Es gibt ohne Zweifel Postulate, die erfüllt werden müssen, wenn der Mensch in dem, was zu seinem Wesen gehört, oder was zu seiner Wesensentfaltung notwendig ist, in dem also, was ihn erst recht zum Menschen macht, nicht geschädigt oder gehindert werden soll. Aber weiterhin glaubte man nun, mit Deduktionen aus diesen Postulaten das menschliche Sozialleben für *alle* Zeiten, Länder und Völker regeln und in idealer Form gestalten zu können, ohne daß man noch etwas anderes dabei berücksichtigen müßte. Die früheren Lehrer des Naturrechts hatten darüber anders gedacht. Für sie war das Natur-

recht *ein* Element zur Regelung des sozialen Lebens, nicht das einzige. Jetzt aber nannte man die gesamte Soziallehre (einschließlich Sozialethik, Rechtswissenschaft i. w. S.) Naturrechtslehre oder Lehre vom „Vernunftrecht".
Um zu verstehen, warum das Naturrecht in der Neuzeit als so überaus wichtig erscheinen konnte, ist folgendes zu bedenken. Im Mittelalter wurde das Zusammenleben der Menschen in Familie, Staat und Wirtschaftsgesellschaft grundsätzlich durch die kirchliche Soziallehre normiert. Die auf dem Offenbarungsglauben beruhende christliche Soziallehre lieferte das Leitbild für das gesamte Sozialleben. In dieser Offenbarungslehre waren auch die Sätze des Naturrechts enthalten. Aber es bestand kein Anlaß, diese Sätze in dem Sinne aus der sozialen Sittenpredigt herauszulösen, daß man unabhängig vom Offenbarungsglauben eine soziale Sittenlehre formuliert hätte, mit der allein man auskommen zu können glaubte; denn im Mittelalter anerkannte fast die ganze abendländische Menschheit das Weisungsrecht der kirchlichen Lehrverkündigung. Als aber später durch Glaubensspaltungen und den Zerfall des Kaiserreiches, durch zahlreiche Religions- und Bürgerkriege die abendländische Menschheit entzweit wurde, ergab sich — nicht mehr bloß theoretisch, sondern auch praktisch — die Notwendigkeit, sozialethische Grundlagen zu suchen, die den gemeinsamen Boden bilden konnten, auf dem Katholiken, Lutheraner und Calviner, offenbarungsgläubige Christen und ungläubige Renaissanceheiden sich über die Gestaltung des Soziallebens in demselben Staate und über das Zusammenleben der Staaten miteinander einigen konnten. Zugleich waren diese Grundlagen notwendig als gemeinsamer Boden, auf dem Handels- und Wirtschaftsbeziehungen zwischen christlichen und heidnischen Völkern rechtlich geregelt werden konnten.
Sollte diese soziale Sittenlehre aber das Kampfverhältnis zwischen den Konfessionen und zwischen den Völkern beenden oder in rechtliche Bahnen lenken, so mußte sie nicht nur allgemeingültig sein, sondern auch die konkrete Wirklichkeit gestalten können. Das Naturrecht der mittelalterlichen Theologen enthielt nur allgemeine Sätze, prima principia. Den daraus abgeleiteten Folgerungen schrieb man einen um so geringeren naturrechtlichen Rang zu, sprach man den eigentlich rechtlichen Charakter in dem Maße ab, wie sich diese Konklusionen von den obersten, allgemeinen prima principia entfernten. Mit dem, was als eigentlichstes Naturrecht galt, mit den prima principia allein („Jedem das Seine", „Was du nicht willst...") konnte man aber die konkrete soziale Wirklichkeit nicht gestalten. Dazu waren diese Sätze nicht „wirklichkeitsmächtig" genug; sie waren bloß allgemeine ideale Sätze, denen die konkreteren Gesetze der Staaten und der anderen Sozialgebilde nicht widersprechen durften. Das Ganze war ein sehr allgemeiner, weitgespannter Rahmen, ein ethisches Rahmenrecht, ausgefüllt durch Gewohnheitsrecht, gesetztes Recht und auch durch die konkreten Lebensanweisungen, die von der Person und der Lehre Jesu Christi ausgehen und in konkreter Form von der Kirche verkündet werden. Was aber jetzt — im Zeitalter der konfessionellen Spaltungen und des deistischen Humanismus — unter kirchlichen, politischen, wirtschaftlichen und rechtlichen Gesichtspunkten als notwendig erschien, das war ein Zusammenhang von konkreten

ethischen und rechtlichen Sätzen, die allgemein zumutbar, d. h. ohne Offenbarungsglauben verpflichtend erkennbar und erfüllbar waren. Man griff deshalb Gedanken der Antike: der *Sophisten*, des *Sokrates*, *Platon*, *Aristoteles*, der *Stoa*, dann des heiligen *Augustinus* und der mittelalterlichen Theologen auf, die alle in irgendeinem Sinne vom Naturrecht gesprochen hatten, formte sie um und übersteigerte sie. Das Naturrecht sollte ein ausreichender Normenkatalog für Menschen und Völker *aller* Länder und Zeiten sein.

Es finden in dieser Form des Naturrechts also keine Berücksichtigung einmal geographische, völkerpsychologische, geschichtliche und individuelle Besonderheiten, zum anderen die Möglichkeit echten Wachstums an philosophischen und ethischen Erkenntnissen, die die Menschen selber ändern und vor neue Aufgaben im Sozialleben stellen können. Darum ist diese rationalistisch-naturrechtliche Soziallehre so uniformierend und starr und so überaus anspruchsvoll[1]).

b) Vergleich zwischen der rationalistischen und der katholischen Naturrechtslehre

Wie wir schon sagten, ist das katholische Naturrecht ein Rahmenrecht, d. h. es werden darin nur die allgemeinsten Rechtsnormen des Sozialebens ausgesprochen, welche die katholische Naturrechtslehre im Sein des Menschen begründet sieht. Es ist nicht möglich, aus diesem relativ wenig gefüllten katholischen Naturrecht ein konkretes wirklichkeitsmächtiges Recht zu deduzieren. Als Rahmenrecht muß es noch ergänzt, noch ausgefüllt werden. Die Frage ist: Woher kommen diese ausfüllenden Bestimmungen? Sie sind nach *Thomas von Aquin* aus den „diversae conditiones hominum", den „verschiedenen Lebensbedingungen der Menschen" zu entnehmen[2]). Diese Lebensbedingungen erkennen wir nicht mit der auf das Allgemeine gerichteten ratio allein, sondern auch aus der experientia, der Erfahrung. Hier muß also das Geschichtliche zu seinem Recht kommen. Im Zusammenhang von Sein und Sollen im sozialen Leben haben die geschichtlichen Besonderheiten ihre notwendige Stelle.

Das haben allerdings manche neuzeitlichen katholischen Theologen in ihrem Kampf um die Verteidigung der alten Naturrechtslehre nicht genug beachtet. Sie haben zu sehr nur Ideen-Diskussion getrieben, zu ausschließlich deduktive Theorien geliefert. Gegenüber dem Rechtspositivismus haben sie die große Rolle des Empirischen, Geschichtlichen zu wenig betont und die Menschennatur zu starr aufgefaßt. Zwar ist auch bei *Thomas* faktisch die empirische Basis ziemlich schmal. Das ist verständlich, wenn man bedenkt, daß geschichtliche und völkerkundliche Kenntnisse damals gering waren. Aber grundsätzlich ist bei ihm und den anderen klassischen Vertretern der christlichen Naturrechtslehre Raum für die geschichtlich-konkreten Besonderheiten.

Zwischen der rationalistischen und der katholischen Naturrechtslehre besteht also ein dreifacher Unterschied:

---

[1]) Über die Hauptvertreter der rationalistischen Naturrechtslehre, die unterschiedliche Begründung ihrer Lehre und die geistesgeschichtlichen Gegenbewegungen vgl. *Nikolaus Monzel*, Katholische Soziallehre 1, Köln 1965, 210 ff. (Hrsg.).
[2]) *Thomas von Aquin*, Summa theologica suppl. qu. 41. a. I. ad 3.

(1) zunächst ein *formaler*. Das katholische Naturrecht bietet nur einen verbindlichen Rahmen, der zur ethischen Gestaltung der sozialen Wirklichkeit ausfüllender Bestimmungen bedarf, die sich aus der Berücksichtigung der „Umstände" ergeben. Demgegenüber ist das rationalistische Naturrecht, das seine abstrakten Deduktionen für eine immer und überall verbindliche und ausreichende Sittenlehre hält, zu starr, zu geschichtsfremd und zu formal.

(2) Der Unterschied ist aber auch ein *inhaltlicher*. Viele Vertreter des Naturrechts des 17. und 18. Jahrhunderts sahen primär den isolierten Einzelnen, gleichsam als Robinson, dem sie etwa sagten: Wenn du nun unter die Menschen kommst, mußt du dieses und jenes tun (naturrechtliche Pflichten), weil du ja (aus Selbstliebe und Selbsterhaltungstrieb) ganz natürlich verlangst, daß sich die anderen dir gegenüber auch so verhalten. Dagegen sah die Naturrechtslehre der christlichen Denker des Mittelalters den Einzelnen mit seiner Individualität gleichursprünglich in natürliche Gemeinschaftsbindungen hineingestellt, in Familie, Staat und Völkergemeinschaft. Sie suchten den Ursprung der Sozialbindungen nicht nur in egoistischen und auch nicht nur in eudämonistischen und utilitaristischen Motiven, sondern in dem auf Individualität *und* Gemeinschaft angelegten Wesen des Menschen. Darum sahen sie den Einzelnen den Sozialverbindungen von vornherein naturrechtlich verpflichtet, nicht erst auf Grund der Selbstliebe des isoliert gedachten Individuums.

(3) Ein dritter Unterschied zwischen rationalistischer und katholischer Naturrechtslehre besteht in ihren *Auswirkungen*. Die aus der rationalistischen Naturrechtslehre sich ergebenden vielfältigen guten und schlechten Auswirkungen hat *Rommen* in seinen Untersuchungen über „die ewige Wiederkehr des Naturrechts" ausführlich beschrieben[3]). In ihren Extremen reichen sie von der Förderung absolutistischer bis zur Förderung revolutionärer Tendenzen. Wenn man der Meinung ist, die bestehenden positiven Rechtssetzungen und -einrichtungen eines Landes seien alle von naturrechtlichem Rang, dann ergibt sich das konservative Naturrecht wie z. B. bei *Hobbes*. Oder man ist der Meinung, die bestehenden Rechtssetzungen seien nicht von naturrechtlichem Rang, dann ergibt sich eine revolutionäre Naturrechtslehre, z. B. die von *Rousseau*, weil auf jeden Fall alle positiven Rechtsbestimmungen sich aus dem Naturrecht herleiten lassen müssen, also direkt oder indirekt Naturrecht sein müssen. Auch heute noch besteht die Gefahr einer anarchistisch-revolutionären Wirkung der Berufung auf ein rationalistisches Naturrecht. Im Vergleich zur rationalistischen ist die katholische Naturrechtslehre ihren Auswirkungen nach durchschaubarer und nicht so starr konservierend bzw. ungestüm: Entweder ist sie gemäßigt konservativ, soweit die bestehende Sozialordnung im großen und ganzen mit dem Naturrecht vereinbar, oder reformerisch in dem Maße, als die bestehende Sozialordnung mit dem Naturrecht nicht vereinbar ist[4]).

---

[3]) Vgl. *Heinrich Rommen*, Die ewige Wiederkehr des Naturrechts, München ²1947, 110 ff.
[4]) Hier war ein weiterer Abschnitt vorgesehen: Die Diskussion über das Naturrecht in der Gegenwart (Hrsg.).

c) Naturrecht und Offenbarung

Die in der alttestamentlichen Offenbarung enthaltenen Soziallehren sind zum größten Teil mit den allgemein erkennbaren natürlichen Soziallehren identisch. Es gibt zwar einiges im Alten Testament, was darüber hinausgeht: prophetische Andeutungen über die Kirche, die dann im Neuen Testament als corpus Christi mysticum und damit als soziales Lebensprinzip der Menschheit geoffenbart wird, aber diese Andeutungen, vor allem die bei Jesaja, sind so verhüllt, daß die Kirche daraus keine eigentlich christlichen Soziallehren schöpfen kann. Was also dem Alten Testament an dauernd gültigen Soziallehren entnommen werden kann, das deckt sich mit den allgemeinen und auf natürliche Weise erkennbaren sozialen Grundsätzen.

Da das Alte Testament durch das Neue Testament als authentisch anerkannt wird, sind damit auch die natürliche Sozialerkenntnis und die natürliche Sozialethik legitimiert. Innerhalb der Offenbarungslehre der Kirche, innerhalb der kirchlichen Lehrverkündigung haben sie ihren berechtigten Platz. Jedoch ist die natürliche Sozialethik mit der katholischen Soziallehre nicht einfach identisch, sie ist nur in ihr mitenthalten. Was das Neue Testament über die Kirche als corpus Christi mysticum und damit über das Lebensprinzip der menschlichen Gesellschaft sagt, geht über die Klarstellung des natürlichen Sittengesetzes und damit auch über die natürliche philosophische Ethik hinaus.

Die allgemeingültigen und natürlich erkennbaren Normen sind Rechtsnormen; sie sind Leitideen für die positive Gesetzgebung. Die Vertiefung aber, die notwendige Fundierung der Gesetzgebung durch die Liebe, ist erst durch die neutestamentliche Offenbarung erkannt und geboten worden. Zwar stehen auch im Alten Testament die Gebote der Gottes- und Nächstenliebe. Aber Gesetz und Liebe stehen dort nebeneinander. Das Neue, das Jesus bringt, ist die Fundierung des Gesetzes durch die Liebe. Jesus antwortet auf die Frage des Schriftgelehrten nach dem Hauptgebot im Gesetz mit dem Wortlaut der beiden alttestamentlichen Gebote der Liebe zu Gott und dem Nächsten, setzt aber hinzu: Daran „hangen das ganze Gesetz und die Propheten" (Mt 22, 34—40). Ähnliches schreibt Paulus an die Römer: „Denn wer den anderen liebt, hat das Gesetz erfüllt", und „darum ist die Liebe des Gesetzes Erfüllung" (Röm 13, 8—10)[4a].

Natürliche Sozialerkenntnisse und geoffenbarte Soziallehre bestehen also nicht nebeneinander. Wir fügen hinzu: sie stehen auch nicht übereinander, so daß der Christ einen „unteren" Bereich des Soziallebens, etwa staatliches und gewerbliches Leben, nur nach der natürlichen Sozialerkenntnis gestalten könnte und erst für gewisse Höhenbezirke, etwa die intimeren Bereiche der Familie, die privaten persönlichen Beziehungen u. ä., das Licht der christlichen Offenbarungslehre in Anspruch nehmen dürfte und müßte. Dadurch entstünde eine sogenannte „Stockwerkstheologie", deren zwei Teile bloß äußerlich miteinander verbunden

---

[4a]) Zur Fundierung des Gesetzes durch die Liebe vgl. *Nikolaus Monzel,* Die Sehbedingung der Gerechtigkeit, in: Solidarität und Selbstverantwortung, München 1959, 53—74.

wären und dadurch allzuleicht voneinander getrennt werden könnten. Diese Stockwerkstheologie, die auch in katholischen Lehrbüchern zu finden ist, bedeutet eine Verfälschung der katholischen Lehre, nämlich eine falsche Auslegung des Satzes: Gratia supponit naturam. Natürliche und geoffenbarte Sozialerkenntnisse stehen nicht nebeneinander oder übereinander, sie bilden vielmehr ein Ineinander. Die natürlichen Sozialerkenntnisse haben innerhalb der positiv geoffenbarten Erkenntnisse ihren Platz und werden erst hier in ihren tieferen Sinnzusammenhängen deutlich[5]).

d) Naturrecht und Geschichte

Bei der Beurteilung des Soziallebens besteht für den Theologen die Gefahr, nur „das Ewige im Menschen" zu sehen[6]). Wir müssen uns aber vor einer statischen Auffassung des Soziallebens hüten. Der große Theologe aus der Genossenschaft der Oratorianer, *Alphonse Gratry,* sagt: „Die Theologie läßt den Geist des Menschen mitunter erstarren"[7]). Doch die Verwalter des kirchlichen Lehramtes wissen, daß der Mensch, mit dem sie es zu tun haben, nicht der abstrakte Mensch in einer gleichbleibenden Umwelt ist. Das Leben und die Geschichte der menschlichen Gesellschaft sind ein vielgestaltiger, nicht umkehrbarer Prozeß. Es können noch nie dagewesene Situationen, Nöte und Aufgaben an den Menschen herantreten. Ja, im Grunde ist jede neue soziale Situation noch nie dagewesen. Sie trägt die Nachwirkung der ganzen, immer mehr anschwellenden Vergangenheit in sich. Von dieser Dynamik rührt auch das scheinbar Unbeständige in der kirchlichen Soziallehre. Es könnte jemand fragen: Wo bleibt da das ewige, unveränderliche Gotteswort? „Herr, dein Wort bleibt auf ewig, est steht fest wie der Himmel", heißt es im Psalm 119, 89. Besteht nicht die Gefahr, daß es im geschichtlichen Wandel aufgelöst wird? Wo bleibt „das Ewige im Menschen", an das die Kirche sich doch wenden soll? Die Antwort lautet: Gott selber ist Mensch geworden und damit in die Geschichte eingegangen. Auch Jesu Wort hat zeitgeschichtliche und lokale Färbung *(Naumann).* Die Leitung der Kirche kennt zwar nicht im voraus, ehe die Zeit reif dazu ist, alle möglichen ethischen Wertverwirklichungen für das Sozialleben. Andererseits weiß sie, daß die Verwirklichung von manchem, das sie mit Recht als objektiv gültig und wertvoll hinstellen könnte, nicht zu jeder Zeit und überall möglich ist, weil die Menschen in bezug auf die jeweils konkret mögliche Gestaltung ihres Zusammenlebens gebunden sind durch biologisches Erbgut, durch klimatische, geographische und wirtschaftliche Gegebenheiten sowie durch das verschiedene geistesgeschichtliche Erbe. Aber sie weiß auch, daß alle geschichtlichen Gebundenheiten und Veränderungen von vornherein, ohne die Freiheit des Menschen aufzuheben, in den

---

[5]) Vgl. *Paulus* im Brief an die Römer 1, 18—21.
[6]) Vgl. *Joseph Mausbach,* Die katholische Moral, ihre Methoden, Grundsätze und Aufgaben, Köln 1902, 167.
[7]) *Alphonse Gratry,* Logique II, VI: Les Sources, Paris 1855, deutsch nach der 15. Aufl. 1920 von Emil Scheller: Die Quellen, Köln-München-Wien 1925 (Der katholische Gedanke, 14. Bd.), 88.

göttlichen Heilsplan aufgenommen sind, und daß ihr für alle Tage und Epochen der sich wandelnden Zeiten, auch für ihre soziale Verkündigung, der Beistand ihres göttlichen Herrn versprochen ist.

e) Die Gefahr des theologischen Naturalismus

Aus dem Vorhergehenden wird klar: So unentbehrlich in der weltanschaulich gespaltenen Gesellschaft und Staatenwelt der Gegenwart die Anerkennung des Naturrechts als gemeinsamer sozialethischer Plattform ist für das schon zur äußeren Daseinssicherung notwendige Zusammenwirken und erst recht für das vom christlichen Gewissen gebotene mitverantwortliche Zusammenleben der Menschen und Völker, wäre es aber eine wesentliche Verarmung der christlichen Lebenslehre, wollte man sie auf die natürliche Ethik einschränken. Dieser theologische Naturalismus ist aufs Ganze gesehen und grundsätzlich von der katholischen Theologie immer abgewiesen worden. Es ist darum erstaunlich, daß man bis heute kaum gesehen hat, wie sehr die inhaltliche Einschränkung der katholischen Soziallehre dem rationalistischen Naturalismus der Aufklärung noch nahesteht. Eine mit der Naturrechtslehre sich begnügende katholische Soziallehre ist vom eigentlichen theologischen Naturalismus zwar getrennt durch die Anerkennung des Faktums der übernatürlichen Offenbarung; den auf die Gestaltung des Soziallebens bezüglichen Teil dieser Offenbarung setzt sie jedoch mit dem Inhalt der naturrechtlichen Sittlichkeit schlechthin gleich. Die christliche Offenbarung enthält jedoch Wertbestimmungen und Zielsetzungen, die weit über die Gebote der natürlichen Sozialethik hinausgehen. Die Bejahung dieser Wertung und Zielsetzungen ist nur im übernatürlichen Offenbarungsglauben sinnvoll, ihre Verwirklichung nur als Nach- und Mitvollzug der Liebe des Gottmenschen Jesus Christus möglich. Es ist an der Zeit, zu erkennen, daß die Kirche als Vermittlerin der Christusoffenbarung die Menschen und Völker nicht nur an das für die geistig zerrissene Gegenwart unentbehrlichste Minimum naturrechtlicher Grundsätze heranzuführen vermag, sondern weit darüber hinausgreifende Ideen, Motive und Kräfte für die Gestaltung des menschlichen Zusammenlebens zu vermitteln berufen ist.

2. Das Wirken der Christen in der säkularisierten Welt

a) Theologische Grundlagen christlichen Handelns

Christus hat seiner Kirche den Auftrag gegeben, die Menschen zum Heile zu führen. Sie kann das, weil Er ihr beisteht, weil Er in ihr weiterlebt, weil sie in gewisser Weise mit Ihm identisch ist. So führt die Frage: Was tut die Kirche? zurück auf die Frage: Was ist die Kirche?
Eine Wesensbestimmung der Kirche finden wir in dem paulinischen Ausdruck: Leib Christi, corpus Christi mysticium. So beschreibt auch Papst *Pius XII.* das

Wesen der Kirche in der Enzyklika „Mystici corporis" (1943). Im gleichen Sinne hat schon 1832 der katholische Theologe *Möhler* geschrieben: Die Kirche „ist der unter den Menschen in menschlicher Form fortwährend erscheinende, stets sich erneuernde, ewig sich verjüngende Sohn Gottes, die andauernde Fleischwerdung desselben"[8]. Aus dem Sein der Kirche als Leib Christi ergibt sich ihr Sollen, ihre Aufgabe. Sie soll, wie *Möhler* sagt, die von Jesus Christus „während seines irdischen Lebens zur Entsündigung und Heiligung der Menschheit entwickelten Tätigkeiten unter der Leitung seines Geistes fortsetzen"[9]. Dazu gehört nicht allein die Gnadenvermittlung durch Spendung der Sakramente und die Verkündigung der geoffenbarten Glaubenslehre, es gehört auch dazu die Leitung des sittlichen Lebens der Menschen in bezug auf die Gestaltung des öffentlichen Lebens nach Gottes Willen. Gemäß dem universalen Heilswillen Christi will sie alle Lebensverhältnisse in positive Beziehung setzen zu dem, was sie selber ist, d. h. zu dem übernatürlichen Organismus, dessen Haupt Jesus Christus selber ist. In der Wesensbestimmung der Kirche als Leib Christi liegt also schon enthalten die auf alle Menschen, menschlichen Zusammenschlüsse und menschlichen Verhältnisse bezogene Universalität ihrer Wirksamkeit.

b) Die Verteilung der gesellschaftlich-politischen Aufgaben auf Priester und Laien

Aus dem Wesen der Kirche als des in der Geschichte fortwirkenden Christus ergibt sich also die Aufgabe christlicher Weltgestaltung, der Gestaltung auch des öffentlichen Lebens in Staat und Gesellschaft nach den Geboten, die Gott allen ins Herz geschrieben hat, und dazu auch nach den noch höheren Imperativen, die Jesus Christus durch sein Leben und seine Worte uns gegeben hat. Aber mit dieser Feststellung ist noch nicht gesagt, *wie* diese Aufgabe durchzuführen ist und wie die zu der Gesamtaufgabe gehörenden Funktionen zu verteilen sind. Vielfach ist, wenn von der Aufgabe der Kirche oder auch von ihrer Pflicht zur Zurückhaltung in Staat oder Gesellschaft die Rede ist, nicht das ganze Kirchenvolk gemeint, sondern bloß die Männer mit kirchlichen Ämtern: Papst, Bischöfe, Priester. Jedoch sind Papst, Bischöfe und Priester nicht die Kirche. Die Kirche, das ist die Gemeinschaft der Christenmenschen, sofern sie zum mystischen Leib Jesu Christi gehören. Und allen ist die Aufgabe der christlichen Weltgestaltung gestellt, der Verchristlichung auch des öffentlichen Lebens in Staat und Gesellschaft.

Für die Männer der kirchlichen Hierarchie ergibt sich aus ihrer Teilnahme am geistlichen Lehr- und Hirtenamt eine hohe Pflicht der Wachsamkeit und Weisung, wo und wann immer im öffentlichen Leben Gottes Gebote mißachtet oder christliche Hochziele unnötig erschwert werden. Aus dem Wesen des geistlichen

---

[8] *Johann Adam Möhler*, Symbolik oder Darstellung der dogmatischen Gegensätze der Katholiken und Protestanten nach ihren öffentlichen Bekenntnisschriften, Mainz 1832, § 36 (neueste Ausg. hrsg. von R. Geiselmann, Darmstadt 1958).

[9] *Johann Adam Möhler*, a. a. O.

Lehr- und Hirtenamtes ergibt sich aber auch die Pflicht der Zurückhaltung, und zwar aus mancherlei Gründen: *erstens* da, wo im gesellschaftlichen und politischen Geschehen mehrere Möglichkeiten zur Wahl stehen, die mit Gottes Geboten und Christi Weisungen vereinbar sind. Die Pflicht der Zurückhaltung kann für Männer mit kirchlicher Autorität *zweitens* dann vorliegen, wenn zwar Gottes Gebote durch bestimmte Tendenzen oder Einrichtungen des öffentlichen Lebens gefährdet sind, aber viele Menschen, die an eine dem kirchlichen Leben fernstehende Denkweise gewöhnt sind, in einem direkten Eingreifen kirchlicher Amtspersonen nur eine religiös verbrämte Form menschlichen Geltungs- und Machtstrebens sehen würden. Unter diesem Eindruck würden sich die Herzen noch mehr verschließen gegenüber der christlichen Heilsbotschaft und dem heiligen Leben, das die Kirche durch die Sakramente zu vermitteln hat. In solcher Lage tun die kirchlichen Amtspersonen gut daran, die Anliegen christlicher Weltgestaltung in erhöhtem Maße der Verantwortung und Tatbereitschaft christlicher Laien zu überlassen. Ein *dritter* Grund zur Zurückhaltung kirchlicher Amtspersonen in den Dingen des außerkirchlichen Soziallebens kann liegen in der Notwendigkeit der gesammelten Hingabe an ihr heiliges Amt, das noch andere höhere und dringlichere Aufgaben umschließt als die Verchristlichung des öffentlichen Lebens: da ist ihre besondere Pflicht zum privaten, kontemplativen und zum kultischen Gebet, um stellvertretend für die Christenheit, ja für die ganze Menschheit anzubeten, zu bitten und zu sühnen; da ist die Sorge um die sakramentalen Heilsmittel, die den Gläubigen gespendet werden müssen, auch wenn das öffentliche Leben um sie herum noch so unchristlich oder widerchristlich ist.

Diese wenigen Hinweise lassen wohl schon deutlich werden, wie schwer das Weltamt der kirchlichen Leiter ist. Sie stehen in der Spannung zwischen der Pflicht der Wachsamkeit und der Weisung zur Verchristlichung des öffentlichen Lebens in Staat und Gesellschaft *und* der Pflicht der Zurückhaltung aus den erwähnten Gründen.

Anders, weitergehend und in gewisser Hinsicht auch leichter ist die Aufgabe der christlichen Laien an der Welt. Nicht sorglos, aber doch mit geringerer Pflicht zur Wachsamkeit und Weisung, und das bedeutet: mit größerem Spielraum zum Wagnis und Experiment können sie um die Verchristlichung des öffentlichen Lebens sich bemühen. Und sie sind dabei nicht zu solcher Zurückhaltung verpflichtet, wie sie den Männern der kirchlichen Hierarchie aus Gründen der pastoralen Klugheit und der gesammelten Hingabe an zentralreligiöse und innerkirchliche Aufgaben vielfach auferlegt ist. Eine gesellschaftlich-politische Aufgabe hat die gesamte Kirche. Aber die Aufgabe ist so aufgeteilt, daß den Laien der Anteil einer weiter ins Konkrete hineingehenden und freier experimentierenden Wirksamkeit zufällt.

c) *Die Notwendigkeit und die Gefahr des Machtstrebens*

Wer das öffentliche Leben gestalten will, muß nach Macht streben, muß regieren oder die Regierung des Staates beeinflussen. Es gibt zwar mancherlei Bereiche des öffentlichen Lebens, die besser gedeihen ohne direkte staatliche Lenkung. Auch diese Bereiche aber formt der Staat mit, indem er pflichtgemäß den gesetzlichen Rahmen dafür schafft oder sichert. So ist das Bemühen um die Gestaltung des öffentlichen Lebens zwar nicht nur, aber doch vor allem ein Bemühen um die Formung des Staates, um die Möglichkeit, selber zu regieren oder durch die Wahl und die Beeinflussung der Regierenden gleichsam mitzuregieren. Regieren aber bedeutet: Macht haben und ausüben; die Regierung beeinflussen wollen bedeutet: nach Macht streben. In der Macht aber, in der Lenkungsmöglichkeit der öffentlichen Meinung, in der obersten Verfügungsgewalt über materielle Güter, ja schließlich über Leib und Leben vieler Menschen liegt eine gefährliche Verlockung, die Verlockung nämlich, die Macht nicht als Mittel zu objektiv höherwertigen Zielen im Dienste des Allgemeinwohles zu gebrauchen, sondern sie als Selbstwert zu genießen. Jeder, der sich um die Gestaltung des öffentlichen Lebens bemüht, also auch jeder, der sich tätig für die Verchristlichung des öffentlichen Lebens einsetzt, steht so in der Spannung zwischen Machtstreben und religiös-sittlich gebotenem Dienst am Gemeinwohl. Besinnen wir uns also kurz darauf, warum zur Gestaltung des öffentlichen Lebens Macht, warum insbesondere im Staate eine oberste Befehls- und Zwangsgewalt notwendig ist.

Die Gründe, die man hier anführen könnte, lassen sich auf zwei zurückführen: (1) auf die Beschränktheit der menschlichen Erkenntniskraft und (2) auf das Versagen des Willens zum Allgemeinwohl.

(1) Die Fähigkeit der Menschen zur Erkenntnis der jeweils besten Mittel zur Erreichung bestimmter gemeinsamer Ziele ist beschränkt. Demselben Ziele können — in Wahrheit oder dem Anschein nach — sehr verschiedene Mittel dienen. Andererseits kann — in Wahrheit oder dem Anschein nach — dieselbe Maßnahme zu sehr verschiedenen, zuweilen nur schwer voraussehbaren Ergebnissen führen. Oft sprechen gewichtige Argumente für und gegen die Nützlichkeit einer Maßnahme, die dem Allgemeinwohl dienen soll. Aber es kann nicht ewig diskutiert, es muß — nach irgendeiner Spielregel — schließlich entschieden werden, auch wenn die Alternative nicht wie weiß gegen schwarz, sondern bloß wie grau gegen grau steht und beide Möglichkeiten gut begründbar sind. Der Staat ist das Sozialgebilde, das am wenigsten endlose Diskussionen verträgt, sondern handeln muß. Die entscheidende Instanz aber muß auch die Macht haben, die Befolgung ihrer Entscheidung durchzusetzen.

(2) Nicht nur die Erkenntnisfähigkeit der Menschen aber ist beschränkt, sondern auch der Wille zur Einordnung in die Gemeinschaft. Der Trieb zur hemmungslosen Ichentfaltung regt sich oder schlummert in jedem Menschen. Das alte Wort „Non serviam", „Ich will nicht dienen" wird nicht nur gegen Gott, sondern auch gegen die staatliche und gesellschaftliche Ordnung ausgesprochen. Wenn Gewissen, Religion und Moral den gemeinschaftsprengenden Ich-Willen nicht in Schranken halten, dann muß im Interesse des Allgemeinwohles der Staat es tun, mit Macht und Gewaltandrohung.

Was uns die Erfahrung lehrt über die Begrenztheit der menschlichen Erkenntniskraft in der Wahl der richtigen Mittel zum Gemeinwohl und über die Anfälligkeit des menschlichen Willens für den gemeinschaftsprengenden Egoismus, das deutet die christliche Offenbarungslehre als dauernde Folgen der Erbsünde. Mit der richtig verstandenen Erbsündenlehre ist jedoch nichts gesagt zugunsten eines politischen Absolutismus. Im Zeitalter des fürstlichen Absolutismus predigten katholische und protestantische Hoftheologen, auf die Erbsünde und ihre Folgen hinweisend, nach dem Leitsatze: „Die Menschen sind böse", aber den Herrscher nahmen sie aus. Das ist eine sehr inkonsequente Theologie. Die unverfälschte theologische Anthropologie macht Aussagen, die auf *alle* Menschen zutreffen, auf die Regierenden ebenso wie auf die Regierten. Nicht die absolute Monarchie ergibt sich als politische Folgerung aus der christlichen Erbsündenlehre, sondern — *erstens* — die Notwendigkeit dauernder Erkenntnisbemühung um die wahrhaft erstrebenswerten konkreten Gemeinschaftsziele und die geeignetsten Mittel dazu; und — *zweitens* — die Notwendigkeit einer besonderen charakterlichen Einübung und Bewährung derjenigen, denen Macht anvertraut werden soll. Wird insbesondere die zweite Notwendigkeit übersehen oder geleugnet, dann wird allzu leicht der im Staate notwendige Machtbesitz zum Machtgenuß, und das dem Politiker — auch dem Kultur- oder Wirtschafts- oder Religionspolitiker — zuzubilligende Streben nach Macht und öffentlichem Einfluß wird zur Machtsucht, die sich selber von Moral und Gewissen dispensiert. Die von moralischer **Werteinsicht** oder von der Offenbarungslehre der Heiligen Schrift (Röm 13) gelenkte Besinnung auf das Wesen des Staates und der öffentlichen Macht führt zu der Erkenntnis, daß es sich hier objektiv um Dienstwerte, nicht um Selbstwerte handelt. Dem vitalen, zivilisatorischen, kulturellen und religiösen Wohl soll alles dienen, was Staat und öffentliche Macht schaffen oder sichern können: Rechtsordnung, Wirtschaftsordnung, gemeinnützige Einrichtungen, innerer und äußerer Schutz gegen unrechtmäßige Gewalt.

Hier wäre noch manches zu erwägen, was zur sittlichen und zur christlichen Rechtfertigung der Macht und des Strebens nach Macht gehört. Durch den Mißbrauch der öffentlichen Macht dürfen wir uns nicht zur Verketzerung der Macht überhaupt verleiten lassen. Eine Ethik der Macht, eine philosophisch-ethische und eine christlich-gläubige Lehre vom rechten Machtgebrauch und Streben nach Macht ist gerade in unserer Zeit ein dringendes Bedürfnis für die Männer und Frauen, die sich in besonderem Maße dem gesellschaftlich-politischen Auftrag der Christen, der Verchristlichung des öffentlichen Lebens widmen.

d) Die Notwendigkeit der Erfahrung

Aber da ist noch etwas anderes, was ihnen sehr nottut. Die Dienstbereitschaft und die Kenntnis allgemeiner sozial-ethischer Grundsätze und christlicher Hochziele genügen nicht. Ganz unentbehrlich ist auch die Erfahrung. Für sie muß man empfänglich sein, in ihr muß man wachsen, wenn man sinnvoll und mit Erfolg dem gesellschaftlich-politischen Auftrag der Christen genügen will. Überlegen wir folgendes: Keine sittliche Handlung erfolgt in der Form eines unvermittelten Überganges von der Erkenntnis allgemeingültiger sittlicher Normen zur konkret-individuellen Verwirklichung. Auch die einfachste, am wenigsten reflektierte sittlich gute Handlung stellt sich — bei nachträglicher Analyse — als eine Stufenfolge von Teilakten dar, die freilich dem Handelnden sehr oft zunächst nicht als solche bewußt ist. Die Analyse aber, wie sie *Pieper* im Anschluß an *Thomas von Aquin* dargelegt hat[10]), zeigt folgendes: Da ist zunächst der allgemeine Gewissensausspruch, daß bestimmte Verhaltensweisen in sich gut oder schlecht sind. Das könnte man mit *Pieper* den Spruch des „Urgewissens" nennen. Daran schließt sich an die Überlegung der verschiedenen Mittel, die zur Verwirklichung des Guten überhaupt in Frage kommen. Es folgt das Urteil über ein bestimmtes gerade hier und jetzt als besonders zweckmäßig scheinendes Mittel und die Wahlentscheidung dafür. Dann erst erfolgt die Willensentscheidung zur Tat in der jeweils konkreten Form und die Ausführung. Die Überlegungen, die dem allgemeinen Spruch des Urgewissens folgen, kann man mit *Pieper* als Funktionen des „Situationsgewissens" bezeichnen. Dieses aber lebt nicht nur aus dem, was Gott uns allen und für immer ins Herz geschrieben hat und nicht nur aus der gläubigen Bejahung der immer gültigen Hochziele, die Jesus Christus uns gezeigt hat. Das Situationsgewissen muß gespeist werden durch die Erfahrung, sei diese nun der leicht übersehbare Bereich der Alltagserfahrung, oder seien es die systematisch erworbenen Erfahrungen des Fachmannes für bestimmte Lebensgebiete wie z. B. die geschichtliche und politische Erfahrung, Fachkenntnis und Menschenkenntnis des politisch und öffentlich wirkenden Menschen. Je größer der Menschenkreis ist, auf den die Folgen einer Handlung sich erstrecken, desto mehr muß diese Handlung von einem durch Erfahrung gespeisten Situationsgewissen geleitet sein. Ist das nicht der Fall, so wird der bloße gute Wille, dem Ausspruch des Urgewissens zu folgen und dem Anspruch christlicher Hochziele Raum zu schaffen, nicht selten mehr schaden als nützen, und viele Menschen werden dann darunter zu leiden haben, daß der Handelnde „es doch so gut gemeint" hatte.

(1) DIE BEDEUTUNG DER KLUGHEIT

Hier wird deutlich, welch hohe Bedeutung der Klugheit im gesellschaftlichen und politischen Handeln zukommt. Nicht die kein Mittel scheuende Schlauheit ist gemeint, sondern die von den antiken Philosophen, insbesondere von *Aristoteles* behandelte Tugend der Klugheit, die auch in der christlichen Ethik als die erste der vier sittlichen Grundtugenden genannt wird. So betont *Thomas von Aquin*, daß es nicht bloß darauf ankommt, *was* einer tut, sondern auch *wie* er es tut. Das „Wie" aber muß sich bestimmen nach einer Fülle von wechselnden Umständen und Sachgebieten, die man nicht aus dem Gewissen ablesen kann, sondern durch Erfahrung kennenlernen muß. *Thomas* schreibt: „Die allgemeinen Grundsätze des Naturrechtes können nicht in der gleichen Art und Weise auf

---

[10]) *Josef Pieper*, Traktat über die Klugheit, Leipzig 1937.

alle Menschen angewendet werden, nämlich wegen der großen Vielfalt der menschlichen Angelegenheiten — propter multam varietatem rerum humanarum. Daher rührt die Verschiedenheit der positiven Gesetzgebung bei den verschiedenen Völkern", und: „Ein Gesetz kann geändert werden wegen der Veränderung der Lage der Menschen, denen eben wegen der Verschiedenheit der Umstände Verschiedenartiges dienlich ist." Daraus folgt nach *Thomas*, daß nur der ein rechter Politiker sein kann, der „manu ductus et exercitatus in consuetudinibus humanae vitae", d. h. „kundig und erfahren in den Lebensgewohnheiten der Menschen" ist. Nur der kann im öffentlichen Leben entscheiden, welche Maßnahmen und Gesetze die jeweils besten sind, der über die experientia, die nötige Erfahrung verfügt[11]).

Wille und Fähigkeit zu der hier geforderten Erfahrungserkenntnis müssen besonders beim Politiker kräftig entwickelt sein, damit er ethisch wertvolle Ziele auch in der rechten Art und Weise zum Segen für das Gemeinwesen anstreben und verwirklichen kann. So wird er zum echten Realpolitiker. Nicht die Gewissenlosigkeit, der alle Mittel zur Machtsteigerung recht sind, sondern die durch Erfahrung und Sachkenntnis genährte Tugend der Klugheit macht den christlichen Politiker zum Realpolitiker, und das nicht obwohl, sondern weil er ein Christ ist, dem die Kardinaltugend der Klugheit als eine der wichtigsten von der christlichen Ethik gebotenen Haltungen vor Augen steht. Er wird bedenken, daß nicht nur herrschsüchtige Diktatoren und machtlüsterne Intriganten schwere Schuld auf sich laden, sondern auch politische Ignoranten, die zwar den Willen zu ethischen Hochzielen haben, es aber unterlassen, sich um das nicht immer leicht zu erringende Erfahrungs- und Ressortwissen zu bemühen. Wenn wir hier ein von *Max Weber* geprägtes — allerdings leicht mißverständliches — Begriffspaar[12]) anwenden wollten, so könnten wir sagen: Gerade in der Politik ist eine bloße „Gesinnungsethik", d. h. eine zwar radikale, aber abstrakte, für die wechselnden Realitäten blinde Gesinnung nicht am Platze, sondern die von abgewogenem Erfahrungswissen getragene „Verantwortungsethik", die nicht alles Gute auf einmal, doch in zähem Bemühen das jeweils mögliche davon zu verwirklichen sucht. Daraus ergibt sich für jeden um die Gestaltung von Staat und Gesellschaft bemühten Christen unserer Zeit geradezu die Pflicht des Kompromisses, wenn er sich vor die Wahl gestellt sieht, im Widerstreit der politischen Kräfte entweder alles zu fordern und dabei nichts zu erreichen, oder, unter Zurückstellung mancher Programmpunkte, wenigstens einiges durchzusetzen. Welche ethische Problematik sich beim Kompromiß ergibt, darüber werden wir noch ausführlich sprechen.

---

[11]) *Thomas von Aquin*, Summa theologica I-II 97, 1. — Vgl. den Kommentar zur Ethik des Aristoteles I, 3 und 4.
[12]) Vgl. *Max Weber*, Politik als Beruf, in: Ges. politische Schriften, Tübingen ²1958, 493 ff.

(2) Die Bedeutung der Demut

Es ist nicht allzuschwer einzusehen, daß die Haltung der Klugheit dem im öffentlichen Leben Wirkenden unentbehrlich ist. Wie aber steht es mit der Demut, jener Haltung, für die wir in der Sprache des heidnischen Griechen- und Römertums vergeblich nach einem Wort suchen, die aber nach dem Vorbilde Jesu Christi die fundamentalste und christlichste aller ethischen Grundhaltungen ist? Ohne diese innere Einstellung kann z. B. ein Politiker wohl unter Umständen irgendwelche politischen Ziele anstreben und verwirklichen, die der christlichen Lebensauffassung entsprechen, und so könnte er „ex parte objecti", d. h. im Hinblick auf den objektiven Gehalt seiner Zielsetzungen, wohl mit einer gewissen Berechtigung ein christlicher Politiker genannt werden. Aber „ex parte subjecti", d. h. im Hinblick auf seine persönliche ethische Grundhaltung, verdiente er diese Bezeichnung nicht. Ohne die christlichste aller Grundtugenden kann man kein Christ und kein wirklich christlicher Politiker sein. An dieser Logik kommt man nicht vorbei. Doch wie kann man echte Demut und angespanntes politisches Machtstreben, auf das ja auch der christliche Politiker vom Wesen seiner Tätigkeit her bedacht sein muß, miteinander verbinden? Hier liegt eine existentielle Aufgabe für den christlichen Politiker. Zu ihrer Bewältigung ist ihm unentbehrlich die Einsicht in die geschichtlich-sozialen Bindungen alles menschlichen Lebens. Auch in bezug auf die jeweils mögliche Gestaltung ihrer politischen Ordnungen sind die Menschen gebunden an das verschiedene biologische Erbgut der Rassen und Völker, das auf ihre seelische Verfassung einwirkt; gebunden an klimatische, geographische und wirtschaftliche Gegebenheiten, die nicht kurzer Hand zu ändern sind; in ihrem Denken und Wertempfinden auf verschiedene Weise geformt durch ihr geistesgeschichtliches Erbe. Aus solchen Einsichten entsteht ein Bedingtheitserlebnis, das für den Politiker bedrückend sein kann. Nimmt er es aber auf in dem Bewußtsein, daß Gott uns Menschen in den geschichtlichen Wandel hineingestellt hat, begrenzt durch die unaufhebbare Perspektivität unseres Erkennens und die wechselnden Möglichkeiten der Gestaltung, dann hat er etwas von der hohen christlichen Tugend der Demut. Dann ist er bereit, die mühsame Arbeit der langwierigen Umformung konkreter Ordnungen auf dem Wege der Situationserforschung und vieler Kompromisse auf sich zu nehmen; denn er weiß, daß für die Menschen manches, was objektiv wertvoll und gültig ist, nicht zu jeder Zeit und überall möglich ist. Der Politiker, der dieses Bedingtheitserlebnis im Bewußtsein der menschlichen Kreatürlichkeit bejaht, ist nicht gezwungen, nur in einem verborgenen Winkel seines privaten Lebens der christlichen Tugend der Demut noch eine Stelle zu reservieren. Die Demut ist ein Wesenszug auch seines politischen Wirkens.

e) *Die Notwendigkeit der Formung des Gewissens*

Bedarf das Gewissen der im öffentlichen Leben wirkenden Christen der Formung durch eine höhere Instanz? Bei dieser Frage geht es wohlgemerkt nicht um das von der wechselnden und wachsenden Erfahrung gespeiste Situationswissen. Es geht hier um den Spruch des Urgewissens über den sittlichen Wert oder Unwert oberster sozialethischer und politischer Ziele. Da ist nun zu unterscheiden zwischen den natürlich erkennbaren sittlichen Normen, die Gott allen Menschen ins Herz gelegt hat und die nach dem Sündenfall erkennbar geblieben sind, und den erst durch die christliche Offenbarung sichtbar gewordenen Leitbildern: In bezug auf solche übernatürlichen Leitideen, z. B. Feindesliebe, Begnadigung eines vor dem staatlichen Gesetz Schuldigen um Christi willen oder die weit über das naturrechtlich Gebotene hinausgehende Sorge für Notleidende, die im notleidenden Menschen Jesus Christus selber dient und sich dabei verschwendet — in bezug auf solche Ziele ist schon definitionsgemäß die Formung des Gewissens durch die Offenbarung und durch die Kirche als autoritative Verkünderin der Offenbarung notwendig. Aber eine, wenn auch verminderte Notwendigkeit solcher Gewissensformung besteht auch in bezug auf die allgemeinen Normen des natürlichen Sittengesetzes.

Was ergibt sich nun daraus für die Praxis? Sollen die in Staat und Gesellschaft wirkenden Katholiken sich möglichst oft vom bischöflichen Generalvikariat oder von der Bischofskonferenz oder vom Papst und seinen Behörden konkrete Weisungen erbitten? Das kann schon einmal nötig sein, besonders wenn die Sicherung einer sozialethischen christlichen Grundforderung nur durch geschlossenes Vorgehen in breiter Linie erreicht werden kann. Für den Alltag aber ist es viel notwendiger, daß die Männer und Frauen, die irgendwo im öffentlichen Leben tätig sind, selber im lebendigen Strom der christlichen Lehrüberlieferung und Lebensführung stehen und schon dadurch in ihrem Urgewissen geformt und gefestigt sind für die Fälle, in denen andere durch den schillernden Zeitgeist irregeführt werden.

f) Der Zusammenhang zwischen öffentlichem und privatem Leben

Bedenken wir folgendes: Es ist ein Irrtum zu meinen, Staat, Gesetze und Einrichtungen allein machten das öffentliche Leben aus. Diese Dinge sind nur Wegweiser, Zäune und Schutzhütten, nicht der Acker und nicht die Wiese selber. Was darauf lebendig sein und wachsen soll, das hängt in hohem Grade auch ab von unserem persönlichen Verhalten und Tun in privaten Lebenskreisen. Es hat z. B. wenig Sinn, daß wir uns um die Sicherung christlicher Schulen durch Gesetze und öffentliche Maßnahmen bemühen, wenn wir nicht gleichzeitig in der Familie, im kleinen Kreise, das schöne, aber mühevolle Werk christlicher Erziehung der Kinder täglich selber auf uns nehmen. Sonst hätten wir zwar vielleicht die erwünschten öffentlichen Einrichtungen, aber nicht öffentliches Leben aus christlichem Geist — eine bloße Prestigeangelegenheit und eine Heuchelei. Dem gesellschaftlich-politischen Auftrag der Christen genügen, das heißt nicht nur, in der Öffentlichkeit nach Gesetzen und Maßnahmen streben, die dem christlichen Leben dienlich sein können, sondern zuvor und immer wieder das persönliche Leben im Geiste Jesu Christi gestalten. Hier besteht ein Zusammenhang, der — nach katholischer wie nach evangelischer Überzeugung — ein gewisses Fundierungsverhältnis darstellt.

Über keine andere Sünde hat Jesus Christus so oft Wehe gerufen wie über die Heuchelei. Diese Sünde war damals vielen Betroffenen nicht deutlich bewußt, aber sie lag vor. Es wäre Heuchelei, wenn wir uns in Staat und Gesellschaft für Gesetze und Einrichtungen einsetzen würden, die christliches Leben ermöglichen und fördern sollen, ohne daß wir im gleichen Maße ernst machen bei uns selber. In manchen Fällen mag die Diskrepanz zwischen unserem privaten Leben und unseren im öffentlichen Leben vertretenen Zielsetzungen den Zeitgenossen kaum auffallen und nur von Gott gesehen werden, der ins Verborgene sieht. In anderen Fällen wird jenes Mißverhältnis auffallen und uns den Andersdenkenden unglaubwürdig machen. Immer aber werden Gesetze und öffentliche Einrichtungen, die christlich gemeint sind, ohne christliches Leben bleiben, wenn es nicht aus unserem privaten, persönlichen Verhalten einströmt. Öffentliches und privates Leben kann und soll man begrifflich und juristisch unterscheiden; in der Wirklichkeit aber sind sie ganz eng verbunden. Nicht nur unsere direkt in die Öffentlichkeit zielenden Aktionen sind öffentlich wirksam. Es kommt nicht nur darauf an, was wir sagen, fordern und wie wir es begründen; es kommt auch und oft noch mehr darauf an, was für Menschen wir *sind*. Unser sittliches Menschentum aber wird geformt durch alles, was wir tun, öffentlich und privat, in Handlungen, in Gedanken, in Wünschen, und als so oder so geformte Menschen begegnen wir den anderen, und Einflüsse gehen von uns aus, die wir allzu selten bedenken. Jeder Mensch steht mit all seinem seelisch-geistigen Leben, auch in seinem innersten Bezirk, unlösbar in einem großen Sozialzusammenhang seelischer Einwirkungen und Auswirkungen, der unübersehbar ist. Wir haben darüber in der systematischen Vorlesung über die „Katholische Soziallehre" ausführlich gesprochen[13]). Auf Grund der dort gewonnenen Einsicht wissen wir, daß und wieso wir an vielen Mißständen im öffentlichen Leben mitschuldig sind, daß aber jeder von uns auch in der gleichen Weise mitbeteiligt sein kann an vielem Guten, an Gesetzen und Einrichtungen und an dem sie erfüllenden öffentlichen Leben nach christlichen Grundsätzen, wenn wir, oben oder unten im sozialen Gefüge stehend, direkt oder indirekt auf das öffentliche Leben einwirkend, die gesellschaftlich-politischen Imperative, die von der Gestalt und dem Wort unseres Herrn Jesus Christus ausgehen, ernst nehmen und damit Ernst machen.

3. Der Sinn und die ethische Problematik des Kompromisses

a) Der Sinn des Wortes Kompromiß

Wir haben schon angedeutet, daß es für die im öffentlichen Leben wirkenden Christen die Pflicht zum Kompromiß gibt. „Compromissum" kommt von „com-

---

[13]) Vgl. *Nikolaus Monzel,* a. a. O., 287 ff. (Hrsg.).

promittere", versprechen[14]) und ist ein gegenseitig bindendes Versprechen, in einem etwas erweiterten Wortsinn jede durch beiderseitige Teilverzichte erreichte Übereinkunft zwischen Personen und Gruppen. In den vielgestaltigen Bereichen des menschlichen Zusammenwirkens mit seinen divergierenden und konvergierenden Kräften muß es Kompromisse geben. Menschen mit verschiedenen Programmen der Lebensgestaltung stellen einen Teil ihrer Zielsetzungen zurück, um dafür wenigstens einen anderen Teil gemeinsam verwirklichen zu können.

Der Ausgleich durch Teilverzichte zwischen Menschen, die Verschiedenes wollen, hat ein weites Feld. Es umfaßt alle Bereiche des menschlichen Zusammenwirkens, vom wirtschaftlichen Tauschverkehr bis zur religiösen Gemeinschaft. Das wichtigste Feld von Kompromissen ist der demokratische Staat der Gegenwart, den man pluralistisch nennen kann, weil in ihm verschiedene Weltanschauungsgruppen und Parteien konkurrieren. Mit Blick auf das politische Leben wollen wir daher die Frage klären, wann Kompromisse ethisch verantwortbar, für das mitverantwortliche Wirken der Christen tragbar sind.

b) Die ethische Beurteilung des Kompromisses

Die miteinander konkurrierenden Zielsetzungen, von denen in einer bestimmten Situation der politischen Kräfteverteilung nur eine oder einige durchzusetzen sind, und zwar nur um den Preis der vorläufigen oder endgültigen Aufgabe anderer Ziele, müssen gegeneinander abgewogen werden. Dabei sind so viele und verschiedenartige Gesichtspunkte und Umstände zu berücksichtigen, daß es unmöglich ist, allgemeine Regeln aufzustellen, die für jeden Fall eine eindeutige Antwort über die sittliche Pflicht oder Erlaubtheit des Kompromißhandelns liefern. Aber es lassen sich doch einige Leitsätze formulieren, die wie Schneisen das Dickicht von Fragen und Gesichtspunkten erhellen, vor das sich der sittliche Verantwortungswille in einer zum Kompromiß drängenden Situation gestellt sieht.

Erster Leitsatz

Eine erste Bresche in dieses Dickicht schlagen wir, indem wir unterscheiden zwischen Mitteln und Selbstzwecken, mit den Worten *Kants:* „Im Reiche der Zwecke hat alles entweder einen Preis oder eine Würde. Was einen Preis hat, an dessen Stelle kann auch etwas anderes als Äquivalent gesetzt werden; was dagegen über allen Preis erhaben ist, mithin kein Äquivalent verstattet, das hat eine Würde"[15]. Im Lichte dieses eindrucksvollen Satzes des Königsberger Philosophen läßt sich für unser Thema immerhin schon das eine sagen: Auf Dinge und Maß-

---

[14]) Näheres über den Wortsinn von „Kompromiß" und seine unterschiedliche Auslegung vgl. *Nikolaus Monzel,* Der Kompromiß im demokratischen Staat, in: Solidarität und Selbstverantwortung, München 1959, 294—255.
[15]) *Immanuel Kant,* Grundlegung zur Metaphysik der Sitten, 1785, 2. Abschnitt (Kants Werke 2, Berlin-Leipzig o. J.).

nahmen, die nur den Charakter eines „Preises", eines austauschbaren Mittels haben, kann beim Kompromiß eher verzichtet werden als auf solche, die in den Augen des sie Anstrebenden eine „Würde", einen Selbstwert haben.

Zweiter Leitsatz

Aber nun muß unsere Überlegung weitergehen. Mit *Kants* glattem Entweder-Oder kommen wir nicht aus. Es gibt nicht nur den Fall, daß ein Mittel durch ein anderes voll ersetzbar ist, sondern auch Fälle, in denen das zuerst gewählte Mittel wenn nicht voll, so doch *zum Teil* durch ein anderes ersetzt werden kann, nämlich durch ein Mittel von geringerer und langsamerer und vielleicht nicht so sicherer Wirkung. Preissenkungen können ebensosehr wie Lohnerhöhungen die Kaufkraft heben und den Zugang zu vitaldienlichen Gütern erweitern. Das ist ein Beispiel für eine volle Äquivalenz. Die konfessionelle Schule jedoch, obwohl kein Selbstzweck, sondern auch nur Mittel, nämlich zum Selbstwert der christlichen Erziehung, kann nicht so leicht durch andere Schularten und andere Erziehungsinstanzen voll ersetzt werden.
Allgemein läßt sich sagen: Je weniger eng und notwendig ein Mittel mit einem bestimmten politischen oder gesellschaftlichen Ziel verbunden ist, desto eher läßt sich ein *endgültiger* Kompromiß in der Wahl der Mittel rechtfertigen. Erscheint jedoch das Streitobjekt als das allein geeignete bzw. als das einzige Mittel, das nicht in sich schon sittlich verwerflich ist, dann wird der so Urteilende und verantwortungsbewußt Handelnde nur einen *vorläufigen* Kompromiß abschließen; denn auf ein solches Mittel endgültig verzichten hieße ja, das erstrebte Ziel aufgeben. Wenn einer das aus irgendeinem Grunde nicht mag, aber doch eine Einigung erreichen will, bleibt ihm nur der Weg des vorläufigen Kompromisses. In anderen Fällen aber tut sich das weite Feld der Wahl zwischen mehr oder weniger geeigneten Mitteln auf: das Feld der endgültigen oder doch langfristigen Kompromisse.
Es ist eine der entscheidenden Eigenschaften des wirklichen Politikers, daß er in öffentlichen Angelegenheiten besser als andere neben den direkten und unbezweifelt sicheren auch die indirekten und nur vielleicht zum jeweiligen Ziele führenden Wege zu erkennen vermag. Darauf beruht seine Elastizität, die nicht nur im Dienst eines gewinn- oder machtsüchtigen Opportunismus, sondern auch im Dienst an höchsten Zielen sich bewähren kann. Wenn die katholische Kirche in der Geschichte eine so große, viel bewunderte und viel getadelte Elastizität bei der Anpassung an sehr verschiedene Gesellschafts- und Staatsordnungen gezeigt hat, so ist das nicht mit der summarischen These zu erklären, daß, wie *Carl Schmitt* übertreibend gesagt hat, „unter dem Gesichtspunkt einer Weltanschauung ... alle politischen Formen und Möglichkeiten zum bloßen Werkzeug der zu realisierenden Idee werden"[16]); denn es gibt politische Formen und Institutionen, die von der Kirche immer als undiskutierbar böse verworfen und niemals als erlaubte

---

[16]) *Carl Schmitt*, Römischer Katholizismus und politische Form, Hellerau ²1925, 8.

Werkzeuge zur Realisierung ihrer von Gott gestellten Aufgaben anerkannt werden, wie z. B. aus Rassenwahn und Rassenhaß geborene Gesetze und Einrichtungen zum Völkermord oder ein sich selbst an die Stelle der Kirche setzender Staat. Solcherlei ist für die Kirche niemals annehmbares „Werkzeug der zu realisierenden Idee", wohl aber vieles andere an politischen Formen und Institutionen, die zum Teil direkte, zum Teil aber auf Umwegen und nur vielleicht zum Ziele führende Mittel sind. Daß der Kirche durch Gottes Fügung immer wieder zu solchen Unterscheidungen fähige Menschen gegeben wurden, darin liegt eine der Ursachen ihrer bewunderten und gelästerten politischen Elastizität. Auch das Gedeihen der modernen Demokratie ist davon abhängig, daß in ihr solche unterscheidungs- und kompromißfähigen Menschen zu politischer Wirksamkeit kommen.

Dritter Leitsatz

Ist schon angesichts eines mehrdeutigen Verhältnisses von Zweck und Mitteln eine verantwortungsbewußte Entscheidung für oder gegen einen Kompromißabschluß nicht immer leicht zu treffen, so wird die Sache noch komplizierter durch den Umstand, daß es Dinge und Güter gibt, die Selbstzweck und Mittel zu anderen Zwecken sind, die also, in der Sprache *Kants*, einen Preis und eine Würde *zugleich* haben. So ist z. B. die Gesundheit ein Selbstwert, d. h. sie hat einen Wert, ganz abgesehen davon, ob sie zur Erlangung irgendeines Zieles dienlich und nützlich ist. Ein gesunder Leib kann aber zugleich auch ein Mittel zur Erlangung anderer Güter und zur Verwirklichung anderer Werte sein: zur Produktion wirtschaftlicher Güter wie auch zu wissenschaftlicher Arbeit, zu kulturellem Schaffen, zu Werken der Nächstenliebe und zur Verherrlichung Gottes im kultischen Tun. Hier kann es sich — um bei diesem Beispiel einen Augenblick zu verweilen — ergeben, daß durch den Einsatz des Mittels, nämlich der Kräfte des gesunden Leibes für andere Zwecke, die Gesundheit Schaden leidet, daß also zum Teil auf etwas verzichtet wird, was nicht nur den Charakter eines Mittels, sondern zugleich den eines Selbstwertes hat. Ein Beispiel: Unsere äußeren Schulverhältnisse sind in nicht geringem Grade, und zwar bis zu einem gewissen Grade unvermeidlich, gesundheitsschädlich. Die meisten Kinder wären ohne Zweifel gesünder, wenn sie sich in Wald und Wiese tummeln würden, anstatt die Schulbank zu drücken.
Wird nun eine der leiblichen Gesundheit abträgliche Einrichtung zum Gegenstand öffentlicher Maßnahmen, die eine Einigung verschiedener Gruppen auf dem Kompromißwege voraussetzen, so haben die am Kompromiß Beteiligten u. a. zu bedenken, ob das Ziel, um dessentwillen das Gut der Gesundheit zurückgesetzt werden soll, von geringerem oder höherem Wert ist. Miteinander konkurrierende Selbstwerte sind gegeneinander abzuwägen, das ist ein dritter Leitsatz zur Orientierung im Dickicht der ethischen Bewertung des Kompromisses.
Damit stehen wir vor der Frage nach der Existenz und der Erkennbarkeit einer objektiven Rangordnung der Güter und Werte. Die Ethik *Kants* läßt uns dabei, trotz ihrer eindrucksvollen Unterscheidung von Preis und Würde, im Stich. Mit

dem einzigen Maßstab für das Gute, den *Kant* gelten läßt, nämlich daß die Maxime eines Handelns zugleich Prinzip einer allgemeinen Gesetzgebung werden könne, ist eine Unterscheidung von höheren und niedrigeren Selbstwerten nicht möglich. Danach würden alle Selbstwerte auf einer und derselben Stufe rangieren. Aber jeder, der in einer Kompromißsituation steht, in der es sich nicht nur um die Wahl zwischen mehr oder weniger geeigneten Mitteln zu einem Zweck handelt, sondern um die Wahl zwischen zwei Zielen, die beide einen Selbstwert, eine „Würde" haben, bei denen aber die Verwirklichung des einen die des anderen wenigstens teilweise ausschließt — jeder, der sich vor eine solche Entscheidung im gesellschaftlichen oder politischen Leben gestellt sieht, steht dabei vor der Frage: Welches von beiden Zielen hat einen höheren Wert? Ohne eine Orientierung an einer objektiven Wertrangordnung wäre das Kompromißhandeln reine Willkür, das Gegenteil also von sittlich verantwortbarem Tun.

Vierter Leitsatz

So unerläßlich es also ist, sich auf die objektive Rangordnung der Güter und Werte zu besinnen, damit man weiß, was man tut, wenn man Kompromisse schließt, so falsch wäre jedoch die Forderung, daß der im Kompromiß vollzogene Teilverzicht in jedem Fall nur das niedrigere der konkurrierenden Güter betreffen dürfe. Nicht selten darf, ja muß ein objektiv höherwertiges Gut um eines niedrigeren willen zurückgesetzt werden. „Es ist dringlicher", sagt *Thomas von Aquin*, „einen Verhungernden zu speisen, als ihn zu unterrichten, so wie es ja auch nach dem Philosophen *(Aristoteles)* für einen Notleidenden besser ist, zu Besitz zu kommen, als zu philosophieren"[17]. Damit ist nicht geleugnet, daß Philosophie und Geistesbildung an sich höhere Güter sind als leibliches Leben und materielle Wohlfahrt. Aber es ist das Axiom der stärkeren *Dringlichkeit* elementarer Güter und Werte ausgesprochen. Man kann und muß die Abstufung der Güter und Werte, um die es in der Ethik des menschlichen Zusammenlebens, ja in der Ethik überhaupt geht, unter zwei Gesichtspunkten betrachten: „simpliciter loquendo" und „secundum aliquem particularem casum" sagt *Thomas,* an sich und im Hinblick auf den jeweiligen konkreten Fall. Was er damit andeutet, behandelt die neuere Wertethik in der Lehre vom umgekehrten Verhältnis zwischen Werthöhe und Wertstärke oder Dringlichkeit[18]. Elementare Lebensgüter sind besonders dringlich, weil die Realisierung und Sicherung der an ihnen haftenden Werte eine unentbehrliche Voraussetzung für die Verwirklichung der höheren Güter des geistigen Lebens ist. Dieses Fundierungsverhältnis zeigt sich deutlicher als im privaten Leben — obwohl es auch da gilt — in der Gestaltung des öffentlichen Lebens. Wenn dieses Fundierungsverhältnis in der politischen Wirklichkeit tangiert wird, dann sind politische Kompromisse, bei denen umstrittene kultur- und religionspolitische Anliegen um der gemeinsamen Sicherung elementarer Lebens-

---

[17] *Thomas von Aquin,* Summa theologica, II, 2 qu. 30 a, 3.
[18] Vgl. *Nicolai Hartmann,* Ethik, Berlin-Leipzig ³1949, 595 ff.

güter, wie materieller Existenz und öffentlicher Ordnung, willen zurückgestellt werden, nicht nur erlaubt, sondern sozialtehische Pflicht. Sittlichkeit überhaupt wie sozialethisches Verhalten im besonderen besteht eben nicht einfach darin, daß wir die objektive Rangordnung der Güter und Werte gleichsam abbilden, sondern daß wir zwei Abstufungsreihen, die objektive Werthöhe und die auf den Menschen bezogene Dringlichkeit der in Frage stehenden Güter, *zugleich* ins Auge fassen und beiden gerecht zu werden suchen. Das aber bedeutet, das Grundlegende und darum Dringlichere zuerst tun und es so sichern, daß damit auch zum objektiv höheren der Weg freigemacht oder wenigstens nicht verbaut wird. Das ist ein vierter Leitsatz.

Man kann mit einem gewissen Recht sagen, daß ein solches politisches Wirken von der objektiven Rangordnung der Güter abweicht, da hier ja die direkte und stärkere Bemühung dem Niedrigeren gilt. Aber der objektiven Rangordnung der ethischen Gesinnungswerte kann eine solche politische Wirksamkeit durchaus entsprechen, weil die einsichtige Bemühung um die elementaren äußeren Voraussetzungen des leiblich-geistigen Gesamtwohles der Menschen eine Form echter Nächstenliebe sein kann. Diese aber ist ein besonders hoher, und wenn sie in der Gottesliebe wurzelt, der höchste sozialethische Gesinnungswert.

Fünfter Leitsatz

Wenn beim Kompromiß objektiv niedrigere Güter über ihre jeweilige Dringlichkeit hinaus vor höheren Gütern bevorzugt werden, dann wird das Kompromißverhalten in erhöhtem Maße fragwürdig, aber auch dann noch nicht ohne weiteres verwerflich. Denn das ist wohl zu bedenken: Dringlich kann nicht nur dieses oder jenes Gut sein, um das es unmittelbar bei einem Kompromiß geht, insofern es durch öffentliche Maßnahmen gesichert werden soll; dringlich ist vor allem die Erhaltung des Staates selber, nämlich einer klar umgrenzten Repräsentation der staatlichen Ordnungsmacht, eines funktionsfähigen Gefüges von gesetzgebender, vollziehender und richterlicher Gewalt. Ein mit Mängeln behafteter, nicht in jeder Beziehung der objektiven Werthöhe und Dringlichkeit der Güter des Allgemeinwohles entsprechender Staat ist besser als ein staatsloser, anarchischer Zustand. Die staatenlose Gesellschaft der Zukunft, die von *Karl Marx* vorausgesagt wurde und heute noch ausgerechnet vom möglichst alles verstaatlichenden russischen Bolschewismus vorausgesagt wird, würde eine schreckliche Gesellschaft sein. Denn ohne den Staat können wir Menschen nicht menschenwürdig leben. Es würde ein Zustand eintreten, in dem das „homo homini lupus" von *Hobbes* weithin verwirklicht wäre. Keine noch so abscheuliche Staatsvergötzung soll uns hindern, mit Kaiser *Justinian* und den großen christlichen Theologen zu sagen, daß Priestertum und Herrschertum, also Kirche und Staat, Geschenke der göttlichen Liebe sind; denn beide gehören zur guten Ordnung des menschlichen Lebens. Nicht eine sozusagen ästhetische Vorliebe für eine soziologische Stilverwandtschaft hat die Kirche veranlaßt, auch mit prinzipiell atheistischen und antichristlichen Staaten Kompromisse zu schließen, wenn diese Staaten ein gewisses Maß von Repräsentation öffentlicher Macht aufweisen, wie es nach der Darstellung in *Carl Schmitts* Essai „Römischer Katholizismus und politische Form" scheinen könnte. Solche Kompromisse beruhen vielmehr auf der Einsicht in die eminente Dringlichkeit staatlicher Ordnung überhaupt; ist diese doch, obwohl, nein gerade weil man sie mit Recht als subsidiär bezeichnet, eine wesentliche Voraussetzung für die Realisierung hoher Güter und Werte des menschlichen Zusammenlebens. Und so sind dem demokratischen Politiker auch solche Kompromisse erlaubt, ja geboten, bei denen ein relativ niedriges Gut über das Maß seiner Dringlichkeit bevorzugt wird, falls eben solche Kompromisse als notwendig erscheinen, um das Gegeneinander der Parteien und Gruppen nicht zur Zerstörung einer staatlichen Gesamtordnung werden zu lassen, für deren Ablösung durch eine andere im gegebenen Zeitpunkt keine reale Aussicht besteht. Damit haben wir einen fünften Leitsatz ausgesprochen, der in der Kompromißsituation den Politikern zwar nicht zur Aufhebung des selbst- und mitverantwortlichen Wagnisses, aber doch zur ethischen Orientierung dienen kann.

c) Menschliche Voraussetzungen zu ethisch gebotenen Kompromissen

Wenden wir uns noch den charakterlichen und gesinnungsmäßigen Voraussetzungen zu, die beim demokratischen Politiker, wie bei jedem Menschen, die Bereitschaft zu sozialethisch gebotenen Kompromissen begünstigen oder verhindern.
(1) Vor allem kommt es da auf eine *Friedensliebe* an, deren kompromißfeindliches Gegenteil eine instinktive Streitlust ist, der es gar nicht um bestimmte Objekte geht, sondern um die Auswirkung eines sozusagen „abstrakten Oppositionstriebes" *(Simmel).*
(2) Mit der um ihre ethische Begründung wissenden Friedensliebe verbunden ist eine weitere Wurzel fruchtbarer Kompromißbereitschaft: die echte *Sorge um das Gemeinwohl,* zu dem trotz der weltanschaulichen und politischen Divergenzen wenigstens ein Teilbeitrag auf dem Kompromißwege geleistet werden soll. Das Gegenteil solcher Sorge ist egoistisches Machtstreben. Dieses ist in gewisser Weise gegenüber dem politischen Kompromiß ambivalent. Es kann zu einer sehr beweglichen Taktik veranlassen, die nur dem einen Grundsatz dient, die eigene Macht zu steigern oder zu erhalten, und deshalb zu einer im übrigen grundsatzlosen Kompromißlerei bereit ist. Es kann aber auch geschehen, daß egoistisches Machtstreben sich in einer ganz kompromißfeindlichen Halsstarrigkeit äußert. Auch dann wird u. U. noch Taktik angewandt, aber nicht nach außen, zur Einigung mit dem Gegner, sondern nach innen: Machtsüchtige Führer von Parteien und Gruppen übertreiben ihre sachlichen Gegensätze zu anderen Gruppen, weil sie befürchten, daß eine Teilaussöhnung mit diesen durch Kompromisse den Kampfgeist der eigenen Gruppe und damit deren Zusammenhalt schwächen würde.
(3) Die *richtige Einschätzung der eigenen Erkenntniskraft* ist eine weitere Voraussetzung zu fruchtbarer Kompromißbereitschaft. Wenn es darum geht, zu erwägen, ob und in welchem Maße eine bestimmte öffentliche Maßnahme nur ein austauschbares Mittel zu einem politischen Ziele ist oder ob sie so dringlich ist,

daß man berechtigt wäre, ein Gut von objektiv geringerer Werthaftigkeit einem an sich höheren vorzuziehen, dann ist eine volle Gewißheit des Urteils fast nie, jedenfalls aber nur äußerst schwer zu erreichen. Es gab und gibt eine Art von Naturrechtlern, die diese Schwierigkeit gar nicht empfinden und darum auch für Kompromisse nicht zu haben sind. Aber das der Demut verwandte Wissen um die Kompliziertheit und Vieldeutigkeit der Verhältnisse zwischen Mittel und Selbstzweck sowie zwischen Werthöhe und Dringlichkeit macht kompromißbereit.

(4) Nicht zuletzt liegt der ethische Wert solcher Bereitschaft in der *Achtung vor der Freiheit der Gewissensentscheidung des politischen Gegners,* vor der Würde der Person. Sie ist wert, angehört zu werden; ihre Argumente müssen um des Gemeinwohles willen ernsthaft geprüft werden, solange nicht wirklich feststeht, daß sie nur aus grober Unkenntnis der Dinge oder mit Täuschungsabsicht vorgetragen werden. Eine nicht abzunehmende Verantwortung trägt in der Demokratie auch der politische Gegner. Demokratie wäre heute überhaupt nicht möglich, wollte man *Steubings* Weisung befolgen, daß im Politischen „die Entscheidungen durch Christen den Nichtchristen abgenommen werden" müssen. Diese Forderung entspricht der radikal supranaturalistischen These, daß es keine echte sittliche Erkenntnis außerhalb des christlichen Offenbarungsglaubens gebe. *Steubing* zieht daraus die Folgerung: der verantwortbare Kompromiß ist „nur auf christlicher Basis möglich"[19]). Die katholische Theologie und auch manche protestantischen Theologen vertreten eine weniger pessimistische Lehre vom Menschen und schreiben auch den noch nicht oder nicht mehr christlich Glaubenden eine mehr oder weniger große Fähigkeit zu sittlicher Erkenntnis und sozialethischer Begründung ihres politischen Handelns zu[20]). Nur unter der Voraussetzung einer solchen Anthropologie und naturrechtlichen Ethik kann es Kompromisse geben, die *allen* Beteiligten im Gewissen zumutbar sind und angesichts des weiterbestehenden weltanschaulichen politischen Pluralismus von verantwortlichen Politikern um des Gemeinwohles willen geschlossen werden müssen.

4. Gegenwartsaufgaben der Christen

Daß die Christen in der Gegenwart in einer mehr und mehr nicht-christlichen Umwelt leben, bedeutet einerseits Verteidigungsstellung und Verminderung des direkten Einflusses christlicher Ideen und Einrichtungen auf das öffentliche Leben, andererseits, wie wir sahen, die Notwendigkeit praktischer Verständigungen mit den dem christlichen Offenbarungsglauben fern oder feindlich gegenüberstehenden Gruppen, wobei eine natürliche Sozialethik als unentbehrliche Verständigungsgrundlage erkannt wird. Obwohl die moderne Massengesellschaft, geformt durch Bevölkerungszusammenballungen, technische Mittel der Meinungsbeeinflussung und Mammutorganisationen die persönliche Urteilsbildung und Initiative der

---

[19]) *Hans Steubing,* Der Kompromiß als ethisches Problem, Gütersloh 1955, 121, 114.
[20]) Vgl. z. B. *Heinz-Dieter Wendland,* Die Kirche in der modernen Gesellschaft, Hamburg ²1958, 88—107 und 156 ff.

Christen erschwert, ist ihr sozialer Gestaltungswille gewachsen. In allen Lebensbereichen steht er dabei vor Aufgaben, für deren Erfüllung er nicht auf Vorbilder früherer Zeiten zurückgreifen kann. Wir wollen einige dieser Aufgaben nennen, wobei wir — in stichwortartiger Zusammenfassung — an in unseren bisherigen Ausführungen dargelegte geschichtliche Entwicklungen anknüpfen.

a) Familie

Geschichtsphilosophen und Kultursoziologen haben nachgewiesen, daß alle großen Völker und Kulturkreise eine Entwicklung von Gemeinschaft zu Gesellschaft durchlaufen und damit in ein Stadium der Veräußerlichung, kulturellen Erstarrung und religiösen Verarmung geraten. In bezug auf die Bindung der Menschen an die kleineren Vitalgemeinschaften (Sippe, Dorf, Stadtgemeinde traditionalen Stils) ist ein gewisser Strukturwandel von Gemeinschaft und Gesellschaft unvermeidlich, weil der zivilisatorische Fortschritt und die zur Kulturentfaltung dienliche Berührung mit anderen Völkern und Kulturen eine Auflockerung jener ursprünglichen Vitalgemeinschaften mit sich bringen. Nicht aber ist damit auch die Auflösung und Zersetzung geistig-personaler Gemeinschaften als notwendig erwiesen. Wo sie dennoch eintritt, wie es in der westlichen Welt seit Beginn des industriellen Zeitalters weitgehend der Fall war, zieht sich das gefühlswärmere Gemeinschaftsleben in kleine Kreise zurück, unter denen die Familie der wichtigste ist.

In der Familie hat einstmals die Verchristlichung des Sozialllebens begonnen. Als in der Neuzeit, zumal auf protestantischer Seite unter dem Einfluß der lutherischen Lehre von den beiden Reichen, die Möglichkeit einer christlichen Gestaltung des öffentlichen Lebens immer stärker bezweifelt wurde, blieb die Familie noch lange eine Zelle christlichen Gemeinschaftslebens. Trotz schwerer Schädigungen im industriellen Zeitalter hat sich die Familie, wie die empirische Soziologie bestätigt, als ein im Vergleich mit anderen Sozialgebilden relativ dauerhafter „Stabilitätsrest" *(Schelsky)* erwiesen. Auch hier ist allerdings heute oft keine volle personale Gemeinschaftlichkeit gegeben; aber die Familie bietet doch meistens noch die günstigsten Kontaktsituationen, in denen der Mensch auch im Zeitalter der Massenorganisationen und anonymer Leistungsansprüche am unmittelbarsten erfahren kann, was Vertrauen, solidarisches Zusammenwirken, natürliche Autorität und Mitverantwortung für eine soziale Ganzheit bedeuten. Solche Grunderfahrungen sind für das christlich-religiöse Leben und Denken und für eine entsprechende Wiederbeseelung der menschlichen Gesellschaft mit echtem Gemeinschaftsgeist von großer Bedeutung. Von dieser Überzeugung sind heute auf katholischer wie auf evangelischer Seite die sozialreformerischen Bemühungen um die Familie getragen. Man weiß, daß äußere Schutzmaßnahmen und moralische Einwirkungen zugleich notwendig sind. Bei der Betonung der Eigenständigkeit der Familie gegenüber dem Staat und den Organisationen der Gesellschaft dürfen die Christen jedoch nicht übersehen, daß heute in nicht wenigen Familien die Neigung zu einem kleinfamilialen Gruppenegoismus besteht, der sich vor den umfassenden Aufgaben in Kirche, Staat und Gesellschaft verschließt. Diese „Desintegration" *(René König)* der Familie, d. h. ihre Herauslösung aus umfassenden Sozialaufgaben, ist mit der christlichen Soziallehre nicht vereinbar. Angesichts der durch einen lang dauernden geistigen Wandlungsprozeß und durch die zunehmende außerhäusliche Tätigkeit der Frauen in Wirtschaft, Verwaltung und Politik ausgelösten Forderungen nach einer abstrakt-formalen Gleichberechtigung der Geschlechter auch in Ehe und Familie muß die Christenheit, von den vaterrechtlichen Übersteigerungen einer einseitig vermännlichten Zivilisation und Gesellschaftsstruktur sich abkehrend, die Aussagen der Offenbarung über den Mann als das „Haupt" der Frau und der Familie in ihrem immer gültigen Sinn neu zu verstehen und zu realisieren suchen.

b) Staat

Monarchische Regierungen, länger als ein Jahrtausend im Ausbreitungsgebiet des Christentums vom sakralen Glanz eines göttlichen Auftrags zur Wegbereitung für das Gottesreich umstrahlt, sind heute in der westlichen Welt kaum mehr möglich. Das liegt nicht nur an der allgemeinen Säkularisierung des Lebens, sondern auch an einem Wandel des christlichen Vorsehungsglaubens: Es ist nicht mehr die gläubige Überzeugung großer Teile der Christenheit, daß nur bestimmte Fürstenhäuser durch Gottes Fügung befähigt und berufen seien, die Völker zu regieren. So kommen heute für die westliche Welt nur zwei Grundformen der Regierung in Frage: Demokratie und Diktatur. Die Diktatur aber hat immer die Neigung zu einem mit dem Christentum nicht vereinbaren Totalitarismus, der für das eigenständige Leben wichtiger Sozialgebilde, die, wie vor allem Familie und Kirche, vor- bzw. überstaatlicher Art sind, keinen Raum läßt. Die moderne Demokratie hat sich zwar in Europa länger als ein Jahrhundert in feindlicher Spannung zum Christentum entfaltet; dennoch hat sie Wurzeln auch in christlichen Ideen. Die dem organischen Verständnis der Kirche analoge Auffassung vom organischen Zusammenwirken der Glieder des Staates und die Ideen von der Allgemeinheit der Menschenwürde und der christlichen Brüderlichkeit förderten schon im Mittelalter eine gewisse Aufteilung bzw. Mäßigung der staatlichen Macht. Durch den Calvinismus und die nonkonformistischen englischen Auswanderer wurde in Nordamerika die aus dem Religiösen ins Staatliche hinüberwirkende Demokratisierung mächtig vorangetrieben, während auf dem europäischen Festland der fürstliche Absolutismus sich noch einer allzu bedenkenlosen Rechtfertigung durch katholische und lutherische Theologen erfreute. Nachdem man begonnen hat, das „tragische Mißverständnis" *(Maritain)*, das in Europa seit der Französischen Revolution dem geschichtlichen Gegensatz zwischen Christentum und Demokratie zugrunde lag, aufzuhellen, wird in wachsendem Maß die Mitwirkung an der demokratischen Gestaltung der Staaten als eine Aufgabe der Christenheit erkannt. Gegenüber einem unkritischen anthropologischen und sozialen Optimismus, der die Gefahren der Anarchie übersieht, wird auf katholischer wie auf evangelischer Seite unter Hinweis auf die Lehre von den Folgen der Erbsünde die Notwendigkeit einer gründlichen Erziehung zum demokratischen Verhalten betont. Aus der Tatsache, daß bisher alle großen Staatsgebilde und Kulturen einen überwiegend herrschaftlichen Aufbau hatten, ergibt sich die Größe und weltgeschichtliche Bedeutung der christlichen Aufgabe, mitzuwirken an einer demokratischen Staatsgestaltung.

Eine Naturrechtslehre, die auch ohne den christlichen Offenbarungsglauben zu bejahen ist, erweist sich als unentbehrliche Grundlage für eine wirksame Sozialethik in unserer gespaltenen Gesellschaft. Auf das früher von Katholiken und auch von Protestanten vielfach angestrebte Ziel des „Glaubensstaates" muß die Christenheit verzichten. Sie muß Staaten mitformen, die auf dem Boden des Naturrechts tolerant sind gegenüber den verschiedenen Glaubensbekenntnissen und Weltanschauungen, aber intolerant gegen die Gruppen, die ihrerseits in ihren politischen Zielsetzungen solche Toleranz nicht bejahen. Daß auch für das moderne Völkerrecht nur das Naturrecht das tragende ideelle Fundament sein kann, haben nach der zunächst staatlichen und dann auch religiösen Aufspaltung der mittelalterlichen Christenheit und nach der Ausweitung des politischen Horizonts durch die geographischen Entdeckungen des 15. Jahrhunderts katholische Theologen des 16. Jahrhunderts (z. B. *Francisco de Vitoria*) und protestantische Autoren des 17. Jahrhunderts (z. B. *Hugo Grotius*) ausführlich begründet. Das Erbe dieser christlichen Denker hat für die infolge der modernen Kommunikationstechnik noch viel intensiver verflochtene Staatenwelt der Gegenwart erhöhte Bedeutung.

c) Arbeit und Wirtschaft

Die moderne, auf der Trennung von Kapitalbesitz und Arbeit und dem ökonomischen Rationalismus in den Beschaffungs-, Produktions- und Absatzmethoden sowie in der Behandlung der menschlichen Arbeitskraft beruhende kapitalistische Wirtschaft weist einige Züge auf, denen das Christentum kritisch gegenüberstehen muß: grenzenloses Kapitalvermehrungs- und Mehrerwerbsstreben und Arbeitsvergötzung.

Die Christenheit muß es klar als einen Irrweg erkennen, daß auch sie mittätig ist in einem Wirtschaftssystem, das „grenzenlos Waren produziert, so daß erst durch die Produktion immer neue Bedürfnisse entwickelt werden, oder so, daß die produzierten Waren nur zur Ausdehnung der ökonomischen Macht eines Volkes um ihrer selbst willen in den umliegenden Ländern sich Absatzgebiete erst schaffen müssen" (*Scheler*). Der Zusammenhang eines solchen Kapitalismus mit dem modernen Imperialismus, auf den auch *Pius XI.* (Quadragesimo anno, nr. 108 f.) warnend hingewiesen hat, ist nicht zu leugnen. Die Christenheit der Gegenwart hat die Aufgabe, in Theorie und Praxis wieder ein Produktions- und Konsumethos zu entwickeln und Andersdenkenden überzeugend vorzuleben, das den Wirtschaftsgütern die richtige Stelle gemäß der objektiven Rangordnung der Werte zuweist.

Auch auf die objektiv richtige Einordnung und Bewertung der Arbeit selber kommt es an. Gegenüber der heidnischen Verachtung hat das antike und mittelalterliche Christentum der körperlichen Arbeit einen religiös begründeten sittlichen Adel verliehen. Die Herauslösung der „guten Werke" aus dem Prozeß der Heilsverwirklichung durch die Reformatoren bewirkte, unbeabsichtigt, eine Hinlenkung von starken Willensenergien, die sich vorher auf religiös-asketischem, kultischem und caritativem Gebiet betätigt hatten, auf Arbeit und Wirtschaft. Bis in das 17. Jahrhundert jedoch blieb der gesteigerte Arbeits- und Unternehmerwille noch gebändigt durch die von den christlichen Kirchen verkündeten Lebensregeln. Dann aber kam es im Fortgang der allgemeinen Säkularisierung der Lebensauffassung zu der Arbeitsvergötzung, die ein Kennzeichen des Hochkapitalismus geworden ist.

Heute rufen christliche Stimmen wieder stärker nach einer sinnvollen Einordnung der Arbeit in das menschliche Gesamtverhalten. Als seit dem Ende des 18. Jahrhunderts der klassische Wirtschaftsliberalismus die Forderung nach einer von religiöser, ethischer und staatlicher Vorformung möglichst freien Gestaltung der angeblich völlig autonomen Wirtschaft erhob, begünstigte er faktisch eine Entwicklung, die durch wachsende Proletarisierung und monopolistische Vermachtung gekennzeichnet war. Wenn heute wieder in größerer Zahl Wirtschaftswissenschaftler und -politiker darauf hinweisen, daß die Freiheit des Leistungswettbewerbs und des Marktes „von einem festen Rahmenwerk gesellschaftlich-politisch-moralischer Art gehalten und geschützt werden muß" *(Röpke)*, so ist damit eine geschichtlich bedeutsame Gegenbewegung eingeleitet gegen die schon im 17. Jahrhundert begonnene Loslösung der Wirtschaft aus dem Zuständigkeitsbereich von Moral und Religion. „Die Grenzen sind wieder in Fluß" *(Tawney)*.

In den sozialreformerischen Bemühungen, die Existenzunsicherheit des Proletariats zu mildern und die proletarische Klassenkampflage aufzuheben, müssen die Christen mit Anhängern nichtchristlicher Weltanschauungsgruppen zusammenarbeiten. Aber dabei dürfen sie nicht vergessen, daß die materielle Hebung und Sicherung nur ein vordergründiges Ziel ist, das dem Hauptziel: der Ermöglichung eines gerecht geregelten und menschenwürdigen Zusammenwirkens der zu überwirtschaftlichen Gütern berufenen Menschen, einzuordnen ist. Andernfalls würden auch die Bestrebungen christlicher Sozialreformer zum Anwachsen eines rein irdisch orientierten Sozialeudämonismus beitragen, der liberale und kollektivistische Vertreter hat, gegen den aber auch äußerlich noch kirchlich gebundene Teile der Christenheit von heute nicht genug gefeit sind. Christen der Gegenwart stehen vor der erneuten Aufgabe, wirtschaftsethische Grundsätze zu entwickeln und vorzuleben, die die Wirtschaft unter Beachtung ihrer immanenten Sachgesetze in den Rahmen einer Gesamtordnung stellen, die die wirtschaftlichen Güter als Mittel zu höheren und letztlich welttranszendenten Zielen wertet und in gleich entschiedener Abwehr des individualistischen Liberalismus und des Kollektivismus auch im Wirtschaftsleben eine optimale Verbindung von Selbstverantwortlichkeit des einzelnen und solidarischer Mitverantwortlichkeit ermöglicht.

d) Kultur

In der Neuzeit ist eine Entfremdung zwischen christlicher Religiosität und kulturellen Hochschöpfungen eingetreten. Im Zuge einer allgemeinen Säkularisierung des Lebens in der westlichen Welt sind Denker und Künstler der Gefahr erlegen, über der Größe und Schönheit ihrer Erkenntnisse und Werke die Größe und Schönheit der noch höheren Welt der christlichen Offenbarung nicht mehr zu sehen. Mitverursacht wurde jene Entfremdung durch eine gewisse geistige Enge neuzeitlicher Christen, die allzu mißtrauisch sich vor der beunruhigenden Macht neuartiger Erkenntnisse und Kunstwerke verschließen. Freilich, zu einer Wissenschaft und Kunst, die offenbarungsfeindlich oder atheistisch ist oder relative Güter wie natürliche Schönheit, wirtschaftlichen Nutzen, technische und politische Macht verabsolutiert, kann das Christentum nicht in einem positiven Verhältnis stehen. Ist die Umwelt von einem derart pervertierten Kulturstreben beherrscht, dann kann der einzelne Christ immer noch sein ewiges Heil erreichen, aber auf einem einsamen und allzu dunklen Weg, der durch menschliche Schuld der vom göttlichen Schöpfer gebotenen Erhellung durch natürliche Erkenntnis und kreatürliche Schönheit entbehrt. Aus der wachsenden Einsicht in diese Situation und ihre Ursachen sind heute geistig rege Kreise der Christenheit bereit zur Auseinandersetzung mit den philosophischen, wissenschaftlichen und künstlerischen Strömungen der Gegenwart und zum Verständnis für das Wagnis, das in allem überdurchschnittlichen Schaffen der Künstler, Philosophen und Wissenschaftler liegt. Die von beiden Seiten erstrebte Begegnung zwischen der christlichen Ideenwelt und der Existenzphilosophie sowie der darstellenden Künste und der Musik unserer Zeit ist dafür ein augenfälliges Symptom. Christliche Pädagogen und Kulturphilosophen stehen vor der Aufgabe, den Menschen der Gegenwart lichtvoller und deutlicher zu zeigen, wie alle natürliche Wissenschaft und Schönheit der Ergänzung durch die Weisheit und Schönheit der christlichen Offenbarung und Gnade fähig und bedürftig ist.

Dank der Entwicklung der Verkehrs- und Nachrichtentechnik und intensiver weltwirtschaftlicher und weltpolitischer Verflechtungen kommen im 20. Jahrhundert sehr verschieden geartete Kulturen miteinander in so enge Berührung wie nie zuvor. Das ist eine willkommene Situation für den Kulturimperialismus, zu dem besonders politische Großmächte der Gegenwart neigen. Man verkennt, daß das Streben nach einer uniformen „Weltkultur" zur Zerstörung des echten Kulturlebens führen würde, das, im Unterschied zu den leicht übertragbaren wirtschaftlichen und zivilisatorischen Errungenschaften, nur in national und kulturkreishaft bedingten Eigengestalten sich entwickeln kann. Hier hat die Christenheit der Gegenwart eine kulturschützende Aufgabe. *Pius XII.* hat sie umschrieben in der Enzyklika „Summi pontificatus" (1939): Die Kirche „kann nicht daran denken und denkt nicht daran, die für jedes Volk eigentümlichen Sonderwerte anzutasten oder minderzuachten". Sie „begrüßt freudig und begleitet mit mütterlichem Wohlwollen jede Einstellung und Bemühung für eine verständige und geordnete Entfaltung solcher eigengearteter Kräfte und Strebungen, die im Eigensein jedes Volkstums wurzeln". Eine andere kulturschützende Aufgabe erfüllt die Christenheit heute, wenn sie den staatlichen Totalitarismus abwehrt, der ja nicht nur die christliche Religion beengt oder zerstören will, sondern auch eine ernste Gefahr für die schöpferischen Kräfte des kulturellen Lebens ist, die nur in Freiheit gedeihen können.

In dem Maße, wie die Christen, im Nach- und Mitvollzug der Liebe Jesu Christi zu Gott und den Mitmenschen, die naturrechtlichen *und* die übernatürlichen Wertbestimmungen bei der Erfüllung ihrer Aufgaben im menschlichen Zusammenleben befolgen und sich dabei, im Verlangen nach der Glaubenseinheit, in solidarischem Wirken zusammenfinden, werden sie, gemäß der Bestimmung ihres Herrn Jesus Christus, „das Salz der Erde" sein.

Weiterführendes Literaturverzeichnis

Deutschsprachige Monographien zur Thematik dieses Werkes seit 1960 in Auswahl

Zusammengestellt von Karl Heinz Grenner

Zur Einleitung:

Jean-Yves Calvez / Jacques Perrin, Kirche und Wirtschaftsgesellschaft. Die Soziallehre der Kirche von Leo XIII. bis zu Johannes XXIII., 2 Bde. Recklinghausen (Paulus) 1964 f.
Civitas. Jahrbuch für christliche Gesellschaftsordnung, hrsg. von der Görres-Gesellschaft und vom *Heinrich Pesch Haus.* Mannheim (H. Pesch Haus) 1962 ff.
Rolf Engelsing, Sozial- und Wirtschaftsgeschichte Deutschlands (Kleine Vandenhoeck-Reihe 1381). ²Göttingen (Vandenhoeck & Ruprecht) 1976.
L. H. Adolph Geck, Über das Eindringen des Wortes „sozial" in die deutsche Sprache. Göttingen (Schwartz) 1963.
Geschichte der sozialen Ideen in Deutschland, hrsg. von *Helga Grebing* (Deutsches Handbuch der Politik, Bd. 3). München-Wien (Olzog) 1969.
Geschichtliche Grundbegriffe. Historisches Lexikon zur politisch-sozialen Sprache in Deutschland, hrsg. von *Otto Brunner, Werner Conze* und *Reinhart Koselleck,* bisher 4 Bde. Stuttgart (Klett) 1972 ff.
Handbuch der deutschen Wirtschafts- und Sozialgeschichte, hrsg. von *Hermann Aubin* und *Wolfgang Zorn,* 2 Bde. Stuttgart (Klett) 1971 und 1976.
Handbuch der Kirchengeschichte, hrsg. von *Hubert Jedin,* 7 Bde. Freiburg-Basel-Wien (Herder) 1971—1979.
Friedrich Wilhelm Henning, Das vorindustrielle Deutschland 800—1800 (Uni-Taschenbücher 398). Paderborn (Schöningh) 1974.
Ders., Die Industrialisierung in Deutschland 1800—1914 (Uni-Taschenbücher 145). Paderborn (Schöningh) 1973.
Ders., Das industrialisierte Deutschland 1914—1972 (Uni-Taschenbücher 337). Paderborn (Schöningh) 1974.
Jahrbuch für Christliche Sozialwissenschaften (früher [1960—1967] „Jahrbuch des Instituts für Christliche Sozialwissenschaften der Westfälischen Wilhelms-Universität Münster"), hrsg. von *Wilhelm Weber.* Münster (Regensberg) 1968 ff.
Friedrich Wilhelm Kantzenbach, Christentum in der Gesellschaft. Grundlinien der Kirchengeschichte. Bd. 1: Alte Kirche und Mittelalter (Siebenstern Taschenbuch 185). Hamburg 1975; Bd. 2: Reformation und Neuzeit (Siebenstern Taschenbuch 186). Hamburg 1976.
Die katholische Sozialdoktrin in ihrer geschichtlichen Entfaltung. Eine Sammlung päpstlicher Dokumente vom 15. Jahrhundert bis in die Gegenwart (Originaltexte mit Übersetzung), hrsg. von *Arthur Utz* und *Brigitta von Galen.* Aachen (Scientia Humana Institut) 1976, 3 Bde.
Franz Klüber, Katholische Gesellschaftslehre, Bd. 1: Geschichte und System. Osnabrück (Fromm) 1968.
Päpstliche Verlautbarungen zu Staat und Gesellschaft. Originaldokumente mit deutscher Übersetzung, hrsg. von *Helmut Schnatz* (Texte zur Forschung 12). Darmstadt (Wiss. Buchgesellschaft) 1973.

Soziologie und Sozialgeschichte. Aspekte und Probleme, hrsg. von *Peter Christian Ludz* (Kölner Zeitschrift für Soziologie und Sozialpsychologie, Sonderheft 16). Opladen 1973.

Ernst Schraepler, Quellen zur Geschichte der sozialen Frage in Deutschland. Teil I: 1800—1870; Teil II: 1871 bis zur Gegenwart. ²Göttingen (Musterschmidt) 1964.

Texte zur katholischen Soziallehre, Bd. I: Die sozialen Rundschreiben der Päpste und andere kirchliche Dokumente mit einer Einführung von *Oswald von Nell-Breuning*, hrsg. vom *Bundesverband der Katholischen Arbeitnehmer-Bewegung Deutschlands*. Köln 1975.

Arthur Utz u. a., Bibliographie der Sozialethik. Grundsatzfragen des öffentlichen Lebens, bisher 10 Bde. Freiburg (Herder) 1960 ff.

Hans Ulrich Wehler, Bibliographie zur modernen deutschen Sozialgeschichte (18.—20. Jahrhundert) (Arbeitsbücher zur modernen Geschichte, Bd. 1) (Uni-Taschenbücher 620). Göttingen (Vandenhoeck & Ruprecht) 1976.

Hans-Dietrich-Wendland, Der Begriff Christlich-sozial. Seine geschichtliche und theologische Problematik (Veröffentlichungen der Arbeitsgemeinschaft für Forschung des Landes Nordrhein-Westfalen, Geisteswissenschaften 104). Köln-Opladen (Westdeutscher Verlag) 1962.

Adolf Wilhelm Ziegler, Religion, Kirche und Staat in Geschichte und Gegenwart. Ein Handbuch. Bd. I: Geschichte. Vorgeschichte, Altertum, Mittelalter, Neuzeit; Bd. II: Das Verhältnis von Kirche und Staat in Europa; Bd. III: Das Verhältnis von Kirche und Staat in Amerika. München (Manz) 1969, 1972, 1974.

Wolfgang Zorn, Einführung in die Wirtschafts- und Sozialgeschichte des Mittelalters und der Neuzeit. Probleme und Methoden (Beck'sche Elementarbücher) ²München (Beck) 1974.

Zum 1. Kapitel: Die Beteiligung der Christen am öffentlichen Leben im Wandel der Zeiten

Karl Bosl und *Eberhard Weis*, Die Gesellschaft in Deutschland. Bd. I: Von der fränkischen Zeit bis 1848. München (Lurz) 1976.

Karl Buchheim, Ultramontanismus und Demokratie. Der Weg der deutschen Katholiken im 19. Jahrhundert. München (Kösel) 1963.

Olof Gigon, Die antike Kultur und das Christentum. Gütersloh (Mohn) 1966.

Martin Hengel, Eigentum und Reichtum in der frühen Kirche. Aspekte einer frühchristlichen Sozialgeschichte. Stuttgart (Calwer) 1973.

Jean-Michel Hornus, Politische Entscheidung in der Alten Kirche (Beiträge zur evangelischen Theologie 35). München (Kaiser) 1963.

Edwin A. Judge, Christliche Gruppen in nichtchristlicher Gesellschaft. Die Sozialstruktur christlicher Gruppen im ersten Jahrhundert. Wuppertal (Brockhaus) 1964.

Die Kirche angesichts der konstantinischen Wende, hrsg. von *Gerhard Ruhbach* (Wege der Forschung 306). Darmstadt (Wiss. Buchgesellschaft) 1976.

Kirche und Staat. Von der Mitte des 15. Jahrhunderts bis zur Gegenwart, hrsg. von *Heribert Raab* (DTV 238/239). München (Deutscher Taschenbuch Verlag) 1966.

Mönchtum und Gesellschaft im Frühmittelalter, hrsg. von *Friedrich Prinz* (Wege der Forschung 312). Darmstadt (Wiss. Buchgesellschaft) 1976.

Hugo Rahner, Kirche und Staat im frühen Christentum. Dokumente aus acht Jahrhunderten und ihre Deutung. München (Kösel) 1961.

Staat und Kirche im Wandel der Jahrhunderte, hrsg. von *Walther Peter Fuchs*. Stuttgart-Berlin-Köln-Mainz (Kohlkammer) 1966.

Gerd Theißen, Soziologie der Jesusbewegung. Ein Beitrag zur Entstehungsgeschichte des Urchristentums (Theologische Existenz heute 194). München (Kaiser) 1977.

Zur Soziologie des Urchristentums. Ausgewählte Beiträge zum frühchristlichen Gemeinschaftsleben in seiner gesellschaftlichen Umwelt, hrsg. von *Wayne A. Meeks* (Theologische Bücherei, Historische Theologie 62). München (Kaiser) 1979.

Zum 2. Kapitel: Bodenverteilung und soziale Schichtung im Mittelalter

Karl Bosl, Staat, Gesellschaft, Wirtschaft im deutschen Mittelalter (Handbuch der deutschen Geschichte 7. DTV 4207, Wissenschaftliche Reihe 3). ³München (Deutscher Taschenbuch Verlag) 1976.
Deutsches Bauerntum im Mittelalter, hrsg. von *Günther Franz* (Wege der Forschung 416). Darmstadt (Wiss. Buchgesellschaft) 1976.
Georges Duby, Krieger und Bauern. Die Entwicklung von Wirtschaft und Gesellschaft im frühen Mitelalter. Frankfurt (Syndikat Autoren- und Verlagsgesellschaft) 1977.
François Louis Ganshof, Was ist das Lehnswesen? Darmstadt (Wiss. Buchgesellschaft) 1961.
Herrschaft und Staat im Mittelalter, hrsg. von *Hellmut Kämpf* (Wege der Forschung 2). Darmstadt (Wiss. Buchgesellschaft) 1974.
Wolfgang Stürner, Natur und Gesellschaft im Denken des Hoch- und Spätmittelalters. Naturwissenschaftliche Kraftvorstellungen und die Motivierung politischen Handelns in Texten des 12. bis 14. Jahrhunderts (Stuttgarter Beiträge zur Geschichte und Politik 7, Textband). Stuttgart (Klett) 1975.
Werner Suerbaum, Vom antiken zum frühmittelalterlichen Staatsbegriff. Über Verwendung und Bedeutung von res publica, regnum, imperium und status von Cicero bis Jordanis (Orbis antiquus 16—17). ²Münster (Aschendorff) 1970.
Walter Ullmann, Individuum und Gesellschaft im Mittelalter (Kleine Vandenhoeck-Reihe). Göttingen (Vandenhoeck & Ruprecht) 1974.

Zum 3. Kapitel: Die Bejahung der mittelalterlichen Ständeordnung als Folge bestimmter religiöser Leitideen

August Maria Knoll, Katholische Kirche und scholastisches Naturrecht. Zur Frage der Freiheit. Wien-Frankfurt-Zürich (Europa) 1962.
Jürgen Miethke, Ockhams Weg zur Sozialphilosophie. Berlin (de Gruyter) 1969.
Das Rittertum des Mittelalters, hrsg. von *Arno Borst* (Wege der Forschung 349). Darmstadt (Wiss. Buchgesellschaft) 1976.
Richard W. Southern, Kirche und Gesellschaft im Abendland des Mittelalters (De-Gruyter-Studienbuch). Berlin-New York (de Gruyter) 1976.

Zum 4. Kapitel: Beginn und geistige Grundkräfte des neuzeitlichen Soziallebens

Altständisches Bürgertum. Bd. II: Erwerbsleben und Sozialgefüge, hrsg. von *Heinz Stoob* (Wege der Forschung 417). Darmstadt (Wiss. Buchgesellschaft) 1978.
Norman Cohn, Das Ringen um das tausendjährige Reich. Revolutionärer Messianismus im Mittelalter und sein Fortleben in den modernen totalitären Bewegungen. Bern-München (Francke) 1961.
Die geschichtlichen Grundlagen der modernen Volksvertretung. Die Entwicklung von den mittelalterlichen Korporationen zu den modernen Parlamenten. Bd. II: Reichsstände und Landstände, hrsg. von *Heinz Rausch* (Wege der Forschung 469). Darmstadt (Wiss. Buchgesellschaft) 1974.
Reinhart Koselleck, Kritik und Krise. Eine Studie zur Pathogenese der bürgerlichen Welt (Suhrkamp-Taschenbücher Wissenschaft 36). Frankfurt (Suhrkamp) 1973.
Barrington Moore, Soziale Ursprünge von Diktaturen und Demokratie. Die Rolle der Grundbesitzer und Bauern bei der Entstehung der modernen Welt (Suhrkamp-Taschenbücher Wissenschaft 54). Frankfurt (Suhrkamp) 1974.

Die Stadt des Mittelalters, 3 Bde., hrsg. von *Carl Haase*. Bd. I: Begriff, Entstehung, Ausbreitung (Wege der Forschung 243). ³Darmstadt (Wiss. Buchgesellschaft) 1978; Bd. II: Recht und Verfassung (Wege der Forschung 244). ²Darmstadt (Wiss. Buchgesellschaft) 1976; Bd. III: Wirtschaft und Gesellschaft (Wege der Forschung 245). ²Darmstadt (Wiss. Buchgesellschaft) 1976.

Zum 5. Kapitel: Der neuzeitliche Kapitalismus

Walter Friedberger, Der Reichtumserwerb im Urteil des hl. Thomas von Aquin und der Theologen im Zeitalter des Frühkapitalismus. Passau (Passavia) 1967.
Horst Herrmann, Savonarola. Der Ketzer von San Marco. München (Bertelsmann) 1977.
Otto Hintze, Feudalismus — Kapitalismus, hrsg. und eingeleitet von *Gerhard Oestreich* (Kleine Vandenhoeck-Reihe). Göttingen (Vandenhoeck & Ruprecht) 1970.
Alfred Müller-Armack, Religion und Wirtschaft. Geistesgeschichtliche Hintergründe unserer europäischen Lebensform. Stuttgart (Kohlhammer) 1959.
Maxime Rodinson, Islam und Kapitalismus. Frankfurt (Suhrkamp) 1971.
Stadien des Kapitalismus, hrsg. von *Friedrich Pollock* (Beck'sche Schwarze Reihe 125). München (Beck) 1975.
Max Weber, Die protestantische Ethik, Bd. II: Kritiken und Antikritiken, hrsg. von Johannes Winckelmann (Siebenstern Taschenbücher 119/120). ²Hamburg (Siebenstern Taschenbuch Verlag) 1972.

Zum 6. Kapitel: Die Kirche und das Zinsproblem

August Maria Knoll, Zins und Gnade. Studien zur Soziologie der christlichen Existenz (Soziologische Essays). Neuwied-Berlin (Luchterhand) 1967.
Wilhelm Weber, Wirtschaftsethik am Vorabend des Liberalismus. Höhepunkt und Abschluß der scholastischen Wirtschaftsbetrachtung durch Ludwig Molina S.J. (1535—1600) (Schriften des Instituts für christliche Sozialwissenschaften der Westfälischen Wilhelms-Universität Münster, Bd. 7). Münster (Aschendorff) 1959.
Wilhelm Weber, Geld und Zins in der spanischen Spätscholastik (Schriften des Instituts für christliche Sozialwissenschaften der Westfälischen Wilhelms-Universität Münster, Bd. 13). Münster (Aschendorff) 1962.

Zum 8. Kapitel: Der neuzeitliche Mensch und seine Lebensanschauung

Der aufgeklärte Absolutismus, hrsg. von *Karl Otmar Freiherr von Aretin* (Neue wissenschaftliche Bibliothek 67, Abt. 5: Geschichte). Köln (Kiepenheuer & Witsch) 1974.
Peter Blinkle, Die Revolution 1525. München-Wien (Oldenbourg) 1975.
Norbert Elias, Die höfische Gesellschaft. Untersuchungen zur Soziologie des Königtums und der höfischen Aristokratie (Soziologische Texte 54). Neuwied (Luchterhand) 1969.
Rolf Engelsing, Zur Sozialgeschichte deutscher Mittel- und Unterschichten (Kritische Studien zur Geschichtswissenschaft 4). Göttingen (Vandenhoeck & Ruprecht) 1973.
Sozialgeschichte der Familie in der Neuzeit Europas, hrsg. von *Werner Conze* (Industrielle Welt, Bd. 21). Stuttgart (Klett-Cotta) 1978.
Wirtschaftliche und soziale Probleme der gewerblichen Entwicklung im 15./16. Jahrhundert, hrsg. von *Friedrich Lütge*. Stuttgart (Fischer) 1968.
Der deutsche Bauernkrieg 1524—1526, hrsg. von *Hans-Ulrich Wehler* (Geschichte und Gesellschaft. Zeitschrift für Sozialwissenschaften, Sonderheft 1). Göttingen 1975.
Paul Wilkinson, Soziale Bewegungen. Von Rousseau bis Castro. München (List) 1974.

Zum 11. Kapitel: Die Ausprägung der Welt- und Lebensanschauung des neuzeitlichen Menschen in der katholischen Theologie

N. Max Wildiers, Weltbild und Theologie vom Mittelalter bis heute, Zürich-Einsiedeln-Köln (Benziger) 1974.

Zum 12. Kapitel: Die Ausprägung der Welt- und Lebensanschauung des neuzeitlichen Menschen in der protestantischen Theologie

Die Ambivalenz der Zweireichelehre in lutherischen Kirchen des 20. Jahrhunderts, hrsg. von *Ulrich Duchrow* und *Wolfgang Huber* in Zusammenarbeit mit *K. Eichholz* (Texte zur Kirchen- und Theologiegeschichte 22). Gütersloh (Mohn) 1976.
Enno Conring, Kirche und Staat nach der Lehre der niederländischen Calvinisten in der ersten Hälfte des 17. Jahrhunderts (Beiträge zur Geschichte und Lehre der Reformierten Kirche 18). Neukirchen (Neukirchener Verlag) 1965.
Ulrich Duchrow, Christenheit und Weltverantwortung. Traditionsgeschichte und systematische Struktur der Zweireichelehre (Forschungen und Berichte der Evangelischen Studiengemeinschaft 25). Stuttgart (Klett) 1970.
Zur Geschichte der Toleranz und der Religionsfreiheit, hrsg. von *Heinrich Lutz* (Wege der Forschung 246). Darmstadt (Wiss. Buchgesellschaft) 1977.
Hans Joachim Hillerbrand, Die politische Ethik des oberdeutschen Täufertums. Eine Untersuchung zur Religions- und Geistesgeschichte des Reformationszeitalters (Beiheft 7 der Zeitschrift für Religions- und Geistesgeschichte). Köln-Leiden (Brill) 1962.
Luther und die Obrigkeit, hrsg. von *Gunther Wolf* (Wege der Forschung 85). Darmstadt (Wiss. Buchgesellschaft) 1972.
Thomas Müntzer, hrsg. von *Abraham Friesen* und *Hans-Jürgen Goertz* (Wege der Forschung 491). Darmstadt (Wiss. Buchgesellschaft) 1978.
Alexandra Schlingensiepen-Pogge, Das Sozialethos der lutherischen Aufklärungstheologie am Vorabend der industriellen Revolution (Göttinger Bausteine zur Geschichtswissenschaft 39). Göttingen-Berlin-Frankfurt (Musterschmidt) 1967.
Gerhard Schmidtchen, Protestanten und Katholiken. Soziologische Analyse konfessioneller Kultur. Bern-München (Francke) 1973.
Hans Scholl, Reformation und Politik. Politische Ethik bei Luther, Calvin und den Frühhugenotten (Urban-Taschenbücher 616, T-Reihe). Stuttgart-Berlin-Köln-Mainz (Kohlhammer) 1976.
Hugh Redwald Trevor-Roper, Religion, Reformation und sozialer Umbruch. Die Krisis des 17. Jahrhunderts. Studienausgabe. Frankfurt-Berlin-Wien (Propyläen) 1974.
Umdeutungen der Zweireichelehre Luthers im 19. Jahrhundert, hrsg. von *Ulrich Duchrow, W. Huber* und *L. Reith* (Texte zur Kirchen- und Theologiegeschichte 21). Gütersloh (Mohn) 1975.
Zur Zwei-Reiche-Lehre Luthers. Mit einer Einführung von *Gerhard Sauter* und einer kommentierten Bibliographie von *Johannes Haun* (Theologische Bücherei 49, Systematische Theologie). München (Kaiser) 1973.

Zum 13. Kapitel: Stellung der katholischen Moraltheologie zu Monopolen und Monopolverbänden

Fritz Blaich, Die Reichsmonopolgesetzgebung im Zeitalter Karls V. und ihre ordnungspolitische Problematik (Schriften zum Vergleich von Wirtschaftsordnungen 8). Stuttgart (Fischer) 1967.

Zum 14. Kapitel: Die weltanschaulichen Grundlagen des klassischen Wirtschaftsliberalismus

Wilhelm Abel, Massenarmut und Hungerkrisen im vorindustriellen Europa. Versuch einer Synopsis. Hamburg-Berlin (Parey) 1974.

Klaus Aßmann und *Gerhard Stavenhagen,* Handwerkereinkommen am Vorabend der industriellen Revolution. Materialien aus dem Raum Braunschweig-Wolfenbüttel. Göttingen (Schwartz) 1969.

Adelheim Bünter, Die industriellen Unternehmungen von P. Theodosius Florentini 1808—1865. Eine sozialethische Studie über Voraussetzungen und Grenzen der Sozialreform (Veröffentlichung des wirtschafts- und sozialwissenschaftlichen Instituts der Universität Freiburg, Bd. 12). Freiburg (Schweiz) 1962.

Deutscher Katholizismus und Revolution im frühen 19. Jahrhundert, hrsg. von *Anton Rauscher* (Beiträge zur Katholizismusforschung, Reihe B: Abhandlungen). München-Paderborn-Wien (Schöningh) 1975.

Deutsche Sozialgeschichte. Dokumente und Skizzen, Bd. I: 1815—1870, hrsg. von *Werner Pöls.* München (Beck) 1973.

Wolfram Fischer, Wirtschaft und Gesellschaft im Zeitalter der Industrialisierung. Aufsätze — Studien — Vorträge (Kritische Studien zur Geschichtswissenschaft 1). Göttingen (Vandenhoeck & Ruprecht) 1972.

Karl Heinz Grenner, Wirtschaftsliberalismus und katholisches Denken. Ihre Begegnung und Auseinandersetzung im Deutschland des 19. Jahrhunderts. Köln (Bachem) 1967.

Carl Jantke und *Dietrich Hilger,* Die Eigentumslosen. Der deutsche Pauperismus und die Emanzipationskrise in Darstellungen und Deutungen der zeitgenössischen Literatur (Orbis Academicus). Freiburg-München (Alber) 1965.

Katholizismus, konservative Kapitalismuskritik und Frühsozialismus bis 1850, hrsg. von *Albrecht Langner* (Beiträge zur Katholizismusforschung, Reihe B: Abhandlungen). München-Paderborn-Wien (Schöningh) 1975.

Wolfgang Köllmann, Bevölkerung in der industriellen Revolution. Studien zur Bevölkerungsgeschichte Deutschlands im 19. Jahrhundert (Kritische Studien zur Geschichtswissenschaft, Bd. 12). Göttingen (Vandenhoeck & Ruprecht) 1974.

Jürgen Kuczynski, Geschichte der Lage der Arbeiter unter dem Kapitalismus, Teil I: Die Geschichte der Lage der Arbeiter in Deutschland von 1789 bis zur Gegenwart, Bd. 1—17. Berlin (Akademie) 1961—1967.

David S. Landes, Der entfesselte Prometheus. Technologischer Wandel in Westeuropa von 1750 bis zur Gegenwart. Köln (Kiepenheuer & Witsch) 1973.

Jacques Leclercq, Kirche und Freiheit. Essen (Driewer) 1964.

Ahlrich Meyer, Frühsozialismus. Theorien der sozialen Bewegung 1789—1848. München (Alber) 1977.

Johann Baptist Müller, Bedürfnis und Gesellschaft. Bedürfnis als Grundkategorie im Liberalismus, Konservatismus und Sozialismus (Stuttgarter Beiträge zur Geschichte und Politik 6). Stuttgart (Klett) 1971.

Ludwig Puppke, Sozialpolitik und soziale Anschauungen frühindustrieller Unternehmer in Rheinland-Westfalen (Schriften zur rheinisch-westfälischen Wirtschaftsgeschichte, Bd. 13). Köln (Rhein.-Westf. Wirtschaftsarchiv) 1966.

Anton Rauscher, Die soziale Rechtsidee und die Überwindung des wirtschaftsliberalen Denkens. Hermann Roesler und sein Beitrag zum Verständnis von Wirtschaft und Gesellschaft (Abhandlungen zur Sozialethik, Bd. 2). München-Paderborn-Wien (Schöningh) 1969.

Lothar Schneider, Der Arbeiterhaushalt im 18. und 19. Jahrhundert. Dargestellt am Beispiel des Heim- und Fabrikarbeiters. Berlin (Duncker & Humblot) 1967.

Ernst Schraepler, Handwerkerbünde und Arbeitervereine 1830—1853. Die politische Tätigkeit deutscher Sozialisten von Wilhelm Weitling bis Karl Marx. Berlin-New York (de Gruyter) 1972.

Wilhelm Treue, Wirtschaftsgeschichte der Neuzeit. Im Zeitalter der industriellen Revolution 1700—1960 (Kröners Taschenausgabe 208). Stuttgart (Kröner) 1962.
Vormarxistischer Sozialismus, hrsg. von *Manfred Hahn* (Fischer-Athenäum-Taschenbücher 4014, Sozialwissenschaften, Geschichte). Frankfurt (Athenäum-Fischer-Taschenbuch Verlag) 1974.
Harald Winkel, Die deutsche Nationalökonomie im 19. Jahrhundert (Erträge der Forschung 74). Darmstadt (Wiss. Buchgesellschaft) 1977.
Wirtschafts- und sozialgeschichtliche Probleme der frühen Industrialisierung, hrsg. von *Wolfram Fischer.* Berlin (Colloquium) 1968.

Zum 15. Kapitel: Die katholisch-soziale Bewegung im 19. Jahrhundert und das Rundschreiben „Rerum novarum" von 1891

Adolf M. Birke, Bischof Ketteler und der deutsche Liberalismus. Eine Untersuchung über das Verhältnis des liberalen Katholizismus zum bürgerlichen Liberalismus in der Reichsgründungszeit (Veröffentlichungen der Kommission für Zeitgeschichte bei der Katholischen Akademie in Bayern, Reihe B: Forschungen, Bd. 9). Mainz (Grünewald) 1972.
Karl Birker, Die deutschen Arbeiterbildungsvereine 1840—1870. Berlin (Colloquium) 1973.
Günter Brakelmann, Die soziale Frage des 19. Jahrhunderts, Teil II: Die evangelischsoziale und die katholisch-soziale Bewegung (Materialreihe der evangelischen Sozialseminare von Westfalen 2). [4]Witten (Luther) 1971.
Günter Brakelmann, Kirche, soziale Frage und Sozialismus, I: Kirchenleitungen und Synoden über soziale Frage und Sozialismus, 1871—1914 (Protestantismus und Sozialismus 3). Gütersloh (Mohn) 1977.
Dokumente zum religiösen Sozialismus in Deutschland, hrsg. von *Renate Breipohl* (Theologische Bücherei 46, Historische Theologie). München (Kaiser) 1972.
Elmar Fastenrath, Bischof Ketteler und die Kirche. Eine Studie zum Kirchenverständnis des politisch-sozialen Katholizismus (Beiträge zur neueren Geschichte der Katholischen Theologie, Bd. 13). Essen (Ludgerus) 1971.
Ephrem Filthaut, Deutsche Katholikentage und soziale Frage 1848—1958. Essen (Driewer) 1960.
Walter Friedberger, Die Geschichte der Sozialismuskritik im katholischen Deutschland zwischen 1830 und 1914 (Regensburger Studien zur Theologie 14). Frankfurt (Lang) 1978.
Helga Grebing, Geschichte der deutschen Arbeiterbewegung. Ein Überblick (Dtv-Taschenbücher 647). München (Deutscher Taschenbuch Verlag) 1970.
Karl Heinz Grenner, Katholikentage im Ruhrgebiet. Ein Blick zurück und auf die Gegenwart. Essen (Driewer) 1968.
Ernst Heinen, Staatliche Macht und Katholizismus in Deutschland, Bd. 2: Dokumente des politischen Katholizismus von 1867—1914 (Sammlung Schöningh zur Geschichte und Gegenwart). München-Paderborn-Wien (Schöningh) 1979.
Horstwalter Heitzer, Der Volksverein für das katholische Deutschland im Kaiserreich 1890—1918 (Veröffentlichungen der Kommission für Zeitgeschichte, Reihe B: Forschungen, Bd. 26). Mainz (Grünewald) 1979.
Baldur H. A. Hermans, Das Problem der Sozialpolitik und Sozialreform auf den deutschen Katholikentagen von 1848—1891. Ein Beitrag zur Geschichte der katholischsozialen Bewegung. Philos. Diss. Bonn 1972.
Werner Hofmann, Ideengeschichte der sozialen Bewegung des 19. und 20. Jahrhunderts. Unter Mitwirkung von Wolfgang Abendroth (Sammlung Göschen 5205). [5]Berlin-New York (de Gruyter) 1974.

Johannes Horstmann, Katholizismus und moderne Welt. Katholikentage, Wirtschaft, Wissenschaft — 1848 bis 1914 (Abhandlungen zur Sozialethik, Bd. 13). München-Paderborn-Wien (Schöningh) 1976.
Ernst Rudolf Huber, Wolfgang Huber, Staat und Kirche im 19. und 20. Jahrhundert. Dokumente zur Geschichte des deutschen Staatskirchenrechts, I: Staat und Kirche vom Ausgang des alten Reichs bis zum Vorabend der bürgerlichen Revolution; II: Staat und Kirche im Zeitalter des Hochkonstitutionalismus und des Kulturkampfes 1848—1890. Berlin (Duncker & Humblot) 1973 und 1976.
Christoph Kleßmann, Polnische Bergarbeiter im Ruhrgebiet 1870—1945. Soziale Integration und nationale Subkultur einer Minderheit in der deutschen Industriegesellschaft (Kritische Studien zur Geschichtswissenschaft 30). Göttingen (Vandenhoeck & Ruprecht) 1978.
Klaus Kreppel, Entscheidung für den Sozialismus. Die politische Biographie Pastor Wilhelm Hohoffs (1848—1923) (Schriftenreihe des Forschungsinstituts der Friedrich-Ebert-Stiftung 114). Bonn-Bad Godesberg (Neue Gesellschaft) 1974.
Albrecht Langner, Säkularisierung und Säkularisation im 19. Jahrhundert (Beiträge zur Katholizismusforschung, Reihe B: Abhandlungen). München-Paderborn-Wien (Schöningh) 1978.
Ludwig Lenhart, Bischof Ketteler. Staatspolitiker — Sozialpolitiker — Kirchenpolitiker. Bd. I: Kettelers literarische staats-, sozial- und kirchenpolitische Initiative in seiner und unserer Zeit. Eine literargeschichtliche Studie zu seinem Schrifttum. Mainz (Hase & Koehler) 1966.
Susanne Miller, Das Problem der Freiheit im Sozialismus. Freiheit, Staat und Revolution in der Programmatik der Sozialdemokratie von Lassalle bis zum Revisionismusstreit. Frankfurt (Europäische Verlagsanstalt) 1964.
Franz H. Mueller, Kirche und Industrialisierung. Sozialer Katholizismus in den Vereinigten Staaten und in Deutschland bis zu Pius XII. Osnabrück (Fromm) 1971.
Franz Osterroth und *Dieter Schuster,* Chronik der deutschen Sozialdemokratie. Hannover (Dietz) 1963.
Eckart Pankoke, Sociale Bewegung, sociale Frage, sociale Politik. Grundfragen der deutschen Socialwissenschaft im 19. Jahrhundert (Industrielle Welt 12). Stuttgart (Klett) 1970.
Religiöse Sozialisten, hrsg. von *Arhold Pfeiffer* (Dokumente der Weltrevolution 6). Olten-Freiburg (Walter) 1976.
Gerhard A. Ritter, Arbeiterbewegung, Parteien und Parlamentarismus. Aufsätze zur deutschen Sozial- und Verfassungsgeschichte des 19. und 20. Jahrhunderts (Kritische Studien zur Geschichtswissenschaft 23). Göttingen (Vandenhoeck & Ruprecht) 1976.
Clemens Ruhnau, Der Katholizismus in der sozialen Bewährung. Die Einheit theologischen und sozialethischen Denkens im Werk Heinrich Peschs (Abhandlungen zur Sozialethik, Bd. 18). München-Paderborn-Wien (Schöningh) 1979.
Wilhelm Salzer, Der christlichsoziale Beitrag zur Lösung der Arbeiterfrage, hrsg. vom Institut für Arbeiterkunde und Sozialforschung. Wien (Verlag der Berichte zur Kultur- und Zeitgeschichte) 1962.
Wolfgang Schieder, Anfänge der deutschen Arbeiterbewegung. Die Auslandsvereine im Jahrzehnt nach der Julirevolution von 1830 (Industrielle Welt 4). Stuttgart (Klett) 1963.
S. Hermann Scholl, Katholische Arbeiterbewegung in Westeuropa. Bonn (Eichholz) 1966.
Helmut Schwalbach, Der Mainzer „Katholik" als Spiegel des neuerwachten kirchlich-religiösen Lebens in der ersten Hälfte des 19. Jahrhunderts (1821—1850). Theol. Diss. Mainz 1966.
William Oswald Shanahan, Der deutsche Protestantismus vor der sozialen Frage 1815—1871. München (Kaiser) 1962.
Gerhard Silberbauer, Österreichs Katholiken und die Arbeiterfrage. Graz-Wien-Köln (Styria) 1966.

Richard Sorg, Marxismus und Protestantismus in Deutschland. Eine religionssoziologisch-sozialgeschichtliche Studie zur Marxismus-Rezeption in der evangelischen Kirche 1848—1948 (Kleine Bibliothek 48). Köln (Pahl-Rugenstein) 1974.

Helmut Sorgenfrei, Die geistesgeschichtlichen Hintergründe der Sozialenzyklika „Rerum novarum" (Sammlung Politeia 25). Heidelberg-Löwen (Kerle-Nauwelearts) 1970.

Sozialgeschichtliche Probleme in der Zeit der Hochindustrialisierung (1870—1914), hrsg. von *Hans Pohl* (Quellen und Forschungen aus dem Gebiet der Geschichte, Bd. 1). München-Paderborn-Wien (Schöningh) 1979.

Franz Josef Stegmann, Von der ständischen Sozialreform zur staatlichen Sozialpolitik. Der Beitrag der Historisch-Politischen Blätter zur Lösung der sozialen Frage. München-Wien (Olzog) 1965.

Franz Josef Stegmann, Geschichte der sozialen Ideen im deutschen Katholizismus, in: Geschichte der sozialen Ideen in Deutschland, hrsg. von *Helga Grebing* (Deutsches Handbuch der Politik, Bd. 3). München-Wien (Olzog) 1969, S. 325—560.

Hans Sveistrup und *Agnes von Zahn-Harnack*, Die Frauenfrage in Deutschland. Strömungen und Gegenströmungen 1700—1930. Sachlich geordnete und erläuterte Quellenkunde. ²Tübingen (Hopfer) 1961.

Texte zur katholischen Soziallehre, Bd. III: Dokumentierung des Kettelerjahres 1977, hrsg. vom *Bundesverband der Katholischen Arbeitnehmer-Bewegung (KAB) Deutschlands*. Köln 1978.

Theologie und Sozialethik im Spannungsfeld der Gesellschaft. Untersuchungen zur Ideengeschichte des deutschen Katholizismus im 19. Jahrhundert, hrsg. von *Albrecht Langner* (Beiträge zur Katholizismusforschung, Reihe B: Abhandlungen). München-Paderborn-Wien (Schöningh) 1974.

Frans van der Ven, Sozialgeschichte der Arbeit, Bd. 3: 19. und 20. Jahrhundert (DTV 4084, Wiss. Reihe). München (Deutscher Taschenbuch Verlag) 1972.

Hedwig Wachenheim, Die deutsche Arbeiterbewegung 1844—1914. Köln-Opladen (Westdeutscher Verlag) 1967.

Zum 16. Kapitel: Die Stellung der Kirche zu Klassenkampf und Streik

Rudolf Brack, Deutscher Episkopat und der Gewerkschaftsstreit 1900—1914 (Bonner Beiträge zur Kirchengeschichte, Bd. 9). Köln-Wien (Böhlau) 1976.

Alfred Christmann, Gewerkschaftsbewegung und Gewerkschaftstheorie. Ausgangsleitbilder, Theorien und Wandlung der Gewerkschaftsbewegung. Köln (Bund) 1963.

Paul Göhre, Drei Monate Fabrikarbeiter und Handwerksbursche. Sozialreportage eines Pfarrers um die Jahrhundertwende, hrsg. von *J. Brenning* und *Chr. Gremmels* (Gütersloher Taschenbücher — Siebenstern 268). Gütersloh (Mohn) 1978.

Klassenbildung und Sozialschichtung, hrsg. von *Bruno Seidel* und *Siegfried Jenkner* (Wege der Forschung 137). Darmstadt (Wiss. Buchgesellschaft) 1968.

Lucian Kudera, Der Gewerkschaftsstreit der deutschen Katholiken in der Publizistik (1900—1914). Philos. Diss. Münster 1957.

Bernd Otto, Gewerkschaftsbewegung in Deutschland. Entwicklung, geistige Grundlagen, aktuelle Politik. Köln (Bund) 1975.

Zum 17. Kapitel: Katholische Bestrebungen zur Neuordnung der Gesellschaft und Wirtschaft. Das Rundschreiben „Quadragesimo anno" von 1931 und die Problematik einer „berufständischen" Ordnung der Gesellschaft

Alois Baumgartner, Sehnsucht nach Gemeinschaft. Ideen und Strömungen im Sozialkatholizismus der Weimarer Republik (Beiträge zur Katholizismusforschung, Reihe B: Abhandlungen). München-Paderborn-Wien (Schöningh) 1977.

Ernst Cloer, Sozialgeschichte, Schulpolitik und Lehrerfortbildung der katholischen Lehrerverbände im Kaiserreich und in der Weimarer Republik (Schriftenreihe zur Geschichte und Politischen Bildung, Bd. 14) Ratingen (Henn) 1975.
Karl Erlinghagen, Katholisches Bildungsdefizit in Deutschland (Herderbücherei 195). Freiburg (Herder) 1965.
Franz Focke, Sozialismus aus christlicher Verantwortung. Die Idee eines christlichen Sozialismus in der katholisch-sozialen Bewegung und in der CDU (mit einem Vorwort von Walter Dirks). Wuppertal (Hammer) 1978.
Günter Hedtkamp, Wirtschaftssysteme. Theorie und Vergleich (Vahlen's Handbücher der Wirtschafts- und Sozialwissenschaften). München (Vahlen) 1974.
Herbert Hömig, Das preußische Zentrum in der Weimarer Republik. Demokratie und politischer Katholizismus in Preußen 1918—1933 (Veröffentlichungen der Kommission für Zeitgeschichte, Reihe B: Forschungen, Bd. 28). Mainz (Grünewald) 1979.
Peter Jansen, Entproletarisierung durch Schulbildung. Eine Studie über die Aufhebung von Bildungsprivilegien als Beitrag zur Entproletarisierung im Sinne der Enzyklika „Quadragesimo anno". Köln (Die Heimstatt) 1959.
Katholizismus und freiheitlicher Sozialismus in Europa. hrsg. von *Albrecht Langner*. Köln (Bachem) 1965.
Kurt Klotzbach, Bibliographie zur Geschichte der deutschen Arbeiterbewegung 1914—1945. Sozialdemokratie, Freie Gewerkschaften, Christlich-soziale Bewegungen, Kommunistische Bewegung und linke Splittergruppen. Mit einer forschungsgeschichtlichen Einleitung (Archiv für Sozialgeschichte [Bonn], Beiheft 2). Bonn-Bad Godesberg (Neue Gesellschaft) 1974.
Franz Klüber, Katholische Soziallehre und demokratischer Sozialismus. ²Bonn (Neue Gesellschaft/Dietz) 1979.
Bruno Lelieveld, Die Wandlung der Ständeidee in der deutschsprachigen katholisch-sozialen Literatur des 19. und 20. Jahrhunderts bis zum Erscheinen der Enzyklika „Quadragesimo anno" 1931. Theol. Diss. Bonn 1965.
Heinrich Missalla, „Gott mit uns". Die deutsche katholische Kriegspredigt 1914—1918. München (Kösel) 1968.
Hubert Mockenhaupt, Weg und Wirken des geistlichen Sozialpolitikers Heinrich Brauns (Beiträge zur Katholizismusforschung, Reihe B: Abhandlungen). München-Paderborn-Wien (Schöningh) 1977.
Oswald von Nell-Breuning, Wie sozial ist die Kirche? Leistung und Versagen der katholischen Soziallehre. Düsseldorf (Patmos) 1972.
Ludwig Preller, Sozialpolitik in der Weimarer Republik (Taschenbücher Geschichte). Kronberg-Düsseldorf (Athenäum-Droste) 1978.
Franz Prinz, Kirche und Arbeiterschaft — gestern, heute, morgen (Geschichte und Staat 175/176). München-Wien (Olzog) 1974.
Dieter Riesenberger, Die katholische Friedensbewegung in der Weimarer Republik. Düsseldorf (Droste) 1976.
Johannes Schwarte, Gustav Gundlach S. J. (1892—1963). Maßgeblicher Repräsentant der katholischen Soziallehre während der Pontifikate Pius XI und Pius XII. (Abhandlungen zur Sozialethik, Bd. 9). München-Paderborn-Wien (Schöningh) 1975.
Wilhelm Spael, Das katholische Deutschland im 20. Jahrhundert. Seine Pionier- und Krisenzeiten 1890—1945. Würzburg (Echter) 1964.
Texte zur katholischen Soziallehre, Bd. II: Dokumente zur Geschichte des Verhältnisses von Kirche und Arbeiterschaft am Beispiel der KAB, 2 Halbbände, hrsg. vom *Bundesverband der Katholischen Arbeitnehmer-Bewegung (KAB) Deutschlands*. Köln 1976.
Der Volksverein für das Katholische Deutschland 1890—1933. Eine Bibliographie, bearbeitet von *G. Schoelen*. Mönchengladbach (Stadtbibliothek) 1974.
Albrecht Walz, Vom Sozialismus zum Neosozialismus. Die philosophische Grundlegung der Sozial- und Wirtschaftsordnung im freiheitlichen Sozialismus. Freiburg/Schweiz (Selbstverlag des Verfassers) 1965.

Zeitgeschichte in Lebensbildern. Aus dem deutschen Katholizismus des 20. Jahrhunderts, hrsg. von *J. Aretz, R. Morsey* und *A. Rauscher*, bisher 3 Bde. Mainz (Grünewald) 1973 ff.

Paul Michael Zulehner, Kirche und Austromarxismus. Eine Studie zur Problematik Kirche—Staat—Gesellschaft. Veröffentlichungen des Instituts für kirchliche Zeitgeschichte am Internationalen Forschungszentrum für Grundfragen der Wissenschaften, Salzburg 2/1. Wien-Freiburg-Basel (Herder) 1967.

Zum 18. Kapitel: Kirche und Demokratie

Josef Aretz, Katholische Arbeiterbewegung und Nationalsozialismus. Der Verband katholischer Arbeiter- und Knappenvereine Westdeutschlands 1923—1945 (Veröffentlichungen der Kommission für Zeitgeschichte, Reihe B: Forschungen, Bd. 25). Mainz (Grünewald) 1978.

Raimund Baumgärtner, Weltanschauungskampf im Dritten Reich. Die Auseinandersetzung der Kirchen mit Alfred Rosenberg (Veröffentlichungen der Kommission für Zeitgeschichte, Reihe B: Forschungen, Bd. 22). Mainz (Grünewald) 1978.

Markus Beck, Wirtschaftsdemokratie (Veröffentlichungen der Handelshochschule St. Gallen, Reihe A, 62). Zürich-St. Gallen (Polygraphischer Verlag) 1962.

Michael Berger, Arbeiterbewegung und Demokratisierung. Die wirtschaftliche, politische und gesellschaftliche Gleichberechtigung des Arbeiters im Verständnis der katholischen Arbeiterbewegung im Wilhelminischen Deutschland zwischen 1890 und 1914. Philos. Diss. Freiburg 1971.

Klaus Breuning, Die Vision des Reiches. Deutscher Katholizismus zwischen Demokratie und Diktatur (1929—1934). München (Hueber) 1969.

Die christliche Konzeption der pluralistischen Demokratie, hrsg. von *Arthur Utz* und *Basilius Streithofen*. Akten des internationalen Symposiums Madrid 1976 (Sammlung Politeia 30). Stuttgart (Seewald) 1977.

Ernst Deuerlein, Der deutsche Katholizismus 1933 (Fromms Taschenbücher, Bd. 10). Osnabrück (Fromm) 1963.

Deutscher Katholizismus nach 1945, hrsg. von *Hans Maier*. München (Kösel) 1964.

Michael P. Fogarty, Christliche Demokratie in Westeuropa 1820—1953. Freiburg (Herder) 1959.

Albert Gnägi, Katholische Kirche und Demokratie. Ein dogmengeschichtlicher Überblick über das grundsätzliche Verhältnis der katholischen Kirche zur demokratischen Staatsform. Zürich-Einsiedeln-Köln (Benziger) 1970.

Ulrich von Hehl, Katholische Kirche und Nationalsozialismus im Erzbistum Köln 1933—1945 (Veröffentlichungen der Kommission für Zeitgeschichte, Reihe B: Forschungen, Bd. 23). Mainz (Grünewald) 1978.

Katholische Kirche im Dritten Reich. Eine Aufsatzsammlung, hrsg. von *Dieter Albrecht* (Topos Taschenbücher 45). Mainz (Grünewald) 1976.

Kirche und moderne Demokratie, hrsg. von *Theodor Strohm* und *Heinz-Dietrich Wendland* (Wege der Forschung 205). Darmstadt (Wiss. Buchgesellschaft) 1973.

Heinrich Küppers, Der Katholische Lehrerverband in der Übergangszeit von der Weimarer Republik zur Hitlerdiktatur (Veröffentlichungen der Kommission für Zeitgeschichte, Reihe B: Forschungen, Bd. 18). Mainz (Grünewald) 1975.

Joseph Listl, Kirche und Staat in der neueren katholischen Kirchenrechtswissenschaft. Berlin (Duncker & Humblot) 1978.

Heinrich Lutz, Demokratie im Zwielicht. Der Weg der deutschen Katholiken aus dem Kaiserreich in die Republik (1914—1925). München (Kösel) 1963.

Hans Maier, Revolution und Kirche. Zur Frühgeschichte der christlichen Demokratie (Reihe: Theologie als Geschichte und Gegenwart). ³München (Kösel) 1973.

Hans Maier, Kirche und Gesellschaft. München (Kösel) 1972 (gekürzt erschienen unter dem Titel: Kirche und Demokratie. Weg und Ziel einer spannungsreichen Partnerschaft [Herderbücherei 709]. Freiburg [Herder] 1979).
Heinz-Albert Raem, Pius XI. und der Nationalsozialismus. Die Enzyklika „Mit brennender Sorge" vom 14. März 1937 (Beiträge zur Katholizismusforschung, Reihe B: Abhandlungen). München-Paderborn-Wien (Schöningh) 1979.
Johannes Schauff, Das Wahlverhalten der deutschen Katholiken im Kaiserreich und in der Weimarer Republik. Neudruck von Untersuchungen 1871—1928 (Veröffentlichungen der Kommission für Zeitgeschichte bei der Katholischen Akademie in Bayern, Bd. 18). Mainz (Grünewald) 1975.
Barbara Schellenberger, Katholische Jugend und Drittes Reich. Eine Geschichte des Katholischen Jungmännerverbandes 1933—1939 unter besonderer Berücksichtigung der Rheinprovinz (Veröffentlichungen der Kommission für Zeitgeschichte bei der Katholischen Akademie in Bayern, Bd. 17). Mainz (Grünewald) 1975.
Klaus Scholder, Die Kirchen und das Dritte Reich, Bd. I: Vorgeschichte und Zeit der Illusionen 1918—1934. Frankfurt-Berlin-Wien (Ullstein-Propyläen) 1977.
Soziale Bewegung und politische Verfassung. Beiträge zur Geschichte der modernen Welt (Festschrift für Werner Conze), hrsg. von *U. Engelhardt, V. Sellin, H. Stuke* (Schriftenreihe des Arbeitskreises für moderne Sozialgeschichte. Sonderband). Stuttgart (Klett) 1976.
Franz Josef Stegmann, Der soziale Katholizismus und die Mitbestimmung in Deutschland. Vom Beginn der Industrialisierung bis zum Jahre 1933 (Beiträge zur Katholizismusforschung, Reihe B: Abhandlungen). ²München-Paderborn-Wien (Schöning) 1978.
Hugo Stehkämper, Konrad Adenauer als Katholikentagspräsident 1922. Form und Grenze politischer Entscheidungsfreiheit im katholischen Raum (Veröffentlichungen der Kommission für Zeitgeschichte, Reihe B: Forschungen, Bd. 21). Mainz (Grünewald) 1977.
Hans-Jürgen Teuteberg, Geschichte der industriellen Mitbestimmung in Deutschland. Ursprung und Entwicklung ihrer Vorläufer im Denken und in der Wirklichkeit des 19. Jahrhunderts (Soziale Forschung und Praxis 15). Tübingen (Mohr) 1961.
Bernd Uhl, Die Idee des christlichen Sozialismus in Deutschland 1945—1947 (Beiträge zu Wissenschaft und Politik 11). Mainz (Hase & Koehler) 1975.
Gordon C. Zahn, Die deutschen Katholiken und Hitlers Kriege. Graz-Wien-Köln (Styria) 1965.

Zum 19. Kapitel: Die Kirche in der säkularisierten Umwelt

Clemens Bauer, Deutscher Katholizismus. Entwicklungslinien und Profile. Frankfurt (Knecht) 1964.
Bilanz des deutschen Katholizismus, hrsg. von *Norbert Greinacher* und *Heinz Theo Risse*. Mainz (Grünewald) 1966.
Entwicklungslinien des deutschen Katholizismus, hrsg. von *Anton Rauscher* (Beiträge zur Katholizismusforschung, Reihe B: Abhandlungen). München-Paderborn-Wien (Schöningh) 1973.
Theodor Herr, Zur Frage nach dem Naturrecht im deutschen Protestantismus der Gegenwart (Abhandlungen zur Sozialethik, 4). München-Paderborn-Wien (Schöningh) 1972.
Theodor Herr, Naturrecht aus der kritischen Sicht des Neuen Testaments (Abhandlungen zur Sozialethik, 12). München-Paderborn-Wien (Schöningh) 1976.
Katholiken und ihre Kirche in der Bundesrepublik Deutschland, hrsg. von *Günter Gorschenek* (Geschichte und Staat 200—202). München-Wien (Olzog) 1976.
Katholische Kirche und Europa. Dokumente 1945—1978, hrsg. von *Jürgen Schwarz* (Entwicklung und Frieden / Materialien, Bd. 9). Mainz (Grünewald) 1979.
Katholizismus im politischen System der Bundesrepublik 1949—1963, hrsg. von *Albrecht*

Langner (Beiträge zur Katholizismusforschung, Reihe B: Abhandlungen). München-Paderborn-Wien (Schöningh) 1979.

Kirche — Politik — Parteien, hrsg. von *Anton Rauscher*. Köln (Bachem) 1974.

Kirchen im Sozialismus. Kirche und Staat in den osteuropäischen sozialistischen Republiken. Eine IDOC-Dokumentation, hrsg. von *G. Barberini*, *M. Stöhr* und *E. Weingärtner*. Frankfurt (Lembeck) 1977.

Kirche und Katholiken in der Bundesrepublik Deutschland. Daten und Analysen, hrsg. von *Egon Golomb* mit Beiträgen von *Günter Bergmann* und *Frank Keller* (Der Christ in der Welt XII/9). Aschaffenburg (Pattloch) 1974.

Kirche und Katholizismus 1945—1949, hrsg. von *Anton Rauscher* (Beiträge zur Katholizismusforschung, Reihe B: Abhandlungen). München-Paderborn-Wien (Schöningh) 1977.

Kirche und Klassenbindung. Studien zur Situation der Kirchen in der Bundesrepublik Deutschland, hrsg. von *Yorik Spiegel* (Edition Suhrkamp 709). Frankfurt (Suhrkamp) 1974.

Kirche und moderne Gesellschaft, hrsg. von *Heinz Wilhelm Brockmann*. Düsseldorf (Patmos) 1976.

Nikolaus Monzel, Christlicher Glaube und weltanschaulicher Pluralismus. Beiträge der katholischen Soziallehre zum Dialog, hrsg. von *Trude Herweg* und *Karl Heinz Grenner* (Grenzfragen zwischen Theologie und Philosophie, Bd. 23). Köln-Bonn (Hanstein) 1974.

Das Naturrecht im Disput, hrsg. von *Franz Böckle*. Düsseldorf (Patmos) 1966.

Naturrecht in der Kritik, hrsg. von *Franz Böckle* und *Ernst Wolfgang Böckenförde*. Mainz (Grünewald) 1973.

Egon Edgar Nawroth, Die Sozial- und Wirtschaftsphilosophie des Neoliberalismus (Sammlung Politeia, Bd. XIV). Heidelberg (Kerle) 1962.

Anton Rauscher und *Lothar Roos*, Die soziale Verantwortung der Kirche. Wege und Erfahrungen von Ketteler bis heute. Köln (Bachem) 1977.

Hans Dieter Schelauske, Naturrechtsdiskussion in Deutschland. Ein Überblick über zwei Jahrzehnte: 1945—1965. Köln (Bachem) 1968.

Frederic Spotts, Kirchen und Politik in Deutschland. Stuttgart (Deutsche Verlagsanstalt) 1976.

Personenregister

Die in der Heiligen Schrift vorkommenden Namen werden hier nicht genannt.

Abel, W. 335
Adelmann, B. 104, 105
Alberti 108
Albertus Magnus 175, 206
Albrecht v. Brandenburg 200, 202
Albrecht, D. 340
Alexander der Große 23, 292
Antonius v. Florenz 101, 119, 175, 207
Aretin, K. O. Frh. v. 333
Aretz, J. 340
Aristoteles 26, 131, 133, 188, 195, 215, 229, 287, 296, 301, 303, 312, 320
Arkwright, R. 75
Aßmann, K. 335
Athenagoras 183
Atzberger 182
Aubin, H. 30, 330
Augustinus 40, 66, 161, 170, 173, 183, 194, 301, 303
Augustinus Triumphus 181

Baader, F. v. 234
Bacon, F. 134
Bañez, D. 134, 180, 208, 294
Barberini, G. 342
Barbeu du Bourg 164
Bartmann, B. 182
Bastiat, F. 225, 226
Bauer, C. 341
Baumgärtner, R. 340
Baumgartner, A. 338
Becher, P. 274
Beck, M. 340
Bellarmin 147, 169, 183, 294
Below, G. v. 242
Benedikt XIV. 101, 160
Benedikt v. Nursia 51
Benozzo Gozzoli 118
Berger, M. 340
Bergmann, G. 342
Bergson, H. 130
Bernhard v. Clairvaux 191, 194
Bernhardin v. Siena 101, 175, 204
Bernstein, E. 250, 253, 266
Bessarion 119
Biederlack, J. 256, 261
Biel, G. 207
Bigelmair, A. 20, 55
Birke, A. M. 336
Birker, K. 336
Birket-Smith, K. 48, 49, 51
Bismarck, O. v. 83
Blaich, F. 334
Blinkle, P. 333

Blome, G. v. 238
Böckenförde, E. W. 342
Böckle, F. 342
Böhm-Bawerk, E. 99
Bonaventura 178
Bonifaz VIII. 181
Bonn, M. J. 93
Borst, A. 332
Bosl, K. 331, 332
Bossuet, J. B. 227, 228, 229, 294
Bourdaloue, L. 156, 157
Brack, R. 338
Brakelmann, G. 336
Brandi, K. 119
Brant, S. 104
Breipohl, R. 336
Brenning, J. 338
Breuning, K. 340
Breysig, K. 130
Briefs, G. 69, 74, 77, 88, 226, 232, 242, 246
Brockmann, H. W. 342
Brunelleschi 118
Brunner, O. 64, 81, 330
Buchheim, K. 331
Bücher, K. 62
Bühler, J. 51, 80
Bünter, A. 335
Burckhardt, J. 183, 184
Busenbaum, H. 176
Buß, F. J. Ritter v. 235

Calderon 164
Calvez, J. Y. 330
Calvin, J. 106, 181, 187, 188, 189, 190, 192, 194
Caracalla 21
Carell, E. 215
Cartwright, E. 75
Cathrein, V. 296
Caussade, J. P. de 18
Cherbury, H. v. 184
Childerich III. 29
Chlodwig 28
Christmann, A. 338
Clemens V. 61
Cloer, E. 339
Coeur, J. 32, 107, 199
Cohn, N. 332
Colonna, A. 181
Conring, E. 334
Conze, W. 330, 333
Croiset, J. 155, 156

343

Dante 114, 115
Decius 21
Dempf, A. 158, 175
Descartes, R. 134
Deuerlein, E. 340
Dietzel, H. 75
Dietzgen, J. 125
Dilthey, W. 135, 183, 184, 188, 189, 191, 193, 194, 224
Diokletian 20, 21, 25
Dionysius Areopagita 57
Doerk, K. 267
Dollfuß, E. D. 278
Dominikus 51
Donatello 118
Dopsch, A. 50, 289
Doren, A. 109, 110, 111, 113, 118, 121
Dubreuil, H. 90, 91, 92
Duby, G. 332
Duchrow, N. 334
Duns Scotus, J. 175, 178

Eck, J. 104, 105
Ehinger 203
Elias, N. 333
Engelhardt, U. 341
Engelsing, R. 330, 333
Epiktet 288
Erhard, L. 211
Erlinghagen, K. 339
Eschmann, E. W. 31, 53, 54
Eschweiler, K. 185
Eucken, W. 139, 140, 141, 196, 223
Eugen IV. 116
Eusebius 25

Faber, J. 105
Fastenrath, E. 336
Fellermeier, J. 296
Ficino, Marsilio 118, 119
Filippo Lippi 118
Filthaut, E. 336
Findal, M. 184
Fischer, W. 335, 336
Focke, F. 339
Fogarty, M. P. 340
Fra Angelico 118, 158
Frank, S. 184, 205
Franz, A. 236
Franz v. Assisi 51
Franz, G. 332
Franz de Vitoria 294, 326
Freyer, H. 53, 145
Friedberger, W. 333, 336
Friedrich II. 61
Friesen, A. 334
Frings, J. 18, 284
Fuchs, W. P. 331
Fürer, C. 203
Fugger 32, 104, 105, 107, 199—203

Gailer v. Kaisersberg 104, 204
Galen, B. v. 330
Ganshof, F. L. 332
Geck, A. 88, 330
Gehlen, A. 230
Gemisthos Plethon 119
Gent, H. v. 175
Georg v. Sachsen 202, 205
George, H. 98
George, St. 114
Gerson, J. 206
Ghiberti 118
Gibonnais, J. A. de la 160
Gierke, O. v. 50
Giers, J. 216
Gigon, O. 331
Gleiss, A. 210
Gnägi, A. 340
Göhre, P. 338
Goertz, H. J. 334
Goethe, J. W. 141
Golomb, E. 342
Gorschenek, G. 341
Grander 205
Gratry, A. 306
Grebing, H. 330, 336, 338
Gregor II. 29
Gregor III. 29
Gregor VI. 160
Gregor XVI. 101
Greinacher, N. 341
Gremmels, Ch. 338
Grenner, K. H. 335, 336
Grimm, J. 50
Groethuysen, B. 57, 122, 156, 157, 160, 162—169, 171, 173, 174, 177
Groner, J. F. 295, 300
Grote, H. 265
Grotius, H. 326
Guardini, R. 18, 133, 134, 187, 193
Gundlach, G. 53, 69, 195, 251

Haase, C. 333
Haecker, Th. 56
Hättich, M. 274
Haffner, L. 238
Hahn, M. 336
Hales, A. v. 178
Hammurabi 48
Hamsun, K. 132
Hargreaves, R. 75
Harnack, A. v. 163
Hartmann, N. 320
Hasbach, W. 224
Haubst, R. 57
Haun, J. 334
Hauptmann, G. 197
Hauser, A. 118
Heer, F. 28, 29
Hedtkamp, G. 339

Hegel, F. 122
Hehl, U. v. 340
Heim, K. 190
Heimann, E. 90, 91, 92, 162, 246
Heinen, E. 336
Heinrich I. 61
Heitzer, H. 336
Hengel, M. 331
Henning, F. W. 330
Hensel, P. 215
Hermans, B. H. A. 336
Hermas 26
Hermens, F. A. 246, 247, 287
Herr, Th. 341
Herrmann, H. 333
Herrmann, W. 125
Hertling, G. Frh. v. 32, 235, 238
Herwart 205
Hilger, D. 335
Hillerbrand, H. J. 334
Hintze, O. 291, 292, 333
Hirscher, J. B. 177
Hitze, F. 32, 235, 237, 238
Hobbes, Th. 304, 321
Hoch v. Langenstein 206
Höchstätter, A. 202, 205
Höffner, J. 195, 199, 202—208, 279, 280, 290
Hölderlin 58, 125
Hömig, H. 339
Hofmann, W. 336
Hornus, J. M. 331
Horstmann, J. 337
Huber, E. R. 337
Huber, W. 334, 337
Hubert 157
Hume, D. 123, 134
Hus, J. 181

Innozenz III. 108, 158

Jacobini 237
Jandin, J. v. 181
Jansen, P. 339
Janssen, J. 204
Jantke, C. 335
Jaspers, K. 132
Jedin, H. 330
Jenkner, S. 338
Joachim v. Fiore 54
Johann v. Capistrano 204
Johannes v. Damaskus 29
Johannes Paläologus 116
Johannes XXIII. 108
Jonas v. Orleans 283
Jostock, P. 82, 83, 232, 240, 251, 268, 269, 273
Judge, E. A. 331
Julius I. 206

Julius II. 200
Jung, C. G. 130
Justinian 321
Justinus 183, 227

Kämpf, H. 332
Kallistus 26
Kant, I. 134, 184, 317, 320
Kantzenbach, F. W. 330
Karl der Große 29, 100
Karl V. 61, 202, 205, 294
Kaskel, W. 262, 263, 266
Keller, F. 152—156, 158
Keller, F. 342
Kelter, E. 199, 207, 209
Kern, F. 54
Ketteler, W. E. v. 32, 235, 237, 238, 284
Klemens v. Alexandrien 24, 227
Kleßmann, Ch. 337
Kloos, R. M. 61
Klotzbach, K. 339
Klüber, F. 77, 330, 339
Knoll, A. M. 104, 237, 238, 332, 333
Köllmann, W. 335
König, R. 325
Kolping, A. 236
Konrad IV. 30
Konradin 60
Konstantin 25, 30, 33
Koppers, W. 146
Koselleck, R. 330, 332
Kreppel, K. 337
Kretschmer, E. 130
Kuczynski, J. 335
Kudera, L. 338
Kuefstein, F. v. 237, 238
Küppers, H. 340
Kuske, B. 74, 124, 193

Lacordaire, D. 173
Lamy, B. 177
Landes, D. S. 335
Landsberg, P. L. 184
Langner, A. 335, 337, 338, 339, 342
Lassalle, F. 99, 239
Laymann, P. 104, 176
Lechtape, H. 89
Leclerq, J. 335
Lederer, E. 255
Lehmkuhl, A. 177, 238, 256, 257, 259, 260
Leipoldt, J. 25
Lelieveld, B. 339
Lenhart, L. 337
Leo III. 29, 30
Leo X. 105, 107
Leo XIII. 32, 33, 41, 89, 241, 243, 244, 247, 248, 249, 268, 270, 293, 297
Liefmann, R. 213, 214

Lincoln, A. 286
Listl, J. 340
Locke, J. 134
Löwenstein, K. zu 238
Lortz, J. 29
Lucca della Robbia 118
Ludwig XI. 116
Ludwig XIV. 157
Ludz, P. Ch. 331
Lütge, F. 333
Lugo, Juan de 102
Luther, M. 101, 104, 181, 187, 189—194, 208
Lutz, H. 334, 340

Macchiavelli, N. 135, 173
Maier, H. 340, 341
Man, H. de 73
Mandeville, B. de 221
Manning, E. 238, 294
Maritain, J. 187, 283, 289, 296, 325
Marmy, E. 294
Marsilius v. Padua 181
Martin, A. v. 120
Martin V. 108, 114
Marx, K. 47, 76, 80, 82, 111, 213, 231, 234, 239, 280, 321
Massillon, J. 157
Mausbach, J. 306
Maximilian 201, 202
Meeks, W. A. 332
Medici, C. de 32, 105, 107, 110, 113—118, 120, 121, 158, 199, 200, 201
Medici, G. de sen. 108, 109, 114
Medici, G. de jun. 117, 118
Medici, L. de 114, 118
Medici, L. de il Magnifico 120, 158
Medici, Piero de 117, 120, 200
Medici, Pierfrancescos de 114
Medina, J. 207
Meinecke, F. 49
Melanchthon, Ph. 187, 189
Meltzing, O. 115
Menger, K. 99
Mermillod 237, 238
Meßner, J. 216, 273, 274
Mestmäcker, E. J. 211, 212
Meyer, A. 335
Meyer, Th. 296
Michel, E. 74, 75, 89, 90
Michelangelo 137
Michelozzo 118
Mickwitz, G. 70, 199
Miethke, J. 332
Miller, S. 337
Missalla, H. 339
Mitteis, H. 54
Mockenhaupt, H. 339
Möhler, J. A. 190, 308
Möser, J. 50

Molina, Luis de 134, 180, 207, 208
Mommsen, Th. 20
Montanus 24
Monzel, N. 25, 34, 35, 40, 44, 50, 148, 149, 185, 192, 215, 249, 274, 303, 305, 316, 317, 342
Moore, B. 332
Morsey, R. 340
Müller, A. H. v. 234
Mueller, F. H. 89, 90, 337
Müller, J. B. 335
Müller-Armack, A. 333
Mun, A. de 237
Murray, J. C. 23
Mussolini, B. 278, 279
Muthesius, V. 223

Naphtali, F. 210
Nassau, W. Senior 99
Naumann, F. 306
Nawroth, E. E. 342
Necker, J. 173
Nell-Breuning, O. v. 83, 215, 222, 247, 251, 255, 257, 260, 262, 263, 268, 269, 273, 274, 279, 292, 293, 331, 339
Neumark, F. 77
Neurath, O. 26
Newman, J. H. 25, 30, 31
Nietzsche, F. 125, 177
Nikolaus V. 116
Nipperdey, H. C. 262, 263, 265, 266, 267
Noldin, H. 177, 261
Novalis 53, 159

Occam, W. v. 175
Onory, S. M. 294
Osteroth, F. 337
Otto, B. 338

Pankoke, E. 337
Paul II. 200, 205
Paulus, N. 191
Pergen, A. v. 238
Périn, Ch. 237
Perrin, J. 330
Pesch, H. 256, 260, 278
Pesl, L. D. 217
Pfeiffer, A. 337
Pfister, B. 86, 215, 221, 223, 247
Pieper, J. 312
Pippin der Kleine 29
Pirenne, H. 62, 63, 72, 126
Pirkheimer, W. 104
Pius I. 26
Pius II. 117, 200
Pius V. 101, 160, 204
Pius VIII. 101

Pius IX. 270
Pius X. 269
Pius XI. 69, 70, 89, 195, 244, 251, 258, 268, 274, 326
Pius XII. 293, 295, 296, 300, 328
Platon 119, 131, 303
Plotin 119
Plutarch 104
Pölnitz, G. Frh. v. 205
Pöls, W. 335
Pohl, H. 338
Pohle, J. 182
Pollock, F. 333
Preller, L. 339
Prinz, F. 331, 339
Prümmer, D. M. 177
Przibilla, M. 177
Puppke, L. 335
Pythagoras 227

Raab, H. 331
Rademacher, A. 184
Raem, H. A. 341
Rahner, H. 331
Ram 205
Rathenau, W. 64, 65, 93, 130, 233
Ratzinger, G. 238
Rauch, W. 257
Rausch, H. 332
Rauscher, A. 335, 340, 341, 342
Reith, L. 334
Remigius 28
Rheinfelder, H. 296
Ricardo, D. 230, 231, 280
Riesenberger, D. 339
Risse, H. Th. 341
Ritter, G. A. 337
Rivarol 173
Röpke, W. 80, 93, 99, 100, 106, 223, 327
Rodinson, M. 333
Rommer, H. 294, 304
Roos, L. 342
Rosenstock, E. 90, 91, 92
Rostovtzeff, M. 21
Rott, K. 203
Rubinstein, S. 201, 292
Rüstow, A. 48, 77, 86, 93, 166, 223—227, 242, 290
Ruhbach, G. 331
Ruhnau, C. 337
Rummel 108
Ruprecht v. d. Pfalz 108

Salin, E. 77, 84
Salzer, W. 337
Sanchez, Th. 176
Sasetti 116
Sauter, G. 334
Savigny, K. v. 50

Savonarola 158
Schauff, J. 341
Scheeben, M. J. 169, 170, 179, 182
Scheicher, J. 238
Scheimpflug, K. 238
Schelauske, H. D. 342
Scheler, M. 18, 65, 66, 94, 122, 127—130, 136, 139, 144, 145, 148, 150, 155, 170, 192, 193, 248, 288, 326
Schell, H. 182
Schellenberger, B. 341
Schelsky, H. 324
Scheuner, U. 280
Schieder, W. 337
Schindler, F. M. 238
Schleiermacher, F. 178, 184
Schlingensiepen-Pogge, A. 334
Schmalenbach, H. 144
Schmaus, M. 182
Schmidt, W. 146
Schmidtchen, G. 334
Schmitt, C. 95, 96, 318, 322
Schmoller, G. 63
Schnatz, H. 330
Schneider, L. 335
Schoelen, G. 339
Schöllgen, W. 147, 177, 216
Schöneböck, J. B. C. v. 125
Scholder, K. 341
Scholl, H. 341
Scholl, S. H. 337
Schorlemer-Alst, B. Frh. v. 236
Schraepler, E. 331, 335
Schulte, A. 50, 106, 108, 290
Schumpeter, J. 75, 80, 82, 99, 213, 233, 280, 286, 287
Schuster, D. 337
Schwalbach, H. 337
Schwarte, J. 339
Schwarz, J. 341
Schwer, W. 58, 199, 245, 290
Schwerin, C. v. 59, 61
Seeberg, R. 189
Seidel, B. 338
Sellin, V. 341
Septimius Severus 20
Sering, P. 246
Sforza, F. 116
Shanahan, W. O. 337
Sherman 210
Silberbauer, G. 337
Simar, H. 182
Simmel, G. 322
Sixtus V. 101, 103
Smith, A. 166, 219—224, 227, 230, 231, 280
Sokrates 303
Sombart, W. 65, 66, 73, 79, 82, 120, 122, 124, 126—130, 135, 136, 137, 139, 141, 152, 153, 154, 155, 158, 172, 186, 193, 281

347

Sorg, R. 338
Sorgenfrei, H. 338
Soto, D. de 207, 294
Southern, R. W. 332
Speal, W. 339
Specht, Th. 182
Spengler, O. 146
Spiegel, Y. 342
Spotts, F. 342
Spranger, E. 122, 126, 145
Stattler, B. 184
Stavenhagen, G. 335
Stegmann, F. J. 338, 341
Stehkämper, H. 341
Steinbach, F. 63, 73, 74, 106, 124, 127, 136, 139, 172, 192, 233, 242, 279
Stephan II. 29
Stern, A. 283
Steubing, H. 178, 223
Stöhr, M. 342
Stoob, H. 332
Storm, Th. 130
Streithofen, B. 340
Strieder, J. 79, 80, 82, 106, 136, 158
Strohm, Th. 340
Stürner, W. 332
Stuke, H. 341
Suarez, F. 178, 294, 301
Suerbaum, W. 332
Summenhart, K. 206, 207
Sveistrup, H. 338

Tacitus 48, 81
Tauler, J. 194
Tawney, R. H. 106, 154, 159, 161, 327
Tertullian 24
Teuteberg, H. J. 341
Theißen, G. 331
Theodosius 25, 30, 33
Thomas v. Aquin 31, 40, 57, 102, 103, 153, 154, 170, 175, 176, 178, 180, 183, 187, 206, 207, 293, 301, 303, 312, 313, 320
Thomas de Vio Cajetanus 207, 294
Thomassin, L. de 156
Thünen, J. H. v. 99, 225
Thurzo 201, 202, 205
Tillmann, F. 154, 155, 177
Tischleder, P. 293, 294
Tobler, J. 193
Tönnies, F. 143, 144, 146
Torquemado, J. 181
Tour du Pin, R. de la 237
Treitz, J. 261
Treppel 237
Treue, W. 336

Trevor-Roper, H. R. 334
Troeltsch, E. 65, 66, 191, 287
Turgot, A. R. J. 98

Uhl, B. 341
Ullmann, W. 332
Utz, A. F. 295, 300, 330, 331, 340

Vasco da Gama 201
Vasquez, G. 178
Ven, Frans van der 338
Vergil 55
Vermeersch, A. 105
Vezin, A. 55
Visconti 116
Vogel, O. 247
Vogelsang, K. Frh. v. 235, 237, 238, 278
Vontobel, K. 193

Wachenheim, H. 336
Wallraff, H. J. 215
Walz, A. 339
Wamboldt, F. v. 238
Watt, J. 75
Weber, A. 146, 252, 256, 263
Weber, M. 87, 107, 135, 136, 144, 152, 161, 191, 313, 333
Weber, W. 330, 333
Wehler, H. U. 331, 333
Weingärtner, E. 342
Weis, A. 331
Weiß, A. M. 238
Welty, E. 254, 255, 293
Wendland, H. D. 323, 331, 340
Werner, K. 188
Wescher, P. 119
Wiclif, J. v. 181
Wildiers, N. M. 334
Wilhelm I. 238
Wilhelm II. 173, 238, 239
Wilkinson, P. 333
Winkel, H. 336
Wolf, G. 334
Wolff, E. 262
Wünsch, G. 101
Wundt, W. 127

Zahn, G. C. 341
Zahn-Harnack, A. v. 338
Zeno 206
Ziegler, A. W. 331
Zink, J. 104
Zorn, W. 330, 331
Zulehner, P. M. 340
Zwingli, U. 101, 187, 189, 190, 192, 194

Sachregister

Altertum
  römische Kaiserzeit 20 ff.
  Beteiligung der Christen am öffentlichen Leben 20 ff.
  Seltenheit kirchenamtlicher Verlautbarungen 33
Anthropologie
  der mittelalterliche Mensch 53 ff., 127 ff., 133 ff., 141 f., 151 ff.
  die mittelalterliche Herrenschicht 64 f., 128 ff.
  der neuzeitliche Mensch 122 ff., 128 ff., 132 ff., 150 f.
  der neuzeitliche Mensch in der Kirche 150 ff.
  und die protestantische Theologie 187 f.
  des Wirtschaftsliberalismus 219 ff., 230 f.
Arbeit
  Bewertung im Christentum 27, 125, 326 f.
  Bewertung im Mittelalter und in der Neuzeit 124 f.
  und Kapital 69 ff., 78 ff., 84 f.
  und wechselnde Bedürfnisse 139 ff.
  im industriellen Großbetrieb 87 ff., 90 ff.
  als Mittel der Askese 171 ff.
Arbeiterschutz 83 f., 238 ff.
Askese 171 ff.

Bankwesen
  im Frühkapitalismus 112 f.
Beruf 280 ff.
Berufsständische Ordnung 271 ff.
Betriebssoziologie 87 ff.
Bodenverteilung
  im Mittelalter 47, 49 ff.
Brüderlichkeit
  in der Geschichte des Christentums 289 ff.
  das christliche Sozialprinzip 287 ff.
  in der partnerschaftlichen Gestaltung des Wirtschaftslebens 85
Bürgertum
  Entstehung und Geisteshaltung 64 ff.
  Lebensanschauung 138 f., 150 ff.
  Verhältnis zu Gott 166 ff., 169 ff., 173 f.
  Verhältnis zur Kirche 150 ff., 182, 184 f.
  und Vorsehungsglaube 165 f.
  und Muße 104 f.

Christen
  im öffentlichen Leben 20 ff.
  im Altertum 20 ff.
  im Mittelalter 54 ff., 168
  in der Neuzeit 165 ff., 169 ff.
  in der säkularisierten Umwelt 307 ff.
  Priester und Laien 308 f.
  Gegenwartsaufgaben 323 ff.
  und Arbeit 171 ff.

Demokratie 284 ff.
  Wesen 284 ff.
  Grenzen 89 ff.
  und Christentum 325 f.
  und Kirche 33, 283 ff.
  in „Rerum novarum" 239 ff.
  in „Quadragesimo anno" 268 ff.
  in der Wirtschaft 297 ff.

Enzykliken
  verschiedene Häufigkeit im Lauf der Geschichte 33 f.
  Rerum novarum 232 ff., 268 f.
  Quadragesimo anno 268 ff.
Erfahrung 311 f.

Familie
  Schädigung durch das kapitalistische Wirtschaftssystem 85 ff.
  Aufgaben in der Gegenwart 324 f.
Florenz
  Wirtschaft und Sozialgefüge im Frühkapitalismus 107 ff.
  die Medici

Gegenwart
  Aufgaben der Christen 323 ff.
Gemeinschaft
  und Gesellschaft 143 ff.
  Kirche als Gemeinschaft 147 ff., 166 ff.
Genossenschaften
  im Mittelalter 51 ff.
  bei katholischen Sozialreformern des 19. Jahrhunderts 234 ff.
Geschichte
  römische Kaiserzeit 20 ff.
  Mittelalter 28 ff.
  Neuzeit 31 ff.
  Beteiligung der Christen am öffentlichen Leben 20 ff.
  und Kirche 17 ff.

Gesellschaft
  und Gemeinschaft 143 ff.
Grundherrschaft 48, 50 ff., 62 f., 64 f., 289 ff.

Individualismus 65 ff., 189 f.

Kapital
  und Arbeit 69 ff., 78 ff., 84 f.
Kapitalakkumulation 70, 79 ff., 92 ff., 121
Kapitalismus
  Begriff und Geschichte 69 ff.
  neuzeitlicher 69 ff., 152 ff.
  ethische Kritik 78 ff., 326 f.
  und Kirche 152 ff.
  in „Rerum novarum" 232 ff.
  in „Qadragesimo anno" 270 ff.
Katholisch-soziale Bewegung
  im 19. Jahrhundert 232 ff.
  und „Rerum novarum" 232 ff., 268 f.
  und „Quadragesimo anno" 270 ff.
  Vorschlag einer „berufsständischen" Gesellschaftsordnung 71 ff.
  und Betriebssoziologie 88 ff.
Kirche, katholische
  Begriff 15, 307 f.
  als geschichtliches Wesen 17 ff.
  als Gemeinschaft 147 ff., 166 ff., 169
  Stellung zum irdischen Sozialleben 39 ff.
  und der mittelalterliche Mensch 53 ff., 168
  und der neuzeitliche Mensch 150 ff., 168 ff.
  Umformung ihrer Lehre durch den neuzeitlichen Menschen 162 ff.
  Entstehung eines theologischen Traktates über die — 181 ff.
  Rückgang ihrer Autorität 157 f.
  Häufigkeit kirchenamtlicher Verlautbarungen 33 f.
  und Kapitalismus 152 ff.
  und Zinsproblem 100 ff.
  und Sozialismus 232 ff., 270 f.
  und Proletariat 232 ff.
  und Demokratie 283 ff., 294 f.
Klassenkampf
  Begriff und Kampfmittel 250 ff.
  Ursachen 87 f., 233 f.
  ethische Beurteilung 251 ff., 273
Klugheit 312 ff.
Kollektivbekehrungen 28 f.
Kompromiß 316 ff.
Konservatismus
  im Altertum 20 ff.
  im Rechtsdenken des Mittelalters 54 f.
  die Idee der Kontinuität im Mittelalter 54 ff.
Kontinuität
  Leitidee im Mittelalter 54 ff.
Kultur
  Rhythmus des Kulturwachstums 55
  naturentfremdende Wohnweise in den Städten 86
  und der Christ der Gegenwart 328 f.

Laien
  in der Kirche 308 ff.
Lehenswesen 48, 50 ff.
Leistungsgemeinschaften
  in „Quadragesimo anno" 271 ff.
  und Staat 276 ff.
Liberalismus
  in der Wirtschaft 218 ff.
  Kritik 227 ff.

Macht
  Notwendigkeit und Gefahr 309 ff.
  im gewaltsam gebildeten Staat 49
  in der Wirtschaft 221 f.
Mittelalter
  der mittelalterliche Mensch 53 ff., 127 ff., 141 f., 151
  Staat 49 ff.
  Papsttum und Kaisertum 29 ff.
  Sozialgefüge 49 ff.
  Stände 53 ff.
  Lehens- und Genossenschaftswesen 51 ff.
  Ordo-Gedanke 56 f.
  religiöse Leitideen 54 ff.
  Beteiligung der Christen am öffentlichen Leben 28 ff.
  relative Seltenheit kirchenamtlicher Verlautbarungen 33
Monopole
  Begriff, Arten und Geschichte 195 ff.
  und liberale Wirtschaft 221 f.
  ethische Beurteilung 204 ff., 212 ff.

Naturrecht
  rationalistische und katholische Lehre 301 ff.
  und Offenbarung 305 f.
Neuzeit
  Beginn 60 ff.
  geistige Grundkräfte 64 ff.
  der neuzeitliche Mensch 122 ff., 139 f., 151, 169 ff.
    sein Verhältnis zu Gott 166 ff.
    sein Verhältnis zur Kirche 150 ff., 168 ff.

Beteiligung der Christen am öffentlichen Leben 31 ff.
Häufigkeit kirchenamtlicher Verlautbarungen 33 f.

Öffentliches Leben
Beteiligung der Christen 20 ff.
Ökonomismus
zu Beginn der Neuzeit 63 ff., 70 f.
und der neuzeitliche Mensch 138 ff.
im System des Kapitalismus 70 f., 94 ff. 248
Ordo-Gedanke
im Mittelalter 56 f.

Papsttum
und Kaisertum im Mittelalter 29 ff., 60 f.
Proletariat
Begriff, Merkmale 11, 232 ff.
in Florenz im 14./15. Jahrhundert 111
in der Neuzeit 232 ff., 297
in „Rerum novarum" 232 ff.
in „Quadragesimo anno" 269
in der Gegenwart 327

Quadragesimo anno 258 f., 268 ff.

Recht
im Mittelalter 54
Geblütsrecht 55
in den Gewerbebürgerstädten 62 f.
Religion
und Staat: Sozialmonismus und -dualismus 23
Bewertung nach ihrer Nützlichkeit 173 f.
religiöse Leitideen im Mittelalter 54 ff.
Religionsgemeinschaften
und irdisches Sozialleben 35 ff.
Rerum novarum 232 ff., 259 f., 268 ff.

Solidarismus 243, 249, 270 f.
Sozialismus
in „Rerum novarum" 232 ff., 245
in „Quadragesimo anno" 270 ff.
Sozialleben
im Altertum 20 ff.
im Mittelalter 47 ff.
in der Neuzeit 60 ff.
Sozialmonismus 23, 28 ff.
Sozialpolitik, staatliche
die ersten Ziele 87 f.
in „Rerum novarum" 232 ff., 245
unerwünschte Folgen 246 ff.

Staat
Staatenbildung 47 ff.
im Mittelalter 49 ff.
und Religion: Sozialmonismus und -dualismus 23, 28 ff.
und Kirche 295 f.
und Wirtschaft 74 f., 76 f., 221 ff.
und Leistungsgemeinschaften 276 ff.
Aufgaben in der Gegenwart 325 f.
Stadt
Entstehung und Bedeutung der Gewerbebürgerstädte 61 ff.
Industrie- und Großstädte 76
familienschädliche Wohnweise in der Stadt 86
Stände
Ständeordnung im Mittelalter 50 ff.
„berufsständische Ordnung" 271 ff.
Streik 250 ff.
Subsidiaritätsprinzip 274

Theologie, katholische
Prägung durch den neuzeitlichen Menschen 175 ff.
Theologie, protestantische
Prägung durch den neuzeitlichen Menschen 186 ff.
Translationstheorie 292 ff.

Ursünde 298 f., 310 f.

Volkssouveränität
christliche Lehre 292 ff.
Vorsehungsglaube
im Mittelalter 56 ff., 157
Abschwächung in der Neuzeit 165 ff.
im klassischen Wirtschaftsliberalismus 224 ff., 227 ff.

Wertrangordnung
objektive 137 f., 241 ff., 275, 319 f.
subjektive des neuzeitlichen Menschen 133 ff.
Umsturz der Werte 65 ff., 70 f., 93 ff., 275 f., 138 f., 141 f., 248
zwischen den Leistungsgemeinschaften 275 f.

Zins
verschiedene Theorien 98 ff.
in der Lehre der Kirche und der Reformatoren 100 ff.
Zünfte
Ursprung und Ziele 72 ff.
in Florenz 109 ff., 120 f.